1930년대 서울의 혁명운동
이재유, 나의 시대 나의 혁명

이재유

나의 시대 나의 혁명

1930년대 서울의 혁명운동

김경일 지음

푸른역사

개정판 머리말

한국 근대사에서 1920~30년대는 반세기 정도를 사이에 둔 1980~90년대와 비슷한 격동의 시기였다. 특히 1920년대 후반 1930년대 전반기에 국내에서는 1929년의 원산총파업이나 1930년의 평양 고무공장 총파업에서 보듯이 일본의 식민 지배에 반대하고 식민지 민중의 해방을 지향하는 대중운동이 폭발적으로 고양하였으며, 곧이어 이는 진보적 지식인과 사회운동가들이 주도하는 비합법의 혁명적 노동, 농민운동으로 이행하였다. "당대 최고의 혁명가", 혹은 "1930년대 좌익운동의 신화"라는 표현에서 보듯이 이재유는 이러한 흐름의 한 가운데에서 그것을 주도함으로써 이 시기의 상징이 되었다. 1993년에 필자가 《이재유 연구》를 간행한 것은 이러한 문제의식에서였다.

이 책을 낸지도 벌써 10년이 넘는 세월이 흘렀다. 책이 발간된 이후 책에 대한 반향을 드문드문 듣게 되었다. 이재유의 운동과 관련된 사람들, 이 책에 등장하는 운동자들의 후손이나 친지들이 이따금 편지나 전화 등을 통하여 당사자들에 관련된 자료를 구하거나 자세한 이야기를 듣고 싶어 했다. 이들은 자신의 아버지나 집안 어른이 '좌익'에 관련되었다는 이유로 해방과 분단의 오랜 세월 동안 온갖 고초를 겪으면서도 숨죽이고 살았던 사람들이 대부분이었다.

비록 이들의 요구에 다 응답하지는 못했지만 이 자리를 빌려 필자는 이 시기 사회주의자들의 대부분이 제국의 시대인 20세기에 일본 제국주의의 약탈과 전쟁, 가혹한 식민 지배와 민족 말살 정책에 맞서 자신의 모든 것을 헌신적으로 바쳤다는 사실을 다시 한 번 강조하고 싶다. 국가로 표상되는 공동체가 존립의 위기에 처했을 때 이들은 다른 누구보다도 자신의 젊음과 생명을 내놓고 그 부름에 응답하고자 했다. 사상과 이념의 문제로 민족해방에 대한 이들의 열정과 헌신이 역사적 기억에서 망각되어 버리고, 그들의 후손들이 그로 인한 정신적 고통과 물질적 결핍을 감내한다는 것은 비인간적이고 불공평한 처사일 것이다.

2004년 6월 무렵에는 일본의 이노우에 마나부井上學선생에게 편지를 받았다. 선생은 《조선연구》에 실린 미야케 교수 등의 대담문[1]과 아울러 자신이 쓴 《미야케 시카노스케와 조선三宅鹿之助と朝鮮》이라는 논문을 보내주었다. 그 후로도 이노우에 선생은 이재유를 일본에 소개하는 글을 주선하였으며, 이 책이 일본어로 소개될 수 있도록 배려해 주었다(井上學·元吉 宏 공역, 《이재유와 그의 시대李載裕とその時代》, 도쿄 동시대사同時代社, 2006). 이 자리를 빌어 감사를 드린다.

그런데 이노우에 선생은 내가 전혀 생각지도 못했던 문제를 물어 왔다. 내년(2005년)이 이재유 탄생 100주년인데 한국에서 별다른 기념행사가 없느냐는 것이다. 이재유는 공산주의자로서 북한에서 태어난 데다 후손이 없기 때문에 추진할 만한 주체도 없고, 사회운동권이나 시민단체에도 이름이 잘 알려져 있지 않기 때문에 별다른 움직임이 없는 것으로 알고 있다고 답변은 했지만, 필자로서 다소의 당혹감을 느꼈던 것이 솔직한 심경이었다.

이노우에 선생의 물음은 두 가지 점에서 필자를 일깨워 주었다. 하나는 반공이데올로기와 국가보안법의 질곡이 한 개인의 역사적 기억에까지 여전히 작용하고 있는 엄연한 현실이었다. 또 다른 하나는 탄생을 기린다는 사실을 통하여 이제는 역사의 뒤안길로 사라져버린 것으로 간주되어온 한 개인을 역사적 기억으로부터 다시 불러낸다는 새삼스런 느낌이었다.

후자의 느낌은 또 다른 계기를 통해서도 왔다. 2005년 10월 29일 필자는 이재유추모사업주비위가 주관하는 "이재유선생 60주기 추모식"에 초대를 받았다. 원래 이재유는 1944년 10월 26일 청주교도소에서 옥사했지만, 그를 기리는 사회단체와 사회운동자들이 주말인 10월 29일을 이용하여 추모식을 개최한 것이었다. 지리산 산자락 아래 자리잡은 전라북도 남원의 민주노동당 중앙연수원에서 개최된 60주기 추모식은 제안서에 나와 있듯이 "나라의 독립과 해방된 사회를 위하여 불꽃처럼" 살았으나 해방 이후 분단 60년의 역사에서 "망각의 강물 속으로" 사라져버렸던 "민족의 기억상실을 치유"하기 위한 것이었다.

조각가 조월희 씨가 개인적으로 작업해 오다 행사소식을 전해 듣고 추모사업회에 기증한 이재유의 흉상을 처음으로 본 것도 새로웠지만, 필자는 추모식을 주관하고 참가한 사람들이 사회 운동의 실천과 역사적 전승의 맥락에서 이재유를 이해하고 해석하는 태도에 깊은 인상을 받았다. 그것은 확실히 객관과 과학의 이름 아래 자료와 사실만으로 이재유를 보았던 필자의 접근과는 다른 것이었다. 역사와 실천에 대한 이들의 감각과 열정은 지나간 역사의 한 시기에 고착되어 퇴색해간 이재유의 운동에 다시 숨결을 불어넣는 것으로 보였다.

통일 이후를 내다보면서 우리나라 사회운동의 역사적 전통을 세워야 한다는 점에서 이재유를 알아야 한다는 말도 그럴 듯하게 들렸고, 오늘날 한국의 젊은이들이 체 게바라는 잘 알고 동경하면서도 왜 그보다 더 인간적이고 극적이며 혁명적인 삶을 살았던 이재유에 대해서는 모르고 있는가라는 한탄에도 귀가 뜨였다. 신채호가 〈랑객浪客의 신년만필新年漫筆〉(1925)이란 글에서 "석가가 들어오면 조선의 석가가 되지 않고 석가의 조선이 되며, 공자가 들어오면 조선의 공자가 되지 않고 공자의 조선이 되며, 무슨 주의가 들어와도 조선의 주의가 되지 않고 주의의 조선이 된다"고 하여 일부 지식인들의 사상적 무주체성을 통렬히 비판했던 사실이 문득 떠올랐다.

김일성의 회고록에 이재유에 대한 언급이 나온다는 말도 처음 들었다. 확인해 보아야겠다는 생각으로 서울에 올라오는 대로 찾아보았다. 회고록 형식의 《세기와 더불어》 제6권 보천보 사건에 대한 서술에서, 김일성은 전시체제로 이행하면서 조선민족에 대한 억압과 동화 정책을 강화시켜갔던 일제에 대하여 "조선민족은 죽지 않고 살아있다는 것, 조선민족은 자기의 말과 글을 절대로 포기하지 않는다는 것, 조선민족은 '내선일체' 와 '동조동근' 을 인정하지 않으며 황민화를 거부한다는 것, 조선민족은 일본이 망할 때까지 손에서 무장을 놓지 않고 항쟁을 계속"한다는 사실을 강조한 다음에 이어서 이재유에 대해 다음과 같이 언급하고 있었다.

1937년 5월 초였다. 나는 놀라운 국내소식을 또 하나 받아 안게 되었다. 조선공산주의운동의 거물 리재유가 체포되였다는 매일신보 특간호의 상보를 접하였던 것이다. 그것은 옹근 4면 짜리의 대대적인 특집이였다. 거기에는 경찰에 여섯 번이나 체포되였다가 여섯 번 다 탈출한 바 있는 리재유가 일곱 번째로 체포된 데 대한 경위와 그에 대한 소개가 지나치다고 할만치 상세하게 적혀있었다. 신문은 리재유를 "조선 공산운동 괴멸의 최후진"이니, 공산주의운동 "20년 력사 최후 거물"이니 하면서 그의 체포로써 공산주의운동은 영영 끝나게 되였다고 요란하게 떠들고 있었다. …… 리재유가 이름난 공산주의자인 것만은 사실이다. 그는 삼수사람이였다. 일본에 건너가서 고학을 하다가 로동운동에 참가하였으며 귀국 후에는 서울을 활동무대로 하여 공산주의운동을 하였는데 주로 태평양 로조조직들을 맡아가지고 함흥일대에까지 드나들면서 각 지방의 로조, 농조 운동을 지도하였다. 소문에 의하면 그는 담력도 있고 림기응변하는 기지와 변장술도 있어 붙잡힐 때마다 매번 탈출에 성공하였다고 한다. 신문은 이 이상의 탈출이 전혀 불가능하게 되였으니 조선공산주의운동은 최종적으로 막을 내린 셈이라고 단언하였다(《세기와 더불어》 제6권, 조선노동당출판사, 1995, 156~57쪽).

본문에서 보이듯이 이재유는 1936년 12월 25일 경찰에 체포되었지만, 이재유에 대한 경찰과 검사의 공식 수사가 종결되기 이전까지 일제는 보도를 통제하고 일반에 알리지 않았다. 그러다가 넉 달 후인 1937년 4월 30일 이재유 사건에 대한 기사가 공식 해금되면서 조선일보(동아일보는 당시 정간 상태에 있었다)와 경성일보, 매일신보 등은 호외와 특집을 발행하였으며, 이보다 약간 늦은 같은 해 5월 초 김일성은 만주에서 이 소식을 접하였다. 그리고 나서 한 달 후인 1937년 6월 4일 김일성의 항일유격대가 함북 갑산군 혜산진에 있는 보천보를 공격한, 이른바 보천보 사건이 일어났던 것이다.

이재유가 체포된 회수나 태평양노동조합운동에 관여한 사실 등 위의 회고에는 약간의 부정확함이 있지만, 이재유의 체포 소식을 전해들은 직후에 김일성이 보천보 전투를 단행했다는 사실은 주목할 만하다. 자신의 설명대로 일제에 의한 민족 말살의 억압이 강화되어 갔던 이 시기에 이재유의 체포로 종식되는 듯이 보였던 국내 운동의 맥을 이음으로써, 민족 구성원 사이에서 확산되어 갔던 실망과 좌절감, 그리고 지식인들의 허무감을 극복하고 민족해방운동에 활력을 불어 넣기 위한 의도가 있었던 것이다. 프랑스의 사회사학자 페르낭 브로델Fernand Braudel의 표현을 빌리면 김일성의 회고를 통하여 필자는 1937년 6월의 시점에 국경을 넘어 조그만 마을을 일시적으로라도 점령하고자 했던 이 사건의 의미를 단순한 사건사event history가 아니라 역사적 국면conjuncture의 시각에서 이해하게 되었다.

나아가서 이를 통하여 국내 사회주의운동과 만주에서 항일 무장투쟁운동은 민족해방이라는 공동의 대의로 수렴될 수 있었다는 사실을 필자는 강조하고 싶다. 국내 공산주의 운동에 대한 북한학계의 공식 평가는 종파적이고 파벌적이었다는 1958년 반종파투쟁의 규정에서 여전히 자유롭지 못한 것이 사실이지만, 종파나 경쟁이 아닌 공동의 대의와 투쟁의 역사를 공유함으로써 남북한의 역사는 서로 수렴될 수 있을 것이다.

또한 이재유의 운동은 한국과 일본을 포함한 동아시아에서 연대와 평화를 지향하는 공동의 역사를 위한 전범을 보이는 것이었다. 제국주의와 파시즘에 대항하는 공동의 대의를 위하여 경성제국대학의 교수였던 미야케 시카노스케三宅鹿之助는 구속과 해직이라는 개인적 희생을 감수하면서 자신의 집에 40여 일 동안 이재유를 기꺼이 숨겨주었다. 함경남도 흥남지방에서 노동자로 일하면서 혁명적 노동운동에 헌신하였던 이소가야 스에지磯谷季次와 같이 적지 않은 일본인들이 식민지 조선의 혁명운동에 자발적으로 참가하였다. 일본으로 건너간 식민지 청년들은 반제와 반전을 위한 일본의 사회운동에 기꺼이 헌신하였으며, 많은 일본인들이 식민지 민족해방운동의 취지에 공감하고 지원과 도움을 아끼지 않았다.

20세기 전반기 민간 차원에서의 이러한 교류와 연대는 오늘날 두 나라의 시민단체들이 식민 지배를 둘러싼 과거사 문제나 정신대 문제, 역사 왜곡과 같은 쟁점들에서 거두고 있는 일정한 성과들로 이어지고 있다. 이러한 전통의 연장선에서 해방과 분단 이후 60년이 넘는 분단과 냉전의 역사를 극복하고, 새로운 시대의 동아시아 평화와 인간다운 사회의 건설을 전망해 볼 수 있을 것이다. 이러한 점에서 이 책은 이재유의 탄생 100주년과 서거 60주기에 바치는 필자의 헌사이다.

창작과 비평사에서 발간한 1993년 본에 비해 이 책을 개정판으로 일컬을 수 있는 것은 제8장의 내용이 대폭 보완되었기 때문이다. 박헌영 전집(역사비평사 2004)의 간행으로 이관술, 이현상의 신문조서와 이관술의 회상록 등에 의거하여 이재유가 체포된 이후 이관술을 중심으로 한 이 그룹의 활동 내용과 경성콩그룹으로의 발전 내용을 좀 더 심층적으로 분석할 수 있었다. 아울러 1993년 당시에는 필자가 정확히 알지 못했던 전전 일본의 지성사를 공부함으로써 제2부에서 서술한 다키가와 유키토키瀧川幸辰교수 사건의 의미를 명확히 알게 되어 이에 관한 부분도 보완하였다. 아울러 이재유에 대한 검사조서와 예심조서, 공판조서를 한글로 번역하여 부록 형태(자료 3)로 첨가하였다.

개정판에 이르기까지 이 책이 간행되는 데에는 많은 사람들의 도움을 받았다. 부록으로 수록된 신천지에 실린 이재유 탈출기에 관한 자료의 복사와 정리에는 당시 덕성여대 학생이었던 최영신 씨의 도움을 받았다. 마찬가지로 부록의 조서류 자료에서 일부 초서 한자체의 해독에 대해서는 한국학중앙연구원 역사학 계열의 권오영權五榮 교수와 오사카교육대학의 고바야시 카즈미小林和美 교수의 도움을 받았다. 고바야시 교수의 전언에 따르면 본인이 해독할 수 없었던 것은 이 분야의 전문가인 부군의 도움을 받았다고 한다. 이 자리를 빌어 세 분 선생님께 감사의 말씀을 드린다. 이재유 흉상 사진의 게재를 흔쾌히 허락해준 조월희 작가와 바쁜 일정에도 불구하고 이재유의 커리커처를 그려준 박시백 화백의 두 분에게도 감사의 말씀을 드린다. 마지막으로 이 책의 의미를 평가하고 개정판 간행을 제안한 푸른역사에 감사의 뜻을 표하고 싶다. 푸른역사는 2004년 《여성의 근대, 근대의 여성》에 이어 이 책을 출간하는 호의를 베풀어 주었다. 이 책이 이러한 형태로 나올 수 있었던 것은 푸른역사 편집부 여러 선생님들의 노력과 정성 때문일 것이다.

2006년 12월 김경일

초판 머리말

일제하 노동운동의 전개과정을 살펴보면 1920년대 문화 정치 시기 전국적 범위의 활발한 노동조합 조직들을 거쳐, 1930년대 이후에는 비합법 방식에 의해 혁명적 노동조합을 건설하기 위한 흐름이 주류를 이루었다는 것을 알 수 있다. 1987년 이래 120여 년의 노동운동을 연구하면서 필자는 1930년대의 혁명적 노동조합운동에 관심을 가지기 시작하였다. 후자에 대한 이해가 없이는 전자에 대한 인식 또한 불가능하리라는 생각에서였다. 많은 자료를 헤쳐 가면서 이 시기의 비합법운동으로 필자가 특히 관심을 가졌던 것은 1930년대 전반기 함흥·흥남 일대를 중심으로 4차에 걸쳐 지속된 이른바 태평양노동조합(태로) 계열의 운동, 1930년대 중반기 서울을 중심으로 한 이재유 그룹의 운동, 1930년대 후반기 원산 지역을 중심으로 민족해방통일전선결성을 위한 혁명적 노동조합운동 등이었다.

이 과정에서 필자의 관심을 사로잡았던 것은 이재유였다. 그의 "영웅적 활동은 지하혁명운동 사상에 최고의 기록을 우리 민족의 기억에 남겼다"거나 "당대 최고의 혁명가" 혹은 "30년대 좌익운동의 신화" 등의 평가에 이끌린 점도 있었지만, 여타 공산주의자들과는 다른 그의 운동 방식이 눈에 들어 왔기 때문이다. 억압적 군사독재정권이 지배하던 1970년대와 1980년대 전반만 하더라도 이 시기 비합법운동의 역사가 제대로 밝혀져 있지 않았던 것을 배경으로, 이 시기의 운동에 대한 막연한 추정에서 출발하여 그것을 신화화하는 일정한 분위기가 진보적 지식인과 학생들 사이에 있었던 것으로 기억한다. 필자의 경우도 그러한 이야기를 넘겨들으면서 대학 시절을 보냈고, 또 대학원에 진학하였다.

그러나 이 시기 운동의 역사를 알고 싶다는 호기심과 욕구는 구체적인 자료를 들여다보면서 이내 실망으로 바뀌었다. 산발적으로 고립되어 전개되었던 운동들, 관념적이고 교조적인 운동자들의 성향, 일부 지역과 시간을 제외한다면 전반적으로 미미하였던 대중적 기반 등등을 고려할 때, 운동의 실체가 고작 이 정도였나 하는 생각과 함께 운동자들의 자기만족 이외에 노동운동과 민족해방운동이 궁극적으로 무엇을 위한 운동이었던가를 되묻지 않을 수 없었다.

이재유가 남긴 몇몇 글들을 보면서 필자는 이러한 판단을 잠시 유보하기로 했다. 그가 나에게 말을 걸어 왔기 때문이다. 이재유를 알고 싶다는 강렬한 욕구에서 필자는 그에 관한 글을 쓰기 시작하였지만, 관련 사건들에 관한 소략한 판결문을 가지고서는 한계가 있었으며, 또 학위논문에 쫓기느라 이 작업은 부득이 중단할 수밖에 없었다. 이 동안에 필자는 학위논문을 통해 1920년대 노동운동을 나름대로 정리하는 한편 이재유에 관한 자료들을 찾아내어 보강하는 시간을 가질 수 있었다. 우여곡절 끝에 5,000페이지가 넘는 방대한 분량의 필사본으로 된 이재유 사건의 조서를 열람할 수 있었던 것도 큰 도움이 되었다. 담당 경찰이 일본문 초서로 흘려 쓴 글씨를 판독하는 데는 많은 인내와 시간을 요구하였지만, 그에 따른 노력이나 고통보다는 조서 중 일부가 유실되어 볼 수 없었던 아쉬움이 훨씬 더 컸다. 또한 판결문 등에 비해서는 훨씬 많은 정보를 제공해 주지만, 식민지 경찰의 혹독한 고문 아래 작성된 경찰의 조서 또한 자료로서의 왜곡과 편향을 가지고 있는 것이 사실이다. 이러한 한계에도 불구하고 지금까지 공개되지 않았던 새로운 자료를 심층적·비판적으로 검토함으로써 그 시대의 현실에 근접하고자 하였다. 벽돌과 흙으로 집을 짓듯이 재료가 되는 구체적인 역사적 사실들을 하나하나 두드려 보면서 검증받은 자료에 기초하여 짜여진 줄거리를 구성하고 싶었던 것이다.

1936년 12월 25일 경기도 경찰부에 체포된 이후 이재유는 14차례에 걸친 공식적인 경찰의 조서를 받았으며, 이밖에도 검사의 신문조서 4회, 예심판사의 조서 3회, 공판에서 3차례에 걸친 조서가 남아 있다. 본문에서 경찰조서는 단순히 조서로 표기하고, 나머지는 그 계통을 밝혀 두었다. 이 가운데 필자가 볼 수 없었던 것은 경찰조서로서 제8회에서 제11회의 4차례에 걸친 부분이다. 분량으로 보면 전체 경찰조서 700여 페이지에서 250여 페이지로서 경찰조서의 대략 35퍼센트에 해당한다. 내용으로 보면 제2기인 재건그룹 시기, 특히 출판물의 간행 부문이 주종을 이루고 있는 것으로 추정된다. 따라서 각 시기의 서술에서 제2기를 전후한 시기의 일부 자료가 누락됨으로써, 이 책이 부득이 그 부분에 편향이 있다는 사실을 독자들은 염두에 두어야 할 것이다.

이 책의 말미에는 자료적 가치가 크다고 생각하는 두 개의 글을 수록하였다. 하나는 1936년 10월에 이재유의 경성준비그룹 기관지로 발간된 《적기》 제1호이며, 다른 하나는 해방 이후에 당시의 운동자가 이재유를 회상하고 기리면서, 그의 운동을 정리·평가한 기록이다. 전자는 일본문에서 다시 필자가 옮긴 것이며, 후자의 글은 맞춤법 등의 표기를 현재 쓰이는 방식으로 고쳤기 때문에 원문과는 다소의 거리가 있다. 또한 이 글은 사실에 대한 과장과 부정확성을 일부 포함하고 있다. 전반적으로 보아 대부분의 자료들이 일제경찰에 의해 작성된 피의자 기록이나 수사기록들이라는 점에서, 이 책에서 제시된 이재유의 운동은 실제에 비해 과소평가될 수밖에 없는 근본적인 한계가 있었다는 점을 지적하고 싶다.

필자는 이 책을 통해 이재유의 삶과 사상이 이 시기 노동운동과 민족해방운동에서 차지하는 의미를 부각시키고자 하였다. 1930년대 서울을 중심으로 한 이재유의 운동은 코민테른 등의 국제주의 노선에서 파견한 운동과 불가피하게 대립적인 관계를 가지면서 발전하였다. 이 책에서 필자는 국제주의 노선을 추종한 운동자들의 영웅주의적이고 권위주의적이었던 운동 방식과는 대조적으로 국내에 운동의 기반을 둔 이재유에 의해 대표되는 운동을 강조하고자 하였다. 아울러 이재유가 체포되어 옥사한 이후 이러한 국내주의의 주체적 전통이 부정되는 과정을 제시함으로써, 일제 말의 이른바 경성콤그룹과 해방 이후의 운동을 이해할 수 있는 인식의 단초를 제공하고자 하였다.

이재유의 운동은 억눌리고 굶주렸던 식민지 민중의 삶에 대한 따뜻한 애정의 표현이다. 일제에 의해 왜곡되고 역사가들에 의해 무시되었으며 현재에도 여전히 의문시되는 노동 대중의 활력과 역량에 대한 신뢰를 그는 결코 잃지 않았다. 운동과정에서는 이론과 실천의 적절한 결합을 강조하였으며, 특히 실천적 운동에서 그는 탁월한 능력과 천부적인 지도력을 보여주었다. 무엇보다 그는 이 시기 사회주의자들의 일부가 민족문제를 경시 내지는 무시했던 것과 대조적으로 민족문제를 운동의 중심에 두어 사고하고 행동했던 드문 운동자였다. 요컨대 그는 혁명적이었던 만큼 민족적이었고, 민족적이었던 만큼 민중적이었다.

이와 같이 이재유의 운동은 이 시기 비합법운동의 정수이자 꽃이었다. 한국현대사의 전개과정에서 사회주의와 공산주의는 노동자·농민 등의 노동 대중에 대한 헌신과 대의를 표방하면서 하층 민중에 지속적인 영향을 미쳐 온 이념이다. 역사가 단순한 과거의 사실이 아닌 현재적인 의미와 관심에서 씌어진다는 점을 인정한다 하더라도, 거꾸로 현재의 요구와 필요에 의해서 과거를 조합하거나 왜곡해서는 안 될 것이다. 역사가는 늘 그 시대의 실제적 현실에 접근하기 위해서 노력해야 한다는 점을 강조하고 싶다. 이러한 점에서 전형적인 공산주의자로서 이재유의 삶은 곧 이 시기의 지배적 이념과 운동을 대변하는 것이라고 말할 수 있을 것이다. 백남운·김원봉·홍명희 등 최근 들어 좌파나 중도 좌파의 인물들에 대한 연구가 나오고 있기는 하지만, 이 연구가 우익의 사회운동가나 사회사상가 중심의 주류적 역사서술을 극복하고 현대사에서 진보와 변혁을 담당한 인물들이 역사의 커다란 공백을 메우는 데 도움이 되었으면 하는 것이 필자의 바람이다.

1993년 5월 김경일

이재유

이재유

한국 진보운동의 역사에서 이재유는 1930년대 민족혁명의 흐름을 주도한 대표적 인물이다. 1944년 일제 감옥에서 옥사하기까지 그는 식민지로부터 조선의 독립과 민중의 해방을 위하여 일생을 바쳤다. 그에게 바쳐진 수많은 헌사들 중에서 "당대 최고의 혁명가", 혹은 "30년대 좌익운동의 신화"라는 표현에서 보듯이 거듭되는 체포와 고문, 감옥생활, 탈주, 지하 활동으로 점철된 그의 삶은 남미의 혁명가로 널리 알려진 체 게바라 못지않게 극적이고 혁명적이었다.

1920년대 중반 이후 그는 일본에서 재일본조선노동총동맹, 재동경조

미야케 시카노스케

1934년 여름 이후 신당동에서 야경 생활 당시의 아지트 전경.

조각가 조월희가 제작한
이재유 흉상(2005년)

이재유

박시백 화백이 그린 이재유(2006년)

체포 당시 농부로 변장한 이재유

이재유 체포를 대서특필한 경성일보
1937년 4월 30일자 호외

1934년 봄 이재유가 운신했던 동숭동 미야케 교수의 관사 전경

조선공산당 검거와 재판을
보도한 신문기사

이재유가 경찰 조사과정에서 작성한 운동방침서

선청년총동맹, 신간회 동경지회 등의 사상단체와 노동단체 등에서의 합법 운동과 아울러 조선공산당 일본총국과 고려공산청년회 일본총국 등에서 비합법 운동을 하면서 도쿄 경시청을 비롯한 경찰서에 무려 70여 차례나 검속될 정도로 맹렬한 활동을 하였다. 1930년 제4차 공산당 사건의 관계자로 조선으로 호송되어 치안유지법 위반으로 3년 6개월의 형을 선고받은 그는 1932년 말에 출옥한 이후 1936년 말 일제에 의해 체포되기까지 이 시기 민족해방운동을 주도하였으며, 체포된 이후에도 옥중에서 죽을 때까지 혁명가로서의 삶과 민족혁명에 대한 열정을 잃지 않았다.

"위대한 사람 한 사람이 통일한다 해서 혁명은 성취되는 것이 아니다"라는 그의 말에서 보듯이 이재유는 노동대중의 주체성과 자발성을 강조하였으며, 이는 트로이카라는 독특한 조직방식을 통해서 표현되었다. 노동자, 농민과 도시 빈민, 창녀 등 식민 지배 아래에서 가장 억눌리고 박탈당한 민중에 대한 깊은 애정과 연민을 바탕으로 그는 구체적인 자료에 근거하여 이들 하층민의 비참한 현실을 고발하였다.

나아가서 그는 이 시기의 주류 공산주의자들과는 달리 일본 제국주의의 민족정책에 대하여 가장 강렬하게 비판하고 또 이에 항거함으로써 민족혁명에 대한 관점을 일관되게 유지하였다. 일본제국주의가 조선 특유의 4천 년 역사와 문화, 혈통을 약탈할 뿐만 아니라 조선인의 언어, 풍속, 관습, 교육, 역사까지도 위조, 약탈, 동화되도록 강제하고 있다고 비판하면서, 그는 학교 교육에서 조선어의 상용과 조선 역사 시간을 늘일 것을 주장하였다. 최후로 검거된 이후 옥중 생활을

우이동과 창동 사이 이재유가 체포된 현장의 산정山頂

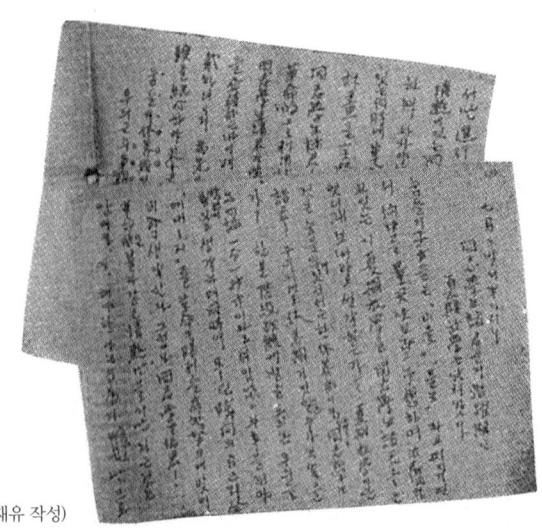
학생운동에 관한 팸플릿(이재유 작성)

하면서도 그는 조선어 사용금지를 반대하는 투쟁을 전개하였다.

일제의 가혹한 탄압과 추격, 고문, 학살의 위협에도 굴하지 않고 지속적으로 민족혁명을 실천해 갔던 이 시기의 대표적인 혁명가로서 이재유는 혁명적인 만큼 민족적이었고, 또 민족적인 만큼 민중적인 삶을 살았다. 진보 운동의 역사적 계승이라는 관점에서 보면 그의 지도와 영향 아래에서 이관술, 박진홍, 김삼룡, 이현상 등 일제 시기와 해방 이후 변혁운동을 주도했던 많은 운동자들이 배출되었다. 이재유의 체포 소식이 만주에 알려진 직후 유명한 김일성의 보천보 전투가 있었던 사실에서 보듯이 이재유를 중심으로 하는 국내의 사회주의 운동과 김일성이 주도한 만주에서의 항일 무장투쟁은 민족해방이라는 공동의 대의로 수렴되었다. 경성제국대학의 교수인 미야케 시카노스케가 이재유와 함께 제국주의와 파시즘에 반대하는 투쟁을 전개하였던 사실은 동아시아에서 새로운 연대와 평화를 위한 역사적 경험이 될 것이다.

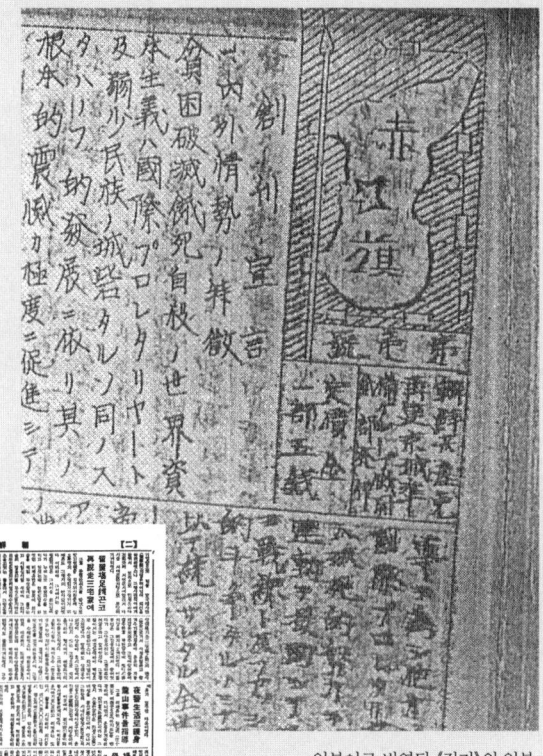

일본어로 번역된 《적기》의 일부

조선일보 호외(1937년 4월 30일)

체포될 때까지 이재유와 이관술이 살았던
양주군 공덕리

이재유 연보

1905년 (1세)
8월 28일 함남 삼수군 별동면 선소리에서 출생.

을사보호조약

1907년 (3세)
어머니 이씨 사망.

1922년 (18세)
상경.

1924년 (20세)
4월 사립 보성고보 2학년에 편입학.
6월 사립 보성고보 자퇴. 아버지 사망.

4월 19일
조선노농총동맹 창립.
21일 조선청년총동맹 창립.

1905~1926

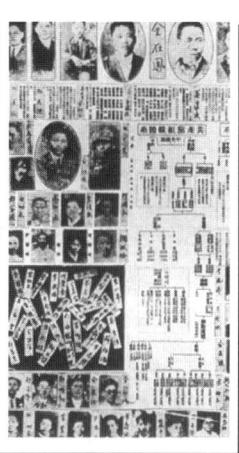

4월 17일 조선공산당 결성.
    18일 고려공산청년회 결성.
5월 12일 치안유지법 실시.
9월 27일 조선학생과학연구회 창립.
11월 19일 노농총동맹의 분립 결의. 11월 제1차 조선공산당
        검거. 조공 일본연락부 설치.
12월 13일 개성청년연맹 창립. 12월 제2차 조선공산당 조직.

1925년 (21세)
4월 개성 송도고보 4학년에
    편입.
9월 동교 내에서 사회과학연
    구회 조직.

1926년 (22세)
11월 5일 송도고보에서 퇴학
    처분.
12월 도일.

1월 목포 제유공 파업.
2월 노농총동맹 분립안 통과.
6월 10일 6·10만세운동 발발.
6월 제2차 조선공산당 검거 시작.
    제3차 조선공산당 조직.
11월 정우회선언.
11월 재동경 무산청년동맹 파벌주의 박멸 등 결의.
        일월회 해체.
12월 노농총동맹, 조선노동운동에 대한 신정책 발표.

1월 신간회 강령 발표.
2월 신간회 창립. 재일 조선합동노조 정치부 신설.
4월 동경에서 조공 일본부 조직.
5월 신간회, 동경지회 발회식.
5월 27일 근우회 창립.
6월 동경·경도·대판 운동자들 총독부폭압정치 폭로강연회 개최.
7월 조공 일본부 해체.
8월 동경에서 총독부 폭압정치 폭로연설회 개최.
9월 17일 재일 각단체 연합 조선총독부정치탄핵동맹 결성.
12월 9일 제3차 조공 해산 결의. 6일 노농총동맹 분립.

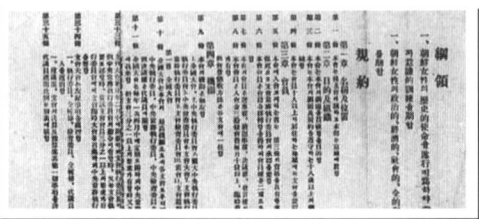

1928년 (24세)
4월 조공 일본총국 위원.
5월 고려공청 일본총국 선전부 책임.
6월 경기도의 일본거주 노동 요시찰인으로 편입.
8월 제4차 조공 사건으로 체포되어 서울로 압송.

1월 제3차 조선공산당 검거 시작.
4월 조공 일본부 일본총국으로 개칭.
6월 개정 치안유지법 실시.
7월 제4차 조선공산당 검거 시작.
7월 코민테른 제6회 대회.
12월 코민테른 12월 테제.

1927년 (23세)
사립 일본대학 전문부 입학.
동경대 신인회가 주관한 노동학교 등록.
11월 고려공산청년회 일본부 후보회원.

1927~1932

1930년 (26세)
11월 경성지법에서 치안유지법 위반으로 징역 3년 6월 선고받음.

3월 신현중 등의 경성제대 반제동맹(~10월). 김일수·윤자영·오산세 등의 조선좌익노동조합전국평의회.
4월 만보산 사건. 이종림·고경흠·권대형 등의 조선공산주의자협의회.
5월 신간회 해소.
10월 태로 10월 서신. 조공 일본총국 일국일당원칙으로 일본공산당에 흡수.

1931년 (27세)
여름 복역 중 채석장 사역에서 김삼룡과 만남.

1월 부산 조선방직 파업.
3월 조공 만주총국 코민테른의 일국·일당원칙으로 중국공산당에 흡수.
8월 평양 고무공장 총파업. 이평산 등의 경성RS협의회(~1931. 10)

1932년 (28세)
7월 경성형무소 이감.
12월 22일 경성형무소에서 만기출옥. 연건동 35번지 이인행 방에 기숙.

2월 김삼룡 출옥
5월 공원회 등의 적위대(~10월)
10월 조정래, 변우식 등의 조선반제동맹 경성지방 조직준비위원회(~33. 1)
12월 권영태 입국.

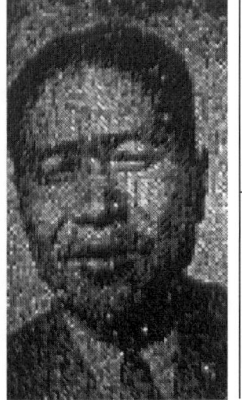

1933년 (29세)
2월 김삼룡과 재회. 이인행, 이분성과 독서회 활동.
3월 안병춘을 만남. 봄 서울 지방의 당재건을 위한 5대 슬로건 수립.
4월 이경선이 학생운동의 여자중등학교를 맡음.
5월 동숭동 29번지로 이주.
6월 이현상과 만남. 김형선과 회담(~7월 초)
7월 신설동 砂村의 빈민촌으로 이주. 조공재건 경성 트로이카 결성(이재유·안병춘·변홍대·이현상·최소복). 정태식과 만남. 용산지역 화학부문의 하위 트로이카 결성(변홍대·이종희·신덕균).
8월 영등포 지역 금속부문의 하위 트로이카 결성(안병춘·안삼원·이병기).

9월 동대문 지역 섬유부문의 하위 트로이카 결성(이현상 이순금 권오경 등). 종연방적 파업을 계기로 경성콩그룹에 공동투쟁위원회 제안.

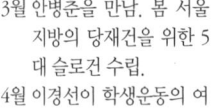

10월 공장내 활동방침 작성. 대공장에서 활동할 필요 편집 간행. 학교내 일상투쟁 작성.
11월 안승락과의 회담에서 간도공산당. 피고인에 대한 구원운동 제안. 최소복과 함께 학생운동의 행동 강령서 작성. 이현상에 의한 동대문 밖 제사공장의 대표자회의 소집.

12월 미야케 교수와 만남. 군중접촉시의 주의, 회합시의 주의, 일상생활의 주의, 체포 고문에 대하여 어떻게 대처할 것인가? 작성. 25일 이현상 체포.

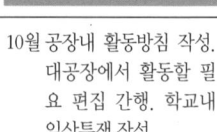

5월 동덕여고보 동맹휴학.
6월 편창제사 파업.(김형선그룹과 만남). 중앙기독교청년학교맹휴
7월 숙명여고보 맹휴 기도.
8월 중앙상공회사 파업. 소화제사 여공 파업. 고려고무 동명고무 파업.
9월 조선견직 여공 파업. 서울고무 여공 파업.(경성콩그룹과 만남.) 종연방적 파업. 용산공작소 영등포공장 직공대회 개최 (21일).
11월 중앙고보 맹휴.
12월 배제고보 및 경성여자상업학교 맹휴

1933~1935

1934년 (30세)
1월 이순금·안병춘 등과 함께 서대문 경찰서에 체포.
3월 서대문 경찰서에서 탈출기도 실패.
4월 서대문 경찰서에서 탈출하여 미야케의 동숭동 대학 관사에서 은신.
5월 17일 정태식 체포. 21일 미야케 체포에 따라 관사에서 탈출. 6월 도로공사 인부로 생활(~8월).
8월 박진홍과 신당동에서 동거.
9월 자기비판문 완성.

1월 김삼룡·이백만과 함께 인천에서 노동운동.
3월 이관술 보석출소.
4월 경성콤그룹에서 메이데이 팸플릿 및 격문 발간, 인쇄.
5월 경성콤그룹에서 기관지로 프롤레타리아 발간. 5월 19일 권영태 체포.
12월 27일 경성지법에서 미야케 징역. 3년 선고받음.

1935년 (31세)
1월 이인행·박진홍·박영출 체포. 신당동의 아지트에서 탈출.
5월 양주군 노해면 공덕리에 정착(~36. 12. 25.)

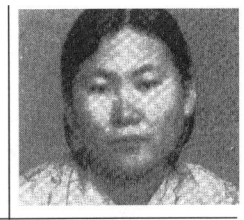

7월 25일 코민테른 제7차 대회(인민전선전술 채택).
8월 10일 권우성·정재철 체포.
9월 안승락 체포.
11월 7일 김승훈 체포.

10월 유순희·공성회 등 체포(용산서사건). 이관술·박영출과 만남.
11월 학교 내의 활동기준, 공장 내의 활동기준 작성.
12월 조공재건 경성재건그룹 결성. 세말 캄파니아 투쟁방침서 간행.

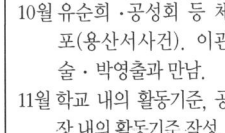

1937년 (33세)
4월 23일 검찰 송치.
5월 1일 예심에 회부.
5월 박진홍, 1년 6월 복역 후 출옥.
6월 23일 안병춘 2년 복역 후 출옥.
7월 19일 이관술과 연락중 이순금 체포. 21일 박진홍 체포.
9월 6일 기소중지로 박진홍 석방.

1936년 (32세)
3월 서구원과 만남.
6월 경성콩그룹에 좌익전선의 통일을 위한 경성지방협의회를 제안. 조공재건 경성준비그룹 결성.
7월 8·1캄파니아의 구체적 실행방법 작성.
8월 최호극과 만남.
10월 적기 제1호 발행.
11월 적기 제2호 발행.
12월 적기 제3호 발행. 25일 양주군 노해면 창동에서 체포.

12월 사상범보호관찰령 제정.
12월 김희성 등 콩그룹 후계조직 체포.
12월 25일 미야케 서대문형무소에서 가출옥.

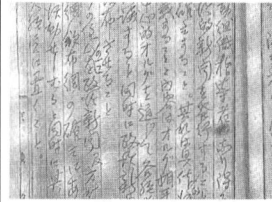
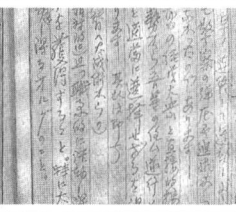

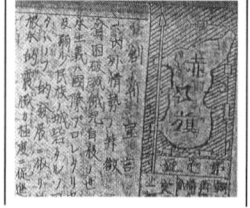

1월 미야케 일본으로 귀국.
7월 권우성·김승훈·안승락·정재철의 공판 선고.

1936~
1944

1938년 (34세)
2월 초순 예심 종결.
6월 24일 제1회 공판.
7월 5일 제2회 공판.
7월 12일 제3회 공판.
12월 경성콩그룹 결성.
(~41.12.)

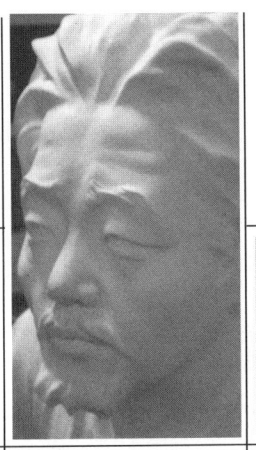

1944년 (40세)
10월 26일 청주보호교도소에서 옥사.

1939년 (35세)
4월 7일 김희성·박인선 등의 공판 선고.

1942년 (38세)
8월(혹은 9월) 형기만료.

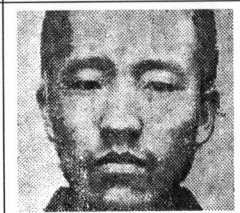

1941년 (37세)
4월 치안유지법 개정으로 예방구금제도 신설.

1930년대 운동가들

미야케 시카노스케 교수

적지 않은 일본인들이 식민지 조선의 혁명운동에 자발적으로 참가했는데, 그 대표적인 인물이 미야케다. 1924년 도쿄제국東京帝國대학 경제학부를 졸업하였다. 1년쯤 법정대학 강사로 있다가 1927년 경성제국대학 조교수로 옮겼으며, 1932년에 교수가 되었다. 평소 이론과 실천은 통일되어야 한다는 지론을 펴고 있었고 실천운동에 지대한 관심이 많았던 미야케는 정태식의 소개로 이재유와 만났다. 그는 1925~1928년의 5차례에 걸친 조선공산당에 대한 검거로 와해된 한국공산당을 재건하여 국제공산당의 승인을 받고, 나아가 1934년에 개최될 제7차 국제공산당대회에 정식으로 대표를 파견하려고 하였다. 그러나 그의 이러한 시도는 공산당의 재건동맹사건을 수사하던 경찰에 발각되어, 119명의 관련자들이 체포됨으로써 막을 내렸다.

그는 제국주의와 파시즘에 대항하는 공동의 대의를 위하여 구속과 해직이라는 개인적 희생을 감수하면서 자신의 집에 40여 일 동안 이재유를 기꺼이 숨겨주었다. 두 사람이 반제파시즘 투쟁을 공동으로 전개한 사실은 동아시아에서 새로운 연대와 평화를 위한 역사적 경험이 될 것이다.

이현상

1906년 충남 금산錦山에서 태어났다. 중앙고등보통학교 재학 때인 1925년 조선공산당 창설에 참여하였다. 1927년 보성전문학교 법과에 입학한 뒤 조선공산당과 고려공산청년회 산하 학생부원회, 조선학생과학연구회 등에서 활동하였다.

반일 동맹휴학을 주도하다가 일제의 대규모 공산당 검거 때 체포되어 실형을 선고받고 복역하였다. 출옥 후 박헌영朴憲永·김삼룡金三龍 등과 함께 경성콤그룹을 결성하였다. 일제 말기에는 지리산에 들어가 은둔생활을 하였고, 8·15 광복 이후 조선공산당 재건에 참여하였다. 공산당이 남조선노동당으로 개편된 뒤 연락부장 등의 요직을 맡아 활동하다가 남한에서 공산당 활동이 불법화되자 월북하였다.

1948년 북조선노동당의 결정에 따라 다시 남한으로 내려왔다. 지리산으로 들어가 6·25전쟁을 거치면서 빨치산 투쟁을 전개하였다. 1951년 북한당국에 의해 공식적으로 남한 빨치산의 조직인 남부군南部軍의 총사령관으로 임명되었다. 각 도당 유격대를 남부군 사령부에 소속시키는 등 조직적인 투쟁을 전개하다가 1953년 휴전 이후 군경 합동으로 실시된 지리산 공비토벌작전 때 사살당하였다.

이관술

경남 울산 출생. 일본의 히로시마[廣島]고등사범학교를 졸업하고, 1931년 동덕여자고등보통학교에서 교사로 재직하면서 학생자치 및 교내경찰출입을 반대하는 동맹휴학을 지도하였다. 이듬해에는 이순근李舜根·김도엽金度燁·이순금李順今 등과 일본 학생을 포함하여 조일반제공동투쟁동맹朝日反帝共同鬪爭同盟을 조직하여 일제의 만주출병을 반대하다 붙잡혀 복역하다가 1934년 4월 병으로 보석되었다.

그 뒤 잡지 《적기赤旗》를 출간하여 반제동맹의 재건을 노렸으며, 노동자 조직활동을 영등포에서 벌이기도 하였다. 1939년에는 김삼룡金三龍·이순금·장순명張順明 등과 경성콤그룹을 조직하였고, 1945년 9월 6일에는 전국인민대표자대회에서 조선인민공화국 중앙인민위원 및 선전부장 대리에 선출되었으며, 또한 조선공산당 총무부장 겸 재정부장으로 활동하였다.

1946년 2월 민주주의민족전선 상임위원을 지내고, 1946년 7월 정판사위조지폐사건 주범으로 붙잡혀 복역하였다. 1948년 8월 북조선최고인민회의 대의원에 선출되었으나 그 뒤 숙청되었다.

권영태

함남 홍원 출신으로 이 지역에서 고려공청 홍원 야체이카 책임자를 지낸 권영규權榮奎의 동생이다. 공립보통학교를 졸업한 이후 홍원청년동맹에서 활동하다가 1929년 채규항蔡奎恒이 지도하는 조선공산당 재건운동에 참여하였다. 1930년 홍원노동조합 청년부 결성에 참여하여 활동하다가 같은 해 11월 어용노조의 참가자를 폭행했다는 이유로 1931년 1월 함흥지방법원에서 징역 6월을 선고받았다. 출옥 직후인 1934년 4월 이상희李相熙의 소개로 같은 해 5월 모스크바 동방노력자 공산대학 속성과에 입학하여 이듬해인 1932년 5월에 졸업하였다. 이어서 12월에 프로핀테른 극동부의 책임자로부터 서울의 공장 지대를 중심으로 적색노동조합 조직을 위하여 조선으로 들어왔다. 1934년 1월 서울에서 안종서安鍾瑞, 서승석徐升錫 등과 노동운동과 학생운동을 지도하다가 정태식을 통하여 경성제대의 미야케 시카노스케 교수와 제휴하였다. 《메이데이》, 《프롤레타리아》 등의 팸플릿을 발간하면서 같은 해 5월에 경성공산주의자그룹(경성콤그룹)을 조직하여 책임을 맡았으나, 곧이어 5월 19일에 동대문 경찰서에 검거되어 1935년 12월 20일 경성지방법원에서 정태식과 함께 징역 5년을 선고받았다.

김삼룡

1908년 충북 충주에서 태어나 1939년 박헌영·이현상·이관술 등과 비밀 공산주의운동단체인 '경성콤그룹'을 조직하여 조직부장 겸 노동부장으로 활동하였다. 이 단체는 제1차 조선공산의 노선을 계승하여 공장·지방·학생층에도 조직을 구성하였다.

1940년 일제에 체포되어 전주형무소에 수감되었다가 8·15해방 다음날 출감했다. 당시 광주에 피신해 있던 박헌영은 이순금李順今(뒤에 김삼룡과 결혼함)을 전주로 보내 연락한 뒤 18일 전주에서 김삼룡을 만나 19일 함께 서울에 도착했다. 두 사람은 8월 21일 옛 경성콤그룹 동지들을 모아 '조선공산당재건준비위원회'를 조직하였다.

1945년 9월 11일 재건준비위원회가 발전적으로 해체되고 박헌영을 총비서로 하여 조선공산당이 재건되었다. 이후 조선공산당은 이영李英·정백鄭伯·최창익崔昌益 등의 옌안파를 흡수하였고 김삼룡은 이현상·김형선金炯善 등과 함께 핵심적인 조직국 간부를 맡았다. 1946년 2월 조선공산당을 대표하여 민족주의민족전선 대의원을 지냈으며, 그해 11월 남조선노동당 중앙위원을 지냈다. 1946년 9월 미군정의 체포령을 피해 박헌영이 월북하자 남조선노동당을 책임 지도하다가 1950년 3월 27일 서울 아현동 은신처에서 체포되었다.

조직원들이 거의 체포된 상태에서 끝까지 전향하지 않은 그의 체포는 사실상 남한에 산재해 있던 남로당의 붕괴를 의미했다. 6·25전쟁 개시 직전 북한은 김삼룡·이주하와 조만식曺晩植을 교환하자고 제의하기도 하였으나 성사되지 않았다. 서대문형무소에 수감되어 있던 그는 6·25전쟁 직후 이주하와 함께 한강 백사장에서 사형당했다.

이순금

1912년 경상남도 울산에서 태어났으며, 조선공산당 총무부장을 지낸 이관술 李觀述의 여동생이다. 1930년 동덕여자고등보통학교(동덕여자고등학교의 전신)에 입학한 뒤 독서회를 조직하여 사회과학 연구에 몰두하였고, 1932년 졸업 후에는 영등포의 제사공장에 취업하여 동료들에게 의식화 교육을 통해 파업을 선동하였다.

같은 해 5월 ML계 조선공산당의 일원인 이평산李平山이 상하이[上海]에 있는 양명梁明과 한위건韓偉健의 지시로 조선공산당재건투쟁협의회의 산하 학생부문조직으로 결성한 경성알에스RS협의회 사건에 연루, 검거되었으나 불기소처분으로 석방되었다.

1933년 서울에서 이재유李載裕·이현상李鉉相·변홍대邊洪大 등과 함께 적색노동조합을 조직하다가 이듬해 검거되어 징역 2년을 선고받았고, 1939년 박헌영朴憲永이 조선공산당 재건을 위해 조직한 경성콤그룹에 참여하였다. 1945년 9월 조선공산당 서기국원이 되었고, 1946년 2월 좌익 세력의 통일전선체인 민주주의민족전선 중앙위원에 선임되었다. 같은 해 11월 남조선신민당·조선인민당·조선공산당의 3당이 합당되어 결성된 남조선노동당 중앙위원이 되었으며, 남조선민주여성동맹에 가입하여 여성운동에 매진하다가 월북하였다.

박진홍

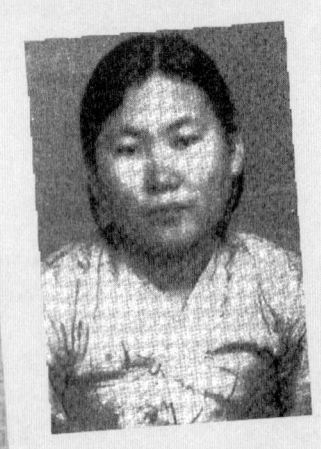

박소영朴昭永·이영숙李英淑·최순녀崔順女라고도 불리었다. 1914년 함경북도 명천에서 태어나 1928년 화태공립보통학교를 졸업하고 동덕여자고등보통학교(동덕고등학교의 전신)에 입학하였다.
재학 중 독서회 등 비밀결사에 가입하여 항일의식을 키웠으며, 1931년 교사신축 요구와 보건문제를 내걸고 동맹휴학을 주도하다 퇴학당하였다. 이후 서울에서 대창직물, 대창고무, 조선제면회사 등에서 노동자 생활을 하면서 노동운동에 투신하였으며, 같은해 11월의 경신학교 동맹휴학이 발단이 되어 12월에 일어난 경성아르에스RS협의회ML계 조선공산당의 일원인 이평산이 상하이上海에 있는 양명과 한위건의 지시로 조선공산당재건투쟁협의회에 이어 결성한 학생부문 조직) 사건에 연루되어 치안유지법 위반으로 검거된 뒤 징역 2년을 선고받았다.
1934년 이재유가 주도한 조선공산당재건 경성준비그룹에 연루되어 다시 검거되었다가 무혐의로 5월에 석방되었다. 이후 박영출朴英出·공성회孔成檜·김만기金萬基 등과 함께 용산에서 혁명적 비합법 노동조합인 적색노동조합운동을 벌이다가 1935년 1월 치안유지법 위반으로 검거되어 징역 1년 6월을 선고받고 복역하였다.
같은해 12월 조선공산당 재건운동을 벌이다가 다시 체포되어 징역 1년을 선고받았다. 1937년 출옥하여 박헌영·김삼룡·정태식鄭泰植 등이 조선공산당 재건을 위해 결성한 경성콤그룹에 관계하다가 1941년 말에 검거되었다. 1944년 출감하여 경성콤그룹에서 같이 활동한 김태준金台俊과 결혼하였으며(이재유는 1944년 사망), 그해 11월 김태준과 함께 김두봉金枓奉·김무정金武亭·최창익 등이 중국의 화북지역에서 결성한 화북조선독립동맹에서 항일무장운동을 벌였다.
1945년 11월 귀국하여 좌익 부녀단체인 전국부녀총동맹 문교부장과 서울시위원장을 지냈으며, 1946년 2월 좌익 세력의 통일전선체인 민주주의민족전선 사회정책연구위원이 되었다. 이후 월북하여 1948년 8월 해주에서 열린 남조선인민대표자대회에서 최고인민회의 대의원에 선출되었다.

박영출

1921년 동래고등보통학교에 입학하였으나 동맹휴학에 가담하여 1925년 7월 무기정학 처분을 받고 자퇴하였다. 1927년 일본에 건너가 생물학 공부를 뜻하여 야마구치山口고등학교에 입학하여 1930년에 졸업하고 같은 해 교토京都제국대학 경제학부에 입학하여 1934년 3월에 졸업하였다. 1930년 교토제국대학에 입학하면서 재일조선인 유학생강연회에서 독립을 호소하다가 동래서에 검거되어 1931년 3월 부산 지법에서 징역 6월, 집행유예 2년을 선고받았으며, 1933년 2월에는 교토에서 공산주의 운동을 원조하였다는 혐의로 검거되어 같은 해 5월에 기소유예처분을 받았다. 일본공산당 당원으로 활동하면서 그는 일본 간사이關西지방 교토대학 조선인그룹의 조직책임을 맡았다. 이후 서울로 온 그는 신문잡지의 기자가 되려고 운동하다가 1934년 11월 무렵 이관술의 소개로 이재유와 만나 경성재건그룹에서 노동운동 부문을 맡아 활동하였다. 1935년 1월 박진홍, 공원회 등과 함께 용산경찰서에 검거되어 1936년 7월 경성지방법원에서 징역 4년을 선고받고 복역하다가 대전형무소에서 사망하였다.

차례

- 개정판 머리말　5
- 초판 머리말　12
- 이재유　16
- 이재유 연보　22
- 1930년대 운동가들　30

제1부 출생과 성장, 운동의 시작

　　출생과 성장, 민족의식의 형성　43
　　일본에서의 생활과 경성형무소, 공산주의자로의 성장　46
　　과거 운동의 비판과 운동 방침의 모색　49

제2부 경성 트로이카 시기 ― 제1기

　　출옥과 운동방침의 수립　61
　　트로이카 조직의 실체와 특성　63
　　트로이카의 조직 과정　70
　　노동운동의 전개 과정　75
　　학생운동의 전개 과정　101
　　출판물의 간행 활동　121
　　혁명의 이론과 방침　127
　　정태식, 미야케 교수와의 제휴　131

제3부 트로이카 시기 다른 계열의 운동

　　김형선 그룹의 운동　147
　　권영태 그룹의 운동　156
　　신갑범 그룹의 운동　171

제4부 경성재건그룹 시기 ― 제2기

　　검거와 탈주, 은신　177
　　박진홍과 신당동에서의 생활　184
　　경성재건그룹의 형성　187
　　경성재건그룹의 조직 내용　192
　　출판 활동　200
　　제2기 운동 내용의 평가　204

제5부 재건그룹 시기 다른 계열의 운동 209

제6부 경성준비그룹 시기 — 제3기

공덕리에서 이관술과의 생활 217
운동방침의 수립과 운동자의 획득 220
운동선의 통일 226
경성준비그룹의 결성 229
출판활동과 《적기》의 발행 232
제3기 운동 내용의 평가 241
운동 노선과 당면 임무 및 반파쇼운동 244
최후의 검거 247
구속, 공판과 감옥에서의 생활 및 죽음 249

제7부 준비그룹 시기 다른 계열의 운동

권우성·정재철·김승훈 등의 운동 256
안승락의 운동 259
김희성의 운동 263
이규섭의 운동 268

제8부 이재유 이후의 운동 275

제9부 이재유와 일제하 변혁운동

민족문제와 계급문제 291
국내주의와 국제주의 296
전위와 대중 299
이론과 실천의 통일 303
미래의 사회를 향하여 308

자료 1 《적기》 제1호(1936년 10월 20일) 315
자료 2 금강산인金剛山人, 조선민족해방 영웅적 투사 이재유 탈출기 333
자료 3 이재유 공판 관련 기록 356

참고문헌 491 주석 497 찾아보기 553

제1부
출생과 성장, 운동의 시작

【출생과 성장, 운동의 시작】

출생과 성장, 민족의식의 형성

이재유는 1905년 8월 28일 함남 삼수군三水郡 별동면別東面 선소리船所里에서 태어났다.[1] 아버지 이각범李珏範은 별동면사무소 고원雇員과 삼수군청의 서기 등을 전전하면서 15년 정도 근무하다가 1924년 이재유가 스무 살 때 사망하였다. 어머니 이씨는 그가 세 살 때 병으로 사망했는데, 아버지는 그 후 이재유와 열 살 정도 밖에 차이가 나지 않는 박순덕朴順德이라는 젊은 아내를 맞아 들였다. 이밖에 가족으로는 조부 이계남李啓南과 조모 이씨, 숙부 및 열 살 아래의 이재록李載錄이라는 배다른 동생이 있었다. 그가 언제 결혼했는지 확실치 않으나 본적지에 김씨라는 아내가 있었던 것은 확인된다. 그녀는 나중에 이재유가 1933년 하반기 이래 경찰에 쫓기고 있을 때 서울로 올라 와서 이재유를 만나고자 하였으나 이재유가 주거를 이리저리 옮기면서 만나주지 않았다. 나중에 그녀는 본적지에서 재가한다.[2]

이재유의 가족은 원래 화전민으로 마을에서 중류 정도의 생활을 했는데 아버지가 살아 있을 당시에는 마을에서 상당한 살림을 이루어서 산림, 전답 등을 합하여 300원 정도의 자산이 있었다고 한다.[3] 아버지가 계모를 맞은 이후 그는 주로 할머니에 의해서 길러졌다. 따라서 가정애도 없었으며 가족에 대한 애착심도 없었는데, 그렇다고 가정에 대한 특별한 불평불만은 없었으며 가정적으로 불행하다고 생각한 적도 없었다.[4]

아이 때부터 열 두 살 때까지, 즉 1916년 무렵까지 그는 조부 밑에서 한문을 배웠는데 아버지가 군청 서기로 재직하였기 때문에 아버지와 숙부로부터 '보통학의 교양'을 받고 일본어를 배울 수 있었다. 한때 삼수의 공립보통학교 5학년에 보결 입학하였으나 "너무나 과목이 저급하고 배울 것이 없어서"[5] 4개월 정도 다니다가 퇴학하고 말았다. 고향에서 그는 식민지의 아이들이 대개 그러하듯이 농사일을 돕는 한편 틈틈이 시간을 내어 "독학으로 내지어(일본어)와 산술 등을 구사할 수 있었는데", 일본어 책을 읽을 정도는 자습으로 깨우쳤으나 회화는 보통학교 입학 전까지는 할 수 없었다.

1919년 3·1운동이 일어난 후 조선독립 사상은 젊은 청년들의 가슴을 뛰게 하였고 개화 문명의 물결은 방방곡곡에 스며들었다. 이와 아울러 삼수갑산의 골짜기를 타고 이따금 전해지던 인접한 만주나 멀리 서울에서의 소식은 시골 소년의 가슴을 한없이 설레게 하였다. 그는 "심부름가는 돈을 노자삼아 그대로 서울로 올라 왔던 것"이다. 1922년 무렵이었다.[6] 1924년 4월에는 사립 보성고등보통학교 2학년에 편입시험을 쳐서 합격하였으나 재학 3개월 만인 같은 해 6월에 월사금 미납과 부친의 사망 등 사정이 겹쳐 자퇴하고 말았다. 이듬해 1925년에는 개성 사립 송도고등보통학교 4학년에 편입시험을 쳐서 합격하였다.

송도고보에서 그는 이성섭李聖燮·김현진金賢鎭·박필근朴泌根 등 함남 홍원군 출신의 학생들과 주로 교유하였다. 1925년 9월에 이재유를 중심으로 한 7명의 학생들은 맑스-레닌주의의 연구를 주요한 내용으로 하는 사회과학연구회를 조직하였다. 같은 시기 서울에서 조선학생과학연구회가 창립되었던 것을 염두에 두어야 할 것이다. 연구회를 결성한 다음 이들은 서울에서 강사를 초빙하여 유물사관의 강의를 듣기로 하였는데 경찰에서 알고 금지하고 말았다. 이러한 사회과학 연구열의 대두는 1920년대 중반에 반봉건운동의 일환으로 청년층에 확산되고 있었던 '반종교투쟁'을 배경으로 자연히 종교를 반대하는 행동으로 이어졌으며,

이에 따라 이들은 주당 4시간의 성경시간을 폐지하고 수업시간 이외에 자유로이 선택을 하도록 하자는 요구를 내걸고 동맹휴학을 결행하였다. 학교당국은 이들 '좌익학생'들을 주모자로 지목하여 퇴학을 시키려고 하였으나, 요구조건이 정당하였기 때문에 도저히 퇴학처분은 내리지 못하고 있었다. 그런데 1926년 10월 17일 동급생인 하규항河奎抗이 개성부 백운대에서 열린 자신의 부친인 하영록河永錄의 환갑잔치에 송도고보의 교사와 학생 다수를 초대하였다. 이 자리에서 입이 거친 몇몇 학생들이 '기독교 학교의 교사가 술을 마셨다' 는 등으로 일부 교사들을 매도하는 사건이 일어났는데, 나중에 이 사실이 교장의 귀에 들어가자 학생들이 '술을 마시고 폭언을 일삼았다' 는 이유로 이재유를 포함한 7명의 학생들에게 1926년 11월 5일자로 퇴학처분을 하였다.[7] 사회과학 연구에서 시작하여 반종교투쟁에 몰두하였던 송도 시절은 이렇게 끝나고 말았다.

젊은 식민지 청년들이 흔히 그러했듯이, 이른바 좌익 서적에 접하기 시작한 것은 이 무렵으로 추정된다. 서울에 와서 그는 1년 정도 도서관에 다니면서 생활하였는데 고등보통학교 입학준비를 하는 한편 틈틈이 시간이 나는 대로 철학서, 마르크스 경제학 기타 공산주의에 관한 문헌들을 읽었다. 이 시기에 그는 카와카미 하지메河上肇가 번역한 《유물사관》 등을 보았지만 확실하게 이해할 수는 없었다고 후에 진술하였다. 개성에서도 그는 주로 도서관에 나가 "좌익서적만 읽고 학교의 수업은 듣지 않았다." 그런데도 학교성적은 뛰어났으며 급우의 신망을 한 몸에 받았다고 한다. 진부하고 틀에 박힌 식민지 교육이 의욕적이고 창조적인 그의 지적 욕구를 충족시킬 수 없었던 것은 당연한 일인지도 모른다. 보성고보의 학교생활에도 그는 만족할 수 없었으며, 위에서 보았듯이 기독교 계통인 송도고보에서의 맹휴도 기독교 관련 과목을 폐지하고 다른 사회과학 과목을 가르쳐 달라는 요구에서 발단한 것이었다.

동시에 그가 민족의식을 느꼈던 것도 이 시기였다. 즉 서울에 와서 중학교는 물론 전문학교에 입학하는데도 '민족적 차별이 있고 조선인의 입학난이 절규' 되던 사회 상황에서, 좋은 성적으로 시험에 합격하더라도 학교에서 가정상황이나 재산 등을 조사하여 입학시키지 않는 경우가 종종 있다는 사실 등을 들으면서 그의 민족적 의식이 점차 싹텄던 것이다. 자신의 표현을 빌자면 이러한 민족적 차별대우에 의한 불평불만으로 "조선이 독립하면 좋지 않겠는가라는 정도의 생각은 있었지만 조선이 독립해야 한다고까지 구체적으로 생각하지는 않았다." 그의 민족주의 사상은 아직 '주의로서의 굳은 사상이라고 할 정도는 아니었' 던 것이다.[8]

일본에서의 생활과 경성형무소, 공산주의자로의 성장

송도고보에서 퇴학처분을 받은 직후인 1926년 12월 그는 도쿄로 건너간다. 일본에서 그는 사립 니혼日本대학 전문부 사회과에 학적을 두고 고학하였는데[9] 이것도 학비 때문에 곧 퇴학하고 막일을 하였다. 도쿄東京시 혼조本所구區 테라지마寺島 국민신문 출장소 배달부로 일하면서 그는 김한경金漢卿·김계림金桂林·인정식印貞植·윤도순尹道淳 등과 교유하였다. 특히 김한경은 서울에서 학생시절에 학생단체의 간부로서 서로 알고 지낸 사이였다. '서울에서는 단순한 학생이었는데 동경에 가고부터는 노동운동을 하고 있었' 던 그는 재일본조선노동총동맹의 간부로 일하면서 이재유를 지도하였다. 이와 같이 김한경으로부터 '공산주의의 지도교양' 을 받으면서 점차 그는 공산주의 운동에 공명하였다. 1927년 봄부터 도쿄대에서 신인회新人會 주최로 사회과학을 연구하는 야학 노동학교가 설립되자 그는 여기에 등록하여 2, 3개월 동안 배웠다. 노동학교에서는 신인회원 혹은 유명한 사회주의자인 사노 마나부佐野學, 후쿠모도 가츠오福本和夫 등이 교사로서 가르쳤는데, 이들은 합법 노동단체에 와서도 강연을 하였으므로 개인적으로 교제를 하지는 않았지만 이들의 강의를 듣는 것이 그다지 어려운 일은 아니었다.

　이와 같이 공산주의 사상으로 기울면서 그는 노동운동에 흥미를 가지고 전국무산자평의회, 동경합동노동조합(일본노동조합평의회 계열)을 비롯한 좌익단체들에 가입하였다. 가입 당시에는 동경에 조선인 노동단체가 있다는 사실을 몰랐으나 나중에 재일본조선노동총동맹이 있다는 말을 듣고 곧바로 가입하여 조직선전부원으로 활동하면서 동경조선노동조합 북부지회 중앙위원, 재동경조선청년총동맹, 신간회 동경지회 등의 위원으로서 조선인 노동단체와 사상단체 등의 합법 단체에서 활약하였다.

　합법단체에서의 이러한 활동과 아울러 1927년 후반기 이래 이재유는 비합법운동에 참여하였다. 1927년 11월을 전후하여 고려공산청년회 일본부의 후보를 시작으로, 이듬해 1928년 4월 중순에는 김한경을 책임비서로 하는 조선공산당 일본총국에 가입하여 위원이 되었다. 곧이어 그는 고려공산청년회 일본총국에 가입하였는데, 인정식이 책임비서를 할 때에 그는 선전부 책임을 맡았다. 이 시기에 그는 전일본 무산청년동맹 해산명령에 대한 항의문을 내무대신에게 발송하고, 이어서 이를 각지의 운동자들에게 배달하려고 인쇄하다가 경찰에 검거되기도 하였다.[10] 두 달 후인 같은 해 6월에 그는 곧 요시찰인으로 편입되었다.

　1928년 8월에 검거되어 조선으로 압송되기까지 3년 동안의 도쿄 생활에서 경시청을 비롯하여 간다 니시키쥬神田 錦町 등의 경찰서에 무려 70여 차례나 검속될 정도의 활약이었다. 이 때의 실천적인 운동 경험이 이후의 활동에 중요한 밑거름이 되었다고 한다. 제4차 조선공산당 관계자로서 검거, 조선으로 호송되어 예심에 회부된 그는 1930년 11월 5일 경성지방법원에서 치안유지법 위반죄로 징역 3년 6개월, 500일 미결통산을 선고받아[11] 서대문 형무소에 수감되었다가 1932년 7월 7일 경성형무소로 이감되었다.

내가 진정한 공산주의자가 된 것은 이 판결이 언도되고부터이다. 전과자의 전도는 암담한 것이다. 그것보다도 공산주의자로서의 일생을 마치고 혁명가로서의 미명을 후세에 남기려고 결심하였다. 이때의 형무소에는 아직 자유가 있었다. 마르크스 《자본론》 번역본의 차입을 부탁하여 이것이 허용되었다. 나는 《자본론》을 정독하여 이를 마스타하였다. 형무소야말로 나에게는 공산주의의 대학이었다.[12]

그런데 일본에서 조선공산당 및 고려공산청년회에 가입한 사실에 대하여 이재유는 검사의 피의자 신문조서에서 이를 전면 부정하고 있다.[13]

형무소에 수감되었지만 사실무근의 일이었기 때문에 반드시 면소免訴로 된다고 믿고 처음에는 변호사 시험을 보기 위하여 법률을 연구하고 있었다. 예심까지 약 32개월 정도 있었는데, 그 사이 예심판사로부터는 단지 1회 5분 정도 신문이 있었을 뿐이어서 당연히 면소된다고 생각하고 있었던 것과 달리 공판에 회부되어 처벌되자 울화가 치밀어 복역 후 사상 방면의 연구를 뜻하고 형무소 내에서 《유물사관》, 《자본론》 등의 연구를 한 결과 현재의 사회와 대조하여 공산주의가 현 사회에 적합하다고 확신하여 출옥 후는 반드시 운동할 결심에 이르렀다.[14]

자신의 '범죄사실'을 가볍게 하기 위한 진술일지도 모르지만, 어쨌든 이재유는 조선공산당에 가입한 것을 비롯한 동경에서의 활동 자체가 아직 완전한 사상운동으로서 전개한 것은 아니라는 점을 시사하고 있다. "직업상의 관계에서 노동연맹에 가입하였는데 별로 운동은 하지 않았다"[15]는 진술도 동일한 맥락에서 이해된다. 분명한 것은 이재유가 확실한 공산주의자가 된 것은 감옥에서의 생활과 경험이 직접적 계기가 되었다는 사실이다. 감옥에서 차입 받은 서적들을 통하여 사상 부문의 연구를 거듭하면서 "출옥 전부터 출소 후의 방침이 막연하게 정해져 있었다"[16]고 진술하는 것을 보더라도 이를 잘 알 수 있다.

그의 사상의 원초에는 어린 시절 고향에서의 한 체험이 자리 잡고 있었다. 그가 아직 시골에 있을 때 삼수군 서기로서 일찍이 고등보통학교를 졸업한 박기춘朴基春이라는 사람이 사회운동을 한다는 혐의를 받아 경찰에 의해 총살 당하고 말았다.[17] 이재유의 집에서 4리 정도 떨어진 곳에 버려져 있었던 그 시체는, 누구든지 그 시체에 손을 댄 자는 동류로서 간주한다는 경찰의 방침에 의해 마냥 버려져 있어 이재유 등은 그것을 보러 간 적이 있었던 모양이다. 일제에 대한 자신의 반항심은 이때부터 싹트기 시작하였다고 한다.[18] 서울과 개성에서 고학할 무렵 민족적 차별 대우를 경험하면서 자라난 민족의식과 공산주의 사상은 일본에서의 생활을 통하여 더욱 강한 신념으로 굳어 갔으며, 이후 노동운동과 아울러 감옥에서의 연구를 통하여 진정한 공산주의자가 되는 과정을 밟아왔던 것이다.

과거 운동의 비판과 운동 방침의 모색

코민테른의 이른바 12월 테제 이전까지의 1920년대 공산주의 운동에 대한 이재유의 평가는 코민테른 12월 테제에서의 그것이나 혹은 해방 이후 북한의 공식적 평가에서 크게 벗어나지 않는다. 미야케 시카노스케三宅鹿之助 교수와의 정세토론서를 보면 이재유는 "당이 소부르주아적 인텔리겐치아에 의해 구성되어 있었던 것, 노동자와의 결합이 결여되어 있었던 것이 오늘날에 이르기까지 조선공산주의운동의 영구적 위기의 중요한 원인의 하나"라는 12월 테제의 구절을 인용하면서, 소수의 인텔리겐치아에 의한 이러한 공산주의 운동이 노동자 대중의 운동으로는 되지 않았다고 평가하였다. 따라서 그것은 강력한 조직적 운동으로 되지 못하고 "적의 탄압, 공격에 대하여 취약하였을 뿐만 아니라 내부적으로도 분열, 대립, 위기-파벌의 불가피성을 내포할 수 밖에 없었다."[19] 특히 그가 비난하는 것은 조선 공산주의 운동에 유령처럼 따라 다녔던 이른바 파벌의 문제이다. 이러한 맥락에서 그는 "조선의 공산주의운동은 맑스-레닌주의, 공산주의적 이론에 대하여 아무런 이해를 가지지 않는 바의 부동성浮動性, 무원칙적, 무규율적인 봉건시대의 전통인 파벌성에 의하여 여전히 깊이 침윤되어 있는 인텔리겐치아의 운동"[20]이라고 주장하였다. 이른바 화요파, 서울파, 상해파 등은 물론이고 그가 속했다고 할 수 있는 엠엘파도 이러한 비판에서 면제되지는 않는다. 이재유에 의하면 엠엘파의 성립은 그러한 무원칙적·무규율적 파벌투쟁을 외관상 극복하여 운동의 일보 진전을 가져 왔다고 평가할 수도 있겠으나, 그것은 여전히 프롤레타리아적 기초를 가지지 않는 소부르주아지에 의한 수공업적 통일이었다. 이러한 수공업적 통일은 결코 '아래로부터의 통일'이 아니며 반대로 상층 지도부의 수령들에 의한 머리만의 기계적 통일로서 당 외부의 파벌 투쟁을 당 내부로 이행시킨 것에 지나지 않는 것이다. 따라서 파벌 투쟁의 격화는 당=엠엘파를 분열, 해체시킬 수밖에 없었다는 것이다.[21]

12월 테제 이후의 운동에 대한 이재유의 평가는 어떠한 것이었는가? 그는 1929년에서 33년까지의 운동을 크게 두 시기로 구분하여 언급한다. 이 부분의 첫 시기는 12월 테제에서 보는 바와 같이 코민테른의 냉혹할 정도의 엄격한 비판과 지도에서부터 출발한다. 거기에 획기적인 1929년의 원산총파업을 비롯한 노동자들의 대중적 진출이 있었으며, 이는 운동 전선에서 "인텔리겐치아의 정치적 부랑배 ……파벌분자들을 총 소탕"하는 조선공산주의운동의 비약적 분수령이었다. 조선의 공산주의자들은 1929년 이후 이러한 국제적 지령과 운동의 대중적 고양 및 스스로의 혁명적 요구라는 방침에 입각하여 운동에 나아갔지만 이 운동에서 치명적 장애는 파벌적 잔재가 이후에도 여전히 준동蠢動한다는 사실이었다. 이재유는 그 사례로서 서상합동파(서울파와 상해파의 합동), 화요회, 엠엘계의 세 그룹에 의한 재건운동을 들면서 이를 비판적으로 검토하고 있다. 이동휘李東輝·김철수金綴洙 등의 서상파 주류와 이운혁李雲赫·송도호宋道浩 등의 서울 구파 출신이 연합하여 결성한 '조선공산당재건설준비위원회'에 대하여는 파벌 거두들에 의해 조직된 수공업적·부동적浮動的 조직이라고 평가하였다. 또한 김단야金丹冶·권오직權五稷·채규항蔡奎恒 등에 의한 화요파의 '조선공산당조직준비위원회'는 '국제적 지령을 기계적으로 적용하려 한 (모스크바 공산대학) 유학생단의 부동적 조직'이며, 양명梁明·한해韓海·고광수高光洙 등이 중심이 되었던 엠엘파의 재건운동은 정통파를 자칭하는 소부르주아적 인텔리 집단으로서 양자 모두 파벌을 완전히 청산할 수 없었다고 비판하였다.[22] 이러한 점에서 1929년에서 1930년 사이에 집중적으로 전개되었던 이들 운동이 별다른 성과를 거두지 못하고 모두 실패로 끝났던 것은 당연한 일인지도 모른다.

이후 "일본에서 프롤레타리아 운동이 발전하고 중국 혁명이 급속도로 진전되었던 것을 배경으로 조선에서 노동대중이 혁명화되었던 대중적 기세에 눌려 파벌부대는 공장 내의 활동 등등을 주장"하면서 공장 안에 들어가서 노동대중을 혁명적으로 지도하려는 움직임이 나타났다. 이것이 두 번째의 시기이다. 이 시기에 파벌의 잔재는 공장 내 노동대중의 압력에 의해 상대적으로 약화되기는 하였지만 아직도 그것을 완전하게 극복할 수는 없었다고 이재유는 평가하였다. 이재유는 그 사례로서 오산세吳蒜世·김일수金一洙·윤자영尹滋瑛 및 한전종韓典鍾(韓汝玉) 등이 중국공산당 조선국내공작위원회의 지도하에 전개하였던 당재건운동이나, 혹은 함남 일대를 중심으로 4차례에 걸쳐 지속적으로 전개되었던 이른바 태평양노동조합 운동, 상해에서 김단야金丹冶의 지도하에 조선에 특파된 김형선金炯善 및 김명시金命時 등에 의해 주도되었던 이른바 단일재건위원회 사건 및 고경흠高景欽·이종림李宗林·강진姜進 등 엠엘계 공산주의자들이 주도하였던 공산주의자협의회 사건[23] 등을 들고 있다. 시기적으로 1931년에서 1932년 사이에 전개되었던 이들 '비혁명적·반동적 파벌부대'의 운동은, 객관적으로는 일제의 탄압과 스파이 책동을 더욱 쉽게 하였을 뿐만 아니라 프롤레타리아 사이에서 볼셰비키적 통일의 요구를 좌절시키고 운동의 분열과 대립을 야기하여 그 전투력을 감쇄하였다는 것이다.

제2기의 운동에 대한 이재유의 평가를 알 수 있는 또 다른 자료가 있다. 나중에 권영태의 후계조직인 이른바 경성콤그룹에서 이재유와 대립된 조직을 이끌었던 안승락과의 '이론투쟁'이 그것이다. 당시 서울의 볼셰비키 조직들을 통일해 나가던 이재유는 여러 운동자들로부터 안승락의 이야기를 전해 듣고, 1933년 11월 이순금李順今의 소개로 그와 회견하였다. 여기서 안승락은 함남의 태평양노동조합 계열과 조선의 파벌운동에 관한 이재유의 의견을 듣고자 하였다. 이에 대하여 이재유는 공산주의자협의회사건, 태로계의 김호반金鎬盤 일파의 사건, 공작위원회 사건, 정태옥鄭泰玉(鄭台玉) 사건, 김형선 일파의 사건 등을 구체적으로 들면서 이들 각각을 비판하였다.

예컨대 공산주의자협의회 사건의 운동자들은 상해에 있었던 독일인 듀란과 협의회 간부와의 사이에 어느 정도까지 연락이 있었다고 하면서, 자신들이 국제당과 연락하여 정통 당을 조직할 의무가 있다고 주장하고 이를 조건으로 과거의 파벌적 경향을 청산하여 중앙부를 통일하였다고 선전하였다. 다음에 공작위원회 사건의 운동자들은 중국공산당 만주위원회의 지도를 받았던 관계로 자신들이 당재건의 임무를 가지고 있는 것과 같이 선전하였으며, 태로 계열에서는 태평양노동조합 서기국으로부터의 연락을 가진 자파가 조선의 적색 노동조합 및 조선공산당 재건의 임무를 가지고 있다고 주장하였다.[24] 그런가 하면 김형선 등은 국제노선이라고 칭하여 김단야를 중심으로 하여 국제적 연락관계를 가지고 있었던 것을 내세워 자신들이 당재건의 임무를 가지는 것처럼 행세하였으며, 정태옥 그룹은 코민테른의 공산청년동맹과의 연락관계를 내세워 자신들이 공청 및 당재건의 임무를 가지고 있다고 주장하였다.[25]

조선공산당 재건운동에 대한 영도권을 다투는 이들 운동 세력에서 나타나는 파벌적 성격을 이재유는 두 가지로 정리한다. 첫 번째 경향은 어떤 경로를 통해서건 국제공산당의 선과 연락이 있다고 하여 대중과 더불어 활동하지 않고 대중 앞에 군림하려고 하여 활동하지 않는 것이며, 두 번째는 이와 정반대로 대중을 많이 얻었다고 하여 국제적 연락을 전혀 고려하지 않고 이것만으로 조선의 당이 확립될 수 있다고 주장하는 것이다. 김호반·정태옥·김형선 등의 운동은 국제선에만 중점을 두어 국내의 대중적 그룹과 제휴하려고 하지 않았던 전자의 구체적인 실례다. 그리고 후자의 전형적 예로는 대중을 얻는 것에만 치중하여 국제당과의 연락을 소홀히 한 공산주의자협의회 운동을 들 수 있다.

이재유는 이들의 파벌적 성격으로 말미암아 각 지방에서 공동투쟁이 대중적으로 협정되었음에도 불구하고, 지도부에서 이것을 의식적으로 반대하거나 거부하였다고 주장하였다. 지도부에 대한 신랄한 비판과는 대조적으로 그 아래에 있었던 노동자·농민은 혁명적 대중으로서 결코 파벌적이지 않았다는 사실을 이재유는 되풀이하여 강조하고 있다. 그가 주목하는 것은 이러한 파벌적 경향이 전과 같이 대중 층에 먹혀드는 경향이 점차 줄고 있으며 각 중앙 지도부 가운데에서만 나타나고 있다는 사실이다. 노동대중 그 자체는 결코 파벌적이 아니기 때문에 이들 지도자의 태도와 대중은 구분하여야 한다는 것이다.

이와 같이 대중은 파벌적이 아니라는 점에서 그는 각 파의 아래에 있는 대중이 통일될 수 있는 가능성과 전망을 설정한다. 즉 구체적인 투쟁을 통하여 혁명적인 노동대중을 전국적으로 통일하기 위하여 활동하는 것이 운동자의 중요한 임무라는 것이다. 따라서 이재유는 위의 그릇된 두 경향에 대하여 각각 다음과 같이 충고한다. 즉 국제선을 주장하는 전자에 대하여는 혁명적 투쟁을 통하여 그 오류를 청산하도록 권유하는 한편, 대중적 기반을 가진 후자의 그룹에 대하여는 국제적인 올바른 노선에서 투쟁을 전개하도록 하여야 한다는 것이다.

코민테른의 12월 테제 이후 1933년 무렵에 이르기까지 전개되었던 주요한 운동들에 대한 검토와 평가를 기반으로 이재유는 자신의 운동을 시작하였다. 1932년 12월 22일 경성형무소에서 만기 출옥한 이후 1936년 12월 25일 일제경찰에 체포되기까지 4년 동안 지속되었던 이 운동은 크게 보아 세 시기로 나눌 수 있다. 이 구분은 일반적으로 널리 받아들여지고 있기도 하지만 이재유 자신이 신문조서에서 제시한 것이기도 하다.[26] 제1기는 1932년 12월 22일 경성형무소에서 출옥한 이후 1934년 1월 22일 서대문 경찰서에 검거되기까지의 1년 남짓한 시기이다. 흔히 경성 트로이카로 불리는 이 시기는 검거된 경찰서의 이름을 따서 불렸던 '서대문 사건'으로 끝이 났다. 제2기의 운동은 1934년 4월 14일 서대문 경찰서를 탈출하여, 이듬해인 1935년 1월 12일 이른바 '용산 사건'으로 하왕십리의 아지트에서 탈출하기까지 10개월 정도 지속되었다. 비교적 짧았던 이 시기는 조선공산당 경성재건그룹으로 운동을 전개하였다. 제3기는 하왕십리에서 도주한 이후 양주군楊州郡 노해면蘆海面 공덕리에서 생활하다가 검거된 1936년 12월 25일까지의 시기이다. 조선공산당재건경성준비그룹으로 활동한 이 시기는 약 2년 정도로, 이전과는 상대적으로 오랫동안 지속되었다. 이상의 각 시기를 통하여 운동의 기본 목표 및 이를 달성하기 위한 구체적 방침에는 커다란 변함이 없었다. 그러나 각 시기마다 조직 방식 등을 둘러싸고 약간의 운동 방침의 변화가 있었으며 활동한 인물들의 구성이나 성격도 달랐다고 할 수 있다.

이와 아울러 지역적으로 이재유는 자신의 운동의 근거지를 우선 서울에 한정하고 있었기 때문에[27] 그의 운동은 1930년대 전반기에 서울 지역을 중심으로 전개된 많은 운동으로부터 영향을 받았다. 예컨대 1931년 신현중愼弦重 등이 경성제대 반제동맹운동에서 발간한 기관지의 명칭 《적기》는 이재유 그룹이 1936년에 발간한 기관지의 명칭과 동일하며, 당시 경성제대 교수와 학생들 사이에 제휴를 위한 일정한 움직임이 있었던 것[28]은 1933년에 이재유와 미야케 교수의 제휴로 구체화되었다고 할 수 있다. 또한 1933년 11월에 이재유 그룹의 이현상李鉉相에 의해 소집되었던 동대문 바깥 제사공장의 대표자회의는, 그 전해인 1932년 공원회孔元檜 등의 적위대운동에서 이상덕李相悳 등이 구상하였던 인쇄공장 중심의 공장대표자회의에서의 경험을 되살린 것이었다.

무엇보다도 이재유 그룹의 운동에 참가하였던 운동자들 중 상당수는 이전에 이 지역의 운동에 일정한 형태로 참여하였거나 관계가 있었던 인물들이었다. 예컨대 방금 언급한 신현중 등의 경성제대 반제동맹운동에 참여한 유영경柳榮京은 이재유의 트로이카운동에서 학교 부문의 배재고보를 담당했으며, 차계영車啓榮은 반제부의 구원부에 속하여 활동하였다. 1930~1931년에 전개되었던 이평산李平山 등의 경성학생RS협의회운동에 참여한 한국모韓國模와 박진홍朴鎭洪·이순금·이종희李鍾嬉는 이재유 그룹의 주요 운동자로 활동하며, 이효정李孝貞은 유해길柳海吉 등과 함께 권영태의 후계조직인 김승훈金承塤의 운동선에서 활동을 계속하였다.

1932년에 가장 활발한 운동 양상을 보였던 반제동맹 경성지방조직준비위원회 운동은 이관술李觀述·김도엽金度燁·임택재林澤宰 등이 주도하였는데, 이관술은 제2기와 제3기의 이재유 그룹 뿐만아니라 그 이후의 운동에서도 핵심적 역할을 하였다. 이 조직은 1933년 1월에 와해되었는데, 경찰에 검거되었다가 석방된 인원의 상당수가 이재유 그룹에 다시 가담하였다. 예컨대 변우식邊雨植은 이재유 운동의 제1기에서 학생 부문의 트로이카의 1인으로서, 3기 준비그룹 시기에는 자신과 이원우李垣雨가 함께 활동하였으며, 이밖에도 이순금·김영원金令媛·이경선李景仙·임택재·임순득任淳得·윤금자尹金子 등의 운동자들이 망라되었다. 아울러 이원봉李元鳳은 권영태 조직의 소화제사에서 활동하였다. 마지막으로 1932년 공원회 등의 적위대운동에서 활동하였던 권오경權五敬과 이정숙李貞淑은 이재유의 제1기 노동운동 부문에서 각각 경전과 조선견직의 책임을 맡았다. 또한 이 사건에 관련되었던 정백鄭栢(鄭志鉉)이나 서창徐昌(徐載浩) 등도 이재유 그룹과 일정한 관련을 가지고 있었다.[29] 이와 같이 30년대 전반기의 운동 경험을 가졌던 많은 운동자들이 다시 이재유 그룹에서 활동을 계속하였던 것이다.

지금까지 살펴보았듯이 이재유는 이전의 운동, 특히 1930년대 전반기의 당재건운동을 일정하게 비판·평가하는 한편 서울지방에서 전개되었던 주요 운동들을 면밀히 검토·분석한 위에서 자신의 운동을 전개하였다. 앞에서도 말했듯이 그의 운동이론과 방침은 거의 대부분 형무소에서 복역할 당시 구상되었다. 출소한 이후에는 5~6개월 동안 정세를 알기 위하여 자신이 감옥에 있을 때의 '사상사건'을 신문을 통하여 분석하기도 하고 도서관에 다니기도 하여 세밀히 연구하였다. 이러한 분석과 연구를 토대로 그는 조선 공산주의운동의 고질병인 파벌이 점차 극복되고 있으며, 그 중요한 요인은 지도부의 파벌적 경향과는 대조적인 노동대중들의 혁명성에서 기인하는 것이라고 보았다. 과거의 운동에 대한 통렬한 비판을 바탕으로 그는 쓸데없이 상부 조직만을 먼저 만들어서는 안 된다는 것, 운동은 어디까지나 공장을 중심으로 한 노동자 대중의 운동이어야 한다는 것, 동지는 절대로 투쟁을 통해서만 얻어야 한다는 것 등의 방침을 세우고 실천 활동을 전개하였다. 헛되이 당조직만을 급히 서둘러서는 안 되고, 공장이나 학교에서의 일상 투쟁을 바탕으로 이 과정에서 동지를 얻은 후 비로소 당을 조직한다는 것이다. 후술하듯이 그가 트로이카라는 독특한 운동 방식을 고안해 낸 것도 바로 이러한 과거의 운동에 대한 가차 없는 비판과 그것의 실패라는 경험을 바탕으로 한 것이었다.

제2부
경성트로이카 시기-제1기

【경성트로이카 시기-제1기】

출옥과 운동방침의 수립

이재유는 경성형무소에서 출감한 이후 연건동 35번지 김용식金龍植 집에 사는 이인행李仁行의 방에 기숙하였다. 누이인 이분선李粉善과 함께 하숙을 하고 있었던 이인행은 이재유의 7촌 조카뻘로 보성고등보통학교의 학생이었다. 이재유의 출감 소식을 듣고 많은 사람이 그를 방문하였으며, 이와 아울러 이재유는 국제정세와 조선정세 및 서울 지방의 운동정세 등을 파악하기 위하여 많은 사람과 빈번히 접촉하였다. 예컨대 옥중에서 알았다가 먼저 출소하여 출감 일에 직접 마중나왔던 이성출李星出이 그를 자주 방문하였으며, 이재유는 이성출을 통하여 변홍대卞洪大를 소개받았다.[1] 변홍대는 상해의 김단야로부터 파견된 김형선의 운동에 관계하다가 이재유 그룹으로 합류하여 서울의 노동운동 부문에서 활동하였다. 또한 출감한지 며칠 후에 고향에서 어릴 때부터 친구였던 안종호安宗浩가 그를 방문하였다. 동경 시절 이재유는 그와 동거하고 있었는데 경찰에 체포된 후 이재유의 짐을 챙겼던 관계로 방문한 것이다.[2] 그런가 하면 형무소에서 함께 복역하여 알고 있었던 김삼룡金三龍이 1933년 2월 그를 방문하였다.[3] 이밖에도 이재유는 이 시기에 많은 운동자와 만났다. 안병춘安炳春·이순금 등 이른바 경성트로이카의 핵심 성원들은 물론이고 서창·유진희兪鎭熙·남만희南萬熙·정백·정의식鄭宜植·이동천李東千·김칠성金七星·이송규李松奎(李蒙)·양하석梁河錫, 황태성黃泰成·정칠성鄭七星·유순희兪順熙 등 다수의 운동자들과 폭넓게 의

경성트로이카 시기-제1기 61

견을 교환한 것을 바탕으로 정세판단과 운동방침의 수립에 몰두한 것이다. 이에 따라 본격적으로 운동에 진출하기 위하여 1933년 5월 그는 이인행과 함께 동숭동 29번지로 주소를 옮겼다가, 7월에 김형선 등이 경찰에 검거되면서 신변이 위태롭게 되자 신설동에 있는 사촌砂村이라는 빈민촌으로 이주하였다. 이 동네에서 그는 일본인 주인이 노동자들을 대상으로 세를 내주고 있었던 바라크 건물의 장옥長屋에 거주하였다.[4] 다른 한편으로 그것은 대체적인 운동방침을 세운 이재유가 계속되는 경찰의 감시를 따돌리기 위해 지하로 잠복하여 본격적으로 노동운동에 진출한 시기이기도 했다. 1933년의 한여름이었다.

공산주의 운동에 헌신할 것을 결심하면서, 이재유는 합법 영역의 운동은 더 이상 불가능하며 지하의 비합법운동에 의해서만 가능하다고 생각하였다. 이는 당시 조성된 정세와 관련하여 운동가들 사이에서 일반적으로 공유하고 있었던 방침이었다. 또한 운동의 중점은 노동자 계급의 조직화에 두어야 하며 이는 궁극적으로 조선공산당의 재건을 지향하는 것이었다. 이와 아울러 그는 지금까지의 운동에 대한 비판과 평가를 통해, 소수 지도자들이 중앙에서의 '답합'을 통해 조직방식이나 지방적인 대중적 기반도 없으면서 전국적 조직을 만들어 놓고 보자는 운동 방식을 거부하였다. 그가 제시한 대안은, 조직은 파업이나 맹휴 등의 혁명적 투쟁을 통해 결성되어야 한다는 것과 아울러 이는 어디까지나 한 지방의 단일적 조직을 기반으로 해야 한다[5]는 것이었다. 투쟁을 통한 조직의 결성은 그가 고안한 트로이카 조직 방식과 밀접하게 관련되는 것이며, 전국적이라기보다는 일정 지역을 기초로 해서 조직해야 한다는 운동 방침은 서울 지역을 중심으로 다양한 계열의 운동 그룹들을 통일하려는 시도와 연결되는 것이다. 이에 따라 그는 조선공산당을 재건하기 위한 전제로서 서울 지방의 당재건을 위하여 1933년 늦봄에 다음과 같은 5대 슬로건을 수립하였다.

1. 모든 대중투쟁은 반전·반파쇼·반제 투쟁으로 전화하자!
2. 섹트와 파벌 청산은 대중의 실천투쟁의 가운데에서!
3. 당의 저수지인 혁명적 노동조합은 산업별 원칙으로!
4. 당재건은 대경영 세포를 중심으로 하는 지방재건에서!
5. 선전·선동 조직 지도자인 전국적 정치신문을 창간하자![6]

그리고 이를 실현하기 위하여 이재유는 1) 자신의 활동을 바탕으로 한 공장이나 경영 내에서의 기초 공작 운동, 2) 다른 독자적인 볼셰비키적 활동선과의 결합, 3) 국제선과의 연락의 정립, 즉 국제선의 올바른 지도와의 결합이라는 3대 운동 방침을 세웠다.[7] 구체적으로 이를 실현하기 위해서 이재유가 접촉한 운동자들을 살펴 보면, 첫 번째의 볼셰비키 이론의 혁명적 실천을 경영 내 대중층에 수행한다는 방침에서 얻은 주요 운동가로는 다음의 인물들을 들 수 있다. 즉 운동을 위하여 공장에 취직하려고 하였던 안병춘安炳春, 학생층에 활동을 계속하고 있었던 최소복崔小福이나 전문학교 이상 대학에 활동을 하려고 했던 정태식, 혹은 직업적 활동을 하려고 상경한 이현상·안삼원安三遠 등을 들 수 있다. 두 번째로 다른 독자적인 활동선과 접촉한 예로서는 김형선이나 그 영향 아래 운동하고 있었던 변홍대, 혹은 공원회의 지도하에서 활동하고 있었던 서창 등을 들 수 있을 것이다. 마지막 범주로서 이재유가 들고 있는 것은 경성대학의 미야케 교수인데 권영태權榮台 조직과의 통일 노력도 부분적으로 이와 관련되는 것이다.

트로이카 조직의 실체와 특성

이와 아울러 조직적 측면에서 이재유의 독창적인 운동방법으로 들 수 있는 것이 이른바 트로이카운동이다. 이는 과거의 운동에 대한 비판과 반성에서 그가 고안해 낸 독자적인 운동방식으로 당 조직 이전에 상호 접촉을 통해 이론적 통일을 도모함으로써, 이를 기반으로 각자가 자신의 의사에 따라 자유롭게 운동하는 것을 말한다. 즉 종래의 당재건운동은 대중적인 기초도 없이 전국적인 조직을 가지고 당을 먼저 만든 다음에 대중을 얻으려고 하였기 때문에, 전위와 노동대중이 쉽게 분리되는 폐단이 있었다. 이러한 점에서 전위가 직접 노동자로 되어 노동대중 속에 파고 들어 가서 개인적으로 동지를 얻어 대중적 기반을 마련한 다음에 당을 조직하자는 것이다. '대중이 없는 당은 죽은 당'이므로 각 운동자는 공장에 들어가 조직선도 없고 누가 권력자이지도 않은 상태에서 각자 동지를 얻어야[8] 한다는 것이다. 이재유 자신의 설명에 따르면 트로이카운동은 다음과 같은 것이었다.

> 과거의 운동경험과 같이 쓸데없이 조직을 남발할 것이 아니라 우선 노동대중의 불평불만이 있는 곳에서 공산사상의 선전선동을 하여 대중을 얻어 상당한 그룹이 결성된 때에 비로소 조직을 가져야 할 것이다. …… 종래와 같이 사람을 지도한다거나 지도를 받는다거나 하는 것이 아니라 지도함과 동시에 자신도 지도되는 것에서 공산주의자로서의 제1보를 내딛어 스스로 최하층의 노동자들과 교유하면서 대중 층에서 동지를 얻어 서서히 상부조직으로 전개하려고 한 것이 나의 근본방침이었다.[9]

이재유는 유력한 지도부가 먼저 당을 조직하는 것이 아니라 마치 세 마리의 말이 자유롭게 마차를 끄는 것과 같이 회원 전부가 각각 자유로이 선전하고 또 투쟁을 하자는 이러한 운동방식이 러시아나 서구의 운동에서 원용한 것이라는 점을 누누이 강조한다.[10] 그의 운동을 경성트로이카라고 일컬었던 것은 여기에서 유래한다. 지금까지는 흔히 트로이카가 이재유 그룹에서 제1기의 조직 자체를 지칭하는 것으로 인식되어 왔다. 그러나 이것은 일종의 운동 방침이나 사업 방식으로서 비단 그의 운동의 1기에 한정된 것이 아니라, 시기에 따라 다소의 변화는 있지만 1930년대 이재유 운동의 전체를 일관하고 있었다는 것이 필자의 생각이다. 트로이카 방식을 조직 그 자체로 이해하는 것은 이재유가 특히 제2기 이후의 운동에서 자신이 결성한 조직을 이 명칭으로 일컬었던 것에서 그 오해와 혼란의 정도가 더욱 가중되었다.

  트로이카를 조직 그 자체로 설정하는 가장 전형적인 예는 명확한 조직의 실체를 통해 그 '범죄 사실'을 설득력 있게 제시하고 이에 상응하는 제재를 가하려는 일제 경찰에서 찾아 볼 수 있다. 이재유 운동에 대한 최근의 연구들은 이러한 자료들을 기반으로 거의 전적으로 그 견해를 답습·반영하고 있다. 이것은 이재유가 경찰에 검거되어 취조를 받을 무렵에 그의 운동에 관하여는 전혀 신문하지 않고 전국적 조직을 공술하라고 갖은 고문을 하였던 것[11]과 동일한 맥락의 편견과 오해에서 비롯된 것이다. 당시 대부분의 당재건운동이나 적색노조운동은 전국적 조직을 먼저 결성하고 각각의 부서를 분담하는 것이 관례였기 때문에, 경찰에서는 이재유의 운동도 당연히 그러하리라 믿고 수사와 취조를 하였던 것이다. 이러한 맥락에서 일제의 수사기록에 의하면 "조선공산당재건 경성트로이카를 결성하여 노동자, 농민, 학생층에 다수의 동지를 획득하여 활약"[12]한 것은 1933년 7월이라고 한다. 다른 대부분의 수사기록들도 이 점에서 일치된 보고를 하고 있다.

  그런데 이재유는 경찰에서 경성 트로이카가 조직된 것은 1933년 9월 무렵으로 이 때 대체적인 성원이 결정되었으며, 같은 해 11월 학생운동과 노동운동 방면의 산업별 부문의 책임자를 결정[13]하였다고 진술하였다. 또한 다른 진술에서 그는 보다 많은 노동대중을 얻을 의도에서 조선공산당 경성재건트로이카라고 하는 공산주의자협의회와 같은 단체를 만들었다[14]고 하였다. 이러한 이재유의 주장은 얼핏 보면 트로이카라는 조직이 결성되었다는 앞의 경찰의 주장에 신빙성을 더하는 것이라고 할 수도 있다. 그러나 그가 말하는 트로이카의 내용을 자세히 검토해 보면 사정은 전혀 달라진다. 앞의 조서에서 곧이어 그는 이러한 협의회 식의 조직은 회원 전부가 평등하게 조직하면서 동시에 선전도 하고 교양하면서 동시에 투쟁도 하는 것이라고 말하고 있다. 따라서 각 성원은 지도자의 지시에 따라 부서를 분담 받는 것이 아니라 적색노조나 공산주의청년동맹, 반제동맹 등의 어느 부문에서나 활동하여, 지도자와 피지도자의 구분 없이 지도자도 일반 성원과 마찬가지로 같이 활동하는 조직이라는 것이다. 즉 트로이카운동이란 개인적 접촉에 의한 이론적 통일에 기초하여 당재건을 위한 기초공작(공장내에서의 대중 획득)운동을 계속하는 것인데, 그것은 각 성원의 자유의지에 의한 것이므로 서로 접촉하는 사람들의 사이에는 제재나 규율·통제가 전혀 없으며 또한 상호간의 활동범위나 접촉하는 사람들에 대하여 잘 알지도 못하며 또한 알리지도 않는다. 따라서 학생이나 공장 등의 운동 부문을 누가 지정하는 것도 아니며 각 성원의 의사에 따라 자유롭게 활동[15]한다는 것이다. 이는 대부분의 비합법운동이 채택하고 있었던 이른바 오르그Organizer에 의한 중앙집중적 하향식 조직 방식과는 현저한 대조를 이루는 것이다.

    이재유가 이와 같은 조직 방식을 고안한 것은 당시의 사상운동이 소부르주아 인텔리를 중심으로 파벌투쟁으로 일관하고 있었던 것에 반하여 이를 대체할 수 있는 노동자·농민의 의식수준은 아직 낮고 어리다는 현실적 제약을 고려했기 때문으로 생각된다. 따라서 노동대중을 기반으로 혁명적 노동조합과 나아가서는 당을 조직해야 하는데, 이들을 직접 조직하는 것은 불가능하므로 우선 이들의 의식을 고양하고 전위를 조직하기 위하여 트로이카 조직 방식을 생각한 것이다. 파벌문제와의 관련에서 보자면 각기 상이한 운동 노선에 있는 운동자들이 우선 공동투쟁 등을 통하여 실천적 측면에서 보조를 함께 하면서, 아울러 이론적 측면에서의 통일을 기하여 이를 트로이카라는 조직 방식으로 묶어낸 다음 코민테른 등의 국제선과 연락이 닿을 때 이를 정식의 조직으로 발전시킨다는 조직 방침에 입각해 있었다. 따라서 그것은 운동이 본격적으로 진행되기 이전에 일종의 방편적 혹은 계기적 조직으로서 설정된 것이라고 할 수 있다. 제3기의 운동에서 중심인물이었던 이관술과 서구원徐球源의 두 사람 중에서 의식수준이 높고 이론적 통일이 이루어졌던 이관술이 당재건 조직에 속했던 것과는 달리 운동자로서 아직 한계가 있었던 서구원이 이재유와 함께 경성 트로이카에 소속[16]되어 이재유의 지도를 받았던 것도 트로이카 조직이 지니는 이러한 성격 때문이었다.

  그는 이러한 트로이카 방식의 조직을 택하게 된 구체적 이유로 다음의 두 가지를 들고 있다. 첫 번째는 이재유가 운동에 진출할 무렵 서울 지방에는 그의 노선 이외의 운동자들이 상당히 있었기 때문에 다른 계통 노선의 운동자들까지 포섭하여 보다 많은 동지를 얻기 위해서이다. 두 번째로는 만일 경찰에 검거된 경우 조직체가 폭로되는 것에 대비[17]하기 위하여 라는 것이다. 이와 아울러 필자는 이재유가 이러한 조직 방식을 채택하였던 것은 각 성원들의 자발성과 자주성을 충분히 보장하고 확보할 수 있었기 때문이라고 생각한다. 이재유가 노동대중의 자발성과 자주성을 매우 중요시했다는 것은 여러 사례들을 통해서 쉽게 확인될 수 있다. 예컨대 이재유는 변홍대에게 "위대한 사람 한 사람이 통일한다 해서 혁명이 성취되는 것이 아니다. 대중적인 개인 개인이 직장에 들어가 활동하여 다수의 동지를 얻은 후에 당을 결성해야 할 것이다"[18]라고 주장하였다. 1933년 9월 서울고무의 동맹파업에서 운동을 지도하기 위하여 왔다는 이론에 맞서서 노동자들을 응원하러 왔다고 주장하였던 사실(제3부 2장 참조)이나, 곧이어 전개된 종연방적 제사공장 파업에서 이재유가 "이기기 위하여 활동하라고 주장한 사실은 있지만 좌익적 파업이 아닌 것을 공산주의적으로 주도하는 것은 불가능하다"[19]고 언급하였던 사실 등도 이와 관련하여 이해될 수 있다. 학생운동에서 "학생 자신이 투쟁을 하는 것처럼 이끌고 좌익적 오르그는 투쟁을 일으키지 않도록 해야 한다"는 주장[20]도 지도자가 드러나지 않고 배후에서 선동해야 한다는 측면 보다는, 학생 자신의 투쟁역량을 인정하고 그것을 자발적으로 이끌어내야 한다는 의미가 더 강한 것으로 해석할 수 있다.

이러한 점에서 보자면 트로이카는 조직 내에서 철저한 상향식 원리가 관철될 수 있는 조직 방식이었다. 그렇다면 조직의 또 다른 하나의 원리, 즉 위로부터 아래로의 지도와 통제라는 문제는 어떻게 달성될 수 있는가? 트로이카 조직에서도 지도자(혹은 오르그)의 위치는 설정된다. 그런데 이 지도자는 중앙집권적 하향식 조직에서와 같이 막강한 권한과 지배력을 행사하지 않는다. 지도자가 지도하면서 동시에 피지도자로부터 지도를 받는다는 이재유의 주장에 비추어 보면 이는 당연할 것이다. 그는 개별적으로 활동하는 성원들과 접촉하여 각자의 활동방침이나 이론적 문제, 혹은 한 사람의 힘으로는 해결할 수 없는 문제 등을 협의하는 것에 지나지 않는다. 따라서 각 성원들과 접촉하는 지도자는 그들의 요구에 의해 각각의 부문운동에 관하여 개별적으로 협의한다는 것이다.[21]

트로이카 조직은 운동자들 사이의 종적 연결만 보장되고 횡적 연결이 불가능한 철저한 점조직 방식에 입각해 있다. 생명을 내건 비합법운동의 상황에서 이는 불가피한 선택이라고 할 수 있을 것이다. 앞에서도 말했듯이 그것은 아래로부터 위로의 철저한 상향식의 장점을 살릴 수 있는 조직 원리를 가지고 있었다. 그럼에도 불구하고 이러한 상향식의 원칙은 실제 운용의 측면에서 일정한 대가를 요구하였다. 이재유는 자신이 만나 협의를 계속하였던 사람들의 범위를 트로이카라고 부르면서 엄격한 조직으로 상정하지는 않았다. 그러나 그의 이러한 생각이나 판단과는 무관하게 사실 그가 접촉한 사람들은 일정한 조직적 실체를 가지고 있었다. 따라서 개별적으로 활동하는 각각의 성원들을 자신이 일일이 접촉함으로써 철저한 상향식의 원리는 보장될 수 있었지만, 지도자와 하위 운동자의 빈번한 개인적 접촉은 조직을 쉽게 노출시킬 수 있었다. 바로 이 점 때문에 제2기의 운동에서 이재유가 〈자기비판문〉 등을 통해 반성했던 것이라고 할 수 있다. 물론 이 점을 보완하기 위하여 이재유는 조직의 모든 성원이 같은 장소에 회합, 협의하는 방식을 피하고 각 개인이 활동하여 두 사람씩 만나는 방식을 택하고 있었다.[22] 예컨대 제1기의 운동에서 최고 트로이카에 속했던 이재유·안병춘·변홍대·이현상·최소복의 예를 든다면 이재유가 개별적으로 안병춘과 이현상을 각기 따로 만나 협의하고, 나아가서 안병춘은 변홍대에, 이현상은 최소복에 각각 전달하여 의견을 들은 다음 결정[23]하는 식이다. 후술하듯이 제2기와 제3기의 운동에서는 이러한 방식이 더 강화되어 서로 만나는 사람의 이름이나 신원도 밝히지 않고 만남이 이루어졌다.

　이 방식에서는 지도자를 포함한 상위 혹은 최고 조직 아래에 각각의 하부 조직을 설정하고 다시 그 아래에 각기 조직을 설정하는데 이들 각각의 조직을 트로이카라고 일컫는다. 여기서 알 수 있는 바와 같이 트로이카란 이들 조직의 명칭이 아니라 이 방식에 의해서 결성된 조직이라는 의미로 사용된 것이다. 검사의 신문조서를 보면 검사가 "트로이카에 가담시켰는가?", 혹은 "트로이카라고 하는 이름을 붙였는가?"라고 질문한 것에 대하여 이재유는 "트로이카식 운동이나 혹은 트로이카식으로 하자"는 표현을 사용하여 답변을 하는 것[24]도 이재유가 그것을 조직으로서가 아니라 조직방식으로 이해하고 있었다는 것을 시사하는 것이다. 검사의 신문에 대하여 그가 일관되게 트로이카가 조직체는 결코 아니며 우선은 개인적으로 널리 동지를 얻는 데 노력하여 장래 단체적으로 발전시키기 위한 것이라고 주장하는 것[25]도 같은 맥락에서 이해된다.

　물론 제2기 이후에 결성한 조직에 대하여 이재유가 이러한 명칭을 붙여서 사용한 경우도 있었다. 예컨대 조서에서 그는 경성 트로이카라는 이름은 제2기에 해당하는 1934년 9월에 자신이 처음으로 붙인 것으로 그 이전에는 그러한 명칭이 없었다[26]고 하였으며, 전술했듯이 제3기의 운동에서 경성트로이카에는 자신과 서구원의 두 사람이 속해 있었다고 진술하였다. 이와 같이 이 시기에 일종의 조직으로 이재유가 트로이카라는 이름을 썼던 것은 제1기에 그가 조직을 가지지 않았다고 하여 동료들에게 비판을 받았다는 사실과 아울러, 다른 운동선과의 통일을 위한 교섭단체로서 이 명칭을 그대로 사용하였던 것에서 연유한다. 이러한 점에서 트로이카가 조직 그 자체로서 오해될 소지를 이재유 스스로가 제공한 셈이 됐지만, 전체적으로 보아 조직 방식으로서의 트로이카는 운동의 전시기에 걸쳐 일관되게 적용되었다.

트로이카의 조직 과정

다음에는 구체적인 운동 내용을 통하여 이재유가 상부의 최고 트로이카를 만들어 나가는 과정을 살펴보기로 하자. 신설동의 빈민촌에 아지트를 두고 지하로 잠복하기 이전인 1933년 3월 중순 이재유는 안병춘[27]을 만났다. 이재유가 안병춘을 알았던 것은 안병춘의 어머니인 이안전李安全이 이재유가 기식하고 있던 김용식의 집에서 방을 빌려 밥을 해주고 있었기 때문이다. 안병춘은 어머니를 만나기 위하여 그 집에 자주 출입하고 있었기 때문에 자연히 이재유와 접촉할 기회도 잦았다. 이재유는 일반 사회의 정세에서 시작하여 조선의 운동정세나 자본주의 사회의 결함 등을 기회있을 때마다 설명하고 또 함께 토론하였다. 또한 안병춘은 그의 친구인 배재고등보통학교의 이동천과, 이동천의 친척으로 같은 학교 학생이었던 김칠성金七星, 강양섭姜亮燮 등을 이재유에게 소개하였다. 이재유는 신문의 시사기사나 좌익서적[28] 등을 재료로 이들을 교양·지도하는 한편 안병춘에게는 혁명적 노동운동을 하려면 단순히 가두분자로서 활동하는 것보다도 공장에 들어가 노동자로 활동하는 것이 가장 효과적이라고 권유하였다. 이에 찬성한 안병춘은 같은 달 하순 용산공작소 영등포 공장 직공으로 취직하였다. 같은 해 5월의 한 모임에서 이재유는 안병춘에게 현재 서울을 중심으로 몇 개인가의 지하운동노선이 있으므로 서울에서 우리들이 운동하려면 다른 노선의 운동자를 가능한 한 많이 끌어들여야 한다는 것을 역설하면서, 공장 내에서 활동하는 데 필수적인 조건·목적·방법 등을 일반적으로 토론하여 트로이카식 운동을 하기로 합의하였다.[29]

이와 같이 1933년 5월 이재유와 안병춘의 두 사람이 최초의 트로이카 성원으로 되었다. 그리고 이 자리에서 두 사람은 변홍대를 트로이카 성원으로 끌어들이자는 논의를 하였다. 원래 변홍대는 김형선의 지도를 받으면서 이재유와 제휴하기 위하여 왔다가 이재유의 조직으로 포섭된 경우로, 며칠 후 이재유는 변홍대의 동의를 얻었다. 같은 해 6월에는 경성제대 의학부 뒤의 회춘원(지금의 함춘원)에서 이현상을 만나 트로이카 성원으로 끌어들였다. 원래 이현상은 이재유와 같은 사건으로 검거되어 형무소에서 복역하고 있을 때 알았던 사이였다. 이어서 7월에는 경성제대 법문학부 교내와 정구장 등에서 지인知人인 이병기李丙驥(이순복李順福)가 최소복을 소개하여 그의 승낙을 얻었다. 최소복이 가담한 것은 이현상의 활동에 힘입은 것이었다. 이리하여 이재유·안병춘·변홍대·이현상·최소복의 다섯 사람에 의해 상부 트로이카가 형성되었던 것이다. 앞의 경찰 조사에서 경성 트로이카가 1933년 7월에 결성되었다고 한 것은 바로 이러한 사실을 말한 것이다. 그러나 사실 최소복이 상부의 최고 트로이카 성원이 된 것은 이현상과 이재유의 최종 협의를 통하여 결정된 1933년 9월 중순[30]이었다. 앞에서 이재유가 1933년 9월에 경성 트로이카를 결성하였다고 하여 경찰 조사보다 두 달 늦게 잡고 있는 것은 이 때문이다. 이재유의 원래 구상은 노동운동에 중점을 두고 최소복을 제외한 안병춘·이현상·변홍대와 자신을 포함한 상부 트로이카를 상정했던 것 같은데 이현상의 추천과 활동으로 최소복이 최고 트로이카에 포함된 것으로 생각된다. 부문별로 보면 안병춘·이현상·변홍대가 노동운동을, 학생운동은 최소복이, 그리고 이재유는 전체의 총괄을 분담하였는데 이재유의 진술대로 그것은 "그가 명령한 것이 아니라 그와 같은 일의 분담으로 정해"진[31] 것이었다. 즉 성원의 자유로운 의사에 따라 운동한다는 트로이카식의 운동방침이 관철된 것이다.

앞의 5대 슬로건의 3항에서 보았듯이 노동운동은 산별로 조직한다는 것이 이재유의 운동 방침이었기 때문에 안병춘은 영등포를 중심으로 하여 금속 부문을, 이현상은 동대문 바깥의 공장 일대를 중심으로 섬유 부문을, 변홍대가 용산 일대를 중심으로 화학 부문을 분담하기로 하였다. 학생운동에서는 최소복이 남자 중등학교를 담당하였지만, 여자 중등학교와 전문학교 이상 대학은 아직 책임자를 정하지 못하고 있었다. 이 부문은 1933년 4월 이순금의 소개로 알게 된 이경선李景仙에게 여자 중등학교를, 같은 해 7월에는 같은 고향의 김월옥金月玉을 통하여 경성제대 학생 정태식을 끌어 들여 전문학교 이상 대학을 담당하게 함으로써 완성을 보았다. 이재유의 원래 구상으로는 대학과 전문학교를 구분하여 최소복을 통하여 연희전문학교의 이동수李東壽에게 전문학교를 맡기려고 하였는데, 이동수가 시험준비로 바쁘다는 이유 등으로 활동을 회피하였기 때문에[32] 정태식이 맡은 것이었다. 그리고 이경선과 정태식은 이들 5인의 상부 트로이카에 속한 것이 아니라 이재유가 직접 지도하는 형식을 취하여 따로 이들 세 사람에 의한 트로이카를 구성하고 있었다.

다음에는 안병춘의 하부 트로이카를 사례로 이들 각각이 하부 트로이카를 결성해 나가는 과정을 구체적으로 검토해 보기로 하자. 영등포를 중심으로 한 안병춘의 하부 트로이카 성원은 안병춘과 이병기·안삼원의 3인이었는데, 먼저 이병기가 트로이카로 편입되는 과정은 다음과 같다. 이재유가 이병기를 처음으로 안 것은 1933년 4월이었다. 이후 6월 무렵 이병기는 이재유에게 영등포에서 자유노동을 하고 있는데 자신도 공산주의자이므로 그곳 노동자층에서 활동하고 싶다고 말하여, 이재유는 영등포에 있는 안병춘을 만나 잘 협의해 보라고 하였다. 그리고 나서 이재유는 안병춘을 만나 이 사실을 말하고 이병기의 정체를 잘 조사하여 '획득' 하라고 하였는데, 안병춘이 교제하여 본 결과 반동분자나 파벌은 아니어서 "완전하지는 않지만 장래가 엿보인다"고 보고하였다.[33] 한편 안삼원은 원래 이재유가 형무소에 있을 때 알았던 사이였는데, 같은 해 5월 무렵 서울로 올라와 취직을 하지 않으면 경찰의 주목을 받기 때문에 이재유에게 직장을 주선해 달라고 하면서 공장에 들어가 운동하고 싶다는 의사를 표명하였다. 나중에 이재유는 이현상으로부터 안삼원이 노동운동을 하고 싶다는 의사를 타진해 와서 영등포의 안병춘에게 소개해 주었다는 보고를 받았다. 이리하여 안병춘, 안삼원, 이병기의 세 사람이 영등포의 노동운동 부문에서 하부 트로이카를 결성한 것이 1933년 8월 중순이었다.[34] 이와 비슷한 방식으로 변홍대는 신덕균申德均·이종희李鍾姬 등과 함께 용산 일대를 중심으로 하부 트로이카를 조직하였으며, 동대문 바깥에서는 이현상이 이순금·유순희·권오상權五相과 함께 하부 트로이카를 조직하였다.[35] 마지막으로 최소복은 남자 중등학교 방면에서 이인행·변우식邊雨植과 함께 학생 트로이카를 조직하였다.[36]

이와 같이 각각의 자유의사를 바탕으로 한 트로이카 방식에 의해 자신들의 부서가 어느 정도 정해지면서 개별 운동자들이 가지고 있었던 운동 부문은 상호교환이나 증여를 통해 계통적으로 정리되었다. 예컨대 정태식은 처음에는 경성제대를 중심으로 대학의 책임을 맡는데, 나중에 전문학교로 부문이 확대됨에 따라 이재유는 자신의 영향 아래 있었던 법학전문학교의 한성택韓成澤을 정태식에게 소개하여 인계하였다. 이와 함께 정태식은 이재유를 통하여 자신의 영향 아래 있었던 중등학교의 학생을 최소복에게 인계하였다.[37] 또한 안병춘은 영등포에서 노동운동을 맡음으로써, 그가 평소에 교양하여 둔 경신, 중앙학교 등의 중등학교 학생을 최소복 등의 학생 트로이카에 인계하였다.[38] 이러한 정리 작업에서 이재유는 이들 사이의 연락과 중재 역할을 수행하였다. 대략적으로 보아 1933년 9월 이후에 조직의 정리가 이루어지면서 노동운동에서는 개별 경영이나 공장을 중심으로, 학생운동에서는 각 학교를 중심으로 하위 트로이카를 결성하기 위한 집중적 노력이 경주되었는데, 다음의 각 절에서 노동과 학생의 각 부문을 나누어 그 내용을 살펴보겠다.

  결론부터 말하자면 트로이카 조직에 입각한 구체적인 운동의 실행에서 이재유는 이 시기의 운동이 완전한 트로이카로는 나아가지 못했다고 평가하고 있다. 즉 동맹파업이나 동맹휴업 등의 투쟁을 통하여 각 학교나 공장에 혁명적으로 우수한 동지를 얻어 공장 부문에서는 적색노조를, 학교 부문에서는 반제동맹을 결성하기 위하여 1933년 하반기 이래 집중적 노력을 하다가 다음해 1월의 검거로 이를 달성하지 못했다는 것이다. 구체적으로 보면 적색노조 부문에서 상부 각 부문의 책임자는 결정되었지만 하부 공장의 정리가 이루어지지 않았고, 학교 부문에서도 중등학교의 남자는 최소복으로 결정하였지만 그 하부에 있는 각 학교 단위까지는 아직 정리되지 않았다.[39] 상부 트로이카는 결성되었지만 하부 트로이카의 정리가 이루어지지 않아 전체적으로 보면 트로이카 조직의 완성으로는 나아가지 못했다는 것이다. 그럼에도 불구하고 이 시기는 이재유 그룹운동의 전시기에 걸쳐 대중적 기반과 운동의 활력이라는 측면에서 가장 풍부하고 역동적인 내용을 가지고 있었다.

노동운동의 전개 과정
1) 운동의 목표와 중심 강령

노동운동에서 이재유가 상정한 기본적인 운동 방식은 각 공장 내에 직장별로 그룹을 결성하여 노동자의 일상적 불평불만을 대중적 파업투쟁으로 지도하면서, 아래로부터 혁명적 노동조합을 결성하여 점차 상부조직으로 이행한다는 것이었다. 이리하여 이를 산업별·지역별로 구분하여 노동자층에 견고한 조직을 만든 다음, 이 가운데에서 혁명적으로 의식이 고양된 '우량분자'를 얻어 공산주의청년동맹, 혹은 당조직으로 발전시켜 궁극적으로 당재건을 실현한다는 것이었다.

이러한 점에서 본다면 혁명적 노동조합은 "조선의 독립과 공산화를 목적으로 하는" 조선공산당의 재건을 위한 부문운동의 하나로 설정될 수 있다. 그러면 이러한 혁명적 노동조합운동의 중심 강령은 무엇인가? 이재유는 자신이 작성한 〈1933~34년도의 노동자 대중 층에서 중심적 슬로건〉이라는 팸플릿에서 지금 서울 시내 각 경영 내 노동자 대중의 현실적 불평불만은 격발, 투쟁화하고 있으며 이는 노동대중의 현실적 이익을 절실하게, 아울러 과감하게 대표하는 투쟁이라고 주장하였다. 따라서 이러한 투쟁을 통하여만 노동자 대중의 광범한 층을 획득할 수 있으며, 또한 모든 합법적인 노동자 조직 및 비합법적인 파벌적 노동자 조직 내에서 광범한 아래로부터의 통일전선을 수립할 수 있다고 하면서 다음의 16개 항목에 이르는 중심 강령을 제시하였다.

1. 노동자의 파업투쟁의 자유! 즉 파업에 대한 경찰, 군대의 탄압 절대 반대!
2. 노동조합 기타 일체의 노동자 조직의 자유!
3. 노동자를 탄압하기 위한 모든 악법 절대 반대! 특히 치안유지법, 출판법, 폭력행위 취체령, 제령 제7호 등 반대!
4. 일체의 정치범 즉시 석방! 사형제도의 반대!

5. 노동자의 언론, 집회, 출판, 결사의 자유! 정치적 집회, 데모의 자유!
6. 일체 경영위원회 창설의 자유! 프롤레타리아의 자위단 창설의 자유!
7. 노동자에 대한 일체의 봉건적 기숙사제적 속박 반대!
8. 하루 7시간(1주 40시간) 노동제 획득!
9. 처가 있는 노동자의 최저 임금제도 획득!
10. 야전적 노동 강화, 대우개악, 임금 인하, 시간 연장 등 부르주아적 산업 합리화 절대 반대!
11. 동일노동에 동일 임금제 획득!
12. 부인, 아동의 년기 계약제 및 매매제 절대 반대!
13. 일체의 노동자 조직 내에 좌익 결성!
14. 아래로부터 통일전선의 강화!
15. 전경성적 산업별 노동조합의 촉성!
16. 전국적 산업별 노동조합의 촉진![40]

2) 운동의 조직 과정

다음에는 노동운동의 이러한 목표와 강령에 입각한 구체적 조직 양상을 살펴보기로 하자. 앞에서 경성트로이카의 최고 성원으로서 이재유와 안병춘, 변홍대, 이현상, 최소복의 다섯 사람을 언급한 적이 있었다. 이들 중 최소복을 제외한 네 사람이 노동운동 부문에서 활동하였다. 이들 각각을 중심으로 그 과정을 구체적으로 살펴보기로 하겠다.[41]

먼저 안병춘은 지역적으로 영등포 일대의 공장지대를 중심으로 하면서 산업별로는 금속부의 책임을 맡고 있었다. 앞에서 보았듯이 그는 자신과 같이 용산공작소 영등포 공장의 직공이었던 이병기李丙驥, 안삼원安三遠과 함께 하부 트로이카에 속해 있었다. 이 영등포 트로이카는 1933년 8월 영등포 한강 연안에서 조직되었다. 트로이카의 결성을 전후하여 안병춘은 이병기·안삼원 등과 함께 공장 내의 활동을 위하여 우선 공장의 자본 계통, 노동자 수, 노동임금, 노동자의 연령, 직장별 노동자 수 등을 조사하고 각자 직장을 분담하여 활동하기로 하였다. 이와 같이 영등포 일대의 공장 지대에서는 이 트로이카 아래 각각의 공장을 중심으로 노동 대중을 얻으려는 활동이 전개되었는데, 그 결과 용산공작회사에서는 방윤창方允昌·이승길李承吉·경석호慶奭浩·지재호池在鎬·김원옥金元玉·조귀손趙貴孫 등 6명을[42], 경성방직에서는 이예분李禮粉·최승원崔承元의 2명을, 가와키다川北전기에서는 김진성金晋成·윤순달尹淳達·유대웅柳大雄·박기훈朴琪燻·민閔 모 등 5명의 노동자를 얻었다.([표 1] 참조)

이와 같이 보면 경성트로이카의 금속부 조직은 산업별로는 용산공작소 영등포 공장, 가와키다 전기의 두 공장을 중심으로 한 것으로 각각의 공장에서 5~8명의 노동자가 활동하였다. 그러나 비교적 대규모 공장이라고 할 수 있는 용산공작소에서 정식 직공(본직공)은 적은 수에 지나지 않고 상당수는 임시 인부였던 것으로 추정되며, 가와키다 전기도 중규모 정도의 공장이었던 것으로 생각된다.[43] 이와 같이 금속 부문의 공장 그룹 수는 다른 부문에 비해 상대적으로 적었으며, 공장의 규모나 노동자 구성 및 지위 등에서 일정한 한계가 있었다. 또 다른 자료에 의하면 용산공작회사 영등포 분공장의 직공이었던 김순진金舜鎭[44]도 비슷한 시기에 황대용黃大用·공성회孔成檜[45]·김진성金晋成·윤순달尹淳達 등과 함께 공장 내의 상황을 조사하는 한편 나아가서 영등포 공장지대에서 적색노동조합을 조직하기 위하여 활동[46]하였다는데, 그가 검거된 것은 1935년 1월이었기 때문에 위의 [표 1]에는 나타나 있지 않다. 후술하듯이 김순진은 원래 안병춘·안종서 등과 함께 신갑범愼甲範의 운동선에서 활동하였는데, 이 시기에 그는 동시에 이재유 그룹에서도 활동하였으며 이는 제2기의 재건그룹 시기까지 계속되었다. 신갑범의 운동선에서 활동했던 윤순달·김진성 등도 제1기 이재유의 조직에서 동시에 활동하고 있었다.

용산에서는 변홍대가 활동하였는데 산업별로 그는 화학부 책임자였다. 1933년 7월 그는 이종희·신덕균과 함께 하부 트로이카를 결성하면서 각 공장에 그룹을 결성하기 위한 활동을 전개하였다. [표1]에서 보면 경성고무의 전순덕全順德·박숙희朴淑姬·정금복鄭今福의 3인과 경성전기에서 황대용黃大用·권오경權五敬·추교선秋敎善·공성회孔成檜 등 6명의 노동자 및 용산공작소의 이남산李南山이 여기에 해당한다. 그런데 조서에서 이재유는 이들 이외에 다수의 공장에서 그룹이 조직되었다고 진술하였다. 즉 공장별 그룹이 있었던 경우는 경성고무 이외에도 고려고무·동명고무·서울고무·중앙고무 등이었으며 그 구성원으로는 중앙고무(중앙상공주식회사)에 이종희李鍾嬉외 7명 정도, 경성고무공업소에는 위 표의 3인 이외에 김인숙金仁淑·이영순李榮順·김상덕金尙德·안용돌安龍乭·한병현韓炳顯 등의 5명 정도가 있었다고 한다. 또한 고려고무공업소에는 나금복羅今福 외 4~5명, 고려고무와 같은 구내에 있었던 동명고무도 나금복을 책임으로 하여 그 아래에 4~5명의 구성원이 있었으며 서울고무 공업소에는 허許마리아·맹계임孟桂姙, 지순이池順伊 등 7~8명이 있었다. 이렇게 본다면 화학 부문의 주력은 고무공업이며 여기에만 한정해 본다면 이 지역을 중심으로 한 5개 공장에서 4·5명 내지 7·8명에 의한 공장 그룹을 이루고 있었다고 할 수 있다. 지역적으로 본다면 경성고무와 고려고무가 강기정(지금의 남영동 일대)에 있었으나 서울고무는 신설동, 중앙고무는 병목정(지금의 쌍림동 일대)에 있어서 후자의 두 공장은 오히려 동대문 근처에 위치하고 있다. 여기서 알 수 있듯이 지역적 구분은 엄격한 것이 아니라 산별을 우선으로 하면서 지역별 분담을 가미한 것으로 보인다. 그런데 일제의 조사는 [표 2]에서 보듯이 위의 운동가들 중 서울고무의 맹계임 등을 권영태 그룹으로 분류하고 있다. 이는 맹계임이 허마리아 등과 함께 권영태 조직에서 활동하였기 때문인데 자세한 내용은 다음의 3부에서 살펴보도록 하겠다.

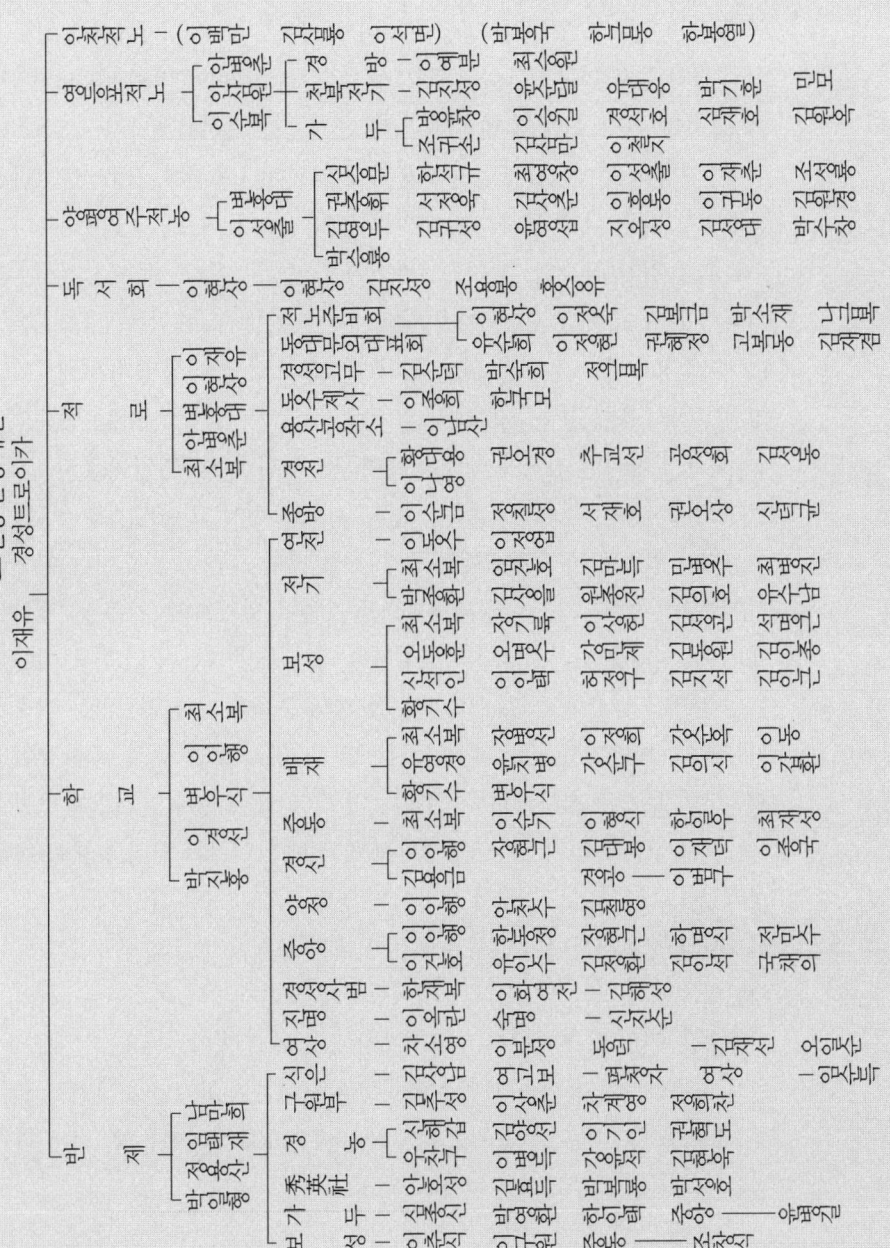

다음에 이현상은 경성 트로이카 섬유부의 책임자로서 동대문 바깥 지역에 근거를 두고 있었다. 경성 트로이카 섬유부 조직은 앞에서 보았듯이 이현상을 포함하여 이순금·권오상·유순희의 4인에 의해 1933년 9월에 결성된 이래 이들의 활동에 의해 조선제사·동수同水제사·조선견직·종연방적 등에서 2~5인의 노동자를 얻었다. [표 1]에는 종연방적과 동수제사 밖에 나와 있지 않은데 이재유의 진술에 따르면 이밖에도 다수의 노동자가 공장별 그룹에 망라되어 있었다고 한다. 즉 조선견직주식회사에는 이정숙李晶淑·이정현李貞賢·김남겸金南謙·김복금金福今(金鈫)·박소재朴召在·권혜정權惠貞 등이 있었으며 종방 경성제사소에는 이병희李丙禧·유해길柳海吉(柳福童) 외 10명 정도가, 편창제사에는 변홍숙卞洪淑과 양하석의 친척에 해당하는 여공을 포함한 5~6명이 있었다. 또한 소화제사에는 유순희俞順姬가 여공으로 있으면서 그 아래에 7~8명의 구성원이 있었다. 동수제사에는 중앙상공회사를 그만두고 옮겨 온 이종희李鍾姬를 중심으로 5~6명의 여성노동자들이 있었으며, 주우住友제사에는 이종숙李鍾淑 외 4~5명의 구성원에 의한 공장 그룹이 있었다. 이재유는 일제가 언급하고 있는 조선제사에서의 운동을 말하지는 않는 대신 편창제사·소화제사·주우제사 등의 공장을 따로 들고 있다. 이와 같이 섬유부의 주력은 제사·방적·견직 등의 각 산업 부문에 있었으며 산별로는 7개 공장에서 각기 4~5명에서 10명 정도에 이르는 공장 그룹이 결성되었다. 다음의 [표 2]에서 보듯이 권영태 조직과 중복되는 공장은 조선제사와 소화제사이며 운동자로는 이재유 조직에서 소화제사의 여공이던 유순희가 권영태 조직의 경성방직에 들어가 있으며, 주우제사의 이종숙은 권영태 조직에서는 조선제사에 속하고 있다. 섬유 부문에서 여성 노동자들의 높은 이직율을 반영하는 것이기도 하지만 전문적 운동을 위해 공장을 바꾸는 양상도 아울러 드러낸다고 생각하는데, 이는 파벌문제와 관련해 주목되는 현상이다.

전체적으로 보면 산별 부문에서 가장 대중적 기반을 가진 것은 화학과 섬유 부문이었다. 영등포를 중심으로 한 금속 부문이 공장의 규모나 노동자 구성 등에서 일정한 한계를 가진 반면에, 고무공업을 중심으로 한 화학 부문이나 제사업을 중심으로 한 섬유 부문은 많은 공장에서 다수의 노동자가 활동하였다. 공장의 규모도 화학 부문에서 경성고무와 중앙고무, 섬유 부문에서 경성방직·종방·편창제사·조선제사 등[47]이 직공 수 200인 이상의 대공장이었다. 앞에서 보았듯이 서울 지역의 당재건을 위한 5대 슬로건에서 당재건은 대경영세포를 중심으로 한다는 원칙이 이들 부문에서는 어느 정도 관철된 셈이다. 또 다른 특성으로는 이들 섬유와 화학 부문의 노동자 대부분이 여성이었다는 점을 들 수 있다. 이와 관련하여 특히 주목하고 싶은 것은 직업적 여성 노동운동가들의 활동으로서 예컨대 이순금·이종희·유순희 등을 전형적인 사례로서 들 수 있다. 이밖에도 박진홍·이원봉李元鳳·허마리아[48] 등을 들 수 있겠지만, 이 시기에 가장 활동이 두드러졌던 이들 3인의 노동운동가들을 중점적으로 살펴보기로 하겠다.

이순금은 이재유의 운동 제2기와 제3기에서 핵심적 역할을 하는 이관술의 누이이다. 경남 울산의 부유한 집안에서 출생하여 1929년 3월 언양彦陽공립보통학교를 졸업하고 같은 해 4월 이복 오빠인 이관술과 함께 서울에 와서 사립 실천여학교에 입학하였다가, 동덕여자고등보통학교 3학년으로 학교를 옮겨 1932년 3월에 졸업한 인텔리 여성이다. 재학 중인 1932년 1월에 박진홍 등과 함께 경성RS(Reading Society—독서회)협의회 및 김도엽金度燁을 중심으로 한 반제동맹에서 활동하다가[49] 이재유의 운동에 합류하였다. 반제동맹 사건으로 검거 중에 그녀는 김도엽과 몰래 연락하여, 만일 나가게 된다면 누구의 지도를 받는 것이 좋은가라고 물어 이재유가 가장 전투적 투사라고 소개받는다. 그녀가 이재유를 만난 것은 1933년 4월 서창의 소개를 통해서라고 하는데, 이재유는 소개를 받기 전에 그녀를 방문한 적이 있다고 진술하였다.[50] 그녀를 통해서 제3기의 경성준비그룹에서 중요한 역할을 하는 유순희를 비롯하여 동대문 바깥의 섬유 부문에서 조선제사와 조선견직의 여공 수 명, 종방 경성제사공장에서 이병희 외 수 명 등이 이재유의 운동선에 포섭되었다. 또한 화학부문에서는 중앙상공회사의 이종희 등 수 명, 경성고무공업소의 전인덕 외 수 명, 경성방직의 이원봉 등이 이순금의 활동을 통해 끌어들인 경우이다.[51] 이밖에도 그녀는 운동자금의 제공 등에서 중요한 역할을 하였다. 1934년 1월 하순 이재유가 경찰의 추격에 쫓겨 신변이 위험하게 되었을 때 내수동에 아지트를 두고 며칠간 동거하다가 1월 21일에 이순금이, 다음날 22일에는 이재유가 경찰에 검거되었다. 그녀는 이관술의 누이였던 관계도 있고 해서 이재유가 최종적으로 검거된 이후에도, 그의 운동선에서 지속적으로 운동을 전개하였다.[52]

이종희도 이순금과 마찬가지로 동덕고등여학교를 졸업한 인텔리 여성이다. 1933년 8월 별표고무(중앙상공주식회사)에서 파업이 발발했을 때 그녀는 이 공장의 여공이었다. 그녀는 고등여학교를 졸업한 전투적인 여공으로서 서울의 노동운동자들 사이에서 명성이 자자했던 모양이다. 이재유는 이순금이나 변홍대, 권오상, 정칠성 등을 통하여 그녀의 명성을 듣고 있었다. 별표고무에서 파업이 진행되던 1933년 9월에 그는 변홍대를 통하여 권오상에게 연락하여 경성제대 부속병원 정문 앞에서 그녀와 처음으로 만났다. 여기에서 그는 "너무나 좌익적인 표어를 대중 앞에서 주장하는 것은 실패하기 쉽고, 대중의 이익을 우선적으로 내세워야 하며 경찰로부터 주목을 받고 있으므로 좌익적인 이론이나 언동을 삼가라"[53]는 등 파업에서 '좌익적 분자'가 가져야 할 태도에 관하여 지도하였다. 이재유와 제휴 활동한 이후 그녀는 그 공장을 그만두고 유순희, 이순금 등과 함께 전적으로 섬유·화학 부문의 노동자 획득을 위하여 활동하다가 1933년 9월 하순 경찰에 검거되었다.[54] 그녀는 제2기의 경성재건그룹에서도 활동하였다.

유순희는 제2기와 제3기에 걸쳐 이재유의 운동선에서 지속적으로 활동한 운동자이다. 이재유가 그녀를 안 것은 1933년 1월 서창을 통하여 전투적 여공으로서 조선제사의 이정숙, 김복금 등을 소개받은 것에서 비롯되었다. 그녀들과의 회합에서 이재유는 조선제사에 의식이 높은 활동적 여성노동자가 있다는 말을 들었다. 한두 달 쯤 후 유순희가 그를 방문했다. 노동운동의 목적도 있었지만 그녀는 공산당사건에 관련되어 징역 4년을 선고받았던 자신의 숙부인 유진희俞鎭熙가 '타락간부'라든가 '스파이'라는 소문을 듣고서 그것을 확인하기 위하여 왔다고 한다.[55] 이재유는 당시 그녀가 "공산주의자라기보다는 공장에 대하여 불평을 가지고 있었"던 정도였다고 평하였다. 이후 그녀는 공장 내에서의 활동방법, 동맹파업의 방법 등에 관하여 이재유의 지도를 받으면서 소화제사의 파업을 비롯하여 섬유·화학 부문에서 변홍대·이순금·권오상·이종희 등과 활동하였다. 또한 영등포 경성방직의 여공으로 들어가 이예분과 연락하여 공장 내부를 조사하는 등의 활동을 전개하였다.[56]

3) 공장내 각 그룹의 활동방침

다음에는 이들 공장 내에서 각 그룹의 활동방침에 대하여 살펴보기로 하자. 제1기의 운동에서 이재유가 제시한 '공장 내 상시의 활동 방침'은 다음의 18개 항목에 걸친 것이었다.

1. 공장 내 활동의 필요를 구체적이게끔 할 것.
2. 공장 내 전략전술을 확정할 것.
3. 대중적 조사활동을 개시할 것.
4. 대중적 선전·선동 활동을 개시할 것.
5. 공장 내의 조직 활동을 대중적으로 전개할 것.

6. 결정적 직장에 전 주력을 기울이자.

7. 중심적 슬로건을 결정할 것.

8. 인원을 적정하게 배치할 것.

9. 미조직 공장에 위와 같이 착수할 것.

10. 안내단(案內團)(원문은 세화방단(世話方團)임-필자)을 위와 같이 조직하자.

11. 그 위원을 위와 같이 조직하자.

12. 안내단 및 그 위원의 활동 방법

13. 공장 내 보조 조직을 위와 같이 조직 투쟁시키자.

14. 연구회는 다음과 같은 방법으로 하자.

1) 필요

2) 대중화

3) 중심적 간부 문제

4) 교재 문제

5) 방법

15. 공장 뉴스의 발행.

1) 필요

2) 방법

16. 삐라, 데모, 피크닉 등의 방법

17. 공장 오르그의 지도 활동 방법

1) 각 활동분자에 활동방법을 끊임없이 구체화할 것.

2) 각 활동분자의 개인 코스 결정

18. 파업 투쟁의 방법

1) 조직 활동

2) 선전·선동 활동

3) 조사 활동

4) 대회

5) 조건

6) 데모, 삐라

7) 별동대

이상의 각 항목에 걸쳐서 노동대중을 끊임없이 교양하여 의식 수준을 높이고 실천투쟁의 전술을 익힌다는 것이다. 예컨대 마지막 18번째 항목의 투쟁방법에 관하여는 다음의 사실들을 강조하고 있다. 즉 평소의 조직 활동은 자신이 속한 직장에서 각각의 개인이 동지를 얻는 것이며, 선전·선동활동은 좌익서적을 돌려 본다든지 쉬는 시간을 이용하여 구두로 선전·선동을 하는 것이고, 조사활동은 자본가의 착취 방법, 노동시간, 임금, 위생설비 및 대우개선, 기숙사, 노동 능률, 직공수 및 연령, 감독과 교부敎婦제도, 공장구조, 직공의 문화정도, 투쟁경험, 직공의 주소 및 가정관계, 공장의 위치와 자세한 지리, 공장주와 자본벌資本閥 관계 등[57]의 여러 측면에 대하여 조사하는 것이 중요하다는 것이다.

4) 파업의 지도와 방법 및 구체적 사례들

이재유는 노동대중의 파업에 관하여 다음과 같이 매우 상세한 구체적 지도 방법을 제시하였다. 파업이 발발하는 경우 먼저 조직 형태라는 측면에서 어떠한 것들이 있어야 하는가? 노동자들이 파업투쟁에 들어가면 우선 그 공장 내의 종업원으로 종업원 대회를 열어 일반적 요구 조건을 결정하고 다음에는 파업투쟁위원회를 조직한다. 이 투쟁위원회는 일반화되지 않은 범위에서 특수한 사람에 국한하여 개최할 수 있다. 말하자면 비합법도 가능한 것이다. 앞에서 살펴보았듯이 각 공장별로 적게는 4~5인 많게는 10인 내외의 인원으로 조직되었던 공장그룹은 파업으로 돌입하는 경우 바로 이 파업투쟁위원회로 전환될 수 있다. 다음에 이 투쟁위원회에 전문부를 설치하는데 그 부서로서는 선전선동부, 조직부,

조사부, 연락부(레포부)의 각각을 둔다. 선전선동부는 주로 공장에서 파업에 참가하지 않은 노동자들에 대하여 취업을 하지 말 것과, 이들과 파업원들의 단결을 격려하는 것이다. 조직부는 파업 참가원을 일반의 조직으로 만드는 것이다. 예를 들면 공장 내에서 직장별로 반班을 만든다거나 지역별 그룹을 만든다거나 하는 방법을 말한다. 조사부는 노동자의 향방, 동정이나 생활상태, 가정관계, 교우관계, 연고관계, 배경 등을 조사한다. 공장 내에서는 자본가의 파업에 대한 방침이라든가 취업시간, 임금 문제, 기타 모든 대우개선이 필요한 점을 조사하고 자본가 측의 착취형태를 폭로하는 것이다. 연락부는 후술할 공장 바깥에서 지도하는 파업위원회와 노동자의 중간에 서서 이 파업위원회에서 결정한 방침을 노동자들에게 전하고, 또 노동자의 동정, 요구 등을 위원회에 보고하여 투쟁을 원활하게 통제하는 역할을 한다.

이러한 조직 형태는 공장 내부를 사례로 한 것인데 이와 동시에 공장 바깥에서는 파업을 지도할 운동가들을 중심으로 파업투쟁위원회를 조직한다. 조직 부서로는 공장 내부 위원회의 조직 부서에 상응하여 선전선동부, 조직부, 조사부, 연락부 등을 둔다. 이들 각각의 부서는 공장 내의 각 구성원을 지도 격려하고, 각 위원과 협의 제휴하여 공장 내 위원회의 각 부문 위원을 적당하게 활동하도록 하는 임무를 가지고 있다.[58] 구체적으로 이 공장 바깥에서의 파업투쟁위원회에 해당하는 것은 상부 트로이카 구성원이었던 안병춘, 변홍대, 이현상이 각각 영등포와 용산 및 동대문 바깥의 공장지대를 중심으로 조직하였던 하부 트로이카이다. 원래 파업투쟁은 당이 있는 경우에는 당이, 혁명적 노조 조직이 있을 때는 혁명적 노조가 이를 지도하는 것이 당연하지만 조선과 같이 중앙집권적 단체가 존재하지 않는 상황에서는 트로이카가 그 역할을 담당하여 파업을 지도해야 한다는 것은 이재유의 주장[59]을 통해서도 잘 알 수 있다.

지금까지 혁명적 노동조합운동의 목적, 조직 강령, 공장그룹의 결성과정 및 공장 내 각 그룹의 활동방침, 파업투쟁에 대한 구체적인 지도방법 등을 논의하였다. 이제 마지막으로 이러한 이론과 방침에 입각하여 이 시기에 전개된 대중적 파업투쟁의 사례들을 살펴보기로 하자. 이재유는 1936년 12월에 검거된 이후 경찰의 조사에서 "오래된 일이어서 일일이 기억할 수는 없지만 기억나는 대로" 1933년 하반기의 파업투쟁에 관한 사실들을 들고 있는데[60], 신문기사와 대조해 본 결과 사소한 몇몇 사실들을 제외하고는 당시의 보도와 거의 일치하는 것을 발견하였다. 4년 전의 일을 낱낱이 기억하여 다시 그대로 복구할 수 있다는 것은 운동에 대한 그의 열정과 애착을 방증하는 것이다. 이하 조서의 진술과 신문 기사를 종합하여 이재유 그룹이 주도한 파업의 실제 내용을 검토해보기로 하자.

(1) 편창제사

이재유는 이 파업이 1933년 5월 말에 일어났다고 진술했는데 당시의 신문기사를 보면[61] 실제로 6월 1일 오전 5시 조선인 여공 320명이 1) 노동시간 현재 13시간을 축소하여 줄 일, 2) 임금을 종전보다 인상하여 줄 일, 3) 일본인과 조선인 여공과의 식사차별을 철폐하여 줄 일, 4) 기숙사에 있는 여공의 외출을 절대 금지하는 회사의 내규를 개정하여 줄 일의 4가지 요구 조건을 내걸고 파업에 들어갔다. 파업의 직접적 발단은 여공을 면회하기 위하여 시골에서 일부러 올라 온 여공의 친척을 공장 수위가 구타한 데 있었다. 이재유는 임금인상, 야경夜警의 퇴사 등 6가지 항목의 요구조건을 내걸고 364명의 여공이 파업하였다고 신문보도와 대동소이하게 진술하였다.

원래 이 파업은 이재유그룹에서 조직·지도한 것이 아니라 김형선의 선에서 활동하고 있었던 양하석梁河錫 등이 주도한 것이었다. 이재유 그룹이 이 파업에 관여한 것은 파업의 시작과 함께 양하석이 대책을 제의하여 왔기 때문이다. 양하석이 이 공장에서 운동하였던 것은 그의 친척이 여공으로 다니고 있었던 연유로 공장 내의 사정을 잘 알 수 있었기 때문이다. 따라서 김형선은 양하석과 함께 노동자를 선동하여 파업을 발발하게 하고 그 이후에 이재유가 지도를 맡은 것이었다. 이재유는 김형선이 양하석에 명하여 자신에게 지도를 부탁했던 것이라고 판단하고 있다. 김형선은 자신과의 제휴를 염두에 두고 이 파업을 통하여 이재유 그룹의 운동역량을 시험해 보려 했던 것으로 짐작된다. 전술한 바와 같이 이 파업을 통해 이재유는 김형선의 운동선이 있다는 것을 알게 되었고 결과적으로 이재유와 김형선의 회합이 촉진되었다.

앞에서 살펴본 바와 같이 이재유가 각 공장을 기반으로 공장그룹을 결성한 것이 1933년 하반기 이래였던 사실을 상기해 보면, 파업이 일어난 당시 공장 내에서 종업원대회나 파업투쟁위원회의 조직은 없었던 것으로 보인다. 공장 외부에서 파업투쟁위원회가 조직되었는지의 여부는 분명치 않지만, 이현상 등에 의해 이 지역 하부 트로이카가 결성된 것이 1933년 9월이었다는 점을 고려해 보면 공식적인 외부의 위원회도 없었다고 보아야 할 것이다. 따라서 이재유와 몇몇의 운동자들이 양하석과 연계하여 운동을 지도하였을 것이다. 또한 파업이 일어나자 서대문서에서는 여공들의 소동을 진압하고 남자 직공 1명을 검거 하였다. 사정이 이러했기 때문에 이 파업이 직공 측의 패배로 끝난 것은 어쩌면 당연한 결과인지도 모른다. 당일 오후 6시에 이르러 직공 대표 12명은 무조건 복업을 선언하여 "유야무야 중에 직공 측이 꺾이고 말앗"던 것이다.

(2) 중앙상공회사

1933년 8월 17일 병목정 중앙상공회사(일명 별표고무) 여공 150여 명이 분업으로 인해 임금이 줄어든 것에 항의하여 동맹파업에 돌입하였다.[62] 이재유의 진술은 여공 73명이 참가하였다고 하여 숫자만 차이가 날 뿐, 발발일자는 16일이며 종래의 청부제도 철폐반대가 요구조건이었다는 점 등은 그대로 일치한다. 이종희가 이 공장의 여공으로 있었기 때문에 공장 내에서는 이종희가 파업투쟁위원회에 준하는 조직을 만들어 표면적으로 활동하였으며, 공장 밖에서는 파업의 지도 책임자를 권오상으로 정하여 배후에서 이순금·이현상 및 이재유 자신이 지도하였다. 공장 밖의 이 3사람은 이현상을 중심으로 1달 쯤 후에 이 지역에서 하부 트로이카를 구성한다는 사실을 염두에 둘 필요가 있다. 따라서 공장 외부에서 파업투쟁위원회에 준하는 조직이 이 시기에 이미 가동하고 있었고 이러한 투쟁을 통하여 트로이카가 형성되었으며, 이는 투쟁을 통한 조직의 결성이라는 이재유의 운동방침이 그대로 실제화된 것이었다. 경찰에서 "주의자들의 선동이 있지 아니한가 하여 엄밀한 내사를 하는 한편 엄중한 경계"를 하였음에도 불구하고 결국 이 파업이 청부제도의 부활을 회사 측에서 받아 들여 노동자 측의 승리로 끝난 것도 이러한 점에서 보면 당연한 것이다.

(3) 소화제사

이재유의 진술에 따르면 이 파업은 1933년 8월 22일에서 23일까지 청엽정(지금의 청파동 일대) 소화제사의 여공 249명이 여공 감독 교부장敎婦長의 배척, 기타의 대우개선을 요구조건으로 하여 일으킨 것이다. 이 때 공장에는 유순희가 여공으로 있었으며 그녀를 책임자로 하여 이순금과 변홍대가 이를 지도하고 그 배후에 이재유·이현상·안병춘 등이 활동하였는데 이 결과 요구조건 중 중요한 교부장의 퇴직을 실현시켜 직공 측의 승리로 끝났다고 한다.

당시 신문에서는[63] 1933년 8월 22일 여직공 300명이 1) 감독의 대우가 나빠 취업할 수 없으니 그를 해고할 것, 2) 여직공 유복동柳福童(柳海吉-필자)을 조선제사회사에서 동맹파업했던 인물이라 인정하고 돌연 해고함은 부당하니 곧 취업시킬 것, 3) 기숙사의 음식물이 나쁘니 그를 개량해 줄 일, 4) 임금을 약속대로 지불해 줄 일의 4가지 요구조건을 내걸고 파업하였다고 보도하고 있다. 이에 회사 측에서는 협의를 거듭하다가 직공 전부를 회의실에 모아 놓고 위의 요구 조건 중 3)과 4)를 들어 준다고 발표하였다. 그러나 여공들은 직공에 대한 무단해고와 감독의 학대에 대해 끝까지 굽히지 않고 싸우겠다고 하여 파업을 계속하였다. 파업은 결국 용산서 고등계의 조정으로 원만히 해결 되었는데 이에 따르면 1)의 요구에 대하여는 감독이 사과함과 동시에 앞으로 직공들로부터 불신임을 받는 경우에는 사표를 제출하기로 약속하였으며, 2)의 조건에 대하여는 해고한 유복동을 복직시킬 수는 없으나 앞으로 인사 취급은 중역회의를 통과하여 신중히 취급하겠다는 것이었다.

이재유의 진술과 비교해 볼 때 파업발생일, 파업 참가 수, 요구조건 등은 대동소이하나 이재유가 언급하지 않은 정보들을 당시의 신문 기사는 제공하고 있다. 먼저 알 수 있는 것은 이재유 그룹에서 활동하던 유해길이 이른바 블랙리스트에 올라 해고되었으며, 이것이 파업이 발발한 중요 이유 중의 하나였다는 사실이다. 또한 결과에서도 이재유는 교부장(감독)이 퇴직하여 직공 측의 승리였다고 진술하였지만 위에서 보았듯이 공장 측에서 내놓은 것은 기만적 타협책에 지나지 않았다. 공장 내에 유순희 등이 있었지만 유해길의 해고 등으로 전력이 약화되었으며 공장 밖에서의 지도도 최고 트로이카의 이재유·안병춘·변홍대·이현상 등이 모두 동원되어 총력전의 양상을 보였음에도 불구하고, 서로 다른 하위 트로이카에 속했던 이순금과 변홍대가 지도를 맡는 등 계통적인 지도가 이루어 지지 않은 것이 실질적인 패배를 가져온 내부적 요인이 아닌가 생각된다.

(4) 고려고무 및 동명고무회사
1933년 8월 하순 동일한 구내에 있었던 고려고무 및 동명고무에서 양 회사의 여공 약 40명 정도가 함께 파업을 일으켰다. 변홍대가 회사의 구내에 기거하면서 파업의 선동 책임의 역할을 수행하였으며, 그 배후에 이재유와 안병춘·이현상 등이 활동하여 임금인하 반대를 비롯한 기타의 요구조건을 회사 측에서 승인하여 직공 측의 승리로 끝났다고 하는데 이 파업에 관한 신문 자료를 찾아 볼 수 없어서 더 이상 자세한 내용은 알기가 힘들다. 변홍대가 이 파업에서 선동 책임을 맡았던 것은 그가 경성 트로이카 화학부문을 담당하고 있었기 때문이다. 최고 트로이카의 성원 전부가 나서서 활동하였던 것은 앞의 소화제사 파업과 마찬가지였다.

(5) 조선견직주식회사

1933년 9월 7일에서 10일 까지 숭인동의 조선견직회사 여공중 관권부管券部의 20명이 임금인상 기타의 요구조건을 내걸고 파업을 일으켰다. 파업이 일어나자 이 공장의 여공이었던 김복금, 이정숙 및 이순금은 공장 외부의 조직과 연락하여 활동하였다. 공장 밖에서는 경성 트로이카 섬유 부문을 담당하고 있던 이현상이 파업선동의 책임을 맡았으며 상부 트로이카의 이재유, 변홍대 등이 배후에서 지도하였다. 이재유의 진술에 따르면 이 파업은 회사 측에서 요구조건을 받아 들여 노동자 측의 승리로 끝났다고 한다. 이 파업 역시 위의 고려고무 및 동명고무 파업과 마찬가지로 당시의 신문 기사에서 확인할 수는 없었다.

(6) 서울고무회사

1933년 9월 19일 서울고무회사의 여공 120여 명이 불량품 검사에 유례없이 가혹하다는 것 등에 항의하여 7개조 요구조건을 내걸고 파업에 돌입하였다. 이재유의 진술은 발발 일자, 참가 인원에서 당시 신문보도와 정확히 일치하며 요구조건에서도 제품의 검사, 감독 경질 등 수 개조 요구조건을 내걸었다고 기억하고 있다. 다른 어느 사건보다도 이 파업을 이재유가 정확하게 기억하고 있었던 것은 뒤의 종방파업과 함께 노동운동 부문에서 어느 정도 조직의 정비가 이루어지면서 이재유 그룹이 중점을 두고 집중적으로 지도하였기 때문이다.

이때 공장 내의 책임자는 허마리아였는데 신문 보도를 보면[64] 이밖에도 지순이·맹계임 등이 그룹원으로 활동하였다. 공장 바깥의 책임은 유순희·이종희·권오상 등이 맡았으며, 이순금·이재유·이현상·변홍대 등이 배후에서 지도하였다고 한다. 따라서 공장 외부에서는 파업투쟁위원회에 준하는 조직에 변홍대의 하위 트로이카에 속한 이종희와 이현상의 하위 트로이카에 속한 유순희·권오상이 배치되었으며, 배후 지도는 이재유·이현상·변홍대의 상부 트로이카 3인과 이현상의 하위 트로이카에 속하는 이순금이 담당하였다. 지역적으로 보면 용산과 동대문 바깥의 조직과, 산별로 보면 화학과 섬유 부문의 인원이 모두 망라되었다고 할 수 있는 것이다. 그러나 앞의 구체적인 활동방침을 염두에 두고 자세히 검토해 보면 조직적 측면에서 서로간의 책임 부서가 명확하게 설정되지 못했으며 선전 선동이나 지도의 측면에서도 일관된 계통성을 확립하지 못하였다. 이와 함께 지금까지 살펴보았듯이 서울 용산과 동대문 일대에서 연쇄적으로 파업이 발생하자 경찰의 탄압과 감시가 한층 강화되었다. 파업이 일어나면서 허마리아, 지순이, 맹계임 등 수모자로 지목된 6명의 여공이 즉각 검거되었으며 공장 바깥의 권오상 등도 동대문 경찰서에 검거되었다. 이와 같이 공장 내외의 조직이 검거 등으로 실질적인 기능을 하지 못했다는 점을 감안한다면 "쌍방 타협으로 파업이 해결"[65]되었다는 신문보도보다는 직공 측의 패배라는 이재유의 진술이 사실에 더 가까운 것으로 보인다. 또한 앞의 편창제사 파업을 통해 김형선의 조직과 만났듯이 이 파업은 권영태 그룹과 관련된 백윤혁 등의 조직과 처음으로 만나는 계기가 되었다.

(7) 종연방적회사 경성제사공장

1933년 9월 21일에 신설동의 종방 경성제사공장의 여공 500여 명이 임금문제로 총파업에 돌입하였다.[66] 이재유의 진술로는 같은 날짜에 300여 명의 여공이 해고직공의 복직 및 임금 인상 등으로 파업을 일으켰다고 하는데 해고직공의 복직은 이 공장에서가 아니라 앞의 소화제사에서 유해길의 경우를 착각한 것이 아닌가 생각된다. 이 지역 일대에서 연쇄적으로 파업이 진행되는 과정에서 앞의 서울고무 파업과 함께 일종의 지역적 연대파업의 양상을 띠고 전개되었다는 점과 대규모 공장에서의 쟁의라는 점에서 이 파업은 대대적인 사회의 주목을 받았다. 파업이 발발하자 회사 측은 기숙사 직공의 외출을 금지하고 500명의 여공 모두에게 최후 통첩을 보내는 등의 강경조치를 취하였다.

한편 동대문서는 파업의 발발과 함께 이영자 등 5명의 여공을 검속하였으며, 이틀 후인 23일 새벽에는 돈암리 방면에서 조선방직 여공 김 모 등 2명을 검거하였다. 경찰의 탄압에도 불구하고 56명의 여공들이 경찰서로 몰려가 검속자 석방을 요구하였으며 회사 측의 해고위협에도 굴하지 않고 노동자들은 지속적인 투쟁을 전개하였다. 회사 측에서는 9월 23일에 직공모집광고를 붙이고 24일 까지 출근하지 않는 직공은 모두 해고한다고 하면서 9할 이상의 출근을 자신하는 태도를 보였다. 그러나 노동자들은 이에 응하지 않았다. "지금까지 직공들이 피동적으로 파업한 줄 알았다가 사태가 그렇지 않다"[67]는 것을 깨달은 회사 측에서는 무조건 복업을 종용하는 한편 남공을 이용하여 여공을 복업하게 한다는 교묘한 양동작전을 구사하였다. 즉 회사 측은 남공들을 시켜 해고된 여공 300명을 소집하였으며, 남공들은 이 자리에서 회사에서 요구조건을 승인하였으니 복업하라는 통지를 하였다. 여공들의 복업이 일단 이루어지자, 회사 측에서는 요구조건의 승인은 남공들이 자의로 말한 것이지 회사 측에서는 전혀 모르는 일이라고 발뺌하였다. 이에 복업을 하지 않은 여공들은 임금 증액, 대우개선 등 13개 요구조건을 제출하였는데 이 가운데 남자 직공의 삯전을 올려 달라는 사항도 포함되어 있는 것이 눈에 띤다. 이리하여 노동자들의 단결이 깨지면서 무조건 취업하여 직공 측의 패배로 끝나고 말았다.

파업 당시 공장 내에는 영등포 하위 트로이카의 구성원이었던 이병기의 친척인 이병희李丙嬉와 유해길 등이 있었다. 공장 밖에서는 파업(투쟁)위원회가 설치되어 이효정李孝貞·이순금·이종희 등이 활동하였다. 파업의 지도 책임자는 이현상이었으며 경성 트로이카 화학부의 변홍대도 이에 가세하였다. 파업 당시에 "배후에 선동하는 무슨 계통이 있지 아니한가 조사한 결과 그런 혐의는 조금도 없다"는 경찰의 조사를 교묘히 피해 가면서 이들은 활동하였으나 파업이 끝난 직후에 "종방의 맹파는 모단某團이 조종하여 요구조건 등도 이 사람들의 소위"[68]라는 단서를 잡히게 되었다. 경찰은 이 시기에 지역적 총파업의 양상을 띠고 연이어 전개되었던 파업에 대하여 혐의를 두고 치밀한 조사를 한 것으로 보인다. 결국 이종희의 정체가 드러나고 이병희·이효정·변홍대·허마리아·권오상 등이 검거되었으며[69] 이재유도 신설동 빈민촌의 아지트에서 탈출하여 전전하였다. 이듬해 1934년 1월에 그가 경찰에 검거되는 유력한 계기는 여기에서 비롯되었던 것이다.

앞의 서울고무와 마찬가지로 이 파업에서도 권영태 그룹은 이재유 그룹과 경합적 활동을 벌였다. 이재유는 이 파업을 계기로 공동투쟁위원회를 제안하였으나 상대방의 거부로 좌절되고 말았다. 이밖에도 그는 공동투쟁의 한 형식으로 파업기금모집을 하여 안승락 등의 호응을 받았으며 반제동맹 사건의 남만희 등도 이에 가세하였다. 파업 이후 남만희는 경찰에 검거되었다.

(8) 용산공작소 영등포 공장

1933년 9월 21일 용산공작소 영등포 공장이 임시 휴업을 선언하자 이 공장 직공 100여 명이 파업 상태로 들어갔다. 파업의 발발 일자는 정확히 기억하지 못하였지만 200여 명의 직공이 해고되자 이것이 원인이 되어 300여 명의 직공이 파업하였다는 이재유의 진술은 인원수만 다소 다를 뿐 파업의 원인은 정확하게 일치하고 있다. 이때 공장 내에서는 안병춘을 중심으로 한 안삼원·이순복의 하위 트로이카 성원이 그대로 파업위원회로 되어 책임을 맡았으며, 공장 바깥에서는 안병춘을 제외한 이재유·변홍대·이현상의 최고 트로이카 구성원 전체가 동원되어 파업을 지휘하였다. 주목할 것은 이들의 활약에 의해 직공대회가 개최되어 이 직장대회에서 대표 5사람을 선정[70]하였다는 사실이다. 앞의 파업투쟁 방법에서 말했던 종업원대회가 이에 상응하는 것인데, 지금까지 언급한 파업들에서는 이와 같이 공장 내의 전 직공을 망라한 대회가 조직된 적이 한번도 없었다. 따라서 파업이 일어나서 흔히 주모자로 지명되는 공장 내의 파업위원회 구성원들이 검거되면 그것으로 더 이상의 투쟁의 진행이 어려웠던 것이다. 해고라는 사안 자체가 민감하게 작용한 탓도 있겠지만 이와 같이 대규모 공장에서 남성 노동자들을 망라하는 직공대회를 조직할 수 있었던 것은 앞에서 말한 트로이카의 전성원이 조직·동원되었던 사실과 아울러 파업을 승리로 이끈 유력한 요인이 되었다. 그러나 앞의 서울고무, 종연방적 파업 등과 연관하여 이 파업 이후 영등포 일대에서도 검거 선풍이 불어 안병춘·안삼원 등이 검거[71]됨으로써 영등포 지역의 운동은 실질적으로 불가능하게 되었다.

지금까지 살펴본 바와 같이 1933년 하반기 이래 특히 서울의 동대문 바깥 지대를 중심으로 연속적으로 전개되었던 일련의 파업들은 경성트로이카가 그 조직이론과 지도방법을 구체적으로 적용하여 의식적으로 전개한 투쟁들이었다. 이 사례들은 식민지 시기 전체를 통틀어서 대중적 요구와 의식적 지도가 결합하여 전개되었던 가장 대표적인 투쟁 사례에 속하는 것이다. 이재유 자신은 같은 해인 1933년 말에 미야케와의 정세토론서에서 이 사실을 다음과 같이 평가하고 있다. 즉 이 시기 전국적 차원에서 전개되었던 대소·무수의 파업투쟁에서 특히 주목할 만한 경향은 파업이 연속성을 띠고 일어나고 있다는 것이며, 그 예로서 1933년 7월부터 수 개월에 걸쳐 서울·평양 등에서 고무 여공 파업이 폭발적으로 전개되었던 것을 들고 있다. 즉 이들 파업은 명백한 연결성을 보이면서 마침내 부산의 고무 제네스트로 발전하였다는 것이다. 제사업에서도 함흥의 편창제사, 서울의 소화제사, 종방제사 등의 사례를 드는데 서울의 경우는 앞에서 살펴보았듯이 이재유 자신이 지도한 파업들이었다. 아울러 이재유는 이들 파업에서 노동자들은 번번이 대중적 가두 데모로써 무장경관대의 간섭 및 압박을 물리치고, 프롤레타리아의 대중적 압력에 의하여 자본가 계급의 주구인 개량주의적 지도 분자의 협조적 지도를 분쇄하고, 독자적·자립적 지도를 벌였다고 평가하였다. 그리고 그 예로서 부산 고무 제네스트에서 부인 노동대중의 혁명적 데모 및 앞의 종방 파업에서의 데모와 피검된 동지의 석방요구운동 등을 들고 있다.[72]

이미 말했듯이 이들 파업은 경성 트로이카의 조직이론과 지도방법에 따라 조직적으로 전개된 투쟁들이었다. 그 구체적인 내용은 공장 내외에서 파업투쟁위원회를 조직하고 구체적인 부서를 설정하여 종업원 대회를 개최하는 등, 지역과 산별에 따른 각각의 하위 트로이카에서 책임을 맡아 지도하는 것이었다. 그런데 이러한 지도방침의 구체적 적용을 보면 체계성과 일관성이라는 점에서 일정한 한계를 가지고 있었다. 파업이 발생하면 최고 트로이카의 구성원들을 비롯하여 하위의 조직 성원들에 이르기까지 사실상 동원할 수 있는 전조직원들이 거의 전부 동원되었다. 또한 지역별·산업별 조직에 따른다기보다는 다분히 편의적이고 사후적인 측면에서 지도부의 인원 배치와 공장 내 조직편성이 이루어졌다. 영등포에서 안삼원을 중심으로 한 하위 트로이카가 약간의 예외를 보이기는 하지만 이러한 경향은 투쟁 과정에서 갈수록 뚜렷이 나타났다. 아울러 영등포 지역을 제외하고는 종업원대회가 한번도 개최되지 못했다는 사실은 이러한 지도방식의 한계와 함께 일반 노동자들에 대한 대중성의 확보가 일정한 제약을 지니고 있었다는 것을 시사한다. 앞의 파업들 중 상당수가 패배로 끝날 수밖에 없었던 것은 이러한 내재적 요인들에 기인하는 것이었다.

5) 다른 지역의 운동과 운동 내용의 평가

마지막으로 이 시기에 이재유가 지도하였다는 다른 지방의 운동에 관하여 살펴보기로 하자. 노동운동에서 가장 대표적인 사례로는 인천 지방을 들 수 있을 것이다. 이 지역의 운동은 이재유가 1931년 여름 서대문 형무소에서 복역하던 당시 채석장의 사역을 나가 김삼룡[73]을 만난 것에서 비롯되었다. 이재유는 출옥한 지 얼마 되지 않은 1933년 2월에 김삼룡을 만났으나 이때는 구체적인 협의 없이 헤어졌다. 이어서 4월에 운동을 위한 방편으로 취직을 하기 위해 김삼룡이 다시 서울로 왔을 때, 이재유는 그에게 이제는 막연한 가두운동을 피하고 공장에 들어가 자신의 직장을 중심으로 노동자를 얻고 공장 노동자층에 견고한 지반을 만들어 파업 등의 투쟁을 통하여 이를 혁명적 노동조합으로 전환해야 한다[74]는 당재건 방식을 제시하였다. 이와 같이 이재유는 인천 지방에서 김삼룡 등을 중심으로 한 운동의 초기에 일정한 영향을 미쳤으나 자신이 직접 이를 지도하지는 않았던 것으로 추정된다. 즉 이 지역의 운동은 영등포 하위 트로이카를 담당하고 있었던 안병춘이 지도하였으며, 이재유는 안병춘을 통하여 때때로 그 진행상황을 보고받는 정도로 자신의 역할을 한정하고 있었던 것이다.[75] 김삼룡은 인천에서 부두노동자인 이백만李百萬을 포섭하여 같은 부두노동자인 이석면李錫冕 등과 함께 1934년 1월 이후 본격적인 운동을 전개하였다. 예컨대 부두노동자의 기본조사를 하거나 출판물을 발행하고 강좌를 개설함으로써 노동자를 교양하는 활동들이 그것이다.[76] 서울에서와 마찬가지로 이는 혁명적 노동조합을 조직하기 위한 준비 차원의 활동이라는 성격을 띤 것이었다.[77] 나중에 김삼룡은 이재유가 검거되기 직전 이재유와 동거하고 있던 안병춘과의 연락 장소에서 경찰에 검거됨으로써[78] 인천 지방의 운동도 중단되고 말았다.

인천 지방의 운동에 대하여 이재유가 개입한 범위의 정도와 지도의 양상은 후술하겠지만 대립 조직인 이른바 콤그룹 등의 동일 지역 내에서의 운동양상과 일정한 대조를 이룬다. 아울러 그것은 다른 지역들의 운동에 대하여도 일정한 시사점을 제공한다. 다른 지역에서 이재유의 운동으로는 예컨대 혁명적 노조 부문에서 인천과 원산·신의주·강릉 등과 아울러 혁명적 농조 부문에서 양평·여주·철원·안변·고성 등이 제시되거나 혹은 함흥·원산·평양·인천·진남포, 부산 등에서 혁명적 노동조합 전조선협의회가 결성되었다는 신문자료들[79]도 있다. 그러나 이들 지역에서 이재유의 지도 양상은 인천의 경우보다도 더 느슨한 형태였던 것으로 추정된다. 물론 그 자신이 다른 지역들과의 연락 관계를 전혀 설정하지 않은 것은 아니다. 예컨대 1934년 1월에 경찰의 검거를 피하여 평양행을 계획하였다거나 다음의 경성준비그룹 시기에 유순희를 함흥의 공장 지대에 파견한 것 등은 그 좋은 예가 될 것이다. 혹은 변홍대와 이성출이 활동하고 있었던 양주군에서 자신이 직접 농민의 생활 상태를 조사하기도 하였다.[80] 무엇보다도 그의 운동은 궁극적으로 전국적 차원에서의 당재건을 전망하고 있었으므로 다른 지역과의 연계 아래 전국적 조직을 갖는 문제는 필연적으로 고려되어야 할 사항이기도 하였다.

그런데도 그는 우선 한 지역을 중심으로 운동의 통일을 이루고 이를 바탕으로 다른 지역들로 운동선을 확대한다는 방침에 입각하고 있었으며, 이에 따라 서울 지역의 운동에 우선적인 중점을 두고 운동을 전개하였다. 인천 지역의 운동에 자신의 역할을 일정하게 한정한 것도 이 때문이다. 이는 대부분의 당재건운동이나 혁명적 노조운동이 지역 내에서 튼튼한 대중적 기초를 가지지 못하고 우선 전국적 차원의 상부 조직만을 만들기에 급급하였던 것과는 좋은 대조를 이룬다. 과거의 운동에 대한 철저한 비판에 입각하여 이재유는 자신의 운동방침을 세웠으며 또 이와 같이 수립된 원칙을 충실하게 현실에 적용하였다. 나중에 그가 평양이나 함흥과의 연관 관계를 고려했던 것은 자신의 조직이 드러나고 경찰에 알려지면서 서울 지역에서의 운동이 불가능하다고 예상되는 상황에서 그 지역으로 운동의 거점을 옮겨보려는 준비작업의 일환이었다.

　이와 같이 이 시기 노동운동은 일정 지역을 기반으로 그 지역의 공장 내에서 노동자를 얻어 독서회나 토론회 등의 지도, 교양 활동을 기본으로 하면서 점차 의식의 고양을 꾀하는 것과 아울러 파업 등의 대중투쟁을 통하여 다수의 노동자를 끌어들인다는 방침에 입각해 있었다. 그 조직방법은 각 공장이나 직장에 3~5인의 노동자에 의한 공장반 혹은 공장그룹을 만들고 이를 지역적으로 통제하는 한편 산업별 원칙에 따른 전국적 조직을 결성한다는 것이었다. 완성된 혁명적 노조 조직에서 이 공장 그룹은 공장 분회를, 그리고 지역적 통제는 지구 조직을, 나아가서 전국적으로는 산별에 따른 전국노동조합조직을 지향하였다. 앞에서 살펴본 영등포·용산·동대문 일대는 이러한 지역적 지구 조직을, 그리고 금속과 화학 및 섬유의 각 부문은 이러한 산별 조직을 지향하여 구체적으로 상정한 조직들이었다. 이밖에 일반사용인 조합과 출판 부문도 설정되었는데[81] 전자는 신문배달이나 가사 사용인 등을, 후자는 당시 합법 부문에서 유일하게 산별노조로 발전 과정을 보였던 출판 부문[82]을 염두에 둔 것으로 추정된다. 이재유가 작성하였다는 〈조직문제의 의의와 그 필요〉라는 팸플릿을 보면 조선에는 12개 산업조합이 있으므로 전국노동조합에 화학·금속·운수·섬유 등의 12 부문을 둔다[83]고 하여 운수를 첨가하고 있는데 나머지 산별 부문의 구체적 내용은 알 수 없다.

또한 일제의 수사기록은 이들 각 지역에서 모두 적색노동조합조직준비위원회가 결성되었다고 주장하고 있지만, 앞의 트로이카 조직의 실체에 관한 검토에서 이미 보았듯이 '준비회'라는 공식명칭을 붙인 조직의 결성은 없었던 것으로 보인다. 실제로 나중의 판결문에서도 이들 준비회에 관한 언급은 없으며 활동 내용들만이 열거되고 있다. 또한 이와 관련하여 서울·인천 지역의 노동운동 관련자들에서 노동자나 빈농 출신 혹은 직접 노동에 종사하는 사람의 비중이 높은 것도 주목할 만하다. 각 공장이나 직장에 소속된 사람들은 말할 것도 없고 지도부 내에서도 변홍대·이병기·정칠성·이백만·김삼룡 등이 순수한 빈농, 노동자 출신이다. 중등학교나 혹은 이에 해당하는 학력 이상을 인텔리라고 본다면 안병춘·안삼원·이순금·최소복·이현상·김진성·공성회 등이 이에 해당하는데 이 가운데 안병춘·안삼원·김진성·공성회 등은 노동에 종사하고 있었으므로 순수한 인텔리는 이순금·최소복·이현상의 3인 정도에 지나지 않는다고 할 수 있는 것이다. 이것은 제1기의 운동이 공장이나 직장에 가장 밀착된 활동을 벌일 수 있었다는 것을 시사하는 것으로, 학생운동까지도 포함하여 "이재유의 암약暗躍에 의한 적색 조직은 아직 반도 공산당 운동사상에 그 유례를 찾을 수 없는 강력한 것"[84]이라는 지적도 이러한 맥락에서 이해된다. 다음에 시기적으로 이들 운동은 대략 1933년 8월 이후부터 본격적으로 활발하게 전개되기 시작한다. 9월 무렵 앞에서 살펴본 파업투쟁들이 전개되면서 운동의 고조기를 맞이하는데 종방 파업 등에서 경찰에 단서를 잡히고 이후 많은 조직원들이 계속적으로 검거되는 가운데 1934년 1월 이재유가 검거되면서 조직은 일단 와해되었다.

학생운동의 전개 과정
1) 운동의 목적과 행동강령

노동운동과 마찬가지로 학생운동의 목적은 "조선의 절대 독립과 공산제도의 건설을 실현"한다는 것이었다. 이러한 목적을 달성하기 위하여 경성트로이카 시기에는 무려 61개 항목에 달하는 일반적 행동강령을 수립하여 이를 각 학교 내의 구체적 활동에 적용하고자 하였다. 다음에 6개 영역의 구체적 행동 강령을 설정하여 각각의 운동에 대한 강령들을 제시하였다. 여기서 6개 운동 영역이란 1) 전국적 학생운동의 전선 통일을 위한 투쟁, 2) 농민운동 지지투쟁, 3) 일본·대만·만주의 학생운동 자유 획득을 위한 투쟁, 4) 중국 혁명운동 절대 지지를 위한 투쟁, 5)소비에트 동맹 방위를 위한 투쟁, 6) 제국주의 전쟁 반대 투쟁 등을 말한다. 기본적으로 학생운동이 반제운동역량으로 설정되어, 노동운동과 함께 주도적 운동 부문으로 간주되었다는 것을 알 수 있다. 구체적인 내용을 살펴보면, 먼저 일반적 행동강령의 61개 항목은 다음과 같다.[85]

1. 학생들의 언론·출판·집회·결사의 자유를 획득하기 위한 투쟁.
2. 학생들의 연구·독서(과학)의 자유를 획득하기 위한 투쟁.
3. 학교 내에서 학생 자치체의 조직 및 활동의 자유를 획득하기 위한 투쟁.
4. 교과서 비판 및 교과서 선택의 자유를 획득하기 위한 투쟁.
5. 학생의 파업·데모·옥외 집회의 선전·선동 조직 실행에 관한 자유를 획득하기 위한 투쟁.
6. 학생들이 자위대 조직의 자유를 획득하기 위한 투쟁.
7. 치안유지법, 보안법, 출판법, 제령 제7호, 폭력행위 취체법 기타 학생운동을 억압하는 모든 법령을 철폐하기 위한 투쟁.
8. 학생운동자 및 모든 정치범 피의자의 석방을 목적으로 하는 투쟁.
9. 학생운동을 억압·방해하기 위한 검속, 구류, 예포, 감금, 가택침입, 가택

수사, 서신書信 통신의 방해 침해를 절대로 반대하기 위한 투쟁.

10. 어용적 학생단체, 사상선도관, 보도대保導隊, 학생폭력반동단체, 학내 전용 스파이(학생)망의 철저한 배격을 목적으로 하는 투쟁.

11. 학생들의 정치적·경제적·사회적 생활에 대한 금지를 반대하기 위한 투쟁.

12. 기만적·평화적 언사의 이면에 감추어져 있는 학내 우익 기회주의자 부대를 분쇄하기 위한 투쟁.

13. 좌익적 언사의 이면에 감추어져 있는 교내 좌익 기회주의자 부대를 분쇄하기 위한 투쟁.

14. 반동적·군국주의적 조직 및 국가주의적 조직(청년단, 상애회, 국민협회, 소년단, 척후대, 처녀회, 재향군인회, 애국부인회)의 철저한 배격을 목적으로 하는 투쟁.

15. 자본가적 교주校主를 찬양하기 위한 모든 종속적 행동을 배격하기 위한 투쟁.

16. 성경, 불경, 강도講道, 예배, 훈시 등의 강요를 절대로 반대하기 위한 투쟁.

17. 중·소학교 교수 상용어는 조선어로써 할 것을 획득하기 위한 투쟁.

18. 중·소학교에서 조선역사 교수시간을 50시간 이상으로 획득할 것을 목적으로 하는 투쟁.

19. 중·소학교에서 일본역사 교수시간을 30시간 이내로 단축할 것을 목적으로 하는 투쟁.

20. 군인체조교사를 절대로 반대하기 위한 투쟁.

21. 스포츠 용구대 및 도서비·여행비 등을 학생에게 징수하는 것에 대한 투쟁 및 그것의 학생관리 획득을 위한 투쟁.

22. 스포츠 기구, 도서구락부 각종 실험기구의 완비를 획득하기 위한 투쟁 및 그것의 학생관리 획득을 위한 투쟁.

23. 월사금 5할 인하의 획득을 목적으로 하는 투쟁.
24. 관료적 출석 규칙 철폐를 위한 투쟁.
25. 살인적 입학 학기, 임시시험제도 철폐를 위한 투쟁.
26. 입학금, 수험비, 시험지대 기타 학생에게 징수하는 모든 비용을 절대로 반대하기 위한 투쟁.
27. 학기금 체납에 의한 정학처분 절대 반대를 위한 투쟁.
28. 교수 등의 학생들에 대한 관료적·지배적·억압적·모욕적 언사대우를 절대로 반대하기 위한 투쟁(야만적 구타).
29. 강제주입식의 기계적 교수방침을 배격하기 위한 투쟁.
30. 고중(고등보통학교 및 중학교) 합병을 절대로 반대하기 위한 투쟁.
31. 교수회에 학생대표를 참가시킬 것을 획득하기 위한 투쟁.
32. 교수 채용 및 파면에 학생대표자회의가 최고결정권을 장악하는 것을 목적으로 하는 투쟁.
33. 학생의 퇴학, 정학처분에는 학생대표자회의가 그 최고결정권을 획득하기 위한 투쟁.
34. 교사敎舍, 우천 체조실, 각종 실험실의 완비를 획득하기 위한 투쟁.
35. 학무국의 학교당국에 대한 적극적 간섭을 절대 반대하기 위한 투쟁.
36. 학교당국과 경찰당국과의 야합 및 경찰권의 교내 침입에 대한 절대 반대.
37. 직업적·관료적·개인적 스포츠 정신을 양성하는데 절대로 반대하기 위한 투쟁.
38. 기숙감금의 절대 반대를 목적으로 하는 투쟁.
39. 기숙사 입퇴사 및 외출의 자유, 소등의 자유를 획득하기 위한 투쟁.
40. 기숙사 음식물 개선을 위한 투쟁.
41. 기숙사에서는 학교 부담으로 신문, 잡지를 제공할 것을 획득하기 위한 투쟁.

42. 관료적 사감 철폐를 위한 투쟁.
43. 기숙사생 대표선발에 의한 기숙사 통제위원회를 설치하기 위한 투쟁.
44. 기숙사 설비완성을 위한 투쟁.
45. 기숙사생은 1주일에 1회 이상 산신문회, 벽신문회 개최를 획득하기 위한 투쟁.
46. 전투적 학생운동 희생자를 구원하기 위한 투쟁.
47. 교과서 비판 및 교과서 선택의 자유를 획득하기 위한 투쟁.
48. 혁명운동자 및 그 가족을 구원하기 위한 투쟁.
49. 각 학교 내의 적색학교위원회를 확립하기 위한 투쟁.
50. 남학교 교육과 여학교 교육의 차별을 철폐하기 위한 투쟁.
51. 일본인 교육과 조선인 교육의 차별을 철폐하기 위한 투쟁.
52. 여학생들에 대한 사회적·정치적·경제적 특수 억압을 반대하기 위한 투쟁.
53. 학생들에 대하여는 기차·전차·자동차 요금을 반액으로 인하하기 위한 투쟁.
54. 도서관 무료 출입의 자유를 획득하기 위한 투쟁.
55. 봉건적 가부장적 가족 구속 및 간섭을 절대로 반대하기 위한 투쟁.
56. 학생의 조혼제도를 절대로 반대하기 위한 투쟁.
57. 성년기의 자유연애 획득을 위한 투쟁.
58. 식민지적 노예 군사교육정책을 절대로 반대하기 위한 투쟁.
59. 남공주의男工主義 파시즘교敎의 절대반대를 위한 투쟁.
60. 실학력實學力 이외에 형식적 자격차별제도를 철폐하기 위한 투쟁.
61. 학생운동에 대한 합법주의자를 절대로 배격하기 위한 투쟁.

다음에 6개 영역의 구체적 행동강령을 차례로 살펴보면, 먼저 첫 번째 전국적 학생운동 전선 통일을 위한 투쟁의 행동강령은 다음의 4개 항목을 들고 있다.

1. 전문, 여중, 남중, 소小(학교)별別 및 지역별로 적색학교공동위원회를 조직하고 활동할 것.
2. 학교 비례대표에 의한 전국학생회의를 개최하고 이에 따라 적색 학교위원회를 확립하기 위하여 투쟁할 것.
3. 전국 반제 학교부, 모뿔(적색구원회-필자) 학교부, 문화서클 학교부 위원회에 의한 모든 투쟁을 절대 지지하며 운동의 효율적 진행을 위하여 반제, 모뿔, 문화서클로의 분화를 적극 추진하기 위한 투쟁.
4. 전국적 학교 내에서 일상적 및 반제반전 제네스트를 조직하고 활동할 것.

다음은 농민운동 지지 투쟁을 위한 5개조 행동강령이다.

1. 농민조합의 전국적 지지를 위하여 투쟁할 것.
2. 대재벌 및 대지주별 조합을 확립하기 위한 투쟁을 지지할 것.
3. 물질적·인적 지지.
4. 지지를 위한 파업 및 데모를 조직하고 실행할 것.
5. 사민(사회민주주의-필자) 조합, 천도교계 조합을 분쇄하기 위하여 투쟁할 것.

세 번째로는 일본, 대만, 만주에서 학생운동의 자유를 획득하기 위한 3개조 행동강령이다.

1. 일본, 대만, 만주에서의 학생운동을 지지할 것.
2. 대만 기타 식민지에서 특수 폭압을 절대로 반대하기 위하여 투쟁할 것.
3. 일본, 조선, 대만, 만주에서 학생공동위원회를 수립하기 위하여 투쟁할 것.

네 번째로는 중국 혁명운동 절대 지지를 위한 4개조의 투쟁 강령이다.

1. 중국소비에트를 절대 지지할 것.
2. 만주국, 서장西藏, 몽고에서의 빨치산운동을 절대로 지지할 것.
3. 일본제국주의의 만몽 약탈전을 절대로 반대하는 투쟁.
4. 일본제국주의 만주출병 반대투쟁은 제네스트로 싸울 것.

다섯 번째로 소비에트 동맹 방위를 위한 투쟁의 행동강령은 다음의 3개조이다.

1. 소비에트 동맹 사회주의 건설을 절대 지지할 것.
2. 제2차 5개년 계획을 절대 지지할 것.
3. 반소전선 분쇄를 위한 제네스트를 조직하고 활동할 것.

마지막으로 제국주의전쟁 절대반대투쟁을 위한 8개조 행동강령이다.
1. 교내 전쟁반대위원회를 확립할 것.
2. 전국적 반전위원회를 적극적으로 확립할 것.
3. 반전 제네스트를 조직하고 활동할 것.
4. 타도 일본제국주의.
5. 조선의 독립.
6. 노동자 농민 근로대중의 소비에트 수립을 위한 투쟁을 적극적으로 지지할 것.
7. 농업(토지)혁명 지지.
8. 일본제국주의 주구 민족개량주의의 낙원인 천도교, 동아일보, 흥사단, 조선일보, (조선-필자)중앙일보 등을 분쇄하기 위한 투쟁.

2) 운동의 실천과 지도

이러한 목적과 강령을 어떻게 실행할 수 있을까? 이재유는 그 실행을 위하여 학생들을 교양·지도·훈련하는 방법으로 다음과 같이 10개조 항목에 이르는 방침들을 구체적으로 들고 있다.[86] 첫째로 학생을 얻기 위한 초보적인 시험강좌로서, 먼저 인류와 교육의 필요라는 측면에서 문제를 제기한다. 따라서, (1) 인생(인간)의 사회생활에서 필연적 요구로서 교육의 필요에 대한 인식. (2) 교육의 계급성(자본가적 교육과 노동자적 교육)에 대한 인식. (3) 개인적 입장의 교육과 인간의 사회생활과정이라는 입장의 교육을 대조 비판할 것을 강조하고 있다.

두 번째로는 현재의 학교 학과 및 교수방법에 대한 구체적 비판인바, 여기에서는 (1) 우리들의 생활과 결합한 학과인가를 중시하여 수신, 지리, 역사, 화학, 수학, 공민, 외국어 기타 모든 학과를 비판할 것. (2) 배우는 우리들을 위한 학과인가 아니면 자본가들을 위한 학과인가. (3) 학생들이 자발적으로 학과에 열중하려고 하는 교수방법과 강제적 기계적 학과 주입식의 교수방법을 대조하고 비판할 것을 제시하고 있다.

세 번째로는 현재의 학교교육정책과 학생의 문제에서 (1) 억압적 노예적 식민지 동화적 군국주의적 정책을 폭로할 것. (2) 학생들의 불평은 어떠한 것인가를 강령으로 하여 설명하고 인식시킬 것. (3) 학교는 누가 누구를 위하여 세운 것인가에 대한 인식. (4) 학생과 학교, 총독부 학무국과의 관계 (5) 학교의 자본가 봉사 역할. (6) 학교 내에서 무엇을 어떻게 하면 우리들 자신이 자본가의 고용과 양성관계에서 벗어날 수 있는가? (7) 기타는 행동강령으로써 학교정책을 인식시킬 것을 주장하고 있다.

네 번째로는 일본제국주의와 조선의 관계에 대한 이해인데, 다음의 각 항목들에 중점을 두고 학생들을 교양 훈련하여야 한다고 이재유는 주장하였다. (1) 일본제국주의 침략 당시 조선내의 정세. (2) 합병 후 조선인의 궁핍화. (3) 3·1운동. (4) 조선인과 일본인 자본가들의 관계. (5) 예수교, 천도교, 불교 등의 일본 자본에 대한 봉사. (6) 조선인과 일본인 노동자의 결합. (7) 조선, 일본의 학생은 독립운동을 어떻게 하면 좋은가? (8) 조선독립의 진정한 부대는 누구인가? (9) 일본노동자는 조선독립운동에 어떠한 관계를 가지는가?

다섯 번째는 자본주의 사회에 대한 해부, 특히 일본 자본주의에 대한 분석을 제시하고 있다. (1)공장 내에서 생산하는 상품은 어디로 가는가부터 시작하여 《자본주의의 구조資本主義のからくり》, 《무산자정치교정》, 《지금 세상의 가운데今の世の中》 등의 교재를 가지고 순서에 따라 교양할 것. (2) 자본가의 힘은 어디에 있는가를 분석해 보면 ㄱ. 공장, 차고, 발전소 등 모든 생산수단. ㄴ. 면사무소, 군청, 도청, 총독부. ㄷ. 경찰서, 군대, 감옥, 재판소. ㄹ. 신주神主, 불승, 목사. ㅁ. 반동청년단, 소방대. ㅂ. 부르조아 신문 잡지, 각 학교. ㅅ. 자본가 조직, 주식회사, 트러스트, 카르텔, 신디케이트, 콘체른, 상공회의소. ㅇ. 어용조합. ㅈ. 부르주아 정당, 사민당, 민정당民政黨 등을 들 수 있으며

(3) 노동자의 힘은 어디에 있는가를 분석해 보면 ㄱ. 단결력, 파업, 데모, 사보타주. ㄴ. 생산점에 있는 적색노동조합(사민조합) ㄷ. 공산당 및 그 역사. ㄹ. 조선공산당의 역사 기타 등을 들 수 있다.

여섯 번째로 인류사는 어떻게 변천하여 왔는가라는 질문에서는 이른바 마르크스의 역사발전 5단계 설에서 말하는 원시공산사회, 고대 노예제, 농노제, 자본주의, 사회주의(노동자 시대) 사회와 각각의 사회에서 계급 분석을, 일곱 번째는 과거에서 현재, 장래에 이르는 부인문제를 중점적으로 논의하고 있다. 여기에서는 특히 여성의 역사적 지위, 현재의 지위, 부르주아적 남녀 평등, 참정권운동을 비판하는 한편 여성의 영구적인 해방과 부인노동운동 등을 중점적으로 제시하고 있다. 여덟 번째로 공산사회의 필연적 도래에 관하여 마르크스, 레닌, 스탈린의 견해를 중심으로 논의하는데 여기에서 그는 경제정치투쟁에서 정치경제혁명으로

의 이행, 공산주의 사회의 여러 조직이나 제도 등에 관하여 언급하고 있다. 아홉 번째는 조선혁명의 과정 및 원칙들에 관한 논의로서 자본성 민주주의혁명, 농업혁명, 조선독립, 노농정부 수립, 혹은 조선에서 학생운동의 과거 및 비판, 조직과 선전선동을 중심으로 한 학생운동의 방침 등을 중점적으로 제시하고 있다. 마지막으로 열 번째는 소비에트 동맹의 민중생활과 식민지 생활을 비교하는 것으로서 예컨대 러시아의 교육제도는 어떠한가, 러시아 노농대중은 어떻게 생활하는가, 혹은 삐오넬(적색소년단), 콤소몰(공산청년동맹), 적군, 기타 5개년 계획 등에 관하여 논의하고 있다.

나아가서 이재유는 다음과 같은 토론문제들을 통하여 의식의 앙양을 꾀하여야 한다고 주장한다.

1. 자본가의 힘과 노동자의 힘 중에서 어느 쪽이 강한가?
2. 여성해방은 어떻게 하면 좋은가?
3. 여학생과 노동부인의 투쟁은 어느 쪽이 큰가?
4. 우리들은 왜 반소전쟁 및 제국주의 전쟁에 반대하는가?
5. 조선혁명에서 중심부대는 노동자인가 농민인가?
6. 무슨 까닭으로 전쟁은 일어나는가? 제국주의 전쟁과 식민지 전쟁 반대론.
7. 러시아와 일본이 싸우면 누가 이길까?
8. 우리들은 공장에서 배우는가 혹은 학교에서 배우는가?
9. 파업(동맹휴업-필자)은 어떻게 조직하면 좋을까?
10. 데모는 어떻게 조직하면 좋을까?
11. 격문은 어떻게 살포하면 좋을까?
12. 우리들은 어떻게 소비에트 연방을 지지할 것인가?
13. 혁명적 인텔리와 혁명적 노동자와의 관계는 어떠한 것인가?
14. 혁명적 이론은 어떻게 하여 생기는가?

15. 혁명적 이론과 실천은 어떠한 관계를 가지는가?
16. 유물변증법이란 무엇인가?
17. 유물사관이란 무엇인가? 무슨 까닭에 우리들은 유물사관을 지지 실행하려고 하는가?[87]

3) 조직 방식과 그 사례 및 평가

이는 운동의 초기 단계에서 학생들의 의식화를 위하여 독서회 등에서 사용되었던 프로그램의 내용들이다. 다음 단계의 조직화는 이를 바탕으로 한 것이었다. 먼저 대중적 하부조직으로는 앞의 노동운동과 비슷하게 좌익그룹 또는 반 조직을 설정하였다. 즉 청년 학생들을 사상적으로 지도하여 여기에서 우수한 분자들을 배출한 다음 이들을 좌익그룹으로 조직한다는 것이다. 노동운동과 마찬가지로 이 그룹이 트로이카 방식에 의한 조직을 지향한 것은 물론이다.

그런데 이처럼 트로이카 방식으로 운영하기는 하였지만 노동운동과 달리 학생운동에서는 이 방식이 엄격하게 적용되지 않았던 것으로 추정된다. 특히 학생운동에서는 1933년 하반기에 조직의 정리가 이루어 지면서 트로이카보다는 지도책임자(오르그)를 두는 방식을 더 강화해나간다. 그 이유로 두 가지 가능성을 상정해 볼 수 있다.

첫째는 이른바 최소복·이인행·변우식에 의한 학생 트로이카가 노동운동에 비하여 이재유 등의 상부 트로이카로부터 상대적으로 자율성을 가지고 있었을 가능성이다. 이재유가 학생운동보다 노동운동에 많은 관심을 가지고 있었기 때문에 이 부문에 대한 위로부터의 통제는 보다 느슨할 수도 있었다. 이러한 점에서 하위의 학생 트로이카 자체 내에서 조직방식이나 운동방침을 채택하는 것이 좀더 용이할 수도 있었을 것이다. 다음에 들 수 있는 것은 학생 부문의 운동역량에 대한 평가와 관련된 것이다. 즉 노동운동과는 달리 학생운동이 더 진전된 상태에 있었기 때문에 본격적인 활동을 전개할 수 있는 수준에 도달했다는 점이다. 따라서 트로이카가 아닌 각 학교별 지도책임자에 의한 조직과 활동이 가능하였다는 것인데, 이러한 의미에서 이재유는 이들 좌익그룹에 트로이카라는 명칭을 붙이지 않았다. 필자는 위의 두 가지 가능성 모두 현실적인 설명력을 가지고 있다고 생각한다.

어쨌든 학교 내의 이들 좌익그룹은 학교 간의 연락을 통하여 전국적 학생운동조직을 지향하였다. 앞에서도 보았듯이 전국적 학생운동조직의 통일을 위한 행동강령을 설정하였던 것을 보더라도 이러한 사실을 쉽게 알 수 있을 것이다. 앞에서도 말했듯이 이 좌익그룹은 기본적으로 반제운동 부문의 성격을 지닌 것으로, 교외校外의 가두운동과 함께 편성하여 궁극적으로는 공산주의 청년동맹(공청)으로 조직하기 위한 것이었다.[88]

이러한 조직방침에 입각하여 각각의 활동 부문에서 책임부서가 결정되는 과정을 보기로 하자. 이 부문의 운동은 일찍이 1933년 2월에 시작되었다. 이재유는 같이 거주하던 이인행을 통하여 이분성李粉星, 심계월沈桂月 등과 함께 독서회 활동을 시작하였다. 같은 해 6월에는 이경선李景仙을, 그리고 9월에는 최소복과 변우식을 끌어들여[89] 본격적인 운동을 전개하였다. 여기서 최소복은 이재유·변홍대·안병춘·이현상과 함께 최고 트로이카에 속하면서 위의 이인행·변우식과 함께 학생 부문의 하위 트로이카를 결성하여 남자 중등학교 부문을 담당하였다는 것은 전술한 바 있었다.

이들은 1933년 9월 총독부 뒷산 추성문秋成門 부근에서 회합하여 토의를 거듭한 결과 분산적 지도 방식을 지양하고 각 학교 별로 조직책임자를 두어 책임 지도하기로 하였다. 앞에서 말했듯이 운동역량의 성장에 따라 중앙집중제에 입각한 오르그 방식의 조직을 지향한 것이다. 이에 따라 이인행이 경신학교·양정고보·중앙고보를, 최소복이 보성고보·중동학교·경성전기학교를, 변우식이 배재고보와 경성공업학교를 각각 담당하기로 하였다.[90] 또한 여자 중등학교 부문은 이경선이 책임을 맡아 숙명·동덕·여상 등의 여학교를 담당하였는데 이경선은 따로 트로이카를 조직하지 않고 이재유가 직접 지도하였다.[91] 마지막으로 전문학교 이상은 정태식이 책임을 맡아 경성제대, 법학전문학교, 보성전문학교 등의 학교에서 활동하였다. 그러면 앞의 [표 1]과 조서[92]를 참조하여 이들 각각의 학교에서 좌익그룹의 조직 실태를 구체적으로 살펴보기로 하겠다. 먼저 전문학교 이상의 학교는 다음과 같다.

○ 경성법학전문학교
광화문통의 경성법학전문학교는 방금 말했듯이 정태식이 책임을 맡아 조직이 이루어 졌는데 그 구성원은 한성택韓成澤, 한육홍韓六洪, 김대용金大用의 3인이 있었다. 원래 이들은 이재유가 접촉한 학생들인데, 앞에서 말한 바 있듯이 조직의 정리과정에서 정태식이 전문학교 이상을 맡음에 따라 그가 정태식에게 인계한 것이었다. 이 그룹은 1933년 10월에 조직되었는데 [표1]에는 나타나 있지 않지 않고 권영태 그룹의 [표2]에 정리되어 있다.

○ 사립 보성전문학교 좌익그룹
송현동에 있었던 사립보성전문학교 그룹은 정태식을 조직책임자로 하여 안병윤安秉潤, 오남근吳南根, 신하식申夏植 외 9명으로 총 12명의 조직원이 있었다. 마찬가지로 보전도 [표1]이 아닌 [표2]에 기재되어 있는데 처음에 이재유가 접촉한 안병윤 외 2명을 정태식이 인수한 다음 그의 활동에 의하여 이와 같이 많은 구성원을 포섭한 것이었다. 이 그룹은 1933년 10월에 조직되었다.

○ 사립 연희전문학교
[표 1]에는 연전 좌익그룹의 구성원으로 이동수李東壽와 이정업李正業을 기

재하고 있으나 이재유는 이들이 거의 활동하지 않았다고 진술하였다. 1933년 10월 관훈동 이문당以文堂 서점에서 최소복의 소개로 연희전문학교 상과 1년에 재학중인 이동수를 만난 이재유는 동교 내의 좌익그룹 조직책임자로 활동할 의사가 있는지를 타진하였다. 그런데 이동수는 시험준비로 바쁘기 때문에 이 문제를 잠시 유예하여 달라고 하여 이후 그와의 연락이 끊겼다는 것이다. 이동수는 이전의 사회운동자인 정칠성鄭七星의 장남으로서, 후술하듯이 제3기의 준비그룹 시기에 이재유가 다시 포섭하려고 한 인물이기도 하다. 어쨌든 이러한 점에서 보면 일제의 보고와는 달리 연전에서의 그룹 활동은 없었던 것으로 판단된다.

○ 경성제국대학
정태식의 활동으로 1933년 9월 좌익그룹이 조직되었다. 그 성원은 정대식 및 학내의 경제연구회 회원 중에서 이명신李明新 외 3명이 있었다. 책임은 정태식이 맡았으며 정태식은 이후 몇 명의 성원을 더 끌어 들였는데 다음 제3부의 권영태 조직에서 말하는 이종옥李綜玉 등 ([표 2]의 성대 참조)이 여기에 해당한다.

다음에는 중등학교 부문의 조직상황을 살펴보기로 하자.

○ 사립 경성전기학교
강기정(지금의 남영동 부근)에 있었던 사립전기학교의 좌익그룹은 1933년 6월 최소복이 활동하여 조직하였다. 그 성원은 [표 1]에서 보듯이 임건호任健浩, 김만득金萬得, 민병주閔丙柱 등 9명을 망라한 것이었다.

○ 보성고등보통학교
혜화동에 있었던 사립 보성고등보통학교 좌익그룹은 최소복을 책임자로 하

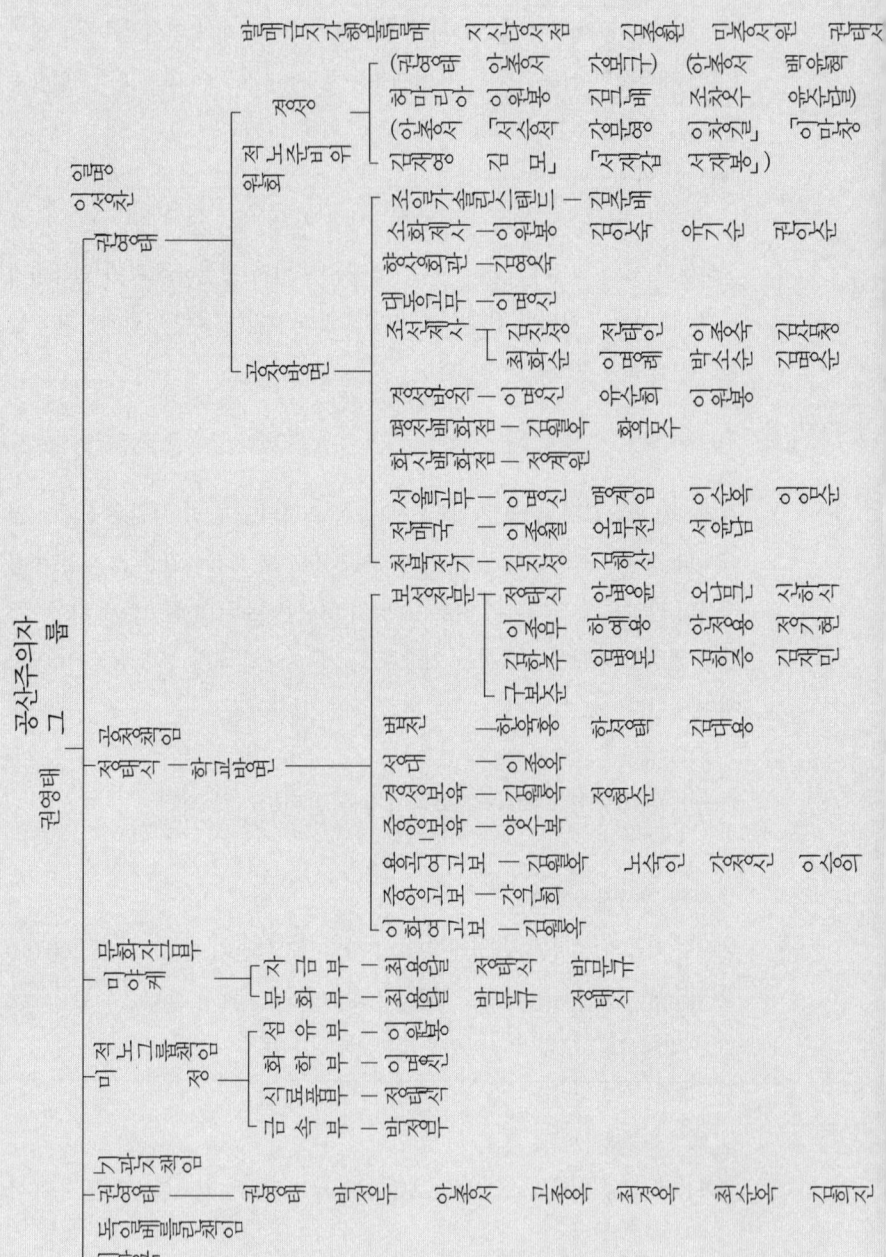

여 1933년 10월에 조직되었다. 전체 성원은 최소복을 포함하여 장기륙張基陸, 이상헌李相軒, 김성곤金成坤 등 총 16명의 많은 수에 이르고 있었다.([표 1] 참조)

○ 사립 배재고등보통학교
사립 배재고등보통학교 좌익그룹은 1933년 10월 최소복을 책임자로 하여 조직되었는데 [표 1]에서 보듯이 그 성원은 변우식, 장병신張炳㢼, 이정희李貞熙 등 총 12명에 이르고 있었다.

○ 사립 중동학교
수송동 사립 중동학교 좌익그룹은 1933년 10월에 최소복이 책임을 맡아 조직한 것으로 그 성원은 [표 1]에서 보듯이 이순기李順基, 이형식李亨植 등 최소복을 포함한 5명으로 구성되었다.

○ 사립 경신학교
연지동에 위치한 사립 경신학교 좌익그룹 역시 최소복이 책임을 맡아 조직한 것으로 그 성원은 [표 1]에서 보듯이 이인행, 장현근張鉉近, 김대봉金大鳳 등 6명의 성원이 있었다.

○ 사립 양정고등보통학교
봉래정 4정목 사립 양정고등보통학교 좌익그룹은 1933년 9월 이인행이 책임을 맡아 조직한 것으로 [표 1]에서 보듯이 그 성원은 이인행, 안천수安千洙, 김철영金喆泳의 3인이었다.

○ 사립 중앙고등보통학교
계동에 있었던 사립 중앙고등보통학교에 좌익그룹이 조직된 것은 1933년 7

월이었다. 이인행의 책임 아래 한동정韓東正·장현근張鉉近[93] 등 총 10명에 이르는 다수 성원을 포용하고 있었다.([표 1] 참조)

○ 경성사범학교
[표 1]에서 보듯이 경성사범학교 좌익 그룹에는 한재복韓在福이 있었는데, 그녀는 여자 연습과 소속으로 최소복과 동향이었기 때문에 이 두 사람을 성원으로 하는 좌익그룹을 1933년 6월에 결성하였다.

○ 사립 경성여자상업학교
관훈동에 있었던 경성여자상업학교 좌익그룹은 1933년 6월 차소영車小榮이 책임을 맡아 조직하였다. [표 1]에는 그녀와 이분성李粉星 만을 성원으로 기재하고 있으나 실제로는 심계월沈桂月, 박온朴溫 외 2명의 조직원을 더 포괄하고 있었다.

○ 사립 숙명여자고등보통학교
수송동 사립 숙명여자고등보통학교 좌익 그룹은 1933년 7월 신진숙申辰淳이 책임을 맡아 조직한 것으로 [표 1]과는 달리 김주원金周媛 등 2명을 포함하여 총 3명에 의해 구성되었다.

○ 사립 동덕여자고등보통학교
창신정 사립 동덕여자고등보통학교 좌익 그룹은 1933년 10월 김재선金在善이 책임을 맡아 조직하였는데 그 성원은 오일순吳一順, 민정녀閔正女, 이묘원李卯遠 등 총 8명의 다수에 이르는 것이었다. [표 1]에는 2명 밖에 표시되어 있지 않다.

○ 공립 경성농업학교

이 그룹은 남만희南萬熙[94]가 1933년 12월에 조직한 것이다. 원래 남만희는 이전부터 임택재任澤宰, 정용선鄭龍山, 박일형朴日馨 등과 함께 반제동맹 조직을 위해 활동하였는데 이 그룹은 반제그룹의 경성농업학교 하부조직으로 결성된 것이었다. 신해갑辛海甲을 책임으로 김양선金良仙, 이기인李基仁 등 총 9명의 성원을 망라하고 있었던 이 조직을 남만희로부터 인계받은 이재유는 이를 포함한 각급 학교의 조직을 정리하여 반제그룹으로 진전시키는 과정에서 검거를 당하여 조직 작업이 중지되었다. 그런데 이재유가 이 그룹을 인수한 시점을 고려해 보면 이 조직은 이재유가 완전히 장악하지 못하고 여전히 남만희의 영향권 아래 있었던 것으로 보인다. [표1]에서 일제가 학생 부문과 구분하여 남만희 등의 지도 아래 반제조직을 따로 설정한 것도 이 때문이다.

이밖에 자세한 내용은 알 수 없지만 [표 1]에서 보듯이 이화여자전문학교, 경성공업학교, 진명여자고등보통학교 등에도 조직이 있었다. 지금까지 살펴보았듯이 시기적으로 보면 각 학교 좌익그룹의 조직화는 전문학교 이상이 1933년 9월에서 10월, 중등학교는 6월에서 10월에 이르기까지 지속되었다. 중등학교의 조직 결성이 보다 빨랐다는 것을 알 수 있는데 전체적으로 보면 노동운동과 마찬가지로 1933년 9월부터 조직운동이 가장 활발한 양상을 보였다.

이 시기의 운동이 각 학교에 독서회나 문화서클을 조직하던 종래의 양상에서 벗어나 각 학교에 책임자(오르그)를 두고, 이 책임자가 학내의 성원들을 의식적으로 훈련하여 학교 내에서 동맹휴업 등의 투쟁을 야기하는 보다 진전된 양상을 보이고 있었던 것도 이를 반영하는 것이다. 이러한 맥락에서 각 학교의 조직 책임자들이 서로 학교를 바꾸는 등의 방법에 의해 활발한 조직의 정리가 이루어지고 있었던 것으로 추정된다. 예컨대 전문학교 이상에서 법전이나 보전의 조직을 이재유가 정태식에게 인계한 것이나 중등학교에서 최소복이 조직한 배제고보와 경신학교 그룹을 각각 변우식과 이인행에게, 그리고 차소영, 신진순, 김재선이 각각 조직한 여상과 숙명 및 동덕의 조직을 이경선에게 인계한 것 등을 들 수 있을 것이다.

다음 활동 인원 수를 보면 숙명·동덕·여상 등에서 1~2인, 연희전문·이화전문·경성사범 등에서 마찬가지로 1~2인 정도, 양정고보의 3인에서 중앙고 10인, 배재고보의 12인, 보성고보의 16인에 이르기까지 전체 규모로 보면 90여 명에 달하는 많은 수를 포괄하였다. 활동 내용을 보면 재단관계, 교원 수, 종교관계, 학생 수 및 본적지 조사 등을 포함한 학내 실태조사, 동맹휴업이나 교사 배척 등 학생운동의 지도와 실행(후술), 맹휴 지원기금이나 간도공산당 피고 구원기금의 모집 등이었다.

4) 동맹휴업의 사례들

마지막으로 이러한 행동강령과 방침 및 조직 방식에 입각하여 각 학교에서 전개된 대표적 맹휴투쟁들의 구체적 양상을 살펴보기로 하겠다.[95]

○ 동덕여자고등보통학교의 맹휴투쟁

1933년 5월 동덕여자고등보통학교에서 교사배척 등을 조건으로 맹휴사건이 발발하였다. 학교 내에는 김재선金在善, 김영원金令媛 등이 재학 중이었기 때문에 이 두 사람을 교내의 맹휴 지도자로 하고 교외의 지도 책임자를 이경선으로 정하여 그 위에 최고 트로이카의 1인인 최소복을 두었다. 그리고 이재유, 변홍대, 이현상 등은 배후에서 지도하였다. 교내에서의 투쟁위원회와 교외에서의 투쟁위원회가 조직되고, 다시 이를 최고 트로이카의 성원들이 지도하는 양상은 노동운동과 마찬가지였다. 이 맹휴는 결국 주요 요구조건을 학교에서 승인하여 일부 교사가 경질되는 등 학생 측의 승리로 귀결되었다.

조선중앙기독교청년학교의 맹휴선동
1933년 6월 종로 2정목 중앙기독교청년학교에서 학생들이 교사배척 등을 요구사항으로 내걸고 맹휴에 돌입하였다. 이 당시는 최소복이 맹휴의 지도책임자로서 학교 내의 맹휴 주동자와 연락하여 활동하면서 이재유, 이현상, 변홍대 등이 배후에서 지도하였다. 맹휴생이 단결하여 등교하지 말 것 등을 선동한 결과 학생 측의 중요한 조건은 받아들여지고 일부 교사가 경질되었다.

○ 숙명여자고등보통학교의 맹휴선동
사립 숙명여자고등보통학교의 사례는 이재유 조직이 생도들의 학교에 대한 불평불만을 투쟁으로 이끌기 위하여 사전에 조직하였다는 점에서 주목된다. 즉 1933년 7월 이재유 그룹은 이경선을 교외의 맹휴선동자로 하고 신진순, 김주원 등을 교내의 지도자로 정하여 요구조건을 선정히는 등 맹휴 준비를 하였다. 그러나 단행 직전에 경찰에서 알게 되어 맹휴에 들어가지 못함으로써 이 계획은 결국 실패하고 말았다.

○ 다키가와 유키토키瀧川幸辰교수의 형법교과서 문제에 대한 투쟁
1933년 7월 이재유는 그 무렵 한창 논란의 대상이 되고 있었던 다끼가와 교수의 형법 교과서 문제를 계기로[96] 경성제대 내에서 미야케나 최용달, 혹은 경제연구회의 회원 등을 통하여 투쟁을 기도하였다. 이재유는 정태식을 학내 책임자로 하여 좌익교수 및 학내 좌익학생과 함께 투쟁을 선동하려고 하였으며 정태식도 미야케나 경제연구회 회원들과 연락하여 활동하려고 하였으나 학내 사정으로 어쩔 수 없이 중단하고 말았다.

○ 중앙고등보통학교의 맹휴선동
1933년 11월 사립 중앙고보의 학생들이 교사배척 기타의 요구조건을 내걸고 동맹휴업에 돌입하였다. 당시 학내에서는 한동정을 지도책임자로 선출하고

교외에서는 최소복을 지도책임자로 하여 배후에서 이재유, 이현상, 변홍대 등이 지도하였는데 학생들의 패배로 끝나면서 한동정은 퇴학처분을 받았다.

○ 배재고등보통학교의 맹휴선동
1933년 12월 사립 배재고등보통학교에서 맹휴를 단행할 기세가 농후하자 이재유는 교내 책임을 변우식으로 정하고 교외의 지도책임자를 최소복으로 하여 자신은 변홍대, 이현상 등과 함께 배후에서 지도하여 맹휴의 확대를 기도하였다. 맹휴는 결국 경찰의 탄압과 학교의 강경한 태도로 실패로 돌아가고 말았는데 이로 인해 변우식 등 수 명이 서대문경찰서에 검거되었다.

○ 경성여자상업학교의 맹휴선동
1933년 12월 경성여자상업학교에서 교사배척 기타 수 개조의 요구사항을 조건으로 하여 맹휴가 발발하였다. 이 무렵 교내에는 심계월, 이분성, 차소영, 박온 등이 재학 중이었으며 교외에서는 정태식이 지도책임자로 활동하였다. 이재유, 최소복, 변홍대, 이현상 등이 배후에서 선동한 것은 앞의 맹휴들과 마찬가지였는데 결과는 승패가 결정되지 않고 진정되었다고 한다.

이들 동맹휴업 투쟁들은 특히 위의 1부터 4까지의 사례들에서 보듯이 투쟁을 통하여 운동자를 얻고 조직을 결성한다는 원칙에 입각한 이재유의 운동방식을 잘 드러내고 있다. 또한 5부터 7까지의 사례들에서 보듯이 이러한 원칙을 거쳐 결성된 조직을 통해 거꾸로 보다 나은 투쟁 조직을 지향하려고 했었던 것으로 보인다. 그런데 노동운동 부문에서 나타났던 지도체계의 문제점이 이 부문에서도 그대로 노출되었다. 예컨대 노동운동 부문의 각 지역 책임자이며 특정 산별 부문을 담당하고 있었던 변홍대·이현상 등은 이재유와 함께 이 부문에서도 맹휴의 지도를 담당하였다. 안병춘을 제외한 최고 트로이카의 전 성원이 그때그때의 맹휴투쟁에 모두 투입되었던 것이다. 또한 상대적으로 각 그룹의 대중적 기반이 있었다고는 하더라도 전체 학생들 속에서 지반을 확보할 수 있을 정도의 역량은 아니었다. 이러한 사실들은 조직이 갖추어진 1933년 하반기 이래의 투쟁들이 오히려 대부분 실패로 귀결된 사실을 설명하는 유력한 요인이 될 수 있다.

출판물의 간행 활동

이재유 그룹은 이 시기에 운동방침서, 조사서, 선전물 등의 각종 출판물들을 작성·발간하였다. 운동의 전개 과정에서 필요에 따라 수시로 간행되었던 이들 출판물들은 운동 자체의 활력과 역량을 표현하는 것으로, 다른 어느 계열의 운동보다도 많은 출판물들이 간행되었다. 이 시기 작성된 간행물들은 크게 보아 3가지로 구분하는 것이 가능하다. 첫째는 노동운동에 관련된 팸플릿들이며 둘째로는 학생운동에 관한 팸플릿들 및 마지막으로 활동시의 주의사항 등을 포함하는 기타 간행물들이다. 이들 각각은 경찰이 작성한 〈조서〉의 서두에 있는 〈압수금품목록〉이나 〈영치목록〉 등을 통해[97] 그 제목과 분량 등을 짐작할 수는 있다. 그러나 구체적인 문건을 실제로 구해볼 수는 없었다. 따라서 단편적으로 제시된 자료들을 통하여 그 내용을 유추할 수밖에 없을 것이다.

먼저 노동운동에 관한 간행물들로서는 〈공장 내 활동방침〉, 〈공장조사표〉, 〈대공장에서 활동할 필요〉 등이 이 시기에 작성되었음을 확인할 수 있다. 〈공장내 활동방침〉은 1933년 10월 장래 출판활동이 가능한 상황이 되면 등사 배포할 예정으로 작성한 것으로 분량은 17매 정도였다. 다음에 〈공장조사표〉는 마찬가지로 1933년 10월 공장 내의 운동자들이 공장의 내용을 조사하기 위하여 구체적인 조사항목을 설정한 것으로, 이재유는 모두 3부를 만들어 안병춘과 이현상에게 각각 1부씩을 주었다고 한다. 그 분량은 총 19매로, 구체적인 공장명 등의 자세한 내용은 알 수 없으나 앞의 영등포·용산·동대문 일대의 공장들이 주요 조사 대상이었을 것이다. 〈대공장에서 활동할 필요〉라는 팸플릿은 같은 시기에 안병춘이 《재건 후의 노동조합》이라는 책에서 필요한 부분을 발췌하여 11매 정도의 분량으로 편집한 것이다. "노동운동을 할 때 참고자료로서 읽기도 하고 이에 따라 협의를 한 적도 있었다"는 이재유의 진술로 미루어 보건대 앞의 노동운동의 이론과 방침을 설정하는데 일정한 영향을 미쳤던 것으로 생각된다. 이밖에도 이재유는 공장노동자들에 대하여 선전과 선동활동을 하기 위하여 〈우리 노동자들에게〉라는 팸플릿을 작성하였다. 85매의 많은 분량에 달하였던 이 팸플릿은 장래 등사 배포를 하기 위한 원고로서 연필로 씌어졌다고 한다.

다음 학생운동에 관한 팸플릿으로는 〈학교내 일상투쟁〉, 〈학교내 조사표〉, 〈학생운동의 행동강령서〉 등이 있다. 〈학교내 일상투쟁〉은 1933년 10월 각 학교 학생들이 맹투를 하기 위한 일상투쟁의 요점을 적은 초안으로서 1매의 짤막한 분량의 글이며 〈학교내 조사표〉도 마찬가지로 1매의 짧은 분량이었다. 같은 시기에 수창동需昌洞의 정진근鄭鎭瑾 방에서 이재유가 작성하였다는 이 글은 앞의 〈공장조사표〉와 비슷하게 학교의 내용을 알 필요에 따라 주요 조사항목들을 뽑은 것이다. 〈학생운동의 행동강령서〉는 14매의 분량으로 앞의 학생운동 부문에서 살펴본 일반적 행동강령을 주요한 내용으로 하는 것인데 이에 관하여는 그 작성 경위 등 비교적 상세한 자료가 있다. 이 팸플릿은 이재유가 최소복을 만난 것에서 비롯되었다. 1933년 5월 이재유가 영등포 하위 트로이카의 성원인 이순복을 만났을 때 경성전기학교 생도 중 전투적인 우수한 학생으로서 최소복을 추천받아, 곧이어 7월에 경성제대 법문학부 운동장에서 처음으로 두 사람이 만났다. 이후 8월 중순 무렵까지 두 사람은 회합을 거듭하였는데 이 모임에서 이재유는 국제정세와 조선정세 등의 일반적 이야기에서 시작하여 제국주의와 자본주의 사회가 몰락의 과정에 있으며 다가올 혁명에는 반드시 공산제 사회를 실현해야 할 것을 설명하면서, 조선에서 운동의 과제는 당재건이며 이를 위한 당면 임무로서 노동자·농민·학생 부문에서 적노·적농·반제투쟁을 하는 것이 중요하다는 점을 역설하였다. 이리하여 두 사람의 제휴가 이루어지고 최소복은 학생운동 부문에서 활동하기로 하고, 이를 위하여 두 사람은 학생운동을 위한 행동강령을 작성하기로 하였다. 이에 따라 9월 무렵에 두 사람은 각기 작성한 행동강령 초안을 비교 대조하여 토의, 검토한 결과 쌍방의 의견이 일치한 것을 중심으로 이재유가 작성한 것이 바로 이 팸플릿이라고 한다.[98]

이 팸플릿은 1933년 11월 수창동의 아지트에서 최종적으로 작성되었는데[99] 이후 학생운동의 담당부서를 결정하는 과정에서 각 조직 책임자들에게 배포되어 교양자료 및 운동지침서로서 이용되었다. 작성 이후 최소복에게 1부가 교부되었으며, 정태식이 전문학교 이상을 담당한 이후에 이재유는 코민테른 제1회에서 6회까지의 테제집과 함께 이 팸플릿 1부를 배포하였다. 그 요점은 1) 학생들의 언론·출판·집회·결사의 자유권 획득, 2) 학생들의 사회과학 연구를 위한 자유권의 획득, 3) 학교 내의 학생 자치체의 조직 활동의 자유권 획득, 4) 반전 제네스트 조직 및 활동, 5) 일본제국주의의 타도, 6) 조선독립, 7) 노동자 농민 근로대중의 소비에트 수립[100] 등으로 앞에서 살펴 본 내용과 대동소이한 것을 알 수 있다.

그런데 이와 같이 작성·배포되었던 이 팸플릿은 이후의 운동과정에서 필요에 따라 체재나 내용이 정정, 보완되면서 지속적으로 활용되었다. 예컨대 제2기의 경성재건그룹 시기에는 이 팸플릿을 초안으로 이관술李觀述, 박영출朴英出과 협의하여 88개 항목에 이르는 〈학교 내 활동기준〉이라는 팸플릿을 완성하였다. 또한 제3기의 준비그룹 시기 학생운동 부문에서 활동하였던 서구원의 진술에 따르면 "3, 4년 전에 학생 트로이카에서 쓰고 있었던 것인데 그 후 경성재건그룹에서 수정을 가하여 채용"한 것으로서 〈학교내의 활동기준〉이라는 팸플릿을 받아 "운동자가 학생운동을 지도하는 기준"으로 사용하였다고 한다. 서구원의 기억에 의하면 이 글은 전문이 없이 다음의 11개 항목으로 나뉘어, 각 항목 아래에 다시 총 191개에 이르는 요구조건을 내건 광범한 내용을 포괄하는 것이었다.[101] 앞에서 살펴보았듯이 학생운동의 일반적 행동강령은 61개 조항이었는데 운동의 진전에 따라 제2기에 와서는 88개, 제3기에는 무려 191개 항목으로 증대되어 3배 이상의 내용이 보완기확충되었으며, 이에 따라 팸플릿의 제목도 〈학교 내의 활동기준〉으로 바뀌었다는 것을 알 수 있다.

1. 학원의 자유를 획득하기 위한 투쟁.
2. 학생의 자치를 획득하기 위한 투쟁.
3. 다른 학교의 동맹휴업 기타 모든 투쟁을 지도하기 위한 투쟁.
4. 노동자 농민에 계몽 활동을 하기 위한 투쟁.
5. 일본제국주의의 교육정책에 대한 투쟁.
6. 제국주의 전쟁 절대 반대를 위한 투쟁.
7. 일본 대만 학생운동 지지를 위한 투쟁.
8. 중국 혁명운동의 지지를 위한 투쟁.
9. 소동맹 지지를 위한 투쟁.
10. 일본제국주의 국가권력의 근본적 전복을 위한 투쟁.
11. 조선의 절대독립을 위한 투쟁.

마지막으로 운동자의 획득이나 활동할 때의 주의사항에 관한 글들을 살펴보기로 하자. 이 범주에 속하는 글로는 〈체포, 고문에 대하여 어떻게 대처할 것인가〉, 〈군중 접촉시의 주의〉, 〈회합시의 주의〉, 〈일상생활의 주의〉 등의 팸플릿을 들 수 있다. 〈체포, 고문에 대하여 어떻게 대처할 것인가〉라는 팸플릿은 체포되었을 경우 가져야 될 자세와 정신을 일반 운동자들에게 교양하기 위하여 1934년 1월에 내수동의 아지트에서 이재유가 작성한 것이다. 이 팸플릿을 작성한 것은 시기로 보아 당시 이재유가 경찰에 쫓기고 있었던 상황과 무관하지는 않을 것이다. 다음에 〈군중 접촉시의 주의〉라는 팸플릿은 1933년 12월 운동자들 사이의 일상적 회합이나 가두연락, 방문, 내방 등의 경우에 주의해야 할 요점을 정리한 것으로 이 주의서에 따라 운동자들을 교양하였다고 한다. 또한 〈회합시의 주의〉와 〈일상생활의 주의〉는 모두 같은 시기인 1933년 12월에 이재유 자신이 운동자들을 교양하기 위하여 작성한 것이었다. 이 팸플릿들을 보면 식민지 상황에서 일제의 가혹한 탄압과 검거를 피해 비합법적으로 운동을 진개하기 위하여 이재유 그룹이 얼마만큼 용의주도한 관심을 기울이고 있었는가를 알 수 있다. 예컨대 가두에서와 가두연락할 때 그리고 아지트 사용할 때 주의 사항을 살펴보자.

가두의 주의
1) 도보의 경우. 큰 물건 예를 들면 책 등을 가지고 밖으로 나갈 때 겨울에는 두루마기, 외투 또는 목도리에 감추고 여름에는 옷 가운데 감출 것. 작은 물건 예컨대 편지 등은 신바닥에 감출 것.
2) 전차의 경우. 전차에 타면 바로 차표를 끊고 반드시 뒤 문으로 타서 앞문으로 내릴 것. 단 소지품이 있을 때는 앞 좌석에 앉고 앉을 때 소지품을 무릎 아래에 놓을 것. 정류소마다 주의하고 개(형사—필자)가 전차에 타면 바로 전차에서 내릴 것.

가두연락
1) 정해진 장소에는 정각 1, 2분 전에 그 부근에 가서 정세를 면밀히 살핀 후

현장으로 갈 것.
2) 상대와 서로 시선을 마주치려고 시도하다가 마주친 다음에는 만나기로 정해진 사람의 후방에 붙어 갈 것. 밝은 뒷길에서는 서로 떨어져 걷고 노출된 길로 들어 설 때는 서로 시선을 마주쳐서 길을 건널 때는 서로 시선을 마주친 후 붙어 가는 자가 먼저 길을 건널 것.

아지트 사용시
1) 다른 사람의 주의를 끌지 않도록 자연스럽게 행동하고 낮은 소리로 말할 것.
2) 실내에서는 탁자 위에 부르주아 문학서 등을 나열해 두고 책은 실외에 둘 일. 낙서 특히 이름의 낙서는 엄금할 일. 글자를 쓴 종이는 방 틈 사이에 꽂아 둘 것.[102]

이들 팸플릿들의 간행방법을 보면 대개가 복사지를 이용하여 손으로 베껴 쓴 것으로[103] 다른 운동자들도 마찬가지 방법으로 다시 유포하였다. 앞에서 말했듯이 종방 파업 시에 노동대중에 선전삐라를 살포할 목적으로 이재유는 남만희에게 등사기의 입수를 의뢰하기는 하였지만 검거 등으로 실현되지 못했다는 점을 고려해 본다면, 이 시기에는 아직 등사기를 사용한 출판은 없었던 것으로 짐작된다. 1933년 12월 이재유는 다시 안병춘을 통해서 등사판의 제작을 의뢰하였는데 이때의 목적은 '비합법출판물을 간행' 하기 위해서였다. 앞에서 보았듯이 이는 서울 지방의 당재건을 위한 5대 슬로건 중 마지막인 '전국적 정치신문의 창간'을 실천에 옮기기 위한 것이었다. 이러한 요구에 따라 안병춘이 다음해 1934년 1월 중순에 등사기를 구입하였으나 곧 이은 검거로 사용하지는 못하였다.

혁명의 이론과 방침

마지막으로 이 시기 이재유 조직에서 당면 혁명의 성질과 임무 및 혁명의 대상과 동력 등을 어떻게 규정하였는지 알아보기로 하자. 이하의 내용은 앞에서 언급한 정세토의서를 중심으로 살펴본 것으로 이 글을 작성한 것은 미야케라고 하나 이재유와 토론한 내용을 기초로 미야케가 위임받아 기초한 것이기 때문에 이재유 그룹의 이론으로 보아도 큰 무리는 없을 것이다.

당면 혁명의 성질과 전망에 관하여 이재유는 코민테른의 12월 테제를 인용하면서 전형적인 러시아 혁명 방식의 2단계 혁명이론을 주장한다. 전자본주의적 잔재와 유물의 파괴, 농업 제관계의 근본적 변혁 및 자본주의적 예속으로부터의 토지해방을 주요한 내용으로 하는 부르주아 민주주의혁명을 당면한 혁명의 성격으로 제시하였던 것이다. 이것은 소비에트 형태에 의한 프롤레타리아 및 농민의 민주주의적 독재를 전제로 하여 프롤레타리아의 헤게모니 하에 사회주의혁명으로 전화한다. 즉 자본성 민주주의혁명과 농업혁명 및 노농정부의 수립이 조선혁명의 과정 및 원칙이라는 것이다.[104] 이에 따라 혁명의 주요 임무로는 다음의 4가지를 들고 있다.

1. 일본 제국주의의 타도.
2. 대토지 소유의 해소.
3. 7시간 노동제의 확립.
4. 혁명 정세의 여하에 따른 모든 은행의 단일 국민은행으로의 합동.
   이 단일 국민은행 및 자본주의의 경영, 생산은 노동자, 농민 조합의 통제로 이행할 것.[105]

또한 현 단계에서 가장 중요한 현실적 행동 슬로건은 다음의 5개 항목

이다.[106]

1. 제국주의 전쟁 반대, 제국주의 전쟁의 내란으로의 전화.
2. 일본제국주의 타도, 노동자 농민의 정부 수립.
3. 모든 기생적 지주, 사사寺社, 교회의 토지 몰수 및 농민에의 (무상분배).
   지주, 은행, 고리대에 대한 농민의 채무 (탕감).
4. 7시간 노동제의 확립 및 노동자 상태의 근본적 개선.
   계급적 (혁명적) 노동조합의 조직 및 활동의 자유.
5. 소비에트 동맹, 중국 및 만주 빨치산운동의 옹호.

이를 위한 구체적 선동 슬로건으로 제국주의 전쟁 및 일본제국주의와 국민혁명을 대립시킬 것, 임금 인상 및 노동시간 단축, 조선과 일본 및 중국 노동자의 단결, 일과 먹을 것을 다오, 토지를 달라, 언론·출판·결사·집회의 자유 획득, 야만적인 학살 반대, 노동자 농민의 정부 수립 등을 제시하고 있다.

다음에는 혁명의 동력과 대상을 들고 있는데 전자는 노동자·농민 및 도시 빈민을 주요한 요소로 하는 모든 민주주의 세력을, 후자는 일본 제국주의 및 이에 종속하는 바의 토착 부르주아지 및 기생적 토착 지주를 포함한다. 먼저 후자의 혁명의 타도대상으로 설정된 각 계급을 살펴보기로 하자. 이재유는 토착 부르주아지의 민족적 부분과 예속적 부분을 구분하지 않고 전체적으로 단일한 민족 부르주아지로 파악한다. 이러한 점에서 토착 부르주아지에 대한 태도는 이 시기 다른 공산주의자들의 인식에서 크게 벗어나지 않는다. 즉 다른 모든 식민지와 마찬가지로 조선에서 부르주아 민주주의혁명을 수행하는 주체는 토착 부르주아지가 아니라고 본 것이다. 중국이나 인도의 혁명운동을 통해서 뿐만 아니라 조선민족해방운동에서 이들의 실천 자체가 이를 명백히 증명하는바, 이들은 이미 개량주의마저 방기한 채 일제와 완전히 결합한 반혁명세력이라는 것이다. 이들은 일본 제국주의와 소비에트 동맹 침략 전쟁을 분담하고 그 준비공작에서 일본제국주의에 협력(무기헌납, 헌금 등)하여 완전한 충복으로서의 역할을 하고 있다. 이들은 또한 기생적 토착지주와도 완전히 결합하고 있다. 뿐만 아니라 토착 부르주아지는 대개의 경우 그 자신이 기생적 대지주이다. 따라서 이들은 농업문제의 근본적이고 혁명적 해결에 대하여 전혀 반대되는 이해관계를 가지고 있다. 이러한 점에서 이들은 자본주의 착취제도와 동시에 봉건적 착취제도의 담당자이다.

다른 한편으로 봉건적 토착지주나 기생적 봉건 귀족은 처음부터 일본제국주의와 야합하고 있다고 이재유는 주장한다. 이들은 봉건적 착취방법의 담당자라는 점에서 당면 혁명의 타도 대상으로 설정된다. 그러나 일본 제국주의 그 자신도 또한 조선의 농업 생산의 봉건적 착취빙법에 대하여 절대적 이해관계를 가지므로 일본제국주의를 타도하지 않고서는 결코 농업혁명을 수행할 수 없다. 따라서 조선에서 농업혁명을 수행하는 것은 동시에 일본제국주의를 타도하는 것이다.

이러한 점에서 가장 철저하게 반제·반봉건 혁명을 수행할 수 있는 계급은 당연히 프롤레타리아 및 농민대중이다. 노동자계급의 혁명성은 원산총파업 이래 지금까지 계속되어 온 바의 크고 작은 무수한 파업, 기타 모든 투쟁을 통해서 구체적·실천적으로 증명되었다. 이들은 부르주아민주주의혁명의 과제인 일본제국주의의 타도와 봉건적 착취제도의 잔재의 철저한 파괴를 수행하는 역사적 사명을 띠고 성장·훈련되어왔다. 또한 근로농민 대중은 프롤레타리아와 결합하여 공고한 동맹을 맺음으로써만 스스로를 해방할 수 있다고 이재유는 주장한다. 프롤레타리아는 근로농민 대중의 둘도 없는 동맹자이다. 다른 한편 프롤레타리아는 광범한 근로 농민 대중과 자기의 혁명과업을 결합하여 지도하여야 한다. 과거의 투쟁경험은 프롤레타리아야말로 농민 대중이 충분하게 신뢰할 수 있는 지도자이자 우군임을 보여주고 있으며, 프롤레타리아와 농민 대중은 투쟁을 통하여 공고한 동맹을 향한 구체적 첫걸음을 내딛은 것이다. 구체적 사례로서 이재유는 원산총파업에서 농민대중의 지지 및 부산방적 파업에서 농민들의 지지 등을 들고 있다.

혁명의 동력으로 설정된 마지막 범주는 도시 소부르주아지와 지식인 계급이다. 일본 금융자본의 강력한 압박을 받아 몰락하고 있는 조선 빈궁 소부르주아지는 프롤레타리아가 가장 신뢰할 수 있는 우군이다. 인텔리겐치아 지식인 등도 프롤레타리아 혁명투쟁에 적극적으로 참가함으로써 자기 해방의 활로를 찾을 수 있다. 이밖에 다른 모든 피착취자·피억압자는 프롤레타리아의 지도 아래 투쟁에 적극적으로 참여함으로써 착취자·억압자를 철저히 분쇄하고 스스로를 해방할 수 있다. 프롤레타리아는 이들 광범한 근로 대중의 피착취자·피억압자의 투쟁을 지도하고 원조하여야만 한다는 것이다.

마지막으로 이재유는 민족개량주의와 사회민주주의를 신랄하게 비난하였다. 이들을 민족해방운동과 민족혁명에서 가장 위험한 경향으로 지적하고 따로 항목을 설정하여 제시할 정도로 특별한 비중을 가지고 비판했던 것이다. 이는 당시 세계적 차원의 노동운동에서 나타났던 좌편향을 반영하는 것으로, 다른 그룹들은 물론이고 공산주의 국가들이나 서구의 변혁운동 일반에서 택했던 동일한 방침을 반영하는 것이었다. 이재유 그룹은 이들이 본질적으로 일본제국주의에 의해 매수된 충복이며 '주구'라고 주장한다. 이들의 주요한 역할은 일본제국주의의 영향력을 혁명 대중의 사이에서 전파시킴으로써 혁명의 진영을 혼란시키고 분열시키는 데 있다. 전쟁과 혁명의 위협 앞에서 일본제국주의는 사력을 다하여 혁명운동을 탄압하였으며 모든 계급 운동이 비합법화되고 있었던 당시의 현실에서 비합법 활동을 거부하고 합법 영역에만 스스로를 한정하는 것은 기회주의이고 반동적이라는 것이다. 민족개량주의와 관련하여 이재유는 이러한 '일본 제국주의의 충실한 노예'로서 다음의 사례들을 들고 있다. 즉 1) 천도교도의 탈락자, 2) 흥사단, 3) 기독교·불교 등의 모든 종교단체, 4) 동아일보, 조선일보, 중앙일보 등이 그것이다.[107] 이재유의 민족개량주의에서 특징적인 점은 그것의 계급적 기반인 민족 부르주아지와 분리시켜 양자를 별개로 이해하고 있다는 점이다.

다음에 사회민주주의 계열로 이재유가 집중적으로 비판한 것은 유진희俞鎭熙를 수반으로 하는 《신계단》과 김약수를 중심으로 하는 《대중》 및 《이럿다》, 《비판》 등등의 잡지였다. 본질적으로 이들은 '추악한 파벌 관료에서 분리 대립'하여 공산주의운동에서 탈락한 소부르주아지 계급에 의해 발간되는 잡지라는 것이 이재유의 주장이다. 결론적으로 조선의 프롤레타리아는 이들 일제의 '주구'이고 충복인 민족개량주의와 사회민주주의=사회 파시즘의 다종다양한 형태를 철저하게 폭로하고 이들이 대중에게 가지는 바의 모든 기회주의적 반동적인 영향력을 분쇄하여야 한다고 이재유는 되풀이하여 강조하였다.

정태식, 미야케 교수와의 제휴

이재유의 제1기운동에서 빠뜨릴 수 없는 것이 경성제국대학의 정태식이나 같은 대학의 교수인 미야케[108]와 관련한 공동 활동이다. 동시에 이는 권영태 조직과도 관련되는 문제이지만 그에 관하여는 다음의 제3부에서 따로 다루기로 하고, 여기에서는 이들과 이재유운동과의 관계를 중점적으로 살펴보기로 하겠다.

이재유가 정태식을 만난 것은 1933년 여름[109] 김월옥金月玉을 통해서였다. 1933년 7월 김월옥은 이분선을 방문하였다. 김월옥과 이분선은 함남 삼수 출신이었는데, 김월옥이 이재유와 함께 거주하던 이인행의 누이인 이분선을 찾아온 것이었다. 이러한 인연으로 이재유는 김월옥을 만나는

데, 원래 두 사람은 어린 시절 고향에서부터 잘 알던 사이였다. 오랜만에 만난 두 사람은 어릴 적 이야기 등을 하고 헤어 졌는데, 김월옥은 자기의 집[110]에 한번 놀러 오라는 말을 잊지 않았다.

이인행을 통해 그녀가 '학생 시절부터 전투적인 유망한 여성'이라는 평을 들은 이재유는 그로부터 2주일 후 관훈동에 있는 그녀의 집을 방문하였다. 신문기사들을 화제로 떠올리면서 이재유는 국제정세와 조선정세 등을 이야기하거나 사회운동의 일반 동향에 관한 의견 등을 교환하고 헤어졌다. 며칠 후인 7월 하순 이재유가 다시 김월옥의 집을 방문했을 때 외출한 그녀 대신에 김월옥과 동거하고 있던 정태식을 그 자리에서 만났다.[111] "정태식을 만나 우선 그가 소지하고 있던 책을 보자 좌익적 서적을 매우 많이 가지고 있어서 상당한 좌익분자"라고 이재유는 판단하였다. 이 자리에서 두 사람은 운동 정세 등에 관한 토론을 하고 나아가서 신문 지상에 오르내리던 다키가와 교수 사건을 화제로 떠올리면서, 이 문제를 계기로 학내에서 운동을 일으켜야 한다는 의견을 주고받았다.

이재유는 자신의 운동 체계에서 학생운동 중 대학부의 책임을 정태식에게 맡기려는 복안을 처음에 가지고 있었다. 그리고 이 학생운동은 앞에서도 말했듯이 그의 운동이론에서 기본적으로 반제운동 역량으로 편성된 것이었다. 이재유가 자신의 이론 중에서 반제동맹에 관하여 가장 자신이 없어 이 방면의 책임자를 물색하던 중 《신계단》의 기자인 남만희를 통해 경성제대 법문학부 조수였던 정태식을 알게 되었다[112]고 하였던 것은 이러한 맥락에서 이해된다. 한편 정태식의 입장에서는 평소 실천운동을 지향하여 경성제대 법문학부 학생들을 중심으로 1933년 4월 이래 독서회를 조직하여 사회과학 연구를 계속하고 있었다. 그러다가 이재유와 만난 것을 계기로 본격적인 실천운동에 들어간 것이다.

1933년 9월 이재유는 정태식과 경성제대의 학내운동에 관한 협의를 하였다. 본격적인 학생운동으로의 첫 번째 진입이었다. 여기서 이재유는 대학 내의 운동으로 1) 학내의 좌익학생으로 적색독서회 등을 결성할 계획을 수립할 것, 2) 좌익 교수를 획득·이용할 것, 3) 의식수준이 높은 학생을 가급적 많이 획득하여 조직문제와 선전선동 등을 연구하게 하여 부문별로 책임을 맡길 것 등을 실행할 것과 아울러, 그 연구 재료는 자신이 제공하는 대신 독서회 등을 통한 연구의 결과는 자신에게 제공할 것 등을 협의하였다.[113] 같은 해 10월 정태식은 학내에서 졸업생 및 재학생 중 경제연구회 출신이나 기타의 우수분자로 연구회를 만들어 사회과학이나 실천운동에 대한 조직, 선전선동 문제 등을 토론하여 의식화를 하고 있다는 보고를 하였다. 이에 대하여 이재유는 그 연구회를 중심으로 우선 당재건을 위한 준비로서 적색독서회를 조직할 것을 제의하였다. 비슷한 맥락에서 이해 12월에 이재유는 정태식을 만나 대학 내에서 일상투쟁을 일으키고, 이를 통하여 학생을 좌익적으로 지도하고 적색독서회 또는 문화서클 등을 조직할 것 등을 제시[114]하면서 안병춘을 통하여 알게 된 법학전문학교의 한성택韓成澤을 소개하였다.

　이재유가 한성택을 소개한 것은 앞에서 말했듯이 전문학교 방면의 지도책임자로서 연희전문학교의 이동수와 접촉하였다가 여의치 않자, 정태식에게 전문학교 방면을 맡기려는 의도에서 나온 것이었다. 이와 아울러 정태식은 자신의 영향 하에 있던 중등학교 방면의 학생들을 이재유를 통해 최소복에 인계하는 등 조직의 정리가 진행되었다는 것은 이미 살펴본 바 있었다. 이후 이재유는 전문학교의 일반 정세나 학교 내의 활동방침 등에 관한 협의를 정태식과 계속하였으며, 운동의 진전과 함께 그 결과는 앞에서 말한 〈학생운동의 행동강령〉 등의 팸플릿을 통하여 구체화되고 체계적으로 정리되었다.

　정태식은 법학전문학교에서 한육홍·김대용 등을 끌어들여 이재유가 검거된 이듬해인 1934년 1월 이후에도 적극적 활동을 전개하였다. 이들 3인이 전문학교의 하위 트로이카를 결성한 셈인데, 같은 해 2월에는 이

세 사람이 만나 "법학전문학교 내에 적극적으로 학생운동을 전개할 것, 법률 및 경제학의 연구를 빙자하여 친교 있는 동교 생도를 집합시켜 부르주아 법률 및 경제이론에 대하여 프롤레타리아의 법률 및 경제이론을 소개하여 이를 좌익적으로 지도하여 동지로서 획득"[115]할 것을 논의하였다. 같은 해 4월에는 동교 내에 문화, 구원(모쁠)[116], 반제그룹의 각 부문을 설정하였으며, 이어서 5월에 보성전문학교에서도 이러한 부문별 조직화가 진행되었다.

그런데 이러한 부문의 설정은 전해인 1933월 12월에 이재유가 제시한 문화 서클이 포함되어 있기는 하지만 전형적인 트로이카 조직 방식과는 다소의 거리가 있다. 즉 전형적인 트로이카 조직방식에서 나타나듯이 이재유는 공식적으로 조직을 결성하기 보다는 조직이 다소 느슨하고 비공식적이더라도 실제의 일상 투쟁을 중시하고 이를 통하여 동지를 획득하여야 한다고 주장하였던 반면, 정태식은 공식적인 조직의 설정을 상대적으로 더 중시한 것[117]이다. 그 이유로는 이미 말한 바와 같이 학생운동이 노동운동 부문보다 조직의 진전 속도가 빨랐다는 것을 먼저 들 수 있을 것이다. 그러나 더 중요한 이유는 이재유가 검거된 이후, 1934년 3월부터 정태식이 권영태의 조직과 제휴하여 운동을 전개하였기 때문이다. 이 시기 권영태는 미야케 교수로부터 입수한 코민테른 제13차 집행위원회 총회(1933년 11~12월)에서 채택된 〈파시즘, 전쟁의 위험 및 공산당의 임무〉라는 팸플릿과 권영태 조직의 기관지 《프롤레타리아》[118] 등을 운동 자료로 정태식에게 제공하였으며 정태식은 학생과 노동자를 얻기 위한 교양 자료로 이를 이용하였다. 정태식의 학생운동은 이밖에도 보성전문학교(12인), 용곡여학교(4인), 경성보육학교, 이화여고보 등 8개 학교에 걸쳐 30여 명 정도의 인원을 망라하고 있었다.

권영태 조직과 제휴하고 난 시점인 1934년 4월 이후 정태식은 노동운동 부문에서도 적극적으로 활동하였다. 즉 4월에는 허균(허마리아)이 소개한 가와키다 전기주식회사의 노동자인 김진성을 지도하는 한편, 다시 그를 통하여 조선제사의 최화순崔和順 외 5명과 더불어 김월옥을 통하여 경성전매국 의주로공장의 이종철李鍾哲·오부전吳富田 등의 여성노동자를 소개받았다. 이밖에도 경성방직 영등포공장, 대동고무, 소화제사, 화신상회, 히라다平田 백화점, 향상회관, 조일 가솔린 스탠드, 기린맥주 등에서 정태식 스스로 혹은 이원봉·유순희 등과 함께 공장 내 그룹을 결성하기 위하여 활동하였다. 또한 정태식은 자신이 지도하고 있던 이명신을 권영태와 제휴하게 하여 서울고무에서 맹계임孟桂姙 등 3명의 노동자를 포섭하였다.([표 2] 참조)

이재유와 미야케 교수와의 만남은 정태식이 미야케 교수를 이재유에게 소개함으로써 이루어졌다. 앞에서도 말했듯이 이는 이재유와 정태식의 토의사항 중 대학 내 운동방침에서 '좌익' 교수를 획득한다는 사항의 일환으로 제기된 것이었다. 동시에 미야케와의 만남은 후술하듯이 그 진행과정에서 국제선과 연락한다는 의미를 띠고 있었고 이재유는 이 점에 오히려 더 많은 의미를 부여하였다. 미야케의 입장에서 보면 평소 그는 이론과 실천은 통일되어야 한다는 지론을 펴고 있었고 실천운동에 지대한 관심이 있었다. 마지막으로 정태식은 미야케가 대학 내에서 상당한 영향력을 가지고 있었기 때문에 미야케를 끌어들이지 않고서는 활발한 운동을 기대할 수 없다고 생각하였다.

어쨌든 이러한 점에서 이재유는 자신이 그 '좌익 교수'를 직접 한번 만나보고 싶다는 의견을 정태식에게 피력하였다. 아울러 이 무렵 동대문 경찰서에서 이재유를 찾느라고 혈안이 되어 있었으므로 자신이 직접 만나는 것이 위험하다고 생각하여 만나는 시간을 가능한 한 짧게 하도록 부탁하였다. 정태식이 교섭 결과를 알려 왔다. 그 교수가 승락했다는 것이다. 그리하여 두 사람은 그날 밤에 미야케 교수를 방문하기로 하였다. 이때 정태식은 비로소 그 교수가 미야케라고 알려주었다. 이재유와 미야케의 회견 직전까지 정태식은 그의 이름을 알려 주지 않았던 것이다. 그러나 이재유는 막연하게 미야케라고 짐작하고 있었다. 이재유는 이때가 1933년 11월 말인가 12월 초 무렵이었다고 진술하였다.[119]

그날 오후 8시 무렵 두 사람은 관훈동에서 택시를 타고 미야케가 사는 동숭동의 대학관사로 향하였다. 하녀가 손님을 맞이하여 응접실로 안내하자 정태식은 미야케에게 전번에 말씀드린 선생을 만나고 싶다는 동지는 이 사람인데 노동운동의 실천에 대하여 상당한 경험을 가지고 있는 바, 선생에 대하여 학문상의 질문을 할 것이 있다고 해서 같이 왔다는 뜻을 전하였다. 그리고 나서 곧 정태식은 자리를 비켜주었다. 미야케가 진정한 전투적인 '좌익' 교수인지의 여부를 판단하는 것이 이날 회합의 주목적[120]이었으므로 이재유는 일반적인 국제정세나 조선정세, 대학 내의 운동 등을 말하면서 미야케의 태도를 보았다. 그리고 이에 대한 이재유의 판단은 '매우 전투적인 좌익교수' 라는 것이었고 "이만하면 됐다"고 생각하였다.

두 번째의 회합은 1주일 쯤 후인 12월 상순에 있었다. 미야케를 방문한 이재유는 조선의 과거 운동을 비판하면서 현재의 활동방법은 조선공산당재건을 중심으로 하여야 한다는 점을 역설하였다. 이에 대해 미야케는 자신이 학생 시절부터 좌익사상을 가지고 있었으며 독일에 가서도 베를린의 일본인 유학생들과 좌익그룹을 결성한 일도 있고 반제동맹이나 메이데이 등의 시위운동에도 참가한 적이 있다고 하였다. 따라서 조선에서도 활발한 공산주의운동을 전개하여 몰락과정에 있는 자본주의와 일본제국주의를 타도하여 노동자 농민의 독재인 공산사회를 실현하는 것이 자신의 신념이며, 지금은 대학교수이지만 만약 공산주의 실천운동을 위해서라면 지금이라도 대학교수를 그만두어도 좋다[121]고 말하였다.

이에 이재유도 자신은 원래 농민으로서 1928년부터 계급운동에 진출하였는데 일찍이 동경에서 노동운동에 종사한 경험도 있고 경찰에 검거된 경험도 있지만, 학구적·이론적으로는 아무 것도 알지 못하고 좌익문헌으로서는 《자본론》을 한번 보았을 뿐이라고 대체적인 자신의 경력을 이야기하였다.[122] 이 회합에서 미야케는 이재유가 '사회과학의 방면에 상당한 연구를 한' 실천운동 방면의 '열렬한 투사'[123]라는 느낌을 받았다고 후에 진술하였다. 한편 이재유는 미야케를 "당시 일본의 마르크스 학자 카와카미 하지메河上肇 등에 비하면 학자로서 열등한지 알 수 없지만, 이들 학자가 가지고 있지 않은 실천적 경향을 다분히 가지고 있으며, 또 자신의 주장만을 내세우는 우리들 주의자보다 자신의 이론의 그릇된 바를 기꺼이 들으려고 하는 태도를 가지고 있었다"고 평가하였다.[124]

다음해 1934년 1월 중순 무렵까지 두 사람은 대략 1주일을 사이에 두고 5, 6회 정도 만났다. 이 과정에서 이재유는 대학 내의 운동을 위한 '좌익' 교수의 획득보다는 국제 공산주의운동과의 연계라는 측면으로 미야케와의 관계를 설정하였다. 미야케가 독일에 있을 당시의 운동 경험과 운동자들과의 친분을 더 중시한 것이었다.[125] 그리고 이러한 점에서 이재유 그룹의 운동에서 미야케가 담당한 구체적 운동 내용은 다음과 같은 것들이었다.

1. 각종의 문헌 통계표 등 운동 자료를 수집, 제공할 것.
2. 행정기구내의 각종 조사를 실시할 것.
3. 중요한 공장의 내용 조사를 할 것.
4. 출판 활동을 할 수 있는 여지가 있을 것.
5. 서울의 일본인 노동자 중 우수한 동지가 있으면 연락할 것. 또 일본인 방면 노동자는 미야케 쪽에서 인수해도 될 것.
6. 두 사람이 협의하여 결정한 사항은 이를 널리 선전선동하기 위하여 출판운동을 할 것.[126]

두 사람이 협의하여 결정한 사항은 일반 노동대중에 선전·선동하기 위하여 이를 출판활동의 재료로 한다는 마지막 사항에 팸플릿의 형태로 구체화되었다. 즉 조선 공산주의운동의 당면 임무는 공장을 중심으로 전국적으로 전개되고 있는 공산주의운동을 통일하여 당을 재건설하는 데 있으며 이를 위해서는 전국적인 정치운동 방침을 확립할 것, 전국적 정치신문을 발행할 것 및 투쟁장 안의 경험을 재료로 하여 선전선동을 하기 위한 출판활동을 왕성하게 할 것이 요구된다는 점에 두 사람은 인식을 같이 한 것이다. 이중에서 특히 전국적인 정치운동 방침을 확립하는 것이 가장 긴급한 당면 사항이라고 생각하여 (1) 국제정세의 분석, (2) 조선정세의 분석, (3) 과거 운동의 비판, (4) 당면 임무 및 장래의 운동 방침의 4개 항목을 포함하는 '플랜'을 결정하여 이에 기초한 초안을 작성하기로 하였다.[127]

미야케 자신이 모아 두었던 코민테른 관계의 여러 팸플릿들이나 이재유가 가지고 온 자료들을 면밀히 검토, 참고하여 작성한 결과 (1)에 대하여는 코민테른 집행위원회 제12회 총회의 테제를 기준으로 하고 여기에 신정세를 고려하기로 하였다. 그 내용은 현재의 국제정세는 자본주의, 제국주의의 총체적 안정이 종식하고 몰락의 과정에 있으며 이로써 제2의 세계대전 및 프롤레타리아 혁명의 시기에 들어서고 있다는 것으로 요약될 수 있다.

(2)는 다시 경제정세와 정치정세로 나누어서 1928년의 코민테른 12월 테제와 1930년 9월 프로핀테른의 조선의 혁명적 노동조합운동에 관한 테제를 기초로 하기로 하였다. 그 주요한 내용을 살펴보면 조선의 정치 경제 및 자본가의 착취 정황을 분석·토의한 다음 조선에서 사상운동에 대한 탄압이 가중되고 있는 것과 대조적으로 노농대중의 혁명적 운동은 시시각각으로 앙양하고 부르주아 민주주의 혁명이 촉진되는 과정에 있다는 것, 이로써 혁명의 주체는 조선 프롤레타리아의 헤게모니 하에서

의 노동자 및 빈농이고 이 혁명을 성취하기 위해서는 노농동맹을 기초로 더욱 광범한 피압박 사회층인 도시 소시민·부인·인텔리겐치아 등을 동원하여 혁명투쟁에 매진하여야 한다는 것이었다. 이상의 두 사항은 이재유와 미야케가 여러 차례 검토·심의한 결과 의견의 일치를 본 것을 원고로 작성한 것이었다.

(3)의 과거운동의 비판에 대하여는 파벌에 관한 사항을 제외하고는 의견의 일치를 보았는데 파벌 문제는 상당히 신중하게 고려해야 할 사항이므로 이후 다시 검토하기로 하고[128] (4) 금후의 운동방침은 전혀 손도 대지 못한 상태에서 이재유가 서대문 경찰서에 검거되어 중단되고 말았다. 이후 이재유가 서대문 경찰서에서 탈출하여 미야케의 집에 은둔한 1934년 4월 중순 이래 두 사람은 중단되었던 위의 사항들을 다시 검토·협의한 것으로 보인다.

그런데 여기서 주목할 것은 (3)의 과거운동의 비판에서 파벌문제에 관한 사항을 둘러싸고 두 사람 사이에 견해 차이가 있었다는 사실이다. 여기서 의견의 일치를 보지 못한 파벌에 관한 사항이란 무엇인가? 이재유는 이에 대하여 파벌문제로 의견이 대립한 것이 아니라 파벌의 원인, 장래의 발전에 관하여는 이론상의 의견이 일치하였음에도 불구하고 미야케가 조선운동의 구체적인 사실에 대하여 너무나 모르고 있었기 때문에 문제를 길게 보아 토론을 중단한 것에 지나지 않는다[129]고 진술하였다. 그러나 문제는 단순히 이것에만 국한되지는 않았을 것이라는 것이 필자의 생각이다. 이 문제는 사회주의운동이 전개되기 시작하였던 1920년대 합법운동기 이래 운동자들이 당면하고 있었던 운동선의 통일문제와 뗄래야 뗄 수 없는 관계에 있었다.

이 시기 서울에는 이재유 조직과는 별개로 활동하고 있었던 다수의 운동 그룹이 있었다. 트로이카운동이 가장 활발하게 전개되었던 1933년 9월 이재유는 서울에 자신의 운동선 이외에 최소한 두 개의 다른 노선이 활동하고 있다는 것을 알고 있었다. 후술하듯이 백윤혁白潤赫과 신갑범愼甲範 등의 운동선이 그것이다. 백윤혁은 권영태 그룹의 일원이었으나 당시 이재유는 그러한 연계를 몰랐던 것으로 추정된다. 운동자라면 누구나 당면하고 있었던 운동선의 통일이라는 대명제 앞에서 이재유는 자신의 운동 부문이 가장 크고 또 영향력이 있다고 판단하여 자신의 조직에 나머지 노선들을 흡수할 통일기관으로 '조선공산당경성지방위원회'를 결성하려는 복안을 가지고 있었다.[130] 그리고 이러한 통일기관을 조직하는 데 필수적으로 요구되는 국제선과의 연결은 다른 운동선을 통한다는 것이 이재유의 생각이었다. 이재유가 미야케와 제휴한 것은 이러한 의도가 강했다. 이러한 점에서 이재유는 한편으로는 운동선의 통일에 대비하여 자신의 그룹을 확대·강화하면서 다른 한편으로는 미야케와의 제휴·활동에 주력을 기울였으며, 따라서 다른 운동선과의 통일 노력은 상대적으로 소홀히 된 측면이 있었다.

그런데 이재유의 입장에서 볼 때 조직의 통합을 가로막은 더 큰 내재적 이유가 있었다. 과거운동의 비판에 대한 이재유의 견해에서 보듯이 그는 국외의 공산주의 단체들과 연계를 가지고 활동했던 당재건운동이나 혁명적 노동조합운동에 대하여 매우 비판적이었으며, 이러한 맥락에서 프로핀테른에서 파견되었다는 권영태에 대하여도 커다란 호감을 가지고 있지 않았던 것이다. 후술하듯이 이것이 권영태 조직과 제휴하는 데 장애가 되었던 유력한 요인들 중의 하나였다.

한편 미야케는 이재유의 이러한 입장과는 다른 태도를 가지고 있었던 것 같다. 어차피 운동의 궁극적인 목표가 당재건에 있고 그러기 위해서는 전국적 차원에서 조직을 건설하는 것이 필요했으며 또한 코민테른 등의 국제주의 노선과 연결하는 것이 필수적이라고 생각한 미야케는, 예컨대 프로핀테른에서 파견되었다는 권영태 조직과 제휴하는 데 상대적으로 적극적이었다. 후술하듯이 이재유가 검거된 이후 미야케가 권영태 조직과 제휴하는 것은 이러한 맥락에서 이해된다. 또한 이재유가 서대문경찰서에서 탈출해 나온 이후 미야케가 이재유와 권영태 그룹을 통일하기 위해 노력했던 것도 이러한 측면에서일 것이다.

단적으로 말하자면 이재유는 아무리 국제노선에서 파견된 조직원이라 하더라도 운동 방침과 이론의 통일이 없다면 제휴는 어렵다고 생각한 것이고 미야케는 당시 국내의 운동역량에 의거할 때 이들 국제조직과 제휴하는 것은 필수불가결하다고 본 것이다. 이재유의 입장은 운동방침이나 이론이 없이 단지 '국제선'의 권위를 빌어 군림하려는 과거 운동자들에 대한 철저한 비판에서 비롯된 것이었다. 미야케는 당시 파벌의 실상을 잘 몰랐으므로 기꺼이 국제선의 권위를 인정하고자 할 용의가 있었고 이러한 점에서 왜 이재유가 국제선과 제휴하는 데 그렇게 적극적이지 않은가라는 점을 잘 이해할 수 없었을 것이다. 이러한 점에서 일제의 수사기록에서 미야케와 이재유 사이에 '완전한 제휴가 성립'[131] 되었다고 본 것은 피상적 진술이라고 할 수 있다.

방금 잠깐 언급했듯이 이재유가 검거된 이후 미야케는 권영태의 조직과 제휴한다. 경찰의 수사기록으로는 미야케가 "이재유 체포의 진부를 확인하는 한편 이재유가 지도하고 있던 잔재를 수습하여 운동을 계속하기 위하여 정태식에 명하여 운동을 모색했던 바 우연히 이재유의 공작과는 별파別派"를 발견, 1934년 4월 초에 '권영태의 선에 충돌'[132]하여 권영태를 알기에 이르렀다고 하나 앞의 파벌문제에 관한 이재유와의 토론 등을 생각해 보면 그 이전에 알았을 가능성도 전혀 배제할 수는 없을 것 같다.

미야케는 권영태와 회견하여 조선에서 혁명적 노동조합운동의 기본 방침 및 이것과 당재건운동과의 관계에 대한 설명을 듣고 서로 제휴하여 활동하기로 하고, 문화 방면에서 (1) 조선에서 농업문제를 철저하게 근본적으로 연구할 것, 조선의 신문지상들에 나타나는 사회민주주의 및 민족개량주의를 철저하게 비판할 것, 당시 조선인 사이에서 이상한 충동을 야기한 백남운의 《조선사회경제사》를 철저하게 비판할 것, (2) 공산주의운동의 자료로서 독일어로 된 제13차 코민테른 집행위원회 총회 테제를 번역·제공할 것 등의 구체적 내용을 협정하였다.

이재유 그룹과의 제휴에서 미야케에게 요구된 운동 내용은 각종 문헌이나 통계표 등 운동재료의 수집·제공과 중요 공장 내의 조사활동, 일본인 노동자들에 대한 활동, 노동대중을 선전선동하기 위한 출판활동 등 좀더 운동성이 풍부한 사항들이었던 것에 비해 위의 사항들은 농업문제의 연구, 운동 자료의 제공 등 직접적 운동이 아닌 부수적이고 보조적 차원에서의 운동 내용들이라는 것을 알 수 있다. 이는 단순히 양 운동에서 미야케의 위상과 역할이라는 문제뿐만 아니라 이재유와 권영태 그룹 그 자체의 운동성을 표현하는 지표로서 생각할 수 있다.

그런데 미야케는 권영태 그룹의 정통성과 운동이론을 인정하였으며 이러한 점에서 그와 권영태 사이에 운동방침의 차이는 이재유의 경우와 비교하여 상대적으로 적었다고 볼 수 있을 것이다. 이재유가 검거되지 않은 탓도 있겠지만 일제가 이재유 그룹과는 별도로 권영태가 조직한 '경성공산주의자그룹'의 문화자금부 책임자로 그를 설정한 것도 이 때문일 것이다.([표 2] 참조)

같은 해 5월 17일에 정태식이 검거된 것을 시발로 권영태 등이 검거되면서 미야케도 21일에 검거된다. 경찰에서 그는 취조를 하루만 연기해줄 것을 요청하였다. 그러면 자기가 정신을 수습하여 자백서를 쓰겠다는 것이다. 다음날 22일 저녁 무렵에 미야케는 비로소 서대문서에서 탈주한 이재유가 자신의 집에 은신하고 있다는 사실을 진술하였다. 물론 이는 이재유가 도주할 시간을 주자는 배려에서였다.

이재유는 정태식이 검거된 날 이후부터 언제라도 도주할 수 있는 만반의 준비를 해놓고 있었다. "그는 인텔리이므로 반드시 자신 이외의 일도 자백할 것이라고 생각"[133]했기 때문이다. 정태식을 통하여 안병윤安秉潤,

한육홍韓六洪, 김대용金大用 등으로부터 받은 양복과 구두를 착용하고 있었으며 미야케로부터 회중시계와 현금 36원을 받아 두었다. 정태식에 이어 미야케도 검거되자 마침내 그는 도주를 결심한다.

미야케의 아내를 통해 경찰이 미야케를 연행해 갔다는 정보를 들은 이재유는 그 집을 빠져 나와 낙(타)산 아래로 해서 종로 6가 방면으로 도주하였다. 미야케의 자백에 의해 형사대가 밀어 닥쳤을 때 은신처로 사용하고 있었던 굴 안에는 이재유가 먹다 남긴 밀감만이 여기저기 널려 있었다고 한다. 이후 미야케는 치안유지법 및 범인 은닉죄로 1934년 12월 27일 경성지방법원에서 징역 3년을 선고받고 복역한다. 옥중에서 그는 〈감상록〉이라는 성명을 내고 전향하는데 다음은 그 일부이다.

> 맑스주의 이론은 매우 넓은 범위에 걸쳐 있고 그 문헌도 심히 다수이며 더욱이 이해하기 곤란한 부분이 매우 많습니다. 한번 이 영역에 발을 들여 놓으면 단순히 그것을 이해하는 것만으로도 많은 노력이 요구되며, 따라서 대부분의 사람들은 이를 비판할 만큼의 여유가 존재하지 않는 것입니다. …… 처음에는 단순히 이해하기 위해서만 읽기 시작한 것이 마침내 그것이 난해한 까닭에 여기에 어떠한 신비한 것을 인정하게 되고, 따라서 이를 비판하지 않고 단순히 받아들여서 다만 감복하고 마는 것입니다. 나의 과거가 실로 이러한 것이었습니다.[134]

미야케가 검거된 이후 그의 아내인 미야케 히데는 경성제대 졸업생이자 미야케에게 배웠던 최용달 등의 도움으로 병목정에서 고서점을 경영하였다. 그러다가 1934년 11월 그녀는 후술할 김윤회의 호의로 명치정 2정목에서 '가메야龜屋'라는 고서점을 개업[135]하여 생계를 유지하였다. 미야케는 형기만료일인 1937년 11월 9일에서 11개월을 남겨 두고 가출옥의 혜택을 받아 서대문 형무소에서 1936년 12월 25일에 출옥하였다.[136]

후술하듯이 이 날은 창동 부근에서 이재유가 일제 경찰에 최종적으로 체포된 바로 그 날이기도 하였다.

제3부
트로이카 시기
다른 계열의 운동

【트로이카 시기 다른 계열의 운동】

이재유 그룹의 제1기운동이 전개되었던 1933~1934년 사이 서울 지방에서는 다른 그룹의 운동이 동시에 진행되고 있었다. 이들 중에서 가장 대표적인 것이 김형선金炯善과 권영태權榮台 및 신갑범愼甲範 등의 운동이었다. 이재유운동이 국내의 운동자들에 기반을 둔 이른바 국내파운동이라면, 이들은 공통적으로 어떤 형태로든 코민테른이나 프로핀테른 등의 이른바 국제 공산주의운동과 일정한 연관관계가 있었다. 운동의 전개과정에서 이재유 그룹을 포함하여 이들은 제휴와 통합을 위한 노력을 하였으며 운동자들의 상호 교류 또한 빈번하였다. 이러한 사실들은 대중적 기반이 강력하지 못하여 소수의 지도자들에 의해 조직이 움직였던 비합법운동의 초기 상태에서 벗어나, 대중적 압력을 통해 운동의 통일과 단결을 위한 노력이 좀더 가시화될 수 있었다는 사실을 의미한다. 가장 대중적 기반을 가지고 있었던 이재유 그룹이, 지도부의 파벌 양상과는 대조적으로 대중은 이와 무관하게 투쟁을 전개하고 있다고 당시의 운동 상황을 평가하였던 것도 이와 무관하지는 않을 것이다.

김형선 그룹의 운동[1]

김형선이 사회운동에 관심을 가진 것은 1922, 1923년 무렵이었던 것으로 추정된다. 특히 사회주의의 보급이 빨랐던 마산에서 점원·서기등으로 생활하면서[2] 마산청년회·마산노동회·마산해륙운수노동조합 등에 가맹하여 집행위원 등의 활동을 통하여³ 사회운동에 참여하기 시작하였던 것이다. 1924년 8월 5일에는 김상주金尙珠⁴ 등과 함께 마산공산청년회를 조직하고 나아가서 같은 달 17일에는 마산공산당을 조직하였다. 1925년 4월 서울에서 조선공산당이 창립되자 곧이어 7월에 이 두 조직은 발전적으로 해소하여 조선공산당과 고려공산청년회의 마산 야체이카 조직으로 각각 재편되었다. 조선공산당이 화요파의 주도에 의해 결성되었던 만큼 나중에 그가 화요파의 김단야金丹冶, 박헌영朴憲永, 김찬金燦 등과 함께 재건운동을 하였던 것도 이 때문이다. 이후 공산당의 검거가 시작되자 그는 상해로 피신하여 전전하다가, 1927년 1월 광동의 중산대학에 입학하였는데 병에 걸려 곧 상해로 돌아오고 말았다. 상해에서 그는 1928년에 중국공산당에 가입하여 강소성江蘇省 상해법남구上海法南區 한인지부에 속하여 한때 그 책임자가 되기도 하였다. 1929년 6월에는 중국본부 한인청년동맹에 가입하였다가 이해 말⁵에는 구연흠具然欽·홍남표洪南杓·조봉암曹奉岩 등과 함께 상해에서 한인독립운동자동맹韓人獨立運動者同盟을 조직하여 활동하였다.

그러다가 김형선이 재건운동을 위해 조선으로 파견된 것은 1931년 2월이었다. 이 운동의 기반이 상해에 있었던 만큼 이를 이해하기 위해서는 만주와 상해 등지의 운동 양상에 관한 약간의 설명이 필요할 것 같다. 1928년 코민테른 12월 테제가 나온 이래 만주 일대의 많은 조선인 공산주의자들은 주체적으로 조선에서 당을 재건하려는 입장을 국내연장주의라고 비판하면서 중국공산당에 입당하였다.⁶ 이 움직임에 가장 먼저 반응을 보였던 것은 이른바 엠엘파였다. 즉 이 파의 만주총국은 1929년 9월의 제10회 확대운영위원회에서 만주의 조선인 공산주의운동이 중국공산당운동의 일부로서 재조직되어야 한다는 결의문을 발표하였으며, 이듬해 3월 하순⁷에는 만주총국의 해체를 선언하고 4월에 각자 개별적으로 중국공산당에 입당하였다. 이어서 화요파도 4월 상순에 중국공산당 가맹을 약속하여 6월 초에는 중국공산당에 가맹하였으며 1931년 10월에 일본에서 일본총국이 해체성명서를 발표하기까지 뒤를 이어 각 파의 해체가 계속되었다.[8]

어쨌든 이러한 맥락에서 1930년 7월 김형선은 중국공산당으로부터 중국공산당 및 상해에 있는 모든 단체와의 관계를 끊고 김단야[9]와 제휴하여 조선에서 운동할 것을 명령받았다. 김단야와 회견한 김형선은 조선에 들어가서 노동자·농민에 격문 및 팸플릿 등을 배포하여 교양을 하고 이를 통하여 당건설의 준비공작을 하기로 하고 1931년 2월에 상해를 출발하여 서울에 도착하였다. 이후 그는 1932년 3월 말까지 김단야와 여러 차례의 연락을 주고받으면서 상해에서 김단야가 보낸 격문 및 팸플릿 등을 중심으로 운동을 전개하였다.

1932년 2월 그는 김단야가 보낸 김명시金命時로부터 운동자금과 이 그룹의 기관지 《코뮤니스트》 제1호 1부와 2·3호 합본 1부를 받았으며, 다시 4월 하순에는 변진풍邊振豊을 통하여 《코뮤니스트》 제4호 1부 및 격문의 원고를 받았다. 운동자금으로 등사판을 구입한 그는 인천에서 위의 《코뮤니스트》 제4호[10] 약 50부와 2종의 격문[11] 약 300매를 등사·인쇄하였다. 이 격문과 팸플릿은 자신이 그 일부를 서울로 가지고 와서 같은 해 4월 하순 김찬[12]에게 교부하여 평안남북도의 각지에 반포를 의뢰하였으며 나머지는 《동아일보》에 게재된 재만동포구제의연금 출연자의 명단을 보고 평양의 평안고무공장 등 두세 공장, 평남 강동군江東郡 승호리의 시멘트 공장 내의 직공 및 평안북도의 광산부들에게 우편으로 송달하였다. 이밖에도 전국 각지의 공장과 광산, 신문 지국에 발송하였으며 서울과 인천의 가두에 수백 매를 살포하였다.

그런데 이 격문 등의 살포 사건으로 경찰의 검거가 시작되자 김형선은 조선을 탈출하여 1932년 5월 상해로 가서 김단야·홍남표 등과 만나 활동보고를 하고 대책을 토의한 이후[13] 약 3개월 후인 같은 해 8월에 다시 입국하였다. 이 해 11월에 그는 양하석梁河錫[14]을 만나 당재건을 위해 활동하고 있었던 여러 운동그룹들의 계통을 협의한 다음,《코뮤니스트》등의 팸플릿 독자망을 중심으로 운동을 전개하기로 하였다. 이후 양하석은 서울 지역을 중심으로 용산철도공장과 경성방직회사 등의 각 공장에서 활동하는데, 앞에서 보았듯이 1933년 5월 편창제사 파업에서 이재유 조직과 제휴하여 이 파업을 지도하기도 하였다. 1933년 2월 김형선은 오기만吳基滿 등과 함께 진남포에서 노동운동을 하고 있었던 한국형韓國亨[15]을 만났다. 두 사람의 만남은 오기만이 주선하였을 것으로 짐작되는데 여기서 김형선은 한국형에게 원산은 조선혁명운동에서 가장 중요한 지대이므로 원산 일대를 근거로 운동할 것을 권유하였다. 이리하여 원산으로 파견된 한국형은 부두노동이나 제방수리공사의 토공 등으로 일하면서 이해 4월 하순 김태용金泰瑢과 함께 〈5월 1일 붉은 메이데이를 기념하자!〉[16]는 격문 100여 매를 살포하는 등의 활동을 하였다.

또 다른 지역인 진남포에서는 오기만이 활동하고 있었다. 일찍이 1931년 7월에 김단야의 명령으로 상해에서 서울로 파견되었던 그는 서울에서 김형선을 만난 다음 1932년 1월 진남포로 가서 부두노동을 하면서 운동을 전개하였다. 한국형이나 심인택沈仁澤[17] 등과 함께 적색노조를 조직할 것을 협의하였으며 같은 해 12월 하순에는 서울에 와서 김형선·한국형·심인택 등과 함께 진남포에서 활동 내용을 비판한 후 이후의 활동방침을 협의하였다. 또한 자세한 내용은 알 수 없지만 평양지방으로는 윤철尹喆이 파견되었다. 이밖에도 변진풍은 이홍연李烘衍·좌행옥左行玉 등과 함께 광주·목포 등 전남지방 일대와 부산 등지에서 활동하였다.[18] 이와 같이 김형선을 매개로 한 김단야 등의 운동은 평양과 진남포·원산 등의 북선 지방 뿐만 아니라 심인택 등을 통한 대구지방을 거쳐 광주·목포 등지의 전남과 부산 일대를 망라한 대규모의 전국적 조직체계를 갖추고 있었다. 이 운동은 1930년대 초반 전국 각지의 대도시를 중심으로 운동자를 파견하여 조직망을 구축한다는 전형적인 당재건운동 방식을 채택하였는데, 각 지역에서 대중적 기반은 전반적으로 미약하였다.

이와 같이 서울을 중심으로 전국 각지의 주요 도시를 연결하고 있었던 김형선 그룹이 서울에서 이재유의 운동선과 부딪힌 것은 당연할 것이다. 그리고 그 계기가 되었던 것은 전술한 1933년 5월의 편창제사 파업투쟁에서 양하석을 통해서였다. 또한 이재유 그룹의 상위 트로이카의 한 사람인 변홍대도 원래는 김형선의 운동선에서 활동하였다. 양평의 농민조합운동에서 변홍대가 합법운동을 배제하고 비합법운동 방식만을 주장한 것도 사실은 그 이론적 배경이 김형선에게서 나온 것이었다. 변홍대를 통하여 이재유가 김형선과 접촉하는 과정은 자신의 조서에서 그 경과를 상세히 밝히고 있으므로[19] 이를 중심으로 그 구체적인 내용을 살펴보기로 하겠다.

1933년 6월 초순[20] 이재유를 방문한 변홍대는 신의주에서 검거된 김명시金命時 사건의 내용을 아는가 물어 왔다. 이를 통해 이재유가 김명시의 오빠인 김형선의 존재를 아는가를 확인하기 위해서였다. 비슷한 시기에 양하석은 이재유를 방문하여 이후에도 서울에 계속 있을 작정인가를 물어 왔다. 이에 이재유는 출옥한 지 얼마 되지 않아 경찰에 얼굴이 알려져 있으므로 서울에 오래 있으려고 하지는 않는다고 대답하였다. 양하석은 그렇다면 어디를 염두에 두고 있는가를 물으면서 은근히 함남지방이 어떠한가라는 의견을 타진하였다. 이재유는 그 지방도 좋지만 함남지방은 운동이 상당히 발달한 지역으로 지금 그곳으로 가려고 생각하지는 않는다는 의견을 피력하였다. 김형선이 이재유를 자신의 운동선에 통일하여 함흥지방으로 파견하려는 복안을 가지고 있었던 것은 뒤에 확인되는데, 이와 같이 양하석을 통하여 미리 그 가능성을 타진해 본 것이다.[21] 이와 같이 일단 탐색작업이 끝난 다음에 김형선은 자신이 직접 이재유를 만나 보는 것이 좋겠다고 생각하였다. 며칠 후 변홍대는 외국에서 온 상당히 중요한 지위에 있는 국제노선의 동지를 만나 볼 것을 이재유에게 제안하였다. "구체적인 투쟁문제를 중심으로 만나려는 동지라면 어떠한 동지도 좋지만 한번 만나고 손을 떼는 것과 같은 소부르주아적 인물은 처음부터 만날 필요가 없다"는 것이 이에 대한 이재유의 답변이었다.

이리하여 1주일 쯤 후인 6월 중순에 두 사람은 변홍대의 주선으로 만나 대학로에서 동소문을 나와 돈암동 베비 골프장까지를 걸으면서 회담하였다. 김형선은 이재유에 대하여 잘 알고 있으며 형무소에서 나온 지 얼마 되지 않기 때문에 현재의 정세를 잘 모를 것이라고 하면서 과거의 운동을 비판한 다음, 자신은 이와 같이 혼란상태에 있는 조선 좌익운동의 전선을 정리하기 위하여 국제선에서 특파되어 왔다고 소개하였다. '올바른' 국제노선과의 연계를 통하여 각 파의 노선을 정리하는 중에 있으며 이를 통하여 조선운동의 확대·강화를 꾀하려 한다는 김형선의 주장에 대하여, 이재유는 자신이 아직 구체적인 활동은 없으며 또 자신은 개인이기 때문에 조직에 대하여는 무력할 수밖에 없으므로 국제노선의 운동에 대하여는 무조건 복종할 방침이라는 견해를 피력하는 선에서 첫 번째의 회합은 마무리되었다.

두 번째의 회합은 6월 20일 무렵 다시 변홍대를 통하여 이루어졌다. 오후 8시 무렵 숭일동崇一洞 불교전문학교 서쪽의 소나무 숲에서 이재유를 만난 김형선은 그에게 함흥에 가서 운동할 것을 권유하였다. 전번 회담에서 '올바른' 국제선에 대하여는 복종하겠다는 이재유의 말을 믿고 당연한 승락을 예상하였던 김형선에게, 이재유는 함흥에 가는 것은 좋지만 새로이 거처를 옮기면 경찰에서 주목할 우려가 있고 그곳의 사정도 잘 알지 못하는 상태에 있다고 답변하면서, 만일 간다면 일정한 방침을 줄 것을 요구하였다. '함남 일대는 사상적으로 진전된 지역'으로 함흥에도 각종 방향의 노선이 있기 때문에 이에 영향을 미치기 위해서는 국제당으로서의 방침을 가지고 갈 필요가 있으며 개인적인 입장에서 보더라도 확실한 방침을 파악하여 자기의 방침을 수립하여야 한다는 것이다. 국제선의 '권위'를 통해 접근하고자 했던 김형선으로서는 당황할만한 부탁이었다. 자신의 주체적인 운동방침을 가지고 있지 않았던 그로서는 결국 다시 해외의 권위를 빌어 국면을 타개하는 수밖에 없었다. 상해에는 국제당의 조선위원회라는 것이 있는데 여기에서 발행하는 신문이 있으므로 이 신문을 배포하여 독자를 모으고 이 독자반을 조직하여 운동을 해야 한다고 대답한 것이다. 그가 말하는 정치신문이란 앞에서 말한 김단야·박헌영 등이 발간한 《코뮤니스트》 등을 비롯한 팸플릿과 격문 등을 가리키는 것이다.

이재유의 날카로운 질문은 계속되었다. 이 신문은 정치신문인가 이론적인 잡지인가를 되묻고 나서 그는 어느 쪽이라고 하더라도 그것이 결함을 지닐 수밖에 없다고 비판하였다. 만일 정치신문이라면 조선 내 대중의 정치적 불평불만을 시시각각으로 다루어야만 하는데 상해에서 발행된다면 2중, 3중의 탄압을 돌파하여 들어온다고 하여도 2~3개월 걸려 조선에 도착할 때는 이미 구신문으로 되고 말며, 만일 이론적 잡지라면 이를 중심으로 하여 독자반을 만든 그 조직이 혁명적인 당의 기초로 될 수밖에 없으므로 상해에서 발행하는 출판물에 의해 독자를 모집한다는 방침은 있을 수 없다는 것이다. 따라서 이것만을 가지고 운동방침이라고 하여 지역을 바꾸라는 국제선의 주장은 있을 수 없으며 구체적인 운동방침, 예컨대 각 파벌이면 파벌에 대한 구체적 방침이라든가 조직문제라든가 기술선택 문제라든가 중심이 되는 정치 방침을 구체적으로 제시해 달라고 주장하였다. 사실 이재유의 질문은 당시의 당재건운동에서 흔히 나타나고 있었던 해외중심주의와 국제노선에 대한 무비판적이고 맹목적인 추종, 주체적인 운동방침이 없이 국제선의 권위를 빌어 운동자들 앞에 군림하려는 태도, 대중적인 기반 없이 소수의 운동자들에 의해 위로부터 조직을 결성하려는 방식 등에 대한 반성과 비판의 의미를 내포하고 있었다. 어쨌든 대답이 궁해진 김형선은 이 문제는 나중에 기관지인 출판물이 나온 뒤에 다시 토론하기로 하고, 단지 그 이유만으로는 급히 함남행을 서두를 필요가 없으며 상당한 시간이 경과하여 함남 지역으로 간다고 하더라도 그의 지령에 의한 것이 아니라 운동의 요구와 필요에 따라 갈 것이라는 이재유의 주장을 양해하였다.

상해에서 발행하는 정치신문이 지니는 본질적인 문제점을 지적한 이재유의 주장에 김형선은 상당히 공감한 것 같다. 왜냐하면 7월 초순의 3번째 회담에서 김형선은 이재유에게 '출판기능을 가진 투사'를 소개해 줄 것을 의뢰하였기 때문이다. 이 회담에서 이재유는 당시 신문지상에 보도된 상해에서 열릴 예정이었던 극동반제대회에 대하여 김형선 그룹에서 어떠한 방침을 가지고 있는가를 물었다. 이에 대한 방침은 상해에 있는 동지들이 결정할 것이라는 김형선의 대답에, 이재유는 상해에서 물론 파견하겠지만 우선 이 반제대회가 상해에서 개최된다는 것을 선전·선동하여 대중에 인식시켜야지 이러한 노력을 전제하지 않고서 상해에서 동지가 파견되는 것은 아무런 의의가 없을 것이라는 생각을 제시하였다. 이 만남을 끝으로 두 사람 사이의 논의는 더 이상의 진전을 보지 못하였다. 왜냐하면 곧 이어 7월 중순에 김형선이 홍원표洪元杓 등과 함께 경찰에 검거되었기 때문이다.[22] 이재유는 김형선의 검거로 신변의 위험을 느끼고 동숭동 집에서 신설동의 빈민굴로 거처를 옮기는데 이에 관해서는 앞에서 언급한 바 있었다.

김형선 그룹이 코민테른 등의 국제선과 연계를 가지고 있었던 것은 확인된다. 김형선과 아울러 그와 연계를 가지고 있었던 상해의 김단야나 박헌영 등은 이른바 화요파 공산당원으로서 1920년대 조공 시절부터 당 간부로서 코민테른의 극동 관계자들과는 친밀한 관계를 유지하면서 활동하였다. 1925년 11월의 이른바 신의주사건으로 제1차 조선공산당의 검거가 시작되면서 상해로 망명한 김단야, 김찬 등은 조선공산당 기관지로 《불꽃》을 발행하였다.[23] 또한 앞에서 보았듯이 1930년 7월 이후 김단야는 일국일당주의의 원칙에 따라 상해에서 중국공산당의 지도 아래 국내운동에 착수하였다.

박헌영이 국제노선에서의 운동을 전개하였다는 것도 쉽게 확인할 수 있다. 1928년 8월에 조선을 탈출한 박헌영은 1929년 5월 모스크바의 마르크스학원에 입학하여 다니다가 블라디보스토크에서 조선인 초등학교의 교사로 근무하고 있었다. 1932년 8월에 그는 자신이 재학했던 마르크스학원 교육주임 로베스에게 제1차 당의 공청에서 같이 일했던 상해의 김단야에게 연락을 취해줄 것을 부탁하였다. 로베스로부터 김단야와 협력하여 조선 내의 운동에 종사하라는 취지의 서면과 함께 여비를 전달받은 박헌영은 1932년 12월 상해에서 김단야를 만나 그곳에서 팸플릿 등을 출판하여 김형선을 통하여 조선으로 보내 이를 무산대중에게 반포하고 의식분자를 획득하여 재건운동을 전개하기로 하였다. 해방 이후인 1946년 2월에 개최된 당대표자 회의에서 박헌영은 자신이 모스크바에 체류할 당시 김단야 등이 조선공산당재건위원회를 조직했으며, 이 조직과 관련하여 그는 경성콤그룹의 명칭을 재건위원회로 변경하여 상해에 있을 동안 교양사업의 일환으로 당 간부들을 양성하고 있었다고 서술하였다.[24]

이와 같이 국제노선과의 연관관계가 명백한데도 불구하고 이재유는 그 권위를 인정하지 않았다. 왜냐하면 김형선의 사례에서 보듯이 이재유는 자신이 접한 이른바 국제노선의 운동자들은 당시의 현실에 입각한 올바른 방침을 제시할 수 없었다고 판단했기 때문이다.[25] 그에게 '올바른' 국제노선이란 조선의 현실에 대한 주체적이고 구체적인 운동방침과 결부되는 경우에만 의미가 있는 것이었다. 해방 이후 박헌영이 "국제당과 연줄이 있다는 이유만으로 우월감을 과시하는 태도는 중대한 잘못"이라고 지적하면서 "국제노선의 후계자는 단순히 국제노선을 가지고 들어와서 주창하는 한 개인을 의미"한다기 보다는 "테제를 수행하기 위해 투쟁한 사람이야말로 국제노선의 진정한 후계자로 불릴 수 있"다고 언급한 것은[26] 이재유가 생각한 올바른 국제노선과 상통하는 바가 있었다.

이후 권영태나 김희성金熙星 등과의 관계까지 포함하여 구체적이고 자주적인 방침을 제시하지도 못하면서 국제선의 권위를 빌어 대중 앞에 군림하려는 이러한 행태가 국제노선에 대한 이재유의 의구심과 불신의 혐의를 강화하였다. 검사의 신문에서 그는 김형선이 코민테른 극동지부 김단야의 지령을 받아 입선하였는가라는 질문에 대하여 그러한 사실을 의심하고 있었다고 답변[27]하였다. 또한 예심에서도 당재건운동을 위하여 서로 제휴하자는 김형선의 제의를 승낙하였는가라는 물음에 대하여, 그가 구체적으로 자신의 정체를 밝히지 않았고 또한 종전에도 국제공산당에서 파견되었다고 하여 제멋대로 일을 한 사례가 있었으므로 직접적으로 그를 신용하지는 않았다고 답변하였다.[28] 이러한 사정이 그가 국제노선을 거부한다는 선입관으로 작용하였던 것이다.

권영태 그룹의 운동

서울의 운동선을 통일해 나가는 과정에서 이재유가 다음에 부딪힌 그룹은 권영태 등에 의한 이른바 경성콤그룹이었다. 이 조직은 앞의 김형선 그룹과는 달리 서울의 공장이나 학교 등에 일정한 대중적 기반을 확보하고 있었으며 이러한 점에서 김형선의 운동보다는 진일보한 측면이 있었다. 또한 김형선 그룹과는 달리 전국적 조직을 가지지 않았고 이재유 그룹과 마찬가지로 서울을 중심으로 했다는 점도 이 운동의 진전된 측면을 반영하였다. 아울러 이 그룹은 권영태의 후계조직 형태로 이재유 그룹과 함께 이후 서울 지역에서 지속적으로 운동을 전개하였기 때문에 이재유 그룹의 입장에서 보면 운동선의 통일을 위한 주요한 대상이었다.

1920년대 권영태의 활동상황은 아직까지 정확하게 알려진 바가 없다.[29] 홍원에서 그는 주로 홍원노동조합에 가맹하여 활동하였는데 1930년 11월 말에 어용단체 문제로 경찰에 검거되어 수감되었다.[30] 출옥 직후인 1931년 4월 그는 함흥에 거주하던 이상희李相熙의 소개를 받아 같은 해 5월 하순 모스크바의 동방노력자 공산대학 속성과에 입학, 이듬해인 1932년 5월에 졸업하였다. 같은 해 12월까지 '계속 연구를 거듭하여 입선入鮮의 기회를 보고' 있었던 그는 12월 말 프로핀테른 극동부의 지령에 의해 서울의 공장지대를 중심으로 적색노동조합 조직을 위한 기초준비 공작을 하기 위하여 조선으로 파견되었다.

블라디보스토크를 출발하여 함남 서호진에 잠입한 그는 그곳에서 미리 약속한 공산대학 본과 졸업생 김인극金仁極을 만나 장래의 운동방침을 서로 토의하였다. 이와 아울러 1933년 1월에 그는 도주 중이던 함남 운동의 지도자격인 강목구姜穆求[31]를 그 곳에서 만났다. 며칠 후 그는 김인극과 함께 서울로 올라 와서[32] 같은 고향의 서승석徐升錫[33]을 방문하고 그를 통하여 안종서安鍾瑞를 소개받았다. 이후 권영태는 4월 초순 연지동에 방을 빌려 강문영姜文永[34], 박정두朴鼎斗·서승석·안종서 등과 함께 보성고보에 재학 중이던 강문영·박정두·서승석의 학자금으로 생활비를 충당하면서 운동을 전개하였다. 이와 같이 시작되는 권영태의 운동은 크게 보아 2시기로 구분할 수 있다. 첫 번째는 이 시기 이후 정태식과 알게 되는 이듬해 1934년 3월까지이며 두 번째는 그가 검거되는 5월 20일까지의 약 50여 일에 걸친 비교적 짧은 시기이다. 먼저 첫 번째 시기의 운동 내용을 검토해 보기로 하겠다.[35]

이 시기 권영태의 운동에서 중요한 역할을 하는 사람은 안종서이다. 그는 권영태가 프로핀테른에서 파견된 이른바 '정통 운동선'임을 알고 서로 제휴하여 노동자를 소개하고 노동조합 조직을 위한 준비활동을 하기로 하였다. 이후 학생운동에서 안종서는 서승석 등을 지도하여 보성고보 내에 네 개의 독서회를 조직하였으나 각각의 성원이 1~3명에 지나지 않는 수준이었다.[36] 노동운동에서는 1933년 5월 이래 안종서가 고양군 신설리 종연방적공장에서 활동하였다는데, 구체적 성과는 드러나지 않는다. 또한 이해 5월에 안종서 등 5명의 운동자들이 '메이데이 캄파니아 피크닉'을 하기도 하고 9월에는 종연방적 파업을 배후에서 선동하기도 하였다.[37]

그런데 권영태와 이재유로 대표되는 두 조직이 서로의 존재를 처음으로 알았던 것은 이보다 며칠 전에 발발한 서울고무 파업에서였다. 이 파업에서 '양 그룹은 처음으로 운동의 선단先端이 접촉'[38]한 것이다. 당시의 상황을 좀더 구체적으로 살펴보기로 하자. 앞에서도 말했듯이 파업이 발발하자 이재유 그룹의 운동원으로는 공장 바깥의 책임을 담당한 권오상 등이 있었으며, 권영태 그룹에서는 백윤혁白潤赫이 지도를 담당하고 있었다. 권오상은 변홍대의 하위 트로이카 성원이며, 다시 변홍대는 이재유와 함께 최고 트로이카의 성원이었으므로 권오상-변홍대-이재유로 이어지는 일련의 지도체계가 확립되어 있었던 것이다. 반면에 백윤혁이 권영태와 연결되는 방식은 분명하게 드러나지 않는다. 경찰에서 기소의견을 붙여 백윤혁을 송치하였는데 검사의 불기소 처분을 받아 석방되었기 때문이다. [표 2]에서 적노경성준비위원회로 안종서 아래 백윤혁을 배치한 것을 보면 백윤혁-안종서-권영태의 조직체계를 일단 상정할 수 있겠지만, 당시 운동의 전성기에 있었던 이재유 조직과 비교하여 권영태 그룹의 운동의 진전이 이보다 뒤졌다는 사실을 고려해 볼 때 지도체계의 완전한 확립은 아직 이루어지지 않았던 것으로 추정된다.

어쨌든 권오상와 백윤혁 두 사람은 파업이 진행되는 가운데 파업 여공들이 회합한 장소에서 만나 논쟁을 벌인다. 논쟁의 주제는 대중적 파업투쟁에서 전위의 역할과 임무로서, 구체적으로 노동대중에 대한 전위의 역할을 어떻게 규정할 것인가라는 문제였다. 즉 파업을 '지도' 하기 위하여 왔다는 백윤혁의 주장에 자신은 지도가 아니라 '응원' 하기 위하여 왔다는 권오상의 주장이 맞선 것이다. 백윤혁의 주장이 단순히 노동대중에 대한 일정한 선진성과 의식성을 담보로 대중 앞에 군림하려는 것이었는지 혹은 파업을 통하여 지도원칙이 관철되어야 한다는 차원에서 제기된 것인가는 명확하지 않다. 이날의 회합에서 각각의 운동선에 관련된 노동자들이 가세하여 열띤 논쟁을 벌였을 것으로 짐작되는데 여공들의 협의 결과는 '응원'이라는 권오상의 주장을 지지하는 것으로 결말이 났다. 나중에 변홍대로부터 이 사실을 보고받은 이재유는 그러한 문제를 가지고 노동자들이 모인 곳에서 이론투쟁을 하는 것은 전혀 혁명적 행동이 아니라고 비판하였다. 가령 그것이 지도가 아니라 응원이라고 하더라도 사소한 문제를 가지고 논쟁하는 것보다도 노동자들이 이기는 것이 가장 필요한 일이므로 그러한 토론은 장소를 바꿔서 해야 할 것[39]이라는 것이다.

여기서 이재유 자신이 어떠한 입장을 가지고 있었는지 분명치 않다. 그러나 투쟁을 통하여 조직을 결성한다는 이재유의 주장에서 단적으로 나타나듯이 지도가 아닌 응원이라는 권오상의 주장은 대중적 요구를 바탕으로 파업을 전개하자는 이재유의 생각과 크게 다르지 않았던 것으로 보인다. 직접적 지도를 중시하는 권영태 조직과의 이러한 의견의 상위는 조직방식의 차이에서도 찾아 볼 수 있다. 앞에서도 말했듯이 상부조직보다는 아래로부터의 통일전선을 중시하여, 일정한 정도의 대중적 기반이 갖추어 질 때까지는 쓸데없이 지도조직을 결성하지는 않는다는 트로이카 조직방식이 이재유의 전형적인 조직이론이라고 한다면, 권영태의 조직이론은 동일한 상향식 조직을 주장하고 있었음에도 불구하고 이재유의 그것과는 달랐다. 즉 공장 내에서 한 사람의 오르그를 획득하여 이를 통하여 직장 그룹을 결성한 다음 이를 원동력으로 하여 공장 내의 모든 비합법조직을 이용하여 노동자 지도에 노력하고, 몇 개의 공장에서 결성된 공장 그룹을 기초로 하여 산별 적색노조를 조직한다는 것이다.[40]

이처럼 이재유와 권영태의 두 조직은 공장세포에서 점차 상부 조직으로 이행해 나간다는 동일한 상향식 조직이론을 채택하였지만, 이론적 의미 함축이나 구체적 실행 방식에서는 양자가 전혀 달랐다. 즉 이재유의 이론은 각 단위에서 운동자들 사이의 관계를 기본적으로 상호 대등한 '트로이카'로 설정한다. 이처럼 평등한 관계에 있는 각 운동자들은 예컨대 해당 공장 내에서 파업 등의 대중투쟁을 통하여 노동대중을 의식화하고 각성시킨다. 이러한 과정을 통하여 해당 운동자들 스스로도 의식이 고양되고 단련된다는 전제를 이 이론은 강하게 깔고 있다. 즉 전위 자신이 노동대중으로부터 배운다는 것이며 이러한 점에서 본다면 노동대중의 원래적인 자율성과 혁명성 등을 주목하는 것이라고 할 수 있다. 이와 같이 투쟁을 통하여 점차로 운동의 기반을 확대하고 단일한 이론으로의 통일을 바탕으로 일정 지역 내에서 먼저 당적 기반을 조성한 다음 국제노선과 연결하여 전국적 차원의 조직을 결성한다는 것이다. 이러한 점에서 본다면 그의 조직이론은 다분히 귀납적이다. 그리고 앞에서도 말했듯이 이재유가 이러한 조직방식을 택한 이유는 당시 공업 발전의 일정한 제약과 관련하여 노동계급의 형성이 아직 어리다는 점, 이와는 대조적으로 전위들에 의한 운동은 파벌투쟁의 양상을 드러내고 있다는 현실인식에서 비롯된 것이다.

반면 권영태의 조직이론은 상호 대등한 트로이카가 아닌 오르그에서 시작한다. 이 오르그는 이미 일정하게 조직된 상위 지도부의 방침을 공장 내에서 실행하는 것이며, 이러한 점에서 본다면 오르그와 획득된 노동자와의 관계는 상호 대등하게 설정되지 않는다. 따라서 조직방식은 상향식이면서도 지도원칙이 위계적으로 관철된다는 점에서는 실질적으로는 하향적 요소를 가지고 있었다. 그리고 지도의 원칙은 구체적 실행을 통해 내재적, 자주적으로 획득된 것이라기보다는 실제로는 예컨대 코민테른 등의 국제조직의 지도를 담보로 외재적으로 보장받음으로써 관철될 수 있었다. 이처럼 외부에서 가해진 방침은 노동자들의 의식수준이 어리다는 점, 가혹한 식민통치하에서의 비합법운동이라는 점 및 지도방침의 현실 비적합성, 추상성 등과 결부되어 기껏해야 소수의 대중을 획득하거나 혹은 운동의 착수 이전에 좌절을 가져오기 쉬웠다. 국제노선과 결부되었던 대부분의 운동이 궁극적으로는 실패하였다는 것, 그리고 이에 대한 반발로 국제노선과 단절하여 지도 자체를 거부하고 대중 획득에만 치중했던 운동 또한 좌절될 수밖에 없었다는 것은 이러한 점에서 이해된다. 또한 이와 관련하여 대중의 자발성과 창의성보다는 전위의 의식성과 선진성을 더 중시하는 것을 배경으로 전위들이 대중에게 배우려고 하지 않고 오히려 이들 앞에 군림하려는 자세가 일부 운동자들에게 나타났던 것도 운동의 부정적인 양상이었다.

  어쨌든 다시 앞의 이야기로 돌아가 보면 이후의 경과는 분명하지 않으나 양 그룹은 각각 대표를 내어 쟁의위원회를 조직하고 이 문제를 이재유와 권영태의 의견을 물어 재검토하기로 하였다는데[41] 권영태 조직의 백윤혁이 끝내 출석하지 않아 결렬되고 말았다. 권영태 그룹이 이를 거절한 이유는 명확하지 않다. 다만 권영태 그룹의 기관지로 1934년 5월에 발간된 《프롤레타리아》를 보면 1933년 부산의 고무공장과 서울의 종방 파업 등에서 "각자의 혁명적 그룹의 적극적 활동"이 있었다고 언급[42]하여 매우 객관적으로 평가하고 있다. 한편 이재유 조직에서는 운동의 영도권 문제와 관련하여 "통일문제를 제의하였는데 콤그룹에서는 이를 거부"[43]하였다고 하여 상대조직의 행동을 '계급적 배신'이라고 비난하고 있으나 이후의 경과를 보면 콤그룹과 제휴하려는 노력을 더 이상 보이지 않는다.[44]

  그 이유로서는 몇 가지를 생각해 볼 수 있다. 우선 1933년 8월 당시는 이재유 그룹의 운동이 가장 활발한 시기로서 대중투쟁의 지도를 통하여 조직의 확대·정리가 한창 진행되는 과정에 있었다. 따라서 그의 입장에서는 이전에 되풀이되었던 불확실한 운동선의 통일에 노력을 집중하는 것보다는 자신의 조직을 완성하는 데 더 많은 관심과 노력을 경주하는 것이 바람직할 수도 있었다. 또한 권영태의 조직선이 코민테른의 정통노선과 연결되어 있는 것이라면 통일의 논의가 진행되기 이전에 운동의 헤게모니를 위해서는 자신의 조직을 먼저 확실하게 갖추어 둘 필요가 있었을 것이다. "국제선이라고 자칭하는 권영태 선과의 접촉을 구체적으로 기도"[45]하던 중 1934년 1월에 검거되었다는 이재유의 진술을 고려해 보면, 1933년 8월 이후 이 시기까지 양 조직은 서로의 존재를 알고 있었으면서도 어느 한편에서도 운동의 통일을 위한 노력을 진행하지 않았다는 사실만은 분명하다. 혹은 진행하기를 원하지 않았다는 추론도 가능하다. 후술하겠지만 이재유가 최종적으로 검거된 이후에 안병춘과 공성회 등에 의해 파벌의 혐의로써 비판받은 것은 이 때문이었다.

다시 권영태 그룹의 운동을 살펴보면 그의 운동이 활발하게 전개되는 것은 이듬해 1934년에 들어오면서부터이다. 이해 1월에[46] 그는 박정두를 통하여 소화제사의 여공 김인숙金仁淑을 소개받았다. 이후 3월 무렵까지 그녀의 소개를 통하여 조선제사의 전태임田泰任([표 2]에는 전태인田泰仁으로 되어 있다)·이종숙李鍾淑, 소화제사의 권인순權仁順·유기순兪基順·임병렬林炳烈·최순이崔順伊·이원봉李元奉 등을, 나아가서 이원봉을 통하여 서울고무의 원순봉元順鳳, 중림동 대륙고무의 윤경희尹慶姬 등을[47] 끌어들여 본격적인 운동에 진입하였다. 비슷한 시기인 3월 하순에는 허마리아와 이원봉을 통해 이재유의 소재를 파악하려던 정태식을 알았으며, 다시 정태식을 통하여 미야케를 소개받았다. 이와 같이 공장 내에서 다수의 노동대중을 포용하였을 뿐만 아니라 정태식과 제휴함으로써, 그의 영향 아래 있었던 운동자까지 흡수하면서 운동은 갑자기 활기를 띠었다.

그런데 제3기인 준비그룹 시기에 서구원은 최호극에게 양 그룹의 투쟁관계를 설명하면서 이 사실을 다음과 같이 밝히고 있다. 즉 당시 이재유가 검거되자 권영태는 이재유의 후계자라고 하면서 공장 순회를 하여 대중을 기만적으로 자신의 조직으로 끌어들였으며, 이를 안 미야케가 정태식을 레포로 파견하자 그 후 1달도 되기 전에 '실천 열력閱歷'이 없는 정태식에게 공청의 책임을 맡겼다는 것이다.[48] 이 말의 진위를 파악하기 위해서는 서구원이 권영태의 후계조직에 속해 있다가 이재유의 운동선에 가담한 운동자였다는 사실을 먼저 감안해야 할 것이다. 그러나 몇 가지 정황적 조건들을 고려해 보면 이 진술은 상당한 타당성을 가지고 있는 것으로 생각된다.

먼저 위에서 보았듯이 권영태의 운동이 활기를 띠기 시작한 것은 이재유가 검거된 1월 무렵과 시기적으로 일치하고 있다. 또한 [표 2]를 보면 권영태 선에서 활동한 운동자들 중 상당 부분이 이재유의 조직선과 겹치고 있다는 것을 확인할 수 있다. 노동운동 부문만을 보더라도 예컨대 [표 2]에서 적노준비위원회의 윤순달尹淳達과 조선제사, 가와키타 전기의 김진성金晋成은 이재유 그룹에서 영등포 하위 트로이카의 가와키타 전기 소속이며, 경성방직의 유순희兪順姬는 이재유 그룹에서 동대문 외 대표자회 소속으로 소화제사의 여공이었다.(앞의 [표 1] 참조) 이밖에도 [표 1]에는 나타나 있지 않지만 이재유 그룹에서 경성고무의 김인숙과 서울고무의 허마리아, 맹계임孟桂姙, 주우제사의 이종숙은 [표 2]의 권영태 조직에서 김인숙은 소화제사, 맹계임은 서울고무에 그대로, 이종숙은 조선제사에서 각각 활동하고 있었다. 허마리아는 이 사건에서 체포되지 않아 기소중지 처분을 받았기 때문에 위의 [표 2]에는 나와 있지 않다. 학생운동을 보더라도 위 표에서 법전의 한육홍과 한성택은 이재유가 조직 정비의 차원에서 정태식에 소개하였다는 것은 이미 앞에서 살펴 본 바 있었다. 이밖에도 변우식은 백윤혁을 통해서, 이경선은 이원봉을 통해서 간접적으로 권영태 조직과 관련이 있었다.

이와 같이 많은 운동자들이 양 조직에서 겹치고 있는 사실은 당시 운동자들이 실제로 다양한 운동선에서 활동하고 있었다는 것을 시사한다. 동시에 이는 이재유가 검거된 이후 그룹원의 상당수를 권영태 조직에서 잠식했다는 것을 의미하는 것이다. 또한 앞에서 보았듯이 권영태가 1934년 초 김인숙을 알았던 이래 이종숙·이원봉 등을 끌어들였는데도 불구하고 또 다른 자료를 보면[49] 정태식이 학교 방면과 더불어 이 부문, 즉 공장 방면의 책임자로 설정되어 있다. 정태식이 공청 책임을 맡았다는 점에서 보면 이러한 위상은 전혀 맞지 않는 것임에도 불구하고 이와 같이 설정된 이유는 권영태 그룹에 설정되어 있던 공장 부문의 상당 부분이 주로 정태식의 활동에 의해 이루어졌기 때문이다. 1934년 3월 권영태 그룹과 제휴하기 이전에 정태식이 그전 해인 1933년 7월 이래 이재유 조직에서 활동하고 있었다는 사실을 고려해 보면, 그가 권영태와 제휴함으로써 이재유 그룹에서 활동한 부분을 함께 가지고 들어간 것이라고 할 수 있다. 따라서 위 자료의 도표에서 제시된 공장 부문은 정태식이 이재유의 선에서 가지고 들어간 부분과 권영태가 공장 순회를 통하여 획득한 부분이 합쳐진 것일 것이다. 이후에 정리된 [표 2]를 보면 정태식이 아닌 권영태가 공장 방면의 책임자로 제시되어 위 도표의 불합리한 설정을 교정하고 있는 것도 이러한 맥락에서 이해될 수 있다.

이러한 사실, 즉 검거된 틈을 이용하여 다른 운동자의 조직선을 '찬탈'한 사실을 평가하기 위해서는 몇 가지 추가적인 사실들에 관한 정보를 필요로 한다. 예컨대 이재유 그룹에서 주장하듯이 권영태가 그의 후계임을 '사칭'하여 대중을 기만적으로 획득했다면, 그것은 운동의 도덕성이라는 점에 비추어 본질적인 결함으로 비판할 수 있다. 이러한 관점에서는 운동 그 자체가 결코 정당화될 수 없다. 만일에 이재유 그룹의 주장과는 달리 권영태가 자신의 노선과 방침에 입각하여 이재유 그룹의 운동가들을 동지로 획득했다면, 이는 도덕적인 기준에서나 혹은 실제적인 기준에서나 모두 정당하며 따라서 비판의 대상에서 면제될 수 있다. 그런데 이 당시 노동운동이 기본적으로 당재건운동의 일환으로 전개된 것이고, 따라서 궁극적으로는 권력의 획득이라는 정치적 맥락에서 이해한다면 전혀 다른 시각에서 평가할 수도 있다. 이러한 실제적 관점에서 평가하자면 획득 과정보다는 일단 획득된 대중을 어떠한 노선과 방침에 입각하여 지도해 나갔는가 하는 것이 더 중요한 문제로 제기된다. 따라서 이러한 관점에서 평가하기 위해서는 이후의 운동 내용을 보아야 하는데 본격적인 운동을 전개하기 이전인 1934년 5월에 권영태 그룹이 검거되어버리기 때문에 구체적인 평가가 불가능한 측면이 있다. 이러한 두 기준은 현실적으로는 명확하게 분리되지 않는다. 또한 권영태의 운동에 대한 이후 운동자들의 평가나 비판을 아울러 판단[50]해 보건대, 이 문제는 대체적으로 부정적인 방향에서 평가할 수 있는 것이 아닌가 생각된다.

어쨌든 이와 같이 운동이 진전함에 따라 권영태 그룹은 이를 하나로 묶을 수 있는 단일 지도체제를 확립하고자 하였다. 이에 따르면 [표2]에서 보듯이 먼저 적색 노동자 그룹을 설정하여 섬유, 화학, 식료품, 금속의 각 부로 나누고 각 부서의 책임자를 정하였다. 이 그룹의 총괄 책임자는 검거될 당시까지 미정상태였는데 그 책임자로서 이재유를 상정하였던 것으로 추정된다. 이 노동자 그룹은 당시 일반적으로 그러했듯이 산업별 조직방침을 따르고 있었다. 그러나 산별 부서의 책임자에서 이원봉과 이명신을 논외로 한다 해도 식료품부의 정태식과 금속부의 박정두는 각각 공청과 기관지 부문에 배정되어 중복활동을 하고 있었다. 완전한 적색노조가 아니라 그룹의 형태라는 점을 감안한다 하더라도 이러한 사실은 아직 대중적 기반이 미약하고 조직의 분화와 정리가 덜 진전되었음을 시사한다. 이러한 상태에서 운동의 최고지도기관으로서 경성공산주의자그룹(콤그룹)을 조직하여 권영태 자신은 적노준비회와 공장 부문을 기반으로 하면서 기관지 책임을 맡고 공청에 정태식, 문화자금부에 미야케 등을 배치하였다. 이리하여 1934년 5월 20일에 전자의 노동자그룹을 먼저 결성한 다음에 25일에는 공산주의자그룹을 결성하기로 하고 정태식과 미야케의 동의를 얻었으며, 조직이 완료된 이후인 5월 30일 서울을 출발하여 블라디보스토크의 프로핀테른 극동부에 보고할 예정이었다고 한다. 그런데 5월 17일에 정태식이, 19일에는 권영태 자신이 체포됨으로써 이 계획은 실현될 수 없었다.

그런데 이 시기는 이재유가 서대문 경찰서에서 탈출한 이후 미야케의 집에 은신하고 있을 무렵이다. 미야케는 정태식과 함께 이재유와 권영태의 조직선을 연결하여 운동전선을 통일하기 위하여 양자의 만남을 주선하고 있었다. 그리하여 양자의 의견을 점차 접근시켜 5월 22일에 이를 위한 회담을 갖기로 하였는데[51] 정태식과 권영태가 체포됨으로써 이 시도는 좌절되었다.[52] 따라서 권영태는 위의 적색노동자 그룹을 5월 20일에 먼저 결성한 다음 22일에 이재유와 만나 협의하여 이 회담의 성과를 토대로 25일에 최종적으로 경성공산주의자그룹을 결성한다는 구상을 가지고 있었다. 이러한 점에서 본다면 최고지도기관이 적노부에 대한 책임이 없었던 것은 당연한 것이다.

다음에는 권영태 그룹의 출판활동을 살펴보기로 하자. 이 그룹에서 발간한 팸플릿을 비롯한 출판물들은 대부분 운동이 활기를 띠어가던 4월 이후에 간행되었다. 궁극적으로 이는 혁명적 노동조합을 비롯한 조직의 결성을 촉진하기 위한 것이었다. 가장 먼저 나온 것이 1934년 4월 초순의 〈메이데이〉라는 팸플릿이다. 원고는 경성제대 조수였던 이명신李明新이 기초하고 안종서·권영태가 보완하였다. 그 내용은 직접 알 수 없으나 메이데이의 역사, 세계 각국에서 과거 메이데이 투쟁의 상황, 조선에서 투쟁이 부진한 상황 등을 서술한 후 금년의 메이데이에는 노동자·농민·학생 및 일반 근로대중이 자본가 지주에 대하여 집회·격문·동맹파업·시위운동 등의 무기로써 힘찬 투쟁을 전개하자는 것이었다. 인쇄매수는 정확하지 않으나 등사판으로 약 50~60부 정도였다. 같은 달 하순에는 미야케가 번역한 코민테른 제13회 집행위원회 정기총회 테제인 〈파시즘, 전쟁의 위협 및 공산당의 제임무〉라는 팸플릿이 마찬가지로 약 50~60부 정도 인쇄되었으며 같은 시기에 〈격檄〉이라는 메이데이 투쟁을 선동하는 격문이 인쇄되었다.

이 격문은 세 그룹의 공동명의로 발행한 것이라는데, 여기서 말하는 세 그룹의 구체적 내용은 명확하게 알 수 없다. 우선 메이데이 공동투쟁의 형태로 이재유 그룹이 이에 참가했을 가능성을 상정해 볼 수 있을 것이다. 다음에 정태식과 미야케가 이 그룹들 중의 하나에 속할 수도 있을 것이다. 그런데 이와 같이 정태식 등이 자신들의 운동 부분에 임의의 명칭을 붙여 참가할 수도 있었겠지만, 이들이 이재유그룹의 명의로 함께 참가했을 가능성도 배제할 수는 없을 것이다. 나머지 한 그룹은 필자의 생각으로는 권영태 그룹과 상대적으로 친화력을 지닌다고 할 수 있는, 코민테른 등의 국제조직과 일정한 연계를 가졌던 어느 한 그룹이었을 개연성이 가장 크다고 생각한다. 이러한 점에서 보면 후술할 신갑범 그룹이나 혹은 가능성은 이보다 희박하지만 전술한 강회구 그룹 등을 상정할 수 있을 것이다.

이 격문은 나중에 한자가 너무 많고 내용이 어려우며 활자가 너무나 작다는 등의 이유로 서울의 운동자들 사이에서 비판을 받았다.[53] 인쇄부수는 약 1,000부로서 주요 살포대상은 서울시내 각 공장·학교·창경원의 밤벚꽃놀이 군중이었는데, 4월 30일 정오에 최경옥崔慶玉이 용산의 한강변에 있는 다가와田川공작소에 약 300~400매 정도를 살포하였을 뿐 나머지는 살포되지 못하였다. 이 격문은 권영태·안종서·박정두의 세 사람이 작성·인쇄하였다. 또한 이 메이데이 격문은 발행 부수로 미루어 보아 일반대중에게 직접 배포하려 했다는 점이 주목된다. 일반대중을 상대로 한 이러한 격문의 간행 및 살포는 운동자(오르그)를 상대로 한 출판활동에 집중적 노력을 경주하였던 이재유 그룹과 좋은 대조를 이룬다. 이재유라면 일반대중을 상대로 한 격문 등의 간행활동은 당시 운동의 객관적 정세나 주관적 역량으로 보아 아직 시기상조라고 생각하였으며 따라서 모험주의적 행동이라고 비판했을 것이다.

 같은 해 5월 초순에는 〈프롤레타리아〉라는 팸플릿을 약 50부 정도 발간하였다.[54] 곧이어 결성 예정이었던 경성공산주의자그룹의 기관지로 간행된 이 글의 원고는 공장 내의 활동가들에 의뢰한 두 글을 제외하고는 앞의 팸플릿들과 비슷하게 권영태·안종서·박정두의 세 사람이 주로 작성하였다. 원래는 잡지 형태로 월간을 계획하였던 이 팸플릿은 운동 역량에 대한 평가를 포함한 내부의 논의를 거쳐 체제를 바꿔 신문 형식으로 간행되었다. 산별에 따른 각 공장신문을 하부 기반으로 하여 이 기관지를 운영하려는 구상을 가지고 있었던 것 같으나[55] 실현되지는 못하였다. 그 체제를 보면 1) 〈창간선언〉과 아울러, 2) 〈메이데이 투쟁, 반소전쟁 절대반대와 제국주의적 타도의 규성叫聲, 코민테른 코스의 기치 아래 노동자, 농민 및 일체 근로대중은 모이라〉, 3) 〈메이데이 투쟁을 우리 공장에서는 집회로〉, 4) 〈제국주의적 식민지 신분할전쟁 절대반대, 일본제국주의의 반혁명전쟁준비에 조선민족개량주의적 부르주아지는 적극적으로 참가한다〉, 5) 〈공장주 놈들의 기만적 수단에 반대하고 노동자의 자주적 원족遠足을 조직하자〉, 6) 〈노동자의 혁명화를 두려워하여 메이데이 휴업선언〉 등과 마지막으로 〈자기비판〉의 순으로 구성되었다. 이들 글 가운데 3번째의 공장 집회를 통한 메이데이 투쟁과 5번째의 노동자의 자주적 원족 주장은 공장 내에서 활동하는 운동가에게 의뢰하여 작성한 것으로 보이는데, 이를 통하여 당시 운동의 대중적 기반을 짐작할 수 있다. 이하 그 내용을 구체적으로 살펴보자.

창간선언에서는 제국주의 권력의 파시스트 독재와 식민지 신분할전쟁으로 위기에 직면한 일본제국주의가 이를 타개하기 위해 경제적 착취방법을 극도로 강화하고 전쟁준비를 적극적으로 진행하며 백색테러를 가하여 운동의 지도자와 선진적 노동자·농민을 학살·투옥한다는 사실을 먼저 지적하고 있다. 이에 따라 노동대중의 혁명적 진출과 각각의 혁명적 그룹의 적극적 활동 및 농촌, 옥중에 이르기까지 대중적·혁명적 투쟁이 일어나고 있으며 따라서 경영 내 노동자 대중에 집중적 역량을 경주함과 동시에 부인·청년노동자를 적극적으로 투쟁에 동원하여야 하며, 이와 아울러 노동자의 일상 경제적 이익을 위하여 구체적·헌신적으로 끊임없이 투쟁에 참가하여야 한다고 주장하였다. 두 번째의 글에서는 앞의 용산공작소에서 최경옥이 격문을 살포한 사건을 예시하면서 자본공세에 대한 역습, 일본제국주의의 타도, 제국주의 전쟁 반대, 소비에트 동맹에 대한 반혁명전쟁 반대, 조선의 완전한 해방, 노농정권 획득 등의 슬로건을 제시하고 있다. 세 번째로 공장집회를 통하여 메이데이 투쟁을 전개한 영등포의 한 공장 사례를 들고, 이 공장에서 메이데이를 전후하여 각각 7인과 10인이 참석한 2차례의 회합을 가진 경과를 보고하면서 데모나 파업 등을 통한 항상적인 투쟁을 강조하였다. 네 번째의 글은 제목에 나타나 있듯이 민족개량주의자들에 대한 강도 높은 비판이 주요한 내용을 이루고 있다. 민족개량주의에 대한 비판은 앞의 1), 2)의 기사에서도 산발적으로 언급한 적이 있었다. 동아일보를 포함한 민족개량주의 부르주아지들은 일본의 제국주의 전쟁준비에 적극적으로 참가하여 조선 근로대중의 혁명화와 반전투쟁을 말살하기 위하여 총동원되고 있으며, 따라서 레닌주의적 전술에 입각한 반전투쟁전술이 요구된다는 것이다. 즉 민족개량주의적 부르주아지는 이미 민족해방운동의 정당한 한 운동역량으로서의 자격을 잃고 일본제국주의와 결탁하여 제국주의 전쟁에 적극적으로 참가하고 있다고 주장한다. 명시화되지는 않았지만 이러한 평가는 이재유 그룹과 마찬가지로 민족개량주의적 부르주아지를 타도의 대상으로 설정하는 것이다. 다섯 번째로 자주적 원족을 조직하자는 글은 공장주들이 노동자들에게 시혜적인 방식으로 베풀어왔던 야유회가 노동자들에 허영심과 경쟁심을 조장하는 기만적인 것이라고 비판하면서, 경영내의 노동대중이나 지도자들이 적극적으로 이를 폭로, 투쟁하여 노동자들 스스로의 힘에 의한 자주적 원족회를 조직할 것을 제안한 것이다. 마지막의 메이데이 휴업선언에서는 최악의 착취를 감행하는 자본가들이 임금을 주어 가면서 메이데이에 휴업을 하는 것은 성장하는 프롤레타리아 혁명에 대한 공포와 아울러 이 혁명을 압살하기 위한 본능적 기만이라는 양면성을 가진 것이라고 지적하면서, 전국 각지의 많은 공장에서 프롤레타리아가 영웅적 투쟁을 전개하였다고 주장하였다. 마지막으로 지적하고 싶은 것은 이 팸플릿의 곳곳에 등장하는 국제선과의 연계에 대한 강조이다. '코민테른 경성공산주의자 그룹', '코민테른 코스의 기치 아래' 등의 표현이 그것이다. 국제선과의 연계에 대한 강조는 정태식의 경우 전형적으로 나타나듯이 공장 내에서 활동하거나 운동자들을 끌어들이는 데는 상당한 효과가 있었을 것으로 짐작된다. 그러나 자주적 운동역량이 뒷받침되지 않은 상태에서 국제선과의 연계에 대한 강조는 사대적이고 비주체적 태도일 수도 있다.

끝으로 권영태 그룹과 관련을 가졌던 운동 중에서 서울과 인접한 다른 지방의 운동으로서는 인천에서 김근배金根培 등이 주도하였던 적색 노동조합운동을 들 수 있다. [표 2]에서 보듯이 적노경성준비위원회의 안종서를 통하여 인천 지방의 대표적 공장들에서 조직 활동을 하였는데, 권영태 그룹이 검거될 때에도 김근배의 운동은 드러나지 않고 계속 활동하다가 최종적으로 1935년 5월 하순에 검거되었으므로 자세한 내용은 제5장에서 살펴보도록 하겠다.

신갑범 그룹의 운동

이 시기 국제선과 연계가 있었던 마지막 운동으로는 신갑범을 중심으로 한 당재건운동을 들 수 있다. 이 운동에 관하여는 상세한 자료를 구하기가 힘들고 단지 간략한 보고가 있을 뿐이므로[56] 이에 의거하여 살펴보도록 하겠다. 신갑범은 제주도 출신이라는 것을 제외하고는 개인적 배경에 관한 사실을 거의 알 수 없다. 1926년 무렵부터 황해도·경상남도·강원도 등지를 전전하면서 운동을 하거나 간도에서 유랑하다가 서울로 들어 온 것이 1932년 9월이었다. 서울에서 그는 자유노동을 하면서 함께 일한 사람을 물색하였는데 주로 개성 출신의 운동자를 획득·지도하였다. 그 결과 신갑범을 중심으로 1934년 1월 24일에 개성농민조합조직촉성위원회가 조직되었다. 곧이어 그는 "공산당 재건운동의 종파벌宗派閥을 청산하고 국제당과의 연락을 꾀할 목적"으로 1934년 2월 간도에 가서 조선레포트회의에 참석하였다. 이 회의의 개최지와 주체 및 목적, 그리고 그가 어떤 자격으로 이 회의에 참석하였는지 등은 전혀 알려지지 않았다. 다만 그가 이 회의에 참석하여 조선 내의 운동정세를 보고하고 국제당과의 연락방법을 협정하였다는 사실만을 알 수 있을 따름이다. 같은 달 13일에 회의를 마치고 서울로 돌아온 그는 김낙성金洛成, 송금산宋金山 등과 함께 현저동의 거소에서 회합하여 레포트회의의 정황을 보고하고 조직 활동 방침을 협의한 결과 조선공산주의 전국회의 소집준비위원회 중앙부를 조직하여 활동하기로 하였다. 이 조직의 결성에 대해서는 그 명칭만 알 수 있을 뿐 다른 사실에 관하여는 전혀 알 수 없다. 준비기관으로서의 성격을 갖는다고 해도 대중적 기반이 없이 상부의 소수 운동자들에 의해 조직되었다는 점에서 1930년대 초의 당재건운동 방식을 그대로 답습하였다는 사실 정도를 지적할 수 있을 따름이다.

이 모임에서 신갑범 등은 중앙부를 먼저 결성하고 각자의 근거지에 진출하여 하부조직에 충실을 기하기로 하였던 것으로 추정된다. 곧이어 3

월에 신갑범은 개성에 가서 일찍이 조직했던 농민조합조직촉성위원회를 확대하여 농민뿐만 아니라 노동자와 학생을 망라하는 대중적 조선공산주의운동촉성개성지방위원회를 조직하였기 때문이다. 이와 동시에 기관지로서 《재건투쟁》을 발행하기로 하였는데 기관지 발간 등을 포함한 활동 내용은 확인할 수 있다. 왜냐하면 4월 20일을 전후하여 서울에서 이 조직 명의로 4월 10일 발행한 혁명적 노동운동에 관한 팸플릿 2부가 압수되었기 때문이다. 이 사건 관련 운동자들이 검거된 단서도 여기서 제공되었다. 어쨌든 3월 15일에 그는 다시 서울로 돌아와서 앞의 동지들과 회합, 자신이 책임이 되어 조선공산당재건촉성 경성지방위원회를 조직하였다. 개성 지방의 조직과 동일한 성격을 가졌던 것으로 추정되는데 결성 이후 곧 검거되었기 때문에 서울 지역에서의 구체적 활동은 거의 없었다고 할 수 있다.

이와 같이 이 운동은 소수 운동자들에 의해 중앙부를 먼저 결성하고 지방에 하부조직을 건설해 나가던 과정에서 중지되고 말았다. 하위조직은 서울과 개성 지방에 있었을 따름이었는데 그 이하 단위에서의 자세한 운동 내용은 알 수 없다. 단지 서울과 개성을 중심으로 한 이 운동의 관련자들이 45명에 달한다는 사실을 통해 그 규모를 추정할 수 있을 따름이다. 주목할 것은 이 그룹에서 이재유나 권영태의 후계 조직에서 활동한 운동가들이 다수 배출되었다는 사실이다. 먼저 이재유 운동 관련자로는 제1기에서 상위 트로이카의 1인으로 영등포를 중심으로 활동했던 안병춘과 그의 아래 소속되어 있던 영등포 가와키다 전기의 윤순달([표 1] 참조) 및 제2기의 김순진金舜鎭 등을 들 수 있다. 윤순달은 동시에 권영태 조직에서 적노경성준비위원회의 성원이었다.([표 2] 참조) 또한 권영태 조직에서 중심 인물이었던 안종서도 이 그룹에서 활동하였으며, 권영태의 후계조직인 김승훈金承塤의 운동에서 활동한 이주몽李柱夢도 마찬가지로 이 그룹과 관련이 있었던 운동자였다.

서울 지방에서 이 그룹의 운동은 1932년 9월부터 시작되었지만 본격적으로는 1934년 3월 중순 이래 전개되었다는 점을 감안해 볼 때 이재유나 권영태의 운동과 시기적으로 부분적인 중복이 있었다. 당시 이재유는 미야케의 집에 숨어서 활동이 자유롭지 않았으므로 특히 권영태 그룹과 그러했다고 할 수 있다. 또한 위에서 본 바와 같이 신갑범이 어떠한 경로를 통해 국제선과 연결되어 있는지는 확실하지 않으나 연결되어 있었던 것만은 확실하다는 사실을 고려해 본다면, 신갑범 그룹은 권영태 그룹과 일정한 교류 혹은 제휴의 논의가 있었을 것으로 짐작된다. 세 단체의 공동명의 형식을 취했던 권영태 그룹의 〈메이데이〉 격문에서 신갑범 그룹이 이들 단체 중의 하나일 것이라는 추정도 이러한 점에서 나온 것이다.

제4부
경성재건그룹 시기―제2기

【경성재건그룹 시기─제2기】

검거와 탈주, 은신

앞 장에서 보았듯이 1933년 9월의 종방 파업 이후에 서울의 공장가를 중심으로 대대적인 경찰의 검거 선풍이 몰아닥쳤다. 남만희가 경찰에 검거되어 이재유와의 관계가 드러나고, 종방 파업기금 관계로 이 무렵부터 서대문경찰서에서는 이재유를 수배하기 시작하였다. 그런데도 지하운동을 계속하던 이재유는 11월 무렵부터 신변의 위험을 느껴 12월 21일에 이순금의 자금 지원을 받아 내수동 정진근鄭鎭瑾의 집으로 거처를 옮겨 이듬해인 1934년 1월 18일까지 그곳에 은신하였다. 같은 시기인 1933년 12월 중순에 이현상이 경찰에 검거되고 취조 결과 이재유에 대한 자금제공을 진술하였다. 이때가 1933년 12월 25일 무렵으로서 이것이 이재유가 검거된 직접적 계기가 되었다. 이리하여 이순금의 신변이 위험하다고 판단한 이재유는 익선동 이순금의 집에서 내수동의 아지트로 그녀를 옮겨 경찰의 검거에 대비하였다. 이 무렵 그는 내수동 집에서 이순금 및 공성회의 소개로 알게 된 김화희金花姬라는 여공과 함께 독서회를 조직하여 활동하고 있었다.

그런데 1월 14일 무렵까지 이순금의 신변에 별다른 이상이 없다고 들은 이재유는 18일 익선동 이순금의 집에 들렀다가 서대문 경찰서원에게 체포되었다. 체포 당시 경찰은 그가 이재유인 줄 몰랐는데, 이재유는 용변을 본다고 하면서 시간을 끌어 천정의 창문을 깨고 탈출하였다.[1] 이순금과 함께 내수동의 집으로 잠복한 이재유는 이틀 후인 20일 밤 10시에 이순금이 경찰에 체포되자 간발의 차로 서대문 형사대의 습격에서 벗어난다. 당시 이재유는 중림동에서 가정교사를 하고 있었던 안병춘의 집에 임시로 기거하면서 새 아지트를 물색하고 있었다.[2] 22일에는 안병춘이 체포되었으며 그를 통하여 중림동에서 당일 오후 3시에 이재유와 가두 연락하기로 되어 있다는 정보를 입수한 경찰은 현장으로 즉시 출동하였다. 이재유는 정해진 시간에 안병춘이 오지 않았기 때문에 그곳을 떠나다가 중림동 전차 정거장에서 내리는 형사대를 보고 얼른 봉래동 방면으로 되돌아갔다. 갑자기 방향을 바꾼 남자를 보고 형사들은 이를 추격하여 봉래교 위에서 마침내 맞닥뜨리게 되었다.

"당신, 이재유지?"

"이재유가 도대체 어떤 사람입니까? 나는 철도국원으로 김아무개라는 사람입니다만 …… 무언가 사람을 잘못 보신 것 아닙니까?"[3]

이렇게 이재유는 검거되었다. 이재유가 검거되기 이전에 많은 운동자들이 이미 경찰에 잡혀 와 있었는데, 이재유는 그 수를 서울에서 200여 명, 강원도에서 160여 명 정도로 추산하였다.[4] 경찰은 이재유가 상해의 권오훈權五勳 등과 연락하여 전국적 조직을 결성하려 했다는 혐의를 두고 자백을 받기 위하여 비인간적인 악랄한 방법으로 온갖 고문을 자행하였다. "때리고 차고 물을 먹이고 달아매고 하다가 나중에는 쇠를 불에 달구어 넙적 다리를 지지고 하였다." "죽음으로써 자기의 신념을 지키고 그 운동을 지키려는 숭고한 정신"에서 이재유가 침묵으로 일관하자 초조해진 경찰은 "음식도 잘 못하고 보행도 잘 못하는 이 동무를 자기들이 업고 부축하여 취조실로 끌어내어 전기고문까지 하였다."[5] 경찰에 끌려가도 결코 자백하지 않을 것이라는 미야케 교수의 기대를 그는 끝까지 저버리지 않았다. 이재유는 "고문을 견디지 못하고 죽음을 각오하였다"[6]고 당시를 회상하였다.

이러한 고문과 악형에도 이재유가 굴복하지 않자 경찰은 두고두고 정신적·육체적으로 고통을 주어 자백을 받아내고자 장기 취조를 꾀하였다. 이 때 그는 유치장에 있지 않고 고등계 사무실 2층 분실에 있었다. 경찰은 그가 격렬한 열병 혹은 각기脚氣때문에 따로 분리 수용하였다고 말하고 있으나, 이는 고문의 후유증에 따른 증세를 말하는 것이며 분리 수용에도 몇 가지 이유가 있었다. 즉 유치장에서 서로 통방을 하여 사건의 내용을 적당히 짜 맞출 염려가 있었으며 혹은 고문의 사실 등을 폭로하여 소동을 일으킬 것을 방비하기 위함이었다.

3월 중순의 어느 비 오는 밤이었다. 이재유는 오랜 취조에 지친 간수가 조는 틈을 타서 길가로 난 창문을 넘어 밖으로 뛰었다.

비틀거리는 몸에 힘을 주어 광화문 쪽을 향해서 달음질쳐 정동 입구까지 이르니 벌써 경관들의 추적하는 요란한 소리가 들리었다. 그는 정동 골목으로 들어서서 마침 지나가는 장작 구루마 뒤를 밀어주며 따라 가노라니 추적이 급한지라 어떤 담을 뛰어 넘었다.[7]

오랜 고문과 각기로 그는 자기 몸을 가누지 못하고 혼절하였던 모양이다. 그가 들어간 곳은 정동 재판소 건너편의 미국 영사관으로서, 발견 즉시 서대문경찰서에 인도되었다. 경찰은 미영사관과 인접해 있었던 러시아 영사관에 이재유가 들어갈 속셈이었다고 주장[8]하였는데, 그 진위는 알 수 없다. 이렇게 하여 이재유의 1차 탈출은 실패하고 말았다.

다시 검거된 이후 경찰은 이재유가 러시아 영사관에 들어가려 했다고 하여 '무수한 매질과 욕'을 가하였다. "살려는 생각도 없이 오히려 자살하려고 생각"할 정도의 가혹한 고문이었다. 이재유는 형사실에서 2층의 훈시실로 옮겨져 주야 구별 없이 두 사람의 순사에 의해 감시당하였다. "손에 자동식 수갑을 채우고 밤에는 커다란 쇳덩어리를 붙들어 매어 수족을 묶인 몸이 되었다. 그리고 허리에는 방울을 차서 몸을 움직이면 달랑달랑 소리가 나서 간수의 졸음도 깨우도록 하여 두고, 문이란 문은 다 열쇠를 굳게 채운 뒤 그 열쇠는 요시노吉野 고등계 주임이 자기 집으로 가지고" 갔다는 것이다.

1934년 4월 13일 밤 이재유는 철통같은 감시망을 뚫고 마침내 제2의 탈출에 성공하였다. 비상경계를 하면서 전 서울의 경찰이 개미떼 같이 풀어 역마다 지키고, 교외로 나가는 길목마다 지키고 혹은 정복으로 혹은 사복으로 집집마다 이 잡듯이 뒤지며 남산과 북악산·인왕산이며 낙산에서 며칠 밤을 새웠으나 그래도 영영 이재유를 찾지 못하고 말았다. 이에 요시노 고등계 주임은 죽을 상을 하고 인책 사임을 하여 사건 취조는 경기도 경찰부로 넘어 가고 말았다.[9]

그러면 이재유는 어떻게 탈출할 수 있었는가? 4월 1일에 이재유의 손에 채웠던 수갑은 풀렸다. 이때부터 이재유는 기회를 보고 있다가 밥알을 짓이겨 족쇄 안에 넣어 형을 뜬 다음 우유통 뚜껑을 구부려 열쇠를 만들어 족쇄를 열었다. 입고 있는 옷의 안감을 도려내어 변장용 마스크도 만들었다. 문제는 감시 순사를 멀리하는 일인데 여기에는 두 가지 다른 정보가 있다. 하나는 담당 검사가 작성한 〈체포기〉이고 다른 하나는 해방 이후 운동자가 쓴 〈탈출기〉이다.

전자는 다음과 같이 말한다. 즉, 4월 13일 저녁을 일부러 남긴 이재유는 이를 같은 방에 있던 이질 환자 김찬규에게 주었다. 김은 좋아라고 이를 먹었다. 밤 12시 경부터 김은 순사에게 변소에 가고 싶다고 애원하였다. 거듭되는 애원에 할 수 없이 순사는 새벽 4시에 그를 데리고 변소에 간다. 이때 이재유는 재빨리 족쇄를 풀고 마스크를 쓴 다음 침대 밑의 겉옷을 입고 모자를 깊이 눌러 쓴 다음 당당하게 정문을 나선다. 문 앞에서 다른 순사가 변장한 그를 형사로 알았던지 "이제 퇴근하십니까?"라고 인사를 하자 그렇다고 답하고 택시를 잡아탔다. 택시비는 언제라도 그가 도주용으로서 쓸 수 있도록 겉옷의 깃 안에 감추어 두었다. 그는 택시를 몇 번 바꾸어 타고 동숭동 미야케 교수의 집으로 가서 은신 생활에 들어갔다.[10] 마치 한편의 탐정영화를 보는 듯한 이 이야기에는 약간의 과장과 윤색이 있다.

후자의 서술에 따르면 이재유는 "일본의 천황주의를 싫어하고 민주주의적 사상을 가졌으며 공산주의에 대해서 많은 흥미를 가진" 모리타森田라는 일본 순사의 암묵적인 도움에 의해 탈출할 수 있었다고 한다. 이재유는 특유의 선전선동의 힘으로 모리타를 감화시켜 호감과 이해를 얻었으며, 모리타는 이재유의 혁명적 열정과 지성 및 풍부한 인간성에 감복되어 그를 탈주시키려 했다. 이날 밤 이재유가 족쇄를 풀고 옷 보통이를 이불 속에 넣어 불룩하게 하여 놓고 다시 창문을 넘어 탈출한 후 모리타는 약 30분 후에야 이 사실을 보고하고 비상경계령을 내렸다는 것이다.[11] 치열한 혁명운동의 한가운데에서 하나의 삽화로서 기억될 수 있는 이야기이다.

서대문경찰서 앞의 자동차 회사에서 택시를 잡아 탄 이재유는 황금정(충무로) 2정목에서 내려 3정목까지 걸어가서 다시 차를 잡아타고 동소문까지 가서 그곳에서 하차하여 산을 넘어 동숭동으로 갔다. 이재유가 이와 같이 주도면밀한 도주를 한 것은 경찰의 추격을 우려했기 때문이었다. 경성제대 교수 미야케 집의 담장을 넘어 정원으로 들어간 이재유는 날이 밝아오는 것을 기다려 마스크를 벗고 현관의 벨을 울렸다. 하녀가 나오자 그는 김아무개라는 학생인데 미야케를 만나고 싶다는 방문 목적을 말했다.

하녀로부터 이름을 들어본 적이 없는 학생이 찾아왔다는 말을 들은 미야케는 현관에 나가 양복에 넥타이를 메고 외투를 입은 이재유를 발견하였다. 그는 이재유를 우선 응접실로 안내하였다. 둥근 탁자를 마주 보고 이재유는 자신이 서대문경찰서에서 오늘 새벽에 탈출했는데 당분간 은신할 수 있겠느냐는 의사를 타진하였다. 그런데 이날 정태식도 미야케를 방문하러 왔다. 이재유를 만나고 싶어 여기저기 수소문하던 정태식은 이재유가 검거되었다가 다시 도주한 경위를 듣고서 만나서 반갑다고 말하였다. 이재유는 정태식에게 달리 적당한 은신처를 물색할 것을 의뢰하고 도주에 필요한 변장용 의복이나 신발 등을 준비하여 줄 것을 부탁하였다. 이리하여 응접실에서 하루를 보낸 이재유는 미야케에게 어디엔가 당분간 은신할 수 있는 방 하나를 빌려 달라고 하였으나 서울 전역에 경찰이 깔려서 조금도 움직일 수 없는 상황이었다. 때마침 관할 동대문경찰서에서는 춘계 청결검사를 4월 15일에 실시하겠다고 통지하여 왔다. 그대로 있으면 위험하다고 판단한 이재유는 어쩔 수 없이 응접실에 딸린 다다미 방 아래에 삽으로 굴을 파고 그 아래에서 당분간 기거하기로 하였다. 흙은 모래질이라 파기에 쉬웠지만 삽이 이따금 돌에 부딪히는 소리가 들려 와 그날 아침 11시부터 저녁 10시 무렵까지 미야케는 가슴을 졸여야 했다. 처음에는 미야케가 그의 아내에게 말하지 않고 의류와 침구, 솜옷 등을 들여 넣어 주었으며 식사는 응접실 남쪽의 공기구멍을 통해 빵, 달걀, 만두, 귤, 통조림 등을 넣어 주었다. 대소변은 구멍을 파서 흙으로 덮었다.[12] 이 무렵 미야케의 부인은 부인병으로 병원에 입원하고 있었으며 집에는 일본에서 온 미야케의 어머니, 아이들과 하녀가 있었다. 하녀는 보안을 위하여 해고하는 것이 좋겠다는 이재유의 의견에 따라 그날로 해고되었다. 4월 20일에 미야케의 아내가 퇴원을 하고, 그 전에 미야케의 어머니도 일본으로 돌아갔다. 4월 22일부터 미야케는 간도방면 시찰을 위한 출장을 가서 10일 쯤 후인 5월 2, 3일에 돌아오게 되었다. 경찰의 경계가 약간 수그러드는 틈을 타 경찰의 의심을 받지 않기 위해 이재유가 미야케에게 권유한 것이었다. 그 사이의 음식을 한꺼번에 마루 밑으로 들여놓아 달라는 이재유의 제안을 미야케는 차마 받아들일 수 없었다. 미야케는 아내인 히데에게 실은 공산주의운동의 동지인 이재유를 숨겨 두었다고 말하고 자신이 출장 중에 음식물을 비롯한 여러 가지 일들을 부탁하였다. 미야케의 아내는 독일 유학 당시 베를린에서 개최된 반제동맹대회에 참석하는 등 그곳의 분위기에 익숙하였기 때문에 공산주의운동에 호감을 가지고 있었다. 이러한 사정으로 그녀는 이재유에게 매우 동정적이었으며 남편의 출장 중에 자신의 임무를 충실히 이행하였다.

후술하듯이 정태식과 미야케 등이 검거되었던 5월 21일까지 38일 동안 이재유는 이 굴 안에서 생활하였다. 이재유의 이름이 특히 유명해진 것은 바로 이 미야케 교수와의 관계 및 그 집에서 40여 일 동안 생활한 사실이 세상에 알려지고부터이다. 이 동안에 이재유는 응접실 탁자 다리 부근에 젓가락이 들어 갈 정도의 구멍을 파서 종이쪽지를 주고받음으로써 미야케와 연락하였다. 틈틈이 이재유는 미야케가 넣어준 책을 회중전등으로 비추어 읽기도 하였으며 때로는 굴속에서 나와 목욕을 하기도 하였다.[13]

이 기간 동안 이재유는 자신의 검거로 중단되었던 조선운동의 일반적 방침에 관한 협의를 미야케와 함께 진행하였다. 작년 말 이래 결정하지 못했던 조선운동의 방침서 초안 중에서 과거운동의 비판 및 금후의 운동방침 등을 검토하였으며, 이러한 맥락에서 '태로계는 어떠한 이론을 가지고 있었는가?', '조선운동의 일반적 방침은 무엇인가?' 등에 관하여 두 사람은 활발한 토론을 벌였던 것이다.[14] 미야케와 달리 정태식과는 운동방침에 대한 상담을 별로 하지 않았지만,[15] 정태식은 이재유가 검거된 이후 그를 수소문하는 과정에서 접촉한 권영태의 운동선을 이재유 그룹과 연결시키기 위한 노력을 하고 있었다. 정태식으로부터 권영태를 소개받은 미야케는 권영태 그룹과 함께 운동방침을 협의하는 한편 이재유와 권영태의 조직을 연결하기 위한 노력에 적극 가담하였다. 그리하여 권영태 그룹에서 비합법적으로 출간한 《코민테른 제13회 (집행위원회) 총회 테제》 및 그 기관지 《프롤레타리아》, 〈메이 데이〉 격문 등의 내용을 이재유와 함께 검토·비판하기도 하였다.

박진홍과 신당동에서의 생활

미야케와 권영태가 검거된 이후 이재유는 국외로 도망했다느니 소련으로 입국했다느니 하는 온갖 추측이 무성하였다. 확실한 것은 그가 더 이상 국내에 있지 않으며 이로써 "반도의 좌익전선은 완전히 종식되었다"[16]라는 것이었다. 이는 "그까지 체포되었다면 서울 부근의 사상범은 전멸할 것"이라는 일제의 기대를 표현한 것이었다. 그러나 이러한 예상과 기대와는 달리 이재유는 이듬해인 1935년 1월 초 그의 아지트가 발각되기까지 서울 일대를 중심으로 집요하게 비합법운동을 전개하고 있었다.

미야케의 관사에서 탈출한 이후 이재유는 서사헌동西四軒洞 신춘실申春實의 집에서 소화생명보험회사의 외교원이라고 하여 월 4원을 주고 방한 칸을 빌렸다. 외교원은 회사에 출근해야 하기 때문에 식사는 식당에서 하고 따로 신설동 이태식李台植 집에서 월 17원을 주고 하숙을 하였다. 이러는 동안에 가진 "돈도 없게 되고 언제까지나 이와 같이 생활할 수는 없다고 생각하여"[17] 1934년 6월에 용두산동 유대생庾大生의 집에 기거하면서 도로공사 인부로 하루 60, 70전을 받아 생활하였다. 집주인인 유대생이 인부 십장이었기 때문에 그의 소개로 일을 한 것인데, 같은 해 8월 까지 약 두 달을 이와 같이 노동하였다. 이 잠복 기간동안 그는 "일체 서울 (시내-필자)에도 들어가지 않"았고 "노동자에 대하여도 전혀 적화운동을 하지 않았"으며 "특별히 운동은 하지 않았"다고 진술[18]하였다. 그러나 이 자유노동 생활중에 그는 〈자기비판문〉, 〈통일문제〉 등의 글을 기고起稿[19]하여 이전의 운동에 대한 평가를 전제로 서울 지역의 공산주의운동을 통일하기 위한 방침을 수립하고 구체적인 투쟁방법을 정립하기 위하여 노력하였다.

1934년 1월 이재유 그룹의 운동으로 서대문경찰서에 검거되었던 공성회와 심계월이 5월에 훈계 방면되고 8월에는 이인행이 경성지법에서 기소유예 처분으로 풀려났다. 이와 함께 경찰의 추격도 상당히 누그러졌던 7월 하순의 어느 날, 용두정 전차정류소 부근에서 이재유는 김명식金明植을 통하여 심계월沈桂月[20]의 소재를 알았다. 그녀가 삼청동의 조선총독부 세균검사소에 근무하고 있다는 사실을 안 이재유는 전화 연락을 하여 동소문 밖의 베비 골프장에서 심계월을 만났다. 자신이 검거된 상황을 전하고 검거된 다른 동지의 소식 등을 물은 이재유는 그녀에게 박진홍[21]에게 연락해 줄 것을 부탁하였다. 경찰에 함께 유치되어 있었던 관계로 박진홍을 잘 알고 있었던 그녀는 박진홍이 한번 검거되어 석방되었다가 현재 경찰의 수배를 받고 있기 때문에 직장도 구하지 못하고 여기저기 전전하는 형편이라는 사실을 전해 주었다.

이리하여 10일쯤 후인 8월 초순 용두정 전차 정거장에서 박진홍을 만난 이재유는 그녀의 처지와 동지들의 근황을 물어본 후, 자신은 계속 운동을 하고 싶은데 적당한 '아지트 키퍼'를 한 사람 구해 달라고 부탁하였다. 현재 자신은 다른 사람과 연락할 수 없으므로 필요하다면 자신이 하겠다는 것이 그녀의 대답이었다. 일주일 후 같은 장소에서 이재유를 만난 박진홍은 자신의 집을 정리하는 데 1주일 정도 걸리기 때문에 그 이후에 동거하자고 말하여 그렇게 결정하고 서로 헤어졌다. 이재유가 박진홍과 동거할 필요를 느낀 것은 경찰의 추격을 피하기가 용이하다는 점 및 운동을 위한 동지들과의 연락을 위해서였다.[22] 그는 신당정 석산동 윤진룡尹鎭龍 집의 방 한 칸을 빌려 부부라고 하여 박진홍과 동거하였다. 경성부 토목과 측량기수인 노순길盧順吉로 가장한 이재유는 매일 아침 8시부터 오후 4시 까지는 한남정(한강리)으로 통하는 도로 부근을 배회하거나 혹은 산중에서 원고를 작성하기도 하였다. 때때로 그는 의심받지 않기 위하여 측량 도구를 잔뜩 가지고 집으로 들어가기도 하였다고 한다. 또한 동대문 부근에 가서 도로공사 인부로 일하기도 하고, 낮에는 근처의 문화동에 제2의 아지트를 두고 심계월·박진홍·윤무헌尹戊憲 등과 함께 독서회 등을 조직하여 활동하기도 하였다. 이 시기는 이재유에게 좌절의 시기였다. 함께 일하던 동지들은 경찰에 검거되거나 감옥에 갇혀 있는 한편, 새로 운동을 시작할 믿을만한 동지도 없었던 상황이었다. 그럼에도 그는 좌절하지 않고 새로운 활동을 모색하였다.

같은 해 10월 용산서에서는 이재유가 서울에 잠복하면서 일련의 운동을 지도하고 있다는 단서를 잡고 공성회 등 다수의 운동자들을 검거하였다.[23] 이들은 야만적이고 '기록적인 고문'에도 불구하고 "죽음으로써 대항하여 그 동무들을 지켰다." 검거 시기를 놓치자 용산서에서는 관계자 전부를 일단 석방하여 활동하게 하고 그 뒤를 추적하여 이재유를 유인·체포하자는 계략을 세웠다. 그래서 공성회를 남겨 두고 나머지 사람들을 "좋은 얼굴로 훈유를 하고 전부 석방하였다." 그런데도 이재유는 걸려들지 않았다. 그 이유를 당시의 한 관계자는 해방 이후 다음과 같이 설명하고 있다.

> 그것은 이재유 동무를 중심으로 강력적인 조직이 있어 민족해방투쟁을 위해 불석신명不惜身命과 공생공사를 신조로 한 덩어리로 뭉치어 죽음으로써 그 지도자를 지키고 그 운동을 지키었기 때문이다.[24]

숨 막히는 감시와 추격의 눈초리가 점점 죄어들면서 1935년 1월 4일에는 이인행이 이재유와 비밀연락통신을 하다가 검거되었다. 며칠 후인 10일에는 동지 획득을 나간 박진홍이 예정 시간이 지났는데도 돌아오지 않았다. 이재유는 박진홍과 동거 중에 자신이 매일 4시에 돌아오겠지만 만일 1분이라도 늦으면 검거되었다고 생각하고, 즉각 준비를 갖추어 증거가 될만한 문서를 폐기한 다음 다른 곳으로 장소를 옮기라고 늘상 말하였다. 또한 거의 외출을 하지 않았던 박진홍이었지만, 외출할 때는 시간을 미리 예정하여 연락하는 사람은 지정된 경우가 아니면 절대 만나지 말 것이며 귀가할 때는 늦지 않도록 시간을 엄격하게 지킬 것을 당부하여 두고, 자신은 박진홍의 귀가 시간 전에 집 부근에 나와 있다가 박진홍이 돌아오는 것을 확인하고 나서야 비로소 집으로 들어가는 것을 철칙으로 하고 있었다. 이에 따라 이재유는 신당동의 아지트를 버리고 박영출의 하왕십리 아지트로 가서 이관술·박영출과 의논한 후, 다음날 박영출에게 신당동에 가서 박진홍이 실제 검거되었는지의 여부를 확인해 줄 것을 부탁하였다.[25] 박영출은 그곳에 잠복해 있던 형사들에 체포되었지만 경찰의 "야만적 고문에 항쟁하며 함구무언하였다." 나중에 그는 대전형무소에서 복역 중 사망한다. 당시 임신 중이었던 박진홍은 이재유를 도망시키기 위하여 가혹한 고문에도 불구하고 며칠동안 그의 거소를 말하지 않았다. 그 후유증으로 인해 여름에 서대문 형무소에서 낳은 비참한 기형아는 그녀의 어머니 홍씨가 맡아 기르다가 결국 영양불량으로 죽고 말았다고 한다.[26]

경성재건그룹의 형성

그러면 이 시기 이재유 조직의 구체적 운동 내용을 살펴보기로 하자. 재건그룹 시기에 운동의 중심 인물은 이관술·박영출 등이었다. 이관술은 이순금의 오빠로서 1925년 사립 중동학교를 졸업하고 동경고등사범학교에 진학하여 1929년 3월에 졸업하였다. 졸업한 직후인 4월에 동덕여자고등보통학교에 교사로서 부임한 이관술은 학생들의 인기와 신망을 한 몸에 받았다고 한다. 울산에서 수만의 자산을 가진 부호의 아들로서 일본유학을 마친 미혼의 교사라는 점이 학생들의 호기심을 끌었으며 "친절하게 좌익적인 이야기를 들려주어 매우 존경"을 받고 있었다. 담당과목인 지리와 역사 이외에 특별활동으로 운동부를 맡아 스스럼없고 소탈했던 그에게 학생들은 '물장수'라는 별명을 붙여 주었다. 얼굴빛이 유난히 검어 햇볕에 그을린 것처럼 보였기 때문이다. 학교 내에서 이관술은 이순금·박진홍·이종희·윤금자尹金子·김길순金吉順 등과 함께 독서회를 조직하여 활동하였다.[27] 1933년 1월 그는 김도엽金度燁의 반제동맹 사건에 관련, 검거되어 서대문형무소에서 복역하다가 1934년 3월말 예심이 종결되면서 보석 출소하였다.[28] 석방된 이후에도 그는 몇 개의 독서회를 조직하여 활동하는 한편 경전버스회사나 조선인쇄 등의 공장에서 활동을 시도하였는데, 이른바 용산서 사건으로 검거선풍이 닥치면서 중단되고 말았다.

이재유가 이관술과 접촉한 것은 트로이카 시기에 이관술의 누이인 이순금을 통하여 동덕여학교 교사로서 공산주의 운동에 흥미를 가지고 있다는 것을 미리 알고 있었기 때문이다. 이재유는 1934년 9월 중순 적선동에 있었던 이관술에게 박진홍을 보내어 정황을 조사하였는데 이관술은 이미 출소하여 박진홍을 수소문하고 있다는 보고를 받았다. 며칠 후 박진홍은 이관술에게 계속 운동할 의사가 있는지 여부를 확인하고, 만일 계속할 의사가 있다면 10월 초순의 어느 날 오전 11시 신당동에서 한남동으로 통하는 도로의 고개 우측 장충단 뒷산의 약수터 부근에서 만나자는 연락을 하였다.

이관술 자신의 회고에 따르면 자신이 석방되고나서 3, 4일 후인 1934년 4월 초순에 이재유의 탈출 소식을 들었다. 이재유의 탈출 소식에 '큰 충격'을 받은 이관술은 '한시라도 빨리 운동선상으로 들어가지 않으면 동지들이 있는 감옥에라도 다시 들어가고 싶은 일종 형용할 수 없는 초조한 심정'이었다고 당시를 회상하였다. 자신과 활동하던 과거의 운동자들은 그 동안에 전부 경찰에 체포되었고 새로 활동하던 운동자들은 이재유 사건으로 검거된 상태에서 형식상이라고는 하더라도 전향을 표명하고 일시 석방된 이관술로서는 무언가를 해야 한다는 강박감과 아울러 '동지가 그립고 일본 놈들의 박해가 분하고 조직이 파괴된 것이 원통'한 '무어라고 형용할 수 없는 격한 심정'에 사로잡혔던 것이다. '마음을 다스릴 길 없어' 잠시 고향에 내려가 여름을 보낸 이관술은 1934년의 9월 중순 무렵 이재유를 만났다고 하는데, 이는 이재유가 언급한 시기와 보름 정도의 시차가 있다.[29]

어쨌든 그날 약속장소에서 지정한 복장을 하고 나온 이관술은 박진홍을 대신해서 나온 이재유를 만났다. 이관술의 표현에 따르면 '갖은 고심 끝에 고대하던' 이재유와의 만남이 이루어진 것이다. 이관술에게 학교 방면의 지도를 맡기려고 생각했던 이재유는 이관술과 이 문제를 상의하였다. 그러나 전향을 표명하고 석방되어 자책감에 시달리고 있던 이관술은 이에 선뜻 응하지 않았다. '그동안의 실제 투쟁 경험에 비추어 보아' 자신이 가지고 있는 '인테리로서의 약점을 통감'하고 '전선에 일 병졸로서 종군코자'한다는 이관술에 대해 이재유는 그러한 사고 방식 역시 '일종의 인테리적 생각'이라는 사실을 지적하였다. 이리하여 이재유와 이관술 사이의 '평생 잊을 수 없는 전우 생활'이 시작되었다.[30]

곧이어 이관술을 통하여 이재유는 박영출[31]을 소개받았다. 1934년 5월 처음으로 만난 이래 같은 해 10월 중순 이관술은 조선에서 공산주의 운동의 파벌투쟁 및 인텔리 계급의 실천 투쟁에 관하여 박영출과 토론하고 서로의 의견을 교환하였다. 이 자리에서 두 사람은 조선민중의 대다수를 점하는 빈농과 노동자인 무산계급에 운동의 기초를 두고 점차 운동을 전개할 것, 인텔리 계급은 운동의 전선前線에서 활동하지 말고 각자 그 능력에 적합한 지위에서 운동에 종사해야만 한다는 점에 인식을 같이 하였다. 이 시기를 전후하여 이관술은 이재유에게도 교토 제대 출신으로 전부터 공산주의 운동을 한 사람을 만나보지 않겠느냐고 하여 두 사람의 회담을 주선하였다. 그리하여 같은 달 하순에 이재유는 장충단 뒷산에서 박영출을 만나 이관술에게 말한 것과 비슷한 취지의 내용을 전달하였다. 즉 공산주의 운동자 중 혁명적 분자는 파벌을 혐오하고 통일을 갈망하고 있으며 일상투쟁은 관헌의 압박에도 불구하고 도처에서 격발되고 있는 현실을 인식하여 각자 구체적 방침을 수립하여 성심성의껏 실천운동을 해야 한다는 것^{32}이다.

이리하여 장충단공원 뒷산, 한남동 남산 부근 등에서 이재유는 자신의 본명과 경력을 숨기고 이들 각각을 개별적으로 접촉하였다.^{33} 이 회합은 이듬해 1935년 1월 10일 무렵까지 지속되었다. 11월 중순까지 약 1달간 이재유는 각기 따로 이들과 거의 날마다 연락하여 권영태의 경성콤그룹과 이재유 그룹의 경성트로이카 운동을 비교 검토하면서 장래 운동 방침의 수립을 상세히 토의하였다. 이재유를 비롯한 이관술·박영출이 가장 집중적으로 토론, 협의한 것은 이른바 운동선의 통일 문제였다. 당시 이관술과 박영출은 서울 지역의 두 운동선, 즉 권영태의 후계조직인 경성콤그룹의 선과 이재유의 경성재건 선의 통일을 시도하여 그것을 매개하는 역할에 정력을 다하였다.^{34} 박영출이나 이관술은 콤그룹과 경성재건의 양 조직을 통일하기 위한 전단계로서 공동투쟁을 설정하고 이를 통하여 혁명적 결합이 가능하다고 생각하였다. 그리고 이후 이 문제가 일정한 형태로 정리되면서 전체 운동의 각 방면에 대한 이론적 토론을 계속하는 한편 대경영내에서 이론의 구체적 실천을 수행하기로 한 것이었다. 앞에서도 말했듯이 1934년 10월 이래 경찰에 의해 이재유 조직의 관계자들이 체포되었던 와중에서 이와 같이 대담하게 운동이 전개되었던 것이다. 어쨌든 이러한 운동 결과는 1933년 6월부터 8월 까지 약 2달에 걸친 자유노동 시절에 초고를 잡아 두었던 〈자기비판문〉,〈통일문제〉를 비롯하여〈학교내의 활동기준〉,〈세말歲末 캄파니아 투쟁방침서〉등의 원고로 작성되거나 팸플릿으로 간행되었다.

대체적인 운동방침을 수립, 정리하면서 이들 각각은 근거지도 마련하였다. 박영출은 11월 하순 하왕십리에 새로 아지트를 만들었으며, 한 달 쯤 후에는 이정숙李貞淑(혹은 김정숙이라고도 한다)과 함께 동거를 시작하였다. 이정숙은 함남 홍원군 경포면 홍원농민조합의 지도자인 정렴수鄭濂守의 아내로서 경찰의 추격을 피하여 서울로 올라 왔으나 연고가 없었기 때문에 마땅히 갈 곳이 없었다. 박진홍을 통하여 이정숙을 소개받은 이재유는 12월 중순 그녀를 박영출에게 소개하여 두 사람이 함께 있게 된 것이다. 한편 이관술은 유순희·이종희 등이 경찰에 쫓기고 있었기 때문에 이들과 함께 인근에 따로 방을 얻어 나갔다. 이리하여 이들 세 사람은 다음해 1월 중순 박영출과 박진홍이 검거되기까지 이 지역을 근거로 운동을 계속하였다.

이 결과 경찰의 조서에 따르면 1934년 12월 상순 지금까지 이재유가 지도하고 있던 '조선공산당재건 경성트로이카' 운동을 '조선공산당재건 경성재건그룹'으로 개칭하였다. 경성트로이카의 운동 목적은 그대로 계승하기로 하였다. 구성원은 이재유·이관술·박영출의 세 사람이었으며, 이재유가 지도자 겸 출판부 책임을 맡고 이관술이 학생운동을, 그리고 박영출이 노동운동 부문을 각기 지도하기로 하였다.[35] 그리고 이들의 활동에 의해 이재유는 박진홍 및 그녀를 통하여 유순희·이종희·심계월·김순금金福今 등을, 박영출은 권오상權五相·신덕균申德均·허화정許和正·이갑문李甲文 등을, 이관술은 공성회·유해길 등을 각기 끌어들였다고 한다.[36] 이밖에도 이재유는 김재선金在善·윤금자尹金子·한동정韓東正 등과 접촉하여 이들을 끌어들임으로써 조직을 확대·강화하는데 중점을 두었다. 예컨대 1934년 7월 이재유는 돈암동의 윤금자가 사는 집을 방문하여 의사가 있다면 서로 제휴하여 운동할 것을 제의하였다. 이관술의 동덕여고보 시절에 제자였던 그녀는 가정사정과 개인형편으로 운동할 수 없다고 이를 거절하였다. 또한 같은 해 11월 이재유는 장충단 뒷산 한남동으로 통하는 도로의 고개에서 한동정을 만났다. 앞의 [표 1]에서 보듯이 한동정은 제1기의 운동에서 이인행과 함께 중앙고보를 맡아 활동한 바 있었다. 한동정이 운동을 그만두고 고향으로 돌아가려 한다는 소문을 듣고 이재유는 '아까운 동지'라고 생각하여 그를 만나 서울에서 학생운동 부문을 담당하여 활동할 것을 권유한 것이다. 경찰의 주목을 많이 받고 있고 집에서는 결혼문제도 있으므로 고향으로 돌아가고 싶다는 것이 한동정의 대답이었다. 될 수 있으면 서울에 남으라는 이재유의 권유를 뿌리치고 한동정은 아무래도 가야겠다고 하여 두 사람은 더 이상 이야기도 하지 못하고 헤어지고 말았다.[37]

이처럼 여러 운동자들과 접촉하였지만 이재유 자신의 말대로 생명을 내걸고 운동을 해야 하는 비합법 상황에서 많은 운동자들이 운동을 휴지하고 일상으로 접어들었다. 일상의 모든 것들을 포기하고 끊임없는 경찰의 추격과 감시 하에서 일정한 정도의 긴장감과 함께 환경에 의식적으로 대처하는 것은 결코 쉬운 일이 아니었다. 체포되는 경우 일제 경찰의 잔혹한 고문과 학살이라는 가혹한 시련이 기다리고 있었다. 이러한 상황에서 많은 운동자들이 개인적 사정과 집안 형편 등의 이유로 운동전선에서 탈락하였으며 심지어는 운동을 계속하고 있는 운동자들 사이에서도 끊임없는 불안과 회의가 있었다.

경성재건그룹의 조직 내용

이 시기의 운동이 1934년 4월 서대문경찰서에서 탈출하여 이듬해 1935년 1월까지 10개월 정도 지속되어 다른 시기에 비해 상대적으로 짧았다는 것은 앞에서 언급한 바 있었다. 그런데 실제 운동 내용을 보면 길게 잡아 이재유가 박진홍과 함께 신당동에 아지트를 얻어 운동자 획득에 들어간 1934년 8월부터, 짧게 잡으면 이재유·이관술·박영출의 3인이 운동방침의 협의를 마치고 본격적으로 운동에 들어가기로 한 11월 말부터 운동이 시작되었다고 할 수 있으므로 실제 운동 기간은 2개월에서 6개월 정도에 지나지 않는다. 더구나 1934년 10월 무렵부터 공성회 등 다수의 운동자들이 용산경찰서에 검거되어 상당한 정도로 조직에 타격을 받았던 점을 감안한다면 실제 운동은 거의 진행되지 못했다고 할 수 있다. 이러한 점을 염두에 두고 조직문제를 중심으로 한 운동방침의 수립과 그 구체적인 운동 내용을 검토해보기로 하겠다.

먼저 조직문제를 살펴보기로 하자. 여기에서는 지금까지 이 시기에 이재유가 조직하였다고 말해져왔던 '경성재건그룹'의 구체적인 조직 실상과 내용을 해명해 보고자 한다. 결론부터 말하면 지금까지 필자가 일관되게 주장해왔듯이 트로이카 방식에 입각한 운동 방침은 이 시기에도 기본적으로 변화하지 않았다. 따라서 경성재건이라는 조직의 결성도 이러한 관점에서 이해되고 해석되어야 한다. 그런데 앞에서도 말했듯이 당시의 당재건이나 비합법 노동조합운동 등에서는 위로부터의 하향식 조직 결성이 일반적이었으므로 경찰에서는 사건을 다룰 때마다 갖은 고문을 하는 등 온갖 악랄한 방법을 동원하여 조직 결성의 사실을 캐내려고 하였다. 이러한 과정을 거쳐 많은 조직들이 신문지상에 오르내려 일반 대중들에게 전달되었고 때로는 조직에 이르기 전의 논의 단계에 그쳤던 사실들도 실제 조직 결성이 있었던 것처럼 조작·발표되기도 하였다. 식민 경찰의 이러한 선입견과 의도적인 왜곡이 이재유의 운동을 공식적인 조직체에 의거하여 평가하려는 경향을 보다 강화한 것이다. 예컨대 이미 보았듯이 일제의 수사기록은 1934년 12월에 경성재건그룹이 결성되었으며 이 조직의 지도책임자로서는 이재유가, 노동과 학생 부문의 책임은 박영출과 이관술이 각기 담당하기로 결정하였다고 하였으며 이재유가 최종적으로 체포되어 재판을 받는 과정에서도 담당검사는 이 조직의 결성과 그 '맹원'의 일원으로서의 '범죄'를 되풀이하여 추궁하고 있다.[38] 그런가 하면 이 시기에 이재유, 이관술, 박영출의 3인을 지도자로 하는 '조선공산당재건 경성재건그룹'이라는 조직이 결성되었던 것으로 설정하거나 혹은 제3기의 준비그룹을 제2기인 이 시기에까지 적용하여 양 시기를 통칭하여 준비그룹으로 일컫기도 한다.[39]

이에 대하여 이재유는 다음과 같이 반론하였다. 즉 이관술·박영출과 재건그룹을 결성하고 각각의 부서를 결정한 것은 "이미 중앙집권적 조직을 가져야 할 상황에서 하부그룹의 조직이 가능한데도 불구하고 그 조직을 가지지 않았던 것은 중대한 오류"라는 박영출의 비판을 다분히 의식한 것이었다. 〈자기비판문〉에서 이러한 오류를 인정하면서도 이재유는 제2기의 경성재건그룹은 세 사람이 공동의 목적을 달성하기 위하여 '임의로 결합한 개인협의'체[40]라는 점을 명확히 밝히고 있다. 다른 표현으로 하자면 "재건그룹을 조직한 일은 없으"며 각각 별개로 만나서 운동을 협의한 것에 지나지 않는다고 하여 조직결성의 사실을 부정한 것이다. 재건그룹의 맹원에 이재유 등의 3인이 가입하였다고 한 혐의에 대하여는 "멤버라고 할만한 것은 아니고 단지 내(이재유-필자)가 자기비판을 쓰고 이관술, 박영출에 건네주었을 따름"이라고 주장하였다. 책임부서의 담당에 대하여는 이관술이 학생층과 접촉하고 있었기 때문에 자신이 이관술과 접촉할 때는 학생문제를 중심으로 토론하였고, 박영출은 대경영내 활동을 결심하고 상경한 관계로 그와 접촉할 때는 자연히 공장 내 활동방침을 중심으로 토론하였다고 진술하였다.[41]

이와 함께 이 시기에 간행한 〈자기비판문〉, 〈통일문제〉, 〈학교내의 활동기준〉 등의 팸플릿에 '경성재건'이라는 명칭을 사용한 것도 공식적인 조직의 실체가 있지 않는가라는 '혐의'를 가중케 한 요인이 되었다. 경성재건그룹이라는 명칭을 자신이 만들었는가라는 질문에 대하여 이재유는 "내가 마음대로 붙인 것으로 박영출과 이관술은 내가 초안에 그 이름을 서명하고 있던 것을 본 정도로서 상담은 하지 않았다"[42]고 답변하였다. 사실 이재유가 팸플릿에 이 명칭을 사용한 것에는 몇 가지 이유가 있었다. 먼저 경성트로이카라는 이름이 경찰에 이미 널리 알려져 있었기 때문에 또 다른 이름을 필요로 했으며[43] 두 번째로는 대중이나 운동자들은 '경성사건선'이나 '이재유 선'이라든가 하는 이름으로 이미 이재유의 운동을 널리 알고 있으므로 이를 정인正認하기 위하여, 세 번째로는 권영태 등의 콤그룹과 자신의 운동을 나누어 구별하기 위하여, 네 번째로 출판물에는 반드시 조직의 명칭을 쓰는 것이 원칙이었기 때문에, 마지막으로 그 활동이 트로이카적 운동이었음에도 불구하고 자신의 임무는 당재건을 위한 전제로서 서울지방에서 당을 재건하는데 있었으므로 이를 요약하여[44] 경성재건이라는 명칭을 사용했다는 것이다. 이러한 이유에서 이재유는 경성재건그룹이란 결코 조직체를 말하는 것이 아니라 단지 만나는 사람들의 접촉하는 범위를 가리키는 것에 지나지 않는다고 주장하였다.

'그룹'이란 일정한 규율이나 통제 등에 의하여 체계적으로 활동할 수 없고 또 민활성을 결여하고 있으며 살아 있는 생생한 것이 아니다. 단지 질서 없이 각기 접촉하는 사람들 전부를 일컬어 사용하는 말인 것이다. 예컨대 서로 즐겨 노는 사람들을 가리켜 '노는 그룹'이라고 하고 '장기그룹'이라거나 '운동그룹'이라는 식으로 사용하는 것이다.[45]

이와 같이 이재유는 자신의 독특한 트로이카식 운동방식에 입각하여 조직 사실을 일관되게 부인하고 있다.[46] 이러한 점에서 이 시기 조직 방식에서는 이재유가 주장하던 상향식, 즉 아래로부터의 통일전선의 형성이라는 원칙이 여전히 관철되고 있었다. '트로이카'가 구체적인 조직을 가리키는 것이 아니라 이재유 운동 전체에 일관된 운동방침이었다는 앞에서의 주장을 상기해야 할 것이다. 제1기와 비교하여 볼 때 제2기에도 이재유의 운동방침은 크게 변화하지 않았으며, 박영출이나 이관술과의 운동방침 등에 관한 토론을 거치고서도 그 이론은 역시 이전 방침과 큰 차이가 없었다. 예심에서 그가 "경찰의 눈을 속이기 위하여 경성재건그룹으로 한 것으로 여전히 트로이카 운동을 계속하고 있었으며 운동의 근본방침은 조금도 변하지 않았다"고 주장하였던 사실[47]을 기억해야 할 것이다. 후술하듯이 운동방침을 중심으로 그가 작성한 〈자기비판문〉 또한 이들과의 토론에서도 약간의 수정만 하고 거의 원안 그대로 운동지침서로서 '접수' 되었던 것이다. 이러한 점에서 보자면 과거의 운동에서 그러했듯이 되는 대로의 조직을 만들려고 하지 않았던 것은 당연한 일이며, 또 후술하겠지만 이 시기 운동에는 조직을 필요로 할 정도의 인원수도 없었다. 물론 이는 〈자기비판문〉에서 제시했듯이 운동의 진전에 따라 대경영내에 활동인원을 상당수 확보할 때는 조직체를 갖는다는 방침을 배제하는 것은 결코 아니었다.

트로이카 방식이라는 이재유의 독창적인 조직과 운동방식의 주장에도 불구하고 그의 운동에 포섭된 다른 운동자들은 이들 팸플릿을 가지고 운동가들을 포섭하거나, 혹은 운동을 전개하는 어느 과정에선가는 어쨌든 자신의 조직 선을 밝혀야 했을 것이다. 이러한 사정에서 이재유의 원래의 의도와는 달리 마치 재건그룹이라는 실체가 있는 것처럼 하위 운동자들 사이에서 인식되고, 또 이것이 객관적 사실로서 널리 유포되었을 가능성도 전혀 배제할 수는 없다. 제2기의 재건그룹이나 다음의 준비그룹 시기에 조직의 명칭을 바꾸었던 주요한 이유 중의 하나가 경찰, 혹은 거꾸로 전위나 대중에 그 이름이 널리 알려졌기 때문이라는 사실은 이러한 가능성을 시사하는 것이다. 그럼에도 실제 운동과정에서 하위의 운동자들은 트로이카적 원칙을 잘 지켰다. 다른 말로 하면 그 원칙은 운동의 전체 조직에 비교적 효율적으로 관철되고 있었던 것이다.

박영출이 "이재유의 지도하에 전적으로 트로이카식 조직 방법에 의해 운동을 확대, 강화하는 데 노력"[48]하였다는 사실은 이를 뒷받침하는 것이다. 또한 이재유 운동의 전시기와 밀접하게 관련되어 있었던 유순희가 앞에서 말한 김형선 계열의 김윤회金潤會와 벌였다는 '이론투쟁' 의 내용도 마찬가지 맥락에서 이해된다. 1934년 10월 김윤회는 심계월을 통하여 도피 중인 유순희를 보호해 달라는 부탁을 받는다. 김윤회는 유순희를 누이라고 하고 심계월을 아내라고 하여 이후 11월 하순까지 약 40일 동안 함께 생활하는데 이 사이에 세 사람은 《레닌주의의 기초》, 《일본사회운동사》 등을 비롯한 수십 권의 서적을 중심으로 연구, 독서하였다. 이때 조선에서 공산주의운동의 통일 방법에 관하여 김윤회와 유순희의 의견이 맞선 것이다. 김윤회는 "자기 자신이 우선 운동전선에 서서 중앙 간부와 연락을 가지고 동지를 획득하여 상부에서 조직을 통일"해야 한다는 김형선의 지도 이론에 따라 지금까지 이 조직방침을 답습하여 왔다고 주장하였으며, 이에 대하여 유순희는 "우리들은 종래 수많은 파벌 투쟁 기타의 실패에 비추어 우선 각 직장에서 노동자층에 들어가 의식의 앙양을 꾀하고 우수분자를 획득하여 다른 날의 혁명동원의 준비를 하고 점차 상부 조직으로 이행한 후 통일해야 한다"는 생각을 피력하였다. 후자의 견해에 심계월도 동조를 표시하였는데, 이후 약 한달 동안 '이론투쟁' 을 거듭하였으나 해결을 보지 못하고 결국 유순희는 학생의 신분을 버리고 노동자가 되어 운동전선에 진출한다는 말을 남기고 떠나 버리는 것으로 결말을 지었다.[49] 다음에 1934년 9월 초순 유순희의 소개로 만난 허화정·최성호崔成浩의 두 사람은 공산운동에 관하여는 "강하게 조직체를 만들지 말고 각자 개개로 대중에 파고 들 것"[50] 등을 협의하였다는데 이러한 사실도 필자의 주장을 방증하는 사례다.

그런가 하면 제3기에 해당하는 1936년 6월 하순 서구원이 최호극을 운동자로 끌어들이는 과정을 보면, 다음과 같이 명확하게 트로이카 방식을 적용하고 있다. 즉 "서로가 이재유의 통일된 부분에서 만나자는 것은 내(서구원-필자)가 군(최호극-필자)을 지도하는 것이라고 노골적으로 말하지 않고 군도 나도 모두 이재유의 경성재건그룹에 통일되었으므로 서로는 금후 경성재건그룹의 운동자로서 협력해 가기 위하여 필요한 연락을 하고 서로 원합援合하여 운동을 진행"[51]하자는 것이다. 이와 같이 지도자와 피지도자가 없이 운동자들 상호간의 자유의사에 의해 운동을 진행한다는 트로이카 방식이 하위 운동자들 사이에서 여전히 적용하고 있었던 것이다.

다음에는 노동·학생·출판의 각 부문별 운동 내용을 구체적으로 살펴보기로 하겠다. 먼저 노동운동을 보면 운동 방침의 수립과정에서 위의 세 사람이 대규모 경영의 공장과 노동자들에 중점을 두고 그 대상을 철도국 용산공장, 용산공작소 영등포공장, 경성전매지국 연초공장, 경성전기 전차과 및 경성역을 중심으로 한 운수노동자 등을 중심으로 활동하기로 합의한 바 있었다. 이에 따라 노동운동을 담당한 박영출은 1934년 12월에 이재유를 만나 노동자의 파업과 태업, 시위 등에 의해 노동시간 연장 및 참수(해고)를 반대하고 상여금을 요구하는 연말 캄파니아를 협의[52]하였다. 위의 각 대상 공장에서 이것이 실제로 실행되었는지의 여부는 확인할 수 없지만 당시의 운동 역량으로 보아 목표만 세우고 실천에 옮기지는 못하였던 것으로 판단된다. 또한 박영출과 유순희는 위의 각 공장에 대한 조사활동을 벌여 조사표를 각각 작성하였다. 한편 이인행은 제1기 이재유의 운동에 관련되어 유치장에 있을 때 같이 송치된 김삼룡을 알게 되어, 석방된 즉시 인천에서 공장에 들어가 함께 운동할 것을 협의하였다가 석방된 이후 인천 동양방적의 직공으로 있었던 이석면李錫冕을 책임자로 하여 활동하였다. 또 다른 자료에 의하면[53] 공성회도 이에 가담하여 여공을 의식화시키고 공장정세를 조사하였다고 한다. 이와 아울러 허화정이 김만기金萬基 등과 함께 노동자 농민으로 하여금 운동의 지도권을 파악시킬 것, 노동자, 농민층에 직접 들어가 혁명적 노동조합을 조직할 것 등을 협의하였다. 이밖에도 경성부내의 대규모 공장을 중심으로 활발한 활동을 하였다든지 이와무라岩村제사를 비롯한 각 공장의 여공들을 중심으로 독서회 등을 통한 의식화 교육에 힘썼다고 한다.[54]

그런데 위의 이인행·이석면·공성회 등은 제1기의 경성트로이카에 관련된 인물들로 이관술이 이들과 접촉하는 책임을 맡고 있었다.[55] 즉 이전의 경성트로이카 조직에 관계되었던 운동가들이 석방되거나 경찰의 수사가 일단락되었던 것을 계기로, 이들에게 다시 접촉하는 책임은 이관술이 주로 맡았는데 그 결과 이들을 중심으로 상당한 정도로 조직이 재건되었던 것으로 추정된다. 후에 이 사건의 판결문을 보면 관련자 30여 명 중에서 제1기의 운동에 관련되었던 사람은 공성회·이인행·김순진·이석면 등을 포함하여 10여 명 정도로 전체의 30퍼센트가 넘는 높은 비율을 보이고 있다.[56] 대략 이 정도가 최초에 이관술이 책임을 맡았던 사람의 범위라고 생각되는데 트로이카 방식을 적용하여 운동이 진전됨에 따라 이들을 각각의 부문으로 배치·정리하려는 구상이 있었을 것으로 추정된다. 이러한 점에서 본다면 노동운동에 종사하는 위의 운동가들을 박영출의 운동부문으로 편입시켜 단일한 지도체제를 만들고자 했을 터인데 이 단계에 들어가기 이전에 운동이 중단되었다고 할 수 있는 것이다.

학생운동 부문은 이관술이 지도 책임을 담당하였는데 위에서 말했듯이 그가 제1기의 경성트로이카 관련 인물을 중심으로 활동하기로 하였기 때문에 실제 활동은 별로 나타나지 않는다. 이 부문에서 주요한 운동 내용으로는 1934년 12월 중순 장충단 뒷산에서 겨울방학을 이용하여 귀향하는 학생들에게 공산주의운동을 선전하기 위한 '세말歲末 캄파니아'를 이재유와 이관술이 협의[57]한 것을 우선 들 수 있을 것이다. 구체적으로 경성여자상업학교를 중심으로 이인행·심계월·이현우李鉉雨·이분성 등이 활동하였으며 보성전문학교에서 권오상·민영진閔泳震 등이 운동가 획득을 위해 노력하였던 것을 제외하면 다른 학교에서의 활동은

경성재건그룹 시기—제2기 199

더 이상 없었던 것으로 보인다.

출판 활동

마지막으로 이재유는 이미 경찰에 널리 알려져 서울 지역을 근거로 한 운동은 불가능하다고 판단하여, 당분간 서울에서의 운동에 우선 종사하되 조직의 진전 상황을 보아 가면서 평양으로 가서 평양과 진남포 등을 중심으로 활동하기로 하였다.[58] 이 시기에 이재유는 박영출·이관술 등의 운동자를 획득하여 이들과 운동방침이나 전략전술 등의 문제를 협의하였으며 또한 이를 대중화하기 위하여 특히 출판활동에 많은 관심을 기울였다. 이와 같이 그가 출판활동에 특별히 주력하려고 한 이유는 그 자신이 경찰의 추격을 받고 있었던 상황에서 대중과 직접 접촉하는 것이 불가능하였기 때문이다.[59] 이 시기 출판활동을 통해 나온 대표적 팸플릿들은 〈자기비판문〉, 〈통일문제〉, 〈학교내의 활동기준〉, 〈공장 내의 활동기준〉, 〈세말 캄파니아 투쟁방침서〉, 〈3L캄파 투쟁방침서〉 등이 있다. 전자의 두 팸플릿은 제2기의 운동방침을 수립하는 문제와 관련된 내용이고 나머지 팸플릿들은 이러한 방침과 관련하여 노동 학생 양 부문을 중심으로 구체적인 운동을 전개하기 위한 투쟁지침서이다.

먼저 〈자기비판문〉은 이재유가 용두동에 있을 때 자유노동을 하면서 운동방침을 모색하던 시기에 시작하여 박진홍과의 연락을 통해 서울의 운동정세를 파악한 다음 완성한 것이다. 〈자기비판문〉은 현재 전해지지 않는다. 따라서 내용을 직접 알 수는 없지만 개략적인 파악은 가능하다. 즉 이 팸플릿은 제1장 현 단계에 자신에게 부여된 일정한 지역적 지방적 임무에서 제4장 결론까지 4단으로 나누어 11매 정도의 분량으로 상세하게 서술한 것으로 완성일자는 1934년 9월 5일 무렵이었다.[60] 제1장은 먼저 과거 운동에 대한 비판을 통하여 자신의 운동방침을 정리한 것이다.

이에 따르면 종래 조선의 사회운동에서 민족개량주의자나 사회민주주의자들은 모두 일본제국주의자와 협력하거나 혹은 그 주구로서 조선민족의 억압과 착취를 돕거나 또는 그들의 침략을 위한 반소전쟁으로 이끄는 역할을 맡아 왔다. 여기서 이재유가 말하는 민족개량주의자란 최린崔麟·이광수李光洙 등을, 사회민주주의자는 여운형呂運亨·김약수金若水 등을 지칭한다. 다음에는 좌익적 오류와 우익적 오류에 대한 언급과 더불어 과거 운동에서 수공업적 활동의 과오를 지적하고 있다. 즉 과거의 혁명운동은 지방에 활동의 중심을 두었기 때문에 수공업적 조직을 남발하였다는 것이며 이러한 점에서 앞으로의 운동은 대규모 경영의 공장들에서 노동자 및 학생층에 중점을 두고 이를 국내적으로 통일하여 투쟁하여야 한다[61]는 것이다.

이와 같이 《자기비판문》은 과거 조선의 혁명운동과 그 영도권의 관계를 전반적으로 다루면서 이에 가차 없는 비판을 가함으로써 장래의 운동과 영도권의 관계에 방침을 제시한 것이었다. 그리고 여기서 제1기의 경성트로이카 운동에 대한 '자기비판'의 내용은, 트로이카 운동의 하부조직이 이루어져 대중이 조직을 요구하고 있었는데도 불구하고 상층부 조직을 만들지 않았다는 것, 동지를 획득하는데 너무 급급하여 동지를 선택하지 않았기 때문에 조직의 비밀이 쉽게 드러났다는 것 등이었다.[62] 이러한 점에서 이재유는 앞으로 대중이 조직을 요구하면 조직을 만들어야만 한다고 주장하였다. 이 〈자기비판문〉은 〈통일문제〉, 〈학교내의 활동기준〉 등과 함께 같은 해 11월 말 장춘단 뒷산과 뚝섬 제방에서 이관술·박영출과 자유로이 토론한 결과 약간의 수정을 가하여[63] 운동방침으로 정립되었다. 이와 같이 이재유에 의해 작성되어 공동의 토론을 거쳐 완성된 이 팸플릿은 다음의 준비그룹 시기는 말할 것도 없고 이재유가 검거된 이후에도 서울의 운동자들 사이에서 노동자 획득과 운동 방침 수립을 위한 유용한 자료로서 이용되었다.[64]

〈통일문제〉는 원래의 제목이 〈통일문제에 대하여-콩그룹과의 통일문제를 중심으로 하여-〉라는 것에서 알 수 있듯이 경성트로이카 이래 이재유가 집중적 관심을 경주하였던 서울 지역에서 운동선을 통일하기 위한 방침을 논의한 것이다. 1934년 5월 이재유가 미야케 교수의 집에 은신해 있던 당시에 생각해 둔 것을 석산동에 있을 때 작성한 것으로 미완성이었다고 한다.[65] 이 팸플릿의 요지는 조선의 공산주의운동은 국제선에 결부되지 않으면 진정한 의미에서의 운동이 될 수 없다는 것과 아울러 대중적인 일상투쟁을 통하여 파벌을 청산하고 국제선과 연결해야 한다[66]는 것이었다.

다음에 〈학교 내의 활동기준〉은 앞에서도 말했듯이 트로이카 시기에 이재유와 최소복의 토의를 거쳐 처음으로 작성한 이래 이후의 운동 과정을 통해 그 내용을 수정·보완하여온 것으로 당시 운동자들 사이에서는 줄여서 〈학생기준〉으로 불렸던 것이다. 최호극의 진술에 따르면 그 체제는 제1항, 학원의 자유를 획득하기 위한 투쟁에서 제11항, 조선의 절대독립을 위한 투쟁의 11개 항목으로 나누어 모두 191개 조항을 나열한 것으로 끝에는 '경성재건'이라는 그룹의 명칭이 있었다. 이 팸플릿은 공산주의적 입장에서 일본제국주의 교육제도에 대한 비판을 열거한 것으로 운동자가 학생운동을 지도하는 기준을 제공하기 위한 것이었다. 1934년 11월 신당리의 집에서 이재유가 수정·보완하여 작성한[67] 이 팸플릿은 1934년 11월 중순부터 하순까지 박영출, 이관술과의 공동토론을 거쳐 운동방침으로 최종적으로 확립되었다.[68]

다음에 〈공장 내의 활동기준〉은 운동자가 공장 내에서 대중적인 안내 역할을 하여 노동자의 현실적·경제적 요구를 구체적으로 요구하는 한편 노동자의 언론·출판·집회·결사의 자유를 스트라이크를 통하여 획득하여야 한다는 요지의 글로서, 마찬가지로 이재유가 작성하여 이관술 및 박영출과 별도로 협의하여 찬성을 얻었다고 한다. 〈세말 캄파니아 투쟁방침서〉는 1934년 12월에 이재유가 신당동의 집에서 작성한 것으로 연말에 즈음하여 노동자들에 대하여는 파업·사보타주·데모 등에 의해 노동시간의 연장 및 해고에 반대하고 상여를 요구하도록 촉구하였고, 학생들에 대하여는 겨울방학을 이용하여 고향에 돌아가서 공산주의 운동을 선전선동하자는 것이 주요한 내용을 이루고 있었다. 또한 이 팸플릿의 요지는 '세말 캄파니아를 적극적으로 전개하자'는 격문 형식으로 따로 작성되었다. 또한 〈3L캄파 투쟁방침서〉의 3L이란 레닌, 리프크네히트, 로자 룩셈부르크의 머리글자를 딴 것으로, 세 혁명가의 업적과 투쟁의 의의 및 방침 등을 서술한 것이다. 그 투쟁의 역사를 기념하고 본받아 각 직장과 학교를 중심으로 혁명적인 서클, 다화회茶話會, 피크닉, 스포츠 등 집회의 기회를 이용하여 활발하게 운동하여야 한다는 취지의 글이었다고 한다.[69] 이밖에도 〈청년학생에 고함〉이라는 팸플릿이 이 시기에 간행되었다고 하는데 그 자세한 내용은 알 수 없다. 마지막으로 각종 조사표들이 작성되었는데, 예를 들면 〈조선일보사의 정세조사표〉, 혹은 〈획득 동지의 성격조사표〉, 〈공장조사표〉 등이 그것이다. 〈조선일보사의 정세조사표〉는 4매 정도의 분량이었으며 〈획득 동지의 성격조사표〉는 1매로서 거의 활용하지는 못하였다. 〈공장조사표〉는 각기 박영출과 유순희에 의해 작성되었는데 대상공장은 알 수 없지만 각각 5매와 15매 정도의 분량이었다고 한다.

  이전의 트로이카 시기와 마찬가지로 이들 출판물들도 등사기를 사용하지 않고 복사지를 이용하여 손으로 베껴 쓴 것이었다. 그리고 작성된 팸플릿을 통하여 운동자를 획득하거나, 혹은 획득한 운동자와 공동으로 팸플릿을 작성하여 다시 획득하려는 다른 운동자와의 자유로운 토론을 통하여 이를 수정·보완하면서 실제 운동 과정에 적용한다는 출판물을 통한 운동방식은 이 시기에도 변함이 없었다. 제2기에 출판물의 간행을 시기에 따라 살펴보면 일반적이고 추상적인 운동방침의 수립에서 구체적이고 실제적인 선전선동으로 나아가는 운동 양상의 변화과정을 살펴 볼 수 있다. 1934년 12월의 〈세말 캄파니아 투쟁방침서〉가 가장 발전된 형태를 보인다고 생각하는데 곧이어 이듬해 1월에 박영출이 검거됨으로써 중지되고 말았다.

제2기 운동내용의 평가

마지막으로 이 시기의 운동 내용을 전체적으로 평가해보기로 하겠다. 앞에서도 말했듯이 이 사건의 판결 기록을 보면 총 43명의 검거 인원 중에서 9명이 무혐의로 풀려났고 이재유와 이관술·유순희 등 6명은 도주 또는 소재불명으로 기소 중지되었다. 이들을 제외하고 박영출·이인행·김순진·공원회·박진홍 등 10명이 예심에 회부되었는데 공원회만 집행유예를 받았고 나머지는 박영출의 4년을 최고로 하여 1년 6개월까지의 실형을 각기 선고받았다.[70]

이중에서 제1기의 트로이카 시기에 활동하다가 다시 운동에 참가한 사람은 김복금·공성회·이인행·권오상·황대용·이분성·이석면, 유순희, 이종희, 신해갑의 10인에 달하였다. 이러한 점에서 보면 재건그룹은 상당한 정도로 이전의 조직을 다시 복원하였다고 할 수 있다. 또한 한성택, 김명순은 같은 시기에 권영태 그룹에서 활동한 운동자들이었다. 수사의 편의상 같이 들어가 있기는 하지만 김형선 그룹에서 활동한 김윤회金潤會 역시 다른 계열의 운동자에 속했다. 그런가 하면 허화정[71]과 같이 중국공산당의 국내공작위원회 사건에 관련되어 활동하다가 이재유의 운동에 합류한 경우도 있었다. 허화정은 유순희의 소개로 운동에 가담하였는데, 1934년 8월 중순 유순희를 만나 이재유와 권영태의 운동에 관하여 의견을 교환한 후 파벌에 관하여 운운하는 것을 그치고[72] 운동에 헌신할 것을 협의하였다고 한다. 그리고 그를 통하여 김만기·변기학卜崎學 등의 운동자들을 획득하였던 것이다. 또한 이들 중에서 김만기·변기학과 제1기 트로이카 시기의 김복금과 김명순·허마리아·맹계임 및 권영태 조직에 관련되었던 유해길과 김명순은 곧이어 안승락安承樂·정재철鄭載轍 등의 운동선에서 활동한다. 마지막의 유해길과 김명순은 권영태 그룹과 아울러 이재유의 운동선에서 동시에 활동한 것으로 추정된다.

이와 같이 이재유의 재건그룹은 다양한 계열의 운동자들을 포괄하고 있었다. 이러한 점에서 보면 제2기의 운동은 제1기의 트로이카 운동을 계승한다는 일정한 연속성과 아울러 그것과 구별되는 단절의 측면을 동시에 가지고 있었다. 다음의 제3기가 되면 다른 계열에서 운동자를 충당하는 비율은 더욱 높아지는 경향을 보인다. 어쨌든 이와 같이 반대 그룹의 많은 운동자들이 이재유 그룹에 가담하거나 또는 이들이 다시 이재유와 경쟁 상태에 있었던 운동 선에 가담하는 것은 파벌이 극복되는 양상과 관련하여 주목되는 현상이라고 할 수 있을 것이다.

다음에 예심에 회부된 10명 중 김순진은 용산공작주식회사 영등포 공장의 직공이었고 김만기는 일본과 함흥에서 노동에 종사한 경력이 있는 노동자 출신이었다. 이들을 제외하면 나머지 8명은 모두 일본 교토제대를 졸업한 박영출을 위시하여 중등학교 이상을 수료한 인텔리 출신의 지식계급이었다. 이와 같이 제2기 운동자들은 지식인 출신의 비중이 높고 노동계급은 상대적으로 소수를 차지하고 있었다. 이러한 조건들이 이 시기 운동 내용의 빈약함으로 귀결되었다. 이 운동의 내용을 파악하기 위해서는 먼저 이 사건에는 다른 운동 내용들이 포함되어 있다는 사실을 염두에 두어야 한다. 예컨대 방금 언급했듯이 김윤회는 코민테른 극동부에서 파견된 김형선의 지도를 받고 있었던 것으로, 일제가 수사의 편의상 같이 구속·판결한 것이지 이재유 그룹에 속한 것은 아니었다. 김순진과 공성회의 범죄 사실 역시 전술했듯이 1933년 8월에서 9월 사이 영등포에서의 노동운동에 관련된 것이기 때문에 사실상 이는 제1기에 전개된 운동 내용에 속하는 것이다.

일정한 한계는 있었다 하더라도 제1기의 운동이 공장 내에서 노동대중과 일정한 결합을 하고 있었다고 한다면 제2기의 운동이 대중적 기반에서 상대적 취약성을 내포했던 것은 이러한 점에서 당연한 일인지도 모른다. 더구나 앞에서도 말했듯이 제2기의 운동은 1934년 10월 이래 용산서에서 관련 운동자들이 속속 검거되는 와중에서 이재유가 박영출·이관술과 함께 운동방침 등을 토론하고 협의를 거듭하였던 1934년 11월 무렵부터 실질적으로 전개되어 이듬해 1월에 검거되기까지 불과 2달 정도밖에 지속되지 않았다.

특히 그러한 현상은 노동운동에서 두드러졌다. 따라서 이 시기 활동의 주요한 내용은 경영단위나 운동대상에 대한 조사활동, 이전의 제1기 운동에 대한 의견의 교환과 평가, 운동 이론이나 방침을 둘러싼 토론 및 협의, 운동자의 획득과 이들 사이의 연락 및 연계의 유지, 운동 자금의 조달과 운동자의 구원 등에 치우칠 수밖에 없었다. 현상적으로만 본다면 동맹파업이나 휴업 등의 대중적 투쟁보다는 일반적으로 운동의 초기 단계에서 나타나는 독서회나 토론, 혹은 조사활동 등이 운동의 주요한 내용이 될 수밖에 없었다. 나중에 공판정에서 검사가 "조선에서는 아직도 공산주의 운동이 맹렬하게 전개되고 있으며 더욱이 피고들은 공성회를 제외하면 남은 피고 9명이 모두 전향할 태도를 보이지 않는다. 이들이 아무리 사건을 부인하고 있으나 범행사실이 엄연하니 엄중히 처벌하지 않으면 안 된다"고 논고한 것에 대하여 박영출이 자유변론을 통하여 "나는 과거에 공산주의를 가장 정당한 사상이라고 믿었으며 또 장차도 그리할 것이다. 그러나 나는 지금까지 한 번도 실제운동에 참가할 기회를 가진 적이 없었다. 그럼에도 불구하고 징역 4년을 구형한다는 것은 너무나 과중한 것"[73]이라고 주장하였던 것도 이러한 맥락에서 이해되는 것이다.

제5부
재건그룹 시기 다른 계열의 운동

【재건그룹 시기 다른 계열의 운동】

앞에서도 말했듯이 이 시기 이재유 운동의 지속 기간은 다른 어느 시기에 비하여 짧은 10개월 정도였다는 사정과 관련하여 서울 지방에서 다른 조직이나 계열의 운동은 보이지 않는다. 서울 지역은 아니지만 이 시기에 권영태의 콤그룹과 관련을 가지고 있었던 김근배金根培는 인천 지방을 중심으로 운동을 전개하였다.[1] 1933년 5월 안종서를 알게 된 김근배는 그의 지도로 같은 해 10월 무렵부터 인천 지역으로 진출하여 적색 노동조합의 결성을 목표로 동양방적을 비롯한 각 정미소, 철공소 및 부두 인부들을 대상으로 적극적인 활동을 전개하였다. 권영태-안종서-김근배를 통한 인천에서의 운동은 앞에서 살펴 본 이재유 그룹의 이재유-안병춘-김삼룡을 통한 운동을 연상하게 한다. 당시의 운동가들이 일정 지역에서 노동운동을 전개하면서 동시에 다른 지역과의 연계·지도를 강화하는 한편 점차 이를 확대하여 궁극적으로는 전국적 차원에서의 당 재건을 목표로 활동하고 있었다는 사실을 고려해야 할 것이다. 운동의 초기 단계에 이러한 지도 관계를 통한 연관은 상대적으로 미약하면서 느슨하였다. 이재유나 권영태는 서울에서의 운동에 몰두하고 있었기 때문에 인접 지역에 역량을 배분할 수 있을 정도의 여유를 가질 수가 없었을 것이다. 따라서 지역의 입장에서 본다면 각 지역은 상대적으로 일정한 자율성을 가지고 운동을 전개하였다. 권영태 그룹이 검거되었음에도 불구하고 김근배를 중심으로 인천에서 운동이 지속되었던 것은 이러한 점에서 이해될 수 있다.

1933년 10월 인천으로 진출한 김근배는 우선 이 지역의 대표적 공장이라고 할 수 있는 동양방적을 중심으로 조직사업에 착수하였다. 인천에 진출한 외지인으로서 그는 인천 출신의 현지 운동자를 획득할 필요가 있었다. 이 결과 획득한 현지 운동자들이 김환옥金煥玉과 남궁전南宮塡, 허차길許次吉 등이었다. 이밖에도 이성래李成來·이창환李昌煥을 들 수 있는데 이성래는 미체포로, 이창환은 검거 이전인 1935년 4월 하순에 사망하였기 때문에 자세한 정보를 알 수 없다. 김근배가 김환옥을 알게 된 것은 1934년 8월 조연상趙連相을 통해서였다. 김환옥은 1930년 11월 인천공립상업학교 3학년에 다니다가 퇴학을 당한 이래 지역 내의 적색구원회, 독서회 등에 참가하여 활동하고 있었다. 그가 관여한 단체는 혁명적 투사의 지지와 구원을 목적으로 1932년 3월 정갑용鄭甲溶·최덕룡崔德龍 등에 의해 조직되었던 적색구원회였다. 추가로 운동자를 획득한 경우는 직접 구원회에 가입시킬 것이 아니라 본 회와 연락을 유지하면서 세포단체를 조직한다는 결의에 따라 한 달 후인 4월에 김환옥은 최덕룡과 김기양金基陽, 이억근李億根, 유천복劉天福 등을 중심으로 조직되었던 제2차 구원회[2]에 참가하여 구원부 책임을 맡았다. 그런데 유천복이 인천경찰서에 검거되고 계속하여 김기양은 5월 메이데이의 격문사건으로 신의주 경찰서에 검거되었으며, 이억근 또한 이 시기를 전후하여 소재불명이 되어 위원회의 회합은 일시 중지되었다. 이에 신수복愼壽福과 최덕룡 등이 중심이 되어 같은 해 1932년 10월에 제3차구원회를 결성하였다. 이와 함께 최덕룡은 하위 세포조직으로 두 개의 독서회를 조직하여 11월 말 메이데이 격문사건으로 검거될 때까지 활동을 계속하였는데, 김환옥은 이 독서회에 소속되어 활동하였다. 기꾸쿠다 가츠오菊田一雄의 〈사회는 어떻게 되는가?社會はどうなる〉 등을 교재로 하였던 이 독서회는 만국공원, 문학산文鶴山, 인천축항, 월미도 등에서 야외독서회의 형태로 수십 차례에 걸쳐 지속되었다.[3] 석방된 이후 김환옥은 경인메리야스 공장 등에서 직공으로 일하였는데 1934년 7월부터 인천철공소 직공으로 일하다가 김근배를 만났다. 이후 두 사람은 서로 제휴하여 활동하기로 하고 1935년 1월까지 십여 차례 만나 조직의 확대·강화에 대한 협의를 하였다. 이에 따라 김환옥은 자신이 근무하는 인천철공소와 가토정미소 두 공장 책임을 맡아 활동을 전개하였는데, 인천철공소에서는 박수길朴壽吉·김용남金龍男을 획득하였으며 가토정미소에서는 구체적인 성과를 거두지 못하였다.

다음에 허차길[4]이 노동운동에 참가한 것은 1931년 인천청년회원 배후원裵厚源에게서 교양을 받은 것이 직접적 계기라는데, 언제 어떤 경로로 그가 김근배와 연결되었는지는 명확하지 않다. 1933년 10월 지흥성池興成의 소개로 남궁전을 알고 이후 두 사람은 실천운동을 협의하다가 이듬해 1934년 4월에 남궁전의 소개로 이성래와 연결된 이래 이성래의 지도하에 허차길·남궁전·지흥성·송광석宋廣錫 등이 회원이 되어 적색독서회를 조직·활동하였다. 1935년 1월에 허차길은 자신이 지도자가 되어 남궁전·성낙춘成樂春·이봉남李奉男을 성원으로 하는 적색그룹을 아리마有馬정미소에 조직하였다. 부서 배정은 남궁전이 전 책임 겸 정미부, 성낙춘이 현미부, 이봉남이 기계부 책임을 각각 담당하기로 하였다. 이 조직을 결성하기 위하여 그는 이성래의 지도를 받고 남궁전과 사전에 논의를 하였다. 이밖에도 허차길은 지흥성과 함께 자신이 근무하는 염업조합의 책임을 겸하면서 안경선安敬先 등을 끌어들였다. 한편 남궁전은 극빈한 농가에서 태어나 어릴 때 서당이나 야학에서 배운 정도로 독학을 통하여 의식이 깨이면서 실천 활동에 뛰어든 경우이다. 그가 이성래와 연결된 것은 이봉남을 통해서라고 하는데 그 시기는 명확하지 않다. 앞에서 보았듯이 그는 독서회 등을 통한 활동과 아울러 1934년 8월부터는 만석동을 중심으로 2개소에 야학회를 개강하여 《농민독본》 등을 교재로 이봉남 등 7명을 모아 격일제로 운영하였으며 같은 해 11월에는 이봉남, 성낙춘의 두 사람과 함께 따로 독서회를 조직하였다. 이러한 활동을 기반으로 앞에서 본 바와 같이 다음해 1935년 1월에 이들을 중심으로 아리마정미소에 적색그룹을 조직하였던 것이다.

다른 공장에서의 운동도 대체로 이와 비슷한 경로를 거쳐 진행되었을 것으로 짐작되는데 1935년 1월까지는 이밖에도 동양방적의 이성래(책임), 박영선朴永善, 인천부두의 조연상, 가두학생 방면의 한봉렬韓泰烈과 아울러 사망한 이창환을 비롯한 김종선金鍾善, 이상덕李相德 등의 4인에 의하여 니노미야二宮철공소에서 조직이 결성되었다. 각 공장의 조직 결성은 이 시기를 전후로 일제히 조직된 것이 아니라 운동의 진전에 따라 각 공장별로 진행되었는데 이후 경찰에 단서를 잡혀 추격을 받고 있었기 때문에 더 이상의 진전은 없었던 것으로 보인다. 이들은 상부 지도자인 안종서와의 연락을 밀접하게 유지하면서 각 공장 내에서의 독서회 활동, 이를 통한 의식의 앙양, 노동자 획득 등을 중심으로 활동을 전개하였다. 또한 명확하게 확인할 수는 없었지만 동양방적과 인천철공소 등에서 일부 노동자들의 동요를 이용하여 동맹파업을 시도하기도 하였던 것 같다. 다소의 과장이 섞인 경찰의 보고에 의하면 "노자간에 계급투쟁을 발발시켜 일거에 폭력혁명으로 이끌기 위하여 계획"하였다는 것이다.

위에서 살펴본 바와 같이 이 지역에서의 운동은 대체로 빠르면 1934년 4월, 늦어도 8월 무렵부터 본격적으로 시작되어 짧게 잡아 1935년 1월, 길게 잡으면 5월에 이르기까지 지속되었다. 조직적인 측면에서 보면 허차길이 담당한 아리마 정미소, 김환옥이 담당한 인천철공소, 이성래의 동양방적, 이창환의 니노미야 철공소 등에서 그룹 내지는 반을 조직할 수 있을 정도로 3~5명에 이르는 인원을 포괄하고 있었다. 나머지는 대개 독서회 정도의 차원에 머무르거나 혹은 그 이하의 인원이 활동하였다. 부서의 분담을 보면 김환옥의 가토정미소, 허차길의 아리마정미소와 같이 직장 내에서 직접 책임자가 배정되지 않고 외부에서 충원된 경우가 상당수를 차지하였으며 아울러 이들 책임자는 대개 다른 공장의 책임을 겸하고 있었다. 조직적 측면에서의 이러한 미숙성과 미완성은 실질적으로 운동기간이 짧다는 것을 감안하여야 하겠지만, 운동노선의 불명확성이나 결핍에서 비롯된 것일 수도 있다.

그럼에도 아리마정미소의 예에서 보듯이 공장 내 각각의 부서에 따른 조직 결성이 체계적으로 시도되었다든지, 혹은 경찰의 보고에서 보듯이 인천의 대표적 공장이라고 할 수 있는 동양방적과 인천철공소의 양대 공장에서[20] "수 명 첨예분자를 획득"한 것은 지역 노동운동의 대중적 기반과 활력을 표현하는 것이다. 이와 관련하여 주목되는 것은 이 운동의 관련자들 대다수가 순수한 노동자 출신이라는 사실이다. 이 사건에 관련되어 검거된 14명 가운데 사망한 이창환과 도주한 이성래 및 김근배를 제외하면 나머지는 모두 공장 직공이나 부두인부 혹은 자유노동에 종사하는 노동자였다. 학력을 보더라도 고보를 중퇴한 김근배를 제외하고는 보통학교 혹은 그 이하의 학력에 지나지 않았으며 가정 배경도 대개가 빈농 혹은 극빈농이 대부분을 차지하고 있었다. 서울 지역과 비교할 때 이와 같이 인텔리보다는 노동자 출신이 압도적 다수를 차지하고 있었던 사실은, 직접적이고 효과적인 지도를 받지 않고서도 지역 내에서 일정한 대중적 기반과 활력을 가지고 성장하고 있었던 노동대중의 자발성과 역량의 성숙을 표현하는 것이다. 그리고 이는 중앙이 아닌 지방의 운동에서 인텔리 출신 운동자들에 대신하여 점차 노동계급의 비중과 영향이 증대되어 가는 경향을 보이는 것이다.

마지막으로 이재유 그룹도 이 시기에 인천에서 운동을 전개하고 있었다. 즉 경찰의 보고에 따르면 이재유와 함께 검거되었던 공성회는 1934년 5월 서대문경찰서에서 석방된 즉시 동지를 수습하여 서울 시내의 운동선의 통일과 확대·강화를 도모하는 한편 인천으로 운동을 확대할 것을 목표로 "동지를 동양방적회사 여공으로 잠입시켜 정세를 조사"[5]하였다는 것이다. 김근배 운동의 중심이 인천에서도 가장 대표적 공장이라고 할 수 있는 동양방적에 집중되었던 것은 이미 보았지만 비슷한 시기에 이재유그룹도 동일 공장에서 중복 활동을 하고 있었던 것이다. 이들 두 조직이 서로 상대방의 존재를 알고 있었는지, 만일 알았다면 운동선의 통일을 위하여 어떠한 노력을 경주하였는지의 여부 등을 포함한 자세한 내용은 유감스럽게도 더 이상 알 수 없다.

제6부
경성준비그룹 시기 — 제3기

【경성준비그룹 시기—제3기】

공덕리에서 이관술과의 생활

이관술과 함께 박영출의 하왕십리 아지트를 빠져나온 이재유는 병으로 누워 있었던 유순희를 구출하여 교묘하게 도주·잠적하고 말았다. 본정 4정목(지금의 충무로 4가) 성가병원에서 그녀를 구출하여 가까운 거리인 왕십리까지 도주하는 사이에 무려 6차례나 인력거를 바꿔 탈 정도의 숨가쁜 추격전이었다. 1935년 1월 12일 새벽에 유순희는 이정숙과 함께 이정숙의 본적지인 함남 홍원군을 향하여 떠났고, 이종희는 그 전날인 11일 밤에 잠적하였다.[1] 이와 같이 아지트의 정리를 끝낸 이재유와 이관술 두 사람은 1월 12일 오전 8시 경에 농부로 변장하여 도주하였다. 이관술은 달걀 행상을 하는 농촌의 소매상인으로 꾸며 달걀을 넣은 상자를 등에 지고, 이재유는 농부로 변장하여 가래 등의 농구를 가지고 뚝섬 군자리 부근의 중랑천 제방에 팸플릿 등 비밀서류를 일괄하여 묻었다.

검사의 심문 조서에서 이재유는 당시 두 사람은 평양 방면으로 가려고 했다고 진술했다. 이관술, 박영출과 운동 방침을 수립하는 과정에서 이재유가 평양 방면으로 진출하여 운동한다는 계획을 세웠던 사실을 생각해보면 전혀 근거가 없지는 않았던 것으로 보이는데, 이리하여 두 사람은 의정부를 거쳐 양주, 포천 일대를 배회하였다. 그러나 두 사람이 함께 가는 것은 위험하다는 것, 그리고 평양 지역에 근거가 없는 한 그 지역에 가더라도 장래의 희망은 없다고 생각해[2] 다시 되돌아와서 삼각산에서 하룻밤을 자고 당시의 행정구역상으로는 양주楊州군 노해蘆海면 공덕孔

德리(지금의 노원구 창동)의 주막에 머물렀다.

이들은 남부 지방의 수재로 중부와 북부 지방으로 올라오던 이재민을 가장하여 이 마을(공덕리 신주막新酒幕의 비석골)의 김정봉金点奉 집에서 방 한 칸을 빌려 약 두 달 동안 기거하였다. 자신들은 경남 김해군 대저면大諸面 맥도리麥島里에 사는 김소성(이재유), 김대성(이관술) 형제인데, 수해로 말미암아 땅을 잃고 적당한 경지를 찾아 이주할 목적으로 왔다고 한 것이다. 이 지명은 신문에 보도되었던 수해지구에 관한 기사를 보고 이재유가 적당히 둘러댄 것이었는데 의심을 피하기 위하여 일부러 경상도 사투리를 사용하였다. 이들은 해빙이 되는 것을 기다려 김점봉의 형 등의 주선으로 양주군 구리면 묵동리 김평산金平山, 진응칠陳應七 외 두 사람의 공동소유로 되어 있던 공덕리 부근의 임야 약 6천 평을 3년간 소작료 없이 개간하여 주는 조건으로 25원을 주고 빌려 농사를 지었다. 같은 해 5월에는 이관술이 가지고 있던 300원 정도의 돈으로 황무지 부근에 사방 8자 정도의 초가집도 한 채 지었다. 반 평 남짓한 돼지우리와 4평 정도의 계사鷄舍도 지었다. 집 뒤편의 경사지에는 창고를 겸한 지하실도 설치하였다.

그러나 해방 이후 이관술의 회고는 이재유가 진술한 내용과 약간의 차이가 있다. 그에 따르면 1935년 1월 초순 서울을 탈출한 두 사람은 경기도를 지나 강원도 홍천, 춘천 등의 산중을 두 달 동안 배회하였다. 이 시기에 이관술은 이재유로부터 '독특한 여러 가지 자세한 변장법과 생활 구실, 즉 여관에 들어가서는 어떻게 자고 주막에 가서는 어떤 핑계를 대고 밥집에 가서는 무엇이라고 하고 사먹고' 하는 등의 '지하생활에 필요한 각종의 기술'을 배웠다.[3] 이리하여 다시 서울로 들어갈 기회를 엿보다가 1935년 5월에 서울로 들어와 공덕리에 정착하였다고 한다. 1월에 서울을 탈출하여 여러 곳을 전전하다가 3월 무렵 공덕리에 들어와서 김점봉의 집 방 한 칸을 빌려 두 달 동안 머물렀다는 이재유의 진술과 비교해 보면 두 달 정도의 시차가 있는 것이다. 이재유의 진술에서 서울에서 빠져 나온 1월 초부터 공덕리에 들어간 3월까지의 두 달 정도의 시기가 이관술이 회상한 지하생활에 필요한 각종의 기술을 배우면서 이재유와 함께 각지를 전전하던 시기에 해당되는 지도 모르겠다.

한편 서울에서는 경찰이 이재유 등을 체포하기 위해 혈안이 되어 있었다. 1935년 11월 초순 일단의 단서를 잡아 검거에 총력을 기울였으나 실패하였고 나중에는 경기도 경찰부에서 500원의 현상을 내걸 정도였다. 당시의 신문기사에서 보듯이 "전 조선 경찰이 3년간 활동하다가 실패 끝에 일책안출一策按出"했으나 '대경성 지하에 숨은 이재유'를 '잡을 길 까마아득' 했던 것이다.[4] 이와 같이 식민지 경찰의 삼엄한 경계가 펼쳐지고 있었던 서울의 바로 코밑에서 순전한 농부가 된 이들은 부지런히 일하였다. 이듬해인 1936년에 다시 4천 평의 땅을 더 빌려 2년 동안 만 평 정도의 황무지를 개간하였다. 그러면서도 경찰의 추격을 늘 의식하여 경계의 고삐를 풀지 않았다.

'평화'로운 전원생활의 한가운데에서 끊임없는 주의와 긴장이 요구되는 그러한 나날들이었다. 1936년 8월에는 '적당한 잠복장소를 찾기 위하여' 동아일보사를 통하여 경기도 지도를 구입하기도 하였다.[5] 마을의 외딴 곳에 독신 남자 두 사람이 함께 사는 것도 부자연스러웠고 서울시내로 매일같이 들락날락하는 것도 이상하게 볼 법했다. 따라서 마을 사람들과의 접촉은 최소한도로 유지하였다. 때때로 마을에 놀러 가서 한글을 읽는 법을 가르쳐주기도 했고, 1936년 11월 마을에서 야학회관을 지을 때 목수로서 성심껏 일하기는 하였지만 야학회관이 지어진 다음 전적으로 야학활동을 맡아 하지는 않았다. 1936년 여름부터는 돼지 2 마리, 닭 60수를 기르기 시작했으며 나중에는 토끼도 길렀다. 마을 사람들의 신용을 얻기 위하여 이자를 싸게 하여 이들에게 빌려 준 돈만 하더라도 1936년 11월에 대략 150여 원에 달하였다. 부업으로 재배한 오이나 참외, 양파나 감자, 땅콩 등을 팔아 2년 사이에 무려 750원의 수입을 올렸다.[6] 집 가까이에 총독부 제생원 양육부가 있어 주재소 순사가 날마다 집 앞을 왕래하였기 때문에 이재유와도 친해졌다. 오이나 참외, 토마토 등을 주재소에서 사러 온 일도 있었으며 이재유 쪽에서 팔러 가기도 하였다.

기록에 따라서는 마치 그가 이 아지트를 중심으로 변장을 하고 수시로 서울 시내를 드나들면서 동지와 연락하고 정보를 교환하면서 운동을 지도하였다고 하여 영웅적으로 묘사한 경우도 있지만,[7] 실제로 결정적인 상황이나 어쩔 수 없는 사정을 제외하고는 시내에 거의 출입하지 않았다는 것이 오히려 더 사실에 가깝다고 보아야 할 것이다. 1935년 3월부터 신문을 사거나 혹은 경찰의 경계 상황을 살피기 위하여 때때로 서울로 간 적은 있었지만 당시는 아직 활동할 형편이 되지 않았다. 이재유가 활동을 시작한 것은 용산서 사건 관련 운동자들이 검찰에 송치되면서, 계속 수배는 되고 있었지만 경계가 이전보다 많이 완화되었던 같은 해 9월부터였다.[8] 공덕리의 생활은 1936년 12월 25일 그가 창동 부근에서 최종적으로 검거될 때까지 2년 정도 지속되었다.

운동방침의 수립과 운동자의 획득

앞에서 말했듯이 이 시기 이재유는 경찰의 탄압과 추격으로 행동에 많은 제약을 받고 있었으며 따라서 운동의 근거지인 서울 시내로 출입을 하거나 운동자들과 연락하는 일이 자유롭지 못하였다. 전국적 당재건을 궁극적 목표로 하면서 일차적으로 지역 내에서 당재건을 당면 과제로 설정한 만큼 지역적 기반을 서울에 두어야 하는 상황에서 이것은 결정적인 제약이 될 수 있었다. 따라서 자신을 대신하여 서울에서 자유롭게 활동할 수 있는 운동자를 우선 획득해야 했고, 시내의 노동대중과 직접적으로 접촉할 수 없었던 상황에서 자신의 역할과 위상을 재정립하는 것도 중요한 문제였다. 이에 따라 이재유는 다음과 같은 5개 항목의 구체적 방침을 정립하였다.

1. 시내에서 상대적으로 자유로우면서 직업적으로 활동할 수 있는 중심 오르그를 획득할 것. 특히 대경영내에서 결정적 활동을 할 수 있는 오르그를.
2. 먼저 선전·선동 조직 지도자로 될 수 있는 전 경성적인 정치신문을 발행할 것과 출판운동을 확립할 것. 그것은 구체적 활동방침을 게재하며 내용은 오르그를 상대로 한다.
3. 우리들은 그 중심 오르그를 통하여 각 경영내 활동을 협의함과 동시에 정치신문을 정밀하게 반포할 것.
4. 중심 오르그의 임무 하나를 정치신문 및 방침서 등의 독자망·반포망의 확립에 있다고 규정하여 활동시킴과 동시에 그 중심점을 대경영에 둘 것. 물론 대중적 요구에 의해 오르그 상대를 대중을 위한 것으로 바꿔 나갈 것.
5. 운동을 하면서 농업 및 양계 등을 하여 우리들의 보호색으로 함과 동시에 자금으로 제공할 것. 이것은 특히 중심 오르그 동지들의 생활비를 제공하기 위한 것이다.[9]

이와 같이 가급적 노동현장에 직업을 가진 운동자 중에서 자유롭게 활동할 수 있는 중심 오르그를 선택하여 획득하는 것을 전제로, 이재유는 운동에서 자신과 오르그의 위상과 역할분담을 규정하고 있다. 이에 따르면 이재유 등의 임무는 1) 정치신문이나 방침서 등 출판물의 간행, 2) 오르그를 통한 경영내 활동의 협의, 3) 중심 오르그에 대하여 생활비 등을 포함한 운동자금을 제공하는 것이며, 중심 오르그는 1) 경영내에서 직접적 활동, 2) 신문이나 팸플릿등의 배포 및 이를 통한 운동자의 획득 등이 주요한 임무였다. 이러한 변화는 바뀐 정세 하에서 선택할 수밖에 없었던 것으로 그것이 전술적 의미 이상의 것은 아니라는 점을 이재유는 강조하고 있다.

이러한 방침은 1935년 10월에 이재유가 운동자 획득을 위하여 처음으로 이종국李鍾國과 접촉[10]하기 이전에 수립되었을 것으로 추정된다. 이종국은 박영출이 체포될 무렵 잠적한 누이 이종희에 대한 애정이 남달랐다고 하는데 당시 그는 경신학교 학생으로서 운동선수였다. 학교에 전화를 건 이재유는 누이가 앓고 있으므로 방과 후 숭인면崇仁面 수유리 원산가도에 있는 제2우이교 부근으로 와달라는 말을 이종국에게 전해달라고 부탁하였다. 지게를 지고 농사꾼 차림을 하고 약속장소로 나간 이재유는 자신이 "직접적으로 말하지는 않았지만 이재유라는 것을 상대방에서 추측할 수 있을 정도로 암시를 주었다."[11] 아프다는 누이의 소식은 전하지 않고 거꾸로 누이의 소재나 안부, 경찰의 동태 등을 묻는 이재유에 대하여 이종국은 이 사람도 누이와 같은 공산주의자이며 누이와 연락하기 위하여 자신을 부른 것이라고 생각하였다.

이렇게 하여 이재유는 중간에 잠시 연락이 끊겼다가 1936년 3월까지 이종국과 6, 7회 정도 회합하였다. 처음에 이재유는 이종국이 위에서 말한 중심 오르그로서 활동해 줄 것을 기대했던 것 같다. 이종국에게 〈자기비판문〉을 주었던 사실[12]에서 이를 엿볼 수 있는데, 이종국은 이재유에 대한 경계와 의심의 태도를 좀처럼 버리지 않았으며 이재유는 그를 불충실하다고 평가하였다.[13] "부자집 아들로서 사상방면의 교양이 없다"[14]고 판단한 이재유는 그의 역할을 자신과 유순희 및 이종희와 유순희 사이 등 운동자들과의 연락에 한정하기로 하였다.[15] 1935년 12월 중순의 동계 휴가를 이용하여 이재유는 이종국에게 함흥으로 가서 유순희와 연락해줄 것을 부탁하였다.[16] 결과적으로 유순희와 연락하는 데는 실패했지만 이종국은 변우식이나 서구원을 그에게 연결시켜 주었다.

1936년 3월 하순[17] 동소문 바깥 미아리 길음교 부근에서 이종국의 연락을 통해 이재유는 변우식邊雨植을 만났다. 변우식은 제1기의 트로이카 시기에 학생운동 부문에서 활동하였으며 당시 전향하여 집행유예로 형무소에서 출감하여 나와 있었다. 출소한 이후 그가 "계속하여 운동을 할 것인가 또는 장사를 할 것인가로 고민하고 있을 때"[18] 이종국이 찾아와서 이재유를 만나 보라고 권유하였던 것이다. 변우식 자신은 콤그룹 사건으로 검거된 권영태와 같은 방에 수감되어 있을 때 권영태가 이재유의 노선은 파벌이고 자신은 국제노선이라고 말하여 이를 확인할 필요가 있어서 만난 것이라고 진술하였다.[19] 두 사람의 회합에서 변우식은 권영태의 콤그룹 사건 및 트로이카 사건의 공판 정황, 그 사건에 관계되었던 동지들의 동정을 이야기하고 이재유는 서대문경찰서에서 도주한 이후의 활동을 말하였다. 그리고 당시의 세계정세, 조선정세 등에서 시작하여 반파쇼인민전선에 관한 운동방침을 협의하였으며 운동자 획득을 위하여 몇몇 대상 인물들을 선정하여[20] 접촉 방법 등을 논의하였다. 적극적 활동은 아니었지만[21] 변우식은 이종국과는 달리 운동에서 일정한 역할을 하였다. 이재유는 그에게 〈자기비판문〉, 〈조직문제의 의의와 그 필요〉, 〈3L투쟁방침서〉, 〈12월 테제〉, 〈8·1캄파 투쟁방침서〉, 〈연말 캄파 투쟁방침서〉 등을 주었으며, 후술할 기관지 《적기》의 발행에 관하여 체재나 내용 등을 협의하였던 것이다.

비슷한 시기인 1936년 3월 중순 이종국은 시골에서 올라온 청년이 운동을 하려고 하는데 한번 만나 보겠느냐고 하여 하순 무렵 제2우이교 부근에서 이재유는 한 청년을 만났다. 그가 서구원徐球源이었다.[22] 이리하여 같은 해 10월 하순에 이르기까지 약 20회 정도 이재유를 만난 서구원은 서로 제휴하여 활동하기로 하였다. 이종국이나 변우식과는 달리 서구원은 이재유가 제3기의 운동방침을 세운 이래 최초로 획득한 중심 오르그였다. 따라서 이재유는 다른 누구보다도 많은 운동지침서를 그에게 주었다. 예컨대 〈자기비판문〉, 〈러시아혁명 기념일 캄파니아 투쟁방침서〉, 〈8·1캄파투쟁방침서〉, 〈연말캄파투쟁방침서〉, 〈조직문제의 의의와 그 필요〉, 〈공산주의자그룹 및 공산주의자에 보내는 멧세지〉 등이 그 것이다. 또한 앞에서의 방침에 입각하여 이재유는 그에게 운동자금 및 생활비로서 매달 8원씩을 지급하였다. 중심 오르그로서 그의 주요한 활동내용은 다음과 같은 것들이었다.

  1936년 9월 중순 군자리 골프장 뒷산에서 서구원은 경성준비그룹의 노동부 책임을 맡아 용산 방면의 대규모 공장에서 활동하기로 하였다. 한 달 쯤 후에 이재유는 서구원으로부터 자신의 함경도 사투리 때문에 서울에서 선전선동을 하기에는 사정이 좋지 않아 운동자를 획득할 수 없다는 보고를 받았다.[23] 이와 같이 공장 내에서 실질적인 대중적 기반을 확보하지 못함으로써 경영 내에서 직접적으로 활동한다는 방침은 실현되지 못하였다. 두 번째로 신문이나 팸플릿의 배포 및 이를 통한 운동자의 획득이라는 측면을 보면, 먼저 후자의 운동자를 획득하는 문제는 자신이 속해 있었던 이른바 콤그룹과의 통일을 달성하는데 집중적인 노력을 경주하였다. 구체적인 내용은 후술하겠지만 이를 통하여 우수한 운동자를 획득하고 운동선의 확대를 꾀하려고 한 것이다. 다음에 언급할 최호극은 이러한 노력의 구체적 결실이었다. 이밖에도 1936년 10월 중순 서구원이 조사하였다는 〈조선일보사 정세조사표〉[24] 역시 운동자 획득의 일환으로 작성된 것으로 추정된다. 다음에 전자의 측면에서 서구원은 기관지 《적기》를 출판하기 위한 등사용품을 구하기도 하고 간행 이후에는 이를 동지들에게 배포하는 등 운동방침을 충실히 이행하였다. 또한 그는 이재유와 함께 트로이카 및 준비그룹의 주요한 성원이었다. 그러나 서구원은 홍원에서 농민운동을 하다가 상경하였기 때문에 서울의 지리에 밝지 못했으며 또 1936년 10월 이후에는 병 때문에 함남으로 귀향하였기 때문에 적극적인 활동을 기대할 수 없었다.

  최호극崔浩極[25]은 서구원이 고향에 돌아가면서 이재유에게 소개한 운동자이다. 서구원과 마찬가지로 최호극도 원래 콤그룹의 후계조직에서 활동하였는데, 이재유는 만나기 전부터 서구원을 통하여 '좌익적 의식이 높은 자로서' 그의 이름을 듣고 있었다. 콤그룹의 노선이 옳고 이재유 그룹이 파벌이라고 생각하였던 최호극은 여러 차례에 걸친 서구원의 설득에 따라 이재유의 운동 선에서 제휴 활동하기로 합의하였다. 1936년 8월 하순 처음으로 만난 이래 경찰에 검거된 같은 해 12월 15일까지 두 사람은 10회 정도 회합하였다. 서구원과 마찬가지로 그 역시 '중심 오르그'로서 경성상공학교 생도였던 만큼 학생운동 부문의 책임을 맡기로 하였다. 서구원이 노동부 책임을 맡은 직후인 1936년 9월 하순 군자리의 중랑천 제방에서 결정된 사항이었다.[26] 학생운동 부문을 담당하였던 만큼 그에 상응하는 운동 자료로서 기관지 《적기》를 비롯하여 〈자기비판문〉, 〈학교 내의 활동기준〉, 〈조직문제의 의의와 그 필요〉, 〈3연발 캄파 투쟁방침서〉, 〈러시아 혁명기념일 투쟁방침서〉 등을 이재유는 그에게 주었다. 이후 최호극은 자신이 재학하는 경성상공학원에서 독서회를 조직하여 양성기梁成基 등을 획득하는 한편 보성고보, 소화공과학원, 경성전기학교, 기독교청년학교, 경성공업학교의 각 학교에서 활동을 전개하였다. 그런데 최호극은 이재유와 접촉한 기간이 극히 짧았을 뿐만 아니라 학생으로서 경험이 없었기 때문에 능률적인 활동은 전개하지 못하였다.

  이들 운동자들의 접촉과정에서 주목되는 것은 이미 과거의 경력이나 얼굴을 알고 있었던 변우식이나 이종국을 제외하면 각 운동자들이 철저하게 자신의 이름과 신분을 숨기고 서로 접촉하고 있었다는 사실이다. 이러한 접촉 방법은 앞의 제2기에 이재유가 박영출 및 이관술과 만나는 과정에서도 찾아 볼 수 있었다. 제3기에도 예컨대 이재유는 김소수全素守나 박윤식朴允植 혹은 SOS, 서구원은 황질수黃質守나 권모權某 혹은 SOA라는 가명을 쓰고 있었다. 이재유는 검거된 이후까지도 서구원의 본명을 몰랐으며, 서구원은 검거되고 나서야 그가 비로소 이재유라는 것을 알았다.[27] 경찰의 진술에서 이재유는 서구원을 "함경도 사투리의 연령 24~25세 정도의 청년"으로, 최호극을 "연령 20세 정도의 모 상업학교의 학생풍의 청년"이라고 지칭[28]하였다. 마찬가지로 서구원은 최호극과 같은 콤그룹에서 운동하였으며, 운동자로 획득하기 위해 10여 차례에 걸쳐 서로 만났지만 자신의 이름이나 신원을 일체 밝히지 않았다. 나중에 경찰에서 최호극은 1936년 8월 하순 운동자로서 서구원을 만난 이래 "최후까지 어떤 자인지 자기 이름도 대지 않았는데 뒤에 판단"해 보고 "검거된 이후 비로소 이름도 또 그가 나와 같은 홍원군 출신"이라는 것을 알았다고 진술[29]하였다.

이러한 운동방식은 제1기의 경성트로이카 시기 경찰의 체포와 운동의 실패라는 경험에서 비롯되어, 제2기 이후 엄격하게 확립되었던 것으로 추정된다. 제2기의 운동자로서 박영출과 함께 검거되었던 박진홍이 1934년 9월 신당정 영미교(永尾橋) 부근에서 김복금을 만나 "경성사건(제1기의 검거사건—필자)은 이재유가 너무나 밑에 사람과 접촉을 빈번하게 하였기 때문에 사건의 전모가 폭로되었으며 콤그룹 사건도 동일하게 폭로되었으므로 이제부터는 서로 주소·성명을 감추어 가지고 가두연락을 하자"[30]고 하였던 것은 이러한 맥락에서 이해된다. 또한 이재유의 〈자기비판문〉도 이와 비슷한 취지의 자기비판을 하고 있어, 이 운동방식은 이재유 그룹에서 불문율로 확립되었던 것으로 보인다.

운동선의 통일

지금까지 살펴보았듯이 이재유는 제3기의 변화된 운동방침을 전제로 여러 운동자들과 접촉하여 '중심 오르그' 동지를 획득하여 운동의 원활한 발전을 꾀하려고 하였다. 그러나 앞에서 보았듯이 이종국은 운동에 불충실하여 적극적이지 않았고 변우식은 가정 사정과 경찰의 탄압으로 실질적인 활동이 불가능했다. 서구원은 서울의 지리에 익숙하지 않은데

다가 병으로 활발한 활동을 기대할 수 없었으며 최호극은 학생으로 아직 경험이 없었다. 이러한 사정에 연유하여 이재유는 권영태 그룹의 후계 조직인 김희성 등에 의한 공산주의자 그룹을 주요한 대상으로 하여 이 그룹과의 통일을 위하여 많은 노력을 경주하였다. 제2기에서 보았듯이 이 문제는 서울의 운동자들이 당면한 가장 크나큰 문제이기도 하였다. 결론부터 말하면 이 통일의 노력은 실패한다. 그리고 이재유는 서구원과 최호극의 두 사람을 통하여 이들이 관계를 가지고 있었던 김희성 조직의 일부 성원을 흡수·통합하여 조직을 재정비하였다. 이 사건의 전체 검거자 60명 가운데 이와 같이 획득한 인원이 어느 정도 되는 지는 불명확하나 최종 판결을 받은 7명 가운데 서구원·최호극·양성기·고병택高柄澤·민태복閔泰福의 5명이 적어도 김희성 조직과 직간접의 관련이 있었던 것으로 추정된다.[31]

구체적으로 김희성 조직과의 공동 전선이 모색된 것은 1936년 3월 이래 서구원 등을 통해서였다. 이를 위해 이재유는 〈공산주의적 제그룹 및 공산주의자 제군에 보내는 메세지〉라는 팸플릿을 집필하기도 하고 공동투쟁위원회를 통한 운동 역량의 합동을 제안하였다. 공동투쟁위원회로서 그가 제안한 것은 8·1 국제 반전일 캄파니아 및 간도공산당사건 피고사형집행반대의 2가지 제목을 가지고 다른 운동노선에 있는 공산주의자와 서로 제휴하여 공동투쟁을 하고 이를 계기로 운동의 합동 통일을 도모하자는 것이었다. 이러한 공동의 투쟁위원회 형식을 통한 운동전선의 통일은 이전에도 여러 차례 구상·제안된 바 있었으며 다른 지역에서도 일반적으로 채택되었던 운동방식이었다.

이를 위한 전제 작업으로 이재유는 1936년 6월에 이관술과 의논하여 통일을 위한 잠정적 기관을 조직하기로 하고, 며칠 후 창동 부근의 산림에서 서구원을 만나 '조선공산당재건 경성지방협의회'라는 통일기관을 결성할 것을 제안하였다.[32] 이 조직은 이재유, 이관술 및 서구원의 세 사람을 성원으로 가맹시키고 그 아래에 이재유가 1933년 이래 가지고 있었던 조선공산주의자 트로이카와 재건그룹의 두 조직을 우선 두되, 다른 노선의 대표자와 협의하여 통일을 이룬 다음에 조선 공산주의운동의 통일기관으로서 경성지방협의회를 완성시킨다는[33] 구상을 가진 것이었다. 따라서 이 협의회는 서울 지방에서 운동의 통일을 위한 기구로서 잠정적으로 설정되어 다른 분파의 참가를 통해 영구적으로 그 조직의 지속을 보장받으려고 한 것이었다. 다른 한편 통일기관으로 '조선공산당재건 경성지방협의회'를 가지려고 한 이유를 이재유는 재건그룹이나 트로이카 운동이 너무나 경찰에 알려져 있었기 때문에 무엇인가 명칭을 바꾸어 보려고 생각하여 협의회로 개칭하였다[34]고 진술하였다. 이러한 구상 아래 그 하부조직인 트로이카의 추천자로서는 서구원을, 재건그룹의 추천자로서는 이재유 자신을 선출하여 콤그룹의 대표자와 협의하기로 하였다는 것이다.

여기서 이재유가 1933년 이래 가지고 있었던 트로이카란 무엇인가? 앞에서 보았듯이 제2기에 이관술이 주로 이전의 트로이카 조직에 속했던 운동자들을 담당하였던 것은 살펴본 바 있지만 여기서 다시 트로이카 조직이 있었던 것처럼 말하는 것은 무슨 까닭인가? 이재유는 이전의 제1, 2기 운동과의 연속선상에서 별로 투쟁은 못하였지만 이 시기 당재건을 위한 조직에는 이재유·이관술의 두 사람이 있었다고 진술하였다. 그리고 트로이카 성원으로는 자신과 서구원의 두 사람이 있었는데 이 트로이카는 1936년 5월 창동의 산속에서 서구원과 만나 조직하였다는 것이다.[35] 따라서 이관술과 자신이 속한 당재건조직은 경성재건그룹이고, 당재건조직에 속한 자신과 '중심 오르그'인 서구원이 소속된 조직은 트로이카이며 이들을 통합한 잠정적 통일조직을 위에서 말한 '조선공산당재건 경성지방협의회'로 상정한 것을 알 수 있다. 그런데 이러한 조직 자체가 구체적인 운동 내용을 채워 나가려는 과정이라고 강변할 수도 있겠지만, 구체적인 활동이 뒷받침되지 않은 조직이 과연 조직적 실체로서의 의미를 지닐 수 있는 것인지 의심스럽다. 결과적으로 통일을 위한 협상에서 헤게모니를 장악하기 위하여 이재유가 자파 세력에 의한 조직들을 무의미하게 남발했다고 볼 수도 있을 것이다.[36]

한편 콤그룹에 대하여는 5월 중순 좌익전선통일참가 권유문이 서구원을 통하여 김희성에게 전달되었는데, 김희성은 자신의 동지들과 협의한 후 대표 1명을 선출하여 통일협의회에 참가해 달라는 부탁을 받았다. 서구원의 참가 권유문을 받은 김희성은 자신의 그룹에서 이를 공개적으로 논의하여 입장을 정리하였을 것으로 추정된다. 김희성그룹의 결론은 코민테른의 조직적 지도의 맥을 잇는 자신들이 '파벌분자'인 이재유 그룹에서 주도하는 통일운동에는 참가할 수 없다는 것이었다. 이에 따라 콤그룹과 교섭하여 1936년 6월 23일 창동역 서쪽 산림 속에서 개최[37]하려던 통일을 위한 회합은 상대방인 김희성그룹에서 아무도 나오지 않아 결국 무산되고 말았다.[38] 서울 지역 운동을 통일하자는 이재유 그룹의 제의를 거절한 김희성그룹은 이 무렵 원산 지역에서 형성되기 시작한 같은 국제파에 속하는 이주하 등의 혁명적 노동조합운동과 연결되었다.[39]

경성준비그룹의 결성

이와 같이 양 그룹의 완전한 제휴가 결렬됨에 따라 재건그룹과 트로이카의 2개 노선이 합류하여 조선공산당재건 경성준비그룹으로 개칭하였다. 그런데 이 준비그룹의 결성에 대하여는 두 가지 다른 주장이 있다. 즉 경찰의 수사의견서에 따르면 1936년 6월 하순 노해면 공덕리 이재유와 이관술의 아지트에서 두 사람이 협의하여 종래의 '재건그룹'을 '준비그룹'으로 바꾸어 출판부 책임은 이관술과 이재유로 하고 조직선전부 책임을 이재유로 분담하였으며 이후 곧 서구원이 가입하고 8월 하순에 최호극이 가입하였다는 것[40]이다. 그런데 이재유의 진술에 의하면 1936년 10월 창동의 산속에서 자신과 서구원이 준비그룹을 결성한 다음 이재유가 그날 집에 돌아가서 이관술의 승낙을 얻어 가입한 것으로, 조직부서는 출판부 책임을 자신과 이관술이 맡고 선전부 책임을 서구원이 담당[41]하였다고 한다.

준비그룹의 결성시기와 조직부서 등을 둘러싼 이러한 엇갈린 주장은 나름대로의 타당성을 지닌다. 즉 전자의 6월에 조직되었다는 주장을 먼저 살펴보면 조직부서에 이재유와 이관술 밖에 포함되지 않아 그것이 당재건을 위한 조직이라는 것을 쉽게 알 수 있다. 그런데 앞에서 말했듯이 통일기관으로 협의회의 결성을 구상하였다가 상대파의 불참으로 실현되지 못하고 트로이카와 재건그룹의 양 조직이 합류하여 준비그룹을 결성하였다. 그런데 트로이카 조직은 협상을 위한 방편적 조직으로서의 성격과 아울러 운동의 초보적 단계에서 채택한 조직방식이었는데, 서구원이 곧 당재건조직의 성원으로 합류하였기 때문에 사실상 이 단계에서는 별 의미를 지니지 못한 조직이었다. 이러한 점에서 트로이카 조직을 무시한다면 이전의 재건그룹이 준비그룹으로 단순히 개칭되었다고 할 수 있는 것이다. 전자의 준비그룹의 결성은 이러한 사실을 가리킨다고 할 수 있다.

다음에 준비그룹을 10월에 결성하였다는 이재유의 주장을 검토해 보자. 앞에서도 말했듯이 이는 서구원과 최호극이 각기 노동운동과 학생운동을 담당할 '중심 오르그'로 선정됨으로써 본격적인 운동을 전개하기 위하여 조직을 정비하였던 사실을 가리키는 것이다. 여기서 본격적인 운동의 주요 내용은 준비그룹의 기관지인 《적기》를 발간하는 것이었다. 이 문제는 1933년 이재유 그룹이 운동을 시작한 이래 주요 숙원 사업이었다. 앞에서도 말했듯이 제1기에 5대 중심 슬로건의 하나였던 비합법 정치신문의 출간은 1933년 말에 계획되었다가 경찰의 추격으로 좌절되었고, 제2기에는 그럴만한 운동의 여유를 가지지 못하다가 이 시기에 들어와서 비로소 실천에 옮긴 것이었다. 이를 위하여 이재유와 이관술이 기관지 발행을 위한 출판 책임을 맡고 서구원은 '중심 오르그'로서 운동자의 획득과 경영대중 내에서 직접 활동하기 위하여 선전부로 배정되었다. 이러한 점에서 보면 준비그룹은 일정한 조직적 실체를 가진 것이었다. 따라서 각 운동자의 정확한 역할과 위상이 규정되고 조직이 정비된 후자의 시점을 엄밀한 의미에서는 준비그룹이 결성된 시점으로 보아야 할 것이지만, 전자의 예와 더불어 1936년 7월에 작성한 《8·1캄파 투쟁방침서》의 예에서 보듯이[42] 팸플릿에 준비그룹이라는 서명을 사용하고 있다는 점에서 1936년 6월 이후의 조직을 준비그룹으로 보는 것도 큰 무리는 없다고 본다.

그런데 이재유는 이와 같이 명칭을 바꾼 이유를 당시의 정황을 고려한 편의에서 나온 것이었다고 설명하고 있다. 첫째 이유는 조직의 명칭이 경찰에 이미 널리 알려져 있기 때문에 만일 경찰에서 입수하는 경우라도 어느 운동선인지 분별할 수 없도록 하기 위한 것이었다. 이는 비단 준비그룹뿐만이 아니라 이전에 조직 명칭을 바꾸었던 유력한 이유 중의 하나로서 비합법 상황에서의 불가피한 선택이기도 하였다. 제2기의 재건그룹에서 작성한 팸플릿이 경찰에 입수되어 발각될 우려가 있었기 때문에 이를 방지하기 위하여 제3기에 간행한 《8·1캄파투쟁방침서》 등의 팸플릿에는 준비그룹으로 서명하여 이름만 고친 것에 지나지 않는다는 진술[43]도 마찬가지 맥락에서 이해된다. 두 번째 이유로 이재유가 들고 있는 것은 예컨대 김희성 조직과 같이 '경성재건'에 대하여 선입견을 가지고 있는 '섹트적' 부분과 아래로부터의 통일을 진전시키기 위해서이다. 그러면서 이재유는 명칭만을 바꾼 것은 "하나의 전술적 의미 이외에 아무 것도 아니다"[44]라고 주장하고 있다. 이와 같이 본다면 앞에서 말했듯이 트로이카적 조직 방식은 이 시기에도 기본적으로 변함이 없었다고 볼 수 있다. 즉 전략적 차원에서 조직방침의 변화는 결코 없었으며 트로이카적 조직방식이 일관되게 적용되었다고 할 수 있는 것이다.

그럼에도 이재유 자신이 특히 제2기 이후부터 트로이카 조직방식을 조직 그 자체와 혼용하였기 때문에, 때때로 그것은 조직 그 자체로 인식되고 이해되었다. 이는 아래로부터 위로의 살아 있는 활기찬 조직을 만든다는 이재유의 조직방침이 쇠퇴하고 실질적인 대중적 기반이 없이 소수 지도부에 의해 위로부터 조직이 구축되는 것을 의미하였다. 자신이 그렇게 비판하였던 과거 운동의 경험을 연상케 하는 이러한 경향은 후기로 갈수록 더욱 뚜렷하게 나타난다. 제2기인 1935년 12월에 언급되는 '재건그룹'의 결성사실이나 제3기인 1936년 10월에 결성되었던 '준비그룹'은 자신의 의도와는 달리 객관적으로는 일정한 조직적 실체를 가진 것이었다. 1936년 6월 경찰의 눈을 속이기 위해 단순히 명칭만 바꾸었다는 준비그룹이 10월에는 비약적으로 발전하는 혁명적 통일의 구체적 실행을 결의 한 공식적 조직으로서 6월에 이미 결성되었던 것처럼 사후적으로 정당화되고 있다. '중심 오르그' 등의 표현에서 보듯이 이 시기에 트로이카보다는 '오르그' 라는 말이 빈번하게 사용되는 것도 비슷한 맥락에서 이해될 수 있다. 이와 같이 하층 통일전선전술 방침에 입각한 아래로부터 위로의 조직 방침이 일정한 형태로 여전히 관철되고 있었다고는 하더라도 이 시기에 와서는 어느 정도의 타협과 변형이 불가피하게 되었다. 이와 관련하여 "동지는 절대로 투쟁을 통하여 획득한다"는 원칙이 상당히 느슨하게 적용될 수밖에 없었던 것이다.

출판 활동과 《적기》의 발행

앞의 바뀐 전술로부터 채택한 5개 항목의 구체적 방침에서 보았듯이 제3기의 주요 운동 목표의 하나는 정치신문의 발행과 출판활동이었다.

그리고 이는 획득한 '중심 오르그'가 아닌 이재유 등에 부과된 고유한 임무였다. 이러한 점에서 이론 문제나 투쟁방침서 등의 많은 팸플릿들이 간행되었다. 특히 이 시기에 다수의 팸플릿들이 간행되었던 것은 실천운동이 현실적으로 제약을 받을 수밖에 없었던 한계에 대한 돌파구 내지는 대체 활동의 성격을 지니고 있었다.

먼저 이론문제의 영역에서 발간한 팸플릿으로는 〈조직문제의 의의와 그 필요〉, 〈공산주의자에 보내는 메세지〉 등을 들 수 있다. 전자는 당재건운동을 위한 일반적 조직이론과 구체적 방침에 관한 서술로서 당과 혁명적 노동조합, 농민조합 등의 조직구성 및 이들의 관계를 도해·설명한 것이다. 이 팸플릿의 구체적인 내용은 알 수 없지만 개략적인 내용은 단편적으로 파악할 수 있다. 예컨대 혁명적 노동조합을 보면 조선에는 12개의 산업조합이 있으므로 이에 상응하여 전국노동조합에 화학·금속·운수·섬유 등 12개 부문을 두고 그 아래에 지구와 공장 분회 등의 하부조직을 통합하여 단일조직을 이루어야 한다. 그리고 혁명적 농민조합도 이와 대략 비슷한데, 당은 이 대중조직에 들어가 프랙션운동을 하여야 한다는 것이다.[45] 다음에 〈공산주의자에 보내는 메세지〉의 원래 제목은 〈공산주의자 제그룹 및 공산주의자 제군에 보내는 메세지〉이다. 운동선의 통일에 대한 주장을 담고 있다는 점에서 이 글은 제2기에 이재유가 작성한 〈통일문제에 대하여—콤그룹과의 통일문제를 중심으로〉라는 팸플릿의 연장선 위에 있다고 할 수 있다. 앞에서도 말했듯이 경성콤그룹의 후계인 김희성 조직과의 합동을 위해 이재유가 작성하였다는 이 글의 내용 역시 현재 전해지지 않아 알 수 없다. 그 내용의 개요는 공동투쟁을 통한 초보 단계에서 합동을 시도하여 점차로 양 노선의 조직이 통일을 지향하며 그 조직은 협의회 형식으로 할 것, 이와 같이 서울 지방에서의 통일을 기반으로 전국적 당조직을 건설하여 코민테른 등의 국제선과 연결한다는 것 등으로 추정된다. 한편 이와 관련하여 〈공동 캄파니아 투쟁에 관한 건〉이라는 팸플릿도 간행하였다고 하는데 이는 다음의 투쟁방침서와도 발행 취지를 같이 하는 것이다.

다음에는 각종 기념일 등에 선전선동을 위하여 간행한 투쟁방침서들을 들 수 있다. 이 범주에 속한 팸플릿으로는 〈8·1 캄파 투쟁방침서〉, 〈3연발 캄파 투쟁방침서〉, 〈러시아혁명 기념일 캄파 투쟁방침서〉 등을 들수 있다. 〈8·1 캄파 투쟁방침서〉의 원래 제목은 〈8·1 캄파니아의 구체적 실행방법〉이다. 8월 1일의 국제반전일을 맞아 이 날을 기념·투쟁하기 위한 것으로 1936년 7월에 작성되었으며[46] 앞에서 말했듯이 처음으로 '경성준비그룹'의 서명이 들어간 팸플릿이었다. 원래 반전데이는 1914년 8월에 발발한 제1차 세계대전에서 "만국 프롤레타리아의 참혹한 착취와 살해를 기리기 위하여" 1929년에 제정된 이래 조선에서도 격문·팸플릿 등을 통하여 반제반전의 슬로건을 내걸고 널리 기념되어 오던 날이었다.[47] 다음에 〈3연발 캄파 투쟁방침서〉란 8월 29일의 한일합방, 9월 1일의 관동대지진, 9월 첫 일요일의 국제무산청년일[48] 기념일이 연속으로 있어서 이 시기에 집중적으로 운동을 전개하자는 내용을 담은 팸플릿이다. 〈러시아혁명 기념일 캄파 투쟁방침서〉는 주지하듯이 1917년 11월 7일의 러시아 혁명일을 기념하여 혁명 당시의 투쟁 경험 등을 서술하면서 선전·선동한 것이다. 이 두 팸플릿이 작성된 것은 1936년 중반 무렵이었다고 한다.[49]

그러나 무엇보다도 제3기의 출판운동에서 가장 큰 비중과 의미를 가졌던 것은 《적기》의 발행이었다. 지금까지 그래왔듯이 탄산지에 필사하는 수공업의 방식과는 대조적으로 등사판으로 간행되었다는 사실을 통해서도 당시 운동에서 그것이 차지하는 비중을 충분히 짐작할 수 있을 것이다. 《적기》의 발행은 이미 언급했듯이 일찍이 1933년에 5대 중심 슬로건까지 거슬러 올라갈 수 있겠지만, 정확히는 1935년 5월 공덕리에서 생활을 시작하면서부터 계획한 것이었다. 《적기》의 발행이 본격적으로 논의되었던 것은 1년쯤 후에 경성콤그룹과의 통일문제가 제기된 1936년 6월이었다.[50] 통일을 위한 노력이 실패로 돌아가면서 기관지 발간은 예정보다 다소 지체되었다. 1936년 10월 이관술·서구원 등과 함께 조선공산당재건 경성준비그룹을 결성하면서 비로소 기관지로서 《적기》를 발행한 것이다. 등사판은 석유상자의 옆판과 판유리를 재료로 만들었으며 소나무 가지를 둥글게 잘라 사포砂布로 간 다음 그 위에 자전거 튜브를 말고 양동이의 손잡이를 양쪽에 붙여 롤러로 사용하였다. 또한 축음기의 침을 아카시아 가지에 끼운 다음 판금으로 싸서 철필의 대용으로 하였다. 《적기》의 체재나 내용, 발행계획 등은 이재유가 이관술이나 변우식·서구원·최호극 등과 협의하여 대체적인 윤곽을 잡았으며 원고의 작성과 기사의 조립은 모두 이재유가 담당하였다. 그런 다음 이관술이 글씨를 잘 쓴다고 하여 정서淨書를 맡았으며 등사는 이재유가 하였다. 기사의 구체적인 내용은 이관술과 일일이 협의하지는 않지만 창간호의 중심 강령이나 행동 강령과 같이 중요한 기사는 미리 검토를 하여 결정하였다. 또한 이관술이 원지에 정서를 하였기 때문에 내용을 보다가 의견이 있는 경우는 그때마다 이재유와 협의하여 작성하였다.[51]

《적기》 1호는 약 2주일 정도 걸려서 1936년 10월 20일에 발행되었다. 제3호는 그가 마지막으로 검거된 바로 전날인 12월 24일에 발간되었으며 제2호는 발간 일자가 명확하지 않으나 《적기》가 월간을 계획하고 있었다는 점으로 미루어 보아 11월 쯤에 발간되었던 것으로 추정된다. 발행 부수는 제1호가 20부, 제2호가 15부, 제3호가 10부 남짓이었다.[52] 각 호의 분량은 45매 정도를 기준으로 잡았던 것 같은데[53] 전체 1·2·3호의 원고를 합하여 178매에 달하는 많은 분량이었다. 《적기》라는 제목은 "일본이나 독일의 공산주의 잡지에서도 적기로 되어있어서 조선에도 이 명칭을 사용"[54]하였다고 한다.

《적기》는 노동대중을 기초로 한다는 운동방침에 입각하여 대중에게 읽을거리를 제공하며 대중의 직접적인 이익을 대표하여, 독자를 중심으로 당재건을 하는 것과 아울러 분산되어 있었던 서울(나아가서 조선의 공산주의 운동자들)을 통일하는 것을 목표로 하였다.[55] 이는 당재건 방식으로 흔히 채택되었던 기관지의 독자망·배포망을 중심으로 당재건을 한다는 방식과 일치하는 것이다. 《적기》를 '조직자이고 선동자이고 선전자이고 지도자'로 일컫는 이유도 여기에 있다. 《적기》는 잠정적으로 '각 경영내의 혁명적 오르그 동지들'을 주요 배포 대상으로 설정하였지만 궁극적으로 프롤레타리아 계급의 일반 노동대중을 목표로 하였다. 또한 그것은 전국적인 차원에 걸친 것이 아니라 우선적으로 서울 지역에 한정된 것이었다. 이처럼 지역적으로 한정되어 있었지만 《적기》 제1호에서 밝히고 있듯이 각 경영 단위의 공장신문을 기초로 전국적 차원에서 완성된 당재건의 정치적 기관지를 궁극적으로 지향하고 있었다. 이러한 점에서 그것은 과도적 정치신문이었다고 할 수 있다. 즉 여기서 과도적이란 대중이 아닌 전위를 1차적인 주요 독자로 한다는 점 및 국지적 지역을 기반으로 하면서 궁극적으로는 일반대중을 상대로 전국적 차원을 전망한다는 두 가지 의미를 내포한 것이다. 정치신문으로서 《적기》는 1) 일본제국주의의 모든 비밀에 대하여 정치적 폭로와 항의 투쟁을 일으킬 것, 2) 민정民政, 사민社民, 파벌 섹트주의의 일체 행동을 비판, 청산, 극복, 박멸할 것, 3) 대중의 일체 불평불만, 반발, 항의투쟁을 격발, 추출, 지도, 집중할 것 등을 주요한 임무로 하여 이론문제, 전술문제, 대중의 계몽을 위한 문제, 공장 내 제문제, 기타의 문제들을 다루기로 하였다.[56] 이에 따라 기사의 내용은 1) 정치신문으로서 대중적, 전위적 임무를 수행하기 위하여 활동하는 기사, 2) 이론기관지로서 정치적, 사회적 기사, 3) 반제신문으로서 반제 활동에 관한 기사, 4) 노동신문으로서 사회적 및 노동자, 부인층에 적당한 기사, 5) 공청신문으로서 청소년층에 영향을 미치기 위한 기사[57] 등으로 이들 각 항목을 안배하여 작성하기로 하였다.

《적기》는 현재 원본이 전하지 않는다. 그러나 제1호는 일제 경찰의 번역을 통해서 대체적인 내용을 살펴볼 수 있다. 먼저 〈창간선언〉은 위의 《적기》의 임무 가운데 이론과 전술 문제를 주로 다루었다. 〈창간선언〉에서는 내외 정세의 특징으로서 독일과 이탈리아를 위시한 열강 제국주의 국가와 소련을 비롯한 국제 프롤레타리아 및 식민지 약소민족 사이의 인민전선운동을 중심으로 설명하고 있다. 1935년 코민테른 제7차 대회에서 채택된 인민전선 운동방침을 수용·적용하고 있는 것을 알 수 있다. 이러한 세계적 위기에 직면하여 일본제국주의는 자국뿐만 아니라 식민지 조선에서도 "야만적 착취와 압박으로 전쟁준비에 광분"하여 수많은 혁명적 활동분자를 검거, 고문, 학살, 투옥하였다. 노동자의 경제적 요구조차도 총검으로 유린할 뿐 아니라 나아가서 조선인의 언어·풍속·관습·교육·역사까지도 위조, 약탈, 동화되도록 강제하고 있다. 또한 동아일보와 조선중앙일보, 대동민우회 등을 민족개량주의로 매도하면서, 이들이 일제의 전쟁준비를 도와 "주구적 활동을 노골적으로 수행"하고 있다고 주장하였다. 이와 함께 일제의 반동적 대중정책과 야만적인 백색테러하에서 대중의 혁명열이 비상한 속도로 앙양되고 있다는 사실을 강조하였다. 파업 건수와 그 사례들을 나열하면서 이재유는 이러한 "반전 및 백색테러투쟁이 모든 현실투쟁과 결부되어 진전될 뿐만 아니라 경찰의 유치장·감옥에까지 전개되고 있다"고 주장한다. 나중에 검거되어 형무소 생활을 하면서 그는 이와 관련된 일련의 투쟁들을 전개함으로써 그 주장을 직접 실천하였다. 이러한 점에서 전 조선 내의 모든 대중투쟁은 혁명적 노조 및 농조, 당 및 공청재건과 직간접적 관련을 가지고 전개되고 있으며 파벌에 대한 대중적 항쟁이 전개되는 것과 아울러 각지에 산재한 모든 혁명세력은 다년간의 중심과제인 대경영 중심의 당재건과 전국적 체계화에 노력을 집중하고 있다는 것이다.

2장의 《적기》의 임무에서 이재유는 과도적 정치신문으로서 《적기》의 성격과 임무 및 목적 등과 당면 혁명계급의 중심 강령과 행동 슬로건을 제시하였다. 중심 강령은 조선의 절대 독립과 노농 소비에트 정부의 수립을 포함하는 전체 3장에 걸친 6개 항목을 설정하였으며 당면 혁명의 성질은 "사회주의혁명의 강력적 전화 경향을 가진 민족혁명, 즉 부르주아 민주주의혁명"으로 규정되었다. 이른바 '자본성 민주주의 혁명' 이 그것이다. 이 민족혁명의 과제는 반제국주의이면서 동시에 반봉건적 혁명이다. 여기서 주목할 것은 그가 인민전선 방침을 주장하고 있음에도 앞 시기와 마찬가지로 일본제국주의와 봉건 귀족과 아울러 토착 부르주아지를 '타도 대상'으로 설정하고 있다는 점이다. 그리고 행동 슬로건으로 제국주의 전쟁반대, 조선의 절대독립, 반파쇼·반제인민전선의 확립 등을 포함한 전 8장 18개 항목을 나열하고 있다. 이러한 당면 혁명의 중심 강령과 행동 슬로건은 마르크스-레닌주의로 무장된 생산 프롤레타리아의 볼셰비키적 실천에 의해서 가능하며, 이러한 점에서 조선 프롤레타리아가 당면한 주요 조직적 임무는 다음과 같은 것들이라고 이재유는 주장하였다.

1. 대경영 생산 프롤레타리아의 공고한 기초로 전국적 볼셰비키 당 및 공청을 재건하는 것. 이것은 국제프롤레타리아의 지시와 경영세포 중심의 지방 재건에 의하여만 즉, 피라미드식 조직방법에 의하여만 가능하고 철과 같은 조직이 성립할 수 있다. 이로써 우리들은 일정한 지역, 즉 서울의 경영세포를 조직하는 활동에 전 세력을 집중하여 지역 내 모든 공산주의 그룹과의 혁명적 통일에 노력하며 다른 한편으로 전국적 볼셰비키 당재건에 주력한다.
2. 국제공산당의 정당한 지도와 계통적 연락을 정립하는 것. 모든 대중투쟁이 혁명적으로 전개되는 데는 국제공산당의 계통적 지도가 절대 필요하다. 이로써 우리들은 투쟁활동, 운동방침, 전술경험 기타 모든 문제에 대한 진실한 보고를 부단하게 계속하여 이에 대한 혁명적 비판과 새로운 지령을 받는

것이 중요한 주의점이다.

3. 아래로부터 위로의 통일전선을 확대·강화하는 것. 파벌적 섹트주의자들을 대중으로부터 분리하기 위하여 그들의 구체적 실천에 대한 혁명적 비판과 무자비한 투쟁을 계속적으로 전개한다. 그리하여 대중의 모든 경제적 투쟁을 파벌적 섹트주의자들과 분리시켜 독자적 지도권을 확립함과 동시에 적색노조 확립에 주력하며 특히 부인·청소년·노동자·중국인, 일본인 노동자층의 활동을 강화할 것.

4. 지주를 반대하는 농민투쟁을 격발시켜 혁명적 농조의 확립에 주력한다.

5. 인민대중의 반항·항의투쟁의 모든 표현을 전쟁과 파쇼적 일본제국주의 조선 통치 권력에 대한 정치적 투쟁의 궤도로 전향시켜 반전위원의 활동을 강화하고 반파쇼·반제 인민전선운동을 수립하며 민정民政·사민社民주의의 박멸에 주력한다.

6. 적색문화그룹, 스포츠, 기타 모든 대중운동을 구체적으로 전개하여 정치적 영향력을 확대, 강화하는 데 주력한다.

마지막으로 노동대중의 이러한 실천활동을 촉진하기 위한 부분적 요구들로 이재유는 ① 민족적·계급적 정치적 투쟁의 자유로부터 ⑩ 부르주아가 부담하는 실업·질병·재해·노약·사망의 국가보험을 즉시 실시할 것 등의 10가지 사항에 이르는 항목들을 제시하였다. 이중에서 노동운동과 관련하여 주목되는 것은 4항에서 ① 근로자의 출판·집회·언론 등의 무제한 자유, ② 정치적 대중 집회와 데모의 완전 자유, ③ 모든 경영 내에 경영위원회를 창립하는 자유 및 경영위원회의 승인, ④ 프롤레타리아 자위단의 창설과, 6항의 노동자 농민을 탄압하는 모든 법령의 철폐, 7항의 ① 기숙사적 속박 반대, ② 노동자 및 청년에 대한 노예제도의 낡은 형태인 연기계약제年期契約制의 반대, ③ 부인, 청년의 이중착취 반대, ④ 동일노동에 동일임금, ⑤ 부인 및 아동의 공공연한 은묵隱默의

매매제에 대한 형벌, 8항의 ① 부르주아적 산업합리화 반대, ② 성인에 대한 하루 7시간 노동제, ③ 16세 미만의 소년에 대한 4시간 노동제, ④ 18세 미만의 청년에 대한 6시간 노동제, ⑤ 유년노동금지, ⑥ 1주 40시간제(현 노동시간 중·소공장 46시간), ⑦ 1주 1회의 임금 전액 지불의 휴일과 1년 1회의 임금 지불의 2주간 휴가 및 마지막 9항의 ① 임금의 전반적 인상, ② 처가 있는 노동자의 최저생활비 기준에 의한 최저임금 확립, ③ 임금에서 공제 선취先取 금지, ④ 임금지불 지체에 대한 형벌 등을 들 수 있다.

지금까지 이론 및 전술문제를 다룬 〈창간선언〉의 주요 내용을 검토해보았다. 이외에 《적기》 제1호에 실린 내용으로 일제의 비밀에 대한 정치적 폭로 투쟁의 범주에 속하는 기사로 〈사형을 받은 중국 공산당원 18명을 추도한다〉는 글과 남선 수해 구제에 관한 일본 왕실[58]이나 총독부, 신문사 등의 구제금에 대한 비판이 있다. 다음에 파벌투쟁에 관한 글은 위의 간도공산당 추도의 글과 아울러 8·1 캄파니아의 투쟁결의안 및 〈파벌적 섹트주의 그룹을 대중투쟁으로 분쇄하자〉는 기사 등이 있다. 이밖에 1935년 7월 무렵 남경에서 조직되었다는 조선민족혁명당에 대한 비판(〈사이비 조선민족혁명당을 대중적으로 폭로 비판하자〉)도 비슷한 맥락에서 제기된 것이다. 마지막으로 대중의 불평불만과 항의투쟁을 지도하는 기사는 이에 직접 상응하는 내용이 수록되지 않았다. 이는 제3기 운동이 대중적 기반을 결여하고 있었던 또 다른 표현이라고 볼 수도 있다. 이 시기 운동이 공장 내에서 대중적 기반을 가지고 있지 않았기 때문에 추상적이고 일반적 차원에서의 선전·선동 기사에 집중할 수밖에 없었던 것이다. 《적기》의 맨 끝에는 비합법 상황에서 독자들(즉 오르그들)에 대한 보안과 주의사항을 게재한 내용이 있는데, 예를 들면 "1부를 잃는 것은 계급적으로 반동의 전제"라거나 "읽은 후에는 반드시 소각하자"든지 "적기를 가지고 가는 도중에는 한유閑遊, 방문, 산보는 엄금" 등이 그것이다.

제2호에는 이재유 그룹과 '콤그룹'의 관계에 대해 《적기》 편집부가 조사한 내용을 게재하였다.[59] 이재유의 '경성재건' 그룹이 보내는 공개장의 내용을 포함하고 있었던 이 조사보고의 구체적인 내용은 알 수 없으나 양 그룹의 관계를 역사적으로 조명한 다음, 몇 달 전 6월에 이재유 그룹이 경성콤그룹에 제의한 주요 내용들을 담고 있는 것으로 추정된다. 다음에 "지난 러시아 혁명기념일에 전선적으로 활발한 투쟁이 없었던 것은 진심으로 유감이며 금후 이러한 투쟁기념일에는 왕성한 활동을 해야 할 것"이라는 취지의 기사가 수록되었다고 하는데[60] 이와 유사한 내용은 제1호에도 게재되어 있다. 즉 〈러시아 혁명기념일은 가까이 왔다. 구체적 투쟁을 준비하자〉라는 러시아 혁명기념일 투쟁선동문이 그것이다.

다음 제3호는 원지를 쓰던 중 주재소 순사의 본적지 조회 회답이 와서 신변의 위험을 느꼈기 때문에, 남은 원고는 모두 소각하고 쓴 원지만을 모아 편집하여 분량이 대폭 줄어 든 상태로 간행되었다. 주요 기사로는 "연말에 즈음하여 노동자는 상여를 요구하는 연말 캄파니아를 행하고 투쟁을 통하여 공산주의운동을 하자"는 취지의 글이 있었다고 하는데[61] 제2기에 간행한 〈연말 캄파니아 투쟁방침서〉의 내용을 요약한 것으로 추정된다. 이와 같이 《적기》에 수록된 글들은 앞의 출판 활동에서 살펴본 여러 팸플릿들, 예컨대 〈러시아 혁명일 캄파 투쟁방침서〉나 〈연말 캄파니아 투쟁방침서〉 혹은 〈8·1 캄파 투쟁방침서〉 등의 주요 논지를 요약·소개한 내용들이 상당 부분을 차지하고 있었다는 것을 알 수 있다.

제3기 운동 내용의 평가

《적기》는 서구원·최호극 등을 통하여 다른 운동자들에 배포되었다. 배포 범위로 추정되는 것은 변우식을 통해 얻은 경성전기회사의 전공電

工 유세규柳世圭, 제일생명보험회사의 외교원 민영덕閔泳悳 등을 우선 들 수 있다. 이밖에도 변우식은 조선중앙일보사의 인정식印貞植, 이우적李友狄, 고경흠高景欽 및 박낙종朴洛鍾 등과도 관계를 유지하였다. 다음에 서구원은 '가두 분자' 민태복閔泰福 외 5명과 조선일보사의 배달원 최호웅崔浩熊 등을 획득하였다. 최호극은 자신이 재학하는 경성상공학원에서 양성기·고병택高柄澤 등을 접촉하여 같은 학교 학생을 중심으로 좌익 그룹을 결성하였을 뿐만 아니라, 보성고보·소화공과·경성전기·기독교청년회·경성공업의 각 학교에 《적기》를 배포하였다. 다음에 이종국의 지도 아래 있었던 김문현金文炫 등이 경성공립농업학교 생도를 중심으로 조직한 비밀결사 '경농문예회京農文藝會' 등에도 배포되었다고 하나 신빙성있는 주장은 아니다.[62] 앞에서 말했듯이 《적기》의 배포망·독자망을 중심으로 당재건을 계획했던 것이므로 이러한 배포 범위는 곧 제3기 이재유 조직의 운동 범위를 포괄하는 것으로 보아도 큰 무리가 없을 것이다.

여기서 알 수 있듯이 이 시기 노동운동은 대중적 기반이 거의 없다고 해도 과언이 아닐 정도로 운동 영역이 협착하였다. 학생운동도 제1기에 활발하게 전개되었던 동맹파업이나 교사 배척 등의 구체적인 실천활동이나, 제2기에 학교 내의 활동기준을 설정하고 운동하던 차원에서 훨씬 후퇴하여 기관지나 팸플릿 등을 통한 선전·선동 및 계급적 교양과 혁명적 의식의 앙양 등에 중점을 두었다.[63] 운동의 방침과 그 방식의 일정한 한계와 거듭되는 검거로 인한 운동 역량의 손실에 따른 객관적 제약으로 이 시기 이재유 그룹의 운동 방침은 불가피하게 일정한 변화를 겪는다. 나중에 이재유가 체포된 이유로서 일제의 심한 경계로 연락 기간이 너무 멀게 된 것, 동지의 비밀 엄수가 제대로 지켜지지 않았다는 것 등과 아울러 "많은 동무들이 놈들의 손에 붙들리게 되어 혁명적 조직이 약체화하여 간 것"[64]이라고 지적한 것도 이러한 맥락에서 이해된다.

이러한 사정들이 복합적으로 작용하여 "동지는 절대로 투쟁을 통해서만 획득한다"는 일관된 방침은 다소 후퇴하고 노농대중이 아닌 학생이나 인텔리층에서 운동 역량의 공급원을 찾았던 것도 제3기의 운동 양상에서 나타나는 특성이라고 할 수 있을 것이다. 앞에서 보았듯이 전선의 통일을 위하여 집중적인 노력을 기울인 사실이라든지, 혹은 전형적인 인텔리 출신으로 운동의 휴지 내지는 탈락자라고도 할 수 있는 연희전문의 이동수를 비롯하여 조선중앙일보사의 인정식·이우적 등을 운동자로 획득하려고 한 것도 이러한 맥락에서 이해된다.

또한 제3기의 운동으로 최종적으로 기소된 7명 가운데 이재유를 제외한 변우식·서구원·최호극·양성기·고병택·민태복 여섯 사람은 모두 법정에서 자신들의 운동을 강하게 주장하지 않았다. 변우식은 "운동에서 몸을 뺄 결심을 하고 시골로 내려갔다"고 하였으며 서구원은 자신은 이재유의 명령대로 움직인 것에 지나지 않으며 몸도 약하므로 출소한다면 고향에 돌아가 집과 '국가'를 위하여 일하려고 생각한다고 진술하였다. 최호극은 자신이 "일본제국의 국체를 오해하였던 바, 만세일계萬世一系의 천황을 받들고 있는 비상하게 훌륭한 가족제도와 더불어 조선숭배祖先崇拜, 경신敬神 등의 좋은 습관이 있는 국체에서 혁명은 불가능하다"고 선언하였으며 이러한 취지의 진정서를 재판부에 제출하였다. 양성기는 "최호극에게 공산주의에 관한 말을 막연하게 들었을 따름으로 이를 비판할 힘도 없었고 이해할 수도 없었다"고 고백하였으며, 고병택 역시 공산주의가 무엇인지 확실하게 알 수 없었다고 진술하였다. 마지막으로 민태복은 공산주의 사회가 실현가능한지의 여부는 알 수 없으며 공산주의 사상에 흥미도 없고 또 앞으로는 절대 운동에 관여하지 않겠다는 견해를 피력하였다.[65] 이들 모두는 전향성명을 발표하였으며 이재유는 최후진술에서 "이들 누구도 공산주의자라고 칭할만한 의식수준에 도달하지 않으므로 이들과 함께 공산주의운동을 한 것은 아니다"[66]고 언급하였다. "질적으로보다도 양적으로 많은 동지를 획득하여 대부대의 결성을 목표로 하여 의식이 낮은 학생이나 인텔리층에" 운동한 것이라는 지적[67]도 동일한 맥락에서 이해된다. 이 결과 이 시기에는 제1기에 활동한 변우식과 이종국, 제2기의 이필행李弼行만이 다시 운동에 참여했음에도 불구하고 검거된 인원만으로도 60여 명에 이르는 많은 인원을 포괄하고 있었다. 당시의 객관적 정세를 고려한다면 실로 이는 '대부대의 결성'이라고 할 수 있을 것이다. 그럼에도 앞에서 말했듯이 7명이 기소되어 제1심에서 이재유와 변우식이 각각 6년과 1년 6월의 실형을 선고받는 것을 제외하고 나머지 5명 전부 집행유예로 풀려났다는 사실은 운동 내용의 취약성을 표현하는 것이다.

운동 노선과 당면 임무 및 반파쇼운동

제3기에 이재유 조직이 설정한 혁명의 성격과 당면 임무 및 동력과 대상의 규정은 이전 시기와 비교해볼 때 거의 변화하지 않았다. 이재유가 직접 작성한 몇 가지 문건들이 이를 입증하는 자료들이다. 즉 앞에서 말한 기관지 《적기》와 1936년 12월에 검거된 이후 이듬해 1937년 전반기에 유치장에서 집필했다는 〈조선에서 공산주의운동의 특수성과 그 발전의 능부〉[68]가 그것이다.

이에 따르면 이재유는 조선의 경제적 관계들이 반半봉건적, 반半자본주의적이라는 것을 입증하면서 조선혁명의 성격을 부르주아 민주주의 혁명으로 규정한다. 이러한 민족혁명은 민족부르주아지가 모두 반동화되었기 때문에 혁명적 투쟁력을 더 많이 가지고 있는 노동대중이 자신의 프롤레타리아 혁명을 수행하기 위하여 그 전단계인 민족혁명을 민족부르주아지 대신 수행해야만 한다는 것이다. 따라서 민족부르주아지에 대한 태도도 이전과 마찬가지로 변함이 없다. '조선에서 극소수인 민족

부르주아지를 제외한 전민중'은 파산·몰락하여가는 반면에 이들 민족부르주아지나 인텔리층은 조선의 민족적 독립, 즉 부르주아 민주주의 혁명의 주체적 임무를 방기하였을 뿐만 아니라 오히려 일본제국주의의 반혁명적 임무를 떠맡고 있다는 것이다. 아울러 정부 형태로 노동자·농민의 소비에트 정권을 상정하였던 것도 이전과 마찬가지다. 그리고 이를 위한 중심 강령으로 다음의 사항들을 제시하였다.

조선의 절대 독립.
노동자·농민의 소비에트 정부 수립.
대토지 소유를 몰수하여 농민에게 토지 분배.
노농 소비에트 정부에 의한 금융 및 대생산기관의 직접 관리.
노동자 상태의 철저한 개선 및 1일 7시간 노동제의 실시.

일본제국주의와 봉건귀족이나 지식인층, 지주 등을 혁명의 대상으로 설정하는 것도 이전과 다르지 않다. 특히 일본제국주의에 대한 비난은 더욱 강화되었고 구체적이다. 이들은 조선 전역에 전시상태를 조성하여 경찰의 죽검과 총검으로 노농대중의 자연발생적 투쟁을 유린한다. 조선 특유의 4천년 역사와 문화·혈통까지 약탈할 뿐만 아니라 언어·풍속·습관의 동화까지 강화하고 있으며, 온갖 봉건적인 요소들의 부활을 정책적으로 장려하거나 피억압 대중을 제국주의 찬미 전쟁으로 몰아세운다. 숭신조합崇神組合을 조직하여 미신을 장려하는 것, 명륜회明倫會를 조직하여 종래의 유교사상을 부흥시키는 것, 각 종교의 퇴패退敗를 부흥시키기 위해 물질적·정신적·권력적으로 원조·장려하는 것, 일반 민중을 보수화하기 위해 관혼상례를 장려하고 사설묘지를 재인再認·장려하는 것, 조선인과 일본인의 통혼과 융화를 장려하고 남존여비·애국배외 사상을 고취하는 것 등이 그것이다. 이러한 비판은 이 시기에 들어와 이재유의 민족혁명에 대한 관심이 보다 강화되어 갔다는 것을 의미한다.

이러한 점에서 이재유는 조선에서 민족혁명의 주체부대는 노동자이며 농민을 동맹자로 하고 무산 시민과 학생, 인텔리층을 포섭해야 한다고 주장한다. 그는 정치·경제·사회적 측면에서의 불평과 생산층위, 소유 정도에 따라 '각 계급의 투쟁력과 그 추진성'이라는 대조표를 만들어 노동자·농민·무산시민·학생 및 인텔리의 순으로 투쟁력이 높으며 이에 따라 그 추진성이 결정된다는 독특한 논리를 전개한다. 또한 농민에 대해서는 양주군에서 자신이 직접 조사하였다는 구체적인 수치들을 제시하면서 농민의 생산비와 생활상태 등을 자세히 언급하고 있다. 그럼에도 이전과 마찬가지로 농민 각 계급의 구분이나 혁명에서의 역할 등을 전혀 고려하지 않고 있는 점이 주목된다.

이와 아울러 이재유는 1935년 8월의 코민테른 제7회 대회에서 채택된 반제·반파쇼인민전선 개념을 받아들이고 있었다. 즉 1936년 3월에서 9월 사이에 여러 차례에 걸쳐 변우식과 만나 세계 및 조선정세를 토론하면서 반파쇼운동을 제안[69]하였으며 감옥에서 집필한 앞 글에서도 반제·반파쇼운동을 구체적으로 언급하고 있다. 또한 같은 글에서 "조선 내의 모든 반제적 요소를 민족혁명전선에 동원"함과 동시에 "전민중적인 반제반파쇼전선을 확고히 수립"할 것을 주장한다. 이와 같이 인민전선 개념을 받아들이고 있으면서도 민족 부르주아지에 대한 태도나 정권형태로서 여전히 노농 소비에트 정부를 주장하는 것 등에서 알 수 있듯이 완전한 의미에서의 인민전선을 실천하고 있었던 것은 아니었다. 물론 위에서 살펴보았듯이 일본제국주의에 대한 비판은 더욱 강화되었지만, 당시 대부분의 운동가들이 그러했듯이 이재유 자신은 인민전선 방침을 불완전하게 이해하고 있었다. 그것은 관념적 성격의 구호 차원에 머물렀으며, 실제 운동과정에서 배태되고 정립된 이론은 결코 아니었다. 경찰에 체포된 이후 감옥에서 그는 이 이론을 비로소 명확하게 이해할 수 있었다.

최후의 검거

이재유가 이관술과 함께 박영출의 하왕십리 아지트를 빠져 나오면서 병으로 누워 있던 유순희까지 구출하여 교묘하게 탈출하였다는 것은 앞에서 말한 바 있다. 이후 유순희는 함흥 일대에 섬유 적색노동조합을 조직하고자 활동하였다. 함흥에서 활동하면서 유순희는 이재유와 연락하려고 다섯 차례나 서신을 보냈으나 끝내 연결되지 못하였다. 그러다가 1936년 10월[70] 함흥 편창제사의 여공 700명의 파업을 지도하다가 함남도 경찰부에 검거되었다. 그녀의 자백으로 서울 마장동의 전창수全昌洙와의 연락처가 드러났다. 이와 아울러 서대문경찰서에 미결 구류 중이었던 콤그룹 소속 이주몽을 취조하면서 최호극·서구원 등의 존재가 드러났다.[71] 이에 따라 1936년 12월 15일에 서구원이 본적지 함남에 잠시 귀향하였다가 경찰에 체포되어 임의동행 형식으로 경기도 경찰부로 이송되었으며, 다음날 16일에는 최호극도 서울의 흑석동에서 경찰에 연행되었다. 서구원은 1936년 3월 이래 최근 10월 무렵까지 이재유와 연락하고 있다가 이를 최호극에게 인계했다고 자백하였으며, 최호극은 서구원의 소개로 8월 이래 현재까지 이재유와 만났다는 사실을 진술하였다. 이재유를 체포하기에 혈안이 된 경찰은 더욱 가혹한 고문과 추궁 끝에 새로운 단서를 붙잡았다. 오는 1936년 12월 25일 오전 11시에 창동 부근의 산중에서 이재유와 만나기로 했다는 정보가 그것이다.

한편 공덕리의 아지트에 은신하고 있었던 이재유는 1936년 12월 23일 무렵[72] 주재소 순사의 방문을 받았다. 본적지 신원조회 결과 본적지에는 그런 사람이 없다는 통보가 왔다는 것이다. 이재유는 내심 이제는 틀렸다고 생각하면서도 겉으로는 평온을 가장하고, 김해의 덕도리德島里에

산 적이 있으므로 그 쪽에 본적이 있는지도 모르니 한번 조사를 해달라고 하였다. 이재유는 이관술과 상의하여 공덕리 생활을 정리하기로 하였다. 여기저기 빌려주었던 돈을 거두어들였으며 가지고 있었던 닭과 달걀, 돼지 등도 처분하였다. 도주 이후의 행선지는 평양 또는 함흥을 생각하였는데, 앞에서 말한 바와 같이 이 지역은 이전에 대안적 활동 지역으로 상정했던 곳이었다. 이리하여 12월 24일《적기》제3호의 등사를 끝낸 이재유는, 다음 날인 25일 창동 제2우이교 부근의 산중에서 최호극과 만나 그것을 건네주고 연락사항을 이행하기 위해 약속 장소로 나갔다. 출발 전에 그는 이관술에게 만일 자신이 오후 2시까지 들어오지 않으면 검거된 줄 알고 도주하라고 말하여 두었다.

이렇게 하여 이재유는 일제에 체포되었다. "농군, 장돌뱅이, 노동자, 학생 등 여러 가지로 변복"한 수십 명의 사복 경찰들에게 무참하게 짓밟히고 얻어맞으면서도 최후까지 그는 동지인 이관술에 대한 배려를 잊지 않았다. 온 동네에 다 들릴 수 있을 정도로 고함쳐서 아지트에 있었던 이관술이 자신의 체포 사실을 알도록 한 것이다. "체포되더라도 24시간 동안은 절대 아지트를 자백하지 말라." 이것은 이재유가 항상 동지들에게 강조한 말이다. 그 자신 가혹한 학대와 고문에도 불구하고 이 계율을 지켰다. 이관술의 신변을 염려하여, 또한 운동 역량의 보존을 위하여 이재유는 "일정한 시간까지는 죽어도 자백하지 않"[73]고 버티다가 다음 날인 26일 오후 6시 무렵에야 아지트 주소를 자백하였다. 경찰은 즉시 현장에 출동하였으나 당연히 이관술은 이미 어디론가 사라지고 없었다. 이재유를 체포하기 위하여 일제가 얼마만큼 고심하였는가는 "체포일逮捕日의 당국의 고심이야말로 그(이재유)에 의하여 키워지고 있던 반도 공산당 운동의 생사를 건 대체포였던 만큼 참혹할 정도로 눈물겨운 개가를 올리면서 30여 명의 수사대는 개선장사와 같이 수사본부로 되돌아 왔다"라는 표현에서도 엿볼 수 있다. 그가 검거되어 4개월에 걸친 취조를 끝내고 기사가 해금되자 일제의 어용지였던 《경성일보》는 호외를 발행[74]하여 〈집요흉악執拗凶惡의 조선공산당 마침내 괴멸하다〉라는 표제 아래 "20여 년에 걸친 조선공산당 운동사는 이제 최후의 일항一頁이 완전히 봉쇄되고 이로써 조선공산당 운동에 의한 모든 화근은 이제 여기에서 완전히 괴멸·종식되었다. 이후는 농촌 공장가에 명랑한 대기가 약동하고 전반도에 낭랑하게 울려 퍼지는 것은 평화와 환희의 합창이다"라고 보도하였다.

구속, 공판과 감옥에서의 생활 및 죽음

경기도 경찰부에 체포된 1936년 12월 25일부터 이재유는 경찰의 야만적인 고문에 시달렸다. 경찰의 가혹한 취조는 이듬해 4월 하순까지 계속되었다. 이 사이에 이재유는 공식적인 것만 하더라도 모두 14차례에 걸친 조사를 받았다. 경찰의 수사가 종결되어 검찰에 송치된 것은 1937년 4월 23일이었는데, 검사의 취조는 같은 장소인 경기도 경찰부에서 송치된 바로 그날부터 시작되었다. 같은 해 5월 1일 4차례에 걸친 검사의 공식 수사가 종결됨으로써 이재유는 예심에 회부되었다. 서대문형무소로 이감된 이래 반년 남짓을 기다린 끝에 예심에 들어간 것이 같은 해 11월 중순이었다. 예심은 다음 해인 1938년 2월 초순에 3회로 종결되었다. 예심이 종결되면서 접견과 서류접수를 금지하는 조처가 풀렸다. 제1회 공판은 넉 달 쯤 후인 같은 해 6월 24일에 경성지방법원 공개법정에서 열렸다. 며칠 후인 7월 5일에 같은 장소에서 열린 제2차 공판에서 이재유는 최후진술을 하였다.

최후진술은 "안녕질서를 해칠 언동을 할 우려가 있다고 생각되므로 일반의 공개를 금해 달라"는 검사의 요청에 따라 일반의 공개를 금지하고 방청인을 퇴정시킨 가운데 진행되었다. 이재유는 현재의 사회제도는 모순이 많으며 자신이 복역 중에 확실한 공산주의자가 되었던 것과 같이 한편으로는 공산주의 사상을 탄압하면서 다른 한편으로는 그것을 조장하고 있다고 비판하였다. 또한 이재유는 가까운 장래에 일본은 반드시 노동자의 최저임금을 법률로 정할 때가 올 것이며, 중일전쟁의 발발과 함께 일본 농민의 중견이 거의 전부 소집되기 때문에 이후 농촌에는 대혼란이 오게 될 것이라고 예측하였다. 아울러 전쟁으로 일본은 모든 산업 부문을 통제하고 대사업은 국가를 위한 것이 되어 점차 공산제 사회로 진전하고 있기 때문에 장차 토지는 국유로 될 것이고 또 그렇게 되는 것이 자연이라고 주장하였다. "우리들 공산주의자들은 운동을 위하여 생명을 버릴 결심이고 또 그러한 자가 진실한 공산주의자"라는 진술을 끝으로[75] 극히 일부만을 진술하였다는 그의 항의에도 불구하고 재판부는 폐정을 선언함으로써 마지막 최후진술의 기회조차 봉쇄하고 말았다. 3일 후에 이재유는 다음과 같은 이유로 최종진술의 기회를 자신에게 다시 달라는 청원서를 제출하였다.

경찰조서는 고문에 의한 위조가 많았고 검사의 조서는 검사가 경찰서에 출장하여 경관과 협동하여 고문하면서 작성한 것임. 예심조서는 와타나베 류우지渡邊隆治 판사가 담당하면서 경찰조서를 그대로 낭독하여 피고인의 진술 없이 코바야시 죠오조우小林長藏 판사에 회부, 거의 그대로 종결되었음. 이번 공판 중 사실 심문은 너무나 지나치게 간단하게 하고 또 이 사건에 대한 경찰적 여론과 그에 의한 관변의 여론이 피고인 사건의 내용과 너무나도 천양지차로 다른 까닭에, 피고인이 자백한 최종진술에 의해 피고인 사건의 정체를 명백히 진술하기를 바라는 바임.[76]

이 청원서에 이어 다음날 7월 9일에 이재유는 다음과 같은 내용의 재판장에 대한 기피신립서忌避申立書를 법원에 제출하였다.

1. 재판장이 피고인을 사실 심문하는데 구체적 심문을 기피하고 계획적으로 추상화함으로써 피고인을 불리하게 하였을 뿐만 아니라 피고인의 구체적 의견 진술을 일일이 억압, 중지시킨 사실. 이에 대한 피고인의 직접적 질문에 재판장은 방청인이 있으므로 허락할 수 없다고 답하고 피고인을 위해서는 방청을 금지해도 좋다고 말하자, 재판장은 자신이 묻는 바에 예, 아니오로 답하기만 하면 된다고 하여 일체를 중지시킨 사실.

2. 재판장이 피고인 사건의 취조고문 주임경관인 경기도 경찰부 사찰계 다카무라 마사히코高村正彦 주임을 특별석에 착석시켜 피고인의 심문에 입회시킴으로써 피고인을 위협하고 피고인의 공술을 불리하게 한 것. 또한 피고인이 형사소송법 제339조에 의해 그를 퇴정시켜줄 것을 청원하여도 매일 입회시켜 피고인을 불리하게 하고 행정권이 사법권을 침입한 것을 공공연하게 인정한 사실.

3. 재판장이 검사의 구형에 대한 피고인의 법률적 반박변론을 현장에서 반박하고, 검사를 대신하여 검사 구형 연수의 정당성을 변호하면서 다음의 합의적 결의에 의한 언도가 필요없는 것처럼 언동한 것. 검사가 8년을 구형한 것에 대하여 피고인이 7년 이하로 규정된 법률 이상의 부당한 구형이라고 변론 반박하자, 재판장은 "전과가 있으므로 지당하다"고 현장에서 반박하고 사법권의 독립성과 재판의 합의성을 무시한 사실.

4. 피고인이 최종진술한 때 재판장은 예심정豫審廷, 검사국, 경찰서의 취조법 및 고문, 기타 추태의 폭로를 저지하기 위하여 피고인의 언론을 억압하고 피고인과 서로 대립하여 부분적인 논쟁을 거는 것에 의하여 피고인을 흥분시키고 또 재판장 자신도 감정화한 사실. 동시에 피고인의 최종진술이 상당한 장시간을 요한다고 신립하였음에도 피고인의 변론을 계획적으로 정체화시켜 덥다고 하는 이유로 무리하게 폐정시킨 사실.

이재유의 이러한 이유 있는 항변에도 불구하고 피고인들이 모두 출석하지 않은 채 1938년 7월 12일에 열린 제3회 공판에서는 "형사소송법 규정을 위반하고 또 소송을 지연시킬 목적만으로 한 것이 명백하다"는 취지로 기피신립을 각하却下하고 말았다. 이날의 결심 공판에서 이재유는 징역 6년에 미결구류 150일의 판결을 언도받았다. 1주일 후인 7월 19일 오후 9시에 이재유는 이에 불복하여 공소控訴를 신립하였다가 14시간 만인 다음날 7월 20일 오전 11시에 상소취하서를 제출하였다. 강압과 폭력에 의한 것으로 자신의 의사는 결코 아니었을 것이다. 서대문 형무소에서 복역하면서도 그는 투옥된 동지들과 함께 조선어 사용금지 반대, 수감자의 대우개선, 간수들에 대한 사상 고취 등의 투쟁을 전개하였다. 이 때문에 그는 서대문형무소에 1년 정도 있다가 공주형무소로 이감되었던 것으로 추정된다. 형기 만료 이후에도 전향을 하지 않았기 때문에 석방되지 않고 1941년 개정된 치안유지법에 신설된 예방구금제도의 적용[76]을 받아 청주보호교도소에 수감되었다. 지병으로 각기가 있었던 그는 그곳에서 끝내 석방되지 못하고 해방을 10달 정도 앞둔 1944년 10월 26일 40세의 나이로 옥사하고 말았다.

제7부
준비그룹 시기
다른 계열의 운동

【준비그룹 시기 다른 계열의 운동】

1935년 1월 이재유 등이 경찰의 추적을 피하여 공덕리로 잠적, 실질적으로 운동을 다시 시작하는 같은 해 10월 무렵까지 서울에서 이재유의 운동은 일시적인 공백상태를 맞았다. 그리고 이러한 상황에서 김승훈金承塤, 권우성權又成, 안승락安承樂, 김희성金熙星 등에 의한 운동이 전개되었다. 흔히 이들은 권영태의 경성콤그룹 후계 조직으로 불리는데, 권영태의 운동선에서 직접 활동했거나 혹은 관련이 있었던 안승락이나 김희성 등에 의해 조직이 복원되면서 운동이 전개되었기 때문이다. 이러한 사정 때문에 김승훈과 같이 국제선에서 파견된 운동자들이 쉽게 이 그룹과 제휴할 수 있었으며 나아가서 이러한 국제조직과의 연계는 그 정통성을 더욱 강화하는 요인이 되었다. 이재유가 이관술과 함께 왕십리의 아지트에서 탈출하여 서울 근교 공덕리에서 농사를 지으면서 운동방침을 수립하였던 사정을 배경으로 서울 지역의 운동이 비교적 공백상태에 있었던 1935년에 들어오면서 이 그룹의 활동이 시작되었다. 그리하여 같은 해 6~8월 무렵에 가장 활발하였는데 권우성·정재철·김승훈·안승락 등이 검거됨으로써 일시 중지되었다가, 김희성·박인선朴仁善·백윤혁 등에 의해 조직이 재건되어 이듬해 1936년에 이르기까지 지속되었다. 이하 각각의 운동 내용을 구체적으로 살펴보기로 하자.[1]

권우성·정재철·김승훈 등의 운동

먼저 권우성은 1931년 중앙고보에 입학하여 재학 중인 1932년 9월부터 학우 한최항韓最項의 지도 아래 비밀결사 문화서클을 조직하여 활동하다가 일본의 열하熱河 출병을 반대하는 반전 전단을 살포하여 1933년 4월 경성지법에서 징역 1년 6개월을 선고받고 이듬해 1934년 6월에 출옥하였다. 출옥 이후 그는 많은 운동자들과 접촉하면서 활발한 운동을 전개하였다. 8월 말에 그는 일제의 감시가 상대적으로 덜 미치는 마산으로 활동구역을 옮겨 박종대朴鐘大·강정윤姜正允·이상효李相孝 등과 함께 마산부 내의 상점종업원을 교양·훈련하기 위하여 지역을 네 개의 구區로 나누어 상점 및 종업원 수를 조사하고 독서회 등을 조직할 것을 협의하였다. 10월 말에 그는 다시 서울에 올라와² 이해 1935년 1월 최이칠崔利七과 제휴하여 그에게 마산 운동의 지도와 책임을 맡겼다.³

한편 권우성은 서울에서 안복산安福山과 이성학李成學⁴의 소개로 정재철을 만나 1935년 12월 상순부터 한달 정도 함께 생활하면서 그를 지도하였다. 3월 말에 두 사람은 각자 노동자와 접촉하여 적색노동조합을 조직하는데 진력하기로 하고, 권우성은 금속 부문, 정재철은 출판 부문의 책임을 맡았다. 이후 5월부터 6월에 걸쳐 그는 장두담張斗膽·정용봉鄭龍鳳·이적우李迪雨 등을 획득하여 공장 내에서 노동조합조직을 목표로 활동할 것을 협의하였다. 이중에서 철도국 경성공장의 직공이었던 정용봉⁵을 통한 활동만이 구체화되었다. 정용봉은 그 이전인 1934년 12월 상순에 동료 직공인 최병직崔秉稷과 회합하여 서로 제휴하여 공장 내에서 운동자를 획득, 활동하기로 협의한 바 있었다. 이후에도 이들은 활동을 계속하여 1935년 7월 중순에는 활동을 위한 전제로서 공장의 직공 수, 종업시간, 대우, 위생설비, 합법단체, 즉 계 또는 친목회의 유무 및 그 성원 수, 공장 내 의식분자의 수 등을 조사하는 한편 기공견습技工見習인 이인영李仁榮을 포섭하기로 하였다. 최병직은 나중에 김희성 그룹에서 다시 활동하였다. 이밖에도 권우성은 정재철과 함께 8·1 반전일의 투쟁사업으로 반전 전단을 발행·배포하려고 하였다는데 실현 여부는 불명확하다.

다음에는 정재철鄭載轍[6]의 운동 내용을 살펴보기로 하자. 1934년 1월 말 창신동의 음식점에서 변기학卞奇學을 만난 그는 서로 제휴하여 활동하기로 하였으며, 12월 말 변기학의 소개로 김복금을 만났다. 비슷한 시기에 그는 권우성을 만나 그의 지도를 받다가 7월 하순에는 반전 격문의 살포를 계획하고(전술) 아울러 변기학에게 반전일의 의의를 설명하고 노동자에 대하여 선전할 것을 협의하였다. 또한 같은 해 5월부터 7월에 걸쳐 선광인쇄직공 신후봉申後奉과 경성고무의 여공이자 함께 동거하던 맹계임 및 동대문 밖 공장에서 활동하고 있었던 변기학을 지도하였다. 한편 정재철과 제휴한 변기학[7]은 손술석孫戌釋, 김만기金萬基 등과 함께 활동하였다. 1934년 6월 20일 그는 광성학원 부근의 채석장에서 이들을 만나 공장 내의 활동에 진력할 것, 조선의 운동은 "그 특수성을 고려하여 점진 완전주의를 택할 것" 등을 협의하였다. 정재철의 운동 부분은 이전에 이재유 그룹에 속했던 운동자들을 다수 포함하고 있었다. 예컨대 맹계임은 제1기 트로이카 시기 용산에서 변홍대의 하위 트로이카에 속해 서울고무를 중심으로, 김복금은 동대문 밖 이현상의 트로이카에 속해 조선견직을 중심으로 활동하였다. 김복금은 다시 변기학·김만기와 함께 제2기 재건그룹에서 활동하다가 정재철의 운동에 가담하였다.

이와 같이 권우성과 정재철은 운동사를 획득하거나 운동을 협의하는 것 등을 중심으로 활동하다가 1935년 5월 이른바 국제선에서 파견된 김승훈[8]과 연결되었다. 1935년 5월 하순 이래 그는 용산공작주식회사(통칭 다카와田川공작소) 용산 공장에서 일하였는데 같은 직공인 남충희南忠熙가 권우성을 소개하였다. 이후 7월 10일부터 하순까지 청엽정(지금의 청파동) 뒷산 효창공원에서 여러 차례 만나 서로 제휴하여 활동하기로 하였으며, 8월 상순에 권우성은 다시 정재철을 소개하였다. 프로핀테른 9

월 테제와 태로 10월 서신을 근거로 이들은 과거의 노동운동은 개량주의적이었고 지도자가 개량주의적 지식계급이었으며 또한 프티부르주아, 인텔리, 학생층을 중심으로 한 종래의 공산주의운동은 운동보다도 비원칙적 파벌투쟁에 역량을 경주하였다고 비판하였다.[9] 또 기존의 운동가들과 마찬가지로 산별 노동조합조직을 기반으로 하면서도 이들은 산별 공장 분회와 공장 내의 친목회나 계 등의 합법단체의 연락관계를 중시하였다. 산별 노동조합 조직이론에 따라 세 사람은 김승훈의 책임 아래 권우성은 금속 부문, 정재철이 출판 부문의 각 공장을 분담하여 활동하기로 하였다.

이후 권우성과 정재철이 금속과 출판 부문을 담당하여 활동한 내용은 이미 살펴 본 바 있었다. 부서 배정에서 책임을 맡았던 김승훈은 자신의 대중적 기반을 마련하기 위해 권우성에게 동지를 소개해 줄 것을 의뢰하여 같은 해 9월 상순 김순만金順萬[10]을 소개받았다. 이후 그는 김순만과 회담을 거듭하면서 비교적 큰 공장에서 운동할 것, 파벌투쟁을 배척할 것 등의 의견을 진술하였다. 이와 함께 김순만에게 전매지국 인의동 공장 및 대창직물회사 두 공장을 담당하여 운동자를 획득할 것, 공장의 노동자 수, 임금관계 등을 조사할 것 및 섬유 부문의 공장에 현존하는 좌익그룹을 조사할 것 등을 의뢰하였다. 이로 미루어 보건대 그는 섬유 부문에 대중적 기반을 마련하려고 하였던 것같은데, 이전에 권우성이 지도하였던 전매지국 인의동仁義洞 공장의 이원업李元業을 포섭한 것을 제외하고는 별다른 진전이 없었다. 또한 세 사람은 8월 무렵 한일합병기념일, 국제청년일 등의 투쟁사업으로 삐라를 살포하거나 동지에 배포하기 위한 《뉴스》지를 간행할 것 등을 논의하였으나 계획 단계에 그쳤던 것으로 보인다.

그런데 김승훈과 권우성, 정재철의 관계를 보면 이들 각각의 운동 부분이 완전히 통합되지는 않았던 것으로 판단된다. 혹은 공장 내에서 몇

몇의 노동자들 사이에서 활동하는 정도에 머물렀기 때문에 대중적 기반이 매우 취약했다는 사실을 감안한다면 결합할 만한 운동 역량이 거의 없었다고 평가할 수도 있다. 대중적 기반에 상응하는 조직을 결성할 수 없었으며 따라서 협의하는 수준의 느슨한 결합 상태에서 검거로 인하여 운동이 중지되었다고 볼 수 있는 것이다. 이러한 상태에서 김승훈을 중심으로 예컨대 《뉴스》지의 발간 등을 통하여 조직을 통일해 나가던 과정에 있었던 것이다. 위의 판결문[11]에서는 권우성·정재철·김승훈 등의 운동 부분을 후술할 안승락 등의 운동 부문까지 포함하여 하나의 사건으로 다루고 있지만 이는 수사의 편의를 위한 구분일 따름이지 운동의 실제 내용을 반영하는 것은 결코 아니다.[12] 또 다른 자료에서 권우성과 정재철 및 안용봉安龍鳳 3인을 중심으로 한 적색노조사건과 김승훈·권우성·정재철 등의 사건을 각기 구분하여 제시하고 있는 것[13]은 이러한 맥락에서 이해된다.

안승락의 운동

다음에는 안승락[14]의 운동 부문을 살펴보기로 하겠다. 구체적으로 확인할 수는 없지만 당시 그는 국제선의 권위를 빌어 서울의 운동자들 사이에서 상당한 위세를 가지고 군림하였던 것 같다.[15] 1933년 7월 안승락이 조선일보 배달부로 일하고 있을 무렵부터 이재유는 조선일보사의 서창徐昌이나 정칠성, 혹은 변홍대 등을 통하여 "장래 실천적 활동을 할 투사"라는 안승락에 관한 소문을 듣고 있었다. 이재유는 그가 강회구와 친교가 있었다는 사실을 알고 있었으므로 아마도 태평양노동조합계의 인물이 아닌가 추정하고 있었다. 그런데 1933년 11월 안승락이 이순금을 통하여 회담을 신청해 오자 이에 응하여 운동방침 및 이론에 관하여 토론을 벌였다. 조선총독부 동쪽의 도로에서 의전병원醫專病院 정문 부근까지 왕래하면서, 안승락은 이재유에게 1) 함남의 태로 계열을 어떻게 보고 있는가? 2) 조선의 파벌운동에 대하여 어떻게 생각하고 있는가라는 두 가지 질문을 하였다. 이 회담에서 국제선의 인물로써 정연한 이론을 가지고 있을 것이라는 이재유의 기대를 안승락은 충족시키지 못하였다. 안승락의 일방적인 질문과 그에 대한 이재유의 답변이 전부였던 것이다. 안승락은 함남의 태로 계열과 조선의 파벌운동에 대한 이재유의 의견을 듣고자 하였다.[16] 특히 그가 관심을 가졌던 것은 이재유가 태로계의 운동을 어떻게 평가하고 있는가라는 점이었던 것 같다. 이 때문에 이재유는 안승락을 태로 계열의 운동자로 추정하였던 것이다. 당시 이재유는 서울의 볼셰비키 조직들을 통일해 나가던 과정에 있었으므로 안승락을 자신의 조직으로 끌어들이기 위하여 노력하였다. 예컨대 1933년 9월의 서울고무나 종방 파업 당시에 공동투쟁의 일환으로 자금모집을 제의하였으며 같은 해 11월 중순에는 간도공산당 피고인에 대한 구원운동을 제안하기도 하였다.[17]

그런데 안승락은 안종서를 통하여 권영태 그룹과 일정한 연락 관계를 유지하고 있었다. 일제의 자료에는 1934년 4월 하순 안승락이 권영태와 여러 차례에 걸쳐 회합하여 그로부터 공산주의운동의 정세와 혁명의 성질, 통일전선 문제의 일반적 및 현재적 의의, 전술적 조직 방법 및 문서 배포 등의 기술문제에 관한 견해를 듣고 전폭적으로 찬성하여 협력·활동하기로 하였다는데, 그 이전부터 두 사람은 서로 만났던 것으로 보인다. 구체적인 내용은 알 수 없지만 두 사람 모두 국제선의 '권위'를 가지고 있었다는 점에서 쉽게 연결될 수 있었을 것이다. 안승락이 권영태 그룹의 중심인물이었던 안종서의 지도를 받았다는 점을 염두에 두고 위의 이재유와의 만남을 주의 깊게 검토해보면, 이재유와의 접촉은 운동이론과 노선의 토론을 위한 것이라기보다는 오히려 경쟁조직에 대한 '염탐'의 의미로 해석할 수도 있다.[18]

그럼에도 권영태 그룹에서 그의 활동상은 잘 드러나지 않는다. 그의 룸펜적 생활은 이재유나 권영태가 공동으로 지적한 사항[19]인데, 이러던 그가 김희성을 만나 지도하기 시작한 것은 1934년 10월 무렵이었다. 이에 따라 김희성은 청엽정 이와무라岩村 제사공장의 직공으로 들어가서 공장 내의 상황을 조사하는 한편 안승락으로부터 소개받은 이병희李丙禧·홍순형洪淳逈 등을 끌어 들였다. 이와 아울러 그는 김희성에게 공장 내의 활동지침으로 동료직공과 인간적으로 친교를 맺을 것, 즉 상대방에 대하여 정신적으로나 물질적으로나 희생적 태도를 가지고 그 취미와 기호에 영합하여 일상적인 일에서 도움을 아끼지 않고 대중의 호감을 끌도록 노력해야 한다는 것을 강조하였다. 이러한 지적은 전위와 노동대중과의 결합, 혹은 대중적 정서에 영합하는 문제와 관련하여 주목할 만하다. 공장 내에서 활동하고 있던 운동자들이 노동대중을 확보한다는 당면 문제에 어떠한 방식으로 접근해갔는가를 시사하는 것이다. 안승락의 지도를 받았던 김희성은 그가 검거된 이후에도 활동을 계속하여 서울에서 권영태 그룹의 마지막 후계조직이 되었다.

이어서 1934년 12월 말부터 이듬해 1935년 5월 중순에 이르기까지 안승락은 안임균에 대하여 1) 동대문 방면 공장에서 공장 그룹의 결성에 노력할 것, 2) 대창직물 공장의 지도를 단독으로 담당할 것, 3) 최경창崔敬昌과 함께 남매를 가장하여 동거함으로써 자신의 아지트를 담당할 것 등을 협의하였다. 또한 안임균의 요구에 따라 공장에서 활동하기 위한 계기를 마련하기 위해 홍화순洪花順을 공장에 잠입시키기도 하였다.[20] 또한 안승락은 유해길柳海吉[21]과도 연계를 맺고 있었으며 안창대安昌大·백명흠白明欽과도 제휴·활동하였다. 백명흠은 주로 운동자금을 제공하는 역할을 하였으며[22] 안창대[23]는 허균許均(허마리아), 최성호崔成浩 등과 함께 활동하였다. 허균은 앞에서도 보았듯이 이재유의 제1기 운동에서 맹계임과 함께 서울고무에서 활동하였으며 권영태 그룹과도 일정한 연계를 가지고 있었다. 이 시기에는 가정집 하녀로 들어가 일하고 있었는데, 안창대를 만나 그의 권유에 의해 함께 동거하면서 활동하였다. 안창대는 허균에게 "종래와 같은 파벌투쟁은 배척해야 할 것으로 운동은 오로지 코민테른의 지도하에 해야 할 것"과 "우수한 지도자를 얻어 그 지도하에 활동해야 할 것"을 강조하면서[24] 대륙고무 내에서 활동할 것을 권유하였다. 다음에 최성호[25]에게 그는 대중의 신뢰를 바탕으로 한 일상투쟁의 의미와 아울러 혁명에서 인텔리의 역할을 강조하였다.[26] 최성호를 지도하면서 안창대는 자신이 노동 부문을 전담하고 최성호에게 학생·인텔리 부문을 맡길 것을 구상하였던 것 같다. 최성호가 획득한 대동제사의 여공 정인정鄭寅丁을 자신에게 인계하고 그에게는 전적으로 인텔리 운동자를 획득하는 데 전념하라[27]고 했던 것에서 이를 잘 알 수 있다.

이상에서 보았듯이 앞의 권우성이나 정재철의 경우와 비슷하게 안승락의 운동은 운동 방침이나 조직 이론의 논의, 운동자의 획득과 교양 등을 중심으로 한 것으로, 실제 운동을 전개했다기보다는 운동을 위한 협의 수준에 머물렀다. 따라서 공장 내의 대중적 기반도 대창직물·대동제사·암촌제사 등에서 공장반(세포)을 조직하려고 시도한 정도에 그쳤다. "대체로 그들의 조직은 확실한 윤곽을 형성하기까지는 이르지 못한 채 검거"[28]되었다는 기사를 보더라도 이를 잘 알 수 있을 것이다.

전체적으로 보면 위의 권우성과 정재철·김승훈·안승락을 중심으로 한 세 그룹의 운동은 각기 상대적으로 일정한 독립성을 가지고 전개된 운동이었다. 그러다가 1935년 하반기 이래 일제 경찰이 이재유를 검거하는 데 총력을 기울이던 과정에서 이들 조직이 드러난 것이었다.[29] 즉 8월 10일 권우성과 정재철이,[30] 전술했듯이 안승락이 9월 하순에, 이어서 김승훈이 11월 7일의 특별경계 중에[31] 검거된 것이다. 검거된 이후 공판정에서 김승훈을 제외하고 대체로 자신들의 '범죄사실'을 부인하였다. 예컨대 안승락은 자신이 약제사로서 중앙의원에 근무한 일은 있지만 실천운동에 종사하지는 않았고 운동 자금을 제공한 일도 없다고 주장하였으며, 정재철이나 권우성은 공산주의운동과 순수한 노동운동은 구분하여야 한다면서 예심종결서의 사실을 부인하였다.[32]

김희성의 운동

다음에는 김희성의 운동 부분을 살펴보기로 하자.[33] 앞에서 말했듯이 김희성은 안승락의 지도하에서 운동하다가 1935년 9월 이래 계속된 경찰의 검거를 피하였다가 활동을 계속하였다. 도주 이후 그는 황금동 5정목에 아지트를 두고 이병희李丙嬉와 동거하면서 박인선朴仁善·백윤혁白潤赫 등과 함께 각 공장과 학교에서 운동자를 획득하기 위하여 활동하였다. 주요 내용을 보면 먼저 영등포에서 최병직崔秉稷을 통하여 철도국 경성공장 내에 노일魯一 외 6명, 박온朴溫을 통하여 화신상점 내에 최금순崔今順 외 2명, 김경주金庚柱를 통하여 가두분자인 김성철金聲哲 외 3명을, 민태복閔泰福 등을 통하여 박인춘朴寅椿 외 4명의 자유노동자를 획득하였다. 이밖에도 문용배文庸培를 획득하여 소화공업, 영등포 제지공장 등에 좌익그룹을 결성하기 위하여 공장 내의 노동자들을 교양·지도하였다. 또한 구체적 내용은 알 수 없지만 조선제사, 대창견직공장 등의 여공들과도 일정한 연계를 맺어 활동하였다. 아울러 평양에서는 이종덕李鐘德 외 5명을 운동에 끌어 들였다. 학생운동에서는 경성전기학교, 중앙기독교청년회학교 등에서 최호극 등과 함께 활동하였다. 이재유의 제1기 운동과 권영태의 적색노조준비회에 참가한 바 있으며 당시 경전 직공이었던 윤순달은 박인선·백윤혁 등의 교섭에 의해 1,000여 원의 거금을 운동자금으로 제공하였다. 이상의 하부조직을 기초로 김희성은 박인선·백윤혁 등과 함께 코민테른 노선과의 연계를 목적으로 '연결점'이라는 비밀결사를 조직하였다는데 더 이상의 구체적 내용은 알 수 없다.

김희성 그룹은 서울의 비합법운동이 거의 전멸상태에 빠졌던 정세 하에서 국제공산당의 지도를 받는 정통 노선에 입각한 운동을 표방하고 이재유 그룹을 파벌로 매도하면서 이에 대립적으로 조직 경쟁을 벌였다. 이재유 노선에 대한 이러한 대립적 인식은 이미 살펴본 김승훈 등의 운동자들도 공유하고 있었던 사항이었다. 앞에서 말했듯이 당시 이재유 그룹은 운동선의 통일을 당면 과제로 설정하여 집중적 노력을 기울였으나 결국 좌절하고 말았던 것이다. 경찰의 수사기록에 의거하여 판단하건대 앞의 김승훈 등에 비하여 김희성의 운동은 상대적으로 많은 공장과 학교들에 대중적 기반을 가지고 있었다. 그러나 이들은 원칙과 투쟁을 통해 결합한 활동가들이라기보다는, 친분과 연고에 의해 끌어모은 것에 지나지 않았다. 혹은 운동에 참가할 것인지의 여부를 타진하기 위하여 접촉한 사람들을 포함한다. 이재유가 검거된 1936년 12월 말에 곧이어 검거된 김희성의 조직은 관련자가 45명에 이르는 다수에 달했지만 이 중에서 7명만이 기소되었으며, 이듬해 1939년 4월 7일에 열린 공판에서 김희성과 박인선이 각각 징역 2년과 3년을 선고받은 것을 제외하고는 전원이 집행유예로 석방되었던 것[34]도 이러한 맥락에서 이해할 수 있는 것이다.

지금까지 살펴보았듯이 권영태의 후계조직 형태로 전개된 김승훈과 김희성의 조직은 인적인 측면에서 이재유의 운동에서 활동하였던 많은 운동자들을 동시에 포함하고 있었다. 특히 정재철의 운동 부분에서 변기학과 김복금·김만기·맹계임, 안창대의 운동 부분에서 정칠성·허마리아·김명순 및 안승락의 운동에서 유해길 등이 그러하다. 이밖에도 강귀남이나 안승락·김희성 등은 이재유와 일정한 교류가 있었다. 권우성과 정재철의 적색노조 사건을 검거한 경찰이 이 사건을 이재유가 지도한 사건으로 보고 이재유 등 16명을 서류상으로 함께 송치한 것[35]도

이 때문이다. 동일한 맥락에서 지금까지 살펴본 것과는 반대의 경우이지만 이재유 조직도 권영태의 후계조직에서 운동자를 구하였다. 서구원이나 최호극 등을 그 사례로 들 수 있을 것이다. 이 시기 이재유는 서구원을 일단 끌어 들인 다음, 다시 서구원을 통하여 최호극을 포섭하였는데 이 과정을 최호극의 조서[36]를 통해 구체적으로 살펴보기로 하자.

원래 최호극은 콤그룹에서 박인선의 직접적 지도 아래 활동하고 있었다. 그러다가 두 사람 사이에 한동안 연락이 두절되었는데 이 동안 서구원이 최호극을 방문한 것이다. 1936년 6월 말 최호극은 24~25세의 상의 없는 양복을 입은 조선인 청년의 방문을 받았다. 그가 서구원이었는데, 그는 내밀한 이야기가 있으므로 적당한 장소로 안내해 달라고 하였다. 최호극은 그가 운동자라고 판단하고 동시에 박인선 쪽에서 보냈다고 생각하였다. 간단한 자기소개를 하고 나서 서구원은 조선의 혁명운동사와 혁명적 계급전선의 상태를 말하는 것으로 말문을 열었다. 다음에 서울지역에서 혁명적 계급운동은 이재유의 경성재건과 권영태의 콤그룹의 남은 부분이 각각 활동하고 있다는 사실을 언급하였다. 이와 같이 운동역량이 산재한 까닭에 그 힘은 매우 미약하며, 이는 국내의 현실은 말할 것도 없고 국제적으로 보더라도 계급적으로 용납될 수 없다는 것이다. 이러한 점에서 서구원은 남은 두 부분을 통일하여 효율적인 투쟁을 전개하는 것이 운동자가 당면한 선결문제라는 사실을 지적한 다음, 자신은 자신이 활동한 부분을 이재유의 운동으로 통일하여, 그 통일된 부분에서 지금 활동하고 있다고 밝혔다. 따라서 혁명적 계급전선의 현실에 비추어, 자신들의 통일된 부분과 최호극이 활동한 부분을 통일하여 그 통일된 부분에서 제휴하여 운동을 전개하자고 권유한 것이다.

이재유의 선에서 왔다는 말을 직접 들은 최호극은 상당한 충격을 받은 것 같다. 왜냐하면 김희성이나 박인선 등 콤그룹 운동자들의 지도를 받아오면서 최호극은 "콤그룹은 올바르고 이재유 등의 운동은 파벌"이라는 말을 늘상 들어 왔고 또 그렇게 믿어왔기 때문이다. 어안이 벙벙해진 최호극에게 서구원은 흔히 세간에서 말하듯이 경성재건이 파벌이 아니라는 것은 앞으로의 접촉을 통해 자연히 알게 될 것이므로 이 점은 염려할 필요가 없다는 사실을 누누이 강조하였다. 여기서 최호극은 자신이 지금까지 콤그룹의 선에서만 이재유에 대한 비판을 들어왔으며, 이재유 그룹으로부터는 들어본 적이 없기 때문에 이들의 정체를 알기 위하여 자신이 직접 들어가서 그 내용을 검토해보는 것이 좋겠다는 생각을 하였다. 자신은 지금 지도자(박인선)로부터 떨어져 있는 상태이므로 자신이 활동한 부분을 남기고 자기 단독으로 들어가면 무방할 것이고, 또 이재유의 선이 옳다고 생각되면 그때 자신이 활동한 부분을 이재유의 운동 부분에 통일하면 될 것이라고 판단한 것이다.

이리하여 최호극은 서구원에게 자신은 혁명적으로 가치 있는 자도 아니고 지금까지 사적인 생활을 해왔기 때문에 아무런 혁명적 수확이 없지만 좋은 지도자가 있어 잘 지도해 주면 그 지도 아래 계급적으로 활동해 보겠다는 의사를 표명하였다. 이에 서구원은 "활동한 부분이 없는 것은 아니겠지만 어쨌든 그것은 좋다"고 하면서 "이후로는 서로 이재유의 통일된 부분에서 만나자"고 하였다. 여기서 이재유의 통일된 부분에서 만나자는 것은 바로 이재유의 트로이카 방식을 서구원이 표현한 것이라고 생각한다. 즉 그것은 "내(서구원)가 군(최호극)을 지도하는 것이라고 노골적으로 말하지 않고 군도 나도 모두 이재유의 경성재건그룹에 통일되었으므로 서로는 이후 경성재건그룹의 운동자로서 협력하여가기 위하여 필요한 연락을 하고 서로 도와 운동을 진행"한다는 것이었다.

첫 번째 회합이 있은 지 2~3일 후에 두 사람은 다시 만났다. 두 번째 회합에서 서구원은 최호극에게 이재유의 선에서 활동한다면 어느 부문에서 투쟁할 것이며, 또 이 투쟁에 대하여 무슨 조건이 있는가를 물어왔다. 이러한 접근 방식 또한 트로이카 방식의 표현이다. 이재유 자신의 표현을 빌자면 "각자의 자유의사에 따라 접촉하는 사람들 사이에는 제제 등도 없으며 따라서 운동 부문을 누가 지정하는 것도 아니고 각자가 따로따로 활동"[37]한다는 것이다. 또한 제2기 경성재건그룹에서 지도자와 학생부·노동부의 부서별 책임을 "정한 것이 사실인가"라는 검사의 신문에 대하여 이재유가 "부서는 없으"며 각자의 운동 관계에 따라 "자연히 그러한 방면의 이야기를 하고 운동을 한 것"[38]이라고 한 것도 동일한 맥락에서 이해되는 것이다.

이와 같이 각각의 운동자가 상호 대등한 조건에서 부문 운동에 참가하면서 상대방의 기존 활동 영역과 의사를 존중하는 방식은 다른 운동들에서는 거의 찾아볼 수 없다. 예컨대 1931년 경성학생RS협의회 운동에서 노동운동 부문의 진출을 희망했던 최태룡崔台龍에 대하여 김삼규金三奎와 이평산李平山은 학생운동을 지도할 것을 지시하였으며,[39] 안창대를 통하여 안승락의 지도를 받고 있었던 최성호는 자신이 획득한 노동자를 안창대에게 인계하고 전적으로 인텔리 부문의 동지를 획득하라는 명령을 받았다.[40] 혁명운동에서 운동자의 활동영역과 부서 및 임무의 배치와 결정은 지도부의 협의나 판단에 위임된 고유사항이었다. 지도자에 의해 운동자들의 부서 배치와 활동 영역 및 임무 등이 할당되었던 운동의 일반적 관행에 비추어 볼 때 이러한 트로이카 방식은 상당히 이례적이라고 할 수 있는 것이다.

어쨌든 서구원의 이 질문에 대하여 최호극은, 자신은 학생이므로 활동은 학생운동에서 해야 할 것 같고 학교가 경성상공학원이므로 우선 상공학원을 중심으로 하겠다고 말하였다. 이와 아울러 최호극은 자신은 투쟁 경험이 없는 까닭에 운동을 위한 좋은 방침을 받고 싶다는 의사를 피력하였다. 그가 방침을 요구한 것은 자신이 속해 있었던 콤그룹에서는 좋은 방침이 없었으며 따라서 운동이 활발하지 않았다고 생각하여 이재유 그룹에 좋은 방침이 있는지의 여부를 물어본 다음 이를 가지고 파벌 여부를 판단하고자 했기 때문이다. 이와 같이 자신이 속한 콩그룹에 좋은 방침이 없었으며 이것이 운동의 침체를 가져온 주요 요인으로 생각하여, '좋은 방침'의 유무에 따라 파벌 여부를 판단하고자 한 것은 주목되는 점이다. 당시의 운동자들이 단순한 인맥이나 지연·연고 등에 따라 파벌을 형성한 것이 아니라 이론적 방침에 입각하여 이합집산을 거듭하면서, 실질적으로 파벌의 양상을 극복하는 과정을 엿볼 수 있기 때문이다. 이후 최호극은 〈학생기준〉, 〈자기비판문〉 등을 중심으로 서구원의 지도를 받으면서 "지금까지 생각하여 온 것과 같이 콩그룹에서 비판하듯이 이재유의 운동은 결코 파벌이 아니고 이를 비판하는 콩그룹이야말로 오히려 방침이 없어서 운동이 위축한다"는 결론에 이르렀다.

이리하여 최호극은 자신이 박인선의 선에서 활동한 부분까지 포함하여 경성재건그룹으로 통일하기로 하고, 자신이 다니던 경성상공학원에서 획득한 양성기·고병택 등 4명의 동지가 있다고 보고하였던 것이다. 이와 같이 이재유는 김희성 조직과 관계가 있었던 운동자들을 자신의 조직 내에 흡수, 통일해 나갔는데, 이러한 방식으로 획득된 운동자의 범위가 어느 정도인지는 불명확하지만 최종 판결을 받은 7명만을 보면 서구원과 최호극·양성기·고병택·민태복의 5명을[41] 이 범주로 포괄할 수 있다.

이규섭의 운동

마지막으로 이 시기에 콩그룹과는 무관하게 영등포를 중심으로 독자적으로 활동하고 있었던 이규섭李圭涉 등의 운동을 검토해 보기로 하자.[42] 당시 영등포 지역은 각종 공장이 30여 개, 노동자 수가 1만 명을 넘었으며 여기에 건설공사장에서 일하는 자유노동자까지 합하면 15,000여명에 달하는 거대한 노동군을 이루고 있었던 조선 유수의 공장지대였다. 노동자들은 토착 원주민이 드물고 대개가 전국 각지에서 몰려든 사람들로서 공장 기숙사에 수용된 소수의 일부 노동자들을 제외하고는 일반 민가에 방을 얻어 거주하거나 혹은 함바飯場나 토막 등에 거주하였다. 따라서 주거의 영속성이 드물었으며 직장의 이동 또한 빈번하여 경찰의 감시나 추격으로부터 상대적으로 자유로운 이점을 가지고 있었다. 이러한 점에서 이재유나 권영태 그룹 등의 운동에서 이미 보았듯이 1930년대 초반 이래 영등포는 서울에서 운동의 중심지이자 지하조직의 근거지였을 뿐만 아니라 때로는 운동자들에게 좋은 도피처를 제공하기도 하였다. 이규섭의 운동도 이러한 배경에서 전개된 것이었다.

지금까지 살펴본 대부분의 운동들이 서울을 근거지로 하여 다른 지역으로 운동역량을 확대하거나 혹은 다른 지역과의 연계를 확립하고자 했던 것과 대조적으로 이 운동은 거꾸로 지방에 근거를 두고 서울로 진출한 운동이었다는 점이 특징적이다. 중심인물인 이규섭은 치열한 민족공산주의자로서 함남 홍원에서 1934년 여름 조선공산청년동맹 재건의 일환으로 진봉수陳鳳洙 등이 주도하여 조직한 홍원적색농민조합조직준비위원회에 가맹하여 활동하였다. 그가 홍원 농민운동의 분파운동을 서울에서 전개하기로 한 것은 지도·교양을 받던 진봉수와 협의한 것이었다고 하는데, 궁극적으로 전국적 차원의 당재건을 목표로 서울로 진출하였던 것으로 짐작된다.

1935년 2월 상순에 서울로 올라온 그는 자유노동을 하면서 정세 파악을 한 결과 영등포의 공장지대가 운동에 좋은 조건을 갖추고 있다고 판단하여 도림동에 방을 얻어 영등포 각 공사장을 전전하면서 운동자의 획득에 노력하였다. 이 결과 3월 하순에 이르러 그는 함께 동숙하던 이규한李奎漢과 황경수黃敬洙의 두 사람을 끌어 들이는데 성공하였다. 이규섭은 이들에게 "우리들이 오늘날 아무리 일해도 그날그날의 생활에 곤궁한 것은 자본가가 우리들의 이익을 착취하기 때문인데 이는 현재의 사회제도가 나쁜 것이므로 우리들은 이 제도를 타파하여 만인평등의 이익을 향수하는 새로운 사회를 건설하는 일에 노력해야 한다"고 하면서 무산자의 단결과 자본가에 대한 투쟁을 강조하여 이들의 공감을 얻었다. 이와 같이 어느 정도 운동이 진전되자 그는 자신이 지도하고 있었던 홍원의 운동자들을 서울로 불러들였다. 이 시기는 그가 서울로 진출한지 얼마 되지 않은 2월 상순이었다. 이에 따라 1933년 12월 이래 이규섭의 지도를 받았으며 홍원에서 우수한 첨예투사로서 동지간의 신뢰를 받고 있었던 김형득金亨得을 위시하여 진수근陳秀根·이중용李中龍[43]이 차례로 상경하였다.

그러나 이들의 운동은 특별한 진전을 보이지 않았다. 이러한 국면을 타개하기 위하여 이들은 책임분담 구역을 정하여 김형득·이중룡·진수근이 용산 지역을, 이규섭·황경수·이규한이 영등포 지역을 담당하기로 하고 매달 2원씩의 운동자금을 갹출하여 활동하기로 하였다. 이와 같이 활동을 계속하던 중 중심인물인 이규섭과 김형득이 생활비와 운동자금 관계로 불화상태에 빠짐으로써 운동이 중지되고 말았다. 1936년 5월 1일 메이데이 기념회합에서 알력은 더욱 노골화되었는데, 같은 달 하순에 김형득은 아현동으로 이주하여 단독으로 활동을 시작하였으며 이를 전후하여 진수근도 홍원으로 되돌아가고 말았다. 이리하여 7월 중순 이규섭은 후계운동을 이중용과 이규한에게 맡기고 귀향해 버림으로써 운동은 사실상 중지되어 버렸다고 할 수 있다.

지금까지 살펴보았듯이 이 운동의 가장 큰 특색으로는 지방운동의 연장선상에서 서울 지역에 일정한 거점을 확보하려는 시도의 일환으로 전개되었다는 점을 들 수 있을 것이다. 말하자면 홍원을 중심지로 하고 서울에서 분파운동을 전개한 것인데, 그럼에도 운동방침의 협의나 연락 이외에 구체적인 교류관계는 거의 없었다. 1936년 5월 하순에 이규섭이 진봉수로부터 홍원농조준비위원회의 기관지 《화염火焰》 1부를 송부받은 것이 전부였다고 할 수 있을 것이다. 이를 돌려본 이규섭 등은 서울에서 이 체제에 준하는 당기관지 발간계획을 세웠으나 자금 관계로 실현되지는 못하였다.

조직적 측면에서 보면 1930년대 후반으로 갈수록 운동자들은 예컨대 적색노동조합준비위원회와 같은 구체적인 조직을 결성하지 않는 것이 추세로 되었다. 가혹한 일제의 탄압과 감시 아래에서 조직을 결성하는 것은 많은 노고와 목숨을 건 희생을 요구하는 것이었으며, 또한 운동의 기반이 협애한 상황에서 소수의 운동자들로 구태여 조직을 결성할 필요도 없었기 때문이다. 이러한 점을 고려하면 대부분의 조직들이 그러했듯이 이규섭 등도 비합법 노조를 조직할 것을 협의한 것에 지나지 않았으며, 영등포적색노조준비위원회라는 조직을 결성하였다고는 하지만 경찰에서 수사의 편의와 조작을 위해 붙였을 개연성이 크다고 할 수 있다.

이와 같이 조직 결성의 단계로까지는 가지 않았다 하더라도 당시의 운동자들은 비합법 상황에서 이에 준하는 비밀결사를 만들어 활동하고 있으며, 궁극적으로 당재건을 전망한다는 점에서 자신들의 활동을 당 활동의 연장으로 인식하였다. 이러한 점에서 적색노동조합준비위원회는 실제 조직적 실체는 없었지만 의사조직擬似組織이었다고 할 수 있다. 마지막으로 이들이 활동한 시기는 앞의 김희성 그룹이 활동한 시기와 부분적으로 중복이 되는데 이들 양 운동 사이의 교류는 적어도 자료상에서 확인되지 않는다. 이와 같이 영등포 일대가 본격적인 공장지대로 변모하는 1930년대 중반 이후 이규섭 그룹에서 보듯이 횡적 연관관계는 거의 단절된 채 소규모의 운동단체들이 산재하여 분산적으로 운동을 전개하고 있었다.

제8부
이재유 이후의 운동

[이재유 이후의 운동]

1936년 12월 25일에 이재유가 검거되고 이어서 김희성이 주도한 경성콩그룹의 후계조직이 또한 검거됨으로써 서울 지역에서 운동의 양대 조직이 모두 와해되었다. 이후 서울에서는 1937년에 이관술, 박진홍, 공성회 등이 주도한 그룹이 형성되었다가 이관술이 경찰에 쫓기는 몸이 되고 박진홍·공성회 등이 체포됨으로써 더 이상의 진전을 보지 못하였다. 이 그룹은 비록 명확한 조직적 실체를 갖추지는 못했다 하더라도 2년 후인 1939년에 각파의 운동자들을 망라한 이른바 경성콩그룹이 조직되는 단초를 제공하였다. 그룹의 성격이라는 측면에서 보면 1937년의 운동은 1933년부터 1934년에 걸쳐 이재유 그룹에서 활동했던 운동자들이 출옥하여 전개한 운동이었다. 식민지 경찰이 작성한 자료를 보면[1] 이 운동의 관련자는 이관술·박진홍·공원회·김순진·이순금·안병춘·김재선金在善·이성학李成學·남남덕南男德·조병목趙秉穆의 10인이다. 이미 보았듯이 이 중에서 공원회와 이성학·남남덕을 제외한 7인이 특히 이재유 그룹의 제1기 트로이카 시기와 관련된 운동자들이었다. 따라서 이 운동은 이재유의 경성준비그룹의 후계조직으로서의 위상을 가지고 전개되었다고 볼 수 있다.[2]

1935년 1월 박영출과 함께 검거된 박진홍은 1년 6개월의 형을 복역하고 1937년 5월에 석방되었다. 출옥한 이후 그녀는 경찰의 감시로 자유롭지 않은 상태에서 여러 운동자들과 접촉하면서 운동의 재개를 모색하였다. 출옥 이후 그녀가 가장 먼저 접촉한 사람은 1932년 적위대운동을 주도하였던 공원회³와, 그의 동생이며 일찍이 이재유 그룹에서 함께 활동했던 공성회⁴였다. 박진홍은 6월 초순에 이들을 만난 다음 6월 하순에는 자신과 함께 검거되어 같은 형기를 복역하고 동시에 석방되었던 김순진을 만났으며, 다음날 김순진의 의뢰로 형무소에서 갓 출옥하였던 안병춘⁵을 방문하였다. 또한 공성회 역시 앞의 김순진과 안병춘 및 1931년 신현중 등의 경성제대 반제운동에 관련되었던 이성학, 그리고 콩그룹 계열 권우성의 운동에 관련되었던 정용봉⁶ 등을 접촉하였다. 이밖에도 공성회는 조동원趙東源·박원주朴源柱·반중규潘衆圭·김한성金漢聲·임인식林仁植(임화林和)·유해길 등과 접촉하였다. 출옥 직후 박진홍을 만났던 안병춘은 그녀의 중개로 1937년 7월 7일 이래 이관술과 여러 차례에 걸쳐 만나면서 이재유의 〈자기비판문〉과 운동자금 등을 건네받았다. 이후 이관술과 사실상 연락이 단절된 상태에서 그는 김순진과 밀접한 관련을 맺고 운동을 전개하는데, 이밖에도 권영태의 그룹에서 메이데이 격문을 용산공작소에 살포하는 등의 활동을 했던 최경옥(전술)이나 김희진金喜鎭 등과 제휴·활동하였다.

  이와 같이 1937년의 이 그룹은 이전에 서울 지역의 운동에 관련되었던 다양한 그룹의 운동자들을 망라하고 있었다. 이전의 운동들에서 부분적으로 살펴볼 수 있었던 이러한 현상은 이재유의 예측대로 운동의 진전에 따라 점차 파벌이 극복되는 양상을 보이는 것이라고 할 수 있다. 그러나 이 그룹에서 채택한 최종 방침은 이재유 자신을 '파벌 분자'로 규정하는 역설적인 결과를 낳았다. 따라서 이 그룹은 처음에는 이재유 그룹의 후계운동에서 출발하였지만, 나중에는 이재유 그룹의 운동을 '파벌'로 규정하고 '국제선의 권위'를 인정함으로써 국제선과 연락이 있었던 권영태 그룹을 정통으로 인정하는 경성콩그룹의 결성을 매개하는 역할을 하였다.

  이 과정을 좀더 구체적으로 살펴보면, 이 그룹에 망라된 운동자들은 여러 차례의 회합을 가지면서 이재유 운동의 평가를 둘러싸고 열띤 토론을 벌였다. 운동방침을 수립하는 문제와 밀접히 관련되었던 이 문제에 관한 논의는 운동의 내부 구성원들이 다양하였던 만큼이나 치열한 양상을 띠고 전개되었다. 먼저 이 운동의 지도자격이라고 할 수 있는 공원회는 이 문제에 대하여 매우 신중하고 유연한 자세로 접근하였다. 즉 1937년 6월 초순 박진홍을 만난 자리에서 이 문제를 판단하는 데는 객관적 입장에서 사실을 파악하여 신중하고 엄밀하게 검토하여야 할 것이라는 전제 아래 과거 이재유의 운동이 직접적으로 파벌이라고 단정하기는 어렵다는 견해를 피력한 것이다. 파벌문제가 조선에 사상운동이 시작된 이래 계속되어온 문제로서 그 근본 원인을 '불순분자의 영웅적 기분'과 '자기 공리주의'에서 배태된 것이라고 보고 있기 때문이다. 즉 적어도 이재유가 영웅주의나 이기심과 같은 동기에서 운동을 하지는 않았다는 것이다.

그러나 그는 이재유의 운동이 파벌의 혐의가 전혀 없다고 하지는 않았다. 권영태가 국제당에서 온 정통파라고 하여 조선 내에서 운동하던 다른 노선을 파벌이라고 배척한 것이 옳지 않았듯이, 이재유가 국내에서 상당한 운동의 기반과 세력을 가지고 있다고 하여 국제선과의 제휴를 이유 없이 거부한 것은 올바른 태도가 아니라고 생각한 것이다. 공원회는 이러한 원칙론적 견해를 표명했으면서도 이재유가 권영태와의 제휴를 이유 없이 거절한 것인지의 여부에 관하여는 정확한 정보를 입수하지 못하였다. 따라서 이 문제에 관한 그의 견해는 모호하고 불명확했지만, 같은 해 10월 무렵부터 최종적으로는 1928년 코민테른의 12월 테제 이래 이재유 운동에 이르기까지 조선의 운동은 파벌로 일관한 것으로 이관술도 그 일파一派에 지나지 않는다는 결론에 이르렀다.[7]

다음에 출옥 직후 박진홍의 방문을 받았던 안병춘은 형무소 생활의 고통이나 이경선·이순금 등의 근황 등에 관하여 일상적인 이야기들을 주고받은 자리에서 이재유 운동의 평가를 둘러싸고 그녀와 논쟁을 벌였다. 안병춘은 이재유가 콩그룹과의 통일 문제에서 모호한 입장을 가지고 있었을 뿐만 아니라 자신이 위험에 처하면서도 2년 동안이나 서울 근교에 잠복하였던 것은 자기가 획득한 부분을 다른 지도자에게 빼앗길 것을 우려했기 때문이라고 주장하였다. 아울러 1936년의 운동에서도 이재유의 방침이 구체적이지 않았던 것, 태로의 설명에 공격적이었던 것[8] 등을 종합해 볼 때 그의 운동은 파벌이었다고 주장하였다. 안병춘의 이러한 주장은 앞의 공원회의 평가와는 달리 이재유의 운동을 영웅주의나 공명심의 관점에서 판단하고 있다는 것을 의미한다. 이에 대하여 박진홍은 사실은 이와 정반대로서 이재유는 전선 통일에 열심인 나머지 서울 근교에 머무른 것이지, 자기가 지도한 부분을 다른 지도자에게 빼앗길 것을 우려했기 때문은 아니라고 반박하였다.[9] 자신의 주장에도 불구하고 박진홍은 이 문제에 관하여 자신이 없었는지도 모른다. '정세 파악과 운동 방침의 수립'을 위하여 그녀가 이관술[10]을 만나기 위하여 노력하였던 것은 이러한 맥락에서 이해하여야 할 것이다.

한편 이관술은 이재유가 검거된 이후 창동의 아지트에서 탈출한 이후 "잡화 궤짝을 둘러매고 수염을 기르고 머리를 깎고" 홍천·인제 등지의 강원도와 경상도 등지를 전전하면서 은둔 생활을 계속하였다. 그러다가 1937년 7월 무렵 서울로 올라와 영등포에서 공장노동자 조직에 착수하였다.[11] 1937년 7월 1일 박진홍은 이관술의 연락을 가지고 왔다고 하는 20세 중반의 한 운동자의 방문을 받았으며,[12] 다음날 그의 안내로 상도동 부근에서 시장에 가는 상인풍으로 변장한 이관술을 만났다. 두 사람은 번대방동, 신길동을 거쳐 시흥군의 신림리와 봉천리 사이를 원형으로 돌면서 회담하였다. 이 회합에서 박진홍은 출옥한 지 얼마 되지 않아 구체적 방침을 세울 수 없었기 때문에 이관술의 지도를 받으면서 "이재유의 의발衣鉢을 이어 조선공산당재건 경성준비그룹의 확대강화"를 위해 노력할 것을 합의하였다. 또한 이관술은 신변의 위험이 절박하였기 때문에 박진홍과 연락하여 운동을 지도하기로 하고, 박진홍은 연락 책임과 운동자 획득의 책임을 맡기로 하였다. 운동자의 획득에서 두 사람은 공원회와 안병춘을 대상자로 들고 토의하였는데, 특히 공원회를 지도자로 끌어들이기로 하고[13] 박진홍이 두 사람의 만남을 주선하기로 하였다. 박진홍은 이관술에게 앞의 공원회·안병춘 등과 토론한 내용을 전달하고 이에 대한 자신들의 견해를 정리했을 것이다. 그리고 이와 같이 정리된 방침에 입각하여 이관술은 자신이 직접 나서서 이들을 획득하고자 했던 것으로 보인다. 이관술은 안병춘에 대하여는 자신이 직접 접촉하여 이재유의 〈자기비판문〉 등을 그에게 주었는데, 공원회와의 접촉은 아마도 박진홍에게 부탁한 것으로 추정된다.

이어서 7월 16일에 박진홍은 노량진 전차 종점에서 조선총독부 지질검사소로 통하는 한강 연안의 도로에서 두 번째로 이관술과 회담하였다. 이날 박진홍은 공원회와 접촉한 결과를 보고하면서 이관술과 만나는 방법을 구체적으로 논의했을 것으로 짐작되는데, 경찰의 보고는 박진홍이 그 전날인 7월 15일에 이순금이 석방되었다는 사실을 알렸다고만 되어 있다. 이관술 자신의 회고에 따르면 자신이 직접 "공장에 손을 대기가 어려워" 누이인 이순금의 출옥을 기다리다가 박진홍의 알선으로 만났다고 한다. 이에 따라 이관술과 이순금 두 사람은 7월 19일 여의도 경성비행장 부근에서 만났다.[14] 이관술은 당시를 다음과 같이 회고하였다.

그런데 때마침 한강 상류에서 급우가 쏟아져 강물이 불어 그만 건너갈 길이 막히고 말았다. 그래서 할 수 없이 비행장 쪽으로 나가 다리를 건너다가 순사에게 남매가 잡히고 말았는데 당시는 일지사변(중일전쟁-필자)이 한창 진행 중이라 순사들이 나를 중국 스파이로 의심을 하게 되어 파출소 안에서 하룻밤을 자게 되었는데, 순사들의 대화를 들으니 기가 막힐 형편이었다. 그들의 말을 들으면 저것들이 일본말도 모르는 게 필시 중국 스파이 같으니 날이 밝거든 영등포 고등계로 넘기자는 것이다. 가슴이 서늘하지 않을 수 없는 게 영등포서에는 내 얼굴을 잘 아는 일본인 형사가 있으니 가기만 하면 틀림없이 잡히는 판이라 할 수 없이 순금만 남겨 두고 나는 도망하기로 작정을 했다. 어떻게 파출소에서 도망해 나오기는 하였으나 물 건너갈 일이 큰일이다. 다행이 그 전에 수영을 좀 배워 두었으므로 옷을 벗어 똘똘 묶어서 머리에 이어 물을 건넜다. 간신이 건너와서 보니 머리에 이었던 옷은 몽땅 물에 떠 내려가고 말았으니 그야말로 순나체가 되었다. 그러나 방을 얻어가지고 있는 주인집에를 발가벗고 들어갈 수도 없는 일이요 그렇다고 밤중에 벌거숭이가 노상에 헤맬 수도 없는 일이고 하여 딱하기 짝이 없었다. 다행히 비가 몹시 오는 밤중이라 주인집 대문간에를 가만히 들어서 보니 인기척이 없기로 얼른 내 방으로 뛰어 들어가 옷을 입고 다시 뛰어나와 날 밝기를 기다려 경성을 떠나 대전으로 갔다.[15]

이와 같이 두 사람은 경계 중이던 경찰의 검문을 받고 체포되고 말았으나 이관술은 도주하는데 성공하였다. 체포된 이순금은 만난 사람의 신원과 만난 목적 등을 진술하라고 혹독한 고문을 받았으며, 박진홍도 경기도 경찰부로 연행되어 마찬가지로 가혹한 취조를 당하였다. 이리하여 이관술과 공원회의 만남은 실현되지 못하였으며, 공원회가 안병춘 등과 연결되면서 이들이 이 그룹의 주도권을 장악하였다. 이에 따라 다양한 그룹의 성원들로 구성되어 조직의 내적 결속력이 미약했던 만큼 자신들의 운동방침을 확립할 필요를 느끼고 있었던 이들은 이재유 그룹의 운동을 파벌로 규정하고[16] 자신들의 정통을 국제선과의 연결에 설정하였다. 앞에서도 말했지만 2년 뒤 경성콩그룹이 채택한 운동방침의 단초가 여기에서 마련되었던 것이다.

이미 보았듯이 1930년대 서울의 운동에서 대립적으로 활동하였던 이재유로 대표되는 국내파와 권영태로 대표되는 국제파 중에서 운동의 주도권은 단연 이재유 그룹에 있었다. 특히 1930년대 중반 혁명운동의 대중적 기반과 활력이라는 점에서 이재유 조직은 다른 어느 그룹보다도 다채롭고 풍부한 운동내용을 가지고 있었다. 요컨대 이재유 그룹의 운동은 일제하 비합법운동의 꽃이었던 것이다.[17] 독창적이고 주체적이었던 국내운동의 전통과 운동의 유산을 '파벌분자'라는 낙인을 찍어 부정한 이들은 가공의 현실과 손을 잡으려고 하였다. 이재유 자신도 '국제공산당의 계통적 지도'를 주장하였던 것에서 알 수 있듯이 고립된 1930년대 정세에서 외부의 국제공산주의운동 역량에 어느 정도 의존할 수밖에 없었다는 사실을 인정한다 하더라도, 이는 이후의 운동이 타율적이고 비주체적인 사대적 방식에 의해 전개될 수밖에 없었던 필연성을 예고하는 것이었다. 더구나 이는 1930년대 후반 이후 그때까지와는 달리 각국 공산주의운동의 자율성과 독자성을 보장하는 방향으로 세계적 차원에서 혁명운동의 정책을 전환하였던 코민테른의 방침과도 정면으로 역행하는 것이었다. 인민전선으로 표현되는 이 방침에 따라 코민테른은 1943년에 최종적으로 해체되었던 것이다.

어쨌든 이 그룹의 나머지 이야기를 채워보기로 하자. 경찰에 검거되었다가 풀려난 박진홍은 7월 21일 다시 경찰에 체포되어 가혹한 고문과 학대에 시달리다가 같은 해 9월 6일에 기소중지로 석방되었다. 풀려난 다음날인 9월 7일에 그녀는 공원회를 방문하여 이관술과 만나 토론한 내용을 전달하였다. 앞에서 말했듯이 이재유의 운동에 대한 평가가 주요한 내용이었을 것이다. 당시 그녀는 거듭되는 검거와 탄압·감시로 극도로 신변의 위협을 느끼고 있었으며 따라서 비합법 생활로 잠복할 것을 모색하고 있었던 것 같다. 공원회는 일단 석방된 상태이기 때문에 서두르지 말고 침착하게 있다가 적당한 기회를 보아 잠복하는 것이 좋겠다고 그녀에게 권유하였다. 현정세의 파악과 관련하여 공원회는 1933년 자신이 형무소에서 출옥하던 당시 각 지방에 대중적 파업, 소작쟁의, 학교의 맹휴 등이 빈발하던 때와 지금의 정세는 전혀 다르다는 사실을 지적하였다. 즉 현재는 이러한 움직임이 전혀 없으며 표면상 극히 평온한 상태를 유지하고 있는데, 그 원인은 만주사변에 의해 조선인이 만주로 진출하고 탄압과 감시가 더욱 강화되었기 때문이라는 것이다. 중일전쟁이 발발한 이래 극도의 궁핍과 공황상태에 빠진 농민 등의 일상적인 불평불만은 탄압에 의해 표면에 드러나지 않고 잠재해 있지만 전쟁이 발발하고 결국 세계대전으로 이어지면 일본은 패망할 수밖에 없을 것이고, 그러면 조선민족이 일어서야 할 절호의 기회가 도래한다는 것이다. 따라서 이러한 정세하에서 운동자들은 헛되이 망동해야 할 시기가 아닌 것을 깨닫고, 은밀히 운동자를 획득하고 자금을 조성하여 모든 준비를 갖춤으로써 혁명의 시기를 포착하여야 한다는 사실을 공원회는 강조하였다.[18]

두 사람은 이후에도 몇 차례의 만남을 거듭하면서 정세를 파악하고 운동자를 획득하고자 했다. 정세 파악에서 이들은 인민전선 이론에 입각하여 당시의 세계정세를 설명하고자 했으며, 그 일환으로 '중화민국의 역사적 발전 및 현재의 정세', '조선의 사상운동사' 등에 관한 교양과 지도를 하기도 하였다. 전쟁 말기의 가혹한 탄압과 감시 아래 비합법 방식에 의한 출판물은 이미 불가능하였기 때문에 정세파악을 위해 이들이 주로 참고한 간행물들은 일간신문을 비롯한 《중앙공론》, 《일본평론》, 《개조改造》 등의 일본어로 된 합법 출판물들이었다. 운동자의 획득에서는 박진홍이 인정식[19]과 접촉을 계속하였으며, 9월 10일 무렵부터 남남덕[20]과 여러 차례 만나 서로 제휴하여 운동에 진출할 것을 협의하였고 그녀를 통하여 조병목趙秉穆[21]을 소개받았다. 박진홍은 이들을 지도하면서 그 상황을 공원회에게 보고하였다. 이와 아울러 그녀는 운동자금을 마련하기 위해 이순금의 결혼을 추진[22]하기도 하였다.

그러던 중 1937년 10월 13일 삼청공원에서 만난 두 사람은 1932년 조정래趙正來 등의 반제동맹 운동에 관련되었던 양성호梁成灝와 우연히 해후하였다. 일제의 스파이 정책과 관련하여 당시 운동자들 중에는 일제의 끄나풀이 많이 있었으며 특히 사상전향자의 경우에는 우선적인 경계의 대상이 되고 있었다. 공원회는 박진홍을 자신의 처라고 하여 그 자리를 모면하였지만 가두 연락의 현장을 양성호에게 발각당한 이상 비밀의 폭로와 신변의 위험을 우려하여 어디로든지 피신하여 지하운동으로 들어갈 것을 협의하였다. 그러나 여비 등의 자금이 없었다. 또한 상대적으로 경제적 여유가 있었던 이순금은 지방에 내려가 있었으므로 달리 방도가 없어 경찰의 동정을 주시하고 있다가 검거의 기색이 있으면 막 바로 도주하기로 하였다. 곧이어 공원회는 박진홍에게 김순진과 이순금의 결혼을 촉진하여 운동자금을 마련할 것을 지시하고 고향인 통영으로 내려갔다. 공성회와 함께 박진홍이 이 일을 추진하는 동안에도 이순금은 다시 경기도 경찰부의 취조를 받았으며 김순진은 경찰에서 가택수사를 받았다. 박진홍에게도 형사가 찾아왔다. 신변의 위험이 절박함을 느낀 박진홍은 이 문제를 공성회와 협의하였으나 여비도 없고 잘못했다가는 오히려 일이 폭로될 우려도 있으므로 당분간 지켜보기로 하였다. 그 사이에 박진홍과 김순진도 경기도 경찰부에 연행되어 취조를 받았으나 별다른 혐의점을 찾지 못한 경찰에 의해 일단 석방되었다가 10월 중순에 다시 검거되고 말았다.

  지금까지 살펴보았듯이 이 운동은 운동방침을 협의하고 운동자 사이의 연락 등을 하다가 더 이상의 진전을 보지 못하고 중단되고 말았다. 당시의 신문은 공성회와 공원회가 영등포 등지에서 동지를 규합하는 지하운동을 하였으며, 이순금과 박진홍이 중요 공장에 여직공으로 잠입하였다고 보도하고 있으나[23] 실제로 공장이나 학교 등에서의 대중적 기반은 거의 없었던 것으로 보인다. 이순금이나 박진홍 등은 공원회를 지도자로 영입하여 서울 지역에서 운동의 맥을 이으려고 시도하였지만 이는 지도자인 공원회의 역량 부족으로 제대로 진행되지 않았다. 공원회는 출옥한 이후 이미 운동에서 어느 정도 거리를 두고 있을 뿐만 아니라 "헛되이 망동할 시기가 아닌 것을 깨닫고 모든 준비를 갖춤으로써 혁명의 시기를 포착해야 한다"는 식의 준비론 자세로 지도자로서의 한계를 노출하였기 때문이다.

한편 1937년 7월 여의도 비행장에서 탈출한 이관술은 대전으로 내려온 이후, 이 곳에서 한여름을 보내다가 이순금이 검거되었다는 소식을 듣고 다시 대구로 거처를 옮겼다. 대구에서 그는 조그만 반찬가게를 운영하면서 반전반제적인 소그룹운동에 관여하면서 1년 정도를 지냈다. 1938년 가을 이순금이 출옥하였다는 소식을 들은 그는 수원 화홍문華虹門 앞에서 그녀를 만난 다음 다시 대구로 갔다가 이듬해 1월 충북 충주로 가서 김삼룡과 만났다. 흔히 1939년 충주에서 이관술이 김삼룡을 조직자로 초치하여 장순명張順明·권오직權五稷·이현상 등의 운동자와 함께 경성콩그룹을 결성하였다는 것은 여기에서 유래한 것이다[24].

김삼룡과 만난 이후 서울로 올라온 이관술은 "이문정里門町 태창직물공장에 콩그룹을 만들기에 성공하여 5~6개의 공장 세포와 10개에 가까운 가두세포를 형성해 가던 중, 그 해(1939년) 12월 영등포로 들어서는 입구의 모퉁이에서 암호표식에 의하여" 박헌영을 만났다. 서울 지역에서 운동을 계속하고 있던 이관술과 상해에서 체포되어 6년의 선고를 받고 1939년에 출옥한 박헌영이 만나는 것은 사실 시간문제였다.[25] 과거 이재유 그룹에서 함께 활동했던 이현상은 감옥에 있으면서 박헌영과 알게 되었으며, 이현상을 통하여 박헌영과 알게 된 김삼룡은 "역사도 오래고 운동코스도 올바른 공산주의자가 지하에 잠복"하는 것을 돕는 일을 이관술에게 의뢰하였다.[26]

박헌영과 처음 만났을 때 그가 누구라는 것을 모르고 만났던 김삼룡과 비슷하게[27] 이관술 또한 막연하게 그가 소문을 통해 들었던 박헌영이라고 짐작하였다. "첫눈에 그는 진실에 넘치고 접하는 사람에게 신뢰감을 주고 또 관후寬厚한 포용력을 가진 것을 직각直覺케 했다"[28]는 것이 박헌영에 대한 이관술의 첫인상이었다. 김삼룡과 이관술은 영등포에 자전거를 타고 왔다. 세 사람은 곧 인천 공설시장에서 만나기로 약속하고 이관술이 박헌영에게 자신의 자전거를 빌려주어 김삼룡과 박헌영이 자전거를 타고 약속 장소로 가고 이관술은 기차로 현지에 도착하였다. 김삼룡을 이주상李胄相의 집으로 보낸 이관술은 박헌영과 함께 이순금의 집으로 갔다.[29] 함께 밤을 새면서 이관술은 박헌영에게 자신이 누구인지 아느냐고 물었다. 대강 짐작이 간다는 것이 박헌영의 대답이었다. 이관술은 자신의 지금까지의 운동 경력을 이야기하고 자신이 "이재유와 파벌 운동을 한 것처럼 말을 하는데 실제로 나는 그런 생각에서 한 일이 아니고 나는 운동할 의사는 있었지만 그 방법을 몰랐기 때문에 이재유를 따라서 한 데 불과하다"고 말하고 "장래는 당신의 방침을 따라서 운동을 계속하고 싶다"는 의견을 피력하였다. 이에 박헌영은 "금후 서로 연구하면서 해 나가자"고 하면서 구체적인 이야기는 별로 하지 않았다.[30] 다음 날 아침 서울로 나가는 이관술은 박헌영으로부터 돌아오는 길에 전당포에 맡긴 자신의 물건을 찾아 달라는 부탁을 받았다. 전당표 중에 주세죽朱世竹이라는 이름을 발견한 이관술은 자신과 함께 밤을 보낸 사람이 박헌영이라고 확신하였다. 주세죽이 박헌영의 아내라는 사실은 이전부터 알고 있었기 때문이다.[31]

박헌영과 만난 이관술은 자신이 이재유와 함께 출판하여 1부씩 가지고 있었던 《적기》를 박헌영에게 주었으며, 경성콩그룹에서도 기관지 《코뮤니스트》를 출판·간행하는 책임을 맡아 활동하였다. 나중에 그는 함경도로 활동 구역을 옮겨 장순명 등과 함께 그곳에서 《붉은 길》을 출판하는 등의 활동을 하였다.[32] 함경도로 활동 구역을 옮긴 이유는 경찰에 얼굴이 너무 알려져서 서울 지방에서 활동하는 데는 많은 제약이 따랐기 때문이었다. 청진에 도착한 이후 이관술은 장순명·김형관金亨寬 등과 함께 광산조직에 착수하는 한편 흥남지방의 조직화에 관여하면서 산중에 토굴을 파고 《붉은 길》 등의 출판물을 간행하기 시작하였다. 또한 산중에 숨어있는 운동자들과 함께 무장 빨치산대 조직을 준비·계획하였으나 여러 가지 이유로 이루어지지는 않았다고 한다.[33] 이와 아울러 박헌영은 코민테른과의 연락을 도모하기 위하여, 러시아로 가는 길을 개척하기 위하여 이관술을 그쪽 지방으로 파견하고자 하였다.[34] 이관술 자신의 설명에 따르면 예심공판에서는 자신이 박헌영에게 "나는 서울에 있기 싫다. 원래 서울로 온 것도 할 수 없이 온 것이고 게다가 이재유가 체포된 것도 서울을 떠나려고 하지 않았기 때문이라고들 한다"고 하여 옮겼다고 진술하였는데, 해방 이후의 회상에서는 자신이 "서울에 오자마자 함북서 사람이 와서 박동무(박헌영)를 함북으로 가라는 것이었다. 그러나 이곳(서울) 형편이 박동무가 떠나기 어렵기 때문에" 자신이 함북으로 가게 되었다고 설명하고 있다.[35]

다음에 경성콤그룹의 구체적인 조직 실태를 이해하는 데에는 이관술이 예심공판에서 진술한 내용이 도움이 된다. 이관술이 박헌영과 만난 후 김삼룡과 함께 세 사람이 경성콩그룹이라는 결사를 조직한 사실을 부인한 것이 부인을 위한 부인이 아니냐는 예심판사의 물음에 이관술은 결코 그렇지 않다고 대답하였다. 자신들이 모여서 조선공산당재건을 위하여 이러저러한 운동을 해 왔으니까 그러한 사실을 두고 결사가 아니냐고 추궁한다면 할 말이 없지만, 실제 결사체를 만들었다면 "우리 운동으로서 서로의 사이가 더 긴밀하게 되어 있지 않으면 안 된다고 생각"한다는 것이다. 만약 자신이 총책임이고 김삼룡이 선전 책임이라면 김삼룡은 일일이 자신에게 운동 상황을 의무적으로 보고하고 자신이 그에 비판을 가해서 검토한 후 결정을 내리면 김삼룡은 그에 입각해서 행동하는 것이 맞겠지만, 실제로는 자신이 김삼룡의 일에 전혀 관계가 없는 것은 아니었지만 그도 의무로서 일일이 자신에게 이야기한 것이 아니었고 단지 같이 하고 있을 뿐이었으며 그것도 전부 보고하는 것도 아니었다는 것이 이관술의 설명이었다. 이는 박헌영의 경우에도 마찬가지여서 자신이 박헌영에게 함북에서 있었던 일을 이야기한 것도 의무라기보다는 "말하자면 좌담식으로 이야기했을 뿐"이라는 것이다.[36]

예심판사의 추궁은 계속되었다. 이관술이 박헌영이나 김삼룡과 함께 조선공산당재건과 아울러 그 조직을 어떠한 방침에 의할 것인가를 여러 차례 논의하면서 늦어도 1941년 봄 무렵까지는 조선에 실재하는 공산당을 조직할 작정이었다고 하면서 도면까지 그리지 않았느냐는 것이었다. 이에 대하여 이관술은 "종로서에서 도면같은 것을 그리라면서 참고서를 빌려 줘서 그것을 토대로 그린 것"이라고 답변하였다. "생각한 일 조차 없는 조직론을 경찰에서 쓰라고 하는데 쓸 수가 없어서 참고서라도 있으면 쓰지 못할 것도 없다"고 하니까 삐아뜨니끼의 조직론[37] 부록에 있는 것 같은 몇 가지 도면을 갖다 주어, 그것으로 "그 도면을 이렇게 저렇게 조합해서 하나의 도면을 그리고 그것을 해설한 글도 썼다"는 것이다. 그것이 자신의 조직론으로 되어 있지만, 그것은 "추상적이고 일반적인 것이며 대체로 어디든지 적용할 수 있는 것으로서 조선의 특수한 사정은 전혀 가미되어 있지 않다"는 것이 이관술의 설명이었다.[38]

경성콤그룹의 조직에 대한 이관술의 진술은 심문과 재판 과정에서 제기된 '혐의'로부터 벗어나고자 하는 거짓 진술일 수도 있었다. 그러나 1930년대 초반 이래 소수의 운동자들이 위로부터의 조직을 먼저 결성하였던 당재건운동의 실패와 오류에 대한 반성에서, 이후의 혁명적 노동·농민 운동에서는 당조직을 먼저 결성하기보다는 농촌과 공장에서 대중적 기반을 구축하고자 하는 것이 운동의 대세가 되었다. 이재유는 트로이카 방식을 통해서 그것을 전형적 방식으로 발전시킨 바 있었지만, 경성콩그룹의 조직 방식에서도 그러한 편린을 찾아 볼 수 있었다. 즉 의무적 보고와 비판적 검토라는 공식 과정보다는 서로의 영역에서 같이 일을 하면서 있었던 일을 이야기하는 정도의 '좌담식' 조직 형태를 유지하였다는 것이다. 하부의 운동자들 사이에서 혹은 다른 운동선과의 접촉에서는 때때로 그것이 공식조직으로 오인되기도 하였지만, 실제 운동자들은 경찰의 수사 기록에서 제시된 엄격한 조직 계보보다는 유연하고 느슨한 형태의 조직 안에서 운동을 하였던 것이다.

이제 경성콩그룹에서 이관술의 활동을 마무리해 보기로 하자. 함북에서 활동하던 이관술은 1940년 12월에 서울에 올라왔다. 이 시기 서울에서는 김삼룡 등이 서대문경찰서에 체포되는 이른바 '서대문서 사건'이 벌어지고 있었다. 사태는 급박하게 돌아갔다. 김삼룡이 체포되었는지의 여부도 확실하게 조사해야 했고, 한편으로는 다른 운동자들에게 알려 피해를 최소화하는 방향으로 사태를 수습할 필요도 있었다. 그런 와중에서도 남부 지방의 운동자들과의 연락을 확인해야 했고 조여드는 수사망에서 도피할 자금도 마련해야 했다. 이러한 일들로 분주하던 이관술은 1941년 1월 7일 원동苑洞의 김태준金台俊 집을 방문하였다가 잠복해 있던 경찰에게 체포되고 말았다. 이관술이 체포된 이후 잠적한 박헌영이 광주의 벽돌공장에서 인부로 일하는 동안에 이관술은 "소위 대동아전쟁 중의 참혹한 감옥상태"에서 옥중 생활을 겪은 후 형집행 정지로 나왔다가 다시 도주한 후 "솟땜쟁이 심부름꾼이 되어 전라도 산중으로 촌사람의 솟을 때주며 댕기다가" 8·15해방을 맞았다.[39]

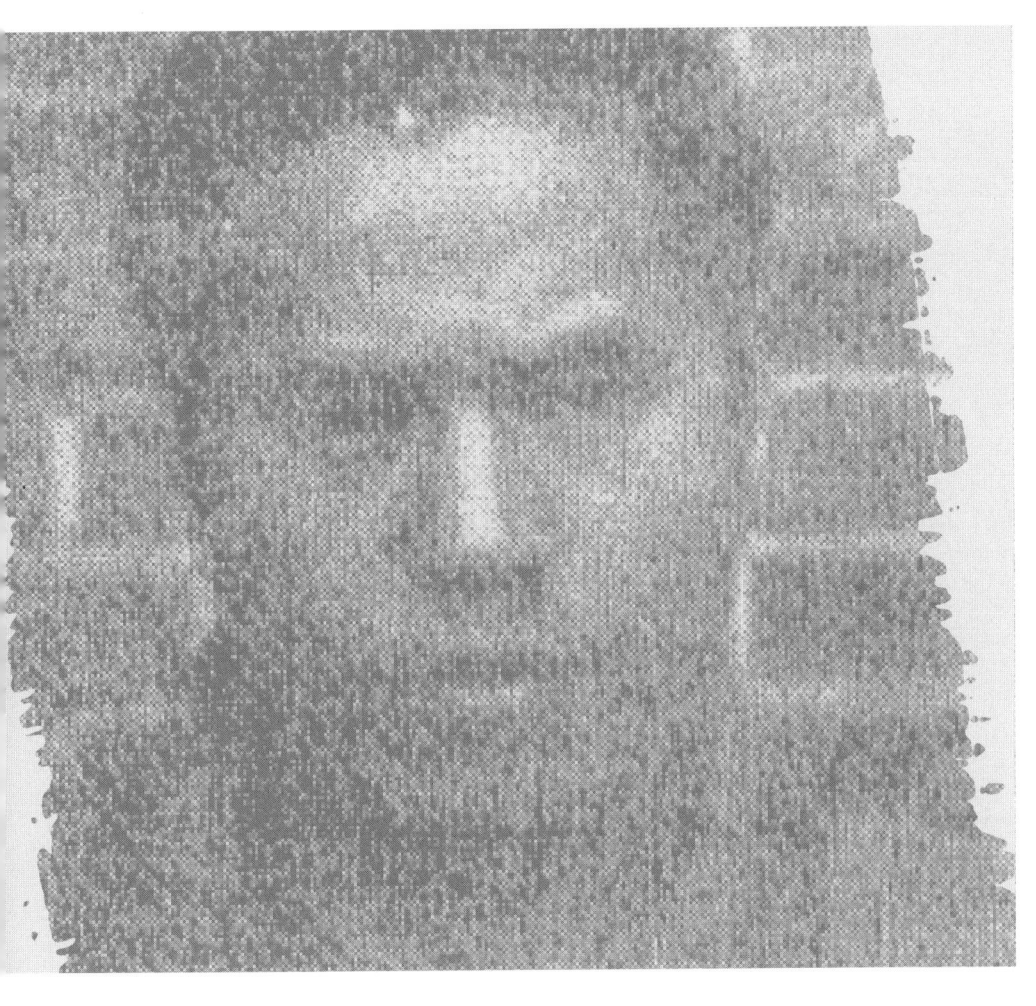

제9부
이재유와 일제하 변혁운동

【이재유와 일제의 변혁운동】

민족문제와 계급문제

1920년대 조선의 사회주의운동은 그것이 극복되는 과정에 주목한다고 하더라도 전반적으로 보아 민족적 과제보다는 계급적 관점을 우위에 두었다고 평가할 수 있을 것이다. 이러한 현상은 사회주의 이념의 사상적 전통이 미미했다는 점, 지식인과 청년 학생 등의 프티부르주아지 계급이 이 이념의 주요 담당자였다는 점, 식민지 민족운동의 한계에 대한 반발과 비판 등의 이유로 설명할 수 있을 것이다. 이러한 편향은 특히 1920년대 후반 이후 민족개량주의가 급속하게 타락하는 것을 배경으로 더욱 강화되었다. 이 시기에 민족주의는 민족개량주의로, 나아가서 때로는 친일 매판과 동일한 것으로 공공연하게 인정되는 일정한 분위기가 조성되었다.

무엇보다도 이 시기 세계혁명운동은 혁명역량의 결집에 부정적 영향을 미친 것으로 평가되는 '좌편향'의 커다란 흐름 안에 있었다. 서구에서는 사회민주주의자들이 파시즘에 협조하는 한편 식민지·반식민지에서는 민족부르주아지들이 제국주의에 가담한 정세가 조성된 것을 배경으로 코민테른에서 채택한 이른바 계급 대 계급 전술[1]이 이를 대표하는 것이다. 이에 따라 혁명적 노선은 베트남 등 동남아시아 국가들의 민족해방운동에서와 같이 "선택의 문제가 아니라 유일한 길"[2]이었으며, 전쟁과 러시아혁명, 대공황, 정치적 혼란, 파시즘의 대두 등의 정치적 경험 하에서 불가피한 선택을 할 수밖에 없었던 1920~1930년대 유럽 지식인들의 상황도 이에 비견될 수 있다. 영국의 유명한 노동사가인 홉스봄E.J. Hobsbawm은 다음과 같이 고백하고 있다.

그 같은 상황에서 젊은 유태계 지식인들이 나아갈 수 있는 길이란 무엇이었겠는가? 어떤 종류이건 간에 자유주의자는 결코 될 수 없었는데 왜냐하면 자유주의는 이미 붕괴된 세계였기 때문이다. …… 결국 우리는 공산주의나 그와 유사한 형태의 혁명적 마르크스주의자가 되든지, 아니면 유태민족주의인 시온주의자가 되었다. 그러나 대부분의 젊은 시온주의 지식인들은 스스로를 일종의 혁명적인 마르크스주의적 민족주의자라고 생각하였다. 실질적으로 그 이외의 다른 선택의 길은 존재하지 않았다. 우리는 부르주아 사회와 자본주의에 대하여는 일체의 미련도 두지 않았다. 왜냐하면 자본주의가 마지막 운명을 재촉하고 있다는 점은 이제 너무나도 분명한 사실로 보여졌기 때문이다. 우리는 주저 없이 미래를 선택했고, 그 미래란 혁명을 의미하였다.[3]

식민지 조선에서 이러한 상황은 일제의 교묘한 분할통치 정책과 선택적인 탄압에 의해 더욱 복잡한 양상을 띠었다. 이재유는 이를 다음과 같이 분석한 바 있다. 즉 1930년대 이후 치안유지법의 개정이나 경찰 테러의 강화에서 알 수 있듯이 노농대중의 경제적 요구조차도 탄압한다면, 이들이 일정한 희생과 전투력을 가지고 반+공산주의자로 되고 또 일정한 비합법적 활동방법을 가지고 나올 수밖에 없을 것이라는 것이다. 다른 한편 이는 모든 중간적 계급의 운동을 몰락시킴에 따라 조선 내 정치 정세를 변화시켜 노동자와 자본가 사이의 양대 계급 대립을 더욱 첨예화시킬 것이라고 보았던 것이다.[4] 이와 같이 민족 부르주아 계급의 일부가 제국주의에 가담하고 민족적 요소를 갖는 중간적 운동이 몰락함에 따라 국내에서 변혁운동은 민족독립에 대한 요구를 해결해야 하는 과제를 아울러 가질 수밖에 없었던 것이다.

일제하 사회주의와 공산주의자들과 그들의 사상을 이해하기 위해서는 먼저 이와 같은 시대적 상황을 염두에 두고 접근하는 것이 필요하다. 이상적인 민족주의자로 출발하였던 이관술이 "민족주의자들의 냉담, 비겁한 것과 일제와의 타협" 등을 보고 오직 공산주의만이 계급의 이익뿐만 아니라 민족해방에서 유일한 지침이요, 정당한 노선이란 결론을 얻어 공산주의자가 되어버렸다고 술회하였던 사실은 비단 그에 한정된 것만은 아닐 것이다. 이 시기 공산주의자들의 대다수는 식민지하의 민족적 차별에서 출발하였으며 따라서 그 기저에는 기본적으로 민족주의 사상이 내재하고 있었던 것이다. 이재유 역시 예외는 아니었다.

그럼에도 이재유는 공산주의자였다. 그 자신이 일제의 민족적 차별과 탄압에 분개하고 민족독립에 대한 강한 열망을 가지고 있었음에도 독자적인 공산주의자로 인정되기를 바랐다. 마르크스·레닌주의 운동의 이론과 방식에 입각하여 그는 운동을 시작하였으며, 구체적 실천을 통하여 더욱 완전한 볼셰비키로 성장하였다. 코민테른의 집행위원이었던 쿠지넨O. Kusinen이 지적한 바 있듯이, 정통 마르크스-레닌주의자로서 주로 당조직에서 활동하였던 조선인 공산주의자들에게 찾아 볼 수 있었던 사상적 혼란과 불명료함[5] 조차도 그에게는 없었다. 이러한 점에서 그가 이 시기 공산주의자들이 가지고 있었던 일정한 편향적 요소들을 공유하고 있었던 것은 분명하다. 요컨대 그는 이 시기 대중적 기반이 없는 상태에서 조성된 관념적이고 급진적인 공산주의운동의 문화적 영향권을 완전히 벗어 날 수는 없었던 것이다. 합법과 비합법의 적절한 결합은 이론뿐이었고 실제로는 비합법 위주의 운동방식에 의존할 수밖에 없었고, 민족 부르주아지는 '포섭'이나 협상의 대상이 아니라 일관되게 '타도의 대상'이었으며, 파벌의 지양과 운동선의 통일문제 역시 지속적인 추구에도 불구하고 끝내 해결되지 못한 과제였다.

그러나 이 시기 공산주의운동을 이와 같이 일방적으로 매도할 수만은 없을 것이다. 비록 한계는 있었다고 하더라도 이 운동은 식민지의 노동자·농민들에 대한 헌신이라는 대의를 표방한 거의 유일한 대안이었다. 일제의 가혹한 탄압을 배경으로 시기와 장소의 변화는 있었지만 이러한 점에서 그것이 가지고 있었던 대중적 활력과 영향력 또한 적지 않았다. 반제운동과 민족혁명의 이상을 품고 특히 1930년대 이후 수많은 공산주의자들이 일제에 의해 체포·고문·학살되었던 것도 거꾸로 이 사상이 일제의 식민통치에 얼마나 위협적이었는가를 증명하는 것이다. 이러한 점에서 필자는 이재유의 민족문제에 대한 인식을 강조하고 싶다. 비록 그것이 민족주의와 공산주의라는 두 이념 사이의 경계에 설정될 수 있는 정도보다 크지는 않았지만, 이 시기 공산주의운동의 흐름 내에서 이재유의 민족문제에 대한 인식은 그만큼 독자적인 특성이 있었기 때문이다.

1920년대 중반 서울에 올라 와 민족적 차별대우를 겪으면서 싹텄던 이재유의 민족의식은 이후 공산주의자로 성장하는 사상적 토양이 되었다. "처음에는 단지 민족의식에서 조선은 독립되어야 한다고 생각"하였는데 "형을 받고 나온 뒤에 공산주의자로 된 후 조선독립과 공산제도의 실현은 함께 되어야 할 것이라고 생각"했다는 것에서 이러한 사실을 잘 알 수 있다. 즉 "조선 적화의 수단으로서 조선독립을 희망"한 것이 아니라 "우선 조선독립이 근본문제라고 생각하여 그 취지에서 활동"[6]하였다는 것이다. 조선을 완전한 독립국가로 한 후 착취 없는 만민평등의 조선 소비에트를 건설[7]한다는 주장도 이러한 맥락에서 이해된다. 이에 따라 운동의 기본목표로서 부르주아 민주주의혁명의 민족적 성격을 다음과 같이 강조하였던 것이다.

그렇다고 해서 조선에서 일정한 발전단계로서의 민족혁명, 즉 부르주아 민주주의혁명이 불가능한 것인가? 아니 부르주아 민주주의적 성격을 띤 혁명도 없이 끝날 것인가? 즉 조선 민족적 입장에서 정치, 경제, 사회 등 모든 방면의 부르주아 민주주의적 혁명이 없이 끝날 것인가? 아니다. 거기에는 반드시 혁명! 민족혁명이 있어야 한다.[8]

또한 이재유는 일본제국주의의 민족정책에 대하여 가장 강렬하게 비판하고 또 이에 항거하였다. 그는 다른 누구보다도 "일제의 조선침략의 본질과 과정을 탁월하게 파악"[9]하고 있었다. 《적기》를 비롯한 팸플릿들에서[10] 그는 일본 제국주의가 조선 특유의 4천년 역사와 문화·혈통까지 약탈할 뿐만 아니라 조선인의 언어·풍속·관습·교육·역사까지도 위조·약탈·동화되도록 강제하고 있다고 신랄하게 비난하였다. 또한 학생운동에서 그는 각 학교의 상용어를 조선어로 할 것, 조선역사의 기만적 편찬 절대반대, 조선 역사시간을 늘릴 것 등을 강령으로 내걸었으며, 지도방침에서는 독립운동의 방도에 중점을 두어 학생들을 교양하여야 한다고 주장하였다. 그의 운동에서 조선의 독립사상에 대한 관심은 민족문제에 관한 많은 서적들을 그가 섭렵하고 있었던 것에서도 나타난다. 최종적으로 검거된 이후 옥중에서도 그는 조선어 사용금지를 반대하는 투쟁을 전개하였다.

따라서 이재유가 다른 공산주의자들과 구분되는 점이 있다면, 상당수의 공산주의자들이 현실적인 민족주의의 무능력과 한계에 촉발되어 그것을 민족개량주의로 매도하면서 계급주의에만 매몰되어 있었던 반면에 민족혁명적 관점을 일관되게 유지해왔다는 사실일 것이다. 특히 1930년대 비합법운동가들의 대부분이 계급문제를 중시하고 민족문제를 등한시했던 사실에 비하면 민족문제에 대한 이러한 인식은 당대 최고의 혁명가라는 명성에 걸맞은 것이었다. 이와 같이 그는 혁명적이었던 것만큼이나 민족적이었다. 이러한 점에서 그는 당대의 어느 운동가들보다 민족문제에 지대한 관심을 가지고 있었으며, 또 이를 해결하기 위하여 자신의 삶을 바쳤던 것이다. 검사의 신문에서 자신의 근본사상은 공산주의 사상이라고 밝히면서, 공산주의 사회를 만드는데 무슨 까닭으로 조선의 독립이 필요한가라는 검사의 물음에 대하여 그는 다음과 같이 답변하였다.

내가 조선독립을 목적으로 함은 일본에서 독립하지 않는 이상은 언제까지나 조선은 공산주의 국가로 될 수 없고 또 설령 공산주의 국가로 된다고 하여도 일본적 공산주의 국가로 되기 때문이다.[11]

국내주의와 국제주의

앞에서 살펴보았듯이 이재유의 운동은 국내에 기반을 둔 이른바 국내파운동으로 인식되어왔다. 그의 운동이 결과적으로 이른바 경성콩그룹 등의 국제파와 경쟁관계를 유지하고 있었고, 또 이를 대상으로 끊임없이 운동의 통일을 추구해왔다는 점에서 우선 그러하다. 또한 이미 보았듯이 그의 사상이 민족문제의 해결이라는 문제의식에 철저하게 입각하고 있었던 것도 이와 무관하지 않을 것이다. 이재유가 평소에 자신은 결코 해외에 나가지 않을 것이며 죽어도 조선에서 죽으며 최후까지 국내에서 활동하리라고 말했다는 것[12]도 이를 반영하는 것이다.

이와 같이 그의 운동이 국내에 기반을 둔, 국내주의적 운동이었다는 평가는 나아가서 코민테른 등의 이른바 국제선에 대하여 그가 비판적이고 거부적이었다는 견해로 이어진다. 물론 이는 일면적 타당성이 있다. 예컨대 모스크바 공산대학 졸업생의 친목회를 조직하려는 움직임에 대하여 이재유가 보였던 태도는 그것을 단적으로 나타낸다. 이재유가 형무소에서 복역하던 당시는 모스크바 공산대학 출신의 운동자가 대규모로 조선 내에 들어오고 있었는데 이들 대부분은 별다른 활동양상을 보이지 못하고 일제에 의해 검거되고 말았다. 이와 같이 분산적으로 되어 통일이 가능하지 않았기 때문에 하나의 조직체를 만들어 지도를 하면 어떻겠느냐는 의견이 대두되어 조직체를 가지느니 마느니 의론이 분분했던 모양이다. 이에 대하여 이재유는 조직을 가질 필요는 없다는 반대론의 입장을 분명히 하였다. 또한 프로핀테른 극동지부에서 파견되었던 권영태에 대하여 그는 경찰의 조서에서 "국제선이라고 자칭하는"[13]이라는 수식어를 반드시 붙였으며 코민테른 상해지부의 김단야의 명에 의해 파견되었던 김형선에 대하여도 그는 국제선에서 파견되었다는 사실 자체를 의심하고 있었다고 진술[14]하였다. 그리고 결과적으로 이들 조직과의 제휴는 끝내 이루어지지 못하고 좌절되었다. 이러한 사실들은 이재유가 국제선을 거부한다는 혐의를 불러일으키기에 충분한 것이다.

그러나 이러한 불신은 당시 국제선과의 연계를 지닌 운동이 지녔던 일정한 한계와 그에 대한 이재유의 평가에서 연유하는 것으로, 그가 국제적 지도나 연대 자체를 거부한 것은 결코 아니라는 점을 염두에 둘 필요가 있다. 그가 거부했던 것은 예컨대 권영태 그룹에서 전형적으로 나타나듯이 '코민테른 코스의 기치 아래'를 내걸고 국제선의 권위를 빌어 군림하려는 영웅주의적이고 권위주의적인 태도였다. 또한 이와 관련하여 당재건운동 과정에서 나타났던 국제노선에 대한 무비판적이고 맹목적인 추종, 교조적이고 경직된 이론에 대한 고수, 주체적으로 운동방침을 세우지 못하고 외부의 권위에 의존하려는 안이한 현실인식, 대중적 기반 없이 소수의 운동자들로 조직을 결성하여 일거에 혁명을 달성하려는 관념적이고 급진적인 태도 등이었다.

이보다도 중요한 사실은 코민테른을 비롯한 국제혁명 운동조직은 식민지 조선의 운동에 대한 체계적이고 일관된 방침을 효과적으로 제시하지 못하였다. 이재유는 당시 국제기관에서 파견되었던 많은 운동자들을 직접 만났거나 혹은 그들을 알고 있었다. 예컨대 코민테른 극동부에서 파견되었다는 김형선은 상해에서 중국공산당 관계자들의 지도를 받는 김단야·박헌영 등과 연결되어 있었다. 권영태는 프로핀테른 극동부에서 파견되었으며 신갑범은 국제당의 레포트 회의에 참석하였다. 그런가하면 정태옥이나 강목구는 국제공산청년동맹 동양부의 밀명을 띠고 왔으며, 나아가서 중국공산당 만주성위원회나 태평양 노동조합에서 파견되었거나 혹은 모스크바 공산대학에서 배출된 무수한 운동자들이 있었다.

국내로 들어온 이들 중 일부는 자신이 파견된 기관의 권위를 업고 운동자들 앞에 군림하려 하였다. 다수의 조직에서 파견된 운동자들 사이에 운동선의 중복 등으로 계통적인 지도체계가 확립되지 못하였다. 또한 이들이 배웠던 조선에 대한 지식은 국내에 들어와 운동하는 데 현실적인 도움을 주지 못하였다. 거기에 일제의 노련한 비밀경찰과 교묘한 스파이정책이 있었다. 사정이 이러했기 때문에 이재유는 '국제선의 권위'를 내세웠던 운동자들을 신임하지 않았다. 그가 신뢰하였던 것은 조선의 현실에 대한 주체적이고 구체적인 운동방침의 유무였고, 이것이 진정한 의미에서 올바른 국제노선이었던 것이다. 당시 국제 혁명조직의 역량으로 보아 이재유의 이러한 기대는 당초부터 충족될 수 없었는지도 모르지만, 어쨌든 그는 "국제공산당의 정당한 지도와 계통적 연락을 정립하는 것"을 자신의 그룹이 당면한 주요한 조직적 임무들 중의 하나로 상정하였다. 이러한 점을 보더라도 그가 국제선과의 제휴를 거부했다거나 혹은 이에 대하여 호의적이지 않았다는 것은 반대파에서 나온 악의에 찬 모략이거나 혹은 피상적인 관찰에 의거한 것이라고 할 수 있다.

제1장에서 언급했듯이 이재유가 내세운 파벌의 기준을 보더라도 그가 국내주의와 국제주의를 균형 있게 추구한 운동자였다는 사실은 쉽게 알 수 있다. 예컨대 그는 국제기관과 연락이 있다고 해서 대중 앞에 군림하여 대중을 획득하려는 활동을 하지 않는 것과, 이와 정반대로 대중을 많이 획득했다고 해서 국제적 연락을 전혀 고려하지 않고 당을 건설하려

는 각각의 경향을 비판하면서 전자에 대해서는 혁명적 투쟁을 통한 오류의 청산을, 후자에 대해서는 국제노선의 계통적 지도를 통한 투쟁의 전개를 권유하였다. 이러한 주장에도 그는 지속적으로 국제선의 권위를 부정한 '국내파'로 매도당하였으며, 국제기관에서 파견된 운동자들은 종종 그의 운동을 '파벌'이라는 프리즘을 통해 보고자 하였다. 이와 같이 당시의 혁명운동에서 국내주의와 국제주의 사이에 서로 대립적인 관계가 조성되었던 것은 운동역량의 커다란 손실이자 불행이었다. 이재유가 최종적으로 검거되어 옥사함에 따라 국내주의의 주체적 전통은 부정되었으며, 이에 따라 국제주의 노선이 운동의 헤게모니를 장악하였고 이러한 상태는 해방 이후 남로당 시기까지 지속되었다.

전위와 대중

미약한 혁명운동의 전통을 배경으로 당 혹은 당적 기관이 대중 속에 뿌리 내리지 못하고 외부의 권위에 의존했던 사정에서 당시 운동자들의 대다수는 관념적이고 또 권위적이었다. 수백 년 동안 내려온 유교적 전통의 영향으로 노동에 대한 일정한 편견과 아울러 노동자에 대한 사회적 거리감 또한 점차 극복되고는 있었다 하더라도 그것은 엄연하게 존재하였다. 노동자 출신이 소수이고 지식인 학생들이 다수를 차지했던 이 시기의 공산주의자들조차 노동운동에 대한 대의에도 불구하고 이러한 편견의 일정한 영향권 안에 있었다. 앞에서 보았듯이 노동대중 앞에 군림하면서 이들을 지도하려는 운동자들의 일방적 태도는 이러한 맥락에서 이해할 수 있다. 대중적인 기초도 없이 전국적인 조직을 가지고 당을 먼저 결성한 다음 노동자들을 단순히 획득하는 대상으로만 간주하였던 1930년대 전반의 무수한 당재건운동들에서 이러한 사례들은 얼마든지 찾아볼 수 있다.

이재유의 운동은 이에 대한 비판에서 시작하였다. 1932년 말에 출옥하여 운동을 시작할 무렵 그는 만나는 사람마다 자신이 직접 노동자가 되어 공장으로 들어가서 활동해야 한다는 사실을 강조하였다. 김삼룡에게 그러했고 안병춘에게 그러했으며 또 안승락에게 그러했다. 전위로서 각 운동자는 자신이 직접 노동자로 되어 노동대중 속에 파고들어가 대중적 기반을 마련해야 한다는 것이다. 이를 통해서 전위와 대중이 쉽게 분리되었던 지금까지의 폐단을 극복하고 대중적인 당을 결성할 수 있다고 그는 생각하였다. 대중이 없는 당은 죽은 당이므로 각각의 운동자는 공장에 들어가 자유롭게 운동자를 획득해야 한다는 것은 이재유의 일관된 운동방침이었다.

그리고 이는 바로 자신이 독자적으로 고안해낸 트로이카 조직방식을 말하는 것이었다. 각각의 운동자가 자기의 자유의사에 따라 개인적으로 접촉하고 대중을 획득하여 상당한 그룹이 결성될 때 비로소 조직을 한다는 이 이론은 당시 지배적이었던 이른바 오르그에 의한 중앙집중적 하향식 조직방식과 대조를 이룬다. 레닌의 이른바 민주집중제가 이후에 '민주' 적 요소는 무시된 채 '집중' 적 요소만 관철된 상태에서 스탈린 체재로 이행했던 역사적 사실도 이와 무관하지는 않을 것이다. 이재유의 트로이카 이론은 이와 같이 일방적인 지도-피지도 관계를 부정하고 "지도함과 동시에 자신도 지도되는" '민주' 적 성격을 가지고 있었다. 트로이카에서 민주성을 관철할 수 있는 평등의 원리는 이중적이다. 첫째 그것은 운동자들 사이의 관계를 기본적으로 상호 대등한 트로이카로 설정한다. 이처럼 평등한 관계에 있는 운동자들은 노동대중 속에 들어가 활동하는데 이때 양자의 관계 역시 대등하다. 이에 따라 대중이 전위가 되고 전위가 대중으로 되는 것이다. 노동자들의 의식화를 통하여 전위 스스로 의식이 고양되며, 전위는 일방적으로 지도하는 데 그치지 않고 스스로가 대중으로부터 '지도' 받는다는 것이다.

이와 같이 이재유는 노동대중의 지도력을 인정하였으며 그들이 가지고 있는 민중적 자율성과 역동성을 강조하였다. "위대한 사람 한 사람이 통일한다 해서 혁명은 성취되는 것이 아니다"는 말에서 단적으로 드러나듯이 그는 노동대중의 주체성과 자발성을 다른 누구보다도 중시했다고 할 수 있다. 그리고 노동대중에 대한 이러한 신뢰는 민중에 대한 그의 깊은 애정에서 나온 것이었다. 그의 운동의 기저에는 노동자 농민과 도시빈민, 창녀에 이르기까지 하층계급의 민중에 대한 관심과 애정이 있었다. 이들 대다수는 조선인이었으며 이러한 점에서 그는 민족적이었던 것만큼이나 민중적이었다. 예컨대 그는 일본에 있을 때 조선인 여성을 마굴(사창가—필자)에서 구조한 경험을 이야기 한 적이 있다.[15] 서울에 와서도 그는 신정新町·도화정桃花町·병목정竝木町 등에서 부모를 살릴 작정으로 몇 년이고 자신의 몸을 팔아야 하는 어린 여성들의 고통을 잊지 않았다. 실로 어린 그녀들의 고기를 베어 내서 파는 것과 같은 비참한 상태를 고발하면서 그는 이러한 공공연한 인신매매는 경찰에서 조장할 뿐만 아니라 한 사람 매매하는 데 얼마씩의 세금을 빼앗고 있다고 통렬히 비난하였다.[16] 이러한 인신매매의 야만적 상태는 군시제사나 종연방적, 편창제사 등의 대공장에서 일하는 여성 노동자들에게도 똑같이 적용될 수 있다. 단돈 10여 원에 팔려 온 이들은 6년, 10년의 계약으로 한번 들어가면 절대 나올 수 없다.

처음 1~2년은 식사만 제공받을 뿐 무보수로 18~19시간 혹사당하며, 그 후는 20전 내지 30전을 받으며, 10년 일하더라도 40전의 임금을 받는 예는 없다. 벌금제를 만들어 때로는 부채로 한 달에 2원 정도 내는 때도 있다. 또한 그들은 감옥과 조금도 다르지 않은 기숙사에 기거하면서 한달에 한번밖에 외출할 수 없고 외출할 때는 감독자가 따라 나간다. 그들의 음식물은 잡곡으로 감옥과 동일하며, 감독·구타·고문·징벌 등은 감옥과 다르지만 위생 등은 오히려 감옥이 우위를 점할 정도다. 그녀들은 언제나 80도 이상의 더운 곳에서 일하며 바람이 통할 구멍조차도 없는 곳에서 혹사되기 때문에 정확한 내용은 알기 힘들지만, 나의 경험만으로도 쉽게 알 수 있다. 즉 내가 알고 있었던 5년 이상의 직공 8명 중에서 지금은 단지 2명밖에 있지 않고 나머지 6명은 모두 죽었던 것이다! 내가 일찍이 죽어야 할 사람만을 알았던가?[17]

그런가 하면 이재유는 양주군에서 자신이 직접 농민의 생활상태를 조사하였다고 한다. 이들의 경지면적과 생산방법, 생산비 등을 바탕으로 그는 농민의 1년 총생산물이 소작료와 비료대, 이자를 지불하기에도 모자라 볏짚까지 팔아야 하는 상황을 구체적인 수치를 통하여 제시하였다. 서울 부근이기 때문에 볏짚의 가격이 비싸 비용은 겨우 지불되는 이러한 상태를 이재유는 '실제로 공상적인 계산'에 입각한 것이라고 단언한다. 왜냐하면 농민 자신의 생활비용은 전혀 계산되지 않았기 때문이다. 구체적인 분석을 바탕으로 이들의 생활상태를 고발하면서 그는 묻는다. "농민은 먹지 않는가? 다른 때는 먹지 않더라도 일할 때는 먹어야 한다. 그렇게 하자면 그것은 어디에서 나오는가?" 농민에 대한 애정과 신뢰를 바탕으로 식민통치하의 비참했던 농민의 생활상을 이처럼 구체성을 가지고 서술한 경우는 아마도 거의 찾아볼 수 없을 것이다. 다음의 글은 다산이 《목민심서》에서 애절하게 묘사한 농민의 비참한 생활상태를 연상하게 한다. 이것이 근대화된 식민지 농민생활의 실상이었던 것이다.

농민의 농업이라고 하는 것이 실로 이러한 상태이다. 내가 그들에게 언제까지나 농사를 짓더라도 이 모양인데, 무엇 때문에 하는가라고 묻자 그들은 현명하게도 "농사를 짓는 것은 그 수확을 목적으로 하는 것이 아니다. 그렇지 않으면 동척에서 빌린 돈을 갚지 못하고 또 이웃으로부터 신용이 떨어지므로 도리가 없다"고 대답하였다. 그럴 정도인 것이다. 따라서 농가의 부인은 하천에 나가 풀뿌리를 캐는 것이 본업이다. 아! 그들은 삶에 대한 애착을 포기하고 있다. 그들의 운명은 언제 어떻게 될지를 모를 정도인 것이다.[18]

이론과 실천의 통일

이재유는 뛰어난 '이론가'였던 것 같지는 않다. 그가 직접 쓴 글들을 보면 혁명에 대한 열정과 민중에 대한 애정은 느낄 수 있지만 마르크스-레닌주의의 개념을 정확히 구사한다거나 이론적으로 세련되었다는 느낌은 들어오지 않는 것이다. "이론투쟁에서는 왕왕이 정통파(코민테른 등-필자) 그룹 쪽에 뛰어난 바가 많고 이런 까닭에 그(이재유-필자) 자신이 압도되기 쉬운"[19] 측면이 있다는 지적은 이러한 맥락에서일 것이다. 또한 제1기에 혁명적 농민조합 조직방법을 둘러싸고 이성출과 변홍대가 이론대립을 벌일 때에도 이재유가 "조직 방법은 그때그때의 객관적 사정에 따라 변하는 것으로, 미리 일정한 방법을 가지고 율(律)할 것은 아니다"[20]고 한 것도 그 적절한 예가 될 것이다. 이러한 점에서 본다면 이재유가 상대적으로 "이론에 약했다"고 볼 수도 있을 것 같다. 그러나 이는 당시의 객관적 현실과 운동정세에 대한 정확한 판단 없이 소수 전위분자의 활동에 의해 당면 혁명의 획득을 상정하였던 국제공산주의운동 계열에 대하여 비판적이었던 이재유의 의식을 반영하는 것이었다. 이들을 염두에 두면서 그는 검사의 신문에서 "조선에서 실제 운동자들이 이론적 지도를 할 수 있는 머리는 있지만 실천에는 무경험하다고 생각"한다고 진술[21]하였다.

이러한 점에서 이재유는 이론에 대한 교조적이고 경직된 태도보다는 상당한 정도의 융통성과 유연성을 가지고 대하라는 나름대로의 '이론'을 주장했던 것이라고 볼 수도 있을 것이다. 또한 경찰에 압수된 〈압수금품총목록〉에서 이재유가 소지하고 있었던 서적들을 보면 그가 대단히 많은 책들을 섭렵하고 있었다는 것을 알 수 있다. 경성제대의 교수였던 미야케가 이재유를 처음으로 만났을 때 "사회과학 방면의 연구를 상당히 한 사람"이라는 인상을 받았던 것은 이러한 점에서 이해된다. 이 서적들 중에는 《진화론》 등의 서적이나 《세계경제월보》 혹은 《중앙잡지》 등의 자료나 잡지 등도 있으나 이른바 '좌익서적'으로 분류할 수 있는 것들이 대부분을 차지하고 있다. 그리고 이들은 다시 몇 가지 범주로 구분할 수 있는데, 먼저 첫 번째 범주는 마르크스와 레닌의 원전들이다. 마르크스의 저작으로는 《공산당선언》과 《임노동과 자본》, 레닌의 것으로는 《무엇을 할 것인가》, 《급진주의 공산주의 소아병》, 《유물론과 경험비판론》, 《협동조합에 관하여》 등이 있었다. 이와 관련하여 이들의 저작이나 사상을 소개, 해설한 서적으로는 《맑스주의 강령문제》, 《블라디미르 일리치 레닌》, 《레닌소문고》, 《레닌학 교과서》 등을 들 수 있다. 두 번째 범주로는 민족문제에 관한 저작들을 들 수 있는데 예를 들면 《민족혁명》, 《레닌주의와 민족문제》, 《조선문제》 등의 저작들이 그것이다. 이 서적들은 식민지 민족해방운동에 대한 그의 지대한 관심을 반영하는 것이다. 다음에는 세계정세에 대한 인식과 관련하여 《파시즘연구》, 《제국주의론》, 《수정주의에 관하여》 등의 저작이 있었는데, 이를 통해 그가 다양한 사상적 조류들에 대한 해박한 지식을 가지고 있었다는 것을 짐작할 수 있다. 네 번째로는 국제주의 노선에 대한 그의 관심을 반영하는 책들로서 《국제적색노동조합 10년사》, 《러시아대혁명사》, 《세계 프롤레타리아 연표》 등을 들 수 있다. 이밖에도 앞에서 언급한 코민테른 각 대회의 주요 결정사항이나 논문집, 1928년의 12월 테제, 혹은 코민테른 집행위원회 제13회 총회테제 등도 이 범주에 포괄될 수 있을 것이다. 마지막으로 구체적인 조직이론이나 전략전술에 관한 문헌들을 들 수 있는데 예를 들면 《당의 조직구성》, 《좌익 농민운동 조직론》, 《재건후의 좌익노동조합운동》,《뻬아쁘니끼의 논문집》,《스트라이크 전술》 등이 그것이다. 이 분야의 많은 저작들은 특히 제1기에 이재유가 구체적인 운동이론과 방침을 수립하는데 유용한 지적 원천이었을 것이다.

위의 서적의 대다수는 구체적인 내용은 물론이고 그 저자나 사용된 언어 등도 알 수 없다. 그가 일본에서 대학 교육을 받았다는 점, 코민테른에서 발표한 일본공산당의 1932년 테제를 원용하고 있는 점, 기관지인《적기》의 명칭도 일본(과 독일) 공산당의 기관지에서 암시를 받았다는 점, 일본어로 된 좌익서적을 구하기가 좀 더 용이했을 것이라는 점 등을 고려해 본다면 사용된 언어는 대부분이 일본어거나 혹은 일본어 번역이었을 것으로 추정된다. 나아가서 구체적인 연관관계는 드러나지 않았지만 이는 이재유의 운동이 만주 등지를 통한 운동보다는 일본에서의 운동과 더 친화력을 가지고 있었을 것이라는 추정의 근거를 제공하는 것이다.

앞의 정통이론에 섰던 운동그룹이 실천활동에서 별반 두드러진 성과를 낼 수 없었던 것과 대조적으로 이재유는 구체적 실천에서 눈부신 활동을 하였다고 흔히 평가된다. 이 책을 통해서도 입증되었겠지만 일제의 어용신문에서 "실천의 교묘함에서는 다른 어떤 지도자도 그의 족하足下에도 미치지 못한다"거나 혹은 해방 이후에 "중일 사변 이후 최대의 혁명가"라는 평가를 받았던 것[22]이 그 좋은 예이다. 그러나 그가 활동한 범위와 성격이 명확하게 밝혀지지 않았던 것을 배경으로 오늘날 이재유의 운동에 관심을 가진 많은 사람들이 그에 관한 정확한 평가를 할 수 없었다는 것이 필자의 생각이다. 그 결과 이재유의 운동은 실제보다 과장되어 전해지거나 혹은 심지어 신화화되어 받아들여지는 경향까지 있었던 것이 사실이다. 이러한 모든 것들이 운동에 대한 올바른 인식을 방해하였으며 역사를 통해 배운다는 태도에 커다란 장애가 되어왔던 것이다. 따라서 이러한 편향을 바로잡기 위해서 우리는 다음의 몇 가지 사실들을 고려해야 한다.

먼저 이재유는 〈자기비판문〉을 통하여 자신의 운동방식을 비판하였다. 또한 이재유 그룹의 운동에 참여하였던 운동자들 역시 그의 운동방식을 비판하였다. 앞에서도 말했듯이 제2기의 '재건그룹' 시기인 1934년 9월에 박진홍은 김복금과 만난 자리에서 제1기의 '경성트로이카'를 평가하면서 이재유가 부하 동지와 너무 빈번하게 접촉하였기 때문에 사건의 전모가 탄로되었다[23]고 비판하였다. 또한 이재유가 체포되고 난 이후인 1937년 7월 공성회 역시 이재유의 운동을 비판하였다. 당시 김순진을 지도하고 있었던 공성회는 이재유의 〈자기비판문〉을 그에게 주면서 이재유의 운동이 실패한 원인으로 이재유가 조직적 훈련이 부족하였던 것, 상부에 있으면서 하부의 동지들과 너무 빈번하게 접촉하였던 것 등을 들고 있다.[24] 이에 따라 공성회는 최종적으로 이재유의 운동을 파벌이라고 규정하였던 것이다.

다음에는 이와 관련하여 이재유 운동의 범위가 지나치게 과장되거나 혹은 막연하게 추측되어왔다는 점도 엄밀하게 검토할 필요가 있다. 일제의 보고에 의하면 1934년 이래 이재유가 관여한 운동의 관계자로 경찰이 검거·취조한 수는 대략 500여 명에 달하였고 이 사건으로 송국된 사람이 250여 명, 기소자가 약 70여 명이라고 하였다.[25] 이는 같은 자료의 맨 뒤에 첨부되어 있는 표에 의거한 것인데 이를 분석해 보면 수치 산출의 근거를 밝힐 수 있다. 즉 권영태의 공산주의자 그룹 관계인원 86명, 이재유의 경성 트로이카 관계인원 180명, 최선규崔善珪·최돈근崔燉根·김덕환金德煥 등을 지도자로 한 강릉 재건 사건 관계인원 30명, 이재유·이관술·박영출 등의 재건그룹 33명, 김윤회·유순희·심계월 등의 협의회 관계 9명, 권우성權又成·정재철鄭載轍·안봉룡安龍鳳 등의 혁명적 노동조합운동 24명, 김승훈金承塤·김순만金順萬·권우성 등이 주도한 혁명적 노동조합운동 10명, 안승락·안임균安任均·김희성金熙星 등이 주도한 혁명적 노동조합운동 7명, 이재유·안정호安宗浩 등에 의한 철원 적색농조운동 3명, 김칠성金七星·이동천李東千 등이 참가한 안변 적농운동 13명, 김희성·박인선朴仁善·백윤혁白潤赫 등이 주도한 권영태 그룹의 후계조직 사건 관계자 45명, 마지막으로 이재유·이관술·서구원 등의 준비그룹 인원 60명을 합한 것이다.

우선 고려할 것은 이 수치에는 인원의 중복이 있다는 사실이다. 다음에 이 가운데 권영태 조직의 계열로 분리될 수 있는 운동은 권영태의 공산주의자 그룹, 권우성, 정재철과 김승훈, 김순만 및 안승락의 각각에 의한 혁명적 노동조합운동 및 김희성의 후계 조직에 관련된 172명이다. 따라서 나머지 328명이 이재유의 운동에 관련된 운동자들이라고 할 수 있는데, 이 가운데에는 물론 도주 등으로 기소 중지된 경우가 포함되어 있다. 반면 앞에서 언급한 김윤회의 협의회 사건과 같이 이재유와 직접 관련되어 있지 않으면서 수사의 편의상 분류되어 있거나 혹은 적색 농민조합운동과 같이 직접 관련을 맺지 않은 운동이 포함되어 있다. 따라서 전체적으로 볼 때 이 인원은 약간 과장된 숫자라는 점을 고려해야 한다.

나아가서 당시 고양되고 있었던 민족해방운동을 탄압하기 위하여 일제가 운동과는 직접 관련이 없는 사건 연루자나 운동 경력자 등의 '혐의자'에 대해 무차별적으로 대량 검거를 자행했다는 사실을 염두에 둔다면, 운동의 범위와 규모를 평가하는 데 실제 판결을 통하여 실형을 선고받은 사람의 비중이 좀더 중요한 지표가 될 수도 있다. 이러한 점에서 보면 양상은 상당히 달라진다. 예컨대 자료상의 한계로 전체의 수치를 파악하기는 힘들지만 이재유의 '트로이카'와 권영태의 공산주의자 그룹 관계로 검거된 266명 가운데 검찰에 송국·기소처분을 받은 사람의 수는 각각 20명과 13명으로[26] 둘 다 합하여 33명에 지나지 않았다. 도주나 소재 불명 등으로 기소 중지된 경우를 고려하더라도 이는 전체 검거 인원의 10퍼센트를 약간 넘는 정도였다. 박영출·이관술 등에 의한 '재건그룹' 시기 관련자의 기소 비율은 이보다 높았다. 즉 검거된 33인 중 검사

처분으로 기소된 사람은 9명이었다.[27] 이재유·이관술·유순희 등을 포함한 5명의 기소 중지자를 제외한다면 이 비중은 더 높아질 것이다. 또한 앞에서도 언급했듯이 마지막의 '준비그룹'에서는 무려 60여 명이라는 많은 인원이 검거되었지만 실제 예심에 회부되어 제1심에서 유죄판결을 받은 사람은 7명에 지나지 않았으며, 이중에서 5명은 전향성명을 내고 집행유예로 석방되었던 것이다.

미래의 사회를 향하여

여러 자료들이 전하는 바에 의하면 이재유는 대범하면서도 다정다감하고 낙천적이면서도 의지가 굳은 성격이었던 것으로 생각된다. 그가 남긴 몇몇 글들을 살펴보면 그가 모든 사물을 근본적 차원에서 생각하였던 사람이라는 것을 쉽게 알 수 있다. 이러한 평가는 이재유와 함께 활동했던 운동자들이나 그의 '적'에 해당하는 일제 경찰까지를 망라하여 공통적으로 일치하는 점이다. 예컨대 "선이 굵은 성격과 동지 획득에서 이론 외골수로만 치닫지 않고 쉽게 일반화한 이론"과 아울러 "매력 있는 많은 특이한 성격"을 가지고 있었다는 평가[28]나 《신천지》에서의 다음과 같은 언급을 들 수 있다.

> 그는 정이 있고 눈물이 있고 굳센 실천력과 많은 감화력을 가진 지도자였었다. 그가 한번 움직이매 수많은 청년이 그와 생사를 같이 할 것을 맹세하였고 그의 신변이 위험하게 되매 죽음으로써 그를 지킨 청년이 많음을 생각할 때 그가 혁명적인 지도자로서 청년들에게 얼마나 신망이 두터웠는가를 알 수가 있는 것이다.[29]

그가 작성한 '동지 획득에 관한 주의사항'을 보면 친절한 태도와 함께 신임을 얻기 위하여 언어나 행동에 주의할 것, 처음부터 좌익적 언동을 하거나 또는 자기를 자만하거나 하지 말고 상대방이 말하는 바를 잘 듣고 이에 따라 선전·선동할 것, 의식 정도에 따라 좌익의 서적을 권하고 언제라도 열정을 가지고 응대하며 토론 등의 경우에 자신의 오류는 힘써 상대방의 면전에서 스스로 지적할 것[30] 등을 강조하고 있다. 평소 생활태도의 반영일 것이다. 그가 일상적으로 이러한 생활태도를 가지고 다른 사람들을 대했다는 것은 누차 확인된다. 예컨대 박영출·박진홍 등과 더불어 일하던 신당동 시절에는 "동리 일을 잘 보아주고 순번으로 도는 야경도 돌고 동리 부인네들이 부탁하는 편지도 잘 써주어 동리 사람들의 신망이 두터웠"다.[31] 공덕동에서 생활할 때에도 그는 마을 사람들에 대하여 "무이자로 돈도 빌려 주고 야학에서 한글이나 산술도 가르쳐"[32] 신임을 얻었으며 "항상 신중한 편이라 친밀은 하면서도 위압적이지는 않았으며 경우가 틀린 일은 하지 않았고 후덕하게 하여 동리 사람의 인심을 잃지 않았다"[33]고 한다. 이러했기 때문에 관할 주재소의 신분조사서에서 조차 그는 "품행이 방정하고 성질이 온순하여 가히 모범인물이 될 만하다"는 평을 받았다.

이러한 그가 궁극적으로 지향한 것은 무엇이었을까? 말할 것도 없이 그것은 이 시기 많은 '사상범'과 운동가들을 얽어매었던 사상사건 판결문에 상투적으로 등장하는 '조선의 절대독립과 공산주의 사회의 건설'이었을 것이다. 식민지의 척박한 풍토와 적대적 환경에서 그가 지향했던 바람직한 미래사회의 이미지는 무엇이었을까? 여기 진정한 공산주의 사회에 관한 그의 생각을 다소 길지만 인용해 보겠다.

1. 사회적 생산력이 고도화되어 극히 적은 양의 사회적 노동으로 생산된 풍부한 생산물을 각자의 희망에 따라 사회적으로 소비하게 된다. 이러한 생산노동은 예술화되어 피로를 느끼지 않게 된다. 그곳에서는 착취도, 공장주도,

착취를 위한 사유재산도 없기 때문에 모든 사회구성원은 높은 수준의 물질생활을 평등하고 자유롭게 영위한다.

2. 사회적 생산이나 높은 수준의 사회적 교육이 모든 사회구성원에게 실시되어 지배와 피지배, 억압과 피억압의 관계가 없어진다. 따라서 억압적 국가권력은 필연적으로 사멸되며 단지 그곳에는 사회구성원의 자유의지에 의한, 필요한 정치적 위원회가 있을 뿐이다. 그곳에는 억압도 법률도 징역도 없기 때문에 진정한 인간의 자유, 평등, 평화를 누리는 생활만이 계속된다.

3. 예술과 과학의 고도화로 미신과 종교가 소멸되어 버리며 모든 사회구성원은 보다 나은 생활을 위해 자연을 정복하기 위한 여러 가지 연구와 발명에 총동원될 것이다. 이리하여 지금까지의 인간과 인간의 투쟁은 소멸하고 인간과 자연의 투쟁이 전개됨으로써 진실로 새로운 인간의 역사가 시작될 것이다. 그들은 피곤할 때에는 가장 고급스런 예술적 생활을 자유롭게 선택하여 행복하게 즐길 것이다.

4. 특히 사회구성원으로서의 남녀 사이에는 생산, 정치, 그리고 모든 연구, 발명과 그 밖의 문제에서도 차별이 없다. 따라서 그곳에서는 단지 성적 대립자로서만 존재하게 된다. 모두 확고한 개성이 사회화된 남녀이기 때문에 진정한 자유와 평등에 의해 물질, 정신, 예술 및 그 밖의 모든 생활의 통일과정으로서의 남녀의 연애가 끊이지 않는다. 진정한 통일체로서 성립되어 현재 우리의 사색으로는 상상할 수도 없는 진실한 일부일처제의 엄격함이 있다. 진실한 자유, 평화, 평등, 행복의 부부생활이 비로소 인류 역사에 나타날 것이다.[34]

'노쇠한 흡혈귀 같은 자본주의', 그것도 "기형적인 경제적, 정치적 조건들"이 모든 사회적 관계에 관철되는 식민지 조선에서 마치 마르크스가 《도이치 이데올로기》에서 묘사한 목가적이고 낭만적인 사회를 연상하게 하는 이상사회의 비전을 제시하는 것 자체가 비현실적일지도 모른다. 그럼에도 식민지의 한 혁명가는 차디찬 감방 안에서 "사회적 생산력이 고도화되어 높은 수준의 물질적 생활을 영위하며 지배와 억압의 관계가 없고 국가 권력이 사회구성원의 자유의지에 의한 정치적 위원회에 대체되고 가장 고급스런 예술적 생활을 자유롭게 선택하여 즐기며 남녀의 사랑이 끊이지 않고 현재 우리의 사색으로는 상상할 수도 없는 진실한 일부일처제의 엄격함이 있는" 그러한 사회에의 이상을 가슴에 품고서 파쇼 권력의 야만적이고 비인간적인 고문과 가혹한 인격적 모멸이나 학대를 온몸으로 견뎌냈는지도 모른다. 이 시기에 비롯되어 전후 냉전시대의 각인을 받고 이후 역대 군사정권의 악의적이고 집중적인 세뇌를 거친 반공이데올로기를 통해 형성된 공산주의 개념으로는 이재유가 제시한 이상 사회의 이미지를 제대로 이해할 수 없다. 앞에서도 말한 바와 같이 그는 혁명적이었던 것만큼이나 민족적이었으며, 민족적이었던 것만큼이나 민중적이었다. 이에 따라 "공산주의야말로 조선인을 구하는 유일한 길"[35]이라 확신하였던 이재유는 "혁명을 위해 살고, 혁명을 위해 모든 것을 바치고, 또 혁명을 위해 기꺼이 죽었던" 것이다.

부록

■ 자료 1

《적기》 제1호
1936년 10월 20일
조선공산당 재건경성준비그룹 기관지부 발행
정가 금 1부 5전

창간선언

1. 내외정세의 특징

 빈곤 파멸 아사 자살의 세계자본주의는 국제프롤레타리아 및 약소민족의 성채인 소동맹의 스타하노프적 발전에 의해 그 근본적 진멸震滅이 극도로 촉진되고 있다. 그것은 사회주의의 절대적 우월성의 필연적 표징이다. 수차의 조종弔鐘으로 위협된 세계제국주의는 반동적 배외적 공포적 독재인 파쇼정권의 확립에 발광하는 한편 살인적 세계재분할 전쟁을 중국, 소련국 국경, 아프리카, 구주 각지에서 촉발하고 있다. 제국주의의 살인광적 발동에 견딜 수 없는 근로대중은 그 혁명적 세력을 가지고 인민전선운동을 확대하는 영역으로 까지 확대 강화할 뿐만 아니라 불란서 스페인은 국제프롤레타리아 및 약소민족의 절대적 지지하에 파쇼파를 배격하고 인민전선 정부를 수립한 후 파쇼의 근절에 노력하는 한편 프롤레타리아 혁명의 전화에 강력적 준비를 정비하고 있다. 그러한 까닭에 독일 이탈리아를 위시한 제국주의 열강은 스페인 내란 불간섭의 가면을 쓰고 무기, 병사, 재정에서 반혁명적 지도를 하고 다른 한편 소동맹을 비롯한 국제 프롤레타리아 및 약소민족은 결사적 노력으로써 이 인민전선운동을 원조하고 있다. 그것은 파쇼전선과 반파쇼전선과의 전세계적 투쟁일 뿐만 아니라 결사적 각오로써 통일된 전세계 프롤레타리아 및 약소민족과 이해가 대립된 제국주의 국가연합체와의 전쟁이고 승리를 전제로 하는 세계혁명전의 단서이다. 이와 같이 전세계는 전쟁과 혁명의 가운데로 박진하고 있다.

이 세계적 위기에 직면한 일본 제국주의는 600여의 파쇼단체의 지지에서 파쇼적 군사적 독재를 실시하고 중국의 약탈전과 세계재분할 및 소국蘇國 공격준비에 단말마적 발광을 하고 있다. 그것은 자국 뿐만아니라 식민지인 조선에서는 더한층의 야만적 착취와 압박으로써 전쟁준비에 광분하고 있다. 제국주의적 경영을 통해서는 물론이고 세금의 2할 인상, 인플레이션의 강행(물가 폭등), 12시간 내지 18, 9시간의 노동, 2, 30전의 임금, 소작료의 25퍼센트 이상의 인상, 매호 평균 170~180원의 농민부채 등으로 착취하고, 군대 헌병 경찰을 비롯하여 재향군인단 국수회 청년단 애국부인회 처녀회 교풍회 진흥회, 방수대防水隊, 소방대, 국방의회國防義會 기타 일체의 반동단체에 의한 제국주의적 자위대를 조직하여 항상 조선 전토를 계엄령과 마찬가지의 경계와 압박으로 지배하고, 작년 1년 동안 만해도 2,000여명을 검거하고 최근 3년간 우리들 혁명적 활동분자 만여명을 검거 고문 투옥 학살하고 최근에는 중국공산당 만주부원 18명에 대한 사형까지를 공공연하게 집행하였다. 이밖에 노동자 농민의 모든 집회 결사 언론을 금압 봉쇄하였을 뿐만 아니라 아무리 사소한 경제적 개선을 위한 실행까지도 관헌의 총검에 유린하고 말았다. 나아가서는 조선인의 언어 풍속 관습 교육 역사까지도 위조 약탈 동화하도록 강제하고 있다. 그와 동시에 반혁명적 방파제인 민(족)개(량주의) 집단이 전쟁준비에 대한 주구적 활동을 노골적으로 수행하고 있는 것은 정간된 동아 중앙의 대동민우회운동을 보더라도 해를 보는 것보다 명백하다.

그러나 일본제국주의의 반동적 대중정책과 야만적 백색테러와 병행하여 대중의 혁명열은 이것보다도 비상한 속도로 앙양하였다. 노동대중의 전투적 파업은 작년 1년만을 보더라도 150여건, 18,000여명이 동원되었는데, 이것은 교묘한 정치적 투쟁과 결부되었으며, 소규모경영에서 대규모

경영으로(철원 종방, 진남포 일광日鑛, 흥남 조질朝窒, 부산 목포 삼화제사, 대전 군시, 경성 대창고무, 조선인쇄, 충남제사, 대륙고무, 의주광산, 대원大元 금광, 천내川內 시멘트, 부산 법랑, 조선 택시, 경성가구 등) 이행한다는 특성을 보여 주었다. 작년 1년 사이 농민대중의 소작쟁의는 무려 27,000여건으로 백여만을 돌파하고 있다. 그것은 소작령의 근본적 개정, 세금인하, 부채감면, 수세료 반대 등 정치적 성질을 띤 것(박간농장, 불이농장)이 특이하다. 반전 및 백색테러 투쟁은 모든 현실투쟁과 결부되어 진전될 뿐만 아니라 경찰의 유치장 감옥에서까지 전개되고 있다. 전조선내의 모든 대중투쟁은 적색노조 및 농조, 당 및 공청재건과 직간접으로 관련하여 전개되고 있다. 민정民政 사민社民 파벌 섹트에 대한 대중적 항쟁은 지금 모든 투쟁의 가운데에서 혁연하게 전개하고 있고 각지에 산재한 모든 혁명적 부대는 다년간의 일대 중심적 기안基案인 대경영중심의 당재건, 공청재건에 즉 그 전국적 체계화의 노력을 집중하고 있어 과거의 그것과는 질적으로 다른 볼셰비키적 규율에 의한 대경영중심의 전국적 볼셰비키 당재건이 현재 우리들의 앞에 나타나는 것처럼 되고 있다.

2. 우리 적기의 임무

현재 내외의 제정세와 중대한 혁명적 임무를 앞에 둔 우리 조선공산주의운동은 이론적으로 실천적으로도 (조직적)으로도 기술적으로도 완전히 분산하여 있다고 말하여도 과언이 아니다. 그러한 까닭에 올바른 공산주의자간에 그들의 견해를 협소하게 하고 그들의 활동을 제한하고 그들의 정치적 활동의 숙달과 훈련을 방해하는 지방적 활동에 편중하는 사실에 의해 운동은 많은 타격을 받았다. 그것은 과거 이스크라 시대의 러시아와 다름이 없는 까닭에 우리들은 이 결점과 오류를 제거하기 위하여 또는 지방적으로 분산된 운동을 전국적으로 집중통일하기 위해서는 생생한 각 공장신문을 기초로 전국적 집합적 선전자이고 선동자이고 조직자이고 지도자인 유일의 정치적 신문을 발간하는 것이 급선무이다. 전국적 정치기관 즉 당재건이 완성되지 않은 우리 조선에는 당의 정치적 기관지도 존재하지 않는다. 또 현재 우리들의 힘으로는 전조선민중의 앞에 정치적 고발을 하는 하나의 연단을 창설할 만큼의 지위도 가지고 있지 않다. 그러나 그렇다고 하여 우리들의 일정한 임무수행 과정에서 필요한 또는 우리들의 힘이 가능한 한 지방 즉 경성적 정치신문을 창간하는 것까지를 거부하는 것은 아니다. 이에 우리들은 각 경영내의 오르그 동지 제군의 진정한 요구에 응하여 또는 우리들의 임무수행상의 필요에 의해 또는 일반 투사들의 절망切望에 응하여 전경성적(전국적의 것을 거부하지 않는다) 선전자이고 선동자이고 조직자이고 지도자로까지 앙양할 수 있는 과도적 정치적 기관지 《적기》를 창간하였다. 물론 우리들은 공산주의 운동의 출판 부문에서 정치적 고발자로서 정치 신문도 발행해야 할 것이고 이론적 기관지로서 대중계몽의 출판물, 공장내에는 공장신문으로 전술문제의 출판물 기타 종종의 사업을 해야 할 것이다. 그러나 우리들은 우리들의 힘에 적응한 사업을 강행하는 바에만 실질적 효과를 얻을 수 있는 까닭에 우리들의 과도적 기관지 《적기》는 당면 혁명계급의 중심강령과 현순간의 중요긴절한 제임무와 우리들 행동 슬로간과 대중의 중요한 부분적 요구를 기준으로 하여 정치신문의 성질, 즉

　1) 일본제국주의의 모든 비밀에 대하여 정치적 폭로 항의 투쟁을 일으킬 것,

　2) 민정民政 사민社民 파벌 섹트주의의 모든 행동에 대하여 비판 청산 극복 박멸할 것,

　3) 대중의 모든 불평불만 반발 항의투쟁을 격발 추출 지도 집중할 것

　등등을 중심으로 이론문제, 전술문제, 대중의 계몽을 위한 문제, 공장내 제문제, 기타 문제를 취급하는 것을 임무로 한다. 물론 이 과도적 기관지 적기는 자기의 발전과정에서 전국적 정치신문으로 까지 앙양하는 것도 가

능하다. 그러나 그것은 진정한 볼셰비키적 방침의 혁명적 실천을 통해서 만 그 표標를 할 수 있다고 믿는다. 또 우리들의 기관지는 대중의 일상적 자전字典이 되게끔 바라는 것이다. (우리들의 절대적 노력勞力에 의해 멀지 않아 혁신할 것을 믿는다) 문맹의 조선프롤레타리아의 친절한 직접적 읽을 거리로 되기에는 상당한 시간을 통하여 단련되지 않으면 어려운 일이라고 생각하기 때문에 우선 유감이지만 각 경영내의 혁명적 오르그 동지 제군을 상대로 그 신절新切한 집합적 지도자로서 내는 것이다. 각 경영인 오르그 제군!! 미리서부터 요구한 적기는 지금 제군의 앞에 자유로운 연단으로서 창설되었다. 이 연단은 제군의 묵묵한 지지에 의하여 유지할 수 있다. 그 효과를 100퍼센트로 볼 수 있는 것이고 동시에 제군의 혁연赫然한 비판과 교정校正에 의하여만 그 사명을 가장 정당하게 유지할 수 있는 것이다. 제군의 적나라한 비판 교정, 등장 혁명연사의 안내, 청중의 동원, 대중층에서의 적극적 지지 등등의 끊임없는 활동만이 《적기》의 참다운 지지자이다. 혁명적 오르그 동지제군! 제군의 혁명적 노력으로 우리들의 《적기》를 전국노농대중의 진정한 정치적 신문으로까지 앙양할 것을 바란다.

우리들의 기관지 《적기》를 사수하자.

모든 반동적 개량적 섹트적 기관지에 대치하자.

당면 혁명계급의 중심강령과 행동 슬로건

중심강령

1. 1) 군사적 경찰적 파쇼적 일본제국주의 조선통치권력의 근본적 전복.
   2) 조선의 절대 독립.
   3) 노동자 농민의 소비에트 정부 수립.
2. 1) 조선내의 일본제국주의의 회사 관공청 이왕직 사원 교회 기타 모든 기생지주의 토지소유 소탕.

3. 1) 조선내의 일본제국주의 및 금융재벌의 산업기구 특히 자본주의적 대경영 은행(모든 은행을 단일한 전국은행으로 합동) 트러스트 콘체른 외 생산의 노농 소비에트 정부에 의한 관리의 실시.

   2) 하루 7시간 노동제의 실시.

이에 조선에서 당면 혁명의 성질은 사회주의 혁명의 강력적 전화경향을 가진 민족 혁명 즉 부르조아 민주주의적 혁명에 의하여 규정된다. 이것이 즉 자본성 민주주의 혁명이다. 조선에서 민족혁명은 반제국주의와 동시에 반봉건적 혁명이다. 일본제국주의와 봉건귀족 및 토착부르조아지에 대한 프롤레타리아의 혁명적 투쟁은

1. 민족해방운동과 긴밀한 관계를 가질 것.
2. 농민대중과 강력적 동맹을 결성할 것.
3. 이 운동을 강력적으로 전개할 수 있는 정치적 독자적 주체가 운동의 헤게모니를 잡아야 한다.

따라서 조선 프롤레타리아의 근본 방침은 농업혁명문제와 민족혁명문제와의 총체적 결합, 민족혁명운동의 소시민층에 대한 공산주의 운동의 절대적 독립성의 보장, 민족혁명운동에 대한 계급성의 부여에 있다고 규정할 수 있다.

행동슬로건

1. 1) 제국주의 전쟁 절대 반대.
   2) 제국주의 약탈전쟁을 조선민족혁명전쟁으로 전화시키자.
2. 1) 군사적 경찰적 파쇼적 일본 제국주의 통치권을 타도하자.
   2) 조선의 절대독립.
   3) 노동자 농민의 소비에트 정부 수립.
3. 1) 농민을 위하여 일본제국주의의 회사, 관공청, 이왕직, 교회, 사원 기타 모든 기생적 지주 소유토지의 무상몰수.

2) 농민소비에트에 의한 농경지 부족 농민에 대한 토지분배.
  3) 지주 금융조합 은행 고리대금업자에 대한 농민의 일체 채금債金의 소탕.
  4) 농민에 대한 농경자본의 무이식대부.
  5) 수리사업의 확장 및 국가에 의한 관리.
  6) 일체의 신세폐지와 누진적 소득세의 확립.
4. 1) 반파쇼 반제 인민전선의 확립.
  2) 적색노조와 적색농조의 조직 및 그 행동의 자유.
5. 1) 하루 7시간 노동제의 실시와 노동자 상태의 철저한 개선.
  2) 일본제국주의의 충복 민족개량주의 사회민주주의자의 철저한 박멸.
6. 1) 일본제국주의 통치하에 있는 모든 식민지의 해방.
7. 1) 스페인의 인민전선을 지지하자.
8. 1) 소동맹 중국혁명을 사수하자.

이와 같이 큰 당면혁명의 중심강령과 행동 슬로건은 다른 어떠한 계급 혹은 부분에서도 혁명적으로 도저히 실행할 수 없는 것이다. 그것은 단지 계급적 우월성으로 규정되는 생산 프롤레타리아의 맑스 레닌 스탈린주의적 실천에 의하여만 가능하다. 환언하면 맑스 레닌주의로 무장된 생산 프롤레타리아의 볼셰비키적 약속을 통해서만 가능하다고 할 수 있기 때문에 우리들은 조선 프롤레타리아가 당면한 주요 조직적 임무를 다음과 같이 규정한다.

  1. 대경영의 생산프롤레타리아를 공고한 기초로 하여 전국적 볼셰비키 당 및 공청을 재건하는 것. 이것은 국제프롤레타리아의 지시와 경영세포 중심의 지방적 재건을 통해서만 즉 피라미트식 조직방법에 의해서만 가능하고 철과 같은 조직이 성립할 수 있다. 이로써 우리들은 일정

한 지역 즉 경성에 경영세포를 조직하는 활동에 온힘을 집중하여 경성 내의 여러 공산주의 그룹과의 혁명적 통일에 노력하는 한편, 다른 한편으로 전국적 볼세비키 당의 재건에 주력하는 것이다.
2. 국제공산당의 정당한 지도와 계통적 연락의 정립. 모든 대중투쟁의 혁명적 전개에는 국제공산당의 계통적 지도가 절대 필요하다. 투쟁활동 운동방침 전술경험 기타 모든 문제에 대한 진실한 보고를 부단하게 계속하여 이에 대한 혁명적 비판과 새로운 지령을 받는 것에 특히 유의하여야 한다.
3. 아래로부터 위로의 통일전선의 확대 강화. 파벌적 섹트주의자들과 대중을 분리하기 위하여 그들의 구체적 실천에 대한 혁명적 비판과 무자비한 투쟁을 계속적으로 전개하여 대중의 모든 경제적 투쟁을 파벌적 섹트주의자들과 분리시켜 독자적 지도권을 확립시킴과 동시에 적색노조 확립에 주력하여 특히 부인, 청소년 노동자, 중국인, 일본인 노동자층의 활동을 강화할 것.
4. 지주를 반대하는 농민투쟁을 격발시켜 혁명적 농조의 확립에 주력한다.
5. 인민대중의 반항, 항의 투쟁의 모든 표현을 전쟁과 파쇼적 일본제국주의의 조선통치권력에 대한 정치적 투쟁의 궤도로 전향시켜 반전위원 활동의 강화, 반파쇼 반제 인민전선운동의 수립, 민정民政 사민社民주의의 박멸에 주력한다.
6. 적색문화그룹, 스포츠 기타 모든 대중운동을 구체적으로 전개하여 정치적 영향력의 확대강화에 주력한다.

동시에 우리들은 어떻게 하여야 대중의 급진성을 가장 급속하게 촉진시킬 수 있는가라고 하는 점을 고려한 결과, 다음과 같은 부분적 요구를 작성하고 그것의 혁명적 수행을 필기必期한다.

1. 민족적 계급적 정치적 투쟁의 자유.
2. 파업 농민의 행동에 대한 경찰 군대의 탄압 반대, 파업 농민투쟁의 자유, 노조 농조 기타 모든 근로자 조직에 대한 무제한의 자유, 부르조아 지주에 대한 노동자 농민 투쟁에 조정제도를 적용하는 것과 관헌 재판소 경찰 등이 간섭하는 것 반대.
3. 모든 사형제도의 철폐
특히 정치범에 대한 사형 절대반대
경찰횡포에 의한 모든 희생자와 정치범의 즉시 석방.
치안유지법, 출판법, 제령 제7호, 폭력행위취체법 철폐
4. 근로자의 출판집회언론 등의 무제한의 자유.
정치적 대중집회와 데모의 완전자유, 모든 경영내에서 경영위원회를 창립할 자유, 경영위원회의 승인
프롤레타리아 자위단의 창설.
5. 소작료 지불의 거절, 지주 부르조아에 의한 농민수탈반대
지주 고리대업자 은행 트러스트 금융조합에 대한 농민의 모든 차금의 전멸.
잡세 지불거부, 수리조합비 지불거부.
6. 노동자 농민을 탄압하는 모든 법령의 철폐.
형평사에 대한 진정한 동정, 부인의 완전한 평등권, 모든 민족적 차별의 철폐.
7. 반노예적 농노조건 반대
기숙사적 속박 반대
노동자 및 청년에 대한 노예제도의 낡은 형태인 년기계약제의 반대
부인, 청년의 이중착취반대
동일노동에 대한 동일임금
부인아동의 공연 은묵(隱默)의 매매제에 대한 형벌
8. 부르조아적 산업합리화 반대

성인에 대한 하루 7시간 노동제

16세 미만의 소년에 대한 4시간 노동제

18세 미만의 청년에 대한 6시간 노동제

유년노동금지

1주 40시간제(현노동시간 중소공장 46시간)

1주 1회의 임금 전액 지불의 휴일과 1년 1회의 임금 지불의 2주간 휴가.

9. 임금의 전반적 인상

아내가 있는 노동자의 최저생활비 기준에 의한 최저임금 확립

임금에서 공제 선취先取의 금지.

임금지불의 지체에 대한 형벌.

10. 부르조아 부담의 실업 질병 재해 노약 사망의 국가보험의 즉시 실시.

이상. 조선공산당재건경성준비그룹

사형을 받은 중국공산당원 18명을 추도한다.

가지 말고 서라! 대양이여! 우주를 죽이지 말라! 아, 6월의 대양이여! 원수하자! 복수하자! 1936년 7월 22일! 그대는 모르는가! 중국공산당원 18명의 불과 같은 심장은 일본제국주의의 사형대에서 영원히 사멸하였다.

18명의 혁명적 동지는 만국 프롤레타리아들과 약소민족을 위하여 살인광 일본제국주의에 무참하게 학살되었다. 학살된 18명의 동지들은 살인광 일본제국주의의 참학한 착취와 압박에 견디지 못하여 남북만주로 간 동지들이고, 조선공산당에서 혁명적 활동을 한 동지들이고, 혁명적 투쟁을 통하여 파벌적 자기오류를 과감하게 청산한 동지들이고, 파벌적 섹트주의와 최후까지 싸운 동지들이고, 1930년 5월 30일을 계기로 살인광 일본제국주의와 반동적 국민당 군벌의 흡혈구에 4억 5천여만의 중국민중과 200여만 명의 재중국 조선동포를 구휼하자고 한 5.30 폭동의 지도자이고, 재만조선

근로대중을 우리들의 선두에서 혁명적 중국공산당에 생명과 재산을 내놓은 동지들이고, 국제공산당의 혁명적 비판에 절대복종하여 자기부정을 과감하게 한 동지들이었다.

아, 실로 18명의 학살동지는 전생애를 통하여 혁명적 활동을 계속한 동지들이었다. 아, 18명의 혁명적 동지들은 일본제국주의의 학살 고문대에서도 감옥내에서도 최후의 단두대까지 백절불굴의 정신으로 계급적 투쟁으로 일관한 것을 우리들은 잘 알고 있다. 잊지 말자! 최후의 사형공판정에서 외친 세계적 방송을, 과감한 주현갑周現甲 동지의 위대한 말을! 우리 동지들이여! 죽어도 좋다! 죽자! 우리들의 죽음은 인간으로서 가치있는 죽음이다. 우리들의 죽음은 역사적 전형기적典型期的 차륜의 축으로 되는 것이다. 우리들의 죽음은 전세계 프롤레타리아의 혁명적 운동으로 배양된 비료인 것이다. 위대한 사업의 앞에는 희생이 있는 까닭에 끓어 오르는 혁명적 열정으로 전세계 프롤레타리아 혁명만세를 고창한 것이다.

우리들은 동지들의 혁명적 용기를 배우자! 위대한 사업을 계속하자! 18명의 동지들은 최후의 사형대에서 까지 싸우고 감옥내에 있는 공산주의자들을 비롯하여 대중적 단식투쟁과 혁명적 동요, 최후의 전세계프롤레타리아 혁명만세의 소리로써 죽음과 함께 지도한 일을 우리들은 잘 알고 있다. 아, 위대한 18명의 동지들은 이와 같이 외쳤다. 조선의 프롤레타리아 계급 앞에 전세계 프롤레타리아 계급 및 약소민족의 앞에 죽는 것은 무의미하지 않다! 우리들은 동지들의 이 말에 진정한 깊은 의미가 있는 것을 잘 알고 있다.

우리들은 항상 혁명적 전위동지를 적의 사형대에서 과감하게 탈환해야 할 것이다. 그러한 한에서만 경험이 있는 동지들의 지도를 통해 우리들의 혁명사업은 위대한 발전을 할 수 있고 그 위대한 힘으로써 프롤레타리아 최후의 승리를 기할 수 있는 것이다. 그럼에도 불구하고 아, 우리들의 힘은 사형대에서 18명의 위대한 동지를 탈환하는데 까지 이르지는 못하였던 것이다. 우리들은 사형된 18명 동지! 나아가서 만국 프롤레타리아의 앞에 계급적 범죄를 저지른 자이다. 우리 조선은 아직 통일된 전국적 당이 조직되어 있지 않은 것이다.

우리들의 힘은 그만큼 약한 것이다. 그런다고 하여도 우리들은 사형동지를 탈환하도록 대중적 캄파니아 투쟁을 각 그룹에 제의하였다. 그런데 파벌적 섹트주의자들은 완전한 거부 변절로 일관하였다. 이로써 우리들이 탈환투쟁을 계속하는 중에 교활한 일본제국주의는 극비밀리에 18명 동지를 급히 학살한 것이다. 우리들의 가슴은 찢어질 것처럼 아팠다. 우리들은 동지들의 과감한 실천을 배우고 동지들과 같이 죽음을 맹세하여 동지들이 남긴 사업을 계속 수행해야 할 것이다.

우리들은 사형당한 동지들의 살인범 일본제국주의 적과 결사적 투쟁을 전개할 때야말로 동지들을 영원히 탈환할 수 있다고 생각하고 있다. 한 동지의 희생은 1,000인의 전우를 가지고 온다. 물론 그렇다! 또 18명의 동지들은 죽지 않고 우리들의 가슴속에 영원히 살아 있다. 위대한 독일의 칼 (마르크스) 동지와 같이, 일본의 와다나베渡邊와 함께, 만국의 프롤레타리아의 머리 위에 영원히 살아 있다. 우리들은 사형동지들의 위대한 지도하에서 사형동지들의 시체를 밟고 넘어 일본제국주의 적과 혈적血的 결사전을 개시할 것을 사형동지의 사체와 전노농대중의 앞에 적기를 세워 굳게 맹세하자.

1. 사형당한 18명 동지들의 혁명적 실천을 배워 혁명적 유업을 계승하자.
1. 사형제도 철폐, 공산당원 기타 모든 정치범의 즉시 석방.
1. 치안유지법, 출판법, 제령 제7호, 폭력행위취체령 기타 모든 악법의 철폐.
1. 파쇼적 백색 테러 절대 반대.
1. 일본제국 약탈전과 반소전을 조선민족혁명전으로.
1. 소동맹 중국혁명을 사수하자.

1. 민정 사민 섹트를 배격 청산하자.
1. 조선의 절대독립, 노농소비에트 정권수립.
1. 대경영 세포중심의 전국적 볼셰비키당 재건.

1936. 7. 24.
조선공산당재건경성준비그룹.

결의안
우리들은 자체의 발전과 대중의 요구에 순응하여 중(국공산)당 만주부원 사형반대 캄파, 8.1캄파 등 구체적 투쟁을 세워 비약적으로 발전하는 혁명적 통일의 구체적 실행을 결의한다.

통일체의 명칭!! 조선공산당경성준비그룹.
1936. 6. 23.
경성재건그룹.
경성트로이카.

파벌적 섹트주의 그룹을 대중투쟁으로 분쇄하자.
구경성 트로이카 주체로 지난 6월 23일 전경성 좌익그룹 협의회의 조직문제와 사형반대 캄파 및 통일문제 등을 주요 의안으로 소집한 것은 우리 운동에 크나큰 서광임에도 불구하고 콩그룹 후계 운운의 부분은 불참석하여 거부한 후, 이의없이 회의는 방침대로 진행하였다. 보라. 그들의 파벌 섹트적 발전을 대중투쟁의 가운데에서 폭로 비판하자. 파벌적 섹트적 지도자와 대중을 분리시키자.

러시아 혁명기념일은 가까이 왔다. 구체적 투쟁을 준비하자.
각 경영내 오르그 동지 제군! 짜르와 지주 자본가 계급을 타도하여 노농소비에트 정권을 지구의 6분의 1에 수립한 러시아 혁명일은 다가 왔다. 만국 프롤레타리아의 조국이 탄생한 제19회인 날 11월 7일은 우리들의 눈앞에 다가 왔다. 이 날은 말할 것도 없이 전세계 자본가 계급의 사결死決을 예약한 날이고 만국 노동자 계급 승리를 예언한 날로서 우리들의 유일한 혁명기념일이다. 오르그 동지 제군!

보라! 노동자 농민의 나라 소蘇국은 정치의 민중화, 4일 노동에 1주간 5일제, 하루 7시간 노동제 농촌의 전기화, 농업 공동경영, 실업의 전폐全廢, 그로써 착취와 억압이 없는 자유의 왕국이 아닌가. 그런데 우리 조선은 일본제국주의의 압박 약탈 기아, 하루 12시간 이상의 노동 월 2회의 휴일과 2, 30전의 임금, 농노 이상으로 신음하고 있는데도 철면피한 놈들은 기만적으로 구제개선 등등을 칭하고 있는 것이 아닌가. 프롤레타리아의 나라와 부르조아지의 식민지와는 실로 천지의 차이이다.

오르그 동지 제군! 소비에트 노동자 농민은 어떻게 하여 자유와 평등을 전취하였는가? 실로 그들의 피로써 전취한 것이다. 그들은 그 잔혹무폭한 짜르 정부 자본가 지주 권력의 하에 청산파의 대두에도 불구하고 백절불굴의 의지와 레닌주의적 실천으로 최후까지 싸웠다. 그들은 공장을 유일의 요새로 하여 활동하고 농장의 가운데에서도 마찬가지로 그들은 자기의 활동으로 자기의 지도부 볼셰비키를 최후까지 사수 옹호하고 사민 섹트와 힘차게 싸웠다. 그들은 지금 세계혁명을 목표로 제2차 5개년 계획으로 돌진하고 있다.

오르그 동지 제군! 제국주의 전쟁 반소전反蘇戰의 위기와 파쇼의 혁명적 위기등의 정세에서 제19회 러시아 혁명 기념일을 맞은 오늘 단지 만연하게 러시아 혁명일을 맞을 것인가? 그렇지 않다. 러시아 볼셰비키와 같이 과감한 투쟁으로 의의있는 날을 기념하는 것이야말로 우리들 볼셰비키의 의무이다. 오르그 동지 제군! 기념일은 2주간 밖에 여유가 없다. 서둘러서 준비하지 않으면 안되고 또 놈들의 경계를 돌파하여 우리 진영의 정세와 조건과 힘에 따라 각각 적응한 준비로 맹진하자.

1. 러시아 혁명 기념일은 경영내의 단체적 투쟁으로!
1. 러시아 볼세비키의 경험을 배우자!
1. 소비에트 동맹의 모든 제도를 대중적으로 선전하자!
1. 7시간 노동제 즉시 실시!
1. 토지는 농민에게!
1. 모든 반동적 탄압에 항쟁하자!
1. 일본제국주의의 약탈전과 반소전을 조선민족혁명전으로!
1. 일본제국주의의 조선통치권력을 타도하자!
1. 소동맹을 절대사수하자!
1. 중국혁명 불란서 스페인 인민전선을 절대 지지하자!
1. 민정 사민 섹트를 배격청산하자!
1. 조선 절대 독립! 노농소비에트 정부를 수립하자!
1. 당재건 투쟁은 전국적 볼셰비키당 재건투쟁으로!

1936년 10월 20일
조선공산당재건 경성준비그룹.

남선수해는 우리들의 손으로 구제하고 반동적 천황의 하사금일봉 총독부 구제사업 신문사 구제금 모집은 모두 비겁한 기만적 수단!(생략)

우리들의 기관지 《적기》는 이러한 문제를 짊어지고 있다.
1. 우리들의 운동방침과 정치적 보고를 중심으로 하는 이론 문제!
2. 적진敵陣의 정책 폭로와 대중의 불평항의투쟁의 집중.
3. 대중운동전개를 위한 전략전술문제 특히 공장내의 여러 문제!
4. 피투성이의 투쟁경험 보고 및 그 교훈.
5. 대중의 정치적 계몽을 위한 여러 문제.
6. 혁명적 논문, 소설, 시극, 각본, 평론, 광고 등.

7. 기타 문제
*공장내의 혁명적 기사를 보내자.
*혁명적 기사를 보낸 동지에는 《적기》 1부를 진정進呈한다!

《적기》 제2호는 다음달 20일에!

*《적기》 기금은 우리들의 손으로!
《적기》 기금을 모집하자!
*우리들의 1전은 적에 대한 탄환이다!

우리들의 적기는 우리들의 손으로!
《적기》의 내용 체제 기타 일체에 대한 지적 비판 요구 등 절대 환영!!
1. 오르그의 중요기능의 하나인 반포망의 조직이다.
1. 반포망의 조직과 훈련은 데모와 폭동준비의 大牛이다.
1. 폭동 스트라이크의 반포망 조직 활동은 이미 늦었다.
1. 매개자 전달자의 의무는 정확한 비밀적 반포이다.
1. 민속한 조직적 전달에 전력을 기울이자.
1. 항상 태만을 엄금하자.

대경영 중심의 《적기》 반포망을 조직하자!!!
*대경영은 놈들의 지주이고 우리들의 요새이다.
*오르그 제군의 힘으로 공장 농촌 학교 가두 광산 기타 모든 경영내에 《적기》 독자반을 조직하자
우리들의 성원은 물론 아래의 기준으로
1. 경영내에 돌격적 활동을 직업적으로 할 사람.
1. 우리들 진영의 비밀과 규율을 엄수할 사람.

1. 생명과 재산을 우리들 전선에 바칠 각오를 가진 사람.

사이비 조선민족혁명당을 대중적으로 폭로비판하자.

남경(원문에는 海州로 되어 있음-필자)에서 유리방황하는 유동적 민족주의자들은 작년(1935년-필자) 7월 5일 일파를 중심으로 소위 민족혁명당을 조직하여 기관지 조선민족혁명 까지 발행하였다.

혁명적 노농대중제군! 우리 노농대중을 중심으로 하지 않는 조선민족혁명당은 사멸을 전제로 하는 당이다. 특히 조선민중과 유리한 그들의 당에 있어서야! 보라, 그들은 본부를 남경에 두고 입만으로 조선민족혁명을 운운하여 병사와 마찬가지인 《혁명적 총사령부》라고 자칭하고 있지 않은가. 그들은 과거를 반복하여 방 하나에서 조선독립을 칭하고 있는 것에 지나지 않는다.

1. 혁명적 노농대중 제군!

진정한 조선민족운동은 (혁명)프롤레타리아의 헤게모니하에서 모든 박해와 추구를 돌파하여 노동자 농민대중을 중심으로 전개하여야 한다.

1. 부동적 민족혁명당을 대중적으로 폭로 비판하자.
1. 모든 민족개량집단을 박멸하자.
1. 노동자 농민을 중심으로 하여 반파쇼반제의 인민전선을 수립하자.
1. 일본제국주의의 주구 대동민우회를 대중투쟁으로 분쇄하자.
1. 파쇼적 군벌적 남南총독과 대야大野정무총감은 신임과 동시에 그 테러 수완을 전조선민족의 앞에 여실하게 보였다. 보라. 일본 국기를 지워버린 올림픽 선수 사진 사건으로 동아일보를 정간시켰다. 그것은 결코 자기의 주구인 동아, 중앙의 정간이 아니고 전조선노농대중을 위협하는 수단이다.

기만된 동아, 중앙의 반동적 대동민우회 운동.

대동민우회는 일본제국주의의 아세아정책을 수행하는 전조선민중을 일본제국주의에 영원하게 예속시키기 위하여 남南총독과 《동아》《중앙》의 주최하에 조직된 것이다.

대동민우회 박멸은 대중투쟁으로.

《동아》《중앙》의 반동적 본질을 폭로하자.

《적기》 반포자 독자의 주의는 다음과 같다.

제군의 부주의는 제군의 신분만이 아니라 우리 진영 분쇄에 이끄는 우리 계급 전선의 파괴에 반동적 결과를 낳는다. 백회에서 1회의 부주의는 백색 테러에 유리하다.

반포자 독자는 특별한 주의에 전신경을 총동원하자.

적기 1부를 잃는 것은 계급적으로 반동의 전제이다.

적기는 놈들의 강대한 적임과 동시에 탄압의 유일한 물적 증거이다.

반포자 제군은 지면에 다른 동지의 지문을 없애기 위하여 수취함과 동시에 전지면을 자기의 손으로 쓸어 버리자.

적기는 우리들의 좌우명이다. 읽은 후는 반드시 소각하자.

적기를 가지고 간 도중에는 한유閑遊, 방문, 산보는 엄금.

가두를 통행할 때는 십자로라든가 전망요소展望要所를 피해 막다른 길은 특히 주의하고 주위를 잘 살펴 스파이같은 자를 발견한 때는 행선지를 급변하여 자기의 행선을 감추자.

편집여언

적의 추구追求와 출판기구의 불비에 의해 체제가 불완전하여 지면상의 관계에서 대중 투쟁기사를 게재할 수 없었던 것과 이론에 편중하여 문구가 난삽하였던 일은 편집부에서 깊이 유감으로 하는 바이다. 창간선언에서도 언급한 것과 같이 오르그동지 제군을 상대로 하여 출판한 점을 보아 용서하여 주기 바란다. 오르그 동지 제군, 현재 오르그에 대하여 월간(매월

20일) 적기가 혁명적 대중의 지지와 요구에 따라 대중을 상대로 하는 주간 일간으로 혁신할 것을 기한다. 적기 편집원 (이상)

■ 자료 2

조선민족해방 영웅적 투사 이재유 탈출기
(金剛山人)[1]

緖言

 이재유동무는 우리들과 함께 8월 15일 해방의 날을 맞이하지 못하고 원통하게 작년(1944년—필자) 청주보호교도소(拘禁所)에서 옥사하였다. 그가 옥사하기까지의 짧은 반생은 오로지 일본제국주의 치옥 밑에서의 조선의 독립과 근로대중의 해방을 위한 투쟁에 바쳤었다. 피검被檢, 고문, 재감在監, 탈주, 지하활동 등 그의 걸어온 길은 형극荊棘의 길이었다. 그러나 그가 한시라도 잊지 않은 일념은 오직 조선혁명이었다. 조선의 혁명을 위하여 살고 혁명을 위하여 죽는다는 것이 그의 소원이었다. 세상에는 혁명운동에 종사한 사람이 많지만 참으로 명예와 지위를 떠나 신명을 아끼지 않고 일신을 바쳐 한길을 걸은 사람은 드물다 하지 않을 수 없다. 세불리勢不利할 때는 혁명운동도 헌신짝 같이 버리고 돌아 서서 보신保身하기에 바쁜 사람, 자신의 영달을 꾀하는 사람이 어찌 적다할 수 있으랴. 혁명에의 길은 평탄한 대로가 아니다. 그것은 형극의 길이다. 그러므로 자기를 가장 잘 죽이고 버리고 단련鍛鍊하여서 혁명의 길 이외에 다른 아무런 삶의 길을 갖지 못하는 사람만이 참된 혁명운동가 일 것이다. 그렇기 때문에 이 길은 노력의 길이고 정진의 길이고 뉘우침과 함께 스스로 자기를 채찍질하고 일어서는 단련도鍛鍊道이다. 이제 우리는 이재유동무의 일생에서 이 길을 볼 수가 있다. 이재유동무는 이런 길을 걸어온 사람 중에 한 사람이다. 우리는 그를 생각할 때 그의 거룩함을 우러러 보는 동시에 무한한 존경을 가지고 그의 걸어온 길을 돌아보며 그의 길을 이을 것을 맹세하는 것이다.

그는 정情이 있고 눈물이 있고 굳센 실천력과 많은 감화력을 가진 지도자 였었다. 그가 한번 움직이매 수많은 청년이 그와 생사를 같이 할 것을 맹세하였고 그의 신변이 위험하게 되매 죽음으로써 그를 지킨 청년이 많음을 생각할 때 그가 혁명적인 지도자로서 청년들에게 얼마나 신망이 두터웠던가를 알 수가 있는 것이다. 근로대중 가운데서 또는 혁명적인 지식분자 가운데서 진보적인 부녀들 가운데서 그의 혁명적인 활동은 전개되었나니 그의 탁월한 조직력과 선전자로서의 우수한 역량은 충분히 발휘되어 이 방면에서 거인적인 족적을 남겼던 것이다. 실로 조선에서 1933~1937년 혁명운동의 고조기에 당재건운동의 확고한 기초를 수립하는 동시에 많은 청년간부를 훈련시켰으니 그 공적이 과연 크다 하지 않을 수 없을 것이다. 하물며 이것이 이재유동무의 21세까지의 활동임을 생각할 때 우리 조선에서 가장 자랑할 수 있는 청년혁명가의 한사람으로서 그를 헤일수 있을 것이다.

이재유동무는 왜놈들의 손에 옥사하였다. 놈들은 36년간 그 야만적인 지배통치를 유지하기 위하여 모든 정치운동을 탄압하고 우수한 우리들의 지도자들을 빼앗아 갔다. 그리고 착취와 억압, 투옥과 학살의 선풍旋風은 쉬임없이 불었고 사-벨과 말굽소리는 이 땅의 거리를 휩쓸었지만 역사의 필연성은 파쇼 일본의 말로末路를 무조건 항복降伏에 이르게 하였다. 일본은 드디어 패망하고 말었다. 그러나 일제국주의를 타도하고 조선을 해방시키기 위하여 목숨을 아끼지 않고 싸운 혁명전사들은 우리들의 가슴속에 영원히 살아 있나니 해방과 건설이 곧 그들의 생명이기 때문이다. 이재유동무는 이미 죽었다. 그러나 이재유동무가 남기고간 혁명적 정신은 남아 있고 또 우리들이 흠모하고 존경하고 애석愛惜해 하는 마음 가운데 이재유동무는 길이 살아있는 것이다.

지하에 잠든 이재유동무여! 옥중에서 많은 통한과 원한 속에 감기지 않는 눈을 감았으리라만 이제 동무의 뒤를 이어 수천만의 근로대중이 조선의 해방과 건설을 위해서 발기하고 있나니 동무가 주야로 잊지 못하던 조선의 혁명은 머지않아 이루어 질것이다. 부디 안심하고 편히 잠들어주소.

만일 그 유명幽明을 달리한 경境에서도 우리 사바세계의 소식을 전할 수 있다면 동무가 사랑하여 마지않던 근로대중이 부르는 해방의 노래와 우렁찬 만세소리를 들려주고 창공에 휘날리는 태극기와 붉은 기를 보여주고 싶은 마음 또한 간절하다. 이제 조선의 근로대중은 동무의 뒤를 이어 혁명에의 길을 걸을 것을 맹세하고 힘찬 행진을 계속하고 있으니 부디 지하의 동무는 눈을 감으시라.

여기에 이재유동무의 일제탄압하의 빛나는 투쟁사가운데에서 탈출기를 적어 추억의 기억으로 하는 동시에 쓸쓸히 옥사한 이재유동무의 영전에 추억의 뜻을 표하는 바이다. (부기附記 이 기록을 쓰자면 이관술동무와 박진홍동무의 많은 교시가 있어야 될 것인데 지금 두 동무가 퍽 분망奔忙한 중이라 친히 그 지시를 받을 기회가 없음을 유감으로 생각하는 바이며 앞으로 두 동무의 지시아래 이재유동무의 전기가 나오기를 고대하고 있는 바이다.)

극악의 고문, 숭고한 신념

이재유동무는 함남 삼수 출생이다. 소학교를 졸업 후 향학심에 불타는 이동무는 경성으로 올라가고 싶었으나 산수갑산三水甲山은 유명한 산골이라 개화도 늦게 되어 여간해서 경성으로 유학하기는 어려운 때이었다. 그러나 1919년 3.1운동이 일어난 후 조선독립사상은 젊은 청년들의 가슴을 뛰게 하였고 개화문명의 물결은 방방곡곡에 숨어들었다. 이재유동무의 뜨거운 향학심은 기어코 삼수갑산의 산험山險을 넘었으니 그는 심부름가는 돈을 노자路資삼아 그대로 서울로 올라왔던 것이다. 서울에서 모某 중등학교에 다니다가 다시 동경으로 건너가 와세다대학早稻大學에 학적을 두고 그때부터 사회운동에 종사하였다. 1928년 세칭 8월사건에 연좌連座하여 경성으로 호송되어 징역3년의 판결을 받고 서대문 형무소에서 복역하였다. 1932년 12월 25일 만기출옥하였는데 이때부터 그의 활동은 다시 전개되며 그가 최종으로 피검被檢될 때까지 만 4년 간 그 야만제국주의의 탄압 밑에서 맹렬한 지하운동을 계속하였다.

이재유동무가 소위 서대문서사건의 주모자로서 검거되기는 1934년 1월 22일이다. 그날 밤 중림정中林町 모처에서 안모安某와 가두연락하기로 하여 정각定刻에 그 장소에 갔으나 그때 벌써 안모安某는 서대문서에 피검된 뒤라 만나지 못하였다. 이것을 알지 못한 이동무는 30분후 다시 그 장소에 한번 더 갔으나 그때까지 오지 않음으로 수상하게 여기고 돌아서서 봉래교蓬萊橋 위로 걸어오는 길이었다. 그때 마침 서대문 형사들이 중림정中林町 안모安某의 집을 가택수색하러 가는 길에 봉래교 위에서 공교롭게 마주치게 되었는데 그 형사 가운데 이재유의 얼굴을 잘 아는 형사가 있어 이동무를 알아보고 뒤로 가서 얼싸안고 자빠지자 한 형사가 수갑을 채워 그만 붙들리게 되었다. 이에 150여명의 주모자를 검거하여 놓은 서대문의 길야吉野 고등계주임은 자기가 큰 공을 세운 것을 자랑하며 부하를 독려하여 주야로 취조를 계속하였다. 야만적인 일본경찰은 가진 악형과 고문으로 그 사건의 연루자連累者를 취조하였었다.

만주사변을 계기로 일본제국주의는 조선의 정치운동을 강력적으로 탄압하였다. 모든 반일적 운동을 뿌리채 없애버리고 조선으로 하여금 일본의 병참기지로서의 역할을 다하도록 그 체제를 정비하기에 힘썼다. 그리하여 그 당시 가장 활발히 전개되어 가든 반일제운동을 괴멸壞滅시키는 것이 그들의 최대급무였다. 그래서 경찰망을 강화시키기 위하여 거액의 기밀비機密費를 쓰며 또 세계에서 유례없는 야만적野蠻的인 고문과 대중적 옥사로써 그 운동을 단절시키려 한 것이다. 이러할 때 이재유사건이 시작되었으니 놈들이 얼마나 비인간적인 악랄한 방법으로 이재유동무를 고문하였는가는 추측하고도 남을 것이다. 놈들은 때리고, 차고, 물을 먹이고 달아매고 하다가 나중에는 쇠를 불에 달구어 넙적다리를 지지고 하였다. 그러나 가진 악형을 다하여도 이재우동무는 불언不言으로써 대답하였다. 죽음으로써 자기의 신념을 지키고 그 운동을 지키려는 숭고한 정신을 꺾을 것이 그 무엇이랴. 죽음 이상 더 무서운 것이 없는 한 고문도 꼬임도 소용이 없는 것이다. 타협과 굴복은 오직 죽음이 무섭고 신념보다도 목숨이 아까운 사람들이 하는 짓이다. 이재유동무의 입으로 연루자連累者를 말하게 하여 그 당시의 반일제운동을 전멸시키려 하던 일제경찰의 계획은 이재유동무의 함구불언으로 여의如意하게 되지 않았다. 사상사건思想事件의 검거는 시일을 놓치면 안된다. 단시일 내로 일망타진을 꾀하는 것이 놈들의 상투常套수단이었으나 그들은 초조焦操하여 식음食飮도 잘못하고 보행도 잘못하는 이동무를 자기들이 업고, 부축하여 취조실로 끌어내어 전기고문까지 하였던 것이다. 그러나 모든 고문과 악형이 암석을 치는 것 같이 소용이 없는 줄을 안 놈들은 장기취조를 도모圖謀하였다. 두고두고 고통을 주어 정신적으로 육체적으로 피곤疲困하게하여 굴복시키자는 것이다. 그 때 이재우동무는 유치장에 있지 않고 고등계 사무실 분실 2층에 있었다. 그들은 이재유동무를 유치장에 두면 통방通房을 하여 동범同犯끼리 서로 연결할 것과 또 유치장에서 여러 사람이 소동을 일으킬 것을 방비하기 위하여 특별히 따로 가두어 두었던 것이다. 그리고 이동무를 고문하는 것을 다른 사람에게 보이지 않게 하는 것도 한 가지 이유였다. 그래서 고등계 분실에다가 호위 경관을 두어 따로 감금하였던 것이다.

제1차 탈출

탐관오리는 항상 백성의 가렴주구苛斂誅求만 일삼고 모리배謀利輩는 항상 사리추구만 일삼지만 혁명을 사명으로 하는 우리들의 혁명전사 이재유동무는 영어囹圄에 지친 몸이라도 탈출을 꾀하여 혁명적 활동을 계속할 일 념에 불탔다. 그 몸이 비록 많은 상처를 입어 거동을 자유롭게 못하고 감시하는 간수의 눈이 늘 번쩍일지라도 항상 그 기회를 엿보았다. 그는 1934년 2월 하순 어느 날 밤 간수가 조는 틈을 타서 길가로 난 창문을 넘어 밖으로 뛰었다. 지금은 없어졌지만 예전 서대문경찰서는 적십자병원 아래 자동차 배급회사가 있는 자리다. 거기 있는 목조 2층 건물이었는데 그 집 2층에서 뛰어 내렸다. 비틀거리는 몸에 힘을 주어 광화문 쪽을 향해서 달음질쳐 정동입구까지 들어서서 마침 지나가는 장작 수레 뒤를 밀어주며 따라가노라니 추적이 급한지라 그는 어떤 담을 뛰어 넘었다. 서대문서에서는 이재유를 놓치고 갈팡질팡하며 비상동원을 하여 수사 중이었는데, 이 분망중奔忙中에 사법계로 모국某國 영사관에서 도적을 잡아 놓았으니 데려가 달라는 전화가 왔다. 처음에는 들은 척도 안했더니 여러 차례 전화가 오는 지라 귀찮아서 순사를 보냈다. 순사가 현장에 가보니 천만의외에도 이재유동무가 앉아 있었다고 한다.

이재유동무가 담을 뛰어 넘은 곳이 모국 영사관인데 그때 마침 순시하던 사람이 도적으로 오인하고 붙들어 놓았다고 한다. 이리해서 이재유동무의 제1차 탈주는 실패하고 말았다.

✠ ✠ ✠

도주를 도모하였다고 해서 무수한 매질과 욕을 당한 것은 물론이다. 놈들은 자기들의 경찰망아래 도주를 꾀하는 것이 무모한 짓이라고 비웃으며 모멸侮蔑과 치욕恥辱을 가하였다. 그러면서도 혹시 어떨까 하는 의심에서 반사지경에 이르도록 고통을 주어 재차 도주할 생각을 내지 못하도록 하였다. 그리고 도주의 경로를 추구追究하여 물샐틈 없는 단속을 하였는데 이재유동무가 진술陳述한 도주의 경로는 출입구 정문이 열렸기 때문에 그리로 나갔다고 하였다. (그리고 고등계 분실의 문은 항상 열려 있었는데 그것은 감시의 간수가 교대하기 위하여 열어 두었다.) 그래서 창문으로 뛰었다는 것은 진술하지 않았는데 이것은 또 뒷일을 생각하여 감추어 둔 것이다. 이재유동무는 비록 한번 취하여 놈들에게 몹쓸 욕을 당하는 때라도 또 뒷일을 계획하였다. 실패에서 낙망하지 않는 이재유동무, 패배에서 오는 오욕과 멸시, 학대와 치욕가운데서 웃으며 일어서는 이재유동무. 이동무에게 실패는 성공에의 시련이었다. 넘어지고 짓밟히는 것이 무엇이랴, 높은 벽돌담과 철격자鐵格子가 가로막고, 채찍질과 말굽소리 요란해도 쉬임없이 혁명에의 길을 걸어온 이재유동무. 이런 분들이야 말로 참으로 조선의 해방을 위해 싸워온 혁명적 투사들이다.

이재유동무는 제일차 탈출이 실패한 후에는 손에 자동식 수갑을 채우고 발에는 커다란 쇳덩어리를 붙들어매어 수족을 묶인 몸이 되었다. 그리고 허리에는 방울을 차서 몸을 움직이면 달랑달랑 소리가 나서 간수의 졸음도 깨도록 하여두고 문이란 문은 다 열쇠를 굳게 채운 뒤 그 열쇠는 요시노吉野 고등계 주임이 자기 집으로 가지고 간다. 이재유동무가 날고 기는 재주를 가졌더라도 이렇게 채놓으면 도망갈 수가 없을 것은 정한 이치이다. 그야말로 초인이 아니면 여기서 도망갈 수는 없는 것이다. 그러나 혁명에의 헌신과 정열은 인간의 불가능을 가능하게 하고 인간으로 하여금 초인이 되게 하는 힘을 주는 모양이다.

로서아露西亞의 노동의 영웅 스타하노프가 1일에 25인분의 노동을 하여 혁명적 건설에 공헌한 것과 중국의 모택동 주덕朱德 양장군은 소수의 농민 빨치산대隊를 이끌고 역전분투 수년에 백만의 적군赤軍을 건설하고, 항일전에 십 수년 오늘의 거대한 적군赤軍과 연안정권을 수립한 것, 일본의 도꾸다德田志賀를 위시한 공산당원이 십유팔년十有八年 옥중에 억매인 몸으로 절개를 변치 않고 싸우다가 오늘날 다시 해방의 날을 보게 된 일들이 어찌 초인이 아니고 이룰 수 있는 일이랴! 더욱이 국제 파쇼의 야만적인 공격 아래 스탈린그라드의 위기를 극복하여 조국의 혁명을 방어하고 제2차

세계대전으로 하여금 민주주의 연합국의 승리로 이끌게 한 소련 적군赤軍의 위력을 생각할 때 혁명에의 순결무사純潔無私한 헌신과 열정이 인간으로 하여금 초인적인 역량을 가지게 하며 이 지상에 위대한 창조를 재래齎來시키는 것이 사실이다.

또 다시 탈주

1934년 4월 13일 밤 철통같은 감시망을 뚫고 이재유동무는 어디론지 자취를 감추고 말았으니 이것이야말로 혁명을 생명으로 하고 죽음으로써 싸우는 볼셰비키가 아니면 못할 일이다. 이에 놀란 놈들은 비상경계를 몇 일을 두고 하면서 이재유 비슷한 사람은 다 붙들어 와서 취조를 하였으나 진인자眞人字 이재유가 아니고 엉뚱한 딴사람들을 고생을 시키었다. 성치 못한 몸으로 가면 얼마나 멀리 갔으랴 하고 경성장안을 샅샅이 뒤졌으나 이재유는 커녕 그림자도 볼 수가 없었다. 전경성의 경찰이 개미떼같이 풀어져서 역마다 지키고 교외로 나가는 길목마다 지키고 혹은 정복으로 혹은 사복으로 집집마다 이잡듯이 뒤지며 남산과 북악산 인왕산이며 낙산에서 몇일 밤을 새웠으나 그래도 영영 이재유는 찾지 못하고 말았다. 이에 요시노吉野 고등계주임은 죽을 상을 하고 인책사직을 하여 사건취조는 경기도 경찰부로 넘어가고 말았다. 세계에서 자랑하는 일본의 경찰망을 뒤로 두고 경성 한복판에서 유유히 도망간 이재유 탈주사건은 당시의 큰 화제거리였고 수수께끼였으며 일본경찰로서는 한 경이사驚異事이었다. 정말 이재유동무는 어디로 갔을까?

✠   ✠   ✠

4월 13일 밤 이재유동무의 감시를 본 순사는 모리다森田라는 일본경관이었다. 그는 나이 20세가 조금 넘은 젊은 청년으로 경관이 된지 얼마 되지 않았으며 원기있고 활발하며 온후순박한 성격을 가졌었다. 이 청년의 크고 검은 동자는 총명을 말하였고 단정한 안용顔容은 선량함을 말하였다. 그는 일본의 천황주의를 싫어하고 민주주의적 사상을 가졌으며 공산주의에 대해서는 많은 흥미를 가지고 있었다. 그는 노-트를 가지고 유치장에 와서 필기를 하여가며 공부하였다. 이 모리다 순사가 이재유동무의 간수가 되었으니 이재유동무는 그 독특한 선전, 선동의 힘으로 그를 감화시켰을 것은 물론이다. 더욱이 이재유동무의 다정다감한 성품은 인간성의 기미機微를 잘 포착捕捉하여 같이 울고 같이 웃을 수 있는 위대한 덕성을 발휘하며 따라서 상대방에 무한한 신뢰감을 주기 때문에 이 청년이 이재유동무에게 많은 호감과 이해를 가졌던 것도 사실일 것이다. 이 모리다 순사가 이재유동무의 혁명에의 열정과 지성에, 또 그 풍부한 인간성에 감탄하며 이재유동무를 탈주시키려 한것도 자연적인 감정의 발로일 것이다.

그러나 이것이 어찌 안이한 일이었으랴. 경관이라는 관직에 있으면서 중대정치범인을 탈출시킨다고 하는 것은 정의와 진리를 사랑하고 자기가 옳다고 하는 일을 시행함에 용단으로써 하는 청년! 순진한 청년이 아니면 도저히 이룩할 수 없는 일이다. 그리고 그뿐이랴! 그는 일본인이었다. 일본인으로서 식민지인 조선의 정치범인을 탈출시키는 일은 상당한 정치적 교양이 필요한 일이니 민족적 감정을 극복할수 있는 것은 계급의식뿐이기 때문이다.

이제 우리가 이 사건을 회상하고 모리다 순사巡査를 생각할때 많은 존경과 사의를 표하는 바이다.

4월 3일 밤 이재유동무가 手錠과 足錠을 풀고(이것은 부단한 연구와 노력의 결과 혼자서 풀 수 있었다.) 옷보퉁이를 이불 속에 넣어 불룩하게 하여 놓고 다시 창문을 넘어 탈주한뒤 약 30분 후에야 이 탈주를 보고하고 비상경계령을 내렸으니, 두사람 사이에 어떻한 암약暗約이 있었음을 추측할수가 있다.

그 이튿날 아침 모리다 순사森田巡査는 유치장으로 교대시간에 와가지고 감개무량한 표정으로 지나간 밤에 자기가 단가短歌를 지었다고 하며 "벚꽃 동산에 피어 있는 꽃. 바랜 꽃도 있고 피는 꽃도 있다"라고 읊으면서 어떻냐고 물었다. 유치장에 있던 동무들은 다만 인간의 영고성쇠榮枯盛衰를 노래함인가 하고 잘되었다고 하였더니 쓸쓸히 웃으며 깊은 생각에 잠기는 듯하였다. 그뒤 이재유동무의 탈출을 알고 이 단가를 생각하니 이것은 그때 많은 피검자중 어떤 사람은 변절해서 굴복한 사람도 있고 어떤 사람은 혁명적 활동의 계승을 위해 탈주한 것을 벚꽃에 비겨 노래한 것이 아닌가 하고 생각되는 바이다. 이 모리다 순사巡査는 그후 어떠한 산골 주재소駐在所로 전근되었다가 참수斬首를 당했다 하는데 그후의 행방을 알지 못한다.

같은 4월 13일 밤 경성 동숭정 경성제국대학 관사에 있는 미야케三宅鹿之助 조교수의 집에 승용자동차 한대가 들어와서 멈추고 미야케 교수를 찾은 사람이 있으니 그가 이재유동무였다. 미야케교수는 공산주의자로서 그 당시 이재유동무와 함께 반일제운동을 하던 사람이었으니, 그가 이재유동무의 은신隱身을 쾌락快諾하였던 것은 물론이다. 미야케교수는 자기집 다다미 방 가운데 다다미 하나를 개폐식開閉式으로 만들어 놓고 그 아래에다 지하실을 팠는데 사위四圍와 높이 다 각기 6척 가량으로 되게 하고 벽은 양회洋灰를 바르고 전등電橙까지 켜놓았다. 이 지하실에서 이재유동무는 몸을 감추고 또 쇠약한 육체를 쉬었으니, 경성의 한복판에 있어도 가장 안전한 곳이었다. 일본인 대학교수집에 반일제운동의 탈주범이 숨어 있으리라고는 그 당시의 현명한 일본 경찰은 도저히 생각지 못하였던 것이다.

미야케 교수 집 지하실에 숨어있는 동안 낮에는 잠을 자고 밤에는 미야케교수와 함께 정원을 거닐며 환담하였다. 그리고 미야케 교수를 통하여 외부와 연락하며 운동을 계속하였다. 그때 경성에는 또 권영태가 모스크바에서 들어와서 활동하고 있었는데 이동무들하고 서로 연락하며 경성에서 당재건운동의 기초를 세우기에 힘썼다. 그러자 1934년 5월 17일부터 권영태의 콩그룹사건의 검거가 시작되어 권영태, 정태식동무들이 피검되고 그통에 소위 성대사건城大事件이 발각되었는데 그 관계로 미야케교수도 피검되었다.

그러면 미야케교수의 지하실에 숨어있던 이재유동무는 붙들렸는가? 아니다. 이재유동무는 또 멀리 어디론지 도망을 가버렸다. 그렇면 어떻게?

미야케교수를 검거하여 갈 때 일본경찰은 그 지하실을 발견하지 못하였다. 그것은 애초부터 거기 이재유가 숨어있을 줄을 몰랐을 뿐아니라 그 지하실이 극히 교묘하게 되어서 겉으로 보아서는 표가 나지 않았기 때문이다. 미야케교수는 피검되어가자, 취조를 하루만 연기하여 주기를 청하였다. 그리하여 주면 자기가 정신을 수습하여 자백서를 쓰겠다는 것이다.

그 이튿날 미야케교수가 비로소 자기집에 이재유가 숨어 있다는 것을 쓰게되자 수십명의 형사대가 미야케교수의 집으로 달려 갔으나 그 지하실의 주인은 벌써 고비원주高飛遠走한 뒤였다. 이재유동무는 법학전문학교 기타학생들이 주선周旋하여준 모자와 양복으로 변복하고 또 어디론지 자취를 감추었다.

경성의 각서各署에서는 또 한번 비상동원령이 내리고 소동騷動이 났다. 경성에다 두고 잡지 못하였다는 안타까움이 더하여 더욱 추적을 급히 하였으나 종내 그 종적을 알지 못하고 말았다.

그뒤 1934년 10월 세칭 용산서 사건에 이재유동무가 그대로 경성에 잠복潛伏하여 그 사건을 지도하였다는 것을 알았으나 그를 붙들지는 못하였다. 이 사건에 공모孔某라는 청년은 이재유동무의 행방과 그의 레포 P와 Y의 거소居所를 대라고 기록적인 고문을 당하였으나, 죽음으로써 대항하여 그 동무들을 지키었다. 검거의 시기를 놓친 용산서에서는 한 술책을 세웠으니 그것은 용산서 사건의 연계자를 전부 석방하여 다시 활동을 시켜놓고 그 뒤를 추적하여 적당한 시기에 이재유동무를 위시하여 관계자들을 일망타진하자는 것이다. 그래서 공모孔某를 남겨두고 나머지 관계자들을 별일이 없어 석방하는 것같이 좋은 얼굴로 훈유訓諭를 하고 전부 석방하였다.

가장假裝한 측량기수測量技手

놈들은 동에서 번쩍 서에서 번쩍 그 자태를 나타내되 번개와 같고 바람과 같아서 붙들려면 사라지고 사라지면 나타나는 이재유동무를 검거하려고 고심참담하면서 가진 술책과 모략을 다 썼다. 이재유동무의 사진을 박아서 시내 각처의 음식점 여관 관청 회사에 돌려서 붙들어 주면 관대한 상금을 주기로 하였으며 주야 불문하고 가두연락을 할만한 장소는 교대교대로 지켰다.

그리고 용산서에서 석방한 동무들은 비밀히 미행을 하며 일동일정一動一靜을 살피면서, 그 동무들 가운데에 이재유동무가 나타나기를 기다리었다. 그러면 이렇게 거미줄같이 얽어놓은 검거망에 어떻게 걸리지 않을 수 있으랴. 하물며 일본경찰도 세계에 자랑하는 경찰력을 가지었거늘. 그러나 묘를 극한 기교와 술책과 완비된 수사력에도 불구하고 번번히 실패를 거듭한 것은 또 다른 이유가 있는 것이다.

그것은 이재유동무를 중심으로 강력적인 조직이 있어 민족해방투쟁을 위해 불석신명不惜身命과 공생공사를 신조로 한덩어리로 뭉쳐 죽음으로써 그 지도자를 지키고 그 운동을 지켰기 때문이다. 그들이 얼마나 거룩한 동지애로 서로서로를 사랑하고 아꼈으며 얼마나 열렬한 신념으로 그 주의에 殉하려 하였든가! 우리는 그 동무들을 생각하고 오늘의 우리들이 이르지 못함을 돌이켜 볼때 스스로 부끄러움을 금치 못하는 바이다.

그러면 용산서에서는 왜 검거망에 걸렸던 이재유동무를 놓쳤던가?

✠ ✠ ✠

1935년 1월 초순 용산서에서는 한남동 모처에서 가두연락을 하는 이재유동무의 레포(연락책) 박진홍朴鎭洪(女)동무와, 이재유동무와 같이 운동을 하던 박영출동무를 검거하였다. 당시 박진홍동무는 임신의 몸으로 이재유동무를 도망시키기 위하여 며칠 동안 그 거소를 말하지 않았고 박영출동무도 역시 야만적인 고문에 항쟁하여 함구무언하였다.(박영출 동무는 그뒤 대전형무소에서 복역중 사망하였다.)

이렇게 해서 이재유동무는 한남동 모처의 거소에서 종적을 감추었다.

이재유동무가 한남동 모처에 은거하고 있는 동안 자기는 경성부청에 근무하는 측량기수測量技手라 칭하고 아침이면 나가서 저녁때에야 집에 돌아왔다. 그리고 때때로 측량도구를 잔뜩 가지고 집으로 가서 동리사람으로 하여금 측량기수測量技手인 것을 의심치 않게 하였다. 더욱이 동리일을 잘보아주고 순번으로 도는 야경도 돌고 동리부인네들이 부탁하는 편지도 잘 써주어 동리사람들의 신망이 두터웠다. 그리하여 이재유동무는 그 무서운 일본제국주의의 물샐틈없는 경계망아래에서도 유유히 망명생활을 계속하며 볼셰비키적 투쟁을 계속하였다.

그러면 어떻게 이재유동무는 그 야만적인 일본제국주의의 강압아래 유유悠悠히 혁명적인 활동을 계속하였던가를 생각할때 나오는 대답은 역시 한가지뿐이다. 그것은 오직 혁명에의 헌신과 열정에서오는 혁명자로서의 부단의 노력과 정진이요 불굴의 투지이다. 이재유동무가 세칭 8월사건에 연좌하여 옥중에 있는동안 주야로 잊지않고 연구한것은 세계적으로 굴지屈指하는 야만적인 일제의 경찰망 아래 어떻게 혁명적 조직을 방위하며 비합법운동을 계속할 수 있을까하는 문제였다.

감옥의 두꺼운 벽과 무거운 철문속에 갖혀 누런 조밥을 먹고 있는 수많은 동무들과 그중에서 교수대의 이슬로 사라지고 병들어 죽어가는 아까운 동무들을 생각할때 벽을 치고 통탄해 하였고 발을 구르며 애석해 하였다. 그래서 놈들의 테러에서 조직을 방위하고 혁명동지들의 희생을 적게하기 위하야 비합법운동에 대한 기술을 단련할 필요를 통감하였다. 그래 그 기술문제에 대해서 세밀한 연구를 한것이다.

와신상담. 5년간 복역을마치고 출옥하자 병약한 몸도 쉬일틈도 없이 활동을 개시하였던 것이다. 이재유동무가 얼마나 비합법운동에 대한 치밀한 주의와 우수한 기술을 가지고 활동하였는가 하는 것은 다음의 실화를 들어도 가히 추측할 수 있을 것이다.

어떤 동무가 이재유동무를 영등포에서 만난 일이 있었다. 이재유동무와 길에서 만나 가두연락을 하였는데 영등포의 지리를 손바닥에 놓은 것같이 환하게 알고 있었다 한다. 그리로 가면 경찰서가 있소, 그리로 가면 고등계 주임 모某의 사택이요, 그리로 가면 막다른 골목이요 하는 식으로 일일이 조사해 가지고 있었고 경찰서의 형사와 그 앞에 끄나불까지 얼굴을 잘 알고 있었으며 또 어느 동리에는 어떤 동무의 집이 있는 것도 알고 있었다. 그리고 고등계 형사들이 잘 다니는 길, 모이는 처소, 사택과 같은 것은 어떻게 조사하였는지 제일 먼저 알았고 그대신 가두연락하기에 적당한 장소와 숙소를 선택하였다고 한다. 그나 그뿐이랴. 변장술도 극히 교묘하여 혹은 노동자로 혹은 농군으로 어떤 때는 학생으로 말쑥한 신사로 변장하였는데, 그렇게 하고 나서면 아무도 그가 이재유인줄을 몰랐다고 한다.

어쨌든 이재유동무가 5년간 옥중에서 수많은 동무가 죽어간 사실에 통탄하고 전신을 불태우는 증오와 복수심가운데 눈물과 함께 연구한 비합법운동의 기술문제는 이제 이재유동무 활동의 혈육이 되어 충분히 그 성과를 발휘하였을 것이다.

이재유동무가 한남동 모처에 숨어 있을 동안 동지들과의 연락은 극히 신중히 하며 많은 기술적 방법을 썼다. 연락시간을 엄수하여 정각이 약5분을 경과하여도 상대편이 그 장소에 오지 않으면 더 지체遲滯하지 않고 그 장소를 떠나고 연락시간 전에 조금 떨어진 곳에서 연락장소의 동정을 살피고 그 장소에 간다든지 또는 다른 연락원을 보내 그 장소의 동정을 조사시키기도 하였다. 그리고 어떤 때에는 약속한 길을 통하여 오지 않고 엉뚱한 다른 길에서 별안간 나타나기도 하였다. 이것은 혹시 예기치 않은 일로 그 장소가 적에게 알려져서 형사대가 현장에 와있는 일도 있기 때문에 그런일을 막기 위하여서이다. 그리고 연락은 전부 가두연락으로 하고 실내회합은 되도록 피하였다. 실내회합은 놈들에게 알리기 쉽기 때문에 위험률이 더 많은 때문이다. 그러면 이러한 가두연락의 유리한 점은 무엇인가. 그것은 연락하는 동지상호간이 성명과 주소를 알 필요가 없는 점이다. 만날 필요가 있는 동무를 만날 제 소개자의 연락에 의해서 어떤 장소에서 일정한 시간에 이쪽은 차림을 어떻게 하고 저쪽은 무슨 모자帽子에 무슨 양복이라는 것을 알려주고 두 사람이 그 장소에서 어떤 암호나 약속한 언어동작으로 상호간 만나기로 한 동지임이 틀림없는 줄을 알게 되면 용무를 말하게 되는 것이다.

그러므로 한 동무가 검거되어 취조를 받더라도 상대방이 누구인지 주소가 어디인지 모르기 때문에 한쪽 동무는 검거를 면할 수 있는 것이다. 이것은 극심한 검거와 투옥의 테러 밑에서 조직을 방위하고 동지들의 희생을 적게 하기 위한 기술적 방법의 하나이다.

이러한 기술적 방법으로 활동하였으므로 이재유동무는 수많은 동무를 만났고 또 많은 동무가 피검되었으나 피검을 면할 수가 있었다. 특히 이재유동무는 행동을 민첩하게 하여 소위所謂〈설마〉하는 마음에서 우물쭈물 하지는 않았다. 약속한 시간에 오지 않는 동무는 더 기다리지 않고 그 장소를 떠났고 같이 동거하는 동무가 들어올 시간에 오지 않으면 신속히 그 집을 떠났던 것이다. 이것이 말로 하기는 쉬워도 인간의 심리는 미련이 많고 애착심도 많아서 이러한 정실을 칼로 베듯 베어 버리고 기민히 행동하기란 여간 용단과 결의가 없으면 행하기 어려운 일이다. 피검되었으리라고 생각되면서도 그 동무를 찾으러 숙소로 갔다가 놈들의 경계망에 붙들린다든지 자기의 거주가 놈들에게 알려졌으리라고 생각되면서도 설마하는 마음에(이것은 동무를 믿는 마음도 있지만) 주저하다가 검거를 당하는 수도 많은 것이다.

❈ ❈ ❈

　박진홍동무가 검거된 후 이재유동무는 다시 봇짐을 싸가지고 정처없는 망명의 길을 떠났다. 이제까지 동거하던 동지를 놈들의 손에 빼앗기고 편히 쉴 틈도 없이 몸감출 곳을 찾지 않으면 안되는 이재유동무의 심정은 어떠하였으랴. 몇번이나 속으로 울었으며 이를 악물고 복수를 맹서하였으랴. 오늘날 우리들이 일본제국주의 탄압하의 혁명자들의 이 피와 눈물의 투쟁사를 회고할때 놈들의 횡포와 억압에 분함을 참지 못하며 눈물과 함께 혁명자들의 위대함에 경의를 표할 뿐이다.

　그러면 한남동 모처에서 종적을 감춘 이재유동무는 고비원주高飛遠走하고 말았는가. 한동안은 입소설入蘇說을 전하고 특히 일제경찰측에서 이제는 조선내에 없을 것이라고 전하였다. 그러나 한편 평상시 이재유동무의 주장이 해외는 나가지 않겠다고 한 것과 죽어도 조선에서 죽으며 최후까지 국내에서 활동하리라고 말하였기 때문에 동무들 간에는 반드시 국내에 있으리라고 추측하였다. 그러면 점점 맹렬하여지는 일본제국주의 수사망 아래 어디서 어떻게 망명생활을 하며 활동하고 있는가. 더구나 많은 동무를 놈들의 손에 빼앗긴 후에 있어서랴.

　그리고 1935~36년은 일지사변日支事變을 앞두고 일본제국주의가 조선에서 혁명세력을 전멸시키려고 발악을 하여 대중적 검거 투옥을 계획計劃하고 실행하던 때이다. 그리하여 경성시내 各署에서는 이재유동무 검거에 수사진을 총동원 시키며 상금까지 걸고 눈을 벌거케 하여 찾았으나 종내 자취를 모르고 말았다.

　그뒤 1936년까지 경성에서 여러 차례 검거사건이 있었는데 그때마다 이재유동무가 여전히 경성지방에 있으면서 활동을 계속하고 있는 것이 드러났으나 전기한 바와 같이 가두연락에 의해서 만났을 뿐이었으므로 그의 거소를 알지 못하였고 거소를 알 단서도 얻지 못하였다. 그래 애가 달아서 날뛰면서 추측을 멋대로 하여 모스크바에서 30여명이 입소入蘇하여서 활동하는데 그들이 이재유동무와 연락한다는 등 하면서 많은 호기심과 흥미를 가지고 이재유검거의 공을 저마다 세울 것을 꿈꾸고 있었다.

그러나 놈들이 눈독을 올리고 꼽살이 끼어서 쫓아다녔지만 이재유동무의 웃는 얼굴은 상쾌爽快한 휘파람과 함께 자유자재로 은현隱現하여 놈들의 뒤에서 혹은 앞에서 지게꾼으로 농군으로 신사로 나타났던 것이다. 그리하여 수없이 놈들과 마주치고 부딪혔지만 놈들은 이재유동무를 옆에다 두고 몰랐으며 이재유동무의 그림자는 항상 서울 장안을 자기집 다니듯 하였건만 이를 알지 못하였다.

한번은 황금정 어떤 식당에서 점심을 먹고 있노라니 바로 옆방에서 많은 사람들이 회식을 하고 있었다. 벽틈으로 엿보니 틀림없이 서대문 고등계 형사들이 무슨 밀의를 하고 있었다. 그런데 이재유동무가 밖으로 나가자면 그 방을 지나가야 하는데 가만히 생각하자니 까딱 잘못하다가는 붙들리게 되는 판이다. 그러나 이재유동무는 또 어디론지 자취를 감춘 것이다. 그러니 어찌 그 옆방에서 술을 마시던 서대문서 형사들이 이재유를 옆방에 두고 놓친 줄을 알았으랴. 참으로 이재유동무의 그림자는 놈들의 가는 곳마다 나타났으나 놈들은 그렇게 대담한 이재유를 생각하지도 못했던 것이다.

수백만원의 거액을 경찰비로 쓰고 조선의 방방곡곡에 경찰서를 세우며 수만명의 충복을 동원시키어 오로지 조선의 혁명세력을 탄압하려고 총과 사벨로 무장한 침략자 일본의 경찰을 뒤로 돌리고 서울 장안에 출몰하여 그 혁명적 활동을 전개한 이재유동무의 영웅적 투쟁이야말로 얼마나 장쾌한 일이며 민족적 자랑이랴. 조선민족은 민족적 자립을 위하여 위대한 청년 영웅을 많이 냈다는 것을 이제 세계에 자랑할수 있을 것이다. 김일성장군, 무정장군과 함께 이재유동무도 세계에 자랑할수 있는 혁명투사의 한사람일 것이다.

✠ ✠ ✠

그러는 동안에 해는 바뀌고 달은 가서 1936년 겨울이 닥쳐왔다. 1936년 11월! 이재유동무 검거의 단서를 쥔 경기도 경찰부에서는 시일을 놓치지 않고 검거하기 위하여 그 연계자를 엄중히 취조하였다. 그래 연계자 최모崔某의 공술供述에 의해서 11월 모某일 밤 낙산駱山 마루터기 약수터에서 이재유와 연락하기로 하였다는 것을 알게 되자 며칠 전부터 낙산駱山에다 오백 와트의 전등을 가설하고 수백 명의 사복경관이 무장을 하고 그 산을 에워 쌌다. 그리고 약수터 앞에 있는 연락할 장소에다 최모崔某를 데려다 놓고 그 옆 소나무그늘에 무장경관이 숨어서 이재유가 나타나기만 기다리고 있었다. 그 시간이 되자 과연 어떤 청년이 나타나게 되었으니 경관은 공포를 놓아 신호를 하고 사면에서 '와' 소리와 함께 수백명의 경관이 달려들었다. 이재유를 붙들어 좋아하며 자세히 조사하여보니, 이재유는 아니고 약수터에 산보하러온 동리의 청년이었다.

✠ ✠ ✠

이재유를 붙잡자 붙잡자 하는 것이 그때 각 서各署 고등계의 구호였다. 출몰出沒이 무상하여 그 종적을 알 수 없고 나타난다 하여 수백명을 동원시켜 놓으면 엉뚱한 딴 사람을 붙들게 되니 과연 기막힌 일이였다. 초조焦燥의 극에 달한 경기도 경찰부에서는 추급追及을 급히 한 결과 또 한가지 단서를 잡게 되었다. 1936년 12월 25일 경기도 양주군 창동 뒷산에서 전기前記 최모崔某와 오전 11시에 만나기로 한 사실이 그것이다.

그래서 약 1주일 전부터 경관을 사복으로 변복시키되, 농군, 장똘뱅이, 노동자, 학생 등 여러 가지로 변복시켜 창동으로 보내어 동리에 숨어서 염탐을 하고 요소요소에 파수를 보고 각 주재소에 알려 수상한 사람이 있는가를 조사시켰다. 이때 경기도 경찰부 사찰계 주임 다카무라高村는 장똘뱅이로 변장하고 창동에 나와서 부하를 지휘하였다. 그때 동원시킨 경찰관이 무려 수천명이 되었다 하며 창동 뒷산에 숨을만한 곳에는 다 숨고, 사복을 하였으나 모두 무기를 가졌고 수갑과 포승捕繩을 가지고 있었다.

12월 25일은 드디어 당도하였다. 우리들의 이재유동무는 과연 붙들리게 되는가. 최모를 데려다가 약속을 하였다는 장소에서 기다리게 하고 단단히 주의를 시키되 이재유가 나타나더라도 결코 수상한 표정을 하지말고 평상시와 같은 태도를 취하라고 명하였다. 그리고 바위 뒤에 숨어 권총을 들고 대기하여 있었다. 그래서 이재유가 나타나게 된다면 한방의 총을 놓을 것이며 이 총성에 의해서 이것을 신호로 포위하여 있는 경관이 총출동하게 되어 있었다. 그러나 한가지 주의시키기는 이재유를 살려 놓고 붙들게 한 것이니 결코 총을 쏜다든지 하여 죽음에 이르도록 하지 않도록 하였다. 살아 있는 이재유를 붙드는 것, 이것이 놈들의 소원이었기 때문이다.

25일 오전 10시는 지났다. 이제 단 한시간이면 11시가 된다. 이재유동무의 운명은 한시간 뒤에는 다르게 되는 것인가.

10시 20분이 지나면서 그 산을 에워싸고 있는 놈들의 가슴은 초조와 불안에 소란하였고 11시 정각의 심경이 일종의 불안을 가져오기도 하였다. 그것은 목숨을 걸고 활동하는 이재유동무가 호신용의 무기를 가지지 않았다고 단언하기 어려우며 그리되면 일대 난투가 벌어질 것도 사실이다. 꿈을 잘못 꾸면 자기의 생명도 불의에 없어질는지도 모르는것이니까. 10시 40분, 50분 참으로 이재유는 이 자리에 나타나게 될 것인가. 4년간 경성에 출몰하여 일본제국주의 경찰의 간담을 조이고, 그들을 농락弄絡하던 우리들의 이재유는 이 자리에 그 비호같이 날랜 자태를 나타내게 되는가.

이재유동무여! 우리들의 이재유동무여! 이 소식을 알거든 멀리멀리 달아나고, 나타나지 말아다고.

11시 정각이 가까와질 때 어떤 40세가량 되는 농부 한사람이 머리에 방한모를 쓰고 때묻은 두루마기를 입고 팔짱을 끼고 길위에 나타났으니, 이가 이재유인가? 이재유는 30이 조금 넘은 새파란 청년이 아니었던가? 그

농부는 앞으로 걸어왔다. 崔某와 서로 가깝게 되었을때……

✠ ✠ ✠

　이재유동무가 한남동 모처에서 자취를 감춘 얼마 뒤에 이관술동무와 함께 경기도 양주군 창동에 유랑민이 되어 들어왔다. 그때 남선南鮮에 수재가 있어 이재민罹災民들이 살 길을 찾아 중선中鮮으로 북선北鮮으로 올라오는 때였다. 이 틈에 끼어 이재유동무는 창동에 들어와서 이관술동무와 같이 오막살이 한채를 손수 짓고, 밭뙈기도 얻어서 농사를 짓는 농부가 되었던 것이다. 그래서 토끼도 기르고 닭도 기르고 온상재배도 하고 품삯일도 하면서 유랑민으로 놈들의 눈을 속이고 여전히 지하 운동을 계속하였던 것이다. 그런데 한가지 재미滋味있는 일은 이재유동무가 검거된 후에 그 관할주재소의 신분조사서를 보니 이재유동무를 품행이 방정하고 성질이 온순하여 가히 모범인물이 될 만하다고 씌여 있었던 일이다.
　그리고 동리사람들은 남선南鮮에 살았을 때에는 양반인 것같다고 하였고 항상 신중한 편이라 친밀은 하면서도 위압적이지는 않았으며 경우가 틀린 일은 하지 않았고 후덕하게 하여 동리사람의 인심을 잃지 않았다. 동리사람들은 나중에야 그 이야기를 듣고 역시 그런 사람이었더냐고 서로 고개를 끄덕였다고 한다. 이렇게 하여, 창동으로 유랑민이 되어 들어가 농부생활을 하며 경성과 연락하여 당재건운동을 계속하고 기관지 《적기赤旗》도 발간하였다. 놈들의 눈을 속이고 동리사람들의 의심도 받지 않도록 경계하며 혹은 경성부근에서 또는 창동부근에서 동지들과 연락하며 남몰래 책도 읽고, 글도 쓰고 신문도 박고 하기에 얼마나 고생이 되었으랴. 숨어 있기만 하여도 어려운데 이렇게 활동하기란 용이한 일이 아닐 것이다. 그러나 이재유동무는 꾸준히 활동하였나니 봄에 씨를 뿌리고 여름에 김매고 가을에 거두는 농민의 생활이 쉬임이 없음과 같이 조선의 해방을 위하여 많은 씨를 뿌렸고 그것을 북돋아 주기에 쉬임이 없이 노력하여 해방운동의 기초를 튼튼히 하였던 것이다. 이리하여 그의 선구자로서의 활동의 성과는 조선해방과 함께 영원히 빛날 것이니 이를 위하야 존귀한 일생을 바쳤기 때문이다.

그러면 이재유동무는 어떻게 놈들의 손에 붙들리게 되었는가. 그것은 첫째 많은 동무들이 놈들의 손에 붙들리게 되어 혁명적 조직이 약체화하여 간 것, 둘째 연락기간이 너무 멀게 된 것, 예例하자면 전기前己 최모崔某와의 연락이 1개월 후로 되었던 것, 이것은 경계가 심하므로 빈번히 할 수 없었던 것이다. 세째 비밀을 끝까지 지키지 못하는 동무가 있었다는 것 등이 원인이 되어 이재유동무는 붙들리게 되지 않았나 하고 필자는 생각하는 것이다. 어찌 하였든 놈들의 테러가 야만적이었다는 것이 가장 중요한 요인이 될 것이다. 그리고 놈들은 갖은 기책과 모략으로 동지 상호간을 이간시키고 모함하였으나 갈 길은 오직 놈들과 타협하지 않고 혁명일로革命一路를 매진할 뿐이니, 놈들이 동지를 변절하였다고 속이던지 모함을 하던지 이간을 붙이더라도 거기에 귀를 기울이지 말고 놈들과 항쟁하여, 자기의 사명을 다하기 위하여 노력할 뿐이다. 조선에서 이와 같이 취조와 고문이라는 심각深刻한 투쟁에 잘 싸워 조직의 비밀을 묘지까지 가지고 간 좋은 동지들이 많이 있었으니, 고광수高光洙, 오산세吳蒜世동무들을 위시하여 해방운동사를 찬란히 빛내는 청년혁명자들이 영웅적 투쟁의 기록을 남기고 있는 것이다.

이재유사건에서도 많은 동무들이 영웅적 투쟁을 한 것은 세상이 이미 다 아는 바이지마는 놈들의 야만적, 비인간적인 고문을 견디고 조직과 동지를 방위하기란 역시 초인적인 투쟁을 필요로 한다는 것을 인식하지 않으면 안될 것이다. 이 투쟁에 패배함으로써 많은 동무들을 놈들의 손에 빼앗기게 되는 것을 우리는 많이 보아 왔기 때문이다.

전기前記한 바와 같이 최모崔某의 공술供述에 의해서 창동의 연락을 놈들에게 알리게 된 이재유동무는 이것을 알지 못하고 그 장소에 나타났던 것이다. 최모와 얼굴이 마주치게 되자 공기의 이상함을 깨닫고 몸을 돌려 오던 길로 쏜살같이 내달았던 것이다. 틀림없이 이재유인 것을 안 놈들은 총을 놓아 신호를 하고 수천명이 아우성을 치고 뒤를 쫓았다. 구두발 소리, 말굽 소리는 산을 울리고 소리를 지르고 덤비는 놈들은 필사적이었다. 그러나 처음에는 감히 이재유동무에게 덤비지 못하고 소리만 지르고 쫓아 오다가 산에서 철로 부근에 까지 와가지고서 사면에서 에워싼 뒤에 한 놈이 뒤로 와서 얼싸안고 넘어지자 일대 격투를 한 뒤에 이재유동무의 손에 수갑이 채워진 것이다.

이렇게 해서 이재유동무는 붙들렸다. 호신용의 권총 한 자루없는 이재유동무를 수천명이 달려들어 붙들어 가더니 기어코 고문과 학대로 죽이고 말았다. 놈들이 억압과 박해로써 해방운동을 말살하려 발악을 하였지만 흐르는 물을 막지 못하듯 역사의 바퀴를 뒤로 돌리지 못하나니 오늘날 침략자 일본제국주의는 이땅에서 물러가고 자유와 해방의 깃발은 높이 휘날리니 머지않아 우리 조선에 민주주의 국가의 수립을 보게 될 것이다.

이때에 당하여 조선의 자유와 해방을 위하여 존귀한 피를 흘린 혁명선임자들에게 무한한 감사와 경의를 표함과 동시에 그들의 유지遺志를 완수함이 우리들의 임무가 될것이다. 이재유동무도 오늘날 우리들과 함께 이 해방을 맞이하고 같이 건국운동에 종사하였던들 오죽 기쁘랴. 그러나 놈들은 우리들에게서 이재유동무를 빼앗아 갔나니 이것이 원통하고 분한 것이다.

이재유동무는 죽었다. 확실히 놈들의 손에 죽었다. 그러나 이재유동무는 영원히 조선의 혁명과 함께 살아있고 혁명의 계승자의 마음속에 길이 길이 살아 있을 것이다. 그리고 원통히 옥사한 이재유동무의 혼을 위로하고 그의 유지를 계승하는 길은 오로지 지금 이 땅위에 민주주의 국가를 수립하여 조선의 완전한 자유와 독립을 가져오게 하는 건국노선에 헌신하는 것 뿐이다.

이재유동무여! 명목瞑目하라. 동무의 뒤를 따르는 수많은 인민이 자유와 해방을 위해 힘있는 행진을 계속하여 건국을 방해하는 친일파 민족반역자들과 과감한 투쟁을 전개하고 있나니 머지않은 장래에 우리는 승리를 전취하게 될것이다.

우리는 반드시 친일파, 민족반역자들과의 투쟁에 승리함으로써 민주주의적 건국이 가능한 것을 확신하는 바이며 이렇게 실천하는 것만이 동무의 유지를 실행하는 것임을 우리는 잘 알고 있는 것이다.

동지가 우리에게 남기고 간 것은,

혁명을 위해서 살고,

혁명을 위해서 모든 것을 바치고,

혁명을 위해서 죽는 것이 아니었던가.

우리는 이것을 신조로 동무의 뒤를 따를지니 동무는 부디 안심하고 평안히 쉬시라.

■ 자료 3

이재유 공판 관련 기록

● 이재유에 대한 검사의 피의자 신문조서 제1회
(1937년 4월 23일 경기도 경찰부)

• 전과는?
1930년 11월 일(불상) 경성지방법원에서 치안유지법위반죄로 징역 3년 6개월을 받았습니다.
• 교육 정도는 어떠한가?
7세 때까지 자택에서 父 등에게 보통학의 교양을 받고 한때 본적지의 삼수공립보통학교 5학년에 입학했지만 교수과목이 복잡하고 배울 것이 없어 4개월 정도 다니다가 퇴학했습니다. 그리고 상급학교로 입학하려고 단신 상경해 사립 보성고등보통학교 2학년에 편입했는데 이 학교도 곧 퇴학하고 다음해 4월 개성으로 가서 사립송도고등보통학교 제4학년에 편입시험을 보아 입학해 공부하던 중 같은 해 여름 이 학교의 동맹휴교 사건에 관계되어 퇴학당했기 때문에 고학 목적으로 동경에 도항해 막바로 일본대학 전문부 사회과에 적을 두고 고학하다 곧 학비 등의 문제로 퇴학하고 그 후로는 노동에 종사했을 뿐입니다.
• 정식으로 공부를 하지 않았는데도 어떻게 상급학교의 입학시험을 볼 수 있었는가?

아버지 이각범은 삼수군청 서기로 재직하여 보통학의 소양이 있고 내지어도 할 수 있으며 또 숙부 이경범도 내지어를 할 수 있어서 부 또는 숙부에게서 내지어와 기타 보통학을 습득해 전술한 각 학교에 입학시험을 보아 합격했습니다.
- 무슨 까닭에 학교를 전전했는가?

처음에는 보통학교를 정식으로 졸업한 다음 상급학교에 진학하려고 보통학교에 입학했는데 과목이 너무나 저급하고 배울 것이 없어서 퇴학한 다음 보성고보 2학년에 입학했습니다. 그 역시 만족하지 못해 송도고보 4학년으로 옮겼는데 퇴학당해 내지로 도항했습니다. 그런데 나는 그 사이 학교에 통학하는 것보다 도서관에 나가 공부했습니다.
- 송도고보 맹휴사건의 원인은 무엇인가?

동교는 기독교 계 학교로서 매일 3시간 정도 기독교를 교수하고 있었기 때문에 신자가 아닌 학생은 미혹해 기독교를 폐지하고 다른 과목을 가르쳐 달라고 요구한 것입니다. 당시 나는 주모자는 아니었습니다.
- (피의자의) 부 등은 사상적 경향이 없었는가?

없었습니다.
- 가정에 대한 불평불만은 없었는가?

나의 실모는 내가 幼少 때 병사해 그 후 계모를 맞았고, 나는 할머니가 양육한 관계로 가정애도 없었으며 따라서 가족에 대한 애착심도 없었습니다만 특별한 불평불만도 없었습니다. 그런데 이러한 사정 때문에 아버지도 학비를 보내주지 않았습니다.
- 조선에 있을 때 검속된 일은 없는가?

없었습니다. 내지에서 검속되었을 뿐입니다.
- 내지에는 언제부터 언제까지 있었는가?

1925년 11월 경부터 1928년 9월 경까지입니다.
- 내지에서는 어떠한 일을 하였는가?

내지에 간 후 곧 직업상의 관계로 노동연맹에 가입하였는데 운동은 별로 하지 않았지만 몇 회인가를 알지 못할 정도로 수 십 차례 검거되었습니다.
- 조선에 있을 무렵부터 사상 방면의 연구를 하였는가?

서울이나 개성의 도서관에 다닐 무렵 河上肇이 번역한 유물사관 등을 읽었는데 당시는 확실하게 이해할 수 없었습니다.
- 민족주의 사상을 가지고 있는가?

본적지에 있을 당시는 별로 그러한 생각도 없었는데 서울에 와 보니 중학교는 물론 전문학교에 입학하는 데도 민족적 차별이 있고 조선인은 입학하기 어려웠습니다. 상당히 배운 자도 차별대우 때문에 상급학교에 입학할 수 없는 상태에서 현 사회정책에 불만을 품고 민족적 의식을 가지게 되었는데 주의로서의 굳은 사상이라고 할 정도는 아니었습니다.
- 동경에 가서 어느 무렵부터 사상 방면에 관계하게 되었는가?

1927년 봄 경부터입니다. 당시 동대 新人會 주최로 사회과학을 연구하는 야학 노동학교가 설립되었는데 그곳에는 신인회원, 혹은 福本, 佐野 등의 교사가 있었습니다. 나도 동교에서 약 2, 3개월 배웠는데 그때 복본, 좌야 등의 강의를 듣고 또 김한경이라는 사람으로부터 사상 방면의 지도를 받아 공명하게 되었습니다. 그러나 복본, 좌야 등과의 개인적 교제는 없었습니다.
- 동경에서는 운동하였는가?

노동조합 운동에 제휴한 이외에는 없습니다.
- 무슨 까닭으로 귀선하였는가?

조선공산당 및 고려공산청년회에 입당했다는 혐의로 서울로 인치되었습니다.
- 거기에 가입하였는가?

동경에서 인정식과 교제하고 있었을 무렵 막연하게 알고 있었습니다만 명칭 등도 듣지 못했고 가입한 적도 없는데 처벌되었습니다.

• 그 후 어떻게 되었는가?

나는 형무소에 수감되었는데 사실무근의 일이어서 반드시 免訴된다고 믿고 처음에는 변호사 시험을 보기 위해 법률을 연구했습니다. 예심까지 약 32개월 간 있었는데 그 사이 예심판사가 1회 5분간 정도 신문했을 뿐이어서 당연히 면소된다고 생각했는데 공판에 회부되어 처벌받게 되자 울화가 치밀어 복역 후 사상 방면을 연구할 뜻을 품고 형무소 내에서 유물사관, 자본론 등을 연구한 결과 현 사회의 일과 비춰보니 공산주의가 현 사회에 적합하다고 확신해 출옥 후 반드시 운동하겠다고 결심하게 되었습니다.

• 형무소 내에서는 전술 등을 연구하지 않았는가?

거기까지는 생각하지 않았습니다.

• 형무소를 나오고 나서 어떻게 했는가?

1932년 12월 22일 출소해 그 후 부내 연건정 金雨植 방에 주거하면서 취직 운동을 했는데 되지 않아 徒食할 수밖에 없었습니다. 따라서 내 자신이 해야 할 일이 공산주의 운동이라고 생각해 그 후 적극적으로 활동하게 되었습니다.

• 그 당시 누가 조직했는가?

당시 조선 사상운동의 狀勢는 인텔리를 중심으로 모든 단체는 파벌투쟁으로 시종하고 있었던 정황이었습니다. 그래서 완전한 조직이 가능하지 않으므로 나는 러시아의 예에 따라 노동자·농민을 기초로 조직하되 조선의 현상은 노동자·농민의 의식 수준이 낮고 직접 조직하는 것 등은 불가능하므로 우선 그들의 의식을 배양해 전위를 조직해야 하며 개인적으로 널리 교제해 동지를 획득하는 데 노력한 후 당조직으로 나아가야 한다고 생각해 조직에 이르지는 않았습니다.

• 러시아 과정過程의 사례란 무엇인가?

러시아에서는 노동투쟁 경험에서 투사를 구해 상호 자유의사에 따라 연락하고 투쟁해 의식이 일정한 수준으로 앙양되기까지는 조직하지 않는 예입니다.

• 서대문경찰서에 검거되었는가?

1934년 1월 22일 검거되었습니다.

• 어떻게 서대문서에서 도주했는가?

당시 나의 운동방침은 전국적이 아닌 局部를 기초로 해야 한다는 생각을 경성지방운동의 임무로 하고 있었습니다. 그런데 검거되어 취조를 받을 무렵 내가 운동한 것은 조금도 신문하지 않고 전국적 조직을 供述하라며 고문해 이 고문을 견디지 못하고 죽음을 각오했는데 그 후 도주할 생각을 갖게 되어 3월 5, 6일 경부터 도주할 생각으로 순사의 틈을 엿보고 있었습니다.

당시 서대문서에서는 유치장이 만원이었을 뿐만 아니라 나를 다른 피의자와 분리시키기 위해 형사실에 獨居시켜 방에만 열쇠를 잠근 것施錠 이외에는 신체는 물론 소지물 등도 자유로웠습니다. 간수들은 순사 2인씩 주야 교대로 감시를 했습니다. 밤에는 한 사람이 취침하면 다른 한 사람이 반드시 일어나 감시를 했습니다.

3월 11일은 비가 내려 도주하기에는 좋은 사정이라고 생각했는데 그날 밤 내지인 순사는 취침하고 조선인 순사가 비번을 서고 있었던 바 오전 2시 경 조선인 순사는 자고 있는 내지인 순사를 깨우고 변소에 갔습니다. 一應 내지인 순사가 일어났지만 그 순사는 비상근무 뒤의 피로 때문에 곧 잠들고 말았습니다. 나는 이 때를 틈타서 서쪽 뒷문을 통해 도주했는데 누구에게도 발견되지 않았습니다. 여기에서 조선일보사의 徐昌(徐載浩)을 찾아갈 작정으로 정신없이 죽자살자 뛰었는데 그 무렵 각기병에 걸린 상태라 그 뒤의 일은 전혀 알지 못하는데 그 후 경찰서에서 주사를 맞고 의식을 회복한 뒤 미국 영사관에 뛰어 들어갔다고 들었습니다. 그곳에서 서대문서에 통지해 예포되었다고 합니다.

그 후 경찰의 訊問에서는 내가 무의식적으로 미국 영사관에 들어갔는데도 러시아 영사관에 들어가려다 미국 영사관에 잘못 들어간 것이라며 러시아 영사관과의 연락을 공술하라고 고문하였습니다. 그 곳에서 나는 살려는 생각도 없이 오히려 자살하려고 생각하고 있었는데 한번 도망한 뒤의 일이라서 그때는 간수도 엄중하게 되고 나는 형사실에서 金奎燁 외 7, 8인이 있는 동서 2층의 훈시실로 옮겨져 밤낮으로 手錠은 물론 足鎖까지 채워 순사 둘이서 전과 마찬가지로 항상 지켰습니다.

나는 대소변까지도 동실 안에서 하고 한걸음도 바깥으로 나가지 못했는데 다른 피의자들은 계단 아래의 변소를 이용했습니다. 그곳에서 나는 도주할 생각으로 기회를 노리고 있었는데 도주하기 3일 전에 무슨 까닭인지 수갑을 벗기고 족쇄만 채웠습니다. 이리하여 손이 자유롭게 되자 어떻게 해서든지 도주하고 싶어 은밀히 궁리했는데 우선 족쇄를 푸는 방법을 강구해야 한다고 생각해 당시 마시던 우유 마개의 쇠를 입으로 2개로 부쉈습니다. 그리고 먼저 족쇄의 깊이 및 형상을 쌀알을 잘게 이겨 밀어넣어 이 마개의 쇠로 만들고 당시는 소지물을 전부 나의 의자의 밑에 놓아두고 있어 갖고 있던 작은 칼을 꺼내어 송곳을 이 마개의 쇠에 합해 족쇄 구멍에 넣어 돌리자 벗겨져 내 힘으로 벗길 수 있다는 자신이 붙어 이를 감추는 한편 의류 백포白布를 찢어 마스크를 만들어 틈을 보았습니다.

도주하는 날 마침 김규엽이 下痢(설사)를 해서 나는 저녁을 먹지 않고 동인에게 주었습니다. 보통 때처럼 순사 1인은 취침하고 1인이 일어나서 감시했는데 4월 14일 오전 5시 경 김규엽이 설사가 급하다고 하자 잠자고 있던 선인 순사가 곧 날이 밝으므로 기다리라고 이야기했습니다. 그래서 내가 설사하는 사람이 기다릴 수 있겠는가 하니 내지인 순사가 데리고 아래로 내려가고 조선인 순사는 일단 일어는 났지만 또 졸기 시작해 이때 나는 이전에 만들어 둔 것으로 족쇄를 푼 다음 외투를 입고 마스크를 써 도주했습니다.
• 경찰서에서 마스크를 만든다거나 족쇄 열쇠를 만든다거나 할 때 순사에게 발견되지 않았는가?
간수가 보지 않는 틈을 타 만들었기 때문에 발견되지 않았습니다.
• 경찰서에서 나올 때 순사를 만났는가?
정문 앞에서 순사를 만났는데 그 순사가 지금 돌아가십니까라고 말해 나는 그렇다네라고 말하고 갔습니다.
• 변장했었는가?
별로 하지 않았습니다. 평복을 입고 마스크를 했을 뿐입니다.
• 경찰서에서 나와 어떻게 하였는가?
나는 도주할 준비를 하면서 외투 깃의 은밀한 곳에 돈을 숨겨 두었는데 서대문경찰서 앞 자동차 屋에서 자동차를 타고 황금정 2정목까지 가서 정차하도록 해 岡崎町 전차정류장에서 여자가 기다리고 있으므로 여기서 되돌아가서 태워달라고 말하고 하차하면서 특별히 돈 1원 20전을 주었습니다. 나는 황금정 3정목 자동차 屋에서 또 자동차를 타고 성대 교수 미야케의 집으로 갈 셈이었습니다. 미야케가 운동에 다소 관계하고 있었던 것에 의지해 가면 보호해 줄 것이라고 생각하고 그가 대학교수로서 의심받을 일도 없을 것이라고 생각했기 때문입니다. 이리하여 직접 미야케 집에 가면 발각될 우려가 있다고 생각해 동소문까지 자동차를 타고 그곳에서 하차하여 산을 넘어 미야케 집에 가서 담장을 넘어 정원 안으로 들어갔는데 오전 6시 쯤 점차 날이 밝아 오는 것을 기다려 벨을 울리자 내지인 하녀가 나와 누구냐고 하길래 김이라는 학생인데 미야케와 면회하고 싶다고 말하자 미야케가 나와 안내하여 응접간에 들어가자 미야케는 군도 체포되었다고 생각했는데 어떻게 왔는가라고 하기에 나는 도주하여 왔는데 이 집은 주목받지 않는가라고 말하자 주목받고 있지 않다고 말한 바 숨겨달라고 하자 미야케도 승락하였습니다. 당시 미야케의 모친이 그 집에 있고 처는 병으로 입원 중이었습니다. 그날 순사가 소제한다는 통보가 와서 응접실에 그대로 있으면 위험하다고 생각해 미야케와 의논한 다음 다음날 그 집의 床下로 들어가기로 했습니다.

그날 8첩간의 굴로 들어갔는데 위아래가 낮아 몸이 자유스럽지 않고 이불 이외에는 행동이 자유롭지 않아 베비 스코프로 그날 오전 11시 경부터 밤 10시 경까지 응접실 아래 깊이 4척 길이 5척 중 3척 정도를 팠습니다. 그 땅은 사질로 파는 것은 쉬웠습니다.

판 굴에는 아래에 자리를 깔고 丹前(솜을 둔 두루마기같은 방한복), 평복 등을 가지고 들어가고 위에는 발을 걸어 두었습니다.

대소변은 床下에 구멍을 파서 일을 마친 후 흙을 덮었고 식사는 미야케가 노련勞研, 찐빵, 귤, 통조림 등을 응접실 남쪽의 공기구멍으로 넣어 주었습니다. 그 후 미야케가 10일 정도 간도 방면으로 출장가게 되었고 처도 퇴원해 왔으므로 그 후로는 처가 하루에 한번 씩 일정하지 않은 시간에 3첩의 하녀방의 구멍으로 밥 등을 넣어주었습니다. 미야케가 차입한 서적들도 회중전등으로 읽은 일도 있습니다. 그 후 응접간의 床板에 구멍을 파서 그곳에서 쪽지로 연락한 일도 있습니다.

• 미야케의 모친이나 하녀는 어떻게 하였는가?

나는 하녀가 있으면 발각될 우려가 있으므로 해고하도록 권유하였던 바 4, 5일 후에 해고하고 모친은 미야케의 처가 퇴원하자 내지로 돌아갔습니다.

• 그곳에 있을 때는 어떤 생각을 하였는가?

미야케는 좌익교수여서 항상 주의받고 있었고 최용달이 평양에서 검거되자 위험하다고 생각해 미야케도 집을 물색하는 한편 언제라도 도주할 수 있도록 준비했습니다. 다다미 아래에서 누르면 열 수 있도록 해 여

차하면 언제라도 도주한다고 생각하고 있었습니다.

• 그 당시 정태식과 만났는가?

수 차례 만났습니다. 그 외에도 미야케가 출장 중일 때는 미야케의 처를 통해 그와 연락했습니다. 응접간의 굴을 연 것도 그 무렵입니다.

• 미야케 집에서는 언제 쯤 逃出했다고 생각하는가?

1934년 5월 17일 정태식이 검거되었다는 소식을 들었는데, 그는 인텔리라서 반드시 자신 이외의 일도 자백할 것이라고 생각해 도주하려고 마음먹었습니다. 그럴 경우 나와 미야케도 반드시 예포하러 올 것이라고 상상했는데, 같은 달 21일 경찰관이 와서 미야케 집을 수색하고 미야케를 연행해 갔다는 정보를 미야케의 처에게서 듣게 되자 내보내달라고 말해 같은 날 오전 8시 경 하녀 방의 굴을 열고 나와 그 집 정문을 나선 다음 낙타산 아래로 나와 종로 6정목으로 도주하였습니다.

• 어디로 도주했는가?

종로 6정목에서 西四軒町 54번지 申春實 방에 월 4원에 방 하나를 빌려 소화생명보험회사 외교원이라고 칭해 식사는 식당에서 했고, 따로 부내 신설정 91번지 李台植 방에 아지트를 정해 두고 월 17원에 하숙을 했으며, 2, 3일 정도는 서사헌정에 가 있었는데 특별히 운동은 하지 않았습니다.

이와 같이 지내다가 돈도 없게 되고 언제까지나 이처럼 생활할 수는 없다고 생각해 1주일 정도 후 부내 용두정 224번지 庾大生 방에 하숙하며 자유노동을 하는 사람처럼 하고 도로수선 등의 인부로 일해 하루 60전 내지 70전을 받아 생활했습니다. 이 무렵에는 일체 서울에는 들어가지 않았습니다.

• 노동하던 중 노동자에 대해 적화운동은 하지 않았는가?

전연 하지 않았습니다.

• 그곳에서는 누구라고 해 언제 하숙했는가?

하숙집 주인이 인부 청부인이어서 나를 써달라고 해 그곳에서 일하기로 되었는데 이해(1934년) 8월 경까지 있었습니다.

• 그 후 어떻게 했는가?

노동하는 것만으로는 안 되고 운동을 해야 한다고 생각했고 당시 경계도 어느 정도 완화되어 부내 신당정 석산동 344번지로 옮겨 방 하나를 월 4원에 빌려 경성부의 측량인부라고 칭하고 운동하게 되었습니다. 그 무렵 심계월, 김명식, 박진홍, 이관술 등과 연락했습니다. 석산동에서 박진홍과 동거했는데 그녀가 용산서에 검거되자 나도 하왕십리 아지트로 가서 박영출, 이관술과 상담했습니다. 그 후 박진홍의 실제 검거 여부를 확인하기 위해 석산동으로 간 박영출도 오지 않자 검거되었다는 것을 깨닫고 나와 이관술은 1935년 1월 12일 경 하왕십리 아지트를 버리고 농부로 변장해 도주하였습니다.

• 어떻게 변장했는가?

농촌 소매상인과 같이 꾸미며, 이관술은 달걀 행상처럼 계란을 넣은 상자를 등에 지고 나는 농부로 변장해 가래 등을 가지고 갔습니다.

• 그 후 어디로 갔는가?

도주하는 도중 변장한 것을 버리고 양주로 가기 위해 의정부까지 갔는데 여기에서 평양 방면으로 갈 생각이었습니다. 그런데 두 사람이 함께 가는 것은 위험하고 또 평양 방면으로 도주해도 앞으로 희망이 없다고 생각해 삼각산에서 1박하고 공덕리로 가서 남쪽으로 돌아올 때 그 부락에 머물며 농업 준비를 하기로 했습니다.

부락민에게는 경남 수해 때문에 토지를 잃고 생활이 곤궁해져 옮겨왔는데 좋은 곳이 있으면 말해 달라고 金學伊와 교섭했습니다. 그가 지주와 직접 교섭해 보라고 해 그 부락 사람들에게 의뢰, 지주 陳應七, 金平山과 교섭해 토지를 3년간 소작료 없이 개간해 주는 조건으로 빌려 음력 2월 경부터 두 사람이 일했는데 처음에는 6천 평 작년 4천 평 합계 만평 정도 경작했습니다.

집은 1936년 5월 경부터 두 사람이 지었는데 이관술이 가지고 있던 300원 정도로 집을 짓고 이후 1936년 여름 경부터 닭 60수, 돼지 2마리를 기르고 그 후 토끼도 사육했습니다.

• 영주하는 것도 아니면서 무슨 까닭으로 그러한 일을 했는가?

부락민을 속이기 위해서였습니다.

• 부락에서 야학은 어느 때부터 시작했는가?

1936년 쯤 그 마을 소학교 생도가 부락민을 가르치고 있었는데 때로는 야경을 돌다가 가서 교수법 등을 가르친 일은 있습니다.

• 그곳에 갈 때는 한 사람씩 갔는가?

그렇지도 않습니다. 처음에는 두 사람이 가기도 했는데 닭을 사육하기 시작하면서부터는 한 사람은 지켜야 했습니다.

• 부락민을 적화하려 생각했는가?

부락민은 지식 정도가 낮아 그런 생각은 하지 않았습니다.

• 2년간 수입은 얼마인가?

처음 해는 약 300원, 2년 째는 400원 정도였습니다. 농작물은 서울 등지에서 사러 오면 현장에서 팔았습니다.

• 주재소 순사가 왔었는가?

1936년 5월 경 집을 짓고난 후 한번 호구조사하러 왔습니다. 우리들은 경남 김해군 대도면 맥도리 343번지에서 살았는데 이관술은 김대성, 나는 김소성으로 수해를 입고 이곳으로 이주했다고 하자 별로 의심하지 않았습니다.

• 본적지라든가 僞名한 이유는?

엉터리로 둘러댔습니다만 그 지방에 대수해가 있었던 것은 신문지상에서 보아 알고 있어서 그곳을 말하고 이름은 그럴 듯하게 말했습니다.

• 그대들은 돈도 빌려 주었는가?

전술한 바와 같이 이관술에게 소지금이 있었는데 상대방이 부탁할 때는 이자도 싸게 혹은 무이자로 빌려 주었습니다. 처음에 경작하던 토지를 매수한다고 말한 관계상 상대방이 돈을 빌려달라고 하면 거절할 수도 없이 대여하였습니다.

- 그 사이 어떠한 운동을 하였는가?

1935년 10월 경부터 경신학교 생도 이종국과 연락하고 있었는데 한때 끊겼다가 1936년 3월 경부터 변우식 등과 연락하고 있었습니다.

- 어떠한 방면에서 운동하려고 생각했는가?

조선공산당 재건운동인데 경성에는 직접 손 대는 일도 불가능하고 따라서 출옥운동에 종사하며 동지를 획득하고 이들을 통해 정황을 알고난 다음 서서히 나아갈 것을 생각해 적기를 발행하는 일을 이관술과 협의해 내가 문장을 쓰고 이관술은 원지에 정서해 둘이서 인쇄하였습니다. 등사판 등도 없어서 철필 대신에 축음기 바늘을, 등사판 대신에 金剛砂를 부착한 빼빠를 사용하고 롤러는 棒에 자전거의 튜브를 펴서 사용하였습니다.

- 검거되기 전에 누구와 연락했는가?

상공학원의 최호극과 제2우이교 창동역 가는 길 산중에서 연락하고 항상 다음 번 연락일을 정해 두었습니다.

- 적기는 몇 부 정도 인쇄했는가?

45매 정도를 작성해 1부를 만들었고, 제1호는 약 40부 인쇄하였는데 25부 정도 밖에 되지 않았습니다. 그 후 제2호, 3호까지 인쇄했는데 모두 적은 부수입니다.

- 예포되기 전 주재소에서 왔는가?

약 1개월 전 우리 집에 호구조사하러 온 순사가 본적지에 조회했는데 부재자라는 회답이 왔다고 말해 덕도리라고 둘러대자 그는 그대로 돌아갔습니다. 그러나 우리들은 발각될 것 같아 도주하기로 했는데 아무래도 대략 5일은 필요할 거라고 생각했습니다.

우리는 평양 또는 함흥 방면으로 도주하기로 결심했는데 12월 25일 오전 12시 경 제2우이교 부근 산중에서 연락하는 일을 최호극과 약속했기 때문에 이를 끝낼 작정으로 가서 오후 2시까지 돌아오지 않을 경우 이관술은 도주하도록 알리고 나는 오전 11시 경에 가서 연락 장소에 도착했는데 경적이 울리고 다수 경찰관이 예포에 나섰습니다.

나는 현장 부근에 경찰관이 잠복하고 있다는 것을 알았지만 되돌아갈 수도 없어 앞으로 나아가려고 하자 경적을 울려 도주했는데, 경찰관이 강도야 강도야 하고 연호하면서 추격하여 내가 철도 선로 건널목의 장소에 갈 때는 다수 부락민이 따라왔습니다. 돌을 던져 대항하였지만 경관 때문에 예포되었습니다.

• 隱家는 무슨 까닭으로 바로 알려주지 않았는가?

특별히 숨기려고 한 것은 아닙니다.(끝)

●이재유에 대한 검사의 피의자 신문조서 제2회
(1937년 4월 24일 경기도 경찰부)

• 이재유인가?

그렇습니다.

• 전과가 있는가?

경성지방법원에서 1930년 11월 5일 치안유지법 위반죄로 징역 3년 6월 500일 미결통산을 받았습니다.

• 그 때의 범죄사실은 무엇이었나?

1928년 4월 15일경 동경시 本所區 向島押上 234번지(本所區는 1889년 동경에 15區가 성립될 당시의 한 구였다. 1932년에 南葛飾에서 분리하여

向島區가 성립하였으며, 1947년에는 本所區와 向島區가 통합해 지금의 黑田區가 되었다-필자)에서 인정식의 권유로 조선공산당 일본총국 고려청년회에 가입한 사실입니다.

• 전 회 개성 송도고보에서 스트라이크 때문에 퇴학당했다고 말했는데 학교의 회답에 의하면 친구 아버지의 생일잔치에서 음주하였기 때문에 교규를 위반했다고 해 퇴학되었다는데 어떻게 생각하는가?

나는 동맹휴교 사건에 연루되어 퇴학되었다고 생각하는데 학교에서는 그렇게 말하는 지도 알 수 없습니다.

• 전 회 공술한 바는 공산주의 사상 및 조선 독립의 사상을 품게 되었던 것이 경성의 보성고보에 입학한 무렵부터인가?

그렇습니다. 그러나 진정한 주의자가 된 것은 판결을 받고 자포자기해 진정한 주의자를 뜻해 연구한 위에 그런 사상을 가지게 되었습니다.

• 조선 독립을 희망한 것은 조선 적화의 수단으로 독립하려고 생각한 것인가?

처음에는 단지 민족의식에서 조선은 독립되어야 한다고 생각했습니다. 형을 받고 나온 뒤 공산주의자가 된 후 조선 독립과 공산 제도의 실현은 함께 이루어져야 할 것이라고 생각했습니다.

• 출옥 후 조선 독립 및 공산화를 목적으로 운동한 것인가?

우선 조선 독립이 근본문제라고 생각해 그 취지에서 활동하였습니다.

• 언제 출옥했는가?

1932년 12월 22일 경성형무소에서입니다.

• 운동 중 서대문경찰서에 예포된 것은 언제인가?

1934년 1월 22일입니다.

• 형무소 출옥 후 서대문경찰서에 예포되기까지 제1기로서 피의자의 행동에 대해 묻는 것이므로 정직하게 진술하라.

이미 말씀드린 대로입니다.

• 安宗浩를 아는가?

그 사람은 나와 본적이 같아 어릴 때부터 친하게 지냈습니다.

• 그 사람 역시 공산주의자인가?

공산주의자가 아니라고 생각합니다.

• 형무소를 나오면서부터 피의자는 경성부 연건정 35번지 金龍植 방에 유숙했는가?

그 집에는 이인행이 있어 내가 그 곳을 방문해 유숙하기로 했습니다. 이인행은 내 7촌 조카뻘입니다.

• 1932년 12월 26일 김용식 방에서 안종호와 회합했는가?

그 사람은 내가 김용식 방에 있는 것을 알고 방문했습니다.

• 그 자리에서 어떠한 이야기를 하였는가?

나는 결국은 조선의 독립, 공산화를 꾀하기 위해 안종호에게 동인이 거주하는 鐵原군 新西面 大光里의 공장 상황, 농촌 상황 등을 물어본 바 그는 그곳은 농민의 천하라고 말하였습니다. 그래서 나는 농민의 경제적 이익을 도모하는 운동을 하라고 말한 바 동인은 확실하게 대답하지는 않았지만 그러한 시대라고 말하였습니다.

• 그와 같이 막연한 것이 아니라 피의자는 安에 대하여 금후의 운동은 철저하게 비합법 운동으로 하지 않으면 성공의 전망이 없는 까닭에 우리들은 스스로 노동자층에 잠입하여 하부에서 견고한 지반을 쌓아 상부 조직으로 옮겨가지 않으면 안 된다. 그 목적 달성을 위해 철원을 중심으로 동지 鄭志鉉, 鄭宜植과 협력하여 철원수리조합 몽리 구역 내에 토지를 구해 소작인 등을 규합해 농민조합 결성을 목적으로 활동할 것, 그 정황에 따라서 지도자는 후일 스스로에서 선택 파견하기로 협의한 것이 아닌가?

그러한 구체적인 詳細를 이야기한 적은 없습니다. 농민조합과 같은 것을 만들어 운동하라고 말하였습니다.

• 그 후 안과 연락이 있었는가?

그 뒤는 한번도 연락이 없었습니다.

• 이성출을 아는가?

내가 형무소에 있을 때 알게 되었습니다.

• 1932년 12월 하순 경 김용식 집에서 이성출과 회합하고 다음에 그의 소개로 변홍대와 교우를 계속했고 그 사이 양평 및 여주 방면에서 그들이 농민 적화를 목적으로 동지 획득 방법에 관해 질문하고 서로 지도를 한 일이 있는가?

그렇습니다. 이성출은 계를 조직, 계원을 지도하여 적화를 꾀하고 변홍대는 비합법적으로 농민조합을 조직해야 한다고 해 이론 대립이 있었습니다. 나는 양쪽의 이론에 결점이 있고 객관적 정세에 따라 비합법운동 또는 합법운동을 택하여 농민을 좌익적으로 지도해야 한다고 말하였습니다.

• 그 후 1933년 7월 중순 경 경성부 동숭정 경성제국대학 뒷산 기타에서 변홍대, 이성출과 회합한 일이 있는가?

있습니다.

• 그 자리에서 어떠한 이야기를 하였는가?

변홍대는 그 무렵 김형선과 경성에서 운동하고 있다고 말해 양평, 여주의 적농운동은 이성출에 일임하고 변은 서울 방면에서 노동운동을 하는 것이 좋겠다고 말했습니다.

• 노동운동의 목적은 무엇인가?

최후의 목적은 노동자를 적화하는 것입니다.

• 1933년 중순 경 경성부 신설정에 방 한 칸을 빌렸는가?

그렇습니다.

• 이 무렵 피의자 방에서 변홍대와 회합해 용산 방면을 중심으로 노동자를 획득하고 노동조합을 조직할 것을 상담한 일이 있는가?

그렇습니다.
- 그것은 산업별 노동조합을 조직하기 위해 우선 용산 방면에 하급적 조직을 하기 위한 것인가?

그렇습니다.
- 그러한 노동조합을 무엇 때문에 조직하는가?

결국 노동자를 적화할 목적에서입니다.
- 김삼룡을 아는가?

내가 1931년 경 형무소에 있을 때 동인도 복역하고 있어 알게 되었습니다.
- 1933년 2월 경은 어느 곳에서 거주하고 있었는가?

전술한 연건정 김용식 집에 있었습니다.
- 김용식 집에서 그 무렵 김삼룡과 누차 회합한 일이 있는가?

그렇습니다. 4, 5회 정도 만났습니다.
- 그 자리에서 어떠한 일을 상담하였는가?

그에게 공장에 들어가 노동자에 호소하여 파업 등을 일으켜 실천투쟁을 통해 적색노동조합 조직으로 전환하고 나아가 당조직까지 진전시킬 수 있도록 권하였습니다.
- 그가 그것을 승낙하였는가?

승낙하였습니다.
- 그는 실제 노동자와 접촉했는가?

그랬는지 안했는지 알 수 없습니다.
- 그는 인천 부두 인부의 적화를 꾀하려고 했다는데 그러한가?

그 일은 알지 못합니다.
- 金七星, 李東壽, 姜亮燮 등을 아는가?

1933년 4월 경 이들은 안병춘의 지도를 받았는데 안이 이들은 좌익학생이어서 경찰서의 눈이 닿지 않는 좋은 하숙이 있으면 안내해 달라고 해 나는 조카 李粉星의 친구 경성부 명륜정 4정목 韓今男 방으로 옮겨주었습니다.

• 그 후 어떠한 일을 하였는가?

그 무렵 내가 사는 부내 동숭정에서 프롤레타리아 경제학 이외 여러 종류의 좌익서적이나 시사문제를 좌익적으로 해석하여 공산주의 사상을 이들에게 지도하였습니다.

• 그 외 학내 생도의 불평불만을 조사해 혹은 피의자와 변홍대와의 사이의 레포로 쓰거나 선전선동문의 원고 등을 정서시킨 일은 없는가?

그러한 일은 없습니다.

• 김칠성, 이동천에 대해 좌익적으로 교양하였을 뿐만 아니라 서로 제휴해 조선 공산화운동에 매진하자고 권고하지 않았는가?

그렇습니다.

• 김형선을 아는가?

1933년 6월 경 변홍대가 동숭정의 자택에서 공산주의 실천운동을 하는 자를 소개한다고 했고 그 후 돈암정 베비 골프장에서 만나 알게 되었습니다.

• 그 무렵 동숭정 피의자 집에서 혹은 경성부 돈암정 베비 골프장 기타에서 누차 그를 만난 적이 있는가?

있습니다.

• 그로부터 자신은 국제선에서 조선공산당 재건을 위해 조선으로 들어왔는데 서로 제휴해 공산운동에 종사하자는 제안을 받았는가?

그렇습니다. 그는 그렇게 말하고 나에게 오르그로서 함남 방면에 가서 운동해달라고 말했습니다.

• 또 그는 피의자에게 경성에서 출판물의 기능을 가진 자를 소개하여 달라고 의뢰하였는가?

그렇습니다.

• 피의자는 함흥 방면에 가서 활동하는 일 및 출판물 기술자를 소개하는 것을 승락하였는가?
나는 그가 국제선에서 낸 출판물을 나에게 인도하는 것을 조건으로 해 그의 요구를 승락하였습니다.

• 함남에 갔는가?
나도 서로 제휴하여 활동하려고 생각했었습니다. 그러나 나는 그가 국제선에서 왔다는 구체적 증거를 보여주면 실제로 같이 일한다고 생각했습니다. 따라서 함남에도 가지 않았습니다.

• 그는 국제공산당 극동지부 김단야의 지령을 받아 입선했는가?
그런지 모르겠지만 나는 의심하고 있었습니다.

• 안승락을 아는가?
1933년 7월 경 그가 당시 조선일보사의 신문배달부를 하고 내가 그 신문을 구독하고 있던 관계로 알게 되었습니다.

• 1933년 10월부터 약 한달 쯤에 경성부 광화문통 체신국 앞 醫專 병원 입구에서 효자정 전차정거장 또는 총독부 앞의 각 노상에서 여러 차례 안승락과 회합한 일이 있는가?
그러한 곳에서 회합했습니다.

• 당시 어떠한 이야기를 하였는가?
나는 그에게 조선에서 공산운동사 및 그 비판, 코민테른과의 관계, 운동통일의 방법, 공장 내의 조직 방법, 국제선에서 온 자가 자만하여 대중 획득을 소홀히 하고 있는 일이나 간도공산당 피고인의 구원운동에 대한 공동운동을 이야기하였습니다.

• 상대방은 무엇이라고 이야기했는가?
확실한 대답은 하지 않았습니다.

• 거기에서 피의자는 어떻게 하였는가?
그곳에서 나는 그에게 룸펜적 생활을 탈각하여 실제적 태도를 가지고 공산화 활동을 하라고 말한 바 그는 공장에 취직하여 공장 내에서 활동한다고 하였습니다.

• 안병춘을 아는가?

내가 형무소를 나와 김용식 방에 있을 때 그 집에 전술한 바와 같이 이인행이 있었는데 이인행은 그 집의 한 방에 밥해주는 여자와 함께 있었습니다. 이 여자가 안병춘의 어머니였는데 그 관계로 안병춘과 알게 되었습니다.

• 1933년 5월 경 동숭정 피의자 자택에서 안병춘과 회합하여 그에게 세계의 정세, 경성의 정세 및 경성에서 혁명전선의 통일은 목전의 급무인데 가능하면 다수의 동지를 획득한 후 당의 재건 등을 꾀하는 일을 말한 적이 있는가?

그러한 이야기를 했습니다.

• 그 무렵 그에게 지도자도 피지도자도 없이 자유의사에 따라 동지를 획득하자고 말하였는가?

그렇습니다.

• 그것을 피의자는 트로이카 式 운동이라고 칭하는가?

그 이름은 뒤에 붙였습니다.

• 트로이카란 무엇인가?

그것은 러시아말로 3頭立의 마차를 힘을 같이 하여 함께 끈다는 의미입니다.

• 그 무렵 피의자는 변홍대에게도 트로이카 운동의 일을 말하여 승낙을 얻었는가?

그렇습니다. 안병춘에 이야기한 수일 후 내 주거지인 동숭정에서 안병춘에게 말한 것을 말하여 승낙을 얻었습니다.

• 1933년 6월 경 경성대학 의학부 회춘원 내에서 이현상과 회합하여 그에게 안병춘에 말한 것을 말하여 그를 트로이카 운동에 가담시켰는

가?

이현상은 내가 형무소 있을 때 우리들의 사건과 동일 사건으로 들어온 자로서 알고 있었습니다. 내가 형무소를 나온 뒤 그가 나를 방문하여 1933년 6월 경 부내 연건정 경성대학 의학부 뒤에서 조선의 적화를 위해 트로이카 식으로 동지를 획득하자고 말한 바 그는 승낙하였습니다.

• 1933년 7월 최소복과 회합해 그에게도 안병춘에 말한 것과 같은 말을 하여 트로이카에 가담시켰는가?

그렇습니다. 그 무렵 경성대학 법문학부 교내에서 지인 이병기(이순복)의 소개로 최소복을 알아 그곳에서 안병춘에 말한 것과 같은 이야기를 하여 승낙을 얻었습니다.

• 트로이카 운동의 멤바는 피의자, 안병춘, 이현상, 변홍대, 최소복 5명인가?

5명 이외에도 많이 있습니다.

• 그 운동에 경성트로이카라는 이름을 붙였는가?

그것은 내가 서대문 경찰서에서 도주한 1934년 9월 처음으로 이름을 붙인 것으로 그 무렵에는 이름이 없었습니다.

• 경성트로이카의 목적은?

조선공산당재건입니다.

• 경성트로이카는 노동 방면 오르그는 안병춘, 이현상, 변홍대, 남자중등학교 방면 오르그는 최소복, 책임 오르그는 피의자로 정했는가?

내가 명령한 것이 아니고 그와 같이 일이 분담되었습니다.

• 트로이카는 일종의 조직체는 아닌가?

그렇지는 않습니다. 개인적인 연락을 하면서 장래는 단체로까지 발전시키려는 것입니다.

• 그렇다면 단체로 조직하는 시기는 언제인가?

국제선에 연락이 닿을 때 비로소 단체조직하는 것입니다.

• 조직이란 무엇인가?

단체의 명에 따라 자기 멋대로 행동을 허락하지 않는 것입니다.

• 이경선을 아는가?

내가 알고 있던 이순금의 소개로 1933년 4월 경 알게 되었습니다.

• 피의자는 그 무렵 그에게도 트로이카 식으로 운동하여 여자중등학교 방면에서 동지를 획득하라고 권하였는가?

그 무렵 부내 계동정 중앙고보교 앞 이경선 댁에서 그러한 이야기를 하고 그의 승낙을 받았습니다.

• 1933년 11월 경 피의자 집에서(부내 수창정) 안병춘, 이순금, 이경선과 회합해 독서회를 조직하고 기타 방법에 의해 여학생 및 여공에 대하여 공산주의적 의식을 주입하고 그들을 선동해 공산주의 실천운동을 하는 것을 상담했는가?

그러한 일은 없습니다.

• 1934년 1월 20일 경 경성부 사직정 기타에서 안병춘, 이순금, 이경선 및 피의자가 회합해 공산주의 제도의 실시에 관하여 상담한 적이 없는가?

그러한 일은 없습니다.

• 1933년 7월 중순 경 경성제대 법문학부 3학년 정태식에게 트로이카 운동에 가맹할 것을 권유하고 동인으로 하여금 전문학교 이상의 동지를 획득하라고 하였는가?

경성부 관훈정의 인정식 방에서 그러한 이야기를 하였습니다.

• 피의자는 정태식을 어떠게 알게 되었는가?

정태식의 첩 김월옥이 내 고향과 같은 곳인데 그 이전 내가 연건정에서 살 때 함께 와서 알고 있던 관계상 그녀의 소개로 알았습니다.

• 이순금을 아는가?

1933년 4월 경 그녀가 徐昌의 소개로 내가 사는 연건정에 방문해 그때부터 알았습니다.

• 그녀와 동거했는가?

1934년 1월 중 내가 서대문경찰서에 검거되기 전 1주일 정도 동거했습니다.

• 1933년 11월 경 그녀에게 여학교 및 여공에게 공산주의적 의식을 주입해 공산주의 실천운동을 하라고 말했는가?

그렇습니다. 부내 내수정에 거주할 때 그러한 이야기를 하였습니다.

• 그 후 1934년 1월 20일 경 그녀에게 공산주의 운동에 관해 이야기한 적이 있는가?

그러한 일이 있었는지도 모르겠습니다.

• 정칠성을 아는가?

그는 조선일보사의 신문배달부를 하고 있었는데, 내가 동 신문사에 지인을 만나려고 출입하면서 알게 되었습니다.

• 1933년 6월 중순 경 경성부 동숭정 경성제국대학 앞에서 그에게 공산주의 운동을 하라고 권유한 일이 있는가?

그렇습니다. 그에게는 공장 방면에서 동지를 획득하라고 하였습니다.

• 1933년 9월 하순 경 종방 경성제사공장에서 동맹파업이 발발하자 파업을 이용해 직공에게 동지를 획득하라고 한 적이 있는가?

그렇습니다. 그에게 변홍대와 함께 직공을 응원해 공산주의 의식을 주입하라고 하였습니다.

• 1933년 7월 경 변우식에게 부내에서 중등학교 생도를 지도해 공산주의 실제운동을 할 것을 권유하여 승낙을 얻었는가?

그렇습니다. 부내 계동정 중앙고보교 뒷산에서 그러한 이야기를 하였습니다.

• 이병기를 아는가?

1933년 4월 경 연건정 내 집에 찾아와서 알게 되었습니다.

• 그 후 그에게 실천하라고 말한 일이 있는가?

그렇습니다. 같은 해 5월 경 그가 내 집에 와서 경성 방면의 공장에서 적화운동을 하고 싶다고 해 좋은 일이라고 하였습니다.

• 안삼원을 아는가?

내가 형무소에 있을 때 함께 입옥해 알게 되었습니다.

• 그에게도 노동자 방면의 적화를 권하였는가?

그렇습니다. 1933년 5월 경 그가 내 자택을 방문했을 때 권하였습니다.

• 안병춘, 이병기, 안삼원에게 하부 트로이카를 조직해 경성방직, 북천전기, 기타 공장에 산업별 적색노동조합을 조직하고 노동자를 적화할 것을 권하였는가?

그렇습니다.

• 변홍대, 신덕균, 이종희도 하부 트로이카를 조직하여 별표(星印)고무, 기타에 산업별 적색노동조합을 조직했는가?

적색노동조합은 조직할 수 없었지만 조직하기 위해 동지를 획득한 일은 있습니다.

• 이현상, 이순금, 유순희, 권오상과 하부 트로이카를 만들어 경성견직 기타에서 동지를 획득하였는가?

그렇습니다.

• 이경선은 동덕여학교, 기타의 맹휴사건을 선동하였는가?

그렇습니다.

• 최소복은 이인행, 변우식과 학생 트로이카를 조직하여 중앙기독교청년회학교, 기타 맹휴사건을 선동했는가?

그렇습니다.

• 정태식은 경성법학 전문학교, 기타에 동지를 획득했는가?

그렇습니다.

• 이경선은 동덕여학교, 기타에 동지를 획득했는가?

그렇습니다.

• 최소복은 경성전기학교, 기타에서 동지를 획득하였는가?

그렇습니다.

• 피의자는 남만희를 아는가?

1933년 3, 4월 경 그가 신계단사에 근무하고 있어 알게 되었습니다.

• 그는 金良仙 외 7명을 획득하였는가?

그렇습니다. 내가 그를 알기 전부터 획득하고 있었습니다.

• 그와 어떻게 교제했는가?

신계단 발행에 관해 이야기했을 뿐 사상적 방면의 교섭은 없었습니다.

• 피의자는 남만희에게서 그가 획득한 김양선 외 7명을 인계받아 독서회를 조직시킨 일이 있었다는데 그러한가?

그러한 일은 없었습니다.

• 남만희와 함께 서로 제휴해 활동하고 종방 파업 투쟁의 구원금 모집, 또 김양선 등의 반제그룹을 지도한 일이 있는가?

구원금의 모집은 협의한 일이 있지만 반제그룹을 지도한 일은 없습니다.(끝)

●이재유에 대한 검사의 피의자 신문조서 제3회
(1937년 4월 26일, 경기도 경찰부)

• 피의자는 이재유인가?

그렇습니다.

• 전 회까지의 공술은 틀림이 없는가?

틀림없습니다.

• 피의자는 동향의 지인 김월옥을 통해 그녀의 내연의 夫 정태식을 알게 되었는가?

그렇습니다. 1933년 7월 경입니다.
- 정태식은 당시 경성제국대학의 조수였는가?

그렇지 않습니다. 당시에는 학생으로 졸업 후 동 대학의 조수가 되었습니다.
- 1933년 8월 경 경성부 관훈정 33번지 정태식과 만났는가?

그렇습니다.
- 그 자리에서 어떠한 이야기를 했는가?

그 무렵 京都 제국대학에서 용천 사건이 일어났는데 나는 경성대학도 그 사건으로 학생이 소요하고 있는가라고 물어 보았던 바 의외로 그렇지 않다는 말을 듣고 자유주의적인 입장에서도 내지의 대학과 보조를 맞춰 용천 사건을 옹호해야 된다고 말했습니다.
- 용천 사건이란 무엇인가?

그가 저술한 《형법독본》은 범죄는 사회의 결함으로 인해 일어나는 것으로 보고, 형법의 본의는 사회 개선에 중점을 두어야 한다는 자유주의적 입장에서 논한 것이 문제 되었습니다.
- 용천 선생의 저술에 공산주의적인 사상이 있는가?

없습니다.
- 그렇다면 무슨 까닭으로 공산주의자인 너희들이 옹호하는가?

사회 정의는 우리편이므로 우리들은 이를 옹호합니다.
- 1933년 12월 경 정태식의 집에서 경성대학 내에서 일상투쟁을 일으키고 학생을 좌익적으로 지도해 동지를 획득하라고 말했는가?

8월 경부터 12월 경까지 정태식에게 권한 일이 있습니다.
- 용천 사건을 재료로 하여 학내 투쟁을 하고 가능하면 이를 계기로 좌익 서클을 결성할 것, 운동 방침으로서 독서회 또는 문화서클 등을 만들 것, 좌익교수를 획득할 것 등을 이야기한 일이 있는가?

그렇습니다. 정태식과 알게 되면서부터 그러한 이야기를 하였습니다.

• 그 무렵 정에게 제1회 내지 제6회 국제공산당 테제집을 주었는가?
그러한 일이 있었는지도 모르겠습니다. 테제집 등은 확실히 기억나지 않습니다.
• 그 무렵 피의자가 작성한 학생운동의 행동강령서를 준 일이 있는가?
그렇습니다.
• 그 강령은 언제, 어디에서 작성했는가?
1933년 11월 경 부내 需昌洞에서 작성했습니다.
• 무엇을 사용해 몇 부 정도 작성했는가?
등사기를 사용해 手寫하여 3부 정도 작성했습니다.
• 대체 어떠한 내용을 쓴 것인가?
학생들의 일상적 불평불만을 폭로해 학생을 좌익적으로 지도하고 반제까지 이끈다라는 것입니다.
• 1933년 12월 경 정태식에게 경성법학전문학교 韓成澤을 좌익적으로 지도하라고 권고한 일이 있는가?
한성택은 안병춘의 소개로 알게 되었는데 그를 동지로 획득하라고 정태식에게 권고했습니다.
• 정태식을 통해 경성대학 법문학부 교수 미야케를 알게 되었는가?
그렇습니다. 1933년 12월 경입니다.
• 그 때의 사정은?
정태식과 용천 사건을 이야기할 무렵 경성대학 경제학부에 아는 교수가 없는가 물어보았는데, 그 후 1933년 10월 경 경성대에 조선문제를 깊이 연구하는 좌익교수가 있다는 것을 들었습니다. 나는 그 교수가 (이재유가-필자) 공산주의(자)여도 만나는가 하고 질문했는데, 말해 보아야 알 수 있다고 정태식이 말했습니다. 그 후 그 교수가 적극적으로 운동에 나선다고 하는 이야기를 듣고 나와 면회하기로 되었습니다.
• 그곳에서 1933년 12월 중순 경 피의자는 정태식과 함께 자동차로 부

내 동숭정 25번지 미야케 시카노스케의 관사로 갔는가?

그렇습니다.

정이 그 집 응접간에서, 선생을 만나고 싶다고 말한 그 남자라고 나를 소개하고 나에게는 미야케 선생이라고 소개한 후 별실로 나갔습니다.

• 그 즈음 무슨 이야기를 하였는가?

나는 5, 6년 전부터 실제 운동을 해왔다고 말했고, 미야케도 스스로는 실제 운동을 하고 있지는 않지만 하고 싶다고 말했습니다. 거기서 나는 그가 상당히 적화되어 있다고 생각했고, 그 후 여러 차례 만나면서 그가 독일을 여행하다 반제동맹에 참석한 이야기라든가 그쪽의 메이데이 등도 구경해 운동하고 싶다고 이야기했습니다.

• 1933년 12월 중순 경부터 1934년 1월 15, 6일 경까지 관사에서 미야케와 6, 7회 회견하였는가?

그렇습니다.

• 그 무렵 서로 제휴해 공산주의 운동을 할 것을 권유하고, 나아가서 현재 조선에서 공산주의 운동의 당면 임무는 전선적으로 공장을 중심으로 공산주의 운동을 통일하는 것이고 이를 위해서는 전선적 정치운동 방침을 확립할 것, 정치신문을 발행할 것, 투쟁장에서 경험을 재료로 하여 선동상에 노력할 것 등을 이야기했는가?

그렇습니다.

• 정치운동 방침의 확립에 관하여

1. 국제 정세의 분석, 2. 조선 정세의 분석, 3. 과거 운동의 비판, 4. 당면의 임무를 결정할 것의 4대 항목의 플랜을 결정하였는가?

그렇습니다. 서로의 안을 취합해 토의했습니다.

미야케도 나도 원고를 써서 의견이 일치하면 그대로, 의견이 엇갈리면 상호 토론해 의견이 일치한 후 비로소 원고를 작성하였습니다.

• 그 결과

1. 국제 정세의 분석에 대해서는 코민테른 집행위원회 제12회 총회 테제에 규준을 두고 이에 신정세를 참조할 것.
2. 조선 정세의 분석에 대해서는 경제 정세와 정치 정세로 구별하여 어느 것도 코민테른의 조선 문제에 관한 12월 테제, 프로핀테른의 좌익노동조합운동에 관한 9월 테제를 기초로 하여 이에 신정세를 참작하고
3. 혁명의 전망에 관해서는 12월 테제에 준거하고

이상 3개는 미야케와 피의자의 의견이 일치하였는데,

4. 과거 운동의 비판에 관해서는 파벌의 점을 제외하고는 의견의 일치를 보고
5. 당면의 임무에 관해서는 아직 토구되지 않았는가?

그렇습니다.

• 파벌 문제에 관해 미야케와 어떠한 점에서 의견이 대립되었는가?

파벌에 대해 의견이 대립한 것은 아닙니다. 파벌의 원인, 장래의 발전에 관해서는 이론상 의견은 일치하였음에도 불구하고 구체적인 사실에 대해서는 미야케가 너무나 알지 못해 문제를 길게 보아 토론을 중단했을 뿐입니다.

• 피의자가 본 미야케의 공산주의에 대한 견해는 어떠한가?

그 당시 내지 마르크스 학자 河上肇 등에 비하면 학자로서는 열등한 지도 알 수 없지만 이들 학자에게는 없는 실천적 경향을 다분히 가지고 있으며 또 자신의 주장을 내세우는 우리들 주의자보다 자신의 이론의 그릇된 바를 기꺼이 들으려고 하는 태도였습니다. 실제 운동자의 조선에서 이론적 지도를 할 수 있는 머리는 있지만 실천에는 무경험하다고 생각합니다.

• 그 말은 이론도 피의자보다 뒤진다고 하는 것인가?

그렇지 않습니다. 유물론, 기타 경제상의 이론에서는 나보다 월등하지

만 조선의 구체적 문제에 대해서는 상대방이 너무나 알지 못해 내가 낫다는 것입니다.
• 서로 취합한 초고를 다듬은 원고는 누가 썼는가?
미야케가 썼습니다.
• 이순금은 이관술의 누이인가?
그렇습니다.
• 1933년 8월 경성부 적선동 그녀의 주거지에서 그녀에게 공장 직공에 대해 공산주의 의식을 주입하라고 명령한 적이 있는가?
그렇습니다.
• 1933년 11월 경 부내 동숭동 피의자 집에서 이순금에게서 그녀가 경성고무공장 여공 김복녀 등 외 여러 명을 지도한 것을 듣고 산업별 적색노동조합을 만들어, 즉 각 공장에 노동자를 획득하고 화학, 섬유, 금속 등 산업별로 부문을 나눠 적색노동조합을 조직하라고 권했는가?
그렇습니다. 앞으로는 그것을 만들지 않으면 안 된다고 말했습니다.
• 鄭志鉉을 아는가?
오래 전부터 알고 있었습니다.
• 1932년 12월 하순 경 연건정에서 그와 회합해 서로 공산주의 (운동)을 하자고 상담했는가?
그 무렵 그는 나를 문병하러 온 것이어서 그러한 주의 이야기는 하지 않았습니다.
• 黃泰成을 아는가?
내가 지난번 처벌되었을 때 그도 공범이어서 알고 있었습니다.
• 1933년 8월 중순 경 부내 동숭정 피의자 집에서 황태성에게 서로 제휴해 공산주의 운동을 하자고 상담했는가?
당시 그와도 만났지만 그러한 이야기는 하지 않았습니다.
• 李素進을 아는가?

1933년 9월 경 남만희의 소개로 알게 되었습니다.
- 1933년 9월 중순 경성부 동소문에서 그와 만나 공산주의 운동을 하라고 말했는가?

그 무렵 그는 연와공장에서 일하고 있어 그에게 공장에서 동지를 획득하라고 말했는데 그 후 정칠성과 연락하라고 말해 두었습니다.
- 1933년 10월 중순 경 이현상에게서 금 50원, 동년 10월에서 11월까지 최소복을 통해 합계 30원, 그 무렵 이순금을 통해 50원, 동년 9월 중순 경 남만희 외 3명에게서 21원, 동년 10월 경 안병춘 외 3명에게서 37원을 수령했는가?

그와 같이 수령했지만 금액은 확실히 기억하지 못합니다. 파업 응원비라든가 차입 등의 비용으로 사용하였습니다.
- 서대문경찰서에 언제 예포되었나?

1934년 1월 22일입니다. 남만희가 서대문경찰서에 검거되어 나와의 관계가 드러나고 종방파업 기금 관계로 1933년 9월 경부터 서대문경찰서에서 나를 검거하려고 찾고 있었는데 전술한 날에 검거된 것입니다.
- 서대문경찰서에서는 행정 검속이 있었는가?

그렇습니다.
- 도주한 정황은 전술한 대로인가?

그렇습니다.
- 결국 도주한 것은 1934년 4월 14일인가?

그렇습니다.
- 1934년 4월 14일부터 1935년 1월 12일 부내 하왕십리정 아지트를 버리고 도주할 때까지 사정을 말하라.

이미 알고 계신 대로입니다.
- 1934년 4월 14일 미명 서대문경찰서를 탈출해 동숭정 미야케의 관사에 가서 숨겨달라고 부탁하자 미야케가 승락했는가?

그렇습니다.
- 그리하여 응접간에 이틀 머무르고 1934년 5월 22일 경까지 관사의 상 아래에 숨어 있었는가?

그렇습니다.
- 그 사이 미야케에게서 음식물, 의류 또는 도주비용으로 현금 35원, 금도금 회중시계 등을 받았는가?

그렇습니다. 미야케가 준 현금은 30원이었습니다.
- 돈은 무엇 때문에 받았는가?

도주 후 공산주의 운동을 계속하기 위해 받았습니다.
- 그 돈은 언제 쯤 받았는가?

1934년 4월 하순 경 받았습니다.
- 그 사이 미야케와 여러 가지를 담화한 적이 있는가?

그 무렵 국제 프로핀테른에서 온 권영태 일파가 출판한 제13회 플레남 테제 및 동 기관지 프롤레타리아 메이데이 등을 비판 검토하고, 미야케에게서 권영태와 회합해 장래 서로 제휴해 운동하면 어떠한가라는 제안을 받고 회견하는 것을 승낙했습니다. 조선운동의 일반적 방침에 대해 그와 협의했습니다.
- 미야케의 관사에서 정태식과는 무슨 이야기를 하였는가?

운동 방침에 관해 정태식과 상담한 일은 별로 없습니다.
- 그러나 변장용 의류, 도주용 자금을 조달해 줄 것을 의뢰해 4월 하순 경 그를 통해 안병윤에게서 금 6원, 한육홍에게서 양복(저고리, 조끼, 바지, 세비로 背廣三揃) 1벌, 신 1족, 김대용에게서 중절모자 1개를 받은 일은 있는가?

그렇습니다. 미야케를 통해 정태식에게 의뢰했고, 미야케 부부를 통해 받은 일이 있습니다.
- 무엇 때문에 그러한 것을 받았는가?

미야케의 관사를 도주해 공산주의 운동을 하기 위해 도주용으로서 받았습니다.
• 1934년 5월 21일 미야케가 예포되자 피의자는 그날 그 집에서 도주했는가?
그렇습니다.
• 미야케 집을 도주한 이후 전에 공술한 바와 같이 경성부 서사헌정 신춘실, 신설정 한택진, 용두정 유대생 등에서 轉宿하고, 1934년 7월 하순 경 조선총독부 세균검사소에 근무하는 심계월에게 전화해 그녀를 통해 박진홍과 회견하기로 했는가?
그렇습니다.
• 박진홍은 언제부터 알게 되었는가?
1933년 12월 경 그녀가 형무소에서 나와 취직을 알아보고 있던 관계로 알게 되었습니다.
• 박진홍과 동서한 것은 어느 때인가?
1934년 8월 중순 경부터 1935년 1월 10일 경 사이입니다. 동서한 장소는 경성부 신당정 649번지 1호 윤진룡 집입니다.
• 어떠한 관계로 동거하게 되었는가?
나는 아직 관헌의 추적을 받고 있어서 그 추적을 면하기 위해 또는 공산운동을 하는 동지와의 레포로서 동거하게 되었습니다.
• 그 일은 박진홍에게 밝혔는가?
동거 초 연두에 용두종 정류장에서 의뢰한 바 그녀도 승락했습니다.
• 박진홍을 통해 1934년 9월 중순 경 이관술과 만났는가?
그렇습니다. 이관술에 대해서는 그 누이 이순금에게서 동덕여학교의 교사로서 공산주의 운동에 흥미를 가지고 있다고 하는 것을 미리서부터 듣고 있었습니다. 박진홍과 동거하게 됨과 아울러 이관술이 사상 사건에 기소되어 집행유예로 나온다는 것을 듣고 박을 통해 이관술을 만나기로 했습니다. 그래서 1934년 9월 말 경 경성부 장충단 뒷산 약수터에서 만났습니다.
- 몇 번 정도 만났는가?

그 무렵 5, 6회 정도 만났습니다.
- 만나서 무슨 이야기를 하였는가?

공산주의 운동자 중 혁명분자는 파벌을 혐기하고 통일을 희망하고 있다. 우리들은 운동의 통일을 꾀하지 않으면 안 된다, 기타 학교 내의 적화 등에 관해 말했습니다.
- 이관술을 통해 박영출을 만났는가?

1934년 10월 중순 경 이관술이 경도제대 출신으로 전부터 공산주의 운동을 한 사람이 있는데 만나 보지 않겠는가라고 말해 만나기로 하였습니다.
- 박영출과는 어느 곳에서 언제, 몇 번 정도 만났는가?

1934년 10월 말 경부터 1935년 1월 경까지 부내 장충단 또는 한남정 남산東麓 부근에서 7, 8회 회견하였습니다.
- 1935년 말 경 장춘단 뒷산에서 이관술에게 이야기한 것과 마찬가지로 박영출에게 파벌을 청산하고 운동을 통일하지 않으면 안 된다고 말했는가?

그렇습니다.
- 또 같은 해 11월 중순부터 같은 달 하순 경까지 장춘단, 기타에서 학교 내 활동의 기준으로서,

1. 학원 내 일제 반동단체를 절대 반대하고 학생의 자치적인 위원회를 만들 것,
2. 학생의 공청 및 반제에 가입할 자유를 획득할 것,
3. 반동적 교수의 수업을 거부할 것,
4. 일본제국주의의 축제일에 있어서 식에 참열 반대,

5. 조선 및 국제적 혁명기념일에 학생의 기념활동의 자유를 획득한다,
6. 학생 제네스트 기타 일체의 캄파니아에서 일선학교 및 학생 사이의 공동투쟁을 꾀할 것,
7. 제국주의 전쟁에 반대하는 투쟁을 일으킬 것,
8. 소비에트 동맹 지지 및 중국 혁명운동의 지지 등을 이야기하였는가?
그러한 것을 이야기했습니다.

- 그것은 이관술에도 마찬가지로 이야기한 것인가?

그에게도 이야기했습니다. 그것은 박영출과 상담한 후에 말했습니다.

- 1934년 12월 10일 경 뚝섬 제방에서 박영출과 회견하여 세말에 즈음해 노동자로 하여금 스트라이크, 사보타주, 제네스트레이션(원문대로)에 의해 노동시간의 연장 및 참수에 반대하여 상여를 요구하는 세말 캄파니아를 일으키도록 상담하였는가?

그렇습니다.

- 이 일도 이관술에게 말하였는가?

이관술에게는 동년 12월 중순 경 장춘단 뒷산에서 학생을 이용하여 세말 캄파니아를 하도록 이야기하였습니다.

- 학생으로 하여금 어떠한 일을 하라고 말하였는가?

동기 휴가를 이용하여 귀성하여 적화를 선동하도록 말했습니다.

- 1934년 12월 초 무렵 경성재건그룹이라는 것을 만들었는가?

1934년 11월 중순 경 내가 등사기로 자기비판을 신당정의 윤진룡 집에서 썼을 때 그 이름을 그와 같이 썼을 뿐입니다.

- 무슨 까닭에 그러한 명칭을 사용하였는가?

경성트로이카라는 명칭은 경찰에 알려져 있어 경성재건이라는 이름을 붙인 것에 지나지 않습니다.

- 경성재건그룹의 맹원은 피의자, 이관술, 박영출인가?

멤버라고 할 만한 것은 아닙니다. 내가 자기비판을 쓰고 이관술, 박영

출에게 건너주었을 따름입니다.
• 그런데 경성재건그룹의 부서로서 지도자에 피의자, 학생부 책임에 이관술, 노동부 책임에 박영출로 정한 것은 사실인가?
부서는 없습니다. 박영출이 노동운동을 하고 있고 이관술은 학생 방면에 관계가 있어 자연히 그러한 방면의 이야기를 하고 운동한 것입니다.
• 자기비판문은 기계를 사용하여 만든 것이 아닌가?
아닙니다. 手寫한 것에 지나지 않습니다.
• 자기비판문의 내용은 무엇인가?
자기비판의 내용은 대중이 조직을 요구하고 있는데도 조직을 만들지 않았다는 것, 동지를 획득하기에 급급해 동지를 선택하지 않았기 때문이라는 결점이 있었던 것을 썼습니다.
• 자기비판을 이관술, 박영출에게 건네준 장소, 일시는?
장춘단 뒷산에서 1934년 11월 말 경 이관술에 교부하고 그 무렵 박영출에게는 뚝섬 제방에서 건네주었습니다.
• 피의자는 박영출, 이관술 등과 피의자의 과거 경성트로이카 운동을 비판한 결과 트로이카 운동은 하부가 조직되었으면서도 상층부 조직을 잊어버렸기 때문에 검거된 것으로 우리들은 상부조직을 가지지 않으면 안 된다라는 결론에 도달하여 경성재건그룹을 만들었는가?
재건그룹을 조직한 일은 없습니다. 우리들은 각각 따로 만나서 조선의 독립 및 적화를 협의한 것에 지나지 않습니다.
• 그렇다면 무슨 까닭에 자기비판을 작성하였는가?
우리들이 과거에 실패하였지만 장래 우리들은 대중이 요구하면 조직을 만들지 않으면 안 된다는 것을 단지 동지들에게 일깨운 것에 지나지 않습니다.
• 1934년 11월 하순 경 박영출은 하왕십리 581번지에서 金貞淑과 동거하였는가?

그렇습니다.

• 이관술로 하여금 하왕십리 지나 요리옥 부근에 유순희, 이종희의 아지트를 만들게 하였는가?

그렇습니다.

•• 무슨 까닭에 그러한 아지트를 만들었는가?

경찰에 쫓기던 유순희가 방을 빌려 달라고 하여 빌려주었습니다.

• 피의자는 유순희도 교양하였는가?

1933년 3월 경부터 교양하였습니다.

• 피의자는 유순희, 이종희, 심계월, 김복금, 박영출은 권오상, 신덕균, 허화정, 이갑문, 이관술은 공성회, 유해길 등의 동지를 획득하였는가?

그렇습니다.

• 1936년 1월 10일 박진홍이 예포되고 다음날 11일 전에 말한 것과 같은 사정으로 박영출이 예포되었는가?

그렇습니다.

• 세말 캄파니아, 통일문제, 학교 내 활동 기준 등은 피의자가 썼는가?

세말 캄파니아는 1934년 12월 신당정의 자택에서 통일문제는 내가 용두정에서 노동에 종사하고 있을 무렵인 1934년 5, 6월 경부터 쓰기 시작해 그 후 계속 썼던 것입니다. 학교 내의 활동 기준은 1934년 11월 중 신당리의 자택에서 내가 썼습니다.

• 학교 내 활동 기준 세말 캄파니아는 박영출의 집에서 찾은 것과 같은 의미의 것인가?

그렇습니다.

• 통일문제는 어떠한 것인가?

조선의 공산운동을 국제선에 결부시키지 않으면 **本當**의 운동은 없다고 한 것, 파벌은 대중적인 일상투쟁을 통해 청산하고 국제선에 결부되지 않으면 안 된다라는 것입니다.

• 박영출이 검거된 1935년 1월 12일 박영출의 아지트를 버리고 약 2주 간 이관술과 함께 여러 군데를 전전하다가 양주군 노해면 공덕리에서 이관술은 김대성, 피의자는 김소성으로 이름을 바꿔 농업에 종사하다 1936년 12월 25일 검거되기까지 사정은 전회 공술한 대로인가?

그렇습니다.

• 그 사이 제3기로서 신문한 것을 정직하게 말하라.

이미 말씀드린 대로입니다.

• 이종국을 아는가?

일찌기 동인이 그의 누이 이종희를 생각해 보호한다는 이야기를 이종희에게서 들은 적 있었는데, 1936년 9월 동인이 경신학교에 있다는 것을 알고서 누이가 앓고 있으므로 약을 가지고 제2우이교로 오라고 전화해 그곳에서 만났습니다.

• 그 무렵 어떠한 이야기를 하였는가?

처음에는 서로 어떠한 사람인지를 몰라 나도 주의하면서 친척 가운데 검거된 사람이 없는가라고 물어 보았을 따름입니다.

• 그 후 1936년 3월 경까지 경춘가도 중랑교 등에서 김종국(원문대로) 과 회견하였는가?

그렇습니다. 그 무렵까지 6, 7회 회견했습니다.

• 어떠한 이야기를 하였는가?

나는 지금은 검거를 면하여 도주하고 있는데 공산주의 운동을 위해 동지와 직접 연락을 취할 수 없어 연락이 될 수 있도록 해주지 않겠는가라고 의뢰하였습니다.

• 누구와 연락해 달라고 하였는가?

변우식은 그 당시 집행유예로 형무소를 나와 있어 그와 연락을 취해 공산운동을 하기 위한 연락을 의뢰하고 또 하왕십리 아지트를 도주한 유순희와 통신연락을 해달라고 의뢰했습니다. 물론 유순희를 통해 공산운동을 할 작정이었습니다.

• 그것을 말한 것은 어느 때인가?

1936년 1월 경이라고 생각합니다.

• 유순희와의 연락 방법은 그녀가 피의자에게 보내는 통신은 경성부 마장정 김창수 앞, 유순희에 보내는 피의자의 통신은 함흥부 본정 李順伊로 하였는가?

그렇습니다.

• 그런데 변우식에게 자기비판을 운동 방침으로 준 일이 있는가?

그렇습니다. 1936년 3월 초 무렵 길음교에서 면회할 당시 교부했습니다. 그에게 공산운동을 시키려고 주었습니다.

• 1936년 음 1월 원단에 피의자와 이관술이 입을 나들이옷晴衣을 요구한 일이 있는가?

1936년 1월 중 내가 금 7원을 주고 의뢰했습니다.

• 그 나들이옷은 만들어 왔는가?

만들어 중랑교에서 수취했는데 경찰관에게 발각되자 버리고 도주하였습니다.

• 이종국의 연락으로 1937년 1월 하순 경 전기 길음교에서 변우식과 회견했는가?

그렇습니다만 그것은 1936년 3월 경의 일입니다.

• 변우식과 그 무렵부터 1936년 9월 하순 경까지 제2우이교 뚝섬 군자리 중랑천의 제방에서 누차 회견하였는가?

그렇습니다. 5, 6회 정도 만났습니다.

• 변우식과는 어떠한 이야기를 하였는가?

조선의 독립과 공산화를 목적으로 서로 제휴해 반파쇼운동에 활동하기 위해 동지로서 연희전문학교 이동천李東千, 조선중앙일보 인정식, 이우

부록 395

적을 획득하자고 말한 바 승락했습니다.
• 콤그룹 사건, 경성트로이카 사건의 공판 정황, 동 사건 관계 동지의 동정, 피의자의 서대문경찰서 도주 후의 활동, 세계 및 조선의 정세 등을 이야기하였는가?
그렇습니다.
• 그리고 기관지 적기의 발행에 관련해 그 체제, 내용에 관해 말한 일이 있는가?
1936년 7, 8월 경 전술 군자리에서 내가 고안한 것을 말했습니다.
적기라고 하는 표제에 내용은 조선공산당 재건을 위한 정치적 요구로 조선의 독립, 파쇼적 일본제국주의의 조선 통치의 전복 등입니다.
• 그 적기의 출판 방법에 대해서도 상담하였는가?
그것을 출판한다는 상담을 했습니다.
• 출판에 요하는 종이, 잉크 구입 방법을 의뢰하였는가?
그에게는 의뢰하지 않았습니다.
• 그 때 운동방침으로서 자기비판문, 조직문제, 세말 캄파, 12월 테제 등을 교부하였는가?
그렇습니다.
• 또 3L캄파 투쟁방침, 8·1캄파 투쟁 방침서 등을 건네 주었는가?
그렇습니다
• 3L캄파 투쟁의 작성의 장소, 일시 및 내용은 무엇인가?
1935년 말 경 노해면의 아지트에서 내가 썼습니다. 3L이란 레닌, 리프크네히트, 로자 룩셈베르크의 머리글자 엘을 따른 이 세 사람의 역사, 투쟁의 의의, 투쟁의 방침입니다.
• 8·1캄파의 작성 연월일, 장소 및 내용은 무엇인가?
1935년 7월 중 공덕리 아지트에서 내가 썼습니다. 8·1이란 8월 1일을 뜻하며 코민테른에서 세계전쟁 반대 기념일로 한 것을 쓴 것입니다.

• 이들 문서는 무엇으로 썼는가?

복사지에 썼습니다.

• 1936년 3월 경 이종국을 통해 서구원과 알게 되어 제2우이교 뚝섬 군자리 골프장 중랑천 제방에서 동년 10월 하순까지 약 20회 정도 회견한 일이 있는가?

있습니다.

• 그 회합에서 경성에서 좌익전선통일을 위해 8·1캄파니아 및 간도공산당 사건 피고인 사형집행반대라는 두 항목을 내걸어 다른 운동노선에 있는 자와의 공동투쟁을 제휴하고 이를 계기로 합동통일을 꾀해 공산주의 (운동)을 활발하게 하려고 한 일이 있는가?

그렇습니다. 창동역 부근에서 1936년 6월 말 경 그러한 이야기를 하였습니다.

• 다른 선과의 공동투쟁이란 무엇인가?

권영태 일파의 콤그룹 후계입니다.

• 6월 23일 타선과의 회합 장소를 창동역 부근으로 정해 경성트로이카 추천자로서 서구원을 경성재건그룹 추천자로서 피의자로 하여금 다른 대표자와 협의하려고 한 일이 있었는가?

그렇습니다.

• 그 다른 선의 대표자와의 협의 목적은 조선에서 통일기관으로서 조선공산당 경성지방협의회를 조직하는 것이었는가?

그렇습니다.

• 그래서 자기의 선인 경성 트로이카의 서구원, 또 자기 선인 경성재건에서 피의자를 뽑은 것은 피의자들이 실권을 장악하기 위한 것이 아닌가?

상대방을 많이 참가시킬 작정으로 이름을 따로따로 해 나왔습니다.

• 당일 모두 모였는가?

서구원은 당일 나오고 스스로가 이전에 관계하고 있던 콤그룹의 사람들에게 운동했는데 응하지 않았다고 합니다. 다른 참가자는 없었습니다.

• 1936년 6월 하순 경 서구원을 조선공산당 재건경성준비그룹에 가맹시켰다고 하는데 사실인가?

내가 1936년 7월 경 8·1캄파의 투쟁방침을 쓸 때 경성준비그룹이라고 썼습니다. 실은 세말 캄파니아 자기비판문에 경성재건그룹이라고 썼었는데 차압된 것이어서 관헌에 발각될 우려가 있으므로 이것을 방지하기 위해 단지 경성준비그룹이라고 각각 書改한 것에 지나지 않습니다.

• 그런 것이 아니라 이관술과 함께 조선의 독립 공산화를 목적으로 하여 경성준비그룹을 조직한 것이 아닌가?

내가 이관술과 상담해 이름만 고친 것입니다.

• 1936년 6월 23일 타선에서 참가한 자가 없어서 피의자는 서구원과 함께 경성준비그룹 기관지로서 적기를 출판할 것을 결정했는가?

그렇습니다. 내가 적기를 출판해 건네주고부터 그에게 등사용 잉크, 원지, 등사판을 대용할 삐빠의 구입을 의뢰하였는데 그는 이를 승락하였습니다.

• 적기 출판에 관해서는 이관술과도 상담했는가?

물론 이관술과도 공덕리 아지트에서 상담했습니다.

• 적기 제1호는 언제, 어디에서 작성했는가?

약 2주간 정도 걸려서 1936년 10월 20일 적기 원고를 작성하고 같은날 인쇄를 마쳤습니다.

• 출판 방법은?

지난번 말씀 드린 대로 등사판의 대용을 만들어 등사했습니다.

• 모두 몇 부 등사하였는가?

약 20부 작성했습니다.

• 등사는 어떻게 분담했는가?

내가 원고를 작성하고 이관술이 원지에 쓰고 내가 등사했습니다.
• 적기라고 하는 표현은 어디에서 따온 것인가?
일본, 독일에서도 공산주의 잡지에 적기로 되어 있어 조선에도 이 명칭을 사용했습니다.
• 그 적기는 경성준비그룹 기관지로 나온 것인가?
그렇습니다.
• 그 중심 슬로건은 조선 통치권력의 근본적 전복, 조선의 절대독립, 노동자·농민의 소비에트정부 수립 등과 같은 것이었는가?
그렇습니다.
• 물론 관헌의 허가를 얻지 않고 출판한 것이겠지?
그렇습니다.
• 서구원에게는 몇 부 주었는가?
3부 주었습니다. 그것을 보여 동지를 획득하기 위해서입니다.
• 그 외 피의자는 서구원에게 자기비판문이라든가 8·1캄파, 세말 캄파, 조직문제의 의의 등을 써서 주었는가?
그렇습니다.
• 또 러시아혁명 캄파, 3延發, 공산주의자에게 보내는 메시지 등을 주었는가?
그렇습니다.
• 언제, 어디에서 이것을 썼는가?
공덕리 아지트에서 1936년 중순 등사기로 썼습니다.
• 러시아혁명 기념일 캄파니아의 내용은?
러시아혁명 기념일인 11월 7일 혁명 당시의 투쟁 경험 등을 쓴 것입니다.
• 三延發이란 무엇인가?
8월 29일 일한병합기념, 9월 1일 관동진재기념, 9월 제1일요일이 국제무산청년데이라 그에 상응하는 운동을 하자는 의미에서 쓴 것입니다.

부록 399

• 1936년 8월 하순 경 서구원을 통해 최호극과 알게 되고 제2우이교 군자리 골프장 등에서 동년 12월 15일까지 약 15회 회합한 사실이 있는가?
약 10회 정도 회합했습니다.
• 그에게는 무엇을 지시했는가?
나는 그에게 경성의 정세라든가 조선공산운동의 역사 등을 말해주었고, 조선의 적화를 목적으로 학교 내 학생을 좌익적으로 지도하고 독서회 등도 만들어 공산주의 사상을 주입하라고 말했습니다.
• 그리고 피의자가 작성한 적기 창간호 7부, 제2호 4부 기타 자기비판문 등을 주어 동지 획득을 격려했는가?
그렇습니다.
• 그는 독서회를 조직하였는가?
알지 못합니다.
• 적기 제1호에 반동적 天室(일본 황실)의 기만적 하사금을 대중에 폭로하자고 한 것은 무슨 의미인가?
민중적이 아닌 천황이 조선의 이재자에 매우 적은 돈을 주어 기만한다는 의미입니다.(끝)

●이재유에 대한 검사의 피의자 신문조서 제4회
(1937년 5월 1일 경성지방검사국)

• 이재유인가?
그렇습니다.
• 전 회까지의 공술은 틀림이 없는가?
틀림없습니다.

• 피의자가 제2호 적기를 출판한 것은 언제인가?

1936년 11월 20일입니다.

• 제2호 적기 내용은 무엇인가?

러시아혁명 기념일을 비판해 조선 혁명자의 기념일이 없다고 비판하고 장래 혁명의 방침을 쓴 것입니다.

• 제3호 적기는 언제 출판했는가?

1936년 12월 24일 밤에 썼습니다.

• 그 내용은?

다가오는 세말 캄파와 그 취지를 썼습니다.

• 제2호 적기는 누구에게 몇 부 주었는가?

그 무렵 창동 산중에서 최호극에게 4부 교부했습니다.

• 피의자의 근본 사상은?

나의 근본 사상은 조선에 공산주의 국가를 만드는 일입니다.

• 공산주의 사회를 만드는 데 조선 독립은 무슨 까닭으로 필요한가?

내가 조선 독립을 목적으로 함은 일본으로부터 독립하지 않는 이상 언제까지나 조선은 공산주의 국가가 될 수 없고 또 설령 공산주의 국가가 된다 해도 일본적 공산주의 국가가 되기 때문입니다.

• 전날 경기도 경찰부 유치장에서 나와 곧바로 조선공산당 만세를 외친 일이 있다는데 사실인가?

그렇습니다. 한번 조선어로 그와 같이 큰소리를 지른 일이 있습니다.

• 무슨 까닭에 만세를 불렀는가?

그 날은 5월 1일 메이데이이고 유치장(의 동지들)과 헤어지는 날이었기 때문입니다.

• 다른 유치인에 선전하기 위해 그런 것이 아닌가?

그러한 의미는 없었습니다.

● 예심조서(예심 제1회)

피고인 신문조서
피고인 이재유
1937년 11월 17일 서대문형무소
豫審담당 조선총독부 판사 渡邊隆治
조선총독부재판소 서기 吉永芳郎

• 씨명은?
金小成, 全素守, 朴允植, SOS, 이재유
• 연령은?
당 33세
• 직업은?
농업
• 주거는?
경기도 양주군 노해면 공덕리 92의 1
• 본적은?
함경남도 삼수군 별동면 선소리 82

• 피고인의 전과는 어떠한가?
소화 5년 11월 5일 경성지방법원에서 치안유지법위반죄로 징역 3년 6월을 받아 형 집행을 마쳤습니다. 그 내용은 내가 고려공산청년회 일본총국 및 조선공산당에 가입하고 그 간부가 되었다는 것인데, 가입한 것은 사실이지만 간부는 아니었습니다.
• 출생지는 어느 곳인가?
본적지입니다.

• 자산 정도는?

나의 집은 깊은 산중에서 거의 화전민같이 생활하고 있지만 자작할 정도의 토지는 있습니다.

• 가족 상황은?

나는 幼少 때 모를 사별하고 그 후 계모가 양육했습니다. 부는 이각범으로 삼수군의 서기를 하다 내가 19세 때 사망하였습니다. 현재 내 집에는 73세가 되는 조모, 또 그 이외에 22세 되는 동생도 있습니다. 조부모와는 어렸을 때부터 함께 살았습니다.

• 피고인의 부는 상당한 교육을 받았는가?

부는 별로 학교에는 다니지 않았습니다만 한문을 자습하고 있었습니다.

• 숙부가 있는가?

있습니다. 내가 집에 있을 때까지는 함께 있었는데 지금 분가하고 있는지 어떤지 모릅니다.

• 계모로부터 학대받은 적은 없는가?

그러한 일은 없습니다.

• 가정적으로 불행하다고 생각한 적은 없는가?

그와 같이 느낀 적은 없습니다.

• 학력은?

아이 때부터 12세까지 조부 밑에서 한문을 배웠습니다. 그리고 나서 삼수의 공립보통학교 5년에 입학했는데 4개월 다니나 그만두고 대정 13년 (1924) 고학 목적으로 경성으로 오기까지는 집에서 자습을 했습니다.

• 무슨 까닭에 보통학교를 4개월 만에 그만 두었는가?

입학해 본 즉 지금까지 자습한 것보다 정도가 훨씬 낮았습니다.

• 내지어는 자습으로 깨우쳤는가?

책을 읽을 정도는 자습으로 깨우쳤는데 보통학교 입학 전까지는 회화는 할 수 없었습니다. 그 후 할 수 있게 되었습니다.

• 대정13년(1924) 경성에 와서 사립보성학교 보통학교 제2학년에 편입시험을 보아 합격하여 입학하였는가?

그렇습니다만 월사를 납입할 수 없었고 때마침 부도 사망하여 3개월 만에 퇴학했습니다.

• 동맹휴학을 하여 퇴학한 것이 아닌가?

그렇지 않습니다.

• 그 후 대정14년(1925) 4월 개성의 사립송도공립보통학교 제4학년에 편입시험을 보아 급제하고 입학했는데 그 해 여름 술을 마신 일로 퇴학했는가?

그렇습니다만 술을 마셔 퇴학했다는 것은 학교당국의 표면 이유이고 학교 내에 사회과학연구회를 조직했는데 학교에서 경찰과 연락을 취해 퇴학당한 것입니다. 그 전에 학교에서 기독교에 관한 것만을 가르쳐 이에 반대하는 스트라이크를 일으킨 일이 있었는데 이때부터 학교에서 모함을 하여 쫓아냈습니다.

• 그래서 동년 11월 경 고학 목적으로 내지에 도항하여 사립일본대학 전문부에 입학했는가?

그렇습니다. 일본대학에 적을 두고 있었는데 다른 대학에도 자유롭게 청강생으로 강의를 들으러 갔었습니다.

• 일본대학 전문부에는 정식으로 입학할 수 있었는가?

그렇습니다. 시험을 3회 보아 입학하였습니다.

• 그곳도 3개월 만에 퇴학하였는가?

그렇습니다. 처음 2개월은 월사를 납입했는데 그때부터 월사를 납입하지 못해 학교 측에서 정식 학생으로 취급하지 않았습니다.

• 공부할 작정은 아니었던가?

공부할 작정으로 입학했는데 월사도 내지 못한 상태였으므로 그 사이에 도서관에 다니면서 공부했습니다.

• 공산주의는 언제부터 연구를 시작했는가?
공산주의에 흥미를 가지게 된 것은 향리에서 경성에 와서 1년간 정도 도서관 생활을 하였는데 그 무렵부터 철학서, 마르크스 경제학 기타 공산주의에 관한 문헌을 읽었습니다.
• 처음 경성에 올 무렵 학교 입학에 관해 조선인과 내지인을 차별대우 한다고 의식했는가?
조선인이 성대예과, 고보, 高工學官立의 학교에 입학하려 해도 우등 성적으로 시험에는 합격해도 학교쪽에서 본인의 가정이나 재산을 조사하여 입학시키지 않는 일이 왕왕 있다는 것을 수험생에게서 듣고 신문하신 것과 같은 느낌을 가지게 되었습니다.
• 그러한 관계로 차별대우를 폐지하기 위해서는 조선을 일본제국에서 독립시켜야 한다고 생각했는가?
그 때까지는 그와 같이 구체적인 생각은 없었습니다만 그에 대한 불평불만은 조선이 독립하면 좋지 않겠는가라는 정도로 생각했지만 조선이 독립해야만 한다고까지 생각하지는 않았습니다.
• 개성의 송도고등보통학교의 학생으로써 사회과학연구회를 만든 것은 대정14년(1925) 9월 무렵인가?
그렇습니다. 그 무렵 개성의 도서관에 다니며 유물사관을 읽어 보았으며 그 외에도 수시로 좌익적인 서적을 읽었습니다. 그 결과 공산주의야말로 조선인을 구원할 유일의 것이라고 믿고 깊이 공명하게 되었습니다.
• 내지에 간 후 어떠한 사상단체에 관계했는가?
재일본조선노동총동맹에 가입했습니다.
• 어떤 단체인가?
노동자 집단으로 노동자의 경제적 투쟁을 목표로 한 단체입니다.
• 일본노동조합평의회와는 전연 별개의 것인가?
그렇습니다만 그래도 서로 연락은 있습니다.

• 언제 가입했는가?

대정15년(1926) 12월 경이라고 생각합니다.

그 외의 단체에도 가입한 일은 없는가?

있습니다. 재일본조선노동총동맹의 하부조직인 총동맹동경동맹 및 재동경조선청년총동맹의 3단체에 동시에 가입했습니다.

• 그 단체는 어떠한 단체인가?

조선인노동자의 사회운동 단체로서 그다지 공산주의적인 것도 아니고 또 민족주의적인 단체도 아닙니다.

• 신간회에 가입한 일은 없는가?

소화2년 5월 경 가입했습니다.

• 일본노동조합평의회와는 관계 없는가?

재일본조선인노동총동맹 외에 일본노동조합평의회에 가입했습니다만 그 후 재일본조선노동총동맹이 있다는 말을 듣고 가입했습니다.

• 인정식은 아는 사이인가?

그렇습니다. 그는 재동경조선청년총동맹의 간부였는데 그의 권유로 고려공산청년회일본총국에 가입했습니다.

• 동경에 있을 때 검속된 일이 여러 차례 있었는가?

그렇습니다. 수 십 차례 검거되었는데 그 무렵은 합법적인 노동운동을 하고 있었습니다.

• 佐野, 福本의 강의를 들었는가?

그렇습니다. 소화2년 봄 무렵 경성제국대학 세틀먼트에 동대 신인회가 주재하는 사회과학을 연구하는 노동학교가 설치되었는데 사노 마나부 佐野學, 후쿠모토 하지메福本一와 같은 대학 교수가 강의했습니다. 그 학교는 누구에게나 청강을 허락해서 나도 가서 들었습니다.

• 김한경을 아는가?

그렇습니다. 내가 경성의 학생시대에 알게 되었는데 그는 경성에서는 단순한 학생이었는데 동경으로 가서는 노동운동을 했습니다.
• 그의 지도를 받고 공산주의에 공명하게 되었는가?
그렇습니다. 그는 재일본조선노동총동맹의 간부였습니다만 나는 대정 15년 경부터 그의 지도를 받아 점차 공산주의 운동에 공명하게 되었습니다.
• 형무소에 들어가 있을 때 공산주의를 연구했는가?
형무소에 들어가 예심종결 결정 전까지는 꼭 免訴될 것이라 믿고 그 사이 법률을 공부했는데 마침내 유죄 인정을 받았습니다. 공판에 회부되면서는 공산주의에 관한 서적도 합법적 출판물은 허가되어 자본론 및 유물사관 등을 읽고서 공산주의가 현재 사회에 가장 적합한 것이라고 믿게 되었습니다. 이 때부터 나 자신의 일생은 혁명가로서 후세에 미명을 남기겠다고 확신하게 되었습니다.
• 소화7년(1932) 12월 22일 출옥하였는가?
그렇습니다.
• 출옥 후 어떻게 하였는가?
보성고등보통학교의 학생인 내 7촌 조카뻘인 이인행이 누이인 李粉善과 함께 연건정 35번지 김용식 집에서 하숙하고 있어 그곳에서 신세지면서 취직 운동을 해 보았는데, 일자리가 없었습니다.
• 安宗浩는 아는 사이인가?
그렇습니다. 그는 동향인 관계로 전부터 알고 있었습니다.
• 이인행은 7촌 조카인가, 또는 11촌 조카인가?
잘 알 수 없지만 조카인 것은 틀림없습니다.
• 소화7년 12월 26일 경 김용식 집에서 안종호와 만나 금후의 조선 공산주의 운동은 비합법적 지하운동이 아니면 성공할 가망이 없으므로 향리 철원수리조합지역 내에서 스스로 농민이 되어 동지 획득을 위해 활동하라는 취지의 권유를 해 그의 승락을 받았는가?

그런 일은 없습니다. 나는 형무소에서 갓 나와 조금도 정세를 알지 못했으므로 그렇게 말하는 것 등은 불가능했습니다. 그 당시 다른 사람들에게서 사회 정세를 들은 일은 있습니다.

- 안종호는 그와 같이 말했는데 어떠한가?

안종호가 그렇게 말해도 그것은 사실과 다릅니다. 전술한 대로입니다.

- 그 무렵 안종호와 만난 것은 틀림없는가?

그렇습니다. 틀림없습니다.

- 안종호는 무엇이라고 말했는가?

그 때 그는 별로 무어라고 말하지 않았습니다. 동인은 소화3년(1928) 6월 경 동경에서 나와 동거하고 있었습니다. 내가 경찰에 예포된 후 내 짐을 그가 가지고 있었는데, 김용식 집에서 안종호와 만날 때 그에게 내 짐은 아무래도 좋지만 책만은 필요하므로 부쳐달라고 말한 적이 있어서 그는 그 일을 알고 있었습니다. 동경에 있을 때 안종호는 학생이고 사회주의자로서도 극히 의식이 낮아 문제가 되지 않을 인물이라고 생각했고 그 후로도 그가 가정 사정으로 운동을 하지 않는 것은 잘 알고 있었으므로 그에게 앞서 말한 것과 같은 권유를 하지 않았습니다.

- 안종호가 동향이라고 하는데 그의 향리는 철원이 아닌가

그렇지 않고 안종호의 본적은 함경남도인데 가족은 商賣 때문에 철원에 살고 있었습니다.

- 안종호는 동경에 있을 때 노동조합에 관계했는가?

내가 있을 때까지는 관계하지 않았습니다.

- 그러나 피고인은 경찰에서는 이와 같이 말하고 있는데 어떠한가?

그렇게 말한 적은 없습니다. 안종호는 학생이므로 운동하려고 해도 가능하지 않았습니다.

- 피고인은 재일본조선총동맹의 간부였는가?

그렇습니다. 조직선전부원이었습니다.

• 안종호가 소화7년 12월 26일 경 연건정의 김용식 집으로 피고인을 방문할 때 李松奎(李蒙)도 와 있었는가?

잘 기억나지 않습니다.

• 경찰에서는 그렇게 말했는데 어떠한가?

경찰에서도 명확하게는 말하지 않았습니다.

• 이송규에게서 국제 정세, 조선 내의 정세를 들었는가?

그러한 일은 없습니다. 나로서는 이송규를 공산주의 운동자라고도 생각하지 않았으므로 그러한 정세는 듣지 못했습니다.

• 피고인은 그 무렵 이송규에게서 국제 정세, 조선 정세를 들어서 금후의 운동은 철저하게 비합법운동을 하지 않으면 성공할 수 없으므로 우리들은 스스로 노동자층에 잠입하여 하부에서 견고한 지반을 다진 다음 상부조직으로 옮아가 궁극의 목적인 조선의 공산화를 꾀할 도리 밖에 없다고 설명하고 이송규 및 안종호의 찬동을 얻었다는 말을 경찰에서 했는데 어떠한가?

그러한 일은 절대로 없습니다.

• 그날 밤 안종호는 피고인의 집에서 잤는가?

그렇지 않습니다.

• 그 다음날인 27일 피고인은 피고인의 거실에서 안종호와 금후의 운동 방침에 관하여 종종 토론을 했는데, 안종호가 철원의 혁명운동 정세를 보고하자 피고인은 철원을 중심으로 농민운동을 하되 동지 鄭志鉉(별명 鄭栢), 鄭宜植 등의 지도를 받아 우선 철원수리조합지역 내에 토지를 구해 스스로 농민이 되어 동조합의 소작인 등을 규합해 소작료의 치하値下, 조합 대부금의 이식 철폐 등을 위해 투쟁을 계속하고 그 사이 동지를 획득하여 세포를 조직하고 그렇지 않으면 후방 연락자로서 적당한 지도자를 파견한다고 말한 바 안종호도 이에 찬성하고 그 승락을 얻었는가?

부록 409

그렇지 않습니다. 그 때는 안종호로 하여금 그러한 운동을 시킬 의사는 없었습니다. 안종호가 그에 관해 경찰에서 엄중한 취조를 받아 엉터리로 말한 것인지도 모르겠습니다만 나는 그러한 공술은 하지 않았습니다.

- 또한 그 무렵 피고인은 안종호에게 비합법운동 자금을 청구해 3원을 빌리고 동인이 귀향 후 30원을 보내기로 약속하였는데 그 후 보내지 않았다는데 그러한가?

그러한 일도 없습니다. 단지 안종호가 돌아갈 때 이인행에게 무언가 돕고(혹은 주고) 싶은데 아무 것도 없다고 하면서 3원을 건네준 일은 있습니다.

- 정백은 수하(원문은 手先=데사키임)인가?

그렇습니다. 전부터 이름은 알고 있었는데 만난 것은 내가 출옥한 이후입니다.

- 함께 운동한 적은 없는가?

없습니다.

- 철원 사람인가?

알지 못합니다.

- 정의식은 수하인가?

모릅니다.

- 김삼룡은 수하인가?

그렇습니다. 소화6년 경 형무소에 있을 때 알게 되었고 내가 출옥한 후 방문한 적이 있습니다.

- 그도 공산주의자인가?

그는 학생이었는데 출판법인가 치안유지법으로 징역을 받아 나를 찾아올 무렵은 무직이었으며 공산주의자라고 할 정도는 아니었습니다.

- 그가 소화8년 2월 경 김용식 집으로 4, 5회 피고인을 방문해온 일이 있는가?

그렇습니다.

• 그 무렵 피고인은 그에게 지금부터는 막연한 가두운동을 피하고 공장에 들어가 스트라이크를 일으켜 실천투쟁을 통해 동지를 획득하고 이와 함께 적색노동조합을 조직하고 나아가서 그 조합에서 당조직까지 나아가는 방법을 강구해보라고 권유해 그 승락을 얻었는가?

그러한 일이 있습니다.

• 그는 그 결과 인천부두 인부의 적화에 진력하였는가?

4, 5회 만난 후는 만나지 않았기 때문에 알 수 없습니다.

• 권유할 때 그는 묵묵히 듣고 있었는가?

그 때 그는 공산주의에 관한 서적을 읽고 연구하고 싶다고 말할 정도였으므로 나는 그에게 책을 읽는 것만으로는 충분하지 않고 실제운동에 들어가지 않으면 안 된다고 말했더니 상대방은 나의 의견에 찬성하였지만 승락한 바는 아니었습니다.

• 남만희는 수하인가?

그렇습니다. 그는 원남정 신단계사에서 사회주의에 관한 잡지를 발행하고 있었는데 소화8년 3월 경 신단계사에서 처음 알게 되었습니다.

• 李素心에게서 소개받았는가?

그렇지 않고 남만희에게서 이소심을 소개받았습니다.

• 그 때 남만희에게, 그 무렵 남만희가 지도하던 경성공립농업학교의 金良仙, 辛海甲, 李昊仁, 權赫夏, 元俊植, 禹燦九, 李炳得, 姜允錫, 金顯旭의 8명이 반제그룹을 만들고 있다는 것을 듣고 그 지도 방법에 관하여 의견을 서술한 적이 있는가?

그러한 말을 들은 적이 있습니다만 지금은 그 사람들의 이름을 기억하지 못합니다. 또 공립농업학교 학생이라고 하는 것은 듣지 못했습니다. 남만희는 文士로 기회주의적·사회주의자로서 합법적으로 출판운동을 한다고 말해서 그것을 공격한 적이 있었는데 그것이 결국 의견을 서술한 일이 되었습니다.

• 이소심은 무엇을 하고 있었는가?

어느 곳인가의 연와공장에 다니고 있었습니다.

• 피고인이 경찰에서는 남만희가 반제그룹을 지도하고 있어서 2회에 걸쳐 인계받았다고 하였는데 어떠한가?

부인하는 바는 아닙니다만 그렇게 공술한 일은 없습니다.

• 남만희에게 함께 제휴해 공산주의 운동을 하자고 말한 적은 없는가?

그러한 적은 없습니다. 남만희를 확인하기 위해 공격하기도 하고 토론하기도 한 일은 있습니다만 함께 제휴해 운동하자고 한 적은 없습니다. 내가 신단계사는 오히려 반동적인 단체라고 한다고 해서 남만희는 자신을 신뢰하지 않는다고 나에게 불평불만을 말할 정도였습니다.

• 李東千은 수하인가?

그렇습니다. 동인은 학생으로 안병춘의 친구이므로 알게 되었습니다.

• 金七星은 수하인가?

그렇습니다. 동인은 이동천의 친척으로 알게 되었습니다.

• 소화8년 4월 경부터 동년 7월 경까지 경성부 명륜정 4정목 127번지 한금남 방에서 여러 차례 이동천, 김칠성과 회합하고 신문지상의 시사문제를 소재로 하여 좌익 실천적으로 교양한 후 서로 제휴해 공산운동에 매진할 것을 권유해 그 승락을 얻었는가

시사문제에 관해 말을 하였지만 서로 제휴해 공산운동을 하자고 한 적은 없습니다.

• 어떠한 시사문제를 이야기하였는가?

그것은 잊었지만 그 때 신문지상에 나타난 정치 문제에 관해 공산주의자 입장에서 비판설명했습니다.

• 당시 이동천, 김칠성은 안병춘이 지도하고 있었는가

그렇습니다.

• 피고인은 안병춘의 의뢰에 따라 본정 경찰서에서 주의를 받고 있는 이동천, 김칠성 등을 안전한 하숙옥에 안내하기로 하고 명륜정의 한금남 방에 전숙시켰는가

그렇습니다. 틀림없습니다. 안병춘의 말로는 이동천, 김칠성 등이 동경에서 출판한 좌익적 서적을 가져오게 한 것을 본정서에서 안 관계로 몇 번인가 숙소를 찾아왔다고 해서 轉宿시켰습니다.

• 그 후 피고인은 때때로 그곳에 왔다 갔다 한 일이 있는가?

그렇습니다.

• 한금남은 전부터 아는 사이인가?

한금남은 이분선의 동급생으로 그녀의 집에 간 일이 있어 얼굴만은 알고 있었습니다. 그는 가정교사를 하며 공부했는데 모친이 학생의 하숙옥을 하게 되었다고 나에게 집을 찾아달라고 의뢰한 일이 있어서 집을 물색한 적이 있었고, 이번에는 학생을 소개해달라고 해 때마침 전숙하기로 한 이동천, 김칠성을 소개해 주었습니다.

• 이동천, 김칠성 등에게 신문지상의 시사문제 이외에 《프롤레타리아경제학》, 《프롤레타리아의 사명》, 《자본주의의 가라쿠리》, 《인터내셔날》, 《산업노동통신》을 교재로 교양한 일이 있는가?

그러한 일은 있습니다.

• 조선의 독립과 공산주의 실현을 위해 비합법운동이 필요한 것까지도 설명했는가?

그렇습니다.

• 동년 5월 경 이동천에게 학내 투쟁을 준비하기 위해 배재고등보통학교 생도의 불평불만을 조사하라고 명령한 일이 있었는가?

나는 이동천 등의 요구에 따라 여러 가지를 이야기했지만 그러한 조사를 명한다든지 또는 학교 내에 어떠한 운동을 하라는 등의 구체적인 명령을 한 적은 없습니다. 그러한 일은 안병춘이 했을 것입니다.

• 그 때 김칠성 등과 함께 姜亮燮도 피고인의 지도를 받았는가?
그렇습니다. 강양섭도 김칠성 등과 함께 학생이었습니다.
• 피고인은 트로이카 운동을 시작했는가?
그렇습니다. 나는 형무소에 있을 때 과거 운동의 경험에 비춰 종전의 공산주의 운동을 비판했습니다. 종래의 공산주의 운동은 전국적인 조직으로 당을 만들고 대중에 호소하려 했는데, 그 때문에 노농대중과 전위가 분리되어 완전한 결속이 불가능했던 점에 비춰 앞으로는 전위가 노동자가 되어 대중층에 파고들어 우선 개인적으로 동지를 획득하고 이로써 나중에 당을 조직해야 한다, 대중이 없는 당은 죽은 당으로 앞으로는 트로이카적으로 아래로부터 위로의 운동 형태를 취해야 한다고 단정하고 이를 사람들에게 설명했습니다. 다른 사람들이 무슨 운동인가라고 묻기에 트로이카 운동이라고 말했습니다. 트로이카란 三頭立의 마차로, 그 차를 끄는 말은 같은 힘으로 끌어야만 하므로 각인은 각 공장에 들어가 조직선도 없고 누가 권력자이지도 않고 각자 동지를 획득해야만 하는 것이 내가 말하는 트로이카 운동입니다.
• 안병춘은 어떻게 알게 되었는가?
내가 형무소를 출옥한 직후부터 머물렀던 이인행의 집에는 안병춘의 모친이 김용식 집의 방 한 칸을 빌려 밥을 해주고 있었는데 안병춘이 때때로 모친을 만나러 와 나도 자연스럽게 알게 되었습니다.
• 피고인은 연건정에서 동숭정 29번지로 전거했는가?
그렇습니다. 소화8년(1933)로 5월 경이라고 생각되는데 이인행, 안병춘의 모와 함께 옮겼습니다.
• 그 하숙에 소화8년 5월 경 안병춘이 피고인을 방문했을 때 피고인은 그에게, 세계 공산주의 운동의 정세, 경성 공산주의 운동의 정세에 관해 말하고 경성에서 혁명전선의 통일은 긴급한 임무이므로 다수 동지를 획득하여 그 중에서 조선공산당의 재건운동을 하고 그 조선공산당재건

운동을 하기 위해서는 협의회 식의 트로이카 운동을 일으켜 각자 다수의 동지를 획득하지 않으면 안 된다, 군은 영등포 공장지대를 중심으로 공장 내에 다수의 동지를 획득해야 할 것이라고 권유해 그 승낙을 얻었는가?

그러한 일은 한 번도 아니고 수 차례 내가 출옥 후 안병춘을 만날 때마다 말했습니다.

• 협의회 식이란 어떠한 것인가?

내가 경찰에서 공술할 때 트로이카 운동이란 처음부터 당을 만들지 않고 트로이카적으로 각자가 동지를 획득하고 동지가 다수 모일 때 당을 만든다고 말한 바 경찰에서 그렇다면 협의회 식이 아닌가라고 말해서 그렇다고 말한 것입니다.

• 안병춘이 공산주의 사상을 가지게 된 것은 피고인이 여러가지로 설명하였기 때문인가?

안병춘은 학교 스트라이크의 경험도 있고 내가 말할 때는 어느 정도 공산주의 책을 읽고 흥미를 가지고 있어서 적극적으로 운동할 작정으로 공장에 취직구를 찾고 있었습니다.

• 李丙驥, 즉 李順福은 수하인가?

그렇습니다. 그는 소화8년 6월 경 동숭정의 집에 나를 찾아 온 일이 있습니다.

• 그가 영등포에서 자유노동을 하는 공산주의자로 영등포의 노동자층에 들어가 활동한다고 말하자 피고인이 영등포에는 안병춘이 활동하고 있으므로 그를 만나서 잘 활동하라고 말한 바, 그는 기꺼이 따르게 되었는가?

그렇습니다.

• 그 후 안병춘이 피고인을 방문할 무렵 이순복의 일을 말하고 그의 정체를 잘 조사하여 동지로서 획득하라고 말한 바 그가 조사한 결과 반동

분자는 아니어서 그 뜻을 보고했는가?

그렇습니다. 안병춘이 교제하여 본 결과 완전하지는 않지만 장래가 엿보인다고 말하였습니다.

- 이현상은 수하인가?

그렇습니다. 소화3년 내가 경찰에 잡혀 올 때 알았는데 출감 후 소화8년 여름 무렵 방문한 일이 있습니다.

- 安三遠은 수하인가?

그도 소화3년의 사건으로 함께 검거되어 알게 되었습니다.

- 이현상이 안삼원을 안병춘에 소개해 영등포에서 운동하게 되었는가?

그렇습니다. 그것은 소화8년 9월 경의 일입니다.

- 안삼원도 소화8년 5월 경 피고인을 방문했는가?

그렇습니다. 안삼원은 시골에서 경성에 온 것인데 취직하지 않으면 경찰의 주목을 받게 되어 나에게 취직을 알선해 달라고 해서 어느 곳인지 공장 방면에 가서 운동하고 싶다고 말하였습니다만 직접 아는 곳도 없어서 그대로 두었습니다.

- 그 후 이복순과 안삼원과 안병춘 3인이 영등포에서 트로이카 식의 운동을 하고 있다고 안병춘이 보고했는가?

세 사람이 교제한다는 것은 안병춘에게서 들었지만 어떠한 활동을 하고 있는지, 동지적으로 연락하고 있는지는 듣지 못했습니다.

- 활동 상태는 보고받고 상의한 것이 아닌가?

각자의 활동 상태에 관해 나에게서 듣지도 않고 보고받지도 않습니다.

- 소화8년 6월 경 경성제국대학 의학부 회춘원 내에서 이현상과 만나 동인에게 안병춘에 이야기한 것과 같은 것을 말하고 트로이카 식의 운동을 하자고 권유하고 이의 승락을 얻은 일이 있는가?

그러한 일이 있습니다.

- 鄭七星은 수하인가?

그렇습니다. 알고 있습니다. 소화8년 4월 경의 일입니다만 조선일보에서는 구파와 신파의 투쟁이 노골화되어 구파가 그만두고 신파가 들어갈 때 간부 구성 문제로 시끄러웠습니다. 이 문제는 공산주의적 색채가 있었던 전직 중등학교 교사 文錫俊을 들이는가 들이지 않는가라고 하는 것이었습니다. 조선일보 배달부인 徐昌이 나를 방문해 그 경과를 말하고 문석준은 현재로는 좌익적인 색채는 없지만 어떻게 하면 좋을 것인가 말해 나는 직접 문석준을 만나 동인의 이야기를 들어본 바 문은 자신으로서는 입사하고 싶지만 주주들이 반대하므로 불가능하지 않겠는가하고 말해 나는 문은 일부에서는 타락간부라고 경멸되고 있지만 어느 정도 좌익 색채가 있는 자를 입사시키는 것이 독자에게 좌익적 의식을 주입시키는 데 유용하지 않겠는가라고 생각하여 주주들을 방문해 문석준의 입사를 역설한 것이어서 그 결과 문의 입사가 실현되었습니다. 그로써 그는 총무역으로 근무하게 되어 나는 그에게 배달부라도 좌익적인 색채가 있기 때문이라고 말해 배척해서는 안 된다고 말한 적이 있었는데 그 문제로 신문사에 출입할 때 배달부인 정칠성도 알게 되었습니다.

• 소화8년 6월 경 경성부 동숭정 경성제국대학 법문학부 뒷산에서 정칠성과 만나 서로 제휴해 공산주의 운동을 하자고 권유하고 군은 공장에 들어가 실천을 통하여 동지를 획득하려고 하였는가?

그러한 일이 있습니다만 공장에 들어가라고는 하지 않았습니다. 조선일보 속에서 활동하라고 말했습니다.

• 그에게도 트로이카 식 운동을 이야기했는가

그렇습니다. 내가 늘 말하는 운동의 방침이 트로이카 식 운동입니다.

• 李星出은 언제 알았는가?

형무소에서 알게 되었습니다.

• 변홍대는 언제 알았는가

형무소를 나올 때 나를 방문했습니다.

• 언제인가?

소화7년 12월 경입니다.

• 소화8년 5월 경 동숭정 집에서 안병춘에게 트로이카 식 운동을 말한 며칠 후 변홍대에게도 트로이카 운동을 이야기하고 그러한 방법으로 운동을 하지 않으면 안 된다고 권유하여 그 승낙을 받았는가?

그렇습니다만 안병춘에게 말하기 전에도 후에도 그렇게 말하였습니다. 변홍대는 원래 김형선의 지도를 받고 활동하고 있었는데 변홍대를 통하여 김형선이 나를 조사하기 위해 방문한 것입니다. 그래서 변홍대가 김형선의 뜻을 받아서 나를 김형선과 서로 제휴하여 운동시키기 위해 방문한 것입니다. 변홍대는 김형선이 경성을 중심으로 하여 조선의 공산운동을 위하여 일하고 있는 것을 암시하고 있었으므로 위대한 한 사람이 통일해도 혁명을 성취하는 것은 아니다. 대중적인 개인개인이 직장에 들어가 활동해 다수의 동지를 획득한 후에 당을 결성해야 할 것이다고 주장했는데, 변홍대는 처음에는 나의 의견에 반대하였는데 나중에는 찬성하였습니다.

• 소화8년 7월 경 경성제국대학 법문학부 뒷산에서 이성출, 변홍대와 회합하여 그 무렵 그들에게서 경기도 양평군 내에 양평적색농민조합조직방법에 관해 합법·비합법 이론이 서로 대립한다는 것을 들었는가?

변홍대·이성출과 교제하고 있을 때 들었지만 두 사람에게서 동시에 들은 것은 아니고 각각 별도로 성대 법문학부 뒷산에서 들었습니다.

• 그 논쟁이란 어떠한 것인가?

이성출은 계를 조직해 그 성원을 지도하여 합법적 운동을 하면 좋겠다고 말하고 변홍대는 비합법농민조합을 조직하지 않으면 안 된다고 하였습니다. 그래서 나는 두 사람에게 군들의 의견에는 어느 것에도 결점이 있다. 즉 합법적인가 비합법적인가는 개개의 경우에 객관적 정세에 의해 결정되는 것으로 때로는 합법적인 방법을 취하고 때로는 비합법적 방법을 취하지 않으면 안 된다고 말하였습니다.

• 트로이카 식 운동을 하라고 권했는가?

그렇습니다만 양평의 경우에 한정한 바는 아니었습니다. 물론 양평에 그러한 의론이 있었던 것을 알아서 일반적으로 말한 적이 있습니다.

• 변홍대는 당시 김형선과 함께 서울에서 활동하고 있었는가?

그렇습니다.

• 피고인이 변홍대에게 양평의 운동은 이성출에 일임하고 경성에 와서 운동하라고 권유한 일은 없는가?

그러한 일은 없습니다. 내가 권했다기보다는 변홍대는 김형선의 지도를 받고 있어서 그의 지도로 경성에 온 것입니다. 변홍대가 이성출에 인계했는가의 여부는 알지 못합니다.

• 梁河錫을 아는가?

그렇습니다. 내가 출옥 후 소화8년 5월 경 방문했습니다.

• 소화8년 5월 31일 경 杏村町의 편창제사회사 경성제사소의 여공이 급료치상의 스트라이크를 일으킨 일이 있는가

그러한 일을 들은 적이 있습니다.

• 양하석이 선동하였는가?

그렇다고 생각합니다. 양하석도 김형선의 지도를 받아 내 동정을 살피러 온 것으로 기억하는데 어떻게 스트라이크를 일으켰는지, 어떠한 활동을 하였는지는 모릅니다.

• 그러한 일로 김형선이 배후에 있는 것을 알고 그와 만나게 되었는가?

그렇습니다만 그 무렵까지는 김형선이라고는 알지 못했습니다. 소화8년 7월 중순 경 변홍대가 이름은 말하지 않고 동지가 있으므로 만나 달라고 말해 만나기로 되었습니다.

• 소화8년 7월 중순 경 동숭정 피고인의 하숙에서 만났는가?

하숙집 앞 노상에서 만났습니다.

• 그 때 어떤 이야기를 하였는가?

하숙집 앞 노상에서 만나 동소문 밖 돈암정 골프장으로 갔는데, 그곳에서 김형선은 이론을 듣고 싶다고 하고 또 국제 정세, 조선의 정세까지도 듣고 서로 과거 운동의 비판에 관해 말하였습니다.

• 김형선은 국제공산당 극동지부에서 파견되어 왔다고 말했는가?

김형선은 직접으로는 말하지 않았지만 그의 논조 색색의 표현 등에서 그러한 자가 아닌가라고 추측했으며, 어느 정도 의심은 했습니다.

• 그 때 그가 조선공산당 재건을 위해 서로 제휴해 활동하지 않겠느냐고 해 피고인은 이를 승낙했는가?

신문하신 내용을 상대방이 말했지만 나는 승낙한 바는 없습니다. 상대가 구체적으로 정체를 말하지 않고 종전에도 국제공산당에서 파견되었다고 하여 멋대로 일을 한 사례가 있으므로 나는 직접적으로 그를 신용하는 바는 아니었고 그렇다고 하여 반대한 바도 아니었지만 물론 장래에는 서로 제휴할 작정이 있었지만 그 때는 승낙한 일이 없습니다.

• 그러나 김형선이 피고인에게 함남에 가서 운동해 달라고 말하고 또한 인쇄 기술을 가진 자를 소개해 달라고 의뢰하자 피고인은 그를 국제노선에서 온 자라고 생각하고 국제노선에서 준 출판물을 주면 소개해 주겠다고 말하지 않았는가?

김형선을 만나기 전부터 그는 변홍대, 양하석을 통해 나에게 함남에 가는 것이 좋지 않겠는가라고 말하였고 김형선을 만날 때도 그가 이와 같이 말했으므로 나는 가도 좋지만 새로이 移住하면 그곳 경찰에서 신원을 알아차릴 우려가 있고 그곳 사정도 잘 알지 못하며 또한 함남 일대는 사상적으로 진전하고 있으므로 내가 가는 것도 있을 수 없다고 말하였습니다. 또 출판물을 요구한 것은 장래 교제하여 진정으로 국제공산당에서 파견된 자라면 서로 제휴해 운동할 작정이었으므로 확실히 하기 위해 그렇게 말한 것입니다.

• 결국 함께 조선공산당의 재건운동을 하자는 것을 상담한 일이 되지 않는가?

그렇습니다.

• 김형선은 국제공산당 국제지부 김단야의 지령으로 왔다고 말하지않았는가?

그렇게 말하지 않았습니다. 나는 김형선이 신의주에서 활동하다 검거를 피해 상해, 모스크바에 가 있는 것으로 알고 있었는데 김형선과 만날 때도 자신의 이름은 말하지 않았지만 그 이론을 듣고 김형선이 아닐까 라고 추측하였습니다.

• 국제노선에서 출판한 출판물은 있다고 하였는가?

2개월 정도면 손에 넣는다고 말하였습니다.

• 그러고 나서 헤어졌는가?

그렇습니다.

• 그 외에 그와 만난 일은 없는가?

그 후 1주 남짓하여 보성고등보통학교 옆 산기슭에서 만난 일이 있습니다 다만 그 때 이야기도 전과 같았습니다.

• 黃泰成을 아는가?

그렇습니다. 그는 나와 같은 사건으로 처벌받았는데 소화8년 8월 중순 경 나를 방문한 일이 있습니다.

• 그 때 함께 제휴해 공산주의 운동을 하자고 상담하였는가?

그렇지 않습니다. 그는 처음 경성에 나올 때 방문했을 따름입니다.

• 이순금과는 어느 때 알게 되었는가?

내가 형무소를 나올 때 이순금은 이관술의 독서회 사건으로 경찰에 검거되었는데 검사국에서 불기소로 처리된 일 및 동녀가 이관술의 누이인 것까지도 신문을 통해 알고 있었는데, 그 사건의 내용을 듣기 위해 직접 이순금을 방문해 알게 되었습니다.

• 그렇지 않고 소화8년 4월 경 서창으로부터 소개받고 연건정의 피고인 집을 방문하지 않았는가?

서창이 소개한 여자가 이순금입니다. 그것은 내가 그녀를 방문한 후입니다.

• 피고인이 방문했을 때 그녀는 어느 곳에 있었는가?

적선정에 있었습니다.

• 피고인은 이순금과 동거한 일은 없는가?

없습니다.

• 소화8년 8월 중 일주일 정도 있었던 것이 아닌가?

그러한 일은 없습니다. 실은 소화9년 1월 18일 서대문경찰서가 검거의 손을 뻗치자 이순금도 예포된 것이 아닌가하고 생각해 이관술 집에 들러 본 바 경계망에 걸렸습니다만 무사히 도피했는데 내 집에는 가지 않고 이순금의 아지트인 부청의 雇員의 집에 가서 이순금과 함께 은신하고 있다가 이순금은 동월 21일 나는 다음날 22일 예포되었습니다. 그래서 그 사이 4일간 동거한 것이 되었습니다.

• 소화8년 8월 경부터 동년 11월 경까지 누차 경성부 적선정의 이순금 집, 동숭정의 피고인 집 기타 수창정에서 이순금과 만날 때 그녀에게 공산주의운동을 위해 공장에 들어가 여공에게 공산주의 의식을 주입하면서 동지를 획득할 것을 권해 그 후 그녀에게서 여공 교양에 관해 활약할 것을 듣고서 여공 등에 대해서는 산업별 적색노동조합을 조직할 것, 즉 각 공장에서 노동자를 획득해 이를 공산주의적으로 훈련하고 화학·섬유·금속 등 산업별로 부문을 나눠 적색노동조합을 조직할 것 등을 교양하도록 권하였는가?

그렇습니다.

• 俞順姬를 아는가?

압니다. 소화8년 2, 3월 경 나를 방문해 와서 알게 되었습니다.

• 어떠한 용무로 왔는가?

그녀는 공장의 여공입니다만 내가 형무소에서 그것을 어디에선가 들었고 누구 소개도 없이 방문해 왔습니다. 더우기 그녀의 숙부 俞鎭熙가 전에 공산당 사건으로 징역 4년에 처해진 일이 있었는데 그 후 그 숙부가 타락간부라든가 스파이라든가 하는 소문이 나돌아 그 일도 나에게 확인하기 위해 온 것입니다.

• 그녀와 협의한 일은 없는가?

그렇습니다. 그녀는 공산주의자라기보다는 공장에 대해 불평불만을 가지고 있었으므로 그 후로도 연락적으로 교제해 공장 내의 활동방법, 스트라이크의 방법 등에 관해 이야기를 한 일이 있습니다.

• 소화8년 8월 중순 경 신설정에 있었는가?

그렇습니다. 노동자가 사는 바라크 식의 長屋에 있었습니다. 주인은 내 지인이었습니다.

• 그 무렵 신설정 집에서 변홍대에게 적색노동조합조직에 관해 금속·화학·섬유·일반사용인노동·출판 등 산업별로 부문을 나누어 이들 각 부문에 책임자 1인을 두고 동지를 획득하여 이를 조직으로까지 발전시킬 필요가 있으므로 이를 위해 용산 방면에서 노동운동에 종사할 것을 권하여 그 승낙을 얻었는가?

그러한 일이 있습니다. 변홍대와 교제하면서부터 누차 말했습니다.

• 소화8년 9월 초 경부터 동년 10월 20일 경까지 누차 경성부 연건정 경성제국대학 의학부 뒤 및 동대학 법문학부 앞에서 이현상과 만나 당시 자기가 지도하고 있던 조선견직회사 공장의 여공 李晶淑, 李貞賢, 金南謙을 소개하고 동인들을 매개로 공장 방면의 공산주의 운동을 지도할 것을 권하고 또한 동년 9월 중순 신설정 종연방적회사, 경성제사공장에 동맹파업이 일어났을 때 그 파업을 지도하고 공산주의 운동을 할 것을 권유하였는가?

대체로 그러합니다만 스트라이크가 일어날 때 승리하기 위해 활동하라고 주장한 일은 있지만 좌익적인 파업이 아닌 것을 공산주의적으로 주도하는 것은 불가능하므로 공산주의 운동을 하라고는 말하지 않았습니다.
• 그 후 그 공장의 파업에 실패하고 다수의 동지가 예포되자 금후는 조선견직회사공장의 여공 이정숙, 조선제사회사공장의 여공 金福今과 연락운동하도록 권유해 그 승낙을 받았는가?
그렇습니다.
• 최소복은 아는 사이인가?
그렇습니다. 동인은 소화8년 7월 경 이병기의 소개로 알게 되었습니다.
• 그에게 트로이카 운동을 이야기하고 그러한 방법으로 공산주의 운동을 하자고 말하였는가?
그렇습니다.
• 소화8년 9월 경 남산공원 경성신사 뒷산에서 최소복에게 각 학교 내에 우선 1인의 오르그를 만들고 그 오르그를 통해 동지를 획득하여 이를 평소 의식적으로 훈련해두고 학내에 투쟁이 야기된 경우는 그 결속을 굳게 하여 동지결합의 강화를 꾀할 방침 하에 학생운동에 종사할 것을 권하여 그 승낙을 얻었는가?
그렇습니다.
• 최소복은 전기학교의 생도인가?
그렇습니다.
• 그 무렵 이인행과 최소복과 변우식 세 명을 학생 방면 트로이카 운동을 하도록 하고 그 책임자가 되었는가?
이들에게 트로이카가 되라고는 말하지 않았습니다.
• 그러나 피고인은 경찰에서 이현상을 통하여 이 3인을 트로이카로 하였다고 공술한 것이 아닌가?
그렇게 공술한 일은 없습니다.

• 또한 최소복을 통해 연희전문학교에 재학 중인 **李東壽**와 동년 10월 경 관훈정 **以文堂** 서점에서 만난 일이 있는가

있습니다.

• 그 때 그에게 일반 정세로 보아 전문학교 방면에서도 투쟁이 필요다고 설명하고 그 승락을 얻었는데 그 후 그는 시험준비 때문에 바쁘다며 하등 활동을 하지 않았는가?

그러합니다만 그가 전투적인지 아닌지 알 수 없어서 확인하기 위해 그러렇게 말하며 학교 내의 일을 들었습니다만 그는 시험준비로 바쁘다며 활동하지 않았습니다.

• 변우식과는 어떠한 관계로 알게 되었는가?

李景仙을 통하여 알게 되었습니다.

• 소화8년 9월 중순 경 동소문 부근에서 동인과 회합해 학생을 동지로서 획득해 공산주의 운동을 하라고 권해 그 승낙을 받았는가?

그렇습니다. 중앙고등보통학교 뒷산에서 동인과 만날 때 동인이 공산주의에 관한 서적을 읽으려면 어떠한 책이 좋은가라고 묻기에 책을 읽는 것보다 학교 내에서 독서회를 만들어 연구하도록 주장했습니다.

• 이경선과는 아는 사이인가?

그렇습니다. 소화8년 4월 경 이순금의 소개로 알게 되었습니다. 당시 그녀는 중앙고등보통학교 앞에서 하숙했는데 그곳을 내가 방문하였습니다.

• 그녀에게 조선의 일반 정세와 학생운동이 중요한 것을 설명하고 금후 제휴하여 활동하자고 권유하였는가?

그렇습니다.

• 그 후 소화8년 10월 경 중앙고등보통학교 뒷산, 이경선 방에서 여러 차례 그녀와 회합해 조선공산당 재건을 위해 여자중등학교 방면의 운동을 담당하여 그 책임자로서 활동하도록 권유하고 그로써 동덕여자고보

기타 경성부 내의 여자중등학교에 적색독서회를 만들어 활동하도록 권유하였는가?

그러한 일이 있습니다만 책임자가 되라고는 말하지 않았습니다.

• 이경선 등에게 스트라이크에 관해 활동하도록 한 일이 있는가?

그렇습니다. 소화8년 6월 경이라고 생각되는데 동덕여자고등보통학교에 스트라이크가 일어나서 전교 생도들에게 스트라이크의 의의를 알리고 또 설령 일시적으로 패하더라도 좋으므로 크게 기세를 올리라고 말한 일이 있습니다.

• 안승락을 아는가?

그렇습니다. 동인은 조선일보에서 배달일을 하고 있어서 만나기 전부터 이름만은 알고 있었는데 소화8년 겨울 경 만나자고 해 3, 4회 만난 일이 있습니다.

• 안승락을 처음 만난 것은 소화8년 10월 경으로 그로부터 1개월 정도 사이에 여러 차례 만났다고 하는데 어떠한가?

일시는 잘 기억나지 않지만 3, 4회 만났습니다.

• 어느 곳에서 만났는가?

광화문 통 체신국 전 의전병원 입구에서 효자정 전차종점 사이 또는 총독부 앞 적선정의 각 노상에서 만났습니다.

• 그 때

1. 조선에서 공산주의 운동사
2. 동 운동중의 구체적 비판
3. 조선에 있어서 공산주의 운동과 코민테른과의 관계
4. 그 운동 통일의 방법
5. 공장 내의 조직방법 등에 관하여 토론하였는가?

그렇습니다. 상대방이 질문해 온 것이어서 답한 것입니다.

• 의론이 없지 않았는가?

상대방은 별다른 의견을 발표하지 않았습니다.
- 안승락이 룸펜적 생활을 벗어나 실천적 태도로 자기 직장에서 활동하도록 권해 그 승낙을 얻었는가?

그렇습니다. 따라서 룸펜적 생활을 하지 말고 공장에라도 들어가서 활동하라고 말하였는데 명령적으로는 말하지 않았습니다.
- 안승락의 일은 그 해 여름 무렵 서창, 정칠성, 변홍대에게서 듣고 있었는가?

그렇습니다.
- 정태식은 아는 사이인가?

그렇습니다. 그를 알게 된 것은 소화 8년 7월 경의 일입니다만 그 무렵 내 고향 출신 金月玉이라고 하는 여자가 서울의 여자고보로 진학했는데, 내가 사는 이분선 집에 머무르기 위해 왔습니다. 그 때 그녀가 성대생과 함께 있다고 들었는데 그녀는 전에 스트라이크로 퇴학당했다고 해 그녀를 좌익적인 사람이라고 생각하고 그 후 그녀를 방문한 적이 있습니다. 그 때 그녀가 책을 빌려 달라고 해 빌려 주었는데 그 책을 되돌려 주러 온 사람이 정태식이었습니다. 그러한 연유로 정을 알게 되었는데 김월옥이 정태식도 좌익적인 학생이라고 말했습니다. 당시 용천 교수 사건으로 경성제대에 스트라이크가 발발하고 있어서 성대에서도 이 문제에 관련한 스트라이크가 일어날 움직임이 있는 것이 아닌가라고 들은 일이 있습니다.
- 그 때 김월옥은 있지 않았다는데 그러한가?

그렇습니다.
- 그 때 어떠한 말을 하였는가?

성대 내에서 용천 사건을 중심으로 좌익적인 투쟁만을 일으켜서는 안되고 일반적인 의미에서 모든 학생을 동원하는 운동을 하지 않으면 안된다. 예컨대 지금 성대에서는 경제학, 정치 문제에 관한 연구의 자유를 빼앗기고 있으므로 이런 기회에 그 연구의 자유를 표방하고 자유주의적인 투쟁을 일으키면 일반 학생도 이에 많이 참가할 것이라고 말하였던 바 정태식도 나의 의견에 찬성하였습니다.

• 그 후 몇 번인가 정태식 방에 놀러가서 친하게 되어 9월 경 성대 내의 학생운동에 관해 여러 가지를 협의한 것인가?

그렇습니다.

• 동년 12월 경 정태식 방에서 그에게 성대 내에 일상투쟁을 일으켜 이를 통해 학생을 좌익적으로 지도하고 학내에 적색독서회 또는 문화서클 등을 조직함과 함께 좌익교수를 완전하게 획득하여 공산주의 운동에 매진할 것을 권하여 그 승낙을 얻은 일이 있는가?

그러한 일이 있습니다.

• 미야케는 어떻게 알게 되었는가?

소화8년 9월인가 10월 경 정태식이 성대에 좌익적인 교수가 있다고 말하였는데, 그가 누구인지 또 어떠한 정도의 자인지 알 수 없었습니다. 나는 이를 좌익적으로 진단해야 한다고 생각해 그 무렵 정태식과 누차 그 좌익교수와 만나는 것을 논의한 끝에 동년 12월 만나기로 해 정태식과 함께 동숭정 25번지 관사에 가서 만났는데 그 좌익교수가 미야케였습니다.

• 두 사람이 이야기했는가?

그렇습니다. 정태식은 소개한 후 별실로 갔고 두 사람이 회견하였습니다.

• 미야케에게 서로 제휴해 공산주의 운동을 하자고 권한 바 그가 응낙하였는가?

첫 번째 회견 때는 의견을 교환한 따름이었습니다. 상대방도 나도 이름은 말하지 않고 나는 자신의 경력을 말하고 조선의 공산주의 운동, 세계의 공산주의 운동에 관한 견해를 서로 이야기한 정도입니다.

• 나아가서 현재 조선에서 공산주의 운동의 주요 임무는 전선적으로 공장을 중심으로 적극적으로 전개되는 공산주의 운동을 통일하는 것, 즉

공산당 재건을 위해서는 전선적인 정치운동을 확립할 것, 전선적인 정치신문을 발행할 것 및 투쟁장 안에서 경험 재료로서 선전선동을 위한 출판 활동을 왕성하게 할 것을 요하며 그 중에서 전선적인 정치운동 방침의 확립을 가장 긴급한 사항으로 추진할 것을 제안하여 찬동을 얻었는가?
그러합니다만 그것은 두 번째 회합 이후의 일입니다.
- 소화9년 1월 15일 경 까지 일곱 차례 정도 만났는가?
몇 번인가는 잘 기억나지 않지만 그렇다고 생각합니다.
- 그 사이 전선적인 정치운동 방침의 확립에 관해
(1) 국제 정세의 분석
(2) 조선 정세의 분석
(3) 과거 운동의 비판
(4) 당면 임무를 결정할 것의 4대 항목의 플랜을 결정하여 서로 안을 만들고 그 결과,
(1) 국제 정세 분석에 관해서는 코민테른 집행위원회 제12회 플레남 테제에 기준을 두고 이에 신정세를 참조할 것,
(2) 조선 정세의 분석에 관해서는 경제 정세와 정치 정세로 구분하여 어느 것도 코민테른의 조선 문제에 관한 12월 테제, 프로핀테른의 좌익노동조합운동에 관한 9월 테제를 기초로 이에 신정세를 참조하고
(3) 혁명의 전망에 관해서는 12월 테제에 준거하고
이상에 관하여 협의하였는가?
그렇습니다.

●예심조서(제2회)

• 이재유인가?

그렇습니다.

• 전 회의 공술은 틀림없는가?

상위없습니다.

• 소화9년 1월 22일 피고인은 서대문경찰서에 검거되었는가?

그렇습니다.

• 그 때 명의는 행정검속으로 되어 있었는가?

그렇습니다.

• 동년 4월 14일에 도망했는가

그렇습니다. 내가 예포될 때, 강원도에서 150~60명, 경성에서 200명 정도 검거되었는데 경찰에서는 그 책임자가 나이고 또 내가 상해에서 온 權五勳과 관계가 있다고 자백하라고 고문했습니다. 그 고문을 견디지 못하고 나는 죽을 것인지 도주할 것인지를 결심한 것입니다. 이에 3월 5, 6일 경부터 도주할 틈을 엿보다 마침내 3월 11일 오전 2시 경 간수의 틈을 보아 도주를 기도하였는데 도중에 의식을 잃고 미국 영사관에 뛰어 들어가다 형사에게 체포되었습니다. 그로부터는 경찰이 내가 러시아 영사관에 들어가려 했다고 고문해 다시 4월 12일 도주한 것입니다. 그 상세한 내용은 검사국에서 자세하게 공술했습니다.

• 3월 11일 및 4월 14일에 도주할 때 상세한 모양은 이와 같은가?

(이 때 판사는 사건기록 제3959페이지 4행째에서 제3967페이지 안 7행째까지를 읽어준다-조서의 각 페이지는 안과 겉의 두장으로 구성되어 있다. 표기가 없는 경우는 단일 페이지다)

그렇습니다. 그대로 틀림없습니다.

• 미야케 방에서 숨어 있었던 것도 이와 같은가?

(이 때 판사는 사건기록 제3967페이지 안 7행 째에서 제3970페이지 안 8행 째까지를 읽는다.)

그대로 상위없습니다.

• 지금 읽은 것 가운데 8(원문대로)疊 사이의 구멍이란 무엇인가?

그것은 6이 아니고 8첩 사이 床下의 것입니다.

• 미야케 방에 38일 간 있었는가?

그렇습니다.

• 미야케의 처는 전부터 알고 있었는가?

전부터 얼굴은 알고 있었습니다만 말을 한 적은 없습니다.

• 미야케가 있을 때는 그가 직접 식사를 들여주었는가?

그렇습니다.

• 그 사이 미야케가 10일 간 정도 간도 방면으로 출장갔는가?

그렇습니다. 내가 경찰의 주목받지 않게 되어 미야케에게 출장가면 어떻겠느냐고 권유해 출장가게 된 것입니다. 그 때문에 나는 그 동안 식사할 식빵, 과일, 물 등을 한꺼번에 상하에 들여놓아 달라고 요구한 바 미야케는 처에게 알려 자신의 留守 중 처로 하여금 들여 주겠다고 해, 나는 그것은 곤란하다 당신(貴方)의 부인은 믿을 수 없으므로 요구대로 하여 달라고 말하자 미야케는 처의 경력에서 공산주의 운동에 대한 이해 등을 역설한 위에 그렇다면 처에 대하여 가령 자신이 어느 공산주의자로서 경찰을 탈출한 자를 숨기고 있다고 하면 당신은 어떻게 하겠느냐고 처의 마음을 확인해 보겠다고 말하고 확인한 바, 그의 처는 어디까지나 숨겨주지 않으면 안 된다, 그 방법은 이런 식으로 하지 않으면 안 된다는 적극적인 태도라고 미야케가 말했으므로 나는 부인을 당신 자신과 같이 믿을 수가 있으면 당신의 의견대로 해 달라고 하였습니다.

• 미야케의 처는 피고인이 가고부터 몇 일만에 병원에서 돌아왔는가?

내가 가고부터 회복되었습니다만 사실을 안 것은 미야케가 출장한 때입니다.

- **미야케**는 10일 정도 출장에서 돌아왔는가?

그렇습니다.

- 그 후는 **미야케와** 처, 두 사람이 식사를 넣었는가?

그 후는 누가 넣었는지 모르겠습니다.

- 음식물은 어떠한 것을 넣어 주었는가?

계란, 찐빵, 과일, 통조림, 물 등입니다.

- 통신연락을 하고 있었는가?

그렇습니다. 응접간의 床板에 구멍을 뚫어 그 곳으로부터 종이에 쓴 통신문을 접어서 연락을 취하였습니다.

- 어떠한 통신을 했는가?

경계의 모양 등을 알려 주었습니다.

- 의류, 침구 등도 넣어주었는가?

그렇습니다. 양복 1벌은 도주할 때 사용하라고 넣어준 것입니다. 그 외에 침구로 사용할 縕袍(솜을 넣은 옷)를 넣어 주었습니다.

- 그러한 큰 물건은 어느 곳에서 넣었는가?

내가 있었던 8첩 간의 疊을 들어올려 상판을 벗겨 넣어주었습니다.

- 그외 書物, 전지 회중전등도 넣어주었는가?

그렇습니다.

- 전지는 무엇을 하는 것인가?

회중전등용으로 책을 읽는다든지 무엇을 쓴다든지 할 때 사용합니다.

- 물통, 안전면도칼 등도 넣어주었는가?

그렇습니다. 물통에는 물을 넣어주었습니다.

- 그 외에 넣어준 것은 없는가?

그 외에 프로핀테른, 코민테른의 플레남 테제 등을 넣어 주었습니다.

- 소화8년 12월 **미야케와** 협의한 사항의 원고를 나아가서 검토하기 위

하여 들여달라고 말한 일이 있는가
그러한 일이 있습니다. 원안에서 빠진 곳이나 자구 수정을 할 부분이 있기 때문에 들여달라고 하였는데 그 후 서로 수정한 것을 교환하여 협의한 일이 있습니다.
- 어떠한 일을 누가 하였는가?

아주 사소한 사항이므로 지금 기억하고 있지 않습니다.
- 응접간까지 나와서 그에 관해 이야기한 적이 있는가?

그렇습니다. 3, 4회 있습니다.
- 그 원고를 쓴 종이는 **미야케**가 일일이 태우려고 했지만 단념했기 때문에 타다 말았는가?

그렇습니다.
- 권영태 일파가 비합법적으로 출판한 일어로 된 제13회 플레남 테제, 기관지 프롤레타리아, 한글 팜플렛 등도 받았는가?

그렇습니다. 제13회 플레남 테제는 **미야케**가 독일어의 것을 번역하여 권영태가 출판한 것입니다.
- **미야케**가 번역한 원문은 권영태에게서 입수한 것인가?

그것은 모릅니다.
- 또한 그 사이 두 차례 목욕통風呂에 넣어주었는가?

그렇습니다.
- 현금 30원을 **미야케**에게서 빌린 일이 있는가?

그렇습니다. 다른 날 도주할 때 쓸 요량으로 30원을 빌렸습니다.
- 정태식에게서 **미야케**를 통해 변장용 복장, 중절모, 현금 6원, 編上靴 1족을 빌린 일이 있는가?

빌렸습니다만 **미야케**는 단지 동지에게서 모은 것이라고 말해 정태식이 준 것인지 아닌지 알지 못합니다.
- 先刻 진술한 양복도 동지로부터 **미야케**를 통해 받은 것인가?

부록 433

그렇습니다.

• 安秉潤은 아는 사이인가?

그렇습니다. 알고 있습니다.

• 현금 6원은 동인이 주었는데 그러한가?

그것은 알지 못합니다.

• 양복과 구두는 韓六洪이 가지고 왔다는데 그러한가?

그것도 알지 못합니다.

• 중절모자는 金大容이 가지고 온 것인데 그러한가?

그것도 알지 못합니다.

• 이들 물건 모두 탈출해서 또 공산주의 운동, 조선독립 운동을 하기 위한 것이 아닌가?

미야케는 물론 그렇다고 생각하지만 그 외 사람들은 누구인지 알지 못하지만 우선 운동을 하는 나 같은 자에게 준다고 하는 것은 알고 있다고 생각합니다.

• 정태식과 그 사이 만난 일은 있는가?

있습니다. **미야케** 집에 갔던 날, 즉 4월 14일 내가 응접간에서 이야기를 하고 있던 곳에 들어왔습니다. 그 때 정태식은 나에게 당신과 매우 만나고 싶어 찾았는데도 만날 수 없었는데, 검거되었다니 어떻게 된 것이냐고 묻기에 내가 도주해 온 것을 말하자, 정은 만나서 기쁘다고 하였습니다.

• 그 때 협의는 하지 않았는가?

그 때 **미야케** 및 정태식에게서 어느 청년을 동지로서 알게 되어 교제하고 있다고 들었습니다. 그 자는 모스크바 동방노력자공산대학을 졸업하고 프로핀테른에서 경성 공장지대에서 적색노동조합을 조직할 사명을 띠고 입선해 활약 중인 자로서 태로계인 것 같다는 것이었습니다.

• 어떻게 알게 되었다고 말했는가?

정태식이 나를 만나려고 마음먹고 어느 곳에서 우연히 알게 되었다고 말했는데 어떠한 연유로 알게 되었는가는 말하지 않았습니다.
• 미야케도 정태식의 소개로 알게 되었다고 했는가?
미야케는 별로 그 자에 관해서는 말하지 않았습니다만 정태식의 소개로 알게 되었다고 추측하였습니다.
• **미야케**, 정태식이 그를 만나면 어떠겠느냐고 말한 일은 없었는가?
내 쪽에서 그에게 문의해(원문활자가 명확하지 않아 의역하였음) 도주 중인 자가 있는데 어떻게 할 것인지 물어보아 상대방에서 만난다고 답하면 이쪽은 언제라도 그에 응할 용의가 있다고 말하면 어떻겠느냐고 하였습니다.
• 5월 중순 경 권영태가 **미야케**를 통해 피고인에게 만나고 싶다고 말하는데 만나겠는가라고 **미야케**가 연락한 일이 있었는가?
그렇습니다. 그래서 나는 응접간에서 나와 말하기로 하고 응접간에서 나와 **미야케**와 만난 바, **미야케**는 전날 이야기한 모스크바에서 왔다는 청년이 아무쪼록 나와 만나 협의하고 싶다고 하는데 만나겠는가라고 말해서 나는 만나겠다고 회견을 승낙하고, 만난다고 하면 상대방에서 장소와 시간을 결정하여 달라고 말하자 **미야케**는 그렇다면 명일 이 응접간에서 회견하는 것으로 하자고 해 시간은 상대방에게 물어 형편이 좋은 시각에 결정하도록 하고 헤어졌습니다.
• 그 날 정태식은 검거되었는가?
그렇습니다.
• 5월 중순이라고 말하는데 5월 17일인가?
그렇습니다.
• **미야케**의 이야기로는 정태식의 검거는 상대 청년이 알고 있어 명일 만나는 것은 가능하지 않으므로 5월 22일에 만나는 것으로 결정하였다고 하였는가?

부록 435

그렇습니다.
- 그런데 5월 21일 아침 **미야케**가 검거되었는가?

그렇습니다.
- 그래서 피고인은 그것을 알고 도주하였는가?

그렇습니다.
- 또한 그 床下에 있는 사이에 이러한 일이 있었는가?

(그 때 판사는 동사건기록 제2599페이지 안 9행 째에서 제2601페이지 안 5행 째까지를 읽는다.)

그렇습니다.
- 기관지 프롤레타리아가 노동자를 對照(대상)으로 하면 무슨 까닭에 반대의 코스를 취한 것인가?

노동자를 대상으로 하는 것이라면 너무나도 난해하고 또 비교적 공산주의적 색채가 없으므로 그것을 비판한 것입니다.
- 메이데이의 삐라가 목표가 명확하지 않은 것은 어떻게 된 것인가?

그 삐라에는 노동자를 격분시켜 그 분격을 어느 곳으로 가지고 가는지가 명확하지 않아 그 투쟁 형태와 방법이 명확하지 않다고 한 것입니다.
- 또한 그 사이 소화8년 12월 중 **미야케**와 두 사람이 조선의 일반운동 방침에 관해 협의하고 결정한 원안에 관해 **미야케**와 재검토할 때 그에 관하여 권영태와도 연락 중이므로 동인의 의견까지도 참조하여 3인의 의견이 일치한 결정적인 것을 결정하자고 상담한 일이 있는가?

그러한 일이 있습니다만 결국 **미야케**는 검거되고 나는 도주하여 실현하지 못한 것입니다.
- **미야케** 집을 탈출할 때 상황은 이대로인가?

(이 때 판사는 동 사건기록 제2603페이지 안 3행 째에서 제2608페이지 7행 째까지를 읽는다.)

그렇습니다만 현금 35원이라고 하는 것은 36원이 맞습니다.

• 신설정 192번지 씨명 불상 방이라고 하는 것은 韓澤鐵 집인가?
씨명은 알지 못합니다.
• 그 후 나아가서 용두정 224번지 庾大生 방 등에 전전하였는가?
그렇습니다.
• 그 때의 일도 이대로인가
(이 때 판사는 사건기록 제2607페이지 안 7행 째에서 제2608페이지 7행 째까지를 읽는다.)
그렇습니다. 그대로 입니다.
• 柳모라고 하는 것은 유대생인가?
그렇습니다.
• 沈桂月은 어떻게 알게 되었는가?
내 고향 출신으로 그녀의 부는 전부터 알고 있었고, 그 딸이 경성의 여자상업학교에 와 있다는 것은 미리서 알고 있었는데 소화 8년 1, 2월 경 내 집을 방문해 와서 알게 되었습니다.
• 그녀는 여자상업학교를 졸업한 후 삼청정의 세균검사소에 근무하고 있었는가?
그렇습니다.
• 소화9년 7월 하순 경 용두정에 있을 때 용두정 전차정류소 부근에서 심계월과 동거하고 있는 여자상업 학생으로 얼굴을 아는 사람과 만나 그녀에게 심계월이 지금 어디에 있는가를 물은 바, 세균검사소에 근무하고 있는 것을 알려 주어 그 곳에 전화를 걸어 5일 후 동소문 밖 베비 골프장에서 오전 9시 경 와달라고 하여 약속의 날 약속 장소에 갔던 바 심계월이 와서 여러 가지 자신이 검거된 상황, 그 사이의 사정 등을 들었는가?
그렇습니다.
• 심계월은 朴鎭洪을 어떻게 알게 되었는가?

경찰에 함께 유치된 일이 있어서 알게 되었다고 합니다.

・그 때 심계월에게 박진홍은 무엇을 하고 있는지를 들은 바, 박진홍은 한번 검거되어 석방되었고 또 지금도 추격을 받고 있어 취직도 할 수 없다고 말하여 피고인은 그렇다면 박진홍을 자신과 만나게 해 달라고 주장해 승낙을 얻었는가?

그렇습니다. 10일 후 우 장소에서 같은 시각에 박진홍과 만나기로 하고 헤어졌습니다.

・그 후 박진홍을 만났는가?

그렇습니다. 그 10일 후, 즉 8월 초순 경 그 장소에 갔더니 박진홍이 와 있었습니다. 그녀에게 지금의 처지를 듣고 동지의 그 후 근황(樣子)을 물어본 후 내가 금후 운동을 계속하고 싶은데 아지트 키파가 한 사람 필요하므로 안내하여 달라고 의뢰한 바 그녀는 현재는 다른 사람과 연락할 수 없으므로 자신이 하겠다고 말해 君은 틀림없는가 하고 말한 바 틀림없다고 대답해서 1주일 후 용두정 京軌 용두정류소에서 오전 9시에 다시 만날 것을 약속하고 헤어졌습니다.

・박진홍도 장래 함께 공산주의 운동을 하겠다고 승낙했는가?

그렇습니다.

・피고인이 아지트 키파가 필요하다고 말한 것은 피고인이 당시 경찰에서 수배되어 예포를 면하기 위해 아지트 키파로 하여금 동지와의 연락을 취할 필요상 요구한 것인가?

그렇습니다.

・그 1주일 후 약속 장소에 가서 박진홍을 만났는가?

그렇습니다. 그 때 그녀는 자신의 집을 정리하는 데 약 1주일 정도 걸리므로 그 후 同棲하자고 말해 그렇게 하기로 하고 헤어졌습니다.

・그 때 피고인은 신당정 石山洞 349번지 1호 尹鎭龍 집의 방 한 칸을 빌렸는가?

그렇습니다.

• 그래서 8월 25일 경 박진홍과 용두정의 정류소에서 만나 두 사람이 함께 윤진룡 방에 가서 부부라고 하여 동거하였는가?

그렇습니다. 나는 경성부의 측량기수라고 속여서 매일 아침 8시부터 오후 4시까지는 집을 나와 한남정(구명 한강리)으로 통하는 도로 부근을 배회하거나 혹은 원고를 쓰기도 하는 등 기수를 가장했습니다. 또한 동대문 부근에 가서 도로공사 인부로 일한 적도 있습니다.

• 익년 1월 10일 경까지 동거했는가?

그렇습니다.

• 그 사이 이관술과 연락하게 되었는가?

그렇습니다.

• 어떻게 연락했는가?

소화 9년 9월 중순 경 익선정 33번지 이관술 방에 박진홍을 보내어 정황을 조사시키자 이관술은 이미 출감해 박진홍을 찾고 있다는 것이었습니다. 그래서 그 며칠 후 이관술에게 계속 운동할 의사가 있는지 여부를 확인해 운동할 의사가 있으면 연락하고 신당정에서 한남정으로 통하는 도로 고개 우측의 약수 부근으로, 시간은 오전 11시 경으로 결정하고 오라고 말해 박진홍을 보냈습니다. 그녀는 그 장소, 그 시각에 이관술과 만나기로 약속했다고 보고했습니다. 그래서 박진홍 대신 내가 약속 시간에 약속 장소에 간 바 이관술이 박진홍이 지정한 복장으로 와 있어서 산속으로 들어가 여러 가지 이야기를 나누었습니다.

• 그로부터 소화10년 1월 10일 경까지 장춘단 공원 뒷산 한남정 남산 부근 고양군 뚝도면 제방에서 이관술과 누차 만났는가?

그러한 일이 있습니다만 뚝도면의 제방에서 만난 일은 없습니다.

• 이관술과는 처음 만났는가?

그렇습니다. 이순금에게서 이야기는 듣고 있었지만 신당정에서 처음 만난 것입니다.

• 朴英出과는 어떻게 알게 되었는가?

소화9년 12월 경 이관술을 통해 알게 되었습니다.

• 박영출과는 그 때부터 익년 1월 10일 경까지 먼저 이관술과 만난 장소에서 각각 따로 누차 만났는가?

그렇습니다.

• 그 때

(1) 조선에서 공산주의 운동의 파벌 투쟁에 관해 종종 의견을 교환한 끝에 공산주의 운동자 중 혁명적 분자는 파벌을 혐오하고 통일을 冀望하고 일상 투쟁은 관헌의 압박에도 불구하고 諸所에서 격발하고 있는 현 정세를 인식하고 각자 구체적 방침을 수립하여 성심성의 실천운동에 나서 운동의 통일을 꾀할 것.

(2) 학교 내 활동의 기준으로서

1. 학원 내 일체의 반동단체에 절대반대하고 학생의 자주적인 위원회를 조직하여 그 활동의 자유를 꾀할 것,
2. 학생의 공산 및 반제 등에 가입할 자유를 꾀할 것,
3. 반동적 교사의 수업을 거절할 자유를 꾀할 것,
4. 일본제국주의 축제일 기념식 참가에 반대할 것,
5. 조선 및 국제적 혁명기념일에 학생의 기념활동의 자유를 획득할 것,
6. 학생 제네스트 기타 일체의 캄파니아에서 내선학교 및 학생 등의 공동투쟁을 꾀할 것,
7. 제국주의 전쟁에 절대로 반대하고 그 반대를 위한 투쟁을 일으킬 것,
8. 소비에트동맹 지지 및 중국혁명 운동지지를 위한 투쟁을 일으킬 것,
9. 일본제국주의 권력의 근본적 전복을 위한 투쟁, 조선의 절대독립을 위한 투쟁을 꾀할 것,

(3) 세말에 즈음하여 노동자로 하여금 스트, 사보, 데모에 의해 노동시

간연장 및 斬首에 반대하고 상여를 요구하는 세말 캄파니아를 행할 것을 제안하고 각기 그 승낙을 얻었는가?

그렇습니다.

• 이 역문은 피고인의 초안을 역문한 것인가?

(이 때 판사는 사건기록 제2665페이지에서 제2678페이지까지를 읽는다.)

그렇습니다.

• 이 원안은 언제 썼는가?

소화8년 10월 경에 쓴 것입니다만 그 후 도주 중 그때그때 (일부 판독불가-필자) 부가한 것입니다.

• 그것을 이관술, 박영출에게 보여 동의를 얻었는가?

그렇습니다.

• 이 자기비판문도 피고인의 초안을 역문한 것인가?

(이 때 판사는 사건기록 제2679페이지에서 제2700페이지까지를 읽는다.)

그렇습니다. 그 원안은 내가 용두정에 있을 때 자유노동을 하면서 쓴 것으로 자기비판문이란 나의 종전의 운동에 대한 반성 비판입니다.

• 그 원안도 이관술, 박영출에게 보였는가?

그렇습니다.

• 조금전 질문한 것도 이 비판문에 나오는가?

그렇습니다.

• 이 세말 캄파니아를 적극적으로 전개하자라는 제목의 글도 피고인이 초안한 것을 역문한 것인가?

(이 때 판사는 사건기록 제2701페이지에서 제2709페이지까지를 읽는다.)

그렇습니다. 아까 물어 보신 것은 여기에서 나온 것입니다.

• 이 원본은 어디에서 썼는가?

소화9년 12월 경 석산동에 있을 때 쓴 것입니다.

• 그것을 이관술, 박영출에게 보여 찬성을 얻었는가?

그렇습니다.

• 그 후 세말 캄파니아는 실행했는가?

실행하지 못했습니다.

• 이 통일문제의 원안은 언제 쓴 것인가?

(이 때 판사는 사건기록 제2710페이지에서 제2722페이지까지를 읽는다.)

그것은 미야케의 집 床下에 있을 때 생각한 것을 석산동에 있을 때 쓴 것인데 미완성입니다.

• 이관술과 처음 만날 때 상황은 이와 같은가?

(이 때 판사는 사건기록 제2613페이지 초행에서 제2619페이지 7행 째까지를 읽는다.)

그렇습니다.

• 두 번째 회합 상황은 이와 같은가?

(이 때 판사는 사건기록 제2619페이지 8행 째에서 제2622페이지 8행 째까지를 읽는다.)

이대로 상위없습니다.

• 세 번째 회합 상황은 이와 같은가?

(이 때 판사는 사건기록 제2622페이지 9행 째에서 제2624페이지 10행 째까지를 읽는다.)

이대로 상위없습니다.

• 네 번째 회합 상황은 이와 같은가?

(이 때 판사는 사건기록 제2624페이지 안 초행 째에서 제2625페이지 안 끝까지를 읽는다.)

이대로 상위없습니다.
- 그 후 이대로 박영출, 이관술과 연락협의했는가?

(이 때 판사는 사건기록 제2626페이지 3행 째에서 제2636페이지 안 5행 째까지를 읽는다.)

대체로 그러합니다만 경성재건그룹을 세 사람이 조직한 것은 아니고 나의 근본 방침은 조금도 변하지 않았습니다. 경찰의 눈을 속이기 위해 경성재건그룹으로 한 것이지 여전히 트로이카 운동을 계속했습니다.
- 공장 내 활동 기준으로는 어떠한 내용을 썼는가?

요약하면 노동자의 현실적·경제적 요구를 구체적으로 요구한다는 것으로 좌익분자가 공장 내에서 대중적인 안내역적인 밀접관계를 갖지 않으면 안 될 것, 노동자의 언론, 집회, 출판, 결사의 자유를 스트라이크를 통하여 획득해야 할 것 등입니다.
- 그 일에 관해 이관술, 박영출과 각각 별도로 협의해 그 찬성을 얻었는가?

그렇습니다. 내가 쓴 의견을 보여 각각 승낙을 얻었습니다.
- 3L 캄파 방침서에는 어떠한 것을 썼는가?

3L 투사의 약력, 기념일의 의의, 3L투사의 업적 등을 각 직장 학교를 중심으로 좌익적인 서클, 茶話會, 피크닉, 스포츠 집회를 이용해 선전하라고 써서 이관술, 박영출, 박진홍 기타 여러 사람에게도 보여 각 찬성을 얻었는데 경찰에 압수되었습니다.
- 경성재건그룹이라는 명칭은 피고인이 만든 것인가?

그렇습니다. 내가 마음대로 붙인 것인데 박영출과 이관술은 내가 초안에 이름을 서명한 것을 보고 짐작해 상담은 하지 않았습니다.
- 피고인은 박진홍과 동거 중 매일 4시에 돌아왔는데 1분이라도 늦으면 검거되었다고 생각해 그 때 즉시 준비를 갖추어 다른 아지트로 옮기고 증거가 될 만한 문서는 폐기하라고 늘상 이야기했는가?

그렇습니다. 박진홍이 외출할 때도 대체로 외출한 시간을 미리 예정하고 연락하는 사람도 지정한 자 이외에는 하지 않고 귀가할 때는 늦지 않도록 엄중하게 지키고, 나는 그 시간 전에 집 부근에 나와 돌아오는 것을 확인하고 비로소 집으로 들어갔습니다.

- 이인행은 향리에 돌아갔는가?

소화9년 7월 경 경찰에서 나와 곧 귀향했습니다.

- 그가 경찰에서 나올 때 그의 집으로 박진홍을 보내어 돈을 보내달라고 한 적이 있었는가?

그렇습니다. 내 동생 李載錄에게 돈을 보내달라고 박진홍을 보내 부탁했습니다.

- 그래서 동년 11월 경 돈 20원을 보내 왔는가?

그렇습니다. 이인행이 심계월에게 보내 나에게 전해달라고 했다는데 그 돈은 동생이 보낸 것인지 아닌지는 모릅니다.

- 박진홍이 동덕여학교 앞에서 심계월로부터 수취했는가?

그것은 알지 못합니다.

- 어떠한 돈인가?

아지트 유지비입니다.

- 박진홍을 통해 심계월과는 연락을 취하고 있었는가?

박진홍을 이웃사람 등이 다소 괴이쩍게 생각하고 있었으므로 여간한 일이 아닌 한 외출도 시키지 않았습니다. 그러한 까닭으로 심계월과는 연락을 취하지 않고 있었습니다.

- 李鐘嬉와는 어떻게 알게 되었는가?

그녀는 별표고무공장의 여공으로 소화8년 8월인가 9월 경 동 공장에 파업이 일어났을 때 알게 되었습니다.

- 별표고무공장이란 경성중앙상공주식회사인가?

그렇습니다.

• 이종희는 여학교를 졸업했는가?

그렇습니다. 동덕여학교를 나왔습니다.

• 이종희에 관해서는 이순금, 변홍대, 정칠성 등에게서 듣고 있었는가?

오래된 일이라 잘 기억나지 않지만 듣고 있었습니다.

• 소화8년 9월 경 성대부속의원 정문에서 처음 만난 것인가?

그렇습니다.

• 의논하기 위해서인가?

그렇습니다.

• 그 당시 별표고무공장에서 파업이 있었는가?

그렇습니다.

• 그래서 피고인은 파업에 관해 지도하고 또 일반적으로 조선공산당 재건의 道程으로서 각 공장에 적색노동조합을 조직해야 하지만 그 조직 준비로 각 공장 내에 좌익노동자 그룹을 만들어 스트라이크 등의 투쟁을 통해 훈련하고 적색노동조합 조직에서 공산청년회 혹은 공산당을 조직하여 결국 조선 독립과 공산화를 위해 활동해야 한다고 권한 바 결국 그녀도 찬성하여 승낙했는가?

그러한 일은 없습니다. 단지 스트라이크에 관해 여러 가지로 지도했을 따름입니다.

• 어떠한 일을 지도했는가?

스트라이크에 대해 좌익적 분자는 어떤 태도를 가져야 할 것인지에 관해, 너무나 좌익적인 표어를 대중 앞에서 주장하는 것은 실패한다거나, 대중의 이익을 우선 주장하지 않으면 안 된다거나, 경찰로부터 주의를 받고 있으므로 좌익적인 이론, 언동을 삼가라고 하는 것과 같은 것에 관해 지도하였습니다.

• 결국 스트라이크를 공산 운동에 이용하기에는 그러한 방법을 쓰지 않으면 안 된다고 말했는가?

그렇습니다.

• 소화9년 11월 하순 경 하왕십리정 917번지 이종희의 집에서 만난 일이 있는가?

그러한 일은 없습니다. 하왕십리 이종희 집에는 간 일이 없습니다.

• 그녀와는 몇 번 만났는가?

스트라이크 때 만났을 뿐 그녀가 9월 하순 검거되어 그 후 만나지 않았습니다.

• 俞順姬가 星架병원에 입원할 때 이종희가 간병한 일은 없는가?

그러한 일은 없습니다.

• 경찰에서는 그와 같이 말했는데?

경찰에서도 그와 같이 말하지 않았습니다.

• 유순희와 협의한 일은 없는가?

소화8년 6월 경 연락하고 있을 때 그녀가 활동하고 있던 소화고무공장에서 스트라이크가 일어나서 지도한 일이 있습니다.

• 이관술이 유순희, 이종희 등과 하왕십리정 917번지에 동거하고 있었던 일은 없는가?

유순희와 이종희가 형사의 주목을 받고 있어 이관술이 하왕십리정에 집을 구해주었다는 말은 들었지만 동거했다는 사실은 알지 못합니다. 조금 전 내가 하왕십리정에서 이종희와 만났다고 심문하신 것은 이관술을 착오한 게 아닌가라고 생각합니다.

• 박영출은 하왕십리정에서 李貞淑(원문대로)과 동거하고 있었는가?

그렇습니다. 소화9년 12월 중순 경 동거하고 있었습니다.

• 김정숙은 어떠한 여자인가?

함경남도 홍원읍에서 온 자로서 同地의 농민조합 사건 관계자 鄭濂守의 처입니다.

• 박진홍의 소개로 알았는가?

그렇습니다. 그래서 내가 그녀를 박영출에 소개한 것입니다.
• 김정숙에 관해서는 전부터 알고 있었는가?
경성에 그녀가 오고부터 알았습니다. 경성에서 있을 데가 없어 곤란했는데 그녀는 아지트 키파를 할 수 없어 내가 하왕십리 518번지 박영출의 아지트에 데리고 가서 그에게 소개해 소화9년 12월 중순부터 익년 1월 12일까지 동거한 것입니다.
• 孔成檜는 어떻게 알게 되었는가?
이름은 알고 있었는데 만난 적은 없습니다.
• 유순희는 소화9년 9월 경부터 경찰이 쫓고 있었는가?
그렇습니다.
• 스트라이크 관계인가?
그렇지 않고 공성회가 검거된 후 동인과 만난 일 때문입니다.
• 그래서 유순희는 이종희의 집에 숨었는가?
그것은 잘 알지 못합니다.
• 그러나 피고인은 경찰에서 그렇게 말하지 않았는가?
경찰이 이종희 방에 숨어 있었던 것이 아닌가라고 신문해서 아무래도 좋다고 생각해 그렇게 답한 것입니다.
• 피고인이 석산동 아지트에서 도주한 상황은 이와 같은가?
(이 때 판사는 사건기록 제2648페이지 안 말행에서 제2650페이지 4행 째까지를 읽는다.)
그렇습니다. 그대로 상위없습니다.
• 그 때의 도주 상황은 이와 같은가?
(이 때 판사는 사건기록 제2888페이지 안 2행 째에서 제2896페이지 끝까지 읽는다.)
그렇습니다. 그대로 상위없습니다.
• 노해면 공덕리에서 농사를 짓고 있을 동안 처음은 아무 것도 활동하

지 않았는가?

아무런 활동도 하지 않았습니다.

• 어느 무렵부터 활동했는가?

소화10년 3월 경부터 신문을 사기 위해 또 경계 상황을 보기 위해 때때로 경성에 갔지만 그 무렵은 아직 활동하지 않았습니다. 그 해 9월 경부터 활동했습니다.

• 그 해 여름 무렵 경계 상태는 어떠했는가?

그 해 여름 무렵은 용산서에서 검거된 사건도 송국되었고 아직 수배 중이었지만 그 경계는 전보다는 다분히 완화되어 있었습니다.

• 부근 농민들에 대해서는 별로 선전은 하지 않았는가?

원래 공덕리에는 숨기 위해 간 것이므로 선전 등은 하지 않았습니다. 그 곳 농민은 또 민도가 낮아 선전해도 제대로 되지 않았습니다.

• 이관술과 두 사람이 형제라고 칭하였는가?

그렇습니다. 이관술이 형 김대성, 내가 동생 김소성이라고 하였습니다.

• 부근 사람은 모두 경남에서 수해 때문에 왔다고 믿었는가?

그렇습니다. 그 때문에 일부러 경남 언어를 사용하였습니다.

• 본적이 경상남도 김해군 대도면 맥도리 343번지라고 하였는가?

그렇습니다. 그러한 지명은 신문을 보고 엉터리로 말한 것입니다.

• 최초 자금은 얼마 정도 가지고 있었는가?

두 사람 분을 합해 200원입니다.

• 金貸도 하였는가?

그렇습니다. 이자를 싸게 하여 빌려 주었습니다.

• 주재소 순사가 호구를 조사하러 온 일이 있는가?

그렇습니다. 총독부 제생원 양육부가 집 옆에 있었는데 매일 주재소 순사가 왕래해 우리들도 어느 정도 알게 되었습니다. 眞瓜, 西瓜, 토마토를 주재소에서 사러 온 일도 있고 우리 쪽에서 팔러 간 일도 있습니다.

• 주재소에서 본적지에 신원조회한 바 그러한 사람이 없다고 하였는가?

그러한 일이 있습니다. 검거되기 1주일 정도 전의 일입니다.

• 이종국과는 어떻게 알게 되었는가?

그의 이름은 누구로부터 들었는지 잘 기억나지 않지만 만나기 전부터 알고 있었습니다. 소화10년 9월 경 그의 누이 이종희를 찾을 필요가 있어 이종국이 儆新학교에 재학하고 있다는 것을 미리 듣고 있었으므로 동교에 전화를 걸어 학교 사람에게 이종국의 누이가 위급하므로 방과 후 제2우이교까지 와달라는 연락을 해달라고 부탁해 두고 그곳에 가서 기다리고 있었던 바 동인이 와서 처음으로 만났습니다.

• 피고인은 그 때 지게를 지고 百姓의 風을 하고 있었는가?

그렇습니다.

• 그 때 어떠한 이야기를 하였는가?

처음 만나서 얼굴은 알 수 없었지만 대체로 상상은 할 수 있어서 전화 받고 왔느냐고 하자 그렇다고 하여 누이의 병은 알고 있는가라고 하자 모른다고 말해서 계속하여 나는 누이에 대한 경계, 누이의 그 후의 안부, 이종국에 대한 경계의 모양 등을 들었는데 상대방에서는 내가 어떠한 사람인지를 알 수 없었기 때문에 다분히 꺼리는 것 같아서 결국 명확히 답변할 수 없었습니다.

• 그래서 중랑천교에서 만나기로 약속하고 헤어졌는가?

그렇습니다.

• 두 번째 만난 것은 언제인가?

처음 만나고서 10일 후입니다.

• 그 때 상대가 의심을 풀지 않아서 자신이 이재유임을 밝혔는가?

직접적으로는 말하지 않았지만 이재유라는 것을 상대방이 추측할 수 있을 정도로 암시를 주었습니다.

• 그 후 소화11년 3월 경까지 제2우이교, 중랑천교 부근에서 여섯 차례 정도 이종국과 회합했는가?

그렇습니다.

• 그 사이 그에게 서로 제휴해 공산주의 운동을 하기 위해 학교 내에 우수한 동지를 획득하고 또한 경찰에 쫓겨 흩어진 동지와 연락하도록 진력해 달라고 권했는가?

그러한 것은 권하지 않았습니다. 처음에는 그럴 작정이었는데 상대방이 언제까지나 의심을 풀지 않아 체념하고 누이를 경찰에 예포되지 않게 숨기는 일에 관해서만 말했습니다.

• 동지를 획득하도록 권하지는 않았는가?

그러한 일은 없습니다.

• 그러나 유순희와 연락하고 있었던 것은 아닌가?

누이와의 관계 때문에 연락하였습니다.

• 이종국과 3, 4회 째 만날 때 자기비판문을 주었는가?

그렇습니다.

• 그에게 읽힐 필요가 있었으므로 준 것은 아닌가?

그렇지 않고 누이에 읽히기 위하여 준 것입니다.

• 자기비판문은 피고인으로서는 가장 중요하고 또한 비밀인 것이므로 그와 같이 신용하지 않은 자에 주는 바는 없지 않은가?

자기비판문은 전에 경찰에 압수된 것이므로 상관없다고 생각했습니다.

• 이종국과의 관계는 경찰에서는 이대로 말하였는데 어떠한가?

(이 때 판사는 사건기록 제2896페이지 안 3행 째에서 제2912페이지 안 3행 째까지를 읽는다.)

그렇습니다. 그대로 상위없습니다.

• 결국 유순희, 변우식, 이종희 3인에 연락하도록 부탁해 그 승낙을 얻었는가?

그렇습니다.
- 이종국 쪽에서 자기비판문을 보고 싶다고 한 것은 아닌가?

이종국 자신이 본다고는 생각하지 않았습니다. 보고 싶다고 하는 것은 누이가 말하는 것이라고 생각했습니다.
- 이종국에게 건네 준 것은 그가 읽을 것을 예상한 것이 아닌가?

이종국은 읽지 않을 것이라고 생각했습니다.
- 서로 제휴해 공산주의 운동을 하자고 협의한 것은 아닌가?

그러한 일은 없습니다.
- 신용할 수 없는 자에게 목숨 걸고 쓴 것을 건네 줄 수는 없지 않은가?

신뢰를 얻기 위한 수단으로 주었습니다.
- 이종국의 연락으로 변우식과 만날 수 있었는가?

그렇습니다.
- 어느 때인가?

소화11년 3월 하순입니다.
- 어느 곳에서 만났는가?

숭인정 길음교에서 만났습니다.
- 그 후 동년 9월 하순 경까지 길음교, 제2우이교, 중랑천교, 군자리 골프장 등에서 변우식과 8, 9회 회합했는가?

그렇습니다.
- 그 사이 세계 정세, 조선 정세 등을 토론한 후 조선의 독립 및 그 공산화를 위해 반파쇼운동을 서로 제휴해 할 것 및 동지로서 사립연희전문학교 이동수, 조선중앙일보사 印貞植, 李友荻을 획득할 것을 권해 그 승락을 얻었는가?

대체로 그러합니다만 획득하라고는 말하지 않았습니다. 신문하신 자들이 전향했다고 하는 소문이 있으므로 그것을 확실하게 조사한 후 승낙

부록 451

을 받았습니다.
- 변우식과 회합한 상세는 이와 같은가?

(이 때 판사는 사건기록 제2912페이지 안 4행 째에서 제2933페이지 끝에서 2행까지를 읽는다.)

그렇습니다.
- **徐球源**은 權某라고 하였는가?

그렇습니다.
- 소화11년 3월 경 이종국의 소개로 제2우이교에서 처음 만난 것인가?

그렇습니다.
- 3월 18일 경인가?

날짜는 잘 기억나지 않습니다.
- 그 무렵부터 같은 해 10월 하순 경까지 제2우이교, 군자리 골프장 중랑천 제방에서 누차 서구원과 회합하였는가?

그렇습니다.
- 그 동안 무엇을 말했는가?

조선공산주의 운동의 역사와 서로 제휴해 공산주의 운동을 하자고 말하고 조선공산당 재건의 전제로 경성에서 좌익전선을 통일하자고 상담하여 그 방법으로서는 다른 전선에 있는 자들과 토의할 필요가 있으므로 소화11년 6월 23일을 기해 양주군 노해면 창동역 **西方** 산림 내에서 8·1 캄파니아 및 간도공산당사건 피고사형집행반대의 2제목에 관하여 다른 운동노선에 있는 공산주의자와 공동투쟁을 하고 이를 계기로 하여 합동통일을 도모하자고 제안해 그 승낙을 얻었습니다.
- 다른 노선에 있는 공산주의 운동자란 권영태 일파의 콤그룹인가?

권영태 일파 뿐만 아니라 나의 운동 노선 이외의 것을 일반적으로 말한 것입니다.
- 특히 **金熙星**을 지목한 것은 아닌가?

그렇지도 않습니다.

• 6월 23일 회합할 무렵에는 각 노선에서 추천자를 내는 것으로 하여 경성트로이카에서는 서구원, 경성재건그룹에서는 피고인을 추천하는 것으로 하고 경성트로이카와 경성재건그룹이 별개인 것처럼 상대방에 보이려고 하였는가?

그렇습니다.

• 그와 같이 두 파가 있는 것처럼 보인 것은 결국 피고인의 의견을 주장하기 위한 것이 아닌가?

그렇습니다. 이 기회에 당연히 전선을 통일할 작정이었습니다.

• 서구원과 회합할 때의 상세는 이와 같은가?

(이 때 판사는 사건기록 제3050페이지 안 초행 째에서 제3094페이지 안 끝까지를 읽는다.)

그렇습니다. 그대로 상위없습니다.

• 돈을 매월 7, 8원 주었는가?

그렇습니다.

• 출판물도 이대로 주었는가?

(이 때 판사는 사건기록 제3095페이지 안 2행 째에서 제3096페이지 안 끝까지를 읽는다.)

그렇습니다.

• 최호극과는 어떻게 알게 되었는가?

소화11년 8월 하순 경 서구원이 병 때문에 향리로 돌아가면서 금후는 자기 대신 최호극과 만나 달라고 말해 그 무렵부터 최와 만나게 되었습니다. 그러나 전부터 徐에게서 좌익적 의식이 높은 경성상공학원의 생도가 있어 그 자를 획득 중이라고 이름만은 듣고 있었습니다.

• 최와는 소화11년 8월 하순 경부터 동년 12월 15일 경까지 누차 회합하였는가?

부록 453

그렇습니다. 그 사이 제2우이교, 군자리 골프장, 중랑천 제방 등에서 누차 회합해 최호극에게 조선공산주의 운동사 등을 설명한 후 조선공산당 재건의 일익으로서 학교 내에 적색독서회를 조직하도록 권유하여 그 승낙을 얻었습니다.
• 그 회합의 상세는 이와 같은가?
(이 때 판사는 사건기록 제3097페이지 안 5행 째에서 제3151페이지 끝까지를 읽는다.)
대체로 그러합니다.
• 최호극에게 학교 내에서 적색독서회를 조직하라고 권유한 것은 10월 인가?
그렇습니다.
• 소화11년 10월 20일 양주군 노해면 공덕리 아지트에서 이관술과 상담하여 자기의 활동을 확대하기 위해 자기의 운동노선을 조선공산당재건경성준비그룹이라고 명명하여 그 기관지로서 적기라고 하는 소책자를 인쇄반포할 것을 결정하고 등사판을 사용하여 인쇄반포하였는가?
그렇습니다.
• 물론 성규의 수속을 밟지 않고 출판했는가?
그렇습니다.
• 제1호를 20부 정도 인쇄했는가?
그렇습니다. 그 중에서 서구원에 2부, 최호극에 7부 주었습니다.
• 이 두 사람에게는 동지에게 나눠 읽혀 달라고 하면서 건네주었는가?
그렇습니다.
• 동년 11월 20일 경 우 아지트에서 지난 11월 7일 러시아 혁명기념일에 전선적으로 활발한 투쟁이 없었던 것은 유감이고 금후 이러한 투쟁기념일에는 왕성한 활동을 할 것 취지로 전과 마찬가지로 등사판을 사용하여 적기 제2호를 만들었는가?

그렇습니다.
• 15부 정도 인쇄해 최호극에 4부 건네 주었는가?
그렇습니다.
• 나아가서 동월 24일 우 아지트에서 등사판을 사용하여 세말에 즈음하여 노동자는 상여를 요구하는 세말캄파니아를 행하고 투쟁을 통해 공산주의 운동을 할 것을 기재한 적기 제3호를 출판하였는가?
그렇습니다.
• 그 때의 부수는 얼마인가?
20부 인쇄할 예정이었는데 그 날 검거되어 그 부수는 잘 알지 못합니다만 10부 이상이라고 생각합니다. 그러한 사정으로 그 외는 반포는 할 수 없었습니다.
• 이것이 적기 제1호의 역문인가?
(이 때 판사는 사건기록 제3841페이지에서 제3856페이지를 읽는다.)
그렇습니다.
• 원고는 피고인이 모두 쓰고 정서는 이관술이 하고 두 사람이 공동으로 인쇄하였는가?
그렇습니다.
• 최후 예포된 때의 상황은 이대로인가?
(이 때 판사는 사건기록 제3982페이지 2행 째에서 제3983페이지 안 6행 째까지를 읽는다.)
그렇습니다. 상위없습니다.

우 조서는 이를 공술자에 讀聞함에 상위없음.

공술자 이재유
1937년 11월 26일

경성지방법원

예심掛 조선총독부판사 渡邊隆治

● 예심조서 제3회

소화 13년 2월 3일 경성지방법원에서
예심담당 조선총독부판사 小林長藏
조선총독부재판소 서기 朴容鈴

• 피고인이 이재유인가?

그렇습니다.

• 종래의 공술에 틀린 점은 없는가?

종래의 공술 중

1. 전과의 점에 관하여 피고인은 고려공산청년회 일본총국 및 조선공산당에 가입한 일이 없다고 한 것이 흡사 가입한 일이 있는 것처럼,

2. 변우식과의 연락에 관하여 이순금의 매개였다고 한 것이 마치 이경선의 매개였던 것처럼,

3. 讀聞된 경찰의 조서에 관하여 대체는 그 취지이지만 理論의 점에 관하여 다분히 상위한 점이 있다고 하는 것이 마치 전부 이를 인정한 것처럼 조서에 書讀되어 있는데 그 외는 그대로 상위없습니다.

• 피고인에 대한 예심청구서에 기재된 제1은 이와 같이 되어 있는데 그대로 상위는 없는가?

(예심청구서에 기재된 제1범죄 사실을 들려준다.)

당시 안종호와 만난 적은 있지만 피고인도 형무소를 갓 나왔을 따름으로 동인과 그러한 협의를 한 것은 없었습니다.

• 다음에 제3은 이렇게 되어 있는데 어떠한가?
(예심청구서에 기재된 제3범죄 사실을 읽어준다.)
당시 남만희와 만난 일은 있지만 피고인이 급진파인 것에 반하여 남은 온화파이고 서로 공산주의 운동에 대한 주의를 달리하고 있었으므로 그와 그러한 협의를 하는 바는 없었습니다.
• 다음에 제4는 이러한데 어떠한가?
(예심청구서에 기재된 제4범죄 사실을 읽어준다.)
당시 그들과 만나 서로 시사문제에 관하여 話合을 한 것은 있지만 그들을 교양했다거나 협의를 한 적은 없습니다.
• 그럼에도 불구하고 그 점에 관해 동인들 중에서 안종호는 기소유예, 남만희, 이동천, 김칠성은 어느 것도 처벌되지 않았는가?
그 이유는 알 수 없지만 피고인이 공술한 대로는 아닙니다. 더구나 이들 사항에 관해서는 경찰에서도 조서 신문을 받았습니다만 다분히 그들이 이미 판결을 받아서 그 관계 때문이 아니었던가 생각합니다.
• 최후에 피고인은 이종국과 누차 회합하고 서로 제휴하여 공산주의 운동을 할 것을 협의했던 것이 아닌가?
그러한 일은 전연 없습니다.
• 피고인이 처음으로 이종국과 만난 것은 소화10년 7월 중순 경 경원가도 제2우이교 부근인가?
그렇습니다.
• 李彌行의 안내를 받은 것이 아닌가?
그렇지 않습니다. 이종국이 경신학교의 운동선수라는 것을 알고 피고인이 학교에 전화를 걸어 호출한 것입니다.
• 무엇이라고 하면서 전화를 걸었는가?
電話口에 나온 자에게 피고인의 이름을 말하지 않고 그의 누이가 병 때문에 약을 받으러 가달라고 하므로 전술한 장소에 나와 달라고 전해주라고 부탁하였습니다.

- 만나서 서로 무슨 이야기를 하였는가?

동인의 누이 이종희의 소재, 안부 등에 관해 말하였습니다. 당시 피고인은 이종희와 연락하려고 생각하고 있던 때입니다만 이종국도 그 소재 안부를 모르고 있는 것 같았습니다.

- 피고인의 호출전화 내용과 그 때 이야기가 틀린 것에 대해 이는 어떻게 생각하였는가?

그로서는 아마도 누이와 같은 공산주의자이고 누이와 연락하기 위하여 자신을 호출한 것이라고 생각했는지도 알 수 없습니다.

- 피고인은 그 무렵 그에게 자신은 獄內 생활에 상당한 경험을 가지고 또한 경찰의 취조까지도 받아 경성에는 작년까지 장기간 주거하고 종종의 방면에 상당한 경험을 가지고 있으므로 공산주의 운동의 동지로서 신임하자고 말하지 않았는가?

처음 만난 사람에게 그러한 말을 한 바는 없습니다.

- 그 후 동년 9월 중순 경부터 소화 11년 3월 경까지 누차 그와 만났는가?

그렇습니다. 전화로 호출하기도 하고 다음에 만날 날을 약속하기도 하여 만났습니다.

- 그 사이에 그에게 공산주의 운동을 위하여 서로 동지를 획득할 것을 종용하고 그의 승낙을 얻은 것은 아닌가?

그러한 일은 없습니다. 그는 재산가의 아들로서 그러한 방면의 교양은 없습니다.

- 그는 亡兄이나 實妹의 감화를 받아 민족주의, 공산주의에는 이미 공명하고 있던 것은 아닌가?

그러한 일은 없습니다.

- 그에게 중동학교 생도 韓一愚 및 金在善과 만나 실천운동을 할 의사

의 유무를 조사한 다음 피고인에게 보고할 것을 부탁하였는가?
아닙니다. 무엇보다도 그 생도는 전연 알지 못합니다.
· 경신학교 내 韓泰甲 집을 아지트로 하여 편지로 피고인과 연락할 것을 부탁한 일이 있는가?
없습니다. 한태갑은 알지 못합니다.
· 소화10년 12월 중순 동기 휴가를 이용하여 함흥에 가서 유순희와 연락할 것을 부탁한 일은 있는가?
있습니다.
· 유순희와의 연락 아지트를 경기도 고양군 한지면 신마장리 689번지 49호 金寬洙 방 金昌洙로 하는 것으로 하였는가?
그런게 아니라 그 아지트는 이종국이 정한 것입니다.
· 피고인과 유순희와의 연락에 사용할 암호를 결정하고 이를 이종국에서 유순희로 전하는 것으로 하였는가?
그렇습니다.
· 그 암호는 어떠한 것인가?
이와 같이 정한 것으로서 예컨대 (마)의 자를 표하려면 2167의 수자를 사용하는 것입니다.
(즉시 피고인에 있어서 별지에 직접 쓴 암호를 본 조서의 부록으로서 첨부하다.)
· 그 숫자는 숫자로서 나타내지 않고 편지에 점을 찍어 그 자수에 의해 나타내는 것으로 한 것이 아닌가?
그렇지는 않습니다.
· 김희성을 알고 있는가?
모릅니다.
· 변우식 및 서우원과의 연락도 이종국에게 의뢰한 것인가?
그렇습니다.

• 이 의뢰로 연락이 되었는가?

변우식과 서구원과는 연락이 되었지만 유순희와는 되지 않았습니다.

• 그렇다면 피고인은 이종국과는 공산주의 운동에 관해 전연 협의한 일이 없다는 것인가?

그렇습니다. 자신의 다른 행동에 관해서는 前面 정직하게 자백하였습니다. 그 중 일부분을 지금 나아가서 부인해도 의미가 없는 것입니다.

• 그렇다면 무엇 때문에 이종국과 누차 만났는가?

당시 피고인은 이종희 및 유순희와 연락하기 위해 이종국을 이용한 것에 지나지 않습니다. 그렇기 때문에 그가 피고인과 관계가 있었던 것처럼 혐의를 받게 된 것은 진정으로 그를 위해 유감으로 생각하지 마지 않는 바입니다.

• 본 건에 관해 현재의 심경은 어떠한가?

운동 당시의 심정과 변함은 없습니다.

• 처자에 대해서는 어떻게 생각하고 있는가?

박진홍과는 事實情交關係가 없었으므로 그 점에서의 감정도 없습니다.

(그 때 판사는 범죄 혐의를 받은 원인을 말하고)

• 최후로 할 말은 없는가?

드릴 말씀은 아무 것도 없습니다.

(맨 마지막에 이재유의 친필에 의한 숫자 암호방법이 부록 형식으로 있음)

● 공판조서

1938년 6월 24일 오전 10시 경성지방법원 공개법정에서
재판장 조선총독부판사 荒券昌之

　　　　조선총독부판사 高原富藏
　　　　조선총독부판사 三輪長生
조선총독부재판소 서기　鷹見　宏
열석
조선총독부 검사 長崎祐三 입회

- 씨명은?

이재유

- 연령은?

당 34세

- 직업은?

농업

- 주소는?

경기도 양주군 노해면 서공덕리 92번지의 2
본적은 함경남도 三水郡 別東面 船所里 82번지
　　　　　＊　　　＊　　　＊
(재판장은 피고인 이재유 외 5명에 대해 본건 피고사건을 고하고),

- 이 사건에 대해 진술할 것은 없는가?

(피고인 이재유, 동 변우식, 동 양성기, 동 고병책, 동 민태복 등은 모두 순차로),
대체로 그러합니다만 사실과 다른 점도 있으므로 신문에 응해 답변하겠습니다.

- 피고인 최호극은?

말씀하신 대로 상위없습니다.
피고인 이재유에 대해

- 지금까지 형벌에 처해진 일은 없는가?

부록 461

1930년 11월 5일 경성지방법원에서 치안유지법위반죄으로 징역 3년 6월에 처해진 일이 있습니다.
 • 그 때 형 집행은 끝냈는가?
그렇습니다. 복역하고 1932년 12월 22일 출옥하였습니다.
 • 가족은?
모는 내가 幼小 때 死去하고 부는 내가 19세 때 사거하고 현재는 본적지에 조부모, 계모, 제 1인이 있습니다.
 • 재산은?
아무 것도 없습니다.
 • 가족의 생활 상태는?
전연 알지 못합니다.
 • 피고인이 알고 있는 범위 내에서는 어떠한 상태인가?
나는 16세 때 향리를 나왔는데 그 때는 화전민이었습니다.
 • 학력은?
향리에서 독학으로 보통학교 졸업 정도의 학력을 修得하고 1914년 경성부 내 보통고등보통학교 제2학년에 입학하고 1915년 개성의 송도고등보통학교 제4학년에 轉校하였는데 동년 동교 내에서 과학연구회를 조직하였기 때문에 퇴학맞았습니다.
 • 개성 송도고등보통학교에서 사회과학연구회를 조직한 것은 아닌가?
그렇지 않습니다. 단지 과학연구회입니다.
 • 그 후 동년 중 피고인은 고학 목적으로 내지에 渡航하여 동경부 내 사립 일본대학전문부에 입학했어도 학자금 관계로 3개월만에 퇴학하였는가?
예심종결결정서에도 그렇게 씌여 있지만 사실은 일본대학에 입학한 일이 없습니다.
동경에 가서는 무엇을 하고 있었는가?

노동을 하고 있었습니다.
- 학교에 다닌 적은 없는가?

없습니다.
- 야학에도 다니지 않았는가?

그렇습니다. 다니지 않았습니다.
- 동경에 있는 사이에 佐野學, 福本和夫 등의 강연을 들었다는데 그러한가?

그렇습니다. 그들은 합법적인 노동조합에 와서 강연을 하고 있었으므로 1년 정도 있는 사이에 수 십회 들었습니다.
- 佐野, 福本 등의 강연을 듣고 어떻게 느꼈는가?

지당하다고 생각했습니다.
- 金漢卿이란 자를 알고 있는가?

그는 조선에서 학생단체의 간부였으므로 1913년 경부터 알고 있었습니다.
- 피고인이 동경에 있을 때 그도 동경에 있었는가?

그렇습니다. 나보다 전에 와 있었습니다.
- 그는 동경에서 무엇을 하고 있었는가?

재일본조선노동총동맹의 간부를 하고 있었습니다.
- 그에게서도 공산주의 지도교양을 받았는가?

그렇습니다.
- 피고인은 경성에 온 당시부터 학교당국은 내선인의 차별대우를 하는 것이라고 생각하고 이 차별대우를 철폐하는 것이 필요하고 그것은 조선으로 하여금 일본제국에서 이탈, 독립시켜야만 한다고 믿고 나아가서 송도고등보통학교에 재학 중 좌익문헌 등을 읽고 공산주의 사상에 공명하기에 이르렀는가?

내가 아직 향리에 있을 때 삼수군 서기로서 일찌기 고등보통학교를 졸

부록 463

업한 朴基春이라는 사람이 온 일이 있는데 경찰들이 이 사람을 사회운동을 한다는 혐의로 총살하고 말았습니다. 그 시체가 우리 집에서 4리 정도 떨어진 곳에 버려졌는데 그 시체에 손을 댄 자는 동류로서 간주한다며 손 대는 것을 금했는데 나는 이를 보러 갔습니다.

그 때부터 일본제국에 반항하는 마음이 생기고 그 후 신문하신 것 같은 사정에서 공산주의에 공명하고 그 후 내지에 도항해 동경에 갔는데 내선인의 차별대우가 심해서 더욱 그 신념을 굳혔습니다.

• 동경에서는 일본노동조합평의회계 동경합동노동조합에 가입했다고 하는데 그러한가?

그렇습니다.

• 1928년 4월 중 공산주의자 印貞植이라는 자의 소개로 고려공산청년회일본총국에 가입했다는 혐의로 전과의 형을 받고 1932년 12월 22일 출소했는가?

그렇습니다만 나는 고려공산청년회에 가입한 일은 없고 무죄입니다.

• 무죄라면 왜 控訴하지 않았는가?

힘의 相違 때문에 싸우는 것은 무의미했기 때문입니다.

• 전과의 형을 받고 복역 중 공산주의에 관한 서적을 읽었다고 하는데 그러한가?

그렇습니다. 복역 중 열심히 공산주의를 연구하였습니다.

• 전과의 형을 받고 출소 후는 경성부 蓮建町 35번지 金龍植 집에 7촌 조카 李仁行이 누이 李粉善과 함께 거주하고 있어 그곳에 낙착해 취직운동을 했다고 하는데 그러한가?

그렇습니다.

• 피고인이 종래의 운동 방법을 트로이카 식이라고 칭하고 있었는가?

그러한 일은 없습니다. 또한 그러한 운동을 하는 공산주의자는 없습니다.

(재판장은 사건기록 제4334페이지 안 3행째에서 동 제4336페이지 안 마지막까지를 읽어주고),
• 이 점에 관해 예심에서는 그와 같이 말하고 있는데 어떠한가?
그렇게 말했습니다.
• 운동 방법은 이와 같은가?
그렇습니다.
• 1933년 2월 경 전술한 부내 연건정 35번지 김용식 집에서 金三龍과 만났다는데 그러한가?
그렇습니다. 김삼룡과 만났습니다.
• 그 때 김에게 금후는 막연한 가두운동을 피하고 공장에 들어가 스트라이크를 야기시켜 실천운동을 통해 동지를 획득함과 함께 적색노동조합을 조직하지 않으면 안 된다고 말하였는가?
그에게 그러한 말을 한 적은 없습니다. 당시 나는 막 출소하였기 때문에 경성 부근의 狀勢도 알지 못했으므로 말씀하신 것과 같은 의사는 있어도 말하지 않았습니다.
• 김삼룡과는 서대문형무소에서 복역 중 알게 된 것인가?
이름은 전부터 듣고 있었지만 만난 것은 그 때가 처음입니다.
• 김삼룡이 방문해 온 것인가, 피고인이 그를 방문한 것인가?
김삼룡이 방문했습니다.
• 그도 사상 사건에 관계하여 수감된 일이 있는가?
그렇습니다. 독서회 사건에 관계되어 검거되었습니다.
• 김삼룡과는 몇 번 정도 만났는가?
한번 뿐입니다.
• 그러나 예심판사에게는 4, 5회 만났다고 하지 않았는가?
사실은 한번 만났을 따름입니다.
(재판장은 사건기록 제4321페이지 안 7행째부터 동 제4323페이지 겉 3

행째까지를 읽어주고)

• 김삼룡과 만나서 이야기를 한 점에 관해 예심판사에게는 이와 같이 말하였는데 어떠한가?

처음에는 그러한 일이 없다고 부인했는데 예심판사가 그러한 일은 큰 사건이 아니므로 아무래도 좋지 않은가라고 말해서 그대로라고 말한 것에 지나지 않습니다.

• 동년 5월 경 부내 東崇町 29번지 당시 피고인의 숙소에서 安炳春과 누차 회합하였다고 하는데 그러한가?

그렇습니다. 만났습니다.

• 그 때 안에게 조선공산당 재건을 위해서는 금후 소위 트로이카 운동을 일으켜 각자 다수의 동지를 획득할 필요가 있으므로 군은 영등포공장지대를 중심으로 각 공장 내에서 동지를 획득하라고 하였는가?

그와 같이 이야기한 일은 없습니다.

• 조선공산당 재건에 관해 안에게 의견을 개진한 일은 있었는가?

있습니다. 과거의 오류를 말하고 각 직장에서 동지를 획득하여 트로이카적 운동을 일으킬 필요가 있다고 말하였는데 영등포의 공장에 가라고는 말하지 않았습니다.

• 안병춘은 피고인의 주장에 찬성했는가?

그렇습니다. 찬성했습니다.

• 동년 6월 경 부내 동숭정 경성제국대학 법문학부 뒷산에서 鄭七星과 만났다는데 그러한가?

정칠성과 만난 일은 없고 따라서 얼굴도 알지 못합니다.

(재판장은 사건기록 제4346페이지 안 6행째에서 동 제4350페이지 겉 2행째 까지를 읽어주고)

• 그러나 이 점 예심판사에게는 이와 같이 말하지 않았는가?

그러한 내용을 공술한 적은 없습니다.

• 그 무렵 동인에게 서로 제휴하여 공산주의 운동을 하기 위해 군은 우선 조선일보사 내에서 실천을 통해 동지를 획득하자고 했다는데 그러한가?
전술한 대로 만난 일도 없으므로 그러한 것을 말한 일은 없습니다.
(재판장은 사건시록 제4350페이지 겉 3행 째에서 동 제4301페이지 안 5행까지를 읽고서)
• 그 점 예심에서는 그와 같이 말하지 않았는가?
그와 같이 말한 적은 없습니다.
• 동년 7월 경 전술의 경성제국대학 법문학부 뒷산에서 이성출 및 변홍대와 서로 전후해 각각 별개로 만났는가?
그렇습니다. 이성출, 변홍대와 각기 별도로 만났습니다.
• 그 무렵 동인들에게서 각기 별도로 양평군 내에서 적색농민조합의 조직 방법에 관해 동인들 사이에 합법·비합법이론이 서로 대립하고 있는 것을 들었는가?
그렇습니다. 각기 별도로 들었습니다.
• 그래서 동인들에게 농민조합의 조직방법은 그때그때의 객관적 사정에 따라 달라져야 할 것이고 미리 일정한 방법으로 율할 것은 아니며 따라서 각지는 자신의 이론을 고집하지 말고 서로 제휴해 조직 촉진을 이해 노력해야할 것이라고 하여 동인들을 납득시켰는가?
그렇습니다. 계 등을 이용하는 합법만이 아니라 또 비합법 만도 아니고 사실에 즉하는 것같이 하라고 주장하였던 바, 동인들은 이에 찬성하였습니다.
• 이성출과는 어떤 곳에서 알게 되었는가?
형무소에서 복역 중 알게 되었습니다.
• 변홍대와는 어떻게 알게 되었는가?
소화7년 전과의 형을 마치고 출소한 후 변홍대가 방문해 와서 알게 되었습니다.

• 동년 7월 중순 경 부내 돈암정 골프장 부근에서 공산주의자 김형선과 두 차례 만난 일이 있는가?

그렇습니다. 만났습니다.

• 김형선은 국제공산당 극동지부에서 조선공산당을 재건할 목적을 가지고 파견된 자인가?

처음 만났을 때 그러한 말을 들었습니다만 과연 그것이 사실인지 어떠한지 나는 믿지 않았습니다.

• 김형선과는 변홍대의 연락으로 만나게 되었는가?

그렇습니다.

• 동인과 만날 무렵 서로 국제 정세 및 조선에서 공산주의 운동 등을 비판한 후 동인에게서 조선공산당 재건을 위해 서로 제휴해 활동하면 어떻겠느냐고 하여 이를 승락한 일이 있는가?

그렇습니다. 우선 과거의 운동을 비판하고 국제공산당의 조선지도 방침이 어떠한 방법으로 전개되고 있는가라고 하는 것을 들었습니다. 또한 국제공산당이 파견한 자가 자신 1인이어서 영웅적으로 되려고 사명 이외의 일을 멋대로 한 예도 있는 것이어서 그 점에 관해서도 철저하게 파고들어 질문하자 상대방도 진지한 태도로 응답해 금후는 대등하게 서로 실천운동을 하고 운동을 통해 결합하자고 말하였습니다. 두번째 만난 때는 어떠한 방법으로 운동을 전개할 것인가라는 것을 듣고 장래 직장에서 만나자고 말하고 헤어졌습니다.

• 동년 8월 경부터 동년 11월 경까지 부내 적선정 기타에서 누차 이순금과 만난 일이 있는가?

만났습니다.

• 그 때 동인에게 공산주의 운동을 위해 공장에 들어가 여공에게 공산주의 의식을 주입하고 산업별 적색노동조합을 조직하라고 권고한 적이

있는가?

그렇습니다. 공장에서 노동자를 좌익적 전투적으로 지도하여 파업을 일으키도록 지도해 달라고 말하였습니다. 그 궁극 목적은 공산주의 운동이지만 그것이 공산주의 운동이라고는 말하지 않았습니다.

또한 공장에 들어가면 노동자의 요구를 잘 이해하라고 말했습니다.

• 이순금과는 어떠한 관계로 알게 되었는가?

독서회 사건에 연좌하여 형 이관술과 함께 검거되었는데 검사국에서 불기소로 처리된 것을 신문에서 보고 내가 방문해서 알게 되었습니다.

• 피고인의 주장에 이순금은 찬성하였는가?

찬성하였습니다.

• 그 결과 이순금은 어느 공장에 들어갔는가?

취직하지 않았는데 그 이유는 모릅니다.

• 동년 8월 중순 경 부내 신설정 집에서 전술한 변홍대와 누차 만난 일이 있는가?

그렇습니다. 만났습니다.

• 그 무렵 그에게 적색노동조합의 조직에 관해 우선 금속, 화학, 섬유, 일반사용인노동, 출판 등 산업별로 부문을 나누어 각 부분에 책임자 1인을 두어 점차 동지를 획득하고 이를 조직으로까지 발전시킬 필요가 있으므로 군은 용산 방면에서 노동운동에 종사하면 어떠한가라고 이야기하였는가?

심문하신 것과 같은 이론 투쟁을 한 적은 있습니다만 각 부문에 책임자를 둔다라든가 군은 용산 방면에 가라든가 한 적은 없습니다.

• 동년 9월 상순 경부터 동년 10월 중순 경까지 부내 연건정의 경성제국대학 의학부 내 기타에서 누차 이현상과 만난 일이 있는가?

그렇습니다. 이현상과 만났습니다.

• 그 무렵 그에게 당시 피고인이 지도하고 있던 조선견직회사 공장의

여공 李晶淑, 李貞賢, 金南鎌 등을 소개하고 그녀들에게 공장 방면의 공산주의 운동을 지도해 달라고 말한 적이 있었는가?

그렇게 말한 적은 없습니다.

• 이현상과는 어떻게 알게 되었는가?

전과의 형을 받던 때 함께 받았기 때문에 이름은 알고 있었지만 따로 재판을 받았기 때문에 얼굴은 알지 못합니다.

(재판장은 사건기록 제4375페이지 안 1행 째에서 동 제 4377페이지 겉 5행 째 까지를 읽고서)

• 그러나 예심판사에게는 이와 같이 말하지 않았는가?

예심에서는 그렇게 말했습니다. 그러나 이는 전과 마찬가지로 예심판사가 대수로운 일은 아니지 않는가라고 해서 아무래도 좋다고 생각하고 그와 같이 진술하였습니다.

• 동년 9월 경 부내 남산공원 草成 신사 뒷산에서 최소복과 만난 일이 있는가?

만났습니다.

• 그 때 그에게 각 학교 내에 1인의 오르그를 만들고 그 오르그로 하여금 동지를 획득시켜 평소부터 이를 의식적으로 훈련해 두고 장래 학교 내에서 투쟁이 야기될 경우에는 결속을 굳게 하여 동지결합의 강화를 도모할 방침으로 학생운동에 종사하도록 권했는가?

대체로 그러합니다만 문구가 반대입니다.

좌익적인 오르그는 학생 자신이 투쟁을 일으키는 것같이 이끌고 (자신은) 투쟁을 일으키지 않도록 하라고 말하였습니다.

• 최소복은 피고인의 그 의견에 찬성하였는가?

찬성하였습니다.

• 그와는 어떻게 알게 되었는가?

李丙驥의 소개로 알게 되었습니다.

•동년 9월 중순 경 부내 동소문 중앙고등보통학교 뒷산에서 피고인 변우식과 만난 일이 있는가?

만났습니다.

•그 때 변에게 학생 방면에서 동지를 획득하고 서로 제휴하여 공산주의 운동을 하지 않겠는가 권고하였는데 그러한가?

그러한 이야기를 한 적은 없습니다.

•어떠한 이야기를 하였는가?

당시 변우식은 독서회 사건인지 무엇인지에 관계되어 학교에 간 일이 없어서 학교에 가도록 알선해 달라고 말하였습니다.

•무엇 때문에 만났는가?

당시 내가 학생들을 만난 것은 물론 공산주의적으로 이끌기 위해서이지만 의식 정도가 낮아서 좌익학생이라도 처음부터 공산주의라고 말하면 두려워할 정도였습니다.

(재판장은 사건기록 제4381페이지 안 5행 째에서 동 제4382페이지 안 4행 째까지를 읽고서)

•그러나 예심에서는 그와 같이 말하지는 않았잖은가?

그렇지 않습니다. 이것도 예심판사가 대수로운 일이 아니므로 아무래도 좋지 않은가라고 말해 그렇게 말한 것에 지나지 않습니다.

•변우식과는 어떠한 관계로 알게 되었는가?

이순금의 소개로 알게 되었습니다.

•동년 10월 경 부내 창선정 李景仙 집 기타에서 그녀와 여러 차례 만난 일이 있는가?

그렇습니다. 몇 차례 만났습니다.

•그 무렵 그녀에게 공산주의 운동에 진출하기 위해 경성부 내의 여학교에서 지인과 함께 적색독서회를 조직하도록 권했는가?

그러한 일은 없습니다. 당시 이경선은 좌익적 의식은 없었습니다.

• 그렇다면 무엇 때문에 만났는가?

그녀는 전에 독서회 사건에 관계되어 그 후 여자의학전문학교에 다니고 있었는데 그 때문에 前罪를 후회하고 번민하고 있어서 번민을 해결해 주기 위해 만났습니다.

(재판장은 사건기록 제4383페이지 안 5행 째에서 동 제4385페이지 겉 6행 째까지를 읽고서)

• 그러나 그 점 예심에서는 이와 같이 말하지 않았는가?

그렇게 말한 적은 없습니다.

• 동년 10월 경부터 약 1개월 정도 사이에 부내 광화문통의 체신국 앞 기타에서 누차 안승락과 만난 적이 있는가?

그렇습니다. 안승락과는 2회 정도 만났습니다.

• 그 무렵 서로 조선에서 공산주의 운동사, 조선에서 공산주의와 코민테른과의 관계, 그 운동통일의 방법, 공장 내 조직방법 등에 관해 토론한 후 동인에게 과거의 룸펜적 생활에서 탈각하여 실천적 태도를 가지고 각자의 직장에서 활동하도록 권하였는가?

노동자의 한 사람이 되어 운동하라고는 말했습니다만 그러한 거창한 문제에 관하여 운운한 적은 없습니다.

• 안승락과는 어떠한 관계로 알게 되었는가?

소화8년 10월 경 그 쪽에서 면회를 신청해왔고 이 쪽에서 장소를 지정하여 면회하게 되었습니다.

(재판장은 사건기록 제4385페이지 안 5행 째에서 동 제4388페이지 겉 5행 째까지를 읽고서)

• 이 점도 예심에서 이와 같이 말하고 있는가 어떠한가?

상대방의 질문에 답한 것이어서 토론의 주장은 아니었습니다.

• 동년 12월 경 부내 관훈정 정태식 집에서 그와 만났는가?

그렇습니다.

• 정태식은 당시 경성제대 학생이었는가?

그렇습니다. 학생이었습니다.

• 그 때 그에게 경성제국대학 법문학부 내에서 일상투쟁을 일으켜 이를 통해 학생을 좌익적으로 지도하고 또 동 부내에 적색독서회 또는 문화 서클 등을 조직함과 함께 좌익교수를 완전획득하여 공산주의 운동에 매진할 것을 종용하였는가?

그러한 내용의 말을 하였습니다.

• 이에 대해 그는 무어라고 하였는가?

찬성하였습니다.

• 동년 12월 경 부내 동숭정 25번지 경성제국대학 법문학부 교수 미야케의 관사에서 그와 만난 적이 있는가?

만났습니다.

• 그 때 그에게 서로 제휴하여 공산주의 운동을 하자고 권고한 바, 동인도 이에 응낙했는가?

처음부터 그러한 말을 하지는 않았습니다.

• 그 때 미야케와 조선에서 공산주의 운동 및 세계 공산주의 운동의 상세 등에 관해 의견을 교환하고 소화9년 1월 중순 경까지 누차 同所에서 회합하였는가?

그렇습니다. 당시 성대에 착안한 이유는 제대에 용천 사건이 일어 났기 때문으로 어떠한 반향이 있는지, 어떠한 의식 정도의 자인지를 알기 위해서입니다.

• 두 번째로 미야케를 만나서

1. 현재 조선에서 공산주의의 주요 임무는 전선적으로 공장을 중심으로 적극적으로 전개되고 있는 공산주의 운동을 통일하는 것, 즉 공산당의 재건에 있고 이를 위해서는 전선적인 정치운동을 확립할 것,

2. 전선적인 정치신문을 발행할 것,

3. 투쟁장 裡에서 경험재료로서 선전선동을 위한 출판 활동을 왕성히 할 것을 요하며 이중에서 전선적인 정치운동 방침의 확립을 가장 긴급한 사항으로 해야 한다고 제안하였는가?

그렇습니다. 이에 미야케도 찬성하였습니다.

• 그 후 나아가서 전선적인 정치운동 방침의 획립에 관해 국제 정세의 분석 및 조선 정세의 분석, 과거 운동의 비판 및 당면의 임무를 결정할 것의 4대 항목을 포함하는 플랜을 결정하고 이에 기초해 함께 초안을 작성한 것을 가져와서 국제 정세의 분석에 관하여는 코민테른 집행위원회 제12회 플레남 테제에 기준을 두고 이에 신정세를 참조하고 조선 정세의 분석에 관해서는 경제 정세와 정치 정세로 구별하여 어느 것도 1926년 12월 코민테른의 조선문제에 관한 테제 및 1930년 9월의 프로핀테른의 조선 좌익노동조합운동에 관한 테제를 기초로 하고 이에 그 후 전개된 구체적 신정세를 참조하여 혁명의 전망에 관해서는 12월 테제에 준거할 것 등을 토의하였는가?

그렇습니다.

• 미야케와 만나는 것에 관해서는 피고인 쪽에서 방문하였는데 처음에 정태식과 함께 갔는가?

그렇습니다. 또한 미야케와 나와 이야기를 할 때에는 정태식은 별실에 가 있었습니다.

• 그 후 소화9년 1월 22일 피고인은 서대문경찰서에 검거되었는가?

그렇습니다. 검거되었습니다.

• 어떠한 명목으로 검속되었는가?

행정 검속이었습니다.

• 동년 3월 11일 오전 2시 경 피고인은 서대문경찰서에서 도주했는가?

그렇습니다. 도주했습니다.

• 서대문경찰서에서 도주해 재판소 앞 미국 영사관에 들어가 기절해 누

워 있었는가?

어느 곳에 들어갔는지는 알 수 없지만 정신을 차려보니 또 서대문경찰서에 와 있었습니다.

• 그 후 나아가서 동년 4월 14일 서대문경찰서에서 도주하여 동숭정 미야케의 관사에 가서 동년 5월 21일까지 숨어 있었는가?

그렇습니다.

• 5월 21일 아침 미야케의 집을 나온 것은 동일 아침 미야케가 검거되었기 때문인가?

그렇습니다.

• 미야케의 집을 나와서 西四軒町, 신설정 등을 전전하여 나아가서 용두정 224번지 어느 집에 있었는가?

그렇습니다.

• 그런 와중에 박진홍과 알게 되었는가?

박진홍과는 검거되기 전부터 알고 있었습니다.

• 동년 8월 상순 경 동소문 밖 베비 골프장 부근에서 박진홍과 만나 아지트 키파를 안내해 달라고 의뢰하였는가?

그렇습니다. 그 결과 그녀가 아지트 키파가 되었습니다.

• 그래서 부내 신당정 석산동 349번지의 1호 尹(鎭, 원문에는 빠져 있슴)龍의 1실을 빌려 부부라고 칭하고 동거하였는가?

그렇습니다. 동소에 익년 1월 10일 경까지 있었습니다.

• 박진홍과 정교관계가 있었는가?

없었습니다.

• 피고인이 처음 박진홍을 만난 것은 용두정 전차정류소 부근인가 또는 동소문 밖 골프장 부근인가?

어느 곳인지 기억나지 않습니다.

• 그 어느 곳에선가 만날 즈음 박진홍에게 서로 제휴해 공산주의 운동

부록 475

을 하면 어떻겠느냐고 권하였는가?

그렇습니다. 박진홍도 승락하였습니다.

• 소화9년 9월 중순 경 박진홍으로 하여금 이관술과 연락을 취해 신당정에서 한남정으로 통하는 도로 고개 우측의 茶水 부근에서 오전 11시 경 이관술과 만나 산중에 들어가 누차 이야기를 하였는가?

그렇습니다.

• 그 후 그를 소화10년 1월 10일 경까지 전술한 장소 및 장춘단 공원 뒷산, 한남정 남산부근 등에서 누차 회합하였는가?

그렇습니다.

• 소화9년 12월 경 이관술을 통해 박영출과 알게 되어 그와도 이관술과 같은 장소에서 각자 따로 누차 회합하였는가?

그렇습니다. 같은 장소에서 각자 따로 만났습니다.

• 그와 만날 때 서로 조선 내 공산주의 운동의 통일 방법에 관해 의견을 교환하였는가?

그렇습니다.

• 공산주의 운동의 통일 방법에 관해 의견을 교환한 후 동인들에게

1. 학교 내 활동 기준으로서

ㄱ.학교 내 일체의 반동단체에 절대 반대하고 학생의 자주적 위원회를 조직하여 그 활동의 자유를 꾀할 것,

ㄴ.학생의 공산 및 반제 그룹에 가입할 자유를 꾀할 것,

ㄷ.반동적 교사의 수업을 거절할 자유를 꾀할 것,

ㄹ. 일본제국주의 축제일 祭式 참열에 반대할 것,

ㅁ.조선 및 국제혁명기념일에 학생의 기념활동의 자유를 획득할 것,

ㅂ.학생 제네스트 기타 일체의 캄파니아에서 내선학교 및 학생간의 공동투쟁을 꾀할 것,

ㅅ.제국주의 전쟁에 절대반대하고 그 반대를 위한 투쟁을 일으킬 것,

ㅇ. 소비에트 동맹 및 중국혁명운동지지를 위한 투쟁을 일으킬 것,

ㅈ. 일본제국주의 권력의 근본적 파괴 및 조선의 절대독립을 위한 투쟁을 일으킬 것,

2. 세말에 즈음하여 노동자로 하여금 스트, 사보, 데모에 의해 노동시간의 연장 및 참수에 반대하고 상여를 요구하는 세말 캄파니아를 행할 것 등을 제안하였는가?

그렇습니다.

• 거기에 이관술, 박영출 등은 찬성하였는가

별로 반대하지 않았으므로 암묵적으로 승락한 것이라고 생각했습니다.

• 소화9년 11월 하순 경 부내 하왕십리정 917번지 李鐘嬉 집에서 그녀에게 공산주의 운동을 위해 공장 내에서 동지획득에 매진할 것을 권해 그 승락을 받았는가?

그러한 일은 없습니다. 이종희와는 그 이전 공장에 파업을 일으킬 때 알았을 따름입니다.

• 이 사실을 피고인은 예심이래 철두철미 부인하고 있는데 이는 무엇인가? 부인하지 않으면 안되는 이유라도 있는 것인가?

별로 이유는 없습니다.

• 그 전 공판정에서 부인한 사실은 예심판사가 대수로운 일이 아니므로 아무래도 좋지 않은가라고 하였기 때문에 이와 같이 인정하였다고 하는 것이 모순되는 것처럼 생각되는데 어떠한가?

별로 이유도 없고 전술한 대로 입니다.

• 소화10년 1월 10일 경 石山洞 아지트도 위험해지자 현재 주거지인 양주군 노해면 공덕리로 가서 이관술이 형 김대성, 피고인이 동생 김소성이라고 하는데 경남의 수해 때문에 이주해 왔다고 해 부근 사람들을 믿게 하였는가?

그렇습니다. 부락 사람들도 그것을 신용하고 있었습니다.

• 피고인이 검거되기 10일 쯤 전 경찰이 와서 본적지에 조회한 바 그러한 사람이 없다고 하는데 틀림이 없느냐고 재조사해 와서 다소 의문을 품게 되었는가?

그렇습니다.

• 소화11년 3월 하순 경부터 동년 9월 하순 경까지 고양군 숭인면 길음교 부근 기타에서 우 피고인 변우식과 누차 회합하였는가?

그렇습니다만 만난 것은 누차가 아니고 3, 4회입니다.

• 변우식과 만나게 된 사정은 이종희의 동생 이종국의 연락에 의한 것인가?

그렇습니다.

• 변우식과 만날 즈음에 서로 세계 및 조선의 상세를 토론한 후 그에게 조선의 독립 및 공산화를 위하여 서로 제휴해 반파쇼운동을 하지 않겠는가라고 권고하였는가?

그러한 말을 한 적은 없습니다.

• 변우식과 만나 어떠한 말을 하였는가?

나는 경성의 상세를 알 수 없고, 무직이어서 경찰의 주목을 받고 있는 것, 공판정에 있어서 동지의 태도 등을 듣기 위하여 만났습니다.

(재판장은 사건기록 제4476페이지 안 9행 째에서 동 제4478페이지 겉 3행 째까지를 읽고서)

• 그러나 예심에서는 이와 같이 말하지 않았는가?

물음에 직접 답하지 않고 이전의 일을 말하였기 때문에 이를 시인한 꼴이 되었습니다만 사실은 조사를 의뢰하였을 따름입니다.

(재판장은 사건기록 제2912페이지 안 4행 째에서 동 제2933페이지 안 7행 째까지를 읽고서)

• 변우식과의 회합의 상세를 이와 같이 예심에서 읽어 들려 줄 때 그렇다고 말하지 않았는가?

예심에서 그렇다고 말한 적은 없습니다.
• 동년 3월 중순 경부터 동년 10월 하순 경까지 고양군 숭인면 원산가도 제2우이교 부근 기타에서 우 피고인 서구원과 회합하였는가?
그렇습니다.
• 이것도 이종국의 연락으로 만났는가?
그렇습니다.
그 때 서구원에게 조선공산당 재건의 전제로서 경성에서 좌익전선을 통일할 필요가 있다는 것을 역설하고 그 방법으로 8·1캄파 및 간도공산당사건 피고사형집행 반대의 2제목에 관하여 다른 운동노선에 있는 공산주의자와 서로 제휴해 공동투쟁을 하고 이를 계기로 운동의 합동통일을 꾀할 것을 제안하였는가?
그러한 내용의 이야기를 하였습니다.
• 이에 서구원도 찬성하였는가?
상대는 이를 받아들일 만큼 의식 수준에 달하지 못했으므로 알 수 없다고 생각하고 있었습니다.
• 동년 8월 하순 경부터 동년 12월 중순 경까지 전술한 제2우이교 부근 기타에서 우 피고인 최호극과 누차 회합하였는가?
그렇습니다. 만난 일은 틀림없습니다.
• 서구원이 병으로 향리에 돌아 갈 때 최호극을 만나달라고 말한 것이어서 최와 만나게 되었는가?
그렇지는 않습니다. 서구원이 병으로 오지 못하게 되어서 최호극이 대리로 온 것입니다.
• 최호극과 만날 때 그에게 조선공산주의 운동사 등을 설명한 후 조선공산당 재건의 일익으로서 학교 내에 적색독서회를 조직하도록 권유하였는가?
나의 주의 주장은 다하였습니다만 최호극은 의식의 정도가 낮았으므로 그러한 이야기는 하지 않았습니다.

• 예심에서는 방금 물어본 것처럼 공술하지 않았는가?

이것도 전술한 대로 (예심판사가—필자) 아무래도 좋지 않겠는가라고 하여 그와 같이 말한 것에 지나지 않습니다.

• 동년 10월 중순 경 전술한 양주군 노해면 공덕리 아지트에서 이관술과 함께 자기의 운동노선을 조선공산당재건경성준비그룹이라고 명명하고 그 기관지로서 적기라고 제목을 붙인 소책자를 인쇄 반포하지 않겠는가하고 상담하였는가?

그렇습니다.

• 그 결과 동년 중순 경 전술한 공덕리 아지트에서,

군사적 경찰적 파쇼적 일본제국주의의 조선통치권력의 근본적 파괴, 조선의 절대독립, 노동자 농민 소비에트정부수립, 조선 내 일본제국주의 및 재벌의 산업기구, 특히 대경영, 은행, 트러스트, 콘체른 기타 생산기관의 노농소비에트 정부에 의한 관리의 실시 등 조선의 독립 및 공산화를 필요로 하는 뜻을 기술한 문서를 작성저술하여 성규의 수속을 밟지 않고서 등사 기구를 사용하여 적기 제1호로서 약 20부 등사인쇄하였는가?

그렇습니다. 틀림없습니다.

• 그 후 이를 서구원에 2부, 최호극에 7부 주었는가?

그렇습니다.

(재판장은 사건기록 제3849페이지에서 동 제3856페이지를 보이고)

• 이는 그 역문인데 이러한 것을 작성하였는가?

그렇습니다.

• 동년 11월 상순 경 전 동소에서 적기 제2호를 발행하였는가?

그렇습니다.

• 그 제2호에는 지난 러시아혁명 기념일에 전선적으로 활발한 투쟁이

없었던 것은 진심으로 유감이며 금후 이러한 투쟁기념일에는 왕성한 활동을 해야 할 것이라는 취지의 문서를 작성서술하여 전과 같은 방법으로 15부 인쇄하였는가?
그렇습니다.
• 그 무렵 우 적기 제2호를 최호극에 4부 교부하였는가?
그렇습니다.
• 소화7년 12월 26일 경 당시 피고인이 기거하던 전술한 연건정 35번지 김용식 방에서 공산주의자 안종호와 회합한 일이 있는가?
그렇습니다. 그 무렵 만난 일이 있습니다.
• 그 때 그에게 금후의 공산주의 운동은 비합법이 아니면 성공할 가망이 없으므로 군은 향리로 돌아가 철원수리조합 구역 내에서 스스로 농민이 되어 동지 획득을 위해 활동하면 어떻겠느냐고 권유한 일이 있는가?
전술한 대로 만난 적은 있지만 그러한 말을 한 적은 없습니다.
• 소화8년 3월 경 부내 원남정 신계단사에서 공산주의자 남만희와 만나 그에게 그 무렵 그가 지도하고 있던 경성공립농업학교 金良仙 외 7명의 반제그룹의 지도에 관해 의견을 말한 후 서로 제휴해 공산주의 운동을 하지 않겠느냐고 상담한 일이 있는가?
남만희와는 만난 일도 없고 따라서 그러한 상담을 한 일도 없습니다.
• 소화8년 4월 경부터 동년 7월 경까지 부내 명륜정 4정목 127번지 韓今男 방에서 누차 공산주의자 李東千, 金七星 등과 회합하여 신문지상의 시사문제를 재료로 좌익실천적으로 교양한 후 서로 제휴해 공산주의 운동을 하지 않겠느냐고 제의하였는가?
이동천, 김칠성 등과 그 후 만난 일은 있지만 그러한 이야기를 한 적은 없습니다.
• 피고인이 지금까지 당 공판정에서 인정한 사실의 종국의 목적은?

조선으로 하여금 일본제국의 기반에서 이탈시키고 또 사유재산 제도를 부인하여 조선 내에 공산제 사회를 실현시키기 위한 것입니다.

高柄澤에 관한 신문에서
• 공산주의라고 하는 것을 간단하게 말하면 사유재산 제도를 부인하는 것인가?
나는 아직 확실하게 알지 못합니다.

邊雨植에 관한 신문에서
• 그 무렵 서로 세계 및 조선의 상세를 토론한 후 조선의 독립 및 공산화를 위해 서로 제휴하여 반파쇼 운동을 하지 않겠느냐는 권유를 승낙하였는가?
이재유로부터 신문하신 것과 같은 말을 들은 것은 틀림이 없습니다만 이에 대해 승낙한 일은 없습니다.
• 어찌하여 집행유예 중에 이러한 일을 하였는가
집행유예 언도를 받고 출소한 후 금후도 계속하여 운동을 할 것인가 또는 商賣를 할 것인가에 관해 고민하고 있을 때 이종국이 찾아와서 이재유를 만나보라고 하여 이재유를 만나 이와 같이 되었습니다.
• 그렇다면 집행유예 판결을 받을 때는 아직 충분히 개전하고 있지 않았던 셈인가?
판결 당시는 전향하고 있었습니다만 그 후 또 생각이 바뀌었습니다.
• 이재유와 만나 결국 무엇을 하려고 하였는가?
그로부터 여러 이론 등을 (2자 판명 불가-필자)한 결과 운동에서 몸을 뺄 결심을 하고 시골에 갔던 것입니다.

최호극에 대한 신문에서

• 피고인은 본적지의 홍원공립보통학교를 졸업한 후 사립육영하원 농업補習科를 거쳐 소화7년 3월 경성 사립중앙고등보통학교에 입학하였는데 우인들의 감화에 의해 공산주의 사상에 공명하게 되고 소화8년 11월 동교의 맹휴사건에 관련되어 퇴교되었는가?

그 때는 공산주의 사상에는 공명하고 있지 않았습니다.

• 어느 때부터 공산주의 사상에 공명하게 되었는가

당초에 검거된 때는 아직 관심이 없었습니다만 검속되어 감방에 있을 때 최소복이라고 하는 공산주의자로부터 여러 가지 이야기를 듣고 마침내 공산주의에 공명하게 되었습니다.

• 피고인이 그러한 일을 한 궁극의 목적은?

조선에서 공산제 사회를 실현시키는 것으로 그 결과 조선의 독립을 달성하기 위한 것입니다.

• 현재의 심경은?

일본제국의 국체를 오해하고 있던 것을 깨달았습니다. 그 상세는 진정서에 서술되어 있습니다.

• 전향했다는 것을 전의 동지 앞에서도 서약하였는가?

서약하였습니다.

• 일본의 국체를 오해하고 있다고 하는 점은?

萬世一系의 천황을 받들고 있는 것, 비상하게 훌륭한 가족제도인 것, 祖先崇拜, 敬神 등 좋은 습관이 있는 것 등으로 이러한 국체에서는 혁명 등은 불가능합니다.

梁成基에 대한 신문에서

• 상공학원에 재학 중 우 피고인 최호극의 지도교양을 받아 공산주의 사상을 신뢰하게 되었는가?

최호극에게서 공산주의에 관한 말을 막연하게 듣고 있었을 따름이어서 나로서는 이를 비판할 힘은 물론 없었습니다.
- 최호극의 말을 듣고서 장래 공산제 사회는 실현 가능한 것이라고 생각하였는가?

말을 들어도 이해할 수 없었습니다.
- 그 무렵 최호극은 피고인 등에게 상공학원 내에서 동지를 획득하고 서로 제휴하여 공산주의 운동을 하지 않겠느냐고 권유하였는가?

그러한 권유를 받았습니다만 나는 별로 반대도 하지 않고 찬성도 하지 않았습니다. 대체 나에게 공산주의 사상이라는 것을 알 수 없었습니다.
- 공산주의라는 것을 간단하게 말하면 사유재산 제도를 인정하지 않는 것인데 이 정도는 알고 있었는가?

막연하기는 하지만 그 정도는 알고 있었습니다.
- 예심에서 취조할 때 최후에 내 과거의 사상은 잘못되었다고 말하였는데 공산주의가 어떠한 것인지 확실하지 않으면 좋은 것도 나쁜 것도 알 수 없는 것이 아닌가?

알 수 있는 범위 내에서 나쁘다고 말한 것입니다.
- 어디가 나쁜 것인가?

일본제국은 만세일계의 천황이 군림해 비상하게 훌륭한 사회조직이 되었으므로 공산제 사회의 실현은 가능하지 않습니다.

閔泰福에 대한 신문에서
- 공산주의 사회란 어떠한 것인가?

사유재산 제도와 반대의 것입니다.
- 공산제 사회가 실현된다고 생각하고 있는가?

실현 가능한지 불가능한지 알 수 없습니다.
- 현재의 심경은?

전에는 공산주의에 흥미를 가진 적도 있습니다만 지금은 공산주의 사상에 관심이 없습니다. 전부터 적극적으로 운동한 일은 없지만 금후는 일체 관계하지 않을 결심을 하고 있습니다.

● 공판조서 제2회
(1938년 7월 5일 오전 10시 경성지방법원)

(徐球源에 대한 신문부터 시작함).
• 피고인도 동인(朴在, 徐昌源 등)들과 교제한 결과 공산주의 사상에 공명하게 되었는가?
그렇습니다.
• 공산주의라는 것을 간단하게 말하면 현재의 사유재산 제도를 인정하지 않는다는 것인가?
그렇습니다.
• 피고인은 1932년 7월 경 홍원농민조합 사건에 관계되어 홍원경찰서에서 훈계방면되었는데 그 후 또한 1933년 12월 및 1935년 5월의 2회에 걸쳐 함흥지방법원 검사국에서 치안유지법 위반으로 기소유예 처분을 받았는가?
그렇습니다.
• 우 피고인 이재유를 알고 있는가?
알고 있습니다.
• 어느 때부터 어떠한 관계로 알게 되었는가?
1936년 3월 경 이종국에게서 어떤 남자를 소개받았습니다. 그 때는 이름은 몰랐는데 검거 후 그 남자가 이재유라고 하는 것을 알았습니다.
• 이상 사실의 궁극 목적은 조선으로 하여금 일본제국의 기반에서 이탈시

켜 사유재산 제도를 부인하고 공산제 사회를 실현시키기 위한 것인가?
나는 공산주의라는 것을 잘 알지 못하고 이재유의 앞잡이手先가 되어 그의 명령대로 움직인 것 뿐입니다.
• 이재유 운동의 궁극 목적은 지금 물어 본 대로인가?
나는 별로 이재유의 운동에 반대하지는 않았으므로 결국 그렇습니다.
• 현재는 어떻게 생각하고 있는가?
과거에 좋은 일을 하였다고는 생각하고 있지 않습니다. 나는 몸도 약하므로 출소한다면 향리로 돌아가 가정과 국가를 위해 일할 생각입니다.

최후진술
(재판장은 피고인들에게 최종공술이 없느냐고 묻자),
• 피고인 고병택은?
과거 사실을 부인하는 것은 아니어도 공산주의자는 아니라고 진술하고
(피고인 서구원 동 양성기는 모두 없다고 대답하고)
• 피고인 변우식은?
이재유와 만나게 된 사정은 전과의 사건으로 검거되었을 때 콤그룹 사건으로 검거된 권영태와 같은 방에 있었는데 권이 이재유의 운동노선은 파벌이고 자신은 국제노선이라고 말해 이를 확인할 필요에서이고, 7, 8회 정도 이재유와 만난 이유는 회합 시간이 짧았기 때문으로 운동을 위해 만난 것은 아니라는 취지로 진술하고
피고인 최호극은 과거 행위가 잘못된 점은 진정서대로이므로 관대한 판결을 해달라고 공술하고, 피고인 민태복은 관대한 처분을 바란다는 진술을 하고,
• 검사는
피고인 이재유는 안녕질서를 해칠 언동을 할 우려가 있다고 생각되므로 일반의 공개를 금해 달라고 진술하고,

재판장은 회의한 다음
일반의 공개를 금지하는 취지를 알리고 방청인을 퇴정시키다.
피고인 이재유는 공산주의자가 된 사정을 누누이 진술하고
현재의 사회제도에는 모순이 많고 전과의 형으로서 복역 중 형무소 내에서 확실한 공산주의 사상을 파악하게 되었고 한편으로는 공산주의 사상을 탄압하고 다른 한편으로는 그것을 조장하는 제도라는 것이 그 일례이다.
우리들 공산주의자가 항상 주장하고 있듯이 가까운 장래에 반드시 일본제국도 노동자의 최저임금을 법률로 정하는 시기에 이를 것이고 또한 금회의 일지사변 때문에 일본농민의 중견은 거의 전부 소집되기 때문에 금후 농촌에 대혼란을 낳게 될 것을 단언하는 바이다. 사변 때문에 일본제국은 모든 산업부문을 통제하고 대사업은 국가를 위한 것이 되어 점차 공산제 사회에로 진전하고 있어 장래는 토지도 국유로 될 것이고 또 그렇게 되는 것이 자연이라는 취지의 진술을 하고
내가 출옥 후 수백 명 사람들과 회합한 것은 물론 공산주의 운동을 위한 것이라고 해도 그들에게 서로 제휴하여 공산주의 운동을 하자는 것을 권유한 것으로 우 피고인 변우식, 서구원, 최호극 등은 누구도 공산주의자라고 칭할 만한 의식 수준에 달하지 않으므로 그들과 함께 공산주의 운동을 한 것은 아니다.
우리들 공산주의자들은 운동을 위해 생명을 버릴 결심이고 또 그러한 자가 진실한 공산주의자라고 진술하다.

청원서
서대문형무소 치안유지법위반 피고인 이재유
우 피고인의 사건 공판 중 피고인이 최종 진술의 극히 일부를 진술한 때 폐정됨에 따라 형사소송법 제349조 제3항, 제350조(가운데 숫자는

보이지 않아 필자가 5로 처리하였음)에 의해 최종진술의 기회를 피고인에 주어 달라는 것을 청원함.

이유

경찰조서는 고문의 위조가 많았고 검사의 조서는 검사가 경찰서에 출장하여 경관과 협동으로 고문하면서 작성한 것이고 예심조서는 渡邊 판사의 때에 경찰조서를 그대로 낭독해 피고인의 진술없이 小林 판사에 회부하여 거의 그대로 종결된 것, 또 금회의 공판 중 사실 신문은 너무나 지나치게 간단하게 하고 또 이 사건에 대한 경찰적 여론과 그에 의한 관변의 여론이 피고인 사건의 내용과 너무나도 천양지차로 다른 까닭에 피고인의 자백적인 최종진술에 의해 피고인 사건의 정체를 명백히 진술하기를 바라는 바임.

소화13년 7월 8일

우 이재유

경성지방법원 展

忌避申立書

서대문형무소

치안유지법위반 피고인 이재유

우 피고인은 좌기와 같은 이유로써 형사소송법 제25조 제1항, 제26조 但항, 제27조에 의해 경성지방법원의 우 피고인 사건의 담당 재판장의 기피신립을 제출함.

이유

1. 재판장이 피고인의 사실 심문을 하는데 구체적 심문을 기피하고 계획적으로 추상화하는 것에 의하여 피고인을 불리하게 하였을 뿐만 아니라 피고인의 구체적 의견의 진술을 일일이 억압중지시킨 사실, 이에 대한 피고인의 직접적 질문에 재판장은 방청인이 있으므로 허락할 수 없

다고 답하고 피고인을 위해서는 방청금지라도 좋다라고 말하자 재판장은 재판장의 묻는 바에 예, 아니오로 답하기만 하면 된다고 하여 일체를 중지시킨 사실.

2. 재판장이 피고인 사건의 취조고문주임경관(경기도 경찰부 사찰계 高村주임)을 특별석에 착석시켜 피고인의 심문에 입회시킴으로써 피고인을 위협하고 또한 피고인의 공술을 불리하게 한 것. 또한 피고인이 형사소송법 제339조에 의해 퇴정 청원을 했는데도 연일 입회시켜 피고인을 불리하게 하고 행정권의 사법권에의 침입을 공연하게 인정한 사실.

3. 재판장이 검사의 구형에 대한 피고인의 법률적 반박변론을 현장에서 반박하고 검사에 대신하여 검사구형년수의 정당성을 변호하면서 타일의 합의적 결의에 의한 언도가 필요없는 것같이 언동한 것. 검사가 8년 구형한 것에 대해 피고인이 7년 이하로 규정된 법률 이상의 부당한 구형이라고 변론반박하자 재판장은 전과가 있으므로 지당하다고 현장에서 반박을 하고 사법권의 독립성과 재판의 합의성을 무시한 사실.

4. 재판장이 최종 피고인 진술 때에 豫審廷, 검사국, 경찰서의 취조법 및 고문 기타의 추태의 폭로를 저지하기 위해 피고인의 언론을 억압하고 피고인과 서로 대립하여 부분적인 논쟁을 거는 것에 의하여 피고인을 흥분화시켜 또 재판장 자신도 감정화한 사실, 동시에 피고인의 최종진술이 상당의 장시간을 요한다고 신립하였음에도 피고인의 변론을 계획적으로 무리하게 정체화시켜 덥다고 하는 이유로 무리하게 폐정시킨 사실.

소화13년 7월 9일
우 이재유
우 본인의 무인인 것을 증명함
조선총독부 간수 大和田忠義
경성지방법원 展

●공판조서 제3회
(1938년 7월 12일 오전 9시 경성지방법원)

피고인 등 모두 불출석한 가운데 이재유가 소화13년 7월 9일 제출한 재판장 기피 신청은 형사소송법 제26조 규정을 위반하고 또 소송을 지연시킬 목적으로 한 것이 명백하므로 각하한다는 취지를 선언함.
재판장은 판결을 선고할 취지를 고하고 主文을 낭독하고 구두로써 그 이유의 요령을 고해 판결을 선고하고 또 이 판결에 대해 상소하려는 자는 항소는 7일 내에, 상고는 5일 내에 그 신청서를 당 재판소에 통고해야 할 것을 고지함.

참고문헌

● 자료

《경성일보》
《대판매일신문(조선판)》
《동아일보》
《시대일보》
《조선일보》
《조선중앙일보》
《중외일보》

김봉우 편, 《일제하 사회운동사자료집 — 지방별 기사모음》(제1권~2권), 한울, 1989.
김준엽 김창순 편, 《한국공산주의운동사(자료편I, II)》, 고려대학교 아세아문제연구소, 1980.
《일제하 조선관계신문자료집성》, 영진문화사, 1989.
《조선사상통신》, 조선사상통신사, 1927년 1월 — 1930년 12월.
한홍구 이재화 편, 《조선민족해방운동사자료총서》, 경원문화사, 1988.
〈秘密結社朝鮮共産黨竝ニ高麗共産靑年會事件檢擧ノ件〉, 京畿道, 京高秘 第8036號, 1928년 10월 27일 (梶村秀樹 姜德相 編, 《朝鮮(五)》, 現代史資料 제29권, みすず書房, 東京, 1972).
京畿道 警察府, 《治安槪況》, 1929년 5월.
朝鮮總督府 警務局, 〈滿洲ニ於ケル共産黨ノ直接行動ニ關スル件〉, 朝保秘 第

부록 491

1327號, 1930년 10월(梶村秀樹 姜德相 編, 앞책).

《朝鮮共産黨組織計劃檢擧ノ件》, 1930년 11월 12일, 京高秘 第9363號의 별지 제12호.

〈朝鮮共産黨中央幹部金燦取調狀況ノ件〉, 朝保秘 제644호, 1931년 8월 22일(梶村秀樹 姜德相 편, 앞책).

〈ML系朝鮮共産黨再組織事件檢擧 其他ニ關スル件〉, 京本警高秘 第6751號(《思想ニ關スル情報綴》, 1931년 10월).

〈朝鮮國內工作委員會事件等豫審決定書寫〉, 1932년(김준엽 김창순 편, 《한국공산주의운동사》(자료편 II), 고대 아세아문제연구소, 1980).

〈中國共産黨滿省委員會東滿特別委員會朝鮮內工作事件ノ檢擧ニ關スル件〉, 경성지방법원 검사국 사상부, 1932년 4월 (김준엽 김창순 편, 앞책).

〈日本に於ける情勢と日本共産黨の任務〉, 1932년 4월. (村田陽一 편역, 《コミンテルン資料集》제5권, 大月書店, 494면의 자료 75)

金炯善 등의 〈豫審請求書〉, 《思想事件起訴狀判決寫綴》, 1933

〈赤色救援會及讀書會事件檢擧ニ關スル件〉, 仁高秘 第1151號의 1, 1933년 3월(《思想ニ關スル情報》, 1933년).

《思想月報》, 제2권 제12호, 1933년 3월.

〈朝鮮國內工作委員會事件等豫審決定書寫〉, 경성지방법원, 1933년 4월 (김준엽 김창순 편, 앞 책).

〈三澤, 李載裕ノ協議決定セル各種情勢討議〉, 한홍구 이재화 편, 《한국민족해방운동사자료총서》, 제4권, 경원문화사, 1988.

〈城大敎授三宅鹿之助ヲ中心トスル鮮內赤化工作事件檢擧ニ關スル件〉, 京高特秘 제2410호, 1934년 8월(김준엽 김창순 편, 앞책).

〈朝鮮共産黨再建コミンターン朝鮮レポート會議事件ノ槪要〉, 《治安情況》, 경기도 경찰부, 1935년 3월.

〈仁川赤色クルプ檢擧ニ關スル件〉, 京龍高秘 第4878號, 1935년 6월(《警察情報綴》, 1935년).

〈李載裕一派ノ鮮內赤化後繼事件起訴中止者檢擧ニ關スル件〉, 京高特秘 第1600號의 1, 1935년 6월(《警察情報綴》, 1935년).

〈京城事件再建運動檢擧ニ關スル件〉, 京龍高秘 第2162號, 1935년 6월(《警察情報綴》, 1935년).
〈三宅城大敎授赤化運動事件〉, 《思想彙報》 제2호, 1935년 3월.
〈朝鮮共産黨再建運動事件〉, 《思想彙報》 제2호, 1935년 3월.
〈李載裕一派ノ鮮內赤化後繼事件起訴中止者檢擧ノ關スル件〉, 京高特秘 第1600號의 1, 1935년 6월.
〈京城事件再建運動檢擧ニ關スル件〉, 京龍高秘 第2162號, 1935년 6월(《警察情報綴》, 1935년)
三宅鹿之助의〈感想錄〉,《思想彙報》 제4호, 1935년 9월.
〈赤色勞働組合竝赤色農民組合組織準備工作等事件〈, 《思想彙報》 제4호, 1935년 9월.
〈共産靑年同盟準備委員會, 江陵赤色農民組合結成準備委員會等組織事件〉, 《思想彙報》 제4호, 1935년 9월.
姜文永의〈判決書〉(《檢事局情報》, 1936년)
〈朝鮮共産黨再建運動協議事件〉, 《思想彙報》, 제9호, 1936년 12월.
朝鮮總督府 殖産局, 《朝鮮工場名簿》, 1936年版, 朝鮮工業協會.
〈李載裕逮捕見聞記〉,《思想彙報》 제10호, 1937년 3월.
〈永登浦赤色勞働組合組織準備會事件檢擧ニ關スル件〉, 京永警高秘 第3023號, 1937년 4월 (《思想ニ關スル情報綴》, 1937년)
〈永登浦ヲ中心トスル赤勞組織ノ準備工作事件檢擧ニ關スル件〉, 京高特秘 第906號, 1937년 4월 (《思想ニ關スル情報綴》, 1937년)
〈京城を中心として赤化に暗躍狂奔しつつりたる李載裕竝金熙星等一味の犯罪槪要及檢擧の眞相は左の通である〉, 京畿道 警察府(《思想ニ關スル情報綴》, 1937년)
〈文春學一派ノ赤色救援會事件檢擧ニ關スル件〉, 京高特秘 第1191號, 1937년 5월 (《思想ニ關スル情報綴》, 1937년)
〈朝鮮共靑再建咸興平野委員會組織準備委員會事件〉, 《思想彙報》 제11호, 1937년 6월.
李載裕, 〈朝鮮に於ける共産主義運動の特殊性と其の發展の能否〉, 《思想彙報》 제11호, 1937년 6월 (신주백 편, 《1930년대 민족해방운동론 연구I》, 새길, 1989)

〈時局柄注意ヲ要ルス治安維持法違反容疑者ノ行動ニ關スル件〉, 京高特秘 第1865號의 1, 1937년 7월(《思想ニ關スル情報綴》, 1937년)

〈治安維持法違反被疑者 李觀述ノ手配ノ件〉, 京高特秘 第1865號의 2, 1937년 7월(《思想ニ關スル情報綴》, 1937년)

〈産業別赤色勞働組合, 店員勞働組合組織協議事件〉, 《思想彙報》 제12호, 1937년 9월.

〈朴鎭洪外十名ニ對スル治安維持法違反事件意見書寫〉, 1938.

〈朝鮮共産黨再建京城地方協議會事件〉, 《思想彙報》 제16호, 1938년 9월.

〈孔元檜等共産主義運動協議事件竝事變に關する造言飛語事件〉, 《思想彙報》 제18호, 1939년 3월.

村田陽一 編譯, 《コミンテルン資料集》, 제5권, 大月書店, 1982.

古屋貞雄 外, 〈暗黑下日朝人民連帶昭和初期日本人先覺者體驗聞(座談)〉, 《朝鮮研究》, 朝鮮研究所, 1966年 8月號.

이현상의 〈被告人訊問調書〉(제1회), 《박헌영전집4》, 박헌영전집편집위원회, 역사비평사, 2004.

이관술의 〈被告人訊問調書〉(제6회, 제7회, 제11회, 제13회), 《박헌영전집4》, 박헌영전집편집위원회, 역사비평사, 2004.

이관술, 〈반제투쟁의 회상〉, 《현대일보》 1946년 4월 17일자.

이관술, 〈반일 지하 투쟁의 회상〉(중), 《현대일보》 1946년 4월 18일자.

이관술, 〈박헌영씨와 나 — 반일투쟁의 회상(완)〉, 《현대일보》 1946년 4월 19일자(《박헌영전집6》, 박헌영전집편집위원회, 역사비평사, 2004).

조선공산당, 〈조선공산당 중앙 및 도당 대표동지 연석회의 의사록〉 1946년 2월, 《역사비평》 14호, 1991년 가을호.

● 연구저서 단행본

강현욱, 《항일무장투쟁시기 노동운동》, 조선노동당출판사, 1964.(《일제하 조선노동운동사》, 일송정 역사신서3, 1989.)

고준석, 《조선공산당과 코민테른》, 공동체, 1989.
김경일 편, 《북한학계의 1920~30년대 노농운동연구》, 창작과 비평사, 1989.
김경일, 《일제하 노동운동사》, 창작과 비평사, 1992.
김경일, 《한국 근대 노동사와 노동운동》, 문학과 지성사, 2004.
김남식 심지연 편저, 《박헌영노선 비판》, 두리, 1986.
김오성, 《지도자군상》, 대성출판사, 1946.
김준엽·김창순, 《한국공산주의운동사(1—5)》, 고려대학교 아세아문제연구소, 1967~76.
배성찬 편역, 《식민지시대 사회운동론연구》, 돌베개, 1987.
서대숙, 《한국공산주의운동사연구》, 화다. 1985(1965).
서중석, 《한국근대민족운동연구 — 해방후 민족국가 건설운동과 통일전선》, 역비한국학연구총서1, 역사비평사, 1991.
신주백 편, 《1930년대 민족해방운동론연구I》, 새길, 1989.
윤대원, 《식민지시대 민족해방운동》, 한길사, 1990.
이반송·김정명, 한대희 편역, 《식민지시대 사회운동》, 한울림, 1986.
이재화, 《한국근현대민족해방운동사 — 항일무장투쟁사 편》, 백산서당, 1988.
李錫台, 《사회과학대사전》, 1948. (한울림, 1987)
임영태 편, 《식민지시대 한국사회와 운동》, 사계절, 1985.
한국근현대사연구회 1930년대 연구반, 《일제말 조선사회와 민족해방운동》, 일송정, 1991.
한국역사연구회 1930년대 연구반, 《일제하 사회주의 운동사》, 한길사, 1991.
磯谷季次, 《わが靑春の朝鮮》, 影書房, 1984 (김계일 역, 《우리 청춘의 조선》, 사계절)

● 논문

금강산인, 〈조선민족해방 영웅적 투사 이재유 탈출기〉, 《신천지》, 1946년 4월, 5월호.
김경일, 〈1920, 30년대 인쇄출판업에서 노동조합 조직의 발전〉, 《경제와 사회》,

1989년 겨울호.

김인덕, 〈조선공산당의 투쟁과 해산―당대회를 중심으로〉, 한국역사연구회 1930년대 연구반, 《일제하 사회주의운동사》, 한길사, 1991.

변은진, 〈1930년대 경성지역 혁명적 노동조합연구〉, 한국근현대사연구회 1930년대 연구반, 《일제말 조선사회와 민족해방운동》, 일송정, 1991.

신주백, 〈1930년대 혁명적 노농운동의 조직문제에 관한 한 연구〉, 《역사비평》, 제7호, 1989년 겨울.

신주백, 〈조선공산당 재건운동의 조직방침〉, 한국역사연구회 1930년대 연구반, 《일제하 사회주의운동사》, 한길사, 1991.

안태정, 〈자주적 공산주의자 이재유의 혁명노선과 좌익전선운동〉, 《역사비평》, 제14호, 1991년 가을.

안태정, 〈1930년대 서울지역의 조선공산당 재건운동〉, 한국근현대사연구회 1930년대 연구반, 《일제말 조선사회와 민족해방운동》, 일송정, 1991.

우동수, 〈조선공산당 재건운동과 코민테른 ―동방노력자공산대학 졸업자들의 활동을 중심으로〉, 한국역사연구회 1930년대 연구반, 《일제하 사회주의운동사》, 한길사, 1991.

이애숙, 〈이재유 그룹의 당재건운동(1933~36년)〉, 한국역사연구회 1930년대 연구반, 《일제하 사회주의운동사》, 한길사, 1991.

이종민, 〈당재건운동의 개시(1929~31년)〉, 한국역사연구회 1930년대 연구반, 《일제하 사회주의운동사》, 한길사, 1991.

임경석, 〈국내 공산주의운동의 전개과정과 그 전술(1937~45년)〉, 한국역사연구회 1930년대 연구반, 《일제하 사회주의운동사》, 한길사, 1991.

임영태, 〈혁명적 지식인 김태준〉, 《사회와 사상》, 1988년 9월호, 한길사.

堀內稔, 〈朝鮮共産黨再建運動〉(《1930년대 민족해방운동》, 거름).

金森襄作, 〈만주에서의 조선 중국공산당 합당과 5.30봉기〉(《1930년대 민족해방운동》, 거름).

주석

개정판 머리말

1 참고문헌에 있는 古屋貞雄 外, 〈暗黑下日朝人民連帶昭和初期日本人先覺者體驗聞(座談)〉, 《朝鮮硏究》, 朝鮮硏究所, 1966年 8月號가 그것이다.

제1부

1 咸鏡南道 三水郡 別東面 船所里의 현재 지명은 복잡한 변천을 거쳐 왔다. 1942년 4월까지는 이 지명이 유지되었다. 같은 해 같은 달 혜산군惠山郡으로 편입되어 惠山郡 別東面으로 되었다. 1952년 12월 혜산군은 함경남도 甲山郡의 일부를 편입하여 혜산시로 개편되면서 동시에 別東面의 6개 리 등을 혜산시로 편입시켰는데, 別東面 船所里는 그대로 남았다. 1954년 10월 兩江道가 신설되어 兩江道 惠山市로 됨에 따라 일정한 개편이 있고 나아가서 1961년 3월에도 혜산시에 몇 개의 리가 편입되었는데, 別東面 船所里는 편입되지 않았다. 그러나 別東面 船所里는 없어지고 蕃浦里의 한 마을로서 虛川江 유역에 船所라는 이름을 남겼다. 이 설명은 본서의 일본어판에 있는 것으로 전 朝鮮大學校敎授로서 地理學博士인 司空俊 선생님에 의한 것이다. 인용을 허락해 준 사공준 선생님과 일본어판 번역자의 한 사람인 이노우에 마나부井上學 선생님께 감사드린다.

2 조서, 1618~1679면.

3 1928년 조선공산당 사건으로 검거되었을 때 경찰의 분류에 의하면 그의 재산 상태는 최하급으로 1,000원 미만에 속했다. 〈秘密結社朝鮮共産黨竝ニ高麗共産靑年會事件檢擧ノ件〉, 京畿道, 京高秘 第8036號, 1928년 10월 27일 (梶村秀樹 姜德相 編, 《朝鮮(五)》, 現代史資料 제29권, みすず書房, 東京, 1972, 144면) 참조. 그런데 1937년 4월 경찰에서 그는 조부 명의의 동산, 부동산을 합하여 약 2,000원(논 5,600평과 밭 16,000평, 소 3두, 가옥 1채) 정도의 자산이 있고 농업

으로 年收 500원 정도가 있다고 진술하였다. 이는 본적지의 별동 경찰주재소에서 작성한 〈被疑者素行調書〉의 내용과 일치한다.

4 검사의 신문조서, 제1회, 3952면 및 예심조서 제1회, 4234면. 위의 〈피의자소행조서〉의 '가족 및 생활상황' 란에서는 본적지에 있는 이재유의 가족을 '화목하며 생활이 圓滿, 裕豊하다'고 평하고 있다. 조서, 3940면 참조.

5 검사의 신문조서, 제1회, 3951면 참조. 경찰에서 진술한 바로는 학자금 형편으로 중간에서 퇴학할 수밖에 없었다고 한다. 조서, 649면 참조.

6 1938년 6월의 제1회 공판에서 진술한 바에 의하면 '16살 때 향리를 나왔다'고 하는데, 1937년 11월의 제1회 예심조서에서는 고학할 목적으로 서울로 온 것이 1924년이었다고 하였다. 1922년 무렵 서울로 올라와서 1년 남짓의 적응기를 거쳤다가 1924년 고등보통학교에 입학한 것으로 추정된다.

7 조서, 3801~3805면. 그런데 그는 당시 주동적인 역할을 하지 않았다고 진술하였다. 검사의 신문조서, 제1회, 3951~52면. 또 다른 자료에 의하면 그는 1925년 조선공산당과 고려공산청년회 결성에 '자극을 받아' 송도고보 내에서 '조선에서 최초로' 학생사회과학연구회를 결성, 동맹파업을 선동하였다 하여 퇴학처분을 받았다고 한다. 경성일보, 1937년 4월 30일자 호외 참조.

8 검사의 신문조서, 제1회, 3954면 및 예심조서 제1회, 4300~4301면.

9 경찰조서(3819면)에서는 경제과로 진술하기도 하였다. 또한 예심조서(제1회)에서는 세 차례의 시험을 보아 정식으로 입학하였다가 처음 2개월은 월사를 납입하였는데 이후 납입하지 못하여 학교 측에서 정식 학생으로 취급하지 않아 3개월 만에 퇴학하고 말았다(4238면)고 하였다. 그런가하면 제1회 공판에서는 일본대학에 입학한 사실이 없다고 진술하였다.(4957면)

10 김준엽·김창순,《한국공산주의운동사》, 제3권, 고대아세아문제연구소, 235면 및 295~97면 참조.

11 당시 그는 공산청년회 사건으로 張赤宇(張弘相) 외 19명과 함께 공판에 회부되어 金桂林과 함께 최고형인 3년 6월을 선고받았다.

12 〈李載裕逮捕見聞記〉,《사상휘보》제10호, 고등법원 검사국 사상부, 1937년 3월, 292~93면.

13 또한 예심조서(제1회)에서 그는 고려공산청년회 일본총국 및 조선공산당에

가입은 하였지만 간부로는 되지 않았다고 진술(4231~32면)하였는데, 제3회 예심(4850면)에서는 이 단체들에 가입한 사실이 없는데 흡사 가입한 일이 있는 것처럼 공술되었다고 지적하여 가입 사실 자체를 부정하였다.

14 검사의 신문조서, 제1회, 3956~57면, 또한 예심조서 제1회, 4308~09면.

15 검사의 신문조서, 제1회, 3953면.

16 조서, 3299~3300면.

17 동학혁명과 의병전쟁기에 무차별적으로 감행되었던 조선민중에 대한 일본인의 가혹한 학살은 이와 같이 변방지역에서는 이 시기까지도 계속되고 있었다.

18 공판조서, 4961~62면.

19 〈三澤, 李載裕ノ協議決定セル各種情勢討議〉, 한홍구 · 이재화 편, 《한국민족해방운동사자료총서》 제4권, 경원문화사, 1988, 264면.

20 위 책, 267면.

21 위 책, 267~69면. 후술하듯이 이재유가 최종적으로 검거되고 나서 1937년 이래 박진홍, 김순진, 공성회 등과 함께 활동한 孔元檜도 이재유의 평가에 거의 접근하고 있다. 즉 공원회에 의하면 엠엘파는 서울계의 舊組織에서 이탈한 자와 화요파의 잔당이 결합하여 후계조직을 만든 것으로 세칭 y합동이라는 것이 이것인 바, 이를 계기로 엠엘파라는 신파벌이 생겨나고 맹렬한 파쟁이 거듭되었다는 것이다. 따라서 엠엘파가 주관적으로 본 통일운동은 객관적으로 보면 오히려 분열을 낳은 것이며, 黨線外에 있던 파벌투쟁을 黨線內로 끌어들여 마침내 당을 파괴하고 말았다고 주장한다. 〈朴鎭洪外十名ニ對スル治安維持法違反事件意見書寫〉, 1938, 47면.

22 위 책, 271~72면. 또한 이애숙, 〈이재유 그룹의 당재건운동(1933~36년)〉, 한국역사연구회 1930년대 연구반, 《일제하 사회주의운동사》, 한길사, 1991, 169~70면; 안태정, 〈1930년대 서울지역의 조선공산당 재건운동〉, 한국근현대사연구회 1930년대 연구반, 《일제말 조선사회와 민족해방운동》, 일송정, 1991, 198~205면 참조.

23 〈三澤, 李載裕ノ協議決定セル各種情勢討議〉, 앞책, 273~75면.

24 태로계에 대한 이재유의 평가는 상대적으로 호의적이다. 흥남 일대의 공장 지대에서 태로계가 확보하고 있었던 대중적 기반에 주목했기 때문일 것이다. 이

러한 점에서 이재유는 그것이 이전의 파벌은 아니지만 적어도 '섹트'적인 파벌은 범하고 있다고 평가한다. 흥남에서 협의회계와 공작위원회가 메이데이 공동투쟁을 제의하였음에도 불구하고 태로계에서 거부한 것이 그 적절한 예이다. 이것은 즉 김호반의 그룹이 국제선이라고 하는 것을 섹트적으로 이용한 것이라는 것이다. 조서, 2217~18면 참조.

25 조서, 2210~12면.
26 조서, 697~98면 및 3303~05면.
27 1930년대 전반 당재건운동의 실패가 준 교훈 중의 하나는 전국적이 아닌 일정 지역 내의 공장 등에서 대중적 기반을 우선 만들어야 한다는 것이었다. 자신의 운동이 근거하고 있는 지역 내에서 대중적 기반도 갖추지 못한 상태에서 다른 지역으로 운동을 확대하는 것은 운동의 진전을 위한 것이라기보다는 자파의 헤게모니를 확립하기 위한 불순한 의도에서 비롯된 경우가 많았다. 이재유가 서울을 자신의 운동 근거지로 택한 이유는 자신의 혁명적 노동조합 운동이 궁극적으로는 당재건을 전망하고 있었기 때문이다. 1936년 12월 일제에 검거되기까지 그는 이 지역을 중심으로 활동하였는데, 이러한 점이 나중에 그의 운동을 '파벌'로 평가하는 유력한 전거가 되기도 하였다. 운동적인 측면에서 서울이 지니는 주객관적 조건에 관하여는 이애숙, 앞 글, 145~47면 및 변은진, 〈1930년대 경성지역 혁명적 노동조합연구〉, 《일제말 조선사회와 민족해방운동》, 앞책, 267~69면의 논의를 참조할 것.
28 〈ML系朝鮮共産黨再組織事件檢擧 其他ニ關スル件〉, 京本警高秘 第6751號(《思想ニ關スル情報綴》, 1931년 10월)에서 "목하 일부 교수들에 맑스주의가 이론적으로 정당한 것으로서 사회정책 기타의 강의 중에 고조되어 이 때문에 일부 학생에 주의연구의 신념을 강화시키고 나아가서 실천운동으로 전화하려고 하는 혐의가 없는 것은 아니지만 상세한 것이 판명되지 않으므로 계속 수사 중"이라는 언급을 참조할 것.
29 김경일, 〈1930년대 전반기 서울의 반제운동과 노동운동〉, 《한국 근대 노동사와 노동운동》, 문학과지성사, 2004 참조.

제2부

[1] 후술하듯이 두 사람은 나중에 양평, 여주에서 적색농민조합의 조직방식을 둘러싸고 이론투쟁을 벌인다.

[2] 경찰은 이재유가 안종호에게 고향인 철원 수리조합 지역 내에서 비합법 농민운동을 하도록 지도하였다고 주장하였다. 이재유는 자신은 갓 출옥하여 정세를 잘 알지 못하였으며 안종호는 학생이고 사회주의자로서 의식이 극히 낮았기 때문에 그러한 일은 불가능했다고 하여 혐의사실을 부정하였다. 조서, 4310~14면 참조.

[3] 이후 김삼룡은 인천 지방을 근거지로 李百萬 등과 함께 노동운동을 하였다.

[4] 조서, 653면 및 1602면, 4374면.

[5] 조서, 3841면.

[6] 조서, 3839면.

[7] 조서, 3941면.

[8] 예심조서, 제1회, 4335~37면.

[9] 조서, 3300~02면.

[10] 《사상휘보》 제10호, 293면 참조. 먼저 당조직을 하고 나중에 대중을 획득하려고 하였던 지배적 운동 양태에 익숙해 있었던 일제 경찰은 이재유의 이러한 설명을 듣고 그렇다면 그것은 협의회 방식이라고 평가(예심조서, 제1회, 4340면)하였다. 그런데 트로이카라는 말을 이재유가 처음으로 사용했던 것은 아니다. 1929년 10월에 김단야는 당재건운동을 위하여 권오직 등에게 트로이카 운동을 하도록 지도하였다는데, 여기서의 트로이카는 단순히 3인조의 기초 세포조직을 칭하는 것으로 이해된다. 김준엽·김창순, 《한국공산주의운동사》, 제5권, 앞 책, 336면의 주192를 참조할 것.

[11] 검사의 신문조서, 제1회, 3959~60면.

[12] 조서, 10면.

[13] 조서, 1410~11면.

[14] 조서, 698면.

[15] 조서, 3840면.

[16] 조서, 695면.

17 각각 조서, 699면 및 1399면.
18 예심조서, 제1회, 4353~54면.
19 예심조서 제1회, 4376~77면.
20 공판조서, 4984~85면.
21 조서, 3840면.
22 조서, 702~03면.
23 조서, 703면 및 1399면.
24 검사의 신문조서, 제2회, 4004~06면.
25 검사의 신문조서, 제1회, 3958면 및 제2회, 4007면.
26 검사의 신문조서, 제2회, 4006면.
27 경기도 용인 태생이었던 그는 서울로 이주하여 13살 때 영등포 공립보통학교에 입학하여 1928년 3월에 졸업하였다. 한때 중앙기독교청년학교 고등과에서 배우면서 나중에 조선국내공작위원회 사건에 관련된 李重業, 金中源의 지도를 받아 독서반을 조직하여 활동하기도 하였는데, 보성고등보통학교 급사가 되어 동교의 교사였던 文錫俊 등의 영향을 받으면서 학교 내의 而習會文庫에서 사상서적을 탐독하여 점차 공산주의 사상에 공명하였다. 적색독서회 조직의 혐의를 받아 치안유지법위반사건으로 1931년 8월 동대문 경찰서에 검거되어 훈계·방면되기도 하였는데 이후 이재유를 만나 함께 활동하였다. 이 사건으로 그는 1935년 7월 경성지법에서 징역 2년을 선고받고 복역한 다음 1937년 6월 대전 형무소에서 만기출옥하였다. 출옥 이후에도 그는 이관술·박진홍 등과 연결되어 지속적으로 운동에 종사하였다. 〈朝鮮國內工作委員會事件等豫審決定書寫〉, 1932 (김준엽·김창순 편, 《한국공산주의운동사》 자료편 II, 고대 아세아문제연구소, 1980, 586면) 및 〈朴鎭洪外十名ニ對スル治安維持法違反事件意見書寫〉, 앞 책, 78~79면 참조.
28 예컨대 《프롤레타리아 경제학》, 《프롤레타리아의 사명》, 《자본주의의 구조》, 《인터내셔널》, 《산업노동통신》 등이었다. 예심조서, 제1회, 4332~33면.
29 조서, 701면 및 2159~61면.
30 조서, 2173면.
31 검사의 신문조서, 제2회, 4007면.

³² 조서, 2174면.

³³ 1936년 1월 중순 이병기는 대구에서 鄭雲海·安貴南·廉弼守 등과 함께 적색독서회를 조직하여 활동하였다는 혐의로 5개월 동안 모진 취조와 고문을 받다가 증거불충분으로 석방되었다. 《중외일보》, 1936년 1월 16일, 5월 24일; 《동아일보》, 5월 26일자 참조.

³⁴ 조서, 2161~64면 및 검사의 신문조서, 제2회, 4012~14면.

³⁵ 조서, 4014~15면.

³⁶ 조서, 2172~73면.

³⁷ 조서, 2025~27면.

³⁸ 조서, 2164~65면.

³⁹ 조서, 1397~98면.

⁴⁰ 조서, 1411~12면.

⁴¹ 조서, 1387~91면.

⁴² [표 1]에는 이들 이외에 金三萬·李徹池의 2명의 노동자를 더 포함하여 '街頭'로 분류하고 있는데 이러한 점에서 보면 이들 대부분은 용산공작소 영등포공장의 정식 직공이라기 보다는 임시 인부였던 것으로 추정된다.

⁴³ 용산공작소 영등포공장은 철도 차량의 제작이 중심으로, 1930년대 중반에 종업원 규모 200인 이상의 대규모회사였다. 가와키다 전기는 대판에 본점을 둔 지사로서 종업원 규모는 알 수 없으나 1938년 현재 공칭 자본금 60만원 정도의 회사였다. 각각 조선총독부 식산국 편찬, 《조선공장명부》 1936년판, 조선공업협회 발행, 37면 및 경성상공회의소, 《조선회사표》, 1939, 359면 참조.

⁴⁴ 서울 태생이었던 그는 1927년 3월에 於義洞 공립보통학교를 졸업한 후 용산공작주식회사 영등포 분공장의 노동자로 일하였다. 1933년 4월 신갑범 등의 당 재건운동 및 이재유운동에 가담하여 1934년 5월 경성지법 검사국에서 치안유지법 위반으로 기소유예의 처분을 받았으며, 다시 이재유의 2기 운동에 참여하여 1936년 7월에 징역 1년 6월을 선고받아 1937년 5월 서대문 형무소에서 출옥하였다. 출옥 이후에도 그는 孔成檜·朴鎭洪 등과 지속적으로 운동을 전개하였다.

⁴⁵ 그는 경남 통영군 통영읍에서 출생하였다. 가족과 함께 서울에 온 것은 그가

10살 때라고 하는데 이듬해 제동공립보통학교에 입학하여 1929년 3월 5학년을 마친 후 중앙고등보통학교에 입학하였다가 1931년 11월 3학년 때 병으로 중도 퇴학하였다. 친형인 孔元檜의 영향으로 일찍이 공산주의 사상에 접할 수 있었던 그는 1933년 6월부터 조선중앙일보의 배달부로 일하면서 이재유의 운동에 참가하여 1934년 1월 서대문경찰서에 검거되었으나 훈계 방면되었다. 이후 김순진, 윤순달, 황대용, 유순희 등과 함께 활동하다가 다시 검거되어 전향을 표명함으로써 1936년 7월 경성지법에서 치안유지법 위반으로 징역 1년 6월, 집행유예 3년을 처분받았다. 출옥한 이후 1937년 7월 그는 일급 70전의 경성부 측량인부로서 생활하다가 김순진, 박진홍 등과 다시 실천운동에 진출하여 활동하였다.

46 〈朝鮮共産黨再建運動協議事件〉,《思想彙報》, 제9호, 1936년 12월, 223~24면.

47 《조선공장명부》, 앞책, 1~2면 및 74~75면 각각 참조.

48 박진홍은 다음 장에서 언급하기로 하고, 경북 김천 태생의 이원봉은 이순금, 이종희 등과는 3살 정도 연배가 위이다. 1927년 고학당에 재학하면서 학생전위동맹사건에 관련하여 징역 1년 6월을 선고받은 것을 비롯하여 1932년에는 사회과학연구회를 결성하여 활동하였다. 1934년 이후 서울 오리엔탈고무공장과 경성방직 등에서 노동하면서 공장 내에서 다수의 여성노동자들과 함께 꾸준히 운동에 종사하였다. 다음에 강원도 철원군이 본적인 허마리아는 이원봉보다 연배가 5년 정도 위라는 것 정도를 확인할 수 있었다. 이들에 관하여는 대판매일신문 1935년 8월 24일자 참조.

49 이 사건들로 1932년 2월 경성지방법원 검사국에서 치안유지법위반으로 불기소, 1933년 1월 기소유예처분을 각각 받았다.

50 예심조서, 제1회, 4368~69면.

51 조서, 2178~80면.

52 1934년 1월에 검거된 이후 그녀는 1936년 1월 경성지방법원에서 치안유지법위반으로 징역 2년을 선고받아 1937년 7월 서대문형무소에서 만기출옥하였다. 이후 박진홍 등과 운동하다가 박진홍 등이 경찰에 검거되자 도주하여 활동하였다.

53 예심조서, 제2회, 4454~55면.

54 조서, 2197~99면.
55 예심조서, 제1회, 4373면. 이재유 자신도 사회민주주의에 대한 비판의 일환으로 유진희를 중심으로 하는 《신계단》을 맹렬히 공격하였다. 이 부의 마지막 부분 참조.
56 조서, 2201~02면.
57 조서, 1405~09면.
58 조서, 1400~03면.
59 조서, 1403~04면.
60 조서, 704~15면.
61 이 파업에 대한 신문 자료로서는 조선중앙일보, 1933년 6월 2일에서 4일까지의 해당 기사를 참조하였다.
62 매일신보, 1933년 8월 19일자
63 동아일보, 1933년 8월 23일 및 8월 24일자 참조.
64 동아일보, 1933년 9월 20일 및 9월 21일자
65 동아일보, 1933년 9월 24일자
66 이 파업에 관한 신문기사로는 동아일보, 1933년 9월 22일에서 28일까지의 기사 및 조선중앙일보, 1933년 9월 27일자 등을 참조하였다.
67 조선일보, 1933년 9월 24일 및 동아일보, 1933년 9월 26일자.
68 각기 동아일보, 1933년 9월 25일 및 9월 30일자 참조.
69 매일신보, 1933년 10월 2일, 동아일보, 1933년 10월 19일, 조선중앙일보, 1933년 10월 20일자.
70 조선중앙일보, 1933년 9월 24일자.
71 조선중앙일보, 1933년 10월 16일자.
72 종방 파업에 관하여는 동아일보, 1933년 9월 22일자. 또한 한홍구 이재화 편, 앞책, 236~37면.
73 김삼룡은 충주군 嚴政面의 공립보통학교를 졸업하고 서울에 와서 사립 고학당에 입학하여 재학중 1931년 3월에 치안유지법 위반으로 징역 1년의 형을 받고 32년 2월에 출옥하였다. 잠시 귀향하여 농업에 종사하다가 1933년 봄 인천에 와서 이해 겨울 무렵부터 인천 부두 인부로 일하였다.

[74] 판결문에서는 이 시기를 1933년 2월이라고 하였으나 조서에 의하면 4월이라고 한다. 〈朝鮮共産黨再建京城地方協議會事件〉, 《思想彙報》 제16호, 앞책, 265면 및 조서, 1628면 각기 참조. 그런데 이재유는 공판에서는 이 사실을 전면 부정하였다. 공판조서, 4965~68면 참조.

[75] 조서, 1628~30면.

[76] 〈赤色勞働組合竝赤色農民組合組織準備工作等事件〉, 《思想彙報》 제4호, 86면.

[77] 이것이 이재유의 트로이카 식의 조직방침을 김삼룡이 수용하고 있었던 것에서 연유하는 것인지, 혹은 이 지역에서 운동의 진행 속도를 반영하는 것인지의 여부는 불확실하다. 서울에 비해서 운동의 진행 속도가 느린 편이기는 하였지만 김삼룡이 이재유의 트로이카 조직 방식에 의거하여 상부 조직을 만들지 않았을 가능성도 전혀 배제할 수는 없다고 본다.

[78] 안병춘은 김삼룡과 연락하는 것이 위험하다고 느끼면서도 자신이 나가지 않으면 김삼룡이 검거될 것을 우려하여 현장에 나갔다가 결국 두 사람 모두 검거되고 말았다. 이재유가 이를 직접 비판하지는 않았지만 그의 가두 연락방식에 비추어 볼 때 이에 대하여 비판적인 견해를 가지고 있었던 듯하다. 조서, 1630면 및 〈李載裕逮捕見聞記〉, 《思想彙報》 제10호, 294~95면 참조.

[79] 〈城大敎授三宅鹿之助赤化工作事件〉, 김준엽 김창순 편, 《한국공산주의운동사》(자료편II, 앞책, 720면의 도표 및 경기도 경찰부, 〈京城を中心として赤化に暗躍狂奔しつつりたる李載裕竝金熙星等一味の犯罪槪要及檢擧の眞相は左の通である〉, 《思想ニ關スル情報綴》, 1937년, 또한 경성일보, 1937년 4월 30일자 앞면의 도표 참조.

[80] 이재유, 〈朝鮮に於ける共産主義運動の特殊性と其の發展の能否〉, 《思想彙報》 제11호, 1937년 6월 (신주백 편, 《1930년대 민족해방운동론 연구I》, 새길, 1989, 81면 참조.

[81] 예심조서, 제1회, 4375면, 〈赤色勞働組合竝赤色農民組合組織準備工作等事件〉, 《思想彙報》 제4호, 89면, 이재유, 〈朝鮮に於ける共産主義運動の特殊性と其の發展の能否〉, 《思想彙報》 제11호의 104면 및 〈朝鮮共産黨再建京城地方協議會事件〉, 《思想彙報》 제16호의 266면 참조.

[82] 김경일, 〈1920, 30년대 인쇄출판업에서 노동조합 조직의 발전〉, 《한국 근대 노동사와 노동운동》, 앞책 참조.
[83] 조서, 636~37면.
[84] 경성일보, 1937년 4월 30일자 호외.
[85] 조서, 1357~74면.
[86] 조서, 1374~82면.
[87] 조서, 1382~84면.
[88] 조서, 723~24면 및 1356~57면.
[89] 이경선은 1933년 4월 이순금의 소개로, 전기학교 생도였던 최소복은 같은 해 7월 이병기의 소개로, 변우식은 이경선의 소개를 받았다.
[90] 〈城大教授三宅鹿之助赤化工作事件〉, 김준엽 김창순 편, 《한국공산주의운동사》(자료편II, 앞책, 757~58면
[91] 이재유가 이경선을 안 것은 1933년 4월 이순금의 소개에 의해서라고 한다. 제1회 공판에서 이재유는 당시 이경선이 '좌익적 의식'은 없었으며 여자의학전문학교에 다니다가 독서회 사건에 관계하여 "前罪를 후회하고 번민하고 있었기 때문에 그것을 해결해 주기 위하여" 만났다고 진술하였다. 예심조서 제1회, 4383면 및 공판조서 제1회, 4988~89면 참조.
[92] 724~36면 및 1354~56면.
[93] 위의 경신학교와 동일인물로서 학교를 옮겼기 때문에 중복된 것으로 추정된다.
[94] 이재유가 남만희를 안 것은 1933년 3월 원남동의 신계단사에서이다. 남만희는 이재유 조직에 호감을 가지고 여러 가지로 도움을 주었다. 전술한 1933년 9월의 종방 파업 당시에는 파업구원기금으로 45원을 모집하여 주기도 하였으며, 노동대중에 선전삐라를 배포할 계획으로 이재유가 남만희에게 등사판의 입수를 상담하기도 하였다. 이 출판활동은 파업 이후 변홍대, 권오상 등의 거듭되는 검거로 실현되지는 못하였다. 조서, 2192~93면 참조.
[95] 조서, 715~23면.
[96] 이 사건은 교토대학 법학부 교수인 다끼가와 교수가 1932년 12월 도쿄 중앙대학에서 "부활에 나타난 톨스토이의 형벌사상"이라는 강연의 내용과 아울러

그의 《형법독본》을 문제 삼은 일본 문부성이 1933년 4월 다끼가와 교수를 휴직 처분한 것에서 발단하였다. 일본 정부는 이 책이 마르크스주의적 관점에 입각하여 쓰여 졌으며 특히 내란죄와 간통제에 관한 그의 주장이 공서양속(公序良俗)에 반한다는 점에서 '반국가적'이라고 주장하였다. 이에 대하여 대학의 자치와 연구의 자유 옹호라는 기치를 내걸고 교토대학 법학부 교수 전체가 사직을 하고 교토대학의 전교생이 강의를 거부했을 뿐만 아니라 전국 각지의 대학이 이에 호응하여 커다란 사회문제로 되었다. 이 사건에 대한 자세한 내용에 대해서는 《現代史資料 42—思想統制》, 東京, みすず書房, 1976, 161~265면에 실린 京大全學部學生代表者會議 編, 〈京大問題の眞相〉 등을 참조. 도쿄대학의 법학부 교수로서 이른바 천황기관설을 제기하여 천황제 이데올로기를 비판함으로써 나중에 그 자신이 일본 파시즘의 희생자가 되었던 미노베美濃部達吉는 1933년 5월과 6월의 두 차례에 걸쳐 각각 《瀧川敎授の問題》와 〈再び京都大學の問題〉라는 글을 발표하여 일본 정부의 조치를 비난하였다. 조선에서도 동아일보는 1933년 4월 말부터 같은 해 10월 말에 이르기까지 이 사건을 지속적으로 보도하였으며, 《조선중앙일보》는 〈학문토구의 한계〉, 《학문연구의 자유에 대한 회의〉, 〈경대문제의 귀결〉 등의 사설(각각 1933년 5월 29일, 7월 19일, 8월 1일자)을 발표하여 이에 대한 식민지 지식인의 관심을 촉구하였다. 조선일보 역시 〈학문의 자유와 직업 — 경도제대 사건의 신전개〉(1933년 7월 13일자) 등의 사설을 게재하였다. 그 이전인 같은 해 5월 15일자의 사설인 〈학술연구의 자유〉는 이 문제를 직접 언급하지 않았지만 코페루니쿠스나 진시황, 히틀러 등에 빗대어 이 사건을 비판하고자 하였다. 이밖에도 北河賢三, 〈1930年代の思潮と知識人〉, 鹿野政直·由井正臣 編 《近代日本の統合と抵抗》, 日本評論社, 1988, 143면 참조. 최근의 연구서로는 伊藤孝夫, 《瀧川幸辰 汝の道を步め》, 東京 ミネルヴァ書房, 2003이 있다.

[97] 조서, 1415~16면 및 3743면 이하 참조.
[98] 조서, 2169~72면.
[99] 검사의 신문조서, 제3회, 4022면.
[100] 조서, 2026~27면.
[101] 조서, 620~22면.

[102] 〈李載裕逮捕見聞記〉, 《思想彙報》 제10호, 295면.

[103] 검사의 신문조서, 제3회, 4023면.

[104] 조서, 1381면.

[105] 이 조항은 1932년 코민테른에서 발표한 이른바 일본공산당의 1932년 테제와 거의 유사하다. 노동운동에서는 7시간 노동제를 주장하는 것이 눈에 띠는데 이는 이재유 그룹의 전시기에 걸쳐 변화하지 않은 방침이었다. 村田陽一 編譯, 《コミンテルン資料集》, 제5권, 大月書店, 1982, 494면의 자료 75의 〈일본의 정세와 일본공산당의 임무〉 및 이애숙, 〈이재유 그룹의 당재건운동(1933~36년), 앞글, 161면의 주61 참조.

[106] ( )안은 원문에는 소실되어 있음.

[107] 예컨대 첫번째의 천도교에 대하여는 "《농민》, 《眞人間》, 《別乾坤》 등등을 출판하여 노농대중 특히 농민 대중에 신비적인 종교적 이데올로기를 주입하여 이들의 사상을 혼란시켜 혁명적 에너지를 감쇄하고 그 대가로 이들로부터 '精米'를 거두어 들여 사복을 채우면서 의식적으로 일본 제국주의의 앞잡이"가 되었으며, 두번째의 흥사단에 대하여는 "배반자 안창호를 수령으로 하고 같은 탈락자이자 배반자인 이광수(조선일보 부사장 및 주요한(편집부장)을 지도자로 하여 '실력양성', '산업진흥'의 슬로간을 내걸어 일본제국주의의 앞잡이 역할"을 하고 있다고 비판하였다.

[108] 오사카 출신으로 1924년 동경제국대학 경제학부를 졸업하고 사립 법정대학 경제학부 전임강사를 거쳐 1927년 4월에 경성제국대학 교수가 되었다. 1929년 이래 독일, 프랑스, 영국, 미국 등지에서 유학을 하였는데, 독일 체재 중 독일공산당의 정책을 지지하여 참가했으며 적색구원회 등에도 가입하여 활동하였다. 1931년 조선으로 돌아 온 이후 그는 동경제대 교수로서 독일에 있었던 구니사끼(國崎定洞) 등과 관계를 가지면서 최용달, 이강국, 박문규 등과 함께 조선사회사정연구회를 만들어 활동하였다. 그에 관하여는 〈三宅城大敎授赤化運動事件〉, 《思想彙報》 제2호, 1935년 3월, 34~35면 및 磯谷季次, 《わが靑春の朝鮮》, 影書房, 1984 (김계일 역, 《우리 청춘의 조선》, 사계절, 153~59면) 및 변은진, 〈1930년대 경성지역 혁명적 노동조합연구〉, 앞글, 276~77면 참조.

[109] 경찰 수사기록에 의하면(〈城大敎授三宅鹿之助ヲ中心トスル鮮內赤化工作事件檢擧ニ關スル件〉, 김준엽 김창순 편, 《한국공산주의운동사》(자료편II), 앞 책, 753면) 같은 해 10월에 이재유가 金月玉의 집을 방문하였다가 우연히 정태식을 만나게 되었다고 하나 이는 착오이고 조서(2018면 및 검사의 신문조서, 제2회, 4009면)와 〈赤色勞働組合竝赤色農民組合組織準備工作等事件〉, 《思想彙報》 제4호, 1935년 9월, 65면에서 보듯이 그보다 이전인 7월 무렵에 두 사람이 만났다.

[110] 당시 김월옥은 인정식의 집에서 거주하였다고 한다. 또한 후술하듯이 이재유가 남만희를 통하여 정태식을 소개받았다는 사실에서 알 수 있듯이 명확하게 드러나지는 않지만 이들 운동자들 사이에 일정한 교류가 있었던 것으로 짐작된다.

[111] 혹은 김월옥이 이재유에게 책을 빌려 달라고 부탁하였는데 그 책을 되돌려 주려고 온 사람이 정태식이었고, 이러한 연유로 두 사람이 알게 되었다고 한다. 공판조서 제1회, 4389~90면 참조.

[112] 경성일보, 1937년 4월 30일자 호외.

[113] 조서, 2020~24면 참조. 이재유가 제공한다는 재료는 앞에서 말한 〈학생운동의 행동강령〉 등의 팸플릿이다. 다른 한편 이재유는 경성제대의 수준 높은 학생들을 통하여 조직과 선전선동 등을 연구하게 하여 위의 행동강령 등의 팸플릿을 보완하거나 내용의 충실화를 도모하여 자신의 운동이론을 세련화시키려고 했던 것으로 짐작된다.

[114] 〈朝鮮共産黨再建京城地方協議會事件〉, 《思想彙報》 제16호, 1938년 9월, 267면.

[115] 〈赤色勞働組合竝赤色農民組合組織準備工作等事件〉, 《思想彙報》 제4호, 1935년 9월, 65~66면.

[116] 나중에 이재유는 이들로부터 운동자금, 혹은 미야케의 집에 숨어 있을 때 도주를 위한 양복, 구두, 모자 등을 제공받는다.

[117] [표 1]의 이재유 조직과는 대조적으로 일제 수사기록에서 정태식의 운동부분을 당의 수립을 전제로 하는 공산청년그룹 법전반, 용곡여학교반 등으로 제시하였던 것도 이러한 맥락에서 이해될 수 있다. 〈城大敎授三宅鹿之助ヲ中

心トスル鮮內赤化工作事件檢擧二關スル件〉, 김준엽 김창순 편, 《한국공산주의운동사》(자료편II), 앞책, 770~71면 참조.

[118] 전자는 신주백, 앞책, 329~44면 및 후자는 한홍구 이재화 편, 《민족해방자료총서》, 앞책, 제4권에 각각 수록되어 있음.

[119] 조서, 2032면.

[120] 혹은 이재유가 미야케에게 (1) 프롤레타리아 운동과 관련하여 실천운동에 제휴할 수 있는지 (2) 달리 운동관계가 있는지의 여부를 물었다고 한다.〈城大敎授三宅鹿之助ヲ中心トスル鮮內赤化工作事件檢擧二關スル件〉, 앞 책, 753면 참조.

[121] 조서, 2135~36면 및 〈李載裕逮捕見聞記〉,《思想彙報》, 제10호, 1937년 3월, 294면 참조.

[122] 조서, 2036~37면 및 827~28면.

[123] 조서, 827~28면.

[124] 검사의 신문조서, 제3회, 4030면.

[125] 미야케와 이재유, 권영태, 정태식의 4인을 오르그로 한 '조선운동통일협의회'가 독일공산당의 구니사키國崎定洞, 국제공산당의 가타야마片山潛 등과 연계를 가지고 1934년 1월에서 4월 까지 존속하였다는 일제의 수사기록은 이러한 맥락에서 이해될 수 있다. 그러나 이는 이들 사이에 존재하는 운동 방침의 차이를 보지 못한 사건 수사의 편의를 위한 설정이며, 나아가서 의도적으로 사건을 확대하여 공산주의 운동에 대한 불안감을 대중적으로 조성하려는 여론 조작의 의도에서 나온 것이다. 경기도 경찰부, 〈京城を中心として赤化に暗躍狂奔しつつりたる李載裕竝金熙星等一味の犯罪槪要及檢擧の眞相は左の通である〉, 1937년의 도표 참조.

[126] 조서, 2037~38면.

[127] 〈三宅城大敎授赤化運動事件〉,《思想彙報》제2호, 1935년 3월, 36~37면 및 조서, 823~27면, 2039~41면, 검사의 신문조서, 제3회, 4026~29면 참조. 앞에서 말한 〈三澤, 李載裕ノ協議決定セル各種情勢討議〉(한홍구 이재화 편, 앞책, 제4권, 182면 이하)가 그것인데 합의된 사항을 미야케가 집필한 것이다. 작성한 이후 미야케는 이를 그릇으로 덮어 화로 밑에 넣어 두었는데 검거 당

시에 일부가 소각되어 완전한 내용을 파악할 수는 없다.

[128] 여기까지가 앞의 팸플릿의 내용이다. 구체적으로 살펴 보면 (1)국제정세의 분석에 해당하는 것은 7절, 27면(한홍구 이재화 편, 윗책의 182~208면, 이하 같음), (2)의 조선정세는 전체 8절 48면인데 다시 2부분으로 나누어 조선의 정치경제와 자본가의 착취 정황, 노동자, 농민의 궁핍화의 과정, 일제의 탄압 등이 5절, 33면(209~41면)에 걸쳐 서술되며 당면 혁명의 성질 및 임무와 아울러 대상과 동력의 세력관계를 3절, 15면(242~56면)으로 나누어 서술하고 있으며 (3)의 과거운동의 비판이 5절, 16면(256~81면)으로 각각 구성되어 있다.

[129] 검사의 신문조서, 제3회, 4029~30면.

[130] 조서, 3313~14면.

[131] 〈城大敎授三宅鹿之助ヲ中心トスル鮮內赤化工作事件檢擧ニ關スル件〉, 김준엽 김창순 편, 《한국공산주의운동사》(자료편II), 앞책, 753면.

[132] 위 책, 753면 및 조서, 814~15면 참조.

[133] 검사의 신문조서, 제1회, 3971면.

[134] 〈感想錄〉, 《思想彙報》, 제4호, 1935년 9월, 203면.

[135] 김윤회가 그녀를 도운 것은 그녀의 처지에 깊이 동정함과 함께 혁명운동 달성을 위해서는 희생자 및 그 가족을 구원할 필요가 있었기 때문이라고 한다. 김윤회는 친구인 金洙千을 서점의 점원으로 알선하는 등 음으로 양으로 미야케 일가를 후원하였다. 나중에 그가 경찰에 체포될 때까지인 1935년 1월 말부터 5월 중순까지 그녀는 도피자금으로 2회에 걸쳐 12원을 주는 등의 도움으로 이에 보답하였다. 〈李載裕一派ノ鮮內赤化後繼事件起訴中止者檢擧ニ關スル件〉, 京高特秘 第1600號의 1, 1935년 6월(《警察情報綴》, 1935년) 참조.

[136] 조서, 810면 및 831면 참조. 출옥 이후 그는 아내가 경영하던 고서점을 정리하고 1937년 1월에 일본으로 되돌아갔다.

제3부

[1] 이 부분에 관하여는 특별한 언급이 없는 한 주로 金炯善 등의 〈豫審請求書〉, 《思想事件起訴狀判決寫綴》, 1933 및 〈朝鮮共産黨再建運動事件〉, 《思想彙報》

제2호, 1935년 3월, 11~21면의 판결문을 참조하였다.

[2] 공립보통학교를 졸업한 이후 그는 간이농업학교에 입학하였다가 1학년 1학기에 학자금 부족으로 퇴학한 이후 상점원, 부두노동 등을 전전하였다. 그러다가 마산창고회사가 설립되자 사무원(서기)으로 채용되어 5년 정도 근무하다가 직원정리로 인해 실직하자 1926년부터 조선일보 마산지국을 경영하였다.

[3] 이 무렵 그의 활동상황을 신문기사를 통해서 보면 예컨대 1925년 7월에 개최할 예정이었던 마산청년회의 토론회 연사와 1926년 1월에 마산청년연합회에서 계획하였던 칼 리프크네히트와 로사 룩셈베르크 殉死 제7주년 기념 강연회의 연사로 내정되어 있었다. 또한 1926년 4월에 개최된 마산노동회 제9회 정기총회에서 임시의장으로 사회를 맡는 등의 활동을 하였다. 이와 같이 그는 20년대 중반 마산의 청년운동과 노동운동에서 중견 운동자였다. 동아일보, 1925년 6월 27일, 1926년 1월 17일, 시대일보, 1926년 4월 29일자 참조.

[4] 1925년 조선공산당이 최초로 조직될 당시 그는 최연소의 나이로 12명의 발기인에 참가하였다. 이후 그는 마산과 부산 지방을 중심으로 지속적으로 운동에 참가하였다. 30년대 초반의 활동으로는 1931년 5월에 열린 마산 노련 집행위원회의 사회를 맡고 있는 것이 눈에 띠는데 이후의 활동은 자세히 알 수 없다. 김남식 심지연 편저,《박헌영노선 비판》, 두리, 1986, 19~20면 및 동아일보, 1931년 6월 2일자 참조.

[5] 앞의 판결문 84면 참조. 예심결정서에는 1930년 2월 무렵으로 되어 있다.

[6] 그 직접적인 이유로서는 코민테른의 지령설, 중국공산당의 지령설, 일국일당의 원칙에 의한 조선인 공산주의자들의 주도라는 3가지 설이 있다. 서대숙,《한국공산주의운동사연구》, 화다, 149~50면 참조. 堀內稔은 그 배경으로서 코민테른 제6회 대회에서의 '좌선회'나 12월 테제의 영향을 들고 있다(〈조선공산당재건운동〉,《1930년대 민족해방운동》, 거름, 285면) 또한 그 경과에 관하여는 金森襄作,〈만주에서의 조선 중국공산당 합당과 5.30봉기〉(같은 책, 314~16면 참조) 및 한국역사연구회 1930년대 연구반,《일제하 사회주의운동사》, 한길사, 1991에 수록된 김인덕,〈조선공산당의 투쟁과 해산 — 당대회를 중심으로〉, 신주백,〈조선공산당의 조직론과 코민테른〉을 참조할 것.

[7] 朝鮮總督府 警務局,《滿洲ニ於ケル共産黨ノ直接行動ニ關スル件》, 朝保秘 第

주석 513

1327號, 1930년 10월(梶村秀樹 姜德相 編, 》朝鮮(五)《, 現代史資料 제29권, みすず書房, 東京, 1972, 596면) 및 堀內稔, 앞글, 286~87면 참조. 서대숙의 국내 번역본에는 1930년 5월 20일로 되어 있는데 이는 번역상의 실수로서 원본에는 3월로 되어 있다. 서대숙, 앞책, 150~51면 및 영어본, 159면 참조.

[8] 여기서 필자는 조선인 주도에 의한 통합과정만을 살펴 보았다. 이 과정은 만주에서 국제주의 노선의 운동과 결부되어 매우 복잡하게 전개되었던 만큼 보다 자세한 추후의 연구가 필요하리라고 본다. 앞의 코민테른과 중국공산당의 주도설의 근거에 대한 설명은 서대숙의 위책, 같은 곳을 참조할 것. 사실 운동의 효율적인 전개 그 자체만을 중시한다면 어느 쪽이 주도했는가의 여부는 본질적인 문제가 아닐 수도 있다. 그러나 이후의 운동이 이 문제와 밀접한 관련을 지니고 전개되었기 때문에 주도 양상이 불가피하게 중요한 의미를 가질 수밖에 없다. 어느 쪽의 주도에 의한 것이든 간에 어쨌든 분명한 것은 이 결과 1930년 6월 이전에는 이 문제가 코민테른과 중국공산당의 양측에서도 정리된 형태로 제시된다. 예컨대 코민테른에서는 1930년 5월 1일 하바로프스크의 동양선전부에 조, 중 공산당 대표들을 소집하여 재만조선인에게 중국공산당에 가입할 것을 명령하였다. 한편 중국공산당에서도 코민테른으로부터 조선공산당의 촉성에 관한 일체의 권한을 위임받아 이를 위하여 만주성 동만부 책임으로 공작위원회를 1930년 6월에 조직하였다. 梶村秀樹 姜德相 편, 앞책, 189면, 326면 및 627면 또한 金森襄作, 위 글, 314면 및 김경일, 〈서울상해파의 혁명적 노동조합운동〉,《한국 근대 노동사와 노동운동》, 앞책 참조.

[9] 제1차 조선공산당 시기에 고려공산청년회의 간부였던 그는 1925년 11월에 제1차 당이 검거되자 상해로 도주하여 2차 당의 해외연락 책임을 맡았다. 1926년 6.10만세 운동이 일어나자 스스로 격문을 만들어 국내로 보내기도 하였는데, 4차당이 붕괴되자 모스크바와 만주를 왕복하면서 당재건운동을 전개하였다.

[10] 약 50면에 이르는 비교적 두꺼운 분량으로 주요한 내용은 반전투쟁의 전개, 소비에트 동맹의 사수, 중국의 홍군과 소비에트의 옹호, 제국주의 전쟁을 일제에 반대하는 민족해방전쟁으로 전환할 것, 조선의 절대독립 등이었다.

[11] 각각 〈일본의 만주점령에 반대하자!〉와 〈붉은 5.1절〉이라는 제목이었는데 전자는 일본제국주의의 만주점령 반대, 중국혁명민중의 반일적 민족전쟁 후원,

중국 소비에트 정부 및 중국 홍군의 옹호, 일본의 만주침략을 성원하는 조선 지주, 자본가들의 배격, 소비에트 조국사수, 새로운 제국주의 전쟁 절대반대, 일본제국주의의 타도, 조선의 절대 독립, 노동자 농민의 소비에트 정부 수립 등이, 후자의 격문은 일본제국주의 타도, 중국의 민족적 독립의 옹호, 일본의 만주점령 반대, 제국주의자의 중국신분할 반대, 중국 소비에트 홍군의 옹호, 민족반역자인 조선의 지주, 부르주아지 배격, 사회개량주의 기회주의자 배격, 소비에트 조국을 사수하고 반소비에트 연방전쟁에 반대한다는 것이 주요한 내용이었다.

[12] 서울상해파와 아울러 김찬은 중국공산당에 가입하는 것을 반대하였다고 전해진다. 그 이유로서 그는 1)중국공산당 만주부내에는 유력한 인물이 없고 단지 쓸데없이 무정견한 테러운동을 하기 때문에 자승자박에 빠지고 있는 것, 2)조선인 당원이 중국당에 입당하는 것은 일국일당의 원칙에 의해 중국혁명에만 치중하지 않을 수 없다. 이와 같아서는 조선의 혁명운동에 아무런 적극적 공헌이 되지 않는다는 것, 3)조선인은 중국당에 입당하여도 언어 관계로 중요한 역할을 담당할 수 없어 거의 중국인의 구사를 감내해야 한다는 것 등을 들었다. 이 때문에 1929년 12월 만주총국에서 제명된 그는 조선에서 운동할 것을 결심하고 보통학교 교원을 하면서 기회를 엿보고 있었다. 그러던 중 하얼삔에서 1931년 4월에 일본영사관 경찰에게 체포되고 5월에 경기도 경찰부로 압송되어 6월에 치안유지법위반 등으로 송치되었다.〈朝鮮共産黨中央幹部金燦取調狀況ノ件〉, 朝保秘 제644호, 1931년 8월 22일(梶村秀樹 姜德相 편, 앞책, 434~42면) 참조.

[13] 이전과 같이 불특정 다수를 대상으로 배포하는 방식이 아니라 팸플릿 등을 중심으로 운동자를 획득하는 한편 전국의 중요 도시에 이들을 오르그로 파견하여 전국적 당조직의 기초를 마련하는데 활동의 중점을 두기로 하였던 것으로 추정된다.

[14] 경기도 공립상업학교 재학중 학비 궁핍으로 퇴학한 그는 1927년 4월 광동에 가기 위하여 상해에 도착, 그곳에서 구연흠을 만나 상점원 등을 하면서 운동에 종사하였다. 1928년 10월(판결문에는 1929년 5월로 되어 있다) 상해한인청년회에 가입하였다는 혐의로 징역 2년을 선고받아 복역하고 출옥한 이후 잠

시 주택경영사의 집금원 또는 의료기제작소의 직공, 신문배달부 등으로 전전하다가 김형선과 연결되었다.

15 어릴 때 부모를 잃고 형의 양육으로 평양에서 보통학교를 졸업한 그는 진남포 공립상업학교에 진학하였으나 학자 부족으로 곧 중도 퇴학하였다. 1928년 봄에 고학할 목적으로 일본으로 건너가 신문배달을 하면서 早稻田 중학 야간부를 졸업하고 일본대학 전문부 경제과에 입학하였다가 역시 학자금 사정으로 퇴학하고 말았다. 귀향 이후 그는 1931년 3월에 鄭達憲 등의 영향으로 노동운동을 하기 위하여 진남포에서 부두노동을 하다가 1932년 12월 尹相南 등이 검거되자 이를 피하여 서울로 왔다가 김형선을 만났다.

16 주요 내용은 조선공산당 건설, 일본제국주의의 타도, 일체 봉건 잔재의 타도, 일체 개량주의의 타도, 조선에 소비에트 정부의 건설 등으로 앞의 〈붉은 5.1절〉의 내용과 대동소이하였다.

17 서울에서 사립 보성전문학교를 중퇴한 그는 경기도 시흥군 영등포읍에서 미곡상 및 신문지국을 경영하다가, 신문배달부로 있었던 李鍾林(宋林)을 알게 되고 그의 지도에 의해 공산주의자가 되었다. 1931년 7월에는 대구에서 李相祚, 權大衡, 徐寅植 등의 이른바 조선공산주의자협의회 성원들과 함께 활동하기도 하였다는데, 이른바 강릉공산당 사건 관계자들과 함께 경찰의 조사와 판결을 받았다. 〈共産靑年同盟準備委員會, 江陵赤色農民組合結成準備委員會等 組織事件〉, 《思想彙報》 제4호, 1935년 9월, 29면 참조.

18 1933년 7월에 김형선이 검거된 이후에도 이들은 활동을 계속하다가 1934년 나주에서 이홍연이 검거된 것을 계기로 이듬해 1935년 2월 초순에 전남 일대에서 100여명의 운동자들이 대대적으로 검거되었다. 당시 신문은 이를 전남 적색노조사건으로 보도하였다. 조선중앙일보, 1935년 5월 13일, 9월 7일, 10월 27일자 참조.

19 조서, 1603~18면.

20 이재유와 김형선의 만남은 한달 남짓 지속되었는데, 조서에서 이재유는 7월 초순에 처음으로 만나 8월 초순까지 만났다고 진술하였다. 그러나 김형선이 7월 중순에 검거되었다는 사실을 고려한다면 이재유가 한달 정도를 착각한 것으로 보인다.

21 서울보다도 다른 지방으로 가는 것이 좋지 않겠는가를 양하석이 거듭 강조했다는 것을 보면 이와 아울러 김형선이 서울지방에서 운동의 헤게모니를 장악하기 위해 이재유와 같이 유력하고 위협적인 경쟁자를 지역 내에서 축출하기 위한 포석으로 해석할 수도 있을 것 같은데 더 이상의 자료가 없어 명확하지 않다.

22 박헌영, 韓國亨, 양하석 등과 함께 치안유지법 및 출판법 위반으로 체포되어 1934년 12월 20일의 공판에서 김형선은 징역 8년을, 12월 27일의 공판에서 박헌영은 6년을 언도받았다. 金炯善 등의 〈豫審請求書〉,《思想事件起訴狀判決寫綴》, 1933, 조선중앙일보, 1933년 7월 18일자 및 김준엽 김창순,《한국공산주의운동사》제5권, 앞책, 405~07면 참조.

23 1926년 9월 1일에 발간된 《불꽃》7호에는 잘 알려진 〈조선공산당 선언〉이 수록되어 있다. 《역사비평》19호, 1992년 겨울, 349~61면 참조.

24 조선공산당, 〈조선공산당 중앙 및 도당 대표동지 연석회의 의사록〉, 1946년 2월,《역사비평》14호, 1991년 가을, 411면

25 이와 관련하여 박헌영은 해방 이후 자신이 국제당 노선의 집행에서 오는 오류를 범했다고 반성하였다. 즉 자신은 소수의 몇몇 간부들하고만 상의했으며, 조선에 파견된 전권위원들 가운데 일부는 최선을 다했지만 다른 사람들은 그렇지 못했다고 비판하였다. 조선공산당, 위글, 같은 곳.

26 조선공산당, 위글, 같은 곳.

27 검사의 신문조서, 제2회, 4000~01면.

28 예심조서, 제1회, 4362~63면.

29 홍원에서 공립보통학교를 졸업한 후 그는 형과 함께 과수원을 경영하였다고 한다. 1930년을 전후하여 그는 이른바 공산대학 졸업생 사건의 관계자 蔡奎恒의 지도를 받았는데 1930년에 채규항이 검거되자 그의 아내를 도와 鷄林書店을 경영하다가 홍원으로 되돌아 와서 활동하였다.

30 홍원노조에 대항하여 어용단체를 조직, 노동권을 빼앗고 노동임금의 하락을 꾀하였던 '반동분자의 응징'에 대하여 경찰은 사건이 해결된 지 10여 일 이후에 노조 위원장 姜顯壹과 노조원 권영태 등을 검거하였다. 권영태는 1931년 1월 말 함흥지방법원에서 폭력행위 등 처벌에 관한 건 위반으로 징역 6월을 선

고받았다가 '칙령'에 의해 4개월 15일로 감형되어 복역하였다. 이 사건에 관하여는 조선일보, 1930년 12월 2일, 12월 3일 및 1931년 1월 31일자 참조.

31 1920년대 홍원의 사상단체인 左進會의 중심인물이었던 그는 예컨대 1927년 2월에 좌진회가 주최한 대중운동자 간담회에서 지방운동에 대한 보고를 하였으며, 신간회 홍원지회에서 서무부 총무간사로 활동하기도 하였다. 동아일보, 1927년 3월 1일 및 10월 6일자 참조. 이후의 경과는 확실하지 않으나 1931년 1월 중순 모스크바의 국제공산청년동맹 동양부에서 열린 집행위원회에 정태옥과 함께 참가하여 〈조선공산청년제군에 고한다〉는 공개서간의 지침을 받아 1932년 3월 중순에 국내로 들어 와서 강목구는 함흥을, 정태옥은 서울을 중심으로 활동하였다고 한다. 〈朝鮮共靑再建咸興平野委員會組織準備委員會事件〉, 《思想彙報》제11호, 1937년 6월, 256면 참조.

32 김인극은 대전 방면을 중심으로 활동하려고 같이 왔다가 그 지방 사정에 어두운 등의 이유로 단념하고 곧 함경도 방면으로 되돌아간다. 1933년 4월에 그는 적색 노조를 조직하고자 웅기에서 자유노동을 하는 한편 韓俊植, 李成春 등이 활동하고 있었던 홍원노조와 연락하여 어용화된 노조의 혁신을 도모하다가 검거되어 1934년 말에 징역 5년을 선고받았다. 동아일보, 1934년 11월 18일 및 조선중앙일보, 1934년 11월 21일자 참조.

33 서승석은 원래는 중국공산당의 이른바 공작위원회에 가맹하여 활동하다가 기소유예로 풀려난 이후 독서회 등을 통하여 안종서를 지도하고 있었다. 〈中國共産黨滿省委員會東滿特別委員會朝鮮內工作事件ノ檢擧ニ關スル件〉, 경성지방법원 검사국 사상부, 1932년 4월 (김준엽 김창순 편, 《한국공산주의운동사》(자료편 II), 앞책, 484면) 및 〈赤色勞働組合竝赤色農民組合組織準備工作等事件〉, 《思想彙報》제4호, 1935년 9월, 72면 참조.

34 그의 독서회 활동에 관한 자세한 경과는 姜文永의 〈判決書〉(《檢事局情報》, 1936년) 참조.

35 권영태 그룹의 운동에 관한 주요 자료는 경찰의 수사결과를 토대로 경성지방법원검사국에서 작성한 수사보고서와 예심종결 결정서가 있다. 각각 〈城大敎授三宅鹿之助ヲ中心トスル鮮內赤化工作事件檢擧ニ關スル件〉, 김준엽 김창순 편, 《한국공산주의운동사》(자료편II), 앞책, 767~70면 및 〈赤色勞働組合竝

赤色農民組合組織準備工作等事件〉,《思想彙報》제4호, 1935년 9월을 참조할 것.

36 보성3A와 3B반이 각각 3명, 보성2A와 2B반이 각각 1명씩이었다.〈城大敎授三宅鹿之助ヲ中心トスル鮮內赤化工作事件檢擧ニ關スル件〉, 윗책, 724면의 도표 참조.

37 종연방적 파업에서 이재유 조직의 이현상, 변홍대 등이 파업지도부를 구성하여 양 조직이 경합적 활동을 전개하였다는 것은 이미 언급한 바 있었다. 같은 글, 같은 책 769면.

38 조서, 625면.

39 조서, 1620~22면.

40 〈赤色勞働組合竝赤色農民組合組織準備工作等事件〉, 59면 참조.

41 조서, 624~25면.

42 한홍구 이재화 편,《한국민족해방운동사자료총서》, 제4권, 285면.

43 조서, 604면.

44 이재유 운동의 제3기 준비그룹 시기에 발간되었던《적기》제2호에는 이재유의 '경성재건'과 권영태의 '콩그룹'의 관계에 관하여《적기》편집부가 조사한 기사내용이 실려 있다. 그 일부인〈공개장〉의 내용을 보면 활동인물로서 양 조직의 인물들이 망라되어 있다. 자세한 내용은 알 수 없으나 전체 13개의 소그룹으로 분류되어 중복된 인물 까지를 포함하여 망라된 전체수는 연인원 41명에 달한다. 여기서 권영태 조직의 인물로는 권영태, 강회구, 백윤혁, 崔次玉, 안승락, 안종서를, 이재유 그룹은 이재유, 변홍대, 金福女, 이순금, 신덕균, 유순희, 권오상, 박진홍, 이관술 등을 그리고 이밖에 정태식, 崔容達, 三宅鹿之助 등을 포함하여 실제 인원수는 18명이다. 이 공개장에 언급된 인물들은 이재유 그룹에서 양 조직의 합동을 가상하여 작성한 조직체계의 책임자들로, 앞의 [표2]에서 권영태 그룹이 작성한 조직체계에 상응하는 성격을 가진 것이다. 이 문건은 이재유가 미야케의 관사에 숨어 있었던 이듬해 1934년 5월, 정태식과 미야케를 통하여 양 그룹의 통일논의가 한참 진행되고 있었던 시기에 작성된 것으로 추정된다. 권영태가 정태식 그룹을 안 것은 1934년 3월 이었으며 이관술이 보석으로 출감한 것도 비슷한 시기인 같은 해 3월이었기 때문이

다. 조서, 3293~96면 참조.
45 조서, 3841면.
46 〈赤色勞働組合竝赤色農民組合組織準備工作等事件〉, 60면 참조. 예심결정서에는 이와 같이 나와 있는데 검사국 보고로는 2월 무렵이라고 한다. 〈城大敎授三宅鹿之助赤化工作事件〉, 앞책, 769면 참조.
47 임병렬, 최순이, 이원봉, 원순봉, 윤경희는 [표2]에는 나와 있지 않다. 이들에 관하여는 〈赤色勞働組合竝赤色農民組合組織準備工作等事件〉, 60면 참조.
48 조서, 625~26면.
49 〈城大敎授三宅鹿之助赤化工作事件〉, 앞책, 724~25면의 도표 참조.
50 예컨대 권영태 그룹이 코민테른의 지도를 무비판적으로 따른 비주체적 운동이었다는 평가 등이 그것이다. 안태정, 〈1930년대 서울지역의 조선공산당 재건운동〉, 앞글, 225면 참조.
51 〈城大敎授三宅鹿之助赤化工作事件〉, 앞책, 753면, 〈李載裕逮捕見聞記〉, 《思想彙報》, 제10호, 앞책의 298면 및 〈朝鮮に於ける共産主義運動の特殊性と其の發展の能否〉, 《思想彙報》 제11호, 106면 참조. 맨 앞의 자료에 의하면 5월 19일에 경성의학전문학교 문 앞에서 만나기로 했다고도 한다.
52 조서, 25면 및 822면의 미야케의 증언을 볼 것. 이와 대조적으로 이 두 그룹의 제휴가 이루어 졌다는 주장도 있다. 예컨대 경성일보, 1937년 4월 30일자 호외에서는 "당시 코민테른에서 중대사명을 띠고 입선한 태평양 노동조합의 권영태를 가한 3인에 의하여 적색노동조합, 농민조합, 반제동맹에 관한 조선문제를 결정, 미야케 이재유 권영태 3명이 최고의 간부로서 피의 서명을" 하였다고 한 것이나 〈京城を中心として赤化に暗躍狂奔しつつりたる李載裕竝金熙星等一味の犯罪槪要及檢擧の眞相は左の通である〉, 《思想ニ關スル情報綴》, 1937의 첨부 도표를 참조할 것.
53 이재유는 후술할 기관지 《프롤레타리아》에 대하여 이와 비슷한 비판을 하였다. 즉 이 기관지가 노동자를 대상으로 하는 것임에도 불구하고 너무나도 난해하고 또 비교적 공산주의적 색채가 없었다는 것이다. 이 삐라에 대한 이재유의 비판은 노동자를 격분시켜 그 분격을 어느 방향으로 이끄는가 하는 것이 명확하지 않아, 투쟁의 형태와 방법이 명확하지 않다는 것이었다. 예심조서,

제2회, 4421~23면 참조.

[54] 〈赤色勞働組合竝赤色農民組合組織準備工作等事件〉, 63~64면 참조. 또한 〈城大教授三宅鹿之助赤化工作事件〉, 앞책, 769면에는 이와는 약간 달리 발행시기를 5월 중순, 발행부수를 약 100부라고 하고 있다. 그 원본은 한홍구 이재화 편, 앞책, 제4권, 282~305면에 수록되어 있다.

[55] 이 무렵 권영태는 서울고무공장을 중심으로 활동하고 있었던 이명신에게 고무공업 부문의 공장신문을 출판 계획하기 위해 적당한 제재를 잡아 투고할 것을 권유하였다.〈赤色勞働組合竝赤色農民組合組織準備工作等事件〉, 위 책, 64면 참조. 이재유 그룹이 제3기에 준비그룹의 기관지로 간행하였던 《적기》도 원래는 각 경영내의 공장신문을 기반으로 할 것을 계획하였으나 마찬가지로 실현되지는 못하였다는 점을 상기해야 할 것이다.

[56] 〈朝鮮共産黨再建コミンテルン朝鮮レポート會議事件ノ概要〉, 《治安情況》, 경기도경찰부, 1935년 3월.

제4부

[1] 조서, 2180~82면.

[2] 조서, 2167~68면.

[3] 경성일보, 1937년 4월 30일자 호외 및 금강산인,〈민족해방투쟁의 영웅적 투사 이재유 탈출기〉, 《신천지》, 1946년 4월호, 9면 참조.

[4] 예심조서, 제2회, 4401~02면. 강원도에서 검거되었던 것은 이재유 그룹과는 별개의 운동으로 權麟甲, 曹圭弼, 洪光中 등에 의한 이른바 강릉공산당사건이다. 이 사건에 관하여는 대판매일신문, 1935년 8월 24일자 호외 참조.

[5] 금강산인, 앞책, 4월호, 10면.

[6] 검사의 신문조서, 제1회, 3959~60면 및 예심조서, 제2회, 4402면.

[7] 금강산인, 앞책, 4월호, 11면.

[8] 검사의 신문조서, 제1회, 3962면.

[9] 금강산인, 앞책, 4월호, 12~13면.

[10] 〈李載裕逮捕見聞記〉, 《思想彙報》, 제10호, 1937년 3월, 296~97면.

11 금강산인, 앞책, 4월호, 13~14면.
12 조서, 3969면.
13 조서, 815~18면 및 4412면.
14 조서, 24~25면.
15 검사의 신문조서, 제3회, 4038면.
16 경성일보, 1937년 4월 30일자 호외.
17 검사의 신문조서, 제1회, 3973면.
18 검사의 신문조서, 제1회, 3973~74면.
19 조서, 3842면.
20 이재유와 같은 고향 출신으로 그녀의 아버지를 향리에서 알고 지내던 사이로서, 1933년 1, 2월 무렵 서울에서 여자상업학교에 다니던 심계월이 이재유를 찾아온 적이 있었다.
21 1913년 함북 명천에서 태어난 그녀는 1928년 3월에 고향의 花台공립보통학교를 졸업한 후 부모와 함께 서울로 올라와 4월에 동덕여자고등보통학교에 입학하였다. 재학중 그녀는 "동덕여고보 개교 이래의 재원으로서 주목을 끌었다"는데 4학년 때인 1931년 4월부터 李平山, 崔兒龍 등의 지도하에 공산주의 사상에 점차 공명하였다. 곧이어 6월에 교내에서 동맹파업사건을 주모하여 퇴학처분을 받은 이후에는 한성제면회사, 조선제면회사, 대창직물회사 등의 여공으로 전전하다가, 경성학생RS협의회를 조직하여 활동하였다는 혐의로 1931년 12월에 검거되어 1933년 11월 경성지법에서 예심면소를 받아 석방되었다. 이후 이재유 그룹의 운동에 관여하여 활동하다가 검거되었는데 1934년 5월 경기도 경찰부에서 훈계 방면되었다. 석방된 이후 그녀는 곧 이재유와 연락하여 '아지트 키파'로서 활동하다가 1936년 7월 경성지법에서 징역 1년 6개월을 선고받아 1937년 5월 서대문형무소를 출소하였다. 후술하듯이 이후에도 그녀는 이관술 등과 함께 비합법운동에 관여하였다가 1937년 9월 경성지법 검사국에서 기소중지 처분을 받는 등 지속적인 운동을 전개하였다. 이상은 〈朝鮮共産黨再建運動協議事件〉, 《思想彙報》, 제9호, 1936년 12월, 224면 및 〈朴鎭洪外十名二對スル治安維持法違反事件意見書寫〉, 1938, 5~10면 참조. 또한 오미일, 〈박진홍−비밀지하투쟁의 레포로 활약〉, 《역사비평》, 제19

호, 1992년 겨울호를 볼 것.
22 검사의 신문조서, 제3회, 4040면.
23 그전인 9월 무렵부터 유순희 등이 경찰의 수배를 받다가 검거된 사건으로 세 칭 용산서 사건이라고 한다.
24 금강산인, 앞책, 4월호, 17면.
25 검사의 신문조서, 제1회, 3975면.
26 경성일보, 1937년 4월 30일자 호외 참조. 그러나 예심에서 그는 박진홍과 사실 정교관계를 부정하였다. 예심조서, 제3회, 4865면.
27 해방 이후 이관술은 자신은 원래 이상적인 민족주의자로서 교편을 잡은 것도 청년의 교육을 통해서 민족을 각성시켜보자는 이상에서였다고 회고하였다. 그러나 1929년 광주학생운동 이후 학생들의 반일사상이 팽창하여가는 반면 "민족주의자들의 냉담 비겁한 것과 심지어는 일제와의 타협, 자진 아부 등의 꼴을 보고 그는 민족주의란 한낱 자기위장임을 간파하고 오직 공산주의만이 계급의 이익뿐 아니라 민족해방에서도 유일한 박력이요, 지침이요, 정당한 노선이란 결론을 얻어 공산주의자가 되어 버렸다"고 하였다. 김오성, 《지도자 군상》, 대성출판사, 1946년, 168면 참조. 또한 이관술, 〈반제투쟁의 회상〉(상), 《현대일보》 1946년, 4월 17일자 참조.
28 예심 중 전향을 표명하여 보석으로 출소한 것인데, 이 사건의 1심 공판은 1934년 12월 경성지법에서 열렸다. 이보다 앞서 12월 13일 불구속으로 석방되어 재판을 받던 이순금이 징역 2년의 실형을 선고받고 법정 구속되었기 때문에(2년 만기를 꼬박 채우고 그녀는 1937년 7월 15일에 석방되었다) 이관술은 재판에 참석하지 않고 잠적하여 운동을 계속할 지의 여부를 이재유와 상의하였다. 집행유예로 석방될 가능성이 높다고 판단한 이재유는 이관술에게 재판에 참석할 것을 권유했으며, 이재유의 예상대로 이관술은 이 재판에서 징역 2년, 4년간의 집행유예를 선고받았다. 이관술, 〈반일 지하 투쟁의 회상〉(중), 《현대일보》 1946년, 4월 18일자. 이 시기 다른 지식인 남성과 마찬가지로 그역시 박가야朴嘉耶라는 본부인이 있었다. 관헌자료에서 그의 아내로 흔히 언급되는 朴璇淑은 동덕여고보의 제자로서 조선총독부 국세조사과에 근무하고 있었다. 이관술이 석방된 후 그녀는 국세조사과를 그만 두고 이화동에서 연초

점을 경영하면서 근근이 생계를 유지하였는데 둘 사이에는 朴善玉(京玉, 신문 자료에는 이 이름으로 나오지만 호적의 실제 이름은 경옥이었다)이라는 딸이 있었다. 이관술의 본부인과 서녀의 호적 이름은 본부인 사이에서 낳은 이관술의 막내딸인 경환京煥에 대한 안재성 씨의 인터뷰에 근거한 것으로, 자료를 제공해준 안재성 씨에게 감사드린다.

29 이관술, 〈반일 지하투쟁의 회상〉(중), 위글.

30 위글, 같은 곳.

31 1921년 동래고등보통학교에 입학하였으나 동맹휴학에 가담하여 1925년 7월 무기정학 처분을 받고 자퇴하였다. 1927년 일본에 건너가 생물학 공부를 뜻하여 야마구찌(山口)고등학교에 입학하여 1930년에 졸업하고 같은 해 교토(京都)제국대학 경제학부에 입학하여 1934년 3월에 졸업하였다. 그가 생물학 공부에 관심을 가진 것은 야마구찌 고등학교에 재학 중 다윈의 진화론 및 크로포트킨의 상호부조론을 읽고 양자가 생물계에서 생물의 생성, 진화, 발전이라는 동일 명제를 다루면서 전혀 상이한 견해를 주장하는 것을 알고 나서 자신이 직접 이를 발생적으로 연구해 보자는 생각에서 비롯되었다고 한다. 그런데 경제공황의 여파로 자신의 재산인 부동산의 가격도 심히 하락하여 비교적 다액을 요하는 생물학의 연구비를 감당할 수 없을 뿐만 아니라 달마다의 근소한 학비를 조달하는 것조차 여의치 않자 할 수 없이 연구를 단념하고 말았다. 당시 일본에서는 3.15, 4.16 사건 등 굵직한 공산주의 검거사건이 연일 신문에 보도되고 있었는데 그러한 분위기에서 그는 점차 공산주의 서적을 섭렵하기 시작하였다. 이들 서적의 독서를 통하여 그는 종래 해결하지 못했던 생물 내지 인류의 생존적 본래의 목적은 마르크스주의 경제학에 의해 해결할 수 있는 것이 아닌가라는 생각에서 생물학에서 경제학으로 방향을 전환하여 대학졸업을 전후해서는 완전히 공산주의에 공명하기에 이르렀다. 1930년 교토제국대학에 입학하면서 재일조선인 유학생강연회에서 독립을 호소하다가 동래서에 검거되어 1931년 3월 부산 지법에서 징역 6월, 집행유예 2년을 선고받았으며, 1933년 2월에는 교토에서 공산주의 운동을 원조하였다는 혐의로 검거되어 같은 해 5월에 기소유예처분을 받았다. 일본공산당 당원으로 활동하면서 그는 일본 간사이(關西)지방 교토대학 조선인그룹의 조직책임을 맡았다.

졸업 후 서울로 온 그는 신문잡지의 기자가 되려고 운동하는 한편 공산주의 운동에 진출하는 것을 자기의 임무라고 확신하고 있었다. ??朝鮮共産黨再建運動事件??, 221면

32 〈朝鮮共産黨再建運動協議事件〉, 위 책, 222면.

33 조서, 26면 참조. 경찰의 가혹한 탄압 하에서 보안을 위하여 운동자들 사이에서 흔히 채택되었던 이러한 방식은 후술하듯이 제3기에 이르러 더욱 강화되었다.

34 조서, 3846면.

35 조서, 27면 및 3315~16면 참조.

36 검사의 신문조서, 제3회, 4050면. 이종희, 유순희 등이 경성재건그룹에 가맹하여 활동한 사실은 조서의 다른 부분(예컨대 3318~19면에서도 확인된다. 그러나 이 시기에 이재유가 유순희와 이종희를 직접 만나지는 않았다는 진술에서 알 수 있듯이 노동운동을 맡은 이관술의 지도하에 유순희와 이종희의 두 사람이 활동을 하고, 이재유가 이들과 연락할 필요가 있었던 경우에는 박진홍이 이를 담당하였던 것으로 추정된다. 예심조서, 제2회, 4456~62면 참조.

37 조서, 3333~36면.

38 검사의 신문조서, 제3회, 4046~49면.

39 각각 〈京城を中心として赤化に暗躍狂奔しつつりたる李載裕竝金熙星等一味の犯罪槪要及檢擧の眞相は左の通である〉, 앞글의 도표 및 〈李載裕逮捕見聞記〉, 299면 참조.

40 조서, 3316~17면.

41 조서, 3843면 및 검사의 신문조서, 제3회, 4046~49면.

42 예심조서, 제2회, 4448~49면.

43 검사의 신문조서, 제3회, 4046면.

44 조서, 3844~45면.

45 조서, 3845면.

46 박영출이 검거된 이후 법정에서 "적색노조를 조직하려는 과정에 들어가게 되다가 작년(1935년-필자) 1월 중순 경에 용산경찰서에 탐지한 바 되어 검거되었다고 조직체에 대하여는 부인"한 것도 같은 맥락에서 이해된다. 동아일보,

1936년 7월 15일자 참조.
47 예심조서, 제2회, 4446면.
48 경기도 경찰부, 《治安情況》, 1935년 3월, 194면.
49 〈李載裕一派ノ鮮內赤化後繼事件起訴中止者檢擧ノ關スル件〉, 京高特秘 第1600號의 1, 1935년 6월, 6~7면 참조.
50 〈朝鮮共産黨再建運動協議事件〉, 《思想彙報》, 제9호, 1936년 12월, 227면.
51 조서, 611면.
52 〈朝鮮共産黨再建運動協議事件〉, 앞책, 222면 및 검사의 신문조서, 제3회, 4045면.
53 《治安情況》, 앞책, 193~94면
54 경성일보, 1937년 4월 30일자 호외.
55 조서, 28면.
56 이 사건에 관련되어 용산경찰서에 검거된 사람은 모두 43명이었다. 이중에서 혐의가 없다고 하여 석방된 사람은 9명으로 이를 제외하면 34명이 남는다. 이들 중에서 제1기의 운동에 관련되었던 사람은 金福今, 孔成檜, 李仁行, 權五相, 黃大用, 李粉星, 李錫冕, 俞順熙, 李鍾嬉, 辛海甲의 10사람이다. 또한 권영태 조직에 속했던 김명순과 한성택을 합하면 그 수는 12명으로 늘어 난다. 앞의 [표1], [표2] 및 〈朝鮮共産黨再建運動協議事件〉, 《思想彙報》, 제9호, 1936년 12월 참조.
57 검사의 신문조서, 제3회, 4045면.
58 조서, 28면.
59 조서, 3843면.
60 최호극의 기억에 따르면(조서, 622~23면) 이 날짜와 더불어 말미에 '경성재건'이라는 서명이 있었다고 하는데 이재유는 1934년 11월 중순 신당정의 윤진룡 집에서 자신이 복사지에 《자기비판문》을 쓰면서 '경성재건'이라는 이름을 사용하였다(조서, 4046면)고 진술하였다. 9월에 작성하였던 이 팸플릿을 이재유는 11월에 필사하여 박영출 및 이관술과 접촉하는 과정에서 주요 자료로 사용하였던 것으로 추정된다.
61 조서, 618~20면.

[62] 검사의 신문조서, 제3회, 4047면. 또한 경성 트로이카가 "최초부터 아래에서 위로의 통일전선까지는 성공"하였으며 "이로써 이미 하부조직이 만들어 진 것인데 상부 조직을 가지지 않았던 것은 오류"(〈李載裕逮捕見聞記〉,《思想彙報》, 제10호, 299면)였다는 언급도 전자의 비판을 말하는 것이다.

[63] 조서, 3843면 및 검사의 신문조서, 제3회, 4048면.

[64] 예컨대 서구원을 통하여 최호극을 획득하는 과정이라든가 이재유가 검거된 이후에 박진홍과 공성회 등에 의한 운동이 그 적절한 예일 것이다. 이 책의 제 8부, 조서, 615면 이하 및 〈朴鎭洪外十名ニ對スル治安維持法違反事件意見書 寫〉, 1938 참조.

[65] 예심조서, 제2회, 4443~44면.

[66] 검사의 신문조서, 제3회, 4052면.

[67] 조서, 623면 및 검사의 신문조서, 제3회, 4051면.

[68] 1934년 11월 이재유와 박영출이 만나 9개 항목에 이르는 학교 내의 활동기준 을 결정하였다는 것이 바로 이것이다. 이에 따르면 대표적인 몇몇 조항들을 선택적으로 나열하고 있다. 즉 (1) 학원 내 일체의 반동단체를 절대 반대하고 학생의 자주적 위원회를 조직하여 활동의 자유를 도모할 것, (2) 학생이 공청 및 반제 등에 가입할 수 있는 자유를 도모할 것, (3) 반동적 교사의 수업을 거 부할 자유를 도모할 것, (4) 일본 제국주의의 축제일 의식에 참열 하는 것에 반 대할 것, (5) 조선 및 국제 혁명 기념일에 학생이 기념활동을 할 수 있는 자유 를 획득할 것, (6) 학생 제네스트 기타 일체의 캄파니아에서 조선과 일본인 학 교 및 학생 사이의 공동투쟁을 도모할 것, (7) 제국주의 전쟁에 절대로 반대하 고 그 반대를 위한 투쟁을 일으킬 것, (8) 소비에트 동맹 및 중국 혁명운동 지 지를 위한 투쟁을 일으킬 것, (9) 일본 제국주의 국가 권력의 근본적 전복을 위 한 투쟁, 조선의 절대 독립을 위한 투쟁을 도모할 것 등이다. 〈朝鮮共産黨再 建運動協議事件〉, 222면. 또한 검사의 신문조서, 제3회, 4043~44면에도 이와 비슷한 조항들이 소개되어 있다.

[69] 예심조서, 제2회, 4447~48면.

[70] 〈朝鮮共産黨再建運動協議事件〉,《思想彙報》제9호, 219~20면 참조. 그런데 《治安情況》(경기도 경찰부, 1935년 3월, 195~98면)에 의하면 42명이 검거, 9명

이 기소되어 각각 1명씩이 적은 것으로 나타나 있는데, 그 이유는 김윤회가 나중에 검거되어 추가로 기소되었기 때문이다.

71 1930년 간도 용정촌 소재 동흥중학교를 졸업한 그는 같은 해에 약 4개월 정도 간도 소재의 사립 소학교 등에서 교편을 잡다가 귀국하였다. 1930년 여름 무렵부터 공산주의자 徐基의 지도를 받다가 공작위원회 사건에 연루되어 1934년 6월 25일 경성지법에서 치안유지법위반으로 징역 1년 6개월을 선고받아 같은 해 7월 13일 서대문형무소에서 출옥한 이래 다시 운동에 가담하여 활동하였다. 《朝鮮國內工作委員會事件等豫審決定書寫》, 1932년 (김준엽, 김창순, 《한국공산주의운동사 (자료편II)》, 앞책, 542면, 572면) 및 〈朝鮮共産黨再建運動協議事件〉, 《思想彙報》, 제9호, 227~28면 참조.

72 이를 이해하기 위해서는 당시 운동자들 사이에서 양 자의 운동이 파벌인가 아닌가에 관한 논의가 분분했던 세간의 분위기를 염두에 두어야 한다.

73 《조선중앙일보》, 1936년 7월 16일 및 17일자.

제5부

1 이 사건의 개요에 대한 자료로는 용산경찰서에서 작성 보고한 〈京城事件再建運動檢擧二關スル件〉, 京龍高秘 第2162號, 1935년 6월(《警察情報綴》, 1935년)이 있다. 이 운동의 중심 인물인 김근배는 1929년 서울의 보성고등보통학교에 입학하여 이듬해인 1930년 2월부터 좌익서적을 읽고 공산주의 사상의 연구를 계속하다가 3학년 때인 1931년 7월 동맹휴교사건에 관련되어 퇴학처분을 받은 경력이 있었다.

2 〈赤色救援會及讀書會事件檢擧二關スル件〉, 仁高秘 第1151號의 1, 1933년 3월 (《思想二關スル情報》, 1933년) 참조. 엄밀히 말하면 2차가 아니라 제2의 구원회이지만 편의상 그대로 서술하였다.

3 또 다른 독서회에는 앞의 이재유 그룹의 김삼룡 등과 활동하였던 李錫冕이 소속되어 있었다. 최덕룡의 지도 아래 각기 다른 독서회에 속해 있었던 김환옥과 이석면의 두 사람이 서로 알고 있었는지의 여부는 명확하지 않다. 어쨌든 이들 두 사람이 이후의 운동에서 각각 권영태와 이재유의 운동 선에 소속되어 따로

운동을 전개하는 것만을 지적하기로 하자. 이 사건으로 두 사람은 치안유지법 위반으로 검거되어 이석면은 경찰에서 기소유예, 김환옥은 기소 의견으로 검찰에 회부되었다가 역시 기소유예 처분을 받아 석방되었다.

[4] 빈농의 집에서 태어난 그는 인천 공립보통학교 5학년을 중도퇴학하고 일본인 가정의 고용인으로 혹은 노동에 종사하다가 삼정물산 계열의 염업조합 급사로 채용된 이래 1935년 1월에는 운송부의 사무원으로 승진하여 근무하였다.

[5] 《治安情況》, 앞책, 194~95면 참조.

제6부

[1] 조서, 28~29면.

[2] 검사의 신문조서, 제1회, 3976면.

[3] 이관술, 〈반일 지하 투쟁의 회상〉(중), 《현대일보》, 1946년 4월 18일자.

[4] 동아일보, 1935년 11월 6일자 및 조선중앙일보, 1936년 4월 16일자 참조.

[5] 조서, 3831면.

[6] 이상의 경과에 관하여는 조서, 29면, 680~82면, 검사의 신문조서, 제1회, 3975~77면 및 경성일보, 1937년 4월 30일자 호외 참조.

[7] "놈들이 눈독을 올리고 꼽살이 끼어서 쫓아다니었지만 이재유 동무의 웃는 얼굴은 상쾌한 휘파람과 함께 자유자재로 은신하여 놈들의 뒤에서 혹은 앞에서 지게꾼으로 농꾼으로 신사로 나타났던 것이다. 그리하여 수없이 놈들과 마주치고 부딪혔지만 놈들은 이재유 동무를 옆에다 두고 몰랐으며 이재유 동무의 그림자는 항상 서울 장안을 자기 집 다니듯 하였건만 이를 알지 못하였다." 금강산인, 앞책, 5월호, 58면 참조.

[8] 예심조서, 제2회, 4463~64면.

[9] 조서, 3847~48면.

[10] 대부분의 자료들이 1935년 10월 이재유가 이종국과 처음 만났다고 하고 있다. 그런데 경찰 수사보고에서는 같은 해 5월로 잡기도 하고, 검사의 조서에서는 이재유 자신이 같은 해 9월이었다고 진술하였다. 조서, 29면 및 검사의 신문조서, 제3회, 4053면 참조. 이 시기의 확정이 중요한 것은 그것이 실제 운동 기

간을 판정하는 문제와 관련되기 때문이다.
11 예심조서, 제2회, 4470~71면.
12 예심에서 이재유는 이종국에게 《자기비판문》을 준 것은 그의 누이에게 읽히기 위해서 준 것이라고 진술하였다. 이종국이 보고 싶다고 하였지만 "자신이 본다고는 생각하지 않았으며 보고 싶다고 하는 것은 누이가 말하는 것이라고 생각하였다"는 것이다. 예심조서, 제2회, 4475면 참조. 이와 같이 이종국이 누이의 소재를 모른다고 하였지만 이재유는 이 말을 믿지 않았으며 이종희의 소식을 일부러 전하지 않았다고 생각하였다. 조서, 3816면 참조.
13 조서, 368면 및 3848면.
14 예심조서, 제3회, 4858~59면.
15 자세한 사정은 알 수 없지만 이종국은 이러한 연락에 대하여 소극적이었던 것 같다. 이러한 태도가 이종국의 다른 운동계획과 관련이 있는지도 모르겠다. 즉 1936년 6월 이래 그는 중국의 新京 방면에서 그의 누이인 이종희와 李平山, 崔三京(崔秉喆) 등과 함께 모종의 운동을 모색하다가 이듬해인 1937년 4월 내몽고 지방에서 이평산, 이종희와 함께 경찰에 검거, 압송되었던 것이다. 이 사건에 관하여는 〈文春學一派ノ赤色救援會事件檢擧ニ關スル件〉, 京高特秘 第1191號, 1937년 5월(《思想ニ關スル情報綴》, 1937년) 참조.
16 당시 유순희는 함흥에 잠복하여 제사공장의 여공으로 활동하고 있었다. 이재유가 유순희와 연락한 목적은 2가지 정도가 있었던 것으로 보인다. 첫째는 운동의 궁극적 목적이 전국적 당조직에 있었던 만큼 다른 지역과의 연계가 필수적으로 요구되었다는 점, 둘째로는 제2기에 평양이 대체활동지역으로 모색되었듯이 서울에서 더 이상 활동할 수 없다면 이재유 자신이 함흥지방으로 근거지를 옮길 것을 구상하고 있었다는 점이다. 제1기 트로이카 시기에 김형선이 이재유에게 함흥에 가서 활동할 것을 권유했던 사실을 상기할 필요가 있을 것이다. 또한 유순희와 연락할 장소로는 이종국이 지정해 준 고양군 한지면 마장리 全寬洙의 집을 이용하기로 하였는데, 이 집은 그 동생인 全昌洙가 제동공립보통학교에 재학할 당시 1931년 8월부터 1934년 3월까지 이종국의 지도하에 적색독서회를 조직하여 활동한 적이 있었고 졸업 후에도 두 사람이 함께 동거하면서 사상운동을 한 관계로 잘 알고 있었던 사이였기 때문이다.(조서,

368면) 유순희의 진술에 의하면 이재유로부터 1935년 4월, 8월, 12월의 3차례에 걸쳐 편지를 받았다고 하는데(조서, 76면) 이재유는 1935년 11월부터 1936년 3월 까지 자신이 만든 암호를 사용하여 명반수로 쓴 서신을 2차례 보냈다고 진술하였다. 어쨌든 유순희는 이재유로부터 통신연락을 받았으나 이재유가 그에 대한 답장을 받지 못한 것은 분명하다. 자세한 이유는 알 수 없지만 이종국은 전창수를 통해 유순희로부터 5차례 정도의 서신을 받았으나 이재유에게는 전해 주지 않았으며, 나중에 이재유는 유순희로부터 자신에게 온 편지는 이종희와 이종국의 2사람이 받아 보았다고 생각한다고 진술하였다. 조서, 3812~13면, 3816면 및 예심조서, 제3회, 4863면 참조.

[17] 경찰에서는 같은 해 1월 하순, 혹은 1935년 12월부터 1936년 9월 까지 만났으나 근래 연락이 끊어진 상태였다고 진술하였다. 조서, 30면 및 672~73면 참조.

[18] 공판조서, 제1회, 5034면.

[19] 공판조서, 제2회, 5087~88면.

[20] 예컨대 제1기에 포섭을 시도하였던 연희전문학교의 이동수나, 전향하여 조선중앙일보사에 근무하고 있었던 印貞植, 李友狄 등을 들 수 있다. 예심조서, 제2회, 4477~78면 참조.

[21] 나중에 그는 운동에서 몸을 뺄 결심을 하고 시골로 내려갔다가 검거되었다. 공판조서, 제1회, 5035면 참조.

[22] 원래 그는 1932년 7월에 홍원 농민조합 사건에 관계하여 홍원경찰서에서 훈계·방면되었다가 이후 1933년 12월과 1935년 5월의 두 차례에 걸쳐 함흥지법 검사국에서 치안유지법 위반으로 기소유예의 처분을 받은 상태에서(공판조서, 제2회, 5075~76면) 서울로 올라와 권영태의 후계조직인 콩그룹의 선에서 활동하고 있었다.

[23] 조서, 3332~33면.

[24] 조서, 3837면.

[25] 서구원과 마찬가지로 홍원 태생이었던 그는 홍원공립보통학교를 졸업한 이후 사립 육영학원 補習科를 거쳐 1932년 3월 서울의 중앙고등보통학교에 입학하였는데, 1933년 11월 맹휴사건에 관계하여 퇴학처분을 받았다. 이 사건으로 검거되어 감방에 있을 때 그는 최소복을 알게 되었으며 그 영향으로 공산

주의자가 되었다. 공판조서, 제1회, 5039~40면 참조.

26 조서, 3330~31면.

27 각기 조서, 670면 및 공판조서, 제2회, 5076면.

28 조서, 668면. 경찰의 조사에서 동지를 보호하기 위한 보안조처로서 허위 진술한 것이라고 생각할 수도 있다. 그러나 당시는 이미 서구원과 최호극이 체포되어 있었으며 이재유도 이 사실을 알고 있었다. 체포되고 나서 이재유는 이들의 이름을 알았을 것으로 추정되는데도 자신이 작성한 글에서 서구원을 조구원으로 표기(조서, 3848면)하고 있다. 조서나 판결문 등은 경찰이나 법원에서 작성한 것이기 때문에 이것만 가지고서는 이러한 사실들이 드러나지 않는다.

29 물론 자신이 함경도 농촌에서 2, 3년전에 고향을 떠나 함흥에서 어떤 사건에 관계되었다가 서울에 와서는 이재유의 경성재건그룹에서 활동하는 운동자라는 사실을 최호극에게 알려 준 것은 레포의 형성에서 기본적으로 요구되는 정보였을 것이다. 조서, 592면 및 598면 참조.

30 동아일보, 1936년 7월 16일자.

31 〈朝鮮共産黨再建京城地方協議會事件〉, 《思想彙報》, 제16호, 1938년 9월, 263면 이하 참조.

32 이는 제1기에 이재유가 통일체로서 구상하였던 '조선공산당경성지방위원회'와 유사한 목적과 위상을 갖는 조직체이다.

33 조서, 692~93면 및 검사의 신문조서, 제3회, 4061~62면.

34 조서, 694면.

35 조서, 695~96면.

36 "자기의 선인 경성트로이카의 서구원, 또 자기의 선인 경성재건의 피의자를 뽑은 것은 피의자들이 실권을 장악하기 위한 것"이 아니냐는 검사의 질문에 이재유는 상대방을 많이 참가시킬 작정으로 이름을 따로따로 하여 나왔다고 답변하였다. 또한 "경성트로이카에서는 서구원, 경성재건그룹에서는 피고인을 내는 것으로 하고 경성트로이카와 경성재건그룹이 별개인 것처럼 상대방에 보이려고 하였는가"라는 예심판사의 질문에 대하여 자신의 의견을 주장하여 이 기회에 전선을 통일할 작정이었다고 답변하였다. 검사의 신문조서, 제3

회, 4062~63면 및 예심조서, 제2회, 4481~82면 참조.

37 조서, 693면 및 李載裕, 〈朝鮮に於ける共産主義運動の特殊性と其の發展の能否〉, 《思想彙報》 제11호, 1937년 6월 (신주백 편, 《1930년대 민족해방운동론 연구Ⅰ》, 새길, 1989, 107면).

38 이와는 반대로 "이재유등과 별개로 운동하던 콩그룹파의 운동자 金熙星, 白潤赫, 朴仁善 등과 누차 절충을 거듭하여 전선 통일에 노력, 이와 제휴가 성립되었다"(〈京城を中心として赤化に暗躍狂奔しつつりたる李載裕竝金熙星等一味の犯罪槪要及檢擧の眞相は左の通である〉, 앞글, 8면)는 보고도 있으나 이는 사실과 맞지 않은 것이다. 조서, 693면 및 검사의 신문조서, 제3회, 4063면 참조.

39 안태정, 〈1930년대 서울지역의 조선공산당 재건운동〉, 앞글, 246면 참조.

40 조서, 11면 및 34면 참조. 같은 해 10월 20일에 발행된 기관지 《적기》는 재건그룹과 트로이카의 통일체로서 '조선공산당재건경성준비그룹'의 명칭을, 경성콩그룹에 대하여 연합캄파니아를 제안하였던 1936년 6월 23일 당일자로 발표하였다.

41 조서, 689~90면.

42 1936년 7월 하순 최호극을 만난 자리에서 서구원은 이 팸플릿을 제시하면서 그 말미에 있는 경성준비그룹에 관하여 "콩그룹 이외의 전선을 통일하여 경성재건그룹에서 이 명칭으로 우리들의 운동은 변한 것"이라고 그 의의를 설명하였다. 그러면서도 이 팸플릿을 가지고 "선전·선동하는 것은 매우 좋지만 이 문서를 그대로 교부하는 것은 크게 고려 제한해야 한다"고 하였다. 이는 주로 일제 경찰을 의식한 보안적 차원에서의 조치라고 생각된다. 조서, 630~31면 및 검사의 신문조서, 제3회, 4063면 참조.

43 검사의 신문조서, 제3회, 4063~64면.

44 조서, 3849면.

45 조서, 636~37면.

46 검사의 신문조서, 제3회, 4063면 참조. 위의 조서 4060면에는 1935년 7월 공덕동의 아지트에서 작성한 것이라고 하나 이는 착오이다.

47 《思想月報》, 제2권 제12호, 1933년 3월호의 뒷면 및 조서, 630면 참조.

48 각국의 무산청년이 군벌과 재벌에 반대하여 투쟁한다는 취지에서 1915년에 제정된 이래 위의 국제반전일과 마찬가지로 1920년대 이래 사회운동권에서 격문, 팸플릿 등을 통하여 널리 기념되었던 날들 중의 하나이다. 김준엽 김창순, 《한국공산주의운동사》, 제2권, 고대 아세아문제연구소, 1969, 131면의 주 206 참조.

49 검사의 신문조서, 제3회, 4067~68면.

50 검사의 신문조서, 제3회, 4058~59면.

51 조서, 3281~83면.

52 혹은 제1호와 제2호가 각각 40부, 제3호가 17부 정도로 총 90부 정도를 발행했다(조서, 687면)고도 한다. 정식 등사판이 아닌 대용품으로 대량 발행에 한계가 있었다는 점과 아울러 배포의 대상인원이 그다지 많지 않았다는 점에서 이 정도를 계획하였다가 줄였는지도 모르겠다. 검사의 신문조서, 제1회, 3981~82면 및 제3회, 4065면, 예심조서, 제2회, 4486~89면 및 공판조서, 5018~20면 참조.

53 검사의 신문조서, 제1회, 3982면.

54 검사의 신문조서, 제3회, 4066면.

55 조서, 688~89면.

56 구체적으로는 다음의 사항들을 당면 문제로서 제기하였다.
1. 우리들의 운동방침과 정치적 보고를 중심으로 하는 이론 문제!
2. 敵陣의 정책 폭로와 대중의 불평, 항의투쟁의 집중.
3. 대중운동 전개를 위한 전략전술문제, 특히 공장 내 제문제!
4. 피투성이의 투쟁경험 보고 및 그 교훈.
5. 대중의 정치적 계몽을 위한 제문제.
6. 혁명적 논문, 소설, 시극, 각본, 평론, 광고 등의 게재.

57 조서, 3288~89면.

58 '반동적 천황의 기만적 하사금일봉을 대중에 폭로하자'는 '불경한 자구'를 사용하였다고 하여 경찰에서 집중적으로 추궁당하였다. 조서, 3289~92면 참조.

59 조서, 3293~96면.

60 예심조서, 제2회, 4487면 및 공판조서, 5020면.
61 예심조서, 제2회, 4488면.
62 이에 관하여는 조서, 3329~30면 및 〈京城を中心として赤化に暗躍狂奔しつつりたる李載裕竝金熙星等一味の犯罪槪要及檢擧の眞相は左の通である〉, 앞 글, 8면 참조.
63 이재유가 검거된 이후인 1937년 7월 초순에 이관술은 박진홍을 만나 양주군 노해면 공덕리 아지트에서의 생활상황을 설명하고 그 사이의 활동은 신문 호외에 발표된 것이 운동의 전부 라고 설명하였다. 〈朴鎭洪外十名ニ對スル治安維持法違反事件意見書寫〉, 앞책, 10~13면 참조.
64 금강산인, 앞책, 5월호, 62면.
65 공판조서, 제1회, 5029면, 5035면, 5052~53면, 5055면, 5064~69면, 5083~84면. 당시 신문은 이들이 "아무 것도 모르고 사회과학을 연구하려고 하였으나 현재는 사회과학을 연구할 생각은" 전혀 없다는 취지의 진술을 하였다고 보도하였다. 조선일보, 1938년 6월 25일자 및 7월 13일자 참조.
66 공판조서, 제1회, 5091~92면.
67 경성일보 , 1937년 4월 30일자 호외 참조.
68 사상휘보 , 제11호, 앞책, 109~28면.
69 〈朝鮮共産黨再建京城地方協議會〉, 《思想彙報》, 앞책, 268면.
70 혹은 9월이라고도 한다. 조서, 365면 참조.
71 이 무렵 경찰은 동대문 바깥의 경마장 부근과 이화동의 駱山 부근에서 이들을 미끼로 이재유를 유인하려 했으나 그때마다 번번이 실패로 돌아갔다고 한다. 금강산인, 앞책, 5월호, 59면.
72 경찰에서는 이와 같이 진술하였으나 검사 신문에 따르면 체포되기 1달 쯤 전에 주재소에서 호구조사를 나왔다고 한다. 조서, 682~83면 및 검사의 신문조서, 제1회, 3982~83면 참조.
73 조서, 686면.
74 1937년 4월 30일자.
75 공판조서, 제2회, 5089~92면.
76 조서, 5092~93면.

⁷⁷ 검거된 이래 1937년 4월 하순에 기소될 때까지 유치장에 있으면서 이재유는 〈思想犯の保護觀察制度に對する所感〉이라는 글을 쓴 적이 있다. 그는 이 글에서 1936년에 제정된 사상범보호관찰법에 대하여 "이는 흡사 1928년도 당시에 모든 '반대'나 '고려'의 절규를 돌파하고 긴급칙령으로 신치안유지법을 발표하여 일반공산주의자라고 하는 자들을 위협한 그것과 거의 같은 것이 아닌가"라는 생각이 딱 떠올랐다고 하면서 "치안유지법이 주로 공산주의자들을 대상으로 하여 무력적 掠滅을 위하여 실시된 것과 마찬가지로 이 사상범보호관찰법도 주로 공산주의 운동자들을 대상으로 하여 선도적, 회유적 더우기 延刑的 掠滅을 위하여 실시되는 것이 아닌가라고 생각"(〈朝鮮に於ける共産主義運動の特殊性と其の發展の能否〉의 부록, 《사상휘보》, 앞책, 129면)한다는 평을 한 적이 있다. 그런데 치안유지법으로 인한 피검거자수가 증대되면서 일제는 이른바 전향 제도를 본격적으로 추진하였는데, 여기서 전향자의 전향 확보를 위한 감시 감독제도로서 보호관찰의 규정을 치안유지법에 설정하려고 하였다. 우선 이는 1934년 일본의 제65의회에 사이또齋藤 내각이 제출한 치안유지법 개정안 중에 예방구금제도 등을 신설함으로써 시도되었다. 즉 전향자에게는 보호관찰을, 비전향자에게는 예방구금을 적용하려고 한 것이다. 여론의 비판에 의하여 삭제된 이 예방구금제도는 1941년의 제2차 고노에近衛 내각이 제출한 개정안에서 부활하였다. 이재유는 수년 후에 자신이 바로 이 법률의 적용을 받을 가능성을 미리 예상이나 하고 있었던 것처럼 강렬하게 이 법안을 비판하였으며, 결국 그는 신설된 이 제도의 적용을 받아 형기를 마치고도 풀려 나지 못하고 옥사하고 말았다.

제7부

¹ 이 사건에 관하여는 〈産業別赤色勞働組合, 店員勞働組合組織協議事件〉, 《思想彙報》 제12호, 1937년 9월, 155~74면 및 〈京城を中心として赤化に暗躍狂奔しつつりたる李載裕竝金熙星等一味の犯罪概要及檢擧の眞相は左の通である〉, 京畿道 警察府(《思想ニ關スル情報綴》, 1937년) 참조. 후자의 자료는 조선일보, 1937년 5월 1일자에 수록되어 있다.

2 이밖에도 직접적인 방식은 아니었지만, 서울로 올라온 이후 1935년 3월 말 무렵 玄寬赫을 통하여 평남 价川의 좌익농민조합운동을 지도하기도 하였다.

3 서울 수송보통학교 및 경성공립 제2고보를 거쳐 1931년 4월 대구사범학교 강습과에 입학한 그는 재학 중 대구사범의 교사였던 玄俊赫의 지도하에 사회과학연구회를 조직하여 1932년 12월 대구지법에서 치안유지법위반으로 징역 1년, 집행유예 4년을 선고받은 경력이 있었다. 동아일보, 1932년 12월 2일 및 조선중앙일보, 1932년 12월 4일자 참조. 권우성과 제휴하면서 최이칠은 2월 하순 마산에서 박종대 등을 만나 "자본주의 사회의 모순과 노동자의 궁상을 설명하고 소비에트 러시아의 노동자의 처지를 칭찬"하는 등의 활동을 하였다.

4 황해도 수안군에서 보통학교를 졸업하고 13살 때 서울로 올라 온 그는 약종상 점원, 인쇄직공 등으로 전전하다가 1931년 愼弦重 등의 경성제대 반제동맹 사건에 관련되어 1933년 11월에 징역 1년 6월, 3년간 형의 집행유예를 받았다. 1935년 8월 중순에는 權又成을 鄭載徹에게 소개하는 등의 활동을 하다가 기소유예 처분을 받았는데 이듬해 1936년 2월에는 마산에서 林和, 李相北 등과 교유하였다. 1937년 7월에는 孔成檜, 朴鎭洪 등과 함께 활동하다가 경찰에 검거되었다. 이 책의 제8부 및 〈朴鎭洪外十名二對スル治安維持法違反事件意見書寫〉, 1938, 8면, 85~88면 참조.

5 영등포의 공립심상고등소학교의 고등과를 졸업한 그는 곧이어 철도종업원양성소에 입소하여 1933년 3월에 졸업하고 철도국 경성공장 기공으로 근무하였다. 1933년 8월부터 尹泰恒의 지도를 받으면서 그는 공산주의자가 되었다.

6 정재철은 1927년 3월 보통학교를 졸업하고 1929년 5월부터 12월까지 대판에서 메리야스 공장 직공으로 근무하다가 귀국 후 부산에서 부산일보사의 인쇄직공으로 일하였다. 서울에 온 것은 1932년 4월 이었는데 자유노동을 하다가 그해 12월부터 吉岡, 大和, 平和堂 인쇄소 등을 전전하면서 직공으로 근무하였다. 이와 같이 전형적인 노동자 출신으로서 그가 공산주의에 관심을 가진 것은 1931년 무렵부터라고 한다.

7 고향에서 서당 정도의 학력을 마치고 부산공립 제2상업학교에 입학, 1927년 2월에 중도 퇴학한 그는 이듬해 1928년 6월 공부할 목적으로 대판으로 갔는데 뜻대로 되지 않아 곧이어 7월에 귀국하고 말았다. 이후 그는 1929년 3월부터 약

1년 간 대구전매지국 雇員으로 근무하다가 1930년 4월에 서울로 올라왔다. 경성고학당에 입학한 그는 다음해 1931년 고학당이 폐쇄되자 신문배달 등을 하면서 독학으로 1934년 12월부터 사립 光星학원의 교사로 일하였다. 그의 사상은 고학당 재학 당시 학교의 급진적 분위기에서 형성되었던 것으로 추정된다.

[8] 그는 1907년에 부모를 따라 시베리아에 이주하여 시베리아 및 간도 지방을 전전하면서 농업에 종사하거나 상점원으로서 근근이 생계를 영위하였다. 1925년 봄 그는 金順九의 소개로 만주고려공산청년회에 가입하여 延吉道지부 용정 야체이카에 소속하여 지부 간부인 李昌熙 및 金順九의 지도교양을 받다가 같은 해 가을에는 頭道溝 야체이카 책임자로 활동하였다. 1928년 가을에 그는 ML파 고려공산청년회만주총국원이던 朴允瑞, 이창희의 소개로 모스크바 공산대학에 입학, 국제반에 편입하여 1931년 가을에 졸업하였다. 졸업 이후 2개월 간 그는 모스크바의 프로핀테른에서 연구하다가 같은 해 1931년 10월 중순 프로핀테른 동양부의 알선으로 서울에 있었던 鄭泰玉과 연락하여 12월 상순 서울에 도착하였다. 그러나 정태옥은 이미 검거되어버렸기 때문에 철공소 직공으로 일하면서 운동의 기회를 모색하고 있었다.

[9] 이 비판은 3사람이 합의한 것이 아니라 김승훈이 모스크바에서 공산대학을 졸업한 후 2개월 동안 정립한 이론에 의거한 것이라고 한다.

[10] 김순만은 철원보통학교 2학년을 수료한 후 4년제의 철원노동야학교에서 보통학교과정을 수료한 이후 16세 때부터 철원경찰서의 급사로 고용인 생활을 하였다. 그러다가 사직한 후 1929년 가을에 광주학생운동이 일어나자 격문을 살포하여 1930년 4월 경성지법에서 보안법 및 출판법위반으로 징역 10월을 선고받았다. 그가 공산주의자가 된 것은 서대문형무소에 복역 중 趙斗元, 鄭宜植 등과의 교유를 통해서였는데 출감 이후 그는 철원과 서울에서 노동하면서 다시 운동에 참가하여 철원의 검사분국과 서울의 검사국에서 각각 1회씩의 기소유예 처분을 받았다. 1934년 12월에 서울로 올라 온 그는 이듬해 1935년 7월 하순 권우성을 만나 제휴, 활동하기로 하였는데 권우성은 조선의 객관적 정세로서 1) 일본제국주의적 금융기관이 조선에 진출하여 노동자 농민에 대한 착취는 점점 격심하여 이들이 기아선상에서 방황하고 있으며, 2) 민족주의 운동자가 해 온 운동은 노동자 농민을 위한 운동이 아니라 오히려 자본주의적 진

출을 목적으로 하는 것일 뿐만 아니라 오늘날에는 일본제국주의와 악수하여 그 앞잡이로서 노동자 농민의 착취를 하고 있으며, 3)산업합리화, 신기계의 설치 등에 의해 노동자 농민은 무수한 실업자를 내고 하층계급의 생활은 더욱 악화되고 있다는 사실 등을 지적하였다. 또한 과거 공산주의 운동은 파벌투쟁으로 일관하여 아무런 대중적 기초를 가지지 못하고 따라서 대중의 투쟁의식은 왕성함에도 불구하고 그 지도의 측면은 극히 무력하다는 사실 등을 지적하여 김승훈과 일치된 견해를 보이고 있다. 이에 의거하여 권우성은 김순만을 지도하다가 그를 김승훈에게 인계한 것이었다.

[11] 〈産業別赤色勞働組合, 店員勞働組合組織協議事件〉, 앞글, 참조.

[12] 이미 살펴 본 김윤회와 유순희, 심계월 사건도 동일한 맥락에서 이해될 수 있다.

[13] 〈京城を中心として赤化に暗躍狂奔しつつりたる李載裕竝金熙星等一味の犯罪槪要及檢擧の眞相は左の通である〉, 앞글의 도표 참조. 또한 이 표는 김희성, 安任均, 안승락 등을 포함한 적색노조 사건을 따로 분류하였다. 그러나 이는 김희성을 검거하지 못했기 때문에 위의 판결문에서 보듯이 편의상 김승훈, 권우성 등과 함께 병합 심리를 한 것에 불과하였다.

[14] 그의 부친인 安浚(安秉鉉)이 서울청년회에서 활동하였기 때문에 일찍이 경신학교에 다닐 무렵부터 그는 사상문제에 많은 관심을 가지고 있었다고 한다. 병으로 한때 귀향하였다가 1930년 9월에 상경하여 중앙기독교청년회학교 제1학기에 입학하였는데 사상사건에 관련하여 퇴학처분을 받았다. 1932년 가을부터 그는 姜貴男(姜敬子, 姜京子)의 집에서 姜壽九 및 강귀남의 남편인 安鐘瑞 등의 지도를 받았다. 또한 고학생상조회 위원이었던 강경자는 1932년 2월에 대구사범의 현준혁 사건과 관련되어 검거된 경력이 있었으며(조선중앙일보, 1932년 2월 27일자) 강수구는 확실치는 않으나 앞에서 말한 姜晦九와 동일인물인 것으로 추정된다.

[15] 예컨대 안승락은 1) 함남에서 검거된 태로계를 파벌이라고 보는지의 여부, 2) 현재는 통일의 시기인지의 여부, 3) 경성트로이카 운동자 이재유가 파벌인지의 여부와 아울러 4) 국제선 이외의 부분은 전부 파벌로 인정한다. 5) 운동은 먼저 적노 조직을 만든 후 당재건 운동으로 나아가야 한다는 5개 조항을 테스

트하여 동지로서 받아들일 것인지의 여부를 결정하였다고 한다. 이는 박진홍과 이관술 등으로부터 이재유가 전해들은 것이다. 조서, 3296~97면 참조.

16 혹은 1) 조선에서 공산주의 운동사, 2) 그에 대한 구체적 비판, 3) 조선 공산주의 운동과 코민테른과의 관계, 4) 운동의 통일방법, 5) 공장 내의 조직방법 등에 관하여 질문하였기 때문에 이에 대답한 것으로 안승락 자신의 의견은 별로 말하지 않았다고 한다. 예심조서, 제1회, 4386~87면 참조.

17 첫 번째 제의에는 안승락이 응하지 않았으며 두 번째 제의에 대하여는 안승락도 이에 찬성하여 공동투쟁을 하기로 하였는데 더 이상 연락을 하지 않아 중단되고 말았다. 이와 같이 초보적 공동투쟁을 기반으로 이론적 통일을 하고 이를 통하여 안승락을 포섭하려고 구상하였으나 결국 안승락의 거부로 구체적 결실을 보지 못하였다.

18 안승락이 5개 조항을 내걸고 운동자들을 시험하였다는 사실을 통해 교조적이고 관념적인 파벌 운동의 전형적인 분위기를 느낄 수 있을 것이다. 이러한 교조적 시험은 아마도 이재유와 만난 다음부터 행해졌을 것이라는 것이 필자의 생각이다.

19 이재유는 "룸펜적 생활을 하지 말고 공장에라도 들어가서 활동하라"고 권유하였으며, 권영태에게 안승락은 "룸펜적 생활을 버리고 공장 방면에 취직"하여 활동할 것을 약속하였다.

20 이들 활동들은 논의단계에 그치고 실제로는 거의 실현되지 않았다. 이 시기 이후 이듬해 7월 중순까지 안승락이 이주몽과 접촉하면서 동일한 문제들을 또 다시 제기하고 있는 것을 보더라도 이를 잘 알 수 있다.

21 그녀는 이재유의 제1기 운동과 권영태의 그룹에서 중복 활동하였으며 제2기 이재유 운동에서 활동한 바 있었다.

22 안승락은 1935년 4월 행촌동 崔敬昌의 집에서 700원을, 이어서 6월 하순에 경부선 餠店驛 앞에서 200원의 운동자금을 그로부터 건네받았다. 그 내역을 보면 전자의 700원은 백명흠이, 후자의 200원은 洪淳洞이 제공한 것이었다. 이들은 1935년 2월 하순에 수원에서 올라와 운동을 계획하고 있었는데 안승락이 그 정보를 듣고 자금을 제공받은 것이다. 안승락은 이 돈을 운동자금으로 직접 쓰지 않고 5월 초순 무렵 의사 權泰圭와 아울러 종로 3가에 중앙의원이라는 병원을

개업하여 자신이 회계와 수금을 맡아 그 수입으로 운동을 전개하였다. 아울러 이 조직이 드러난 것도 백명흠의 검거가 직접적 단서가 되었다. 즉 1935년 9월 하순 남조선 일대를 중심으로 전개된 사단대항연습에 즈음한 특별경계의 일환으로 서대문경찰서에서 과거 좌익운동자의 행방을 조사하던 중 수원의 백명흠이 서울에 와 있는 것을 알고 검거, 취조하여 사건의 단서가 드러난 것이다. 조선중앙일보, 1935년 10월 4일 및 조선일보, 1935년 12월 17일자 참조.

[23] 보통학교 4년을 수료한 후 농사를 짓던 그는 19살에 일본으로 건너가 3년 동안 일용노동을 하다가 귀국하였다. 조선에 돌아 온 이후에도 농업에 종사하다가 1933년 1월에 상경하여 신문배달 또는 자유노동을 하면서 그 사이에 안승락, 강귀남과 동거하고 鄭七星 등과 사귀면서 운동에 참가하였다.

[24] 안창대가 말하는 파벌은 이재유 그룹을 말하며, 우수한 지도자란 코민테른과 연계를 가진 권영태 등을 지칭하는 것이다. 또한 안창대가 최성호에 대하여 (후술) "파벌투쟁을 배척할 것, 동지 金明順을 파벌에서 이간"시켜 연락을 유지할 것 등을 지시한 것도 마찬가지 의미로 해석할 수 있다. 김명순은 권영태 그룹에 속하여 조선제사에서 활동하고 있었는데, 드러나지는 않았지만 이재유의 제1기 운동에서도 중복 활동했을 가능성이 높은 인물이다. 왜냐하면 이재유의 제2기 운동에 김명순이 참가하고 있기 때문이다. 덧붙이자면 안창대의 운동 부분에는 앞의 정재철과 마찬가지로 이재유 조직에 관련된 운동자들이 상당수 망라되어 있었다. 예를 들면 정칠성은 제1기에 종방에서, 허마리아는 서울고무에서 각기 활동한 경력이 있었다.

[25] 1926년에 강원도 평강 보통학교를 졸업하고 서울에서 선린상업학교를 거쳐 1931년 연희전문학교 상과에 입학, 1934년 3월에 졸업한 이후 그는 광성학원 교사, 서대문정의 운수통신사 기자, 남대문통의 산에스상점 점원 등으로 전전하였다. 그가 공산주의 사상에 접한 것은 연희전문 시절부터라고 한다.

[26] 예컨대 "우리들의 운동은 대중의 신뢰를 필요로 하므로 스스로 대중의 가운데로 들어가 실생활을 음미하면서 일상투쟁을 일으킬 것", 혹은 실천적이고 혁명적인 인텔리에 의한 문화 운동이 중요하며 프롤레타리아 문학을 대중에 선전할 필요가 있지만 문화서클적 고취미에 빠지지 않도록 주의해야 한다는 것 등이다.

²⁷ 아울러 "인텔리를 운동에 끌어 들이기는 하지만 헤게모니는 노동자가 장악해야 한다"는 사실을 강조하였다.

²⁸ 조선일보, 1935년 11월 21일자.

²⁹ 당시의 신문기사를 보면 일제는 이재유를 체포하는데 혈안이 되어 이재유와 이전에 관련이 있었거나 친분이 있었던 운동자들을 닥치는 대로 검거하였다. 그 와중에 이들 조직이 부산물 로 드러난 것이다. 조선중앙일보, 1935년 10월 4일 및 동아일보, 1935년 11월 6일자 참조.

³⁰ 조선중앙일보, 1935년 8월 28일, 동아일보, 1935년 9월 1일 및 10월 4일자 참조.

³¹ 조선중앙일보, 1935년 12월 17일자.

³² 1937년 7월 10일의 최종 공판에서 권우성과 김승훈이 징역 3년 6개월, 안승락이 3년, 정재철이 2년의 실형을 선고받았다. 동아일보, 1937년 6월 25일 및 7월 11일자.

³³ 〈京城を中心として赤化に暗躍狂奔しつつりたる李載裕竝金熙星等一味の犯罪概要及檢擧の眞相は左の通である〉, 앞글 및 동아일보, 1938년 5월 24일자 참조.

³⁴ 또한 김희성과 박인선을 포함한 피고 전원이 전향하였다. 동아일보, 1939년 4월 16일자 참조.

³⁵ 일제 경찰은 이재유를 미체포 불구속으로 하여 기소중지 처분을 하였다. 동아일보, 1935년 10월 25일 및 11월 6일자 참조.

³⁶ 조서, 591~624면.

³⁷ 조서, 3840면.

³⁸ 검사의 신문조서, 제3회, 4047면.

³⁹ 김경일, 〈1930년대 전반기 서울의 반제운동과 노동운동〉, 앞글, 195면 참조.

⁴⁰ 물론 앞에서 본 바와 같이 이재유의 제1기 운동에서도 운동자들끼리 활동부분을 바꾸거나 넘겨주는 현상 등은 있었다. 그러나 이는 운동이 진전함에 따라 조직의 정비라는 차원에서 자연히 제기되어 운동자들 스스로에 의해 진행된 것이었지, 본인의 자유로운 의사를 무시하고 일방적으로 행해진 것은 결코 아니었다는 점을 염두에 둘 필요가 있다.

⁴¹ 〈朝鮮共産黨再建京城地方協議會事件〉, 《思想彙報》, 제16호, 앞책 참조.

⁴² 주요 자료는 〈永登浦赤色勞働組合組織準備會事件檢擧ニ關スル件〉, 京永警高秘 第3023號, 1937년 4월 (《思想ニ關スル情報綴》, 1937년 및 〈永登浦ヲ中心トスル赤勞組織ノ準備工作事件檢擧ニ關スル件〉, 京高特秘 第906號, 1937년 4월 (《思想ニ關スル情報綴》, 1937년 등을 들 수 있다.

⁴³ 그는 1931년 홍원적색농민조합사건에 관계하여 1933년 2월 징역 2년, 집행유예 5년을 선고받았다. 종래의 투쟁경력이 상당했기 때문에 이규섭이나 김형득은 서울에서 그의 활약을 매우 기대하였다고 한다.

제8부

¹ 〈朴鎭洪外十名ニ對スル治安維持法違反事件意見書寫〉, 1938, 앞책 및 〈孔元檜等共産主義運動協議事件竝事變に關する造言飛語事件〉, 《思想彙報》 제18호, 1939년 3월, 189~92면.

² 당시의 신문(동아일보, 1938년 6월 23일자)도 이 사건을 '이재유 운동의 별파'로 다루었다. 또한 최근의 한 연구자는 이재유의 준비그룹 시기의 운동을 3시기로 나누고, 마지막의 3번 째 시기에 이 운동을 포함시켰다. 안태정, 〈1930년대 서울지역의 조선공산당 재건운동〉, 앞 글, 247~48면 참조.

3 경남 통영에서 태어난 그는 1923년 4월 서울로 올라와 사립 중앙고등보통학교에 입학하여 1927년 3월에 졸업하였다. 같은 해 4월에 연희전문 문과에 입학하였으나 가정형편으로 7월에 퇴학하고 말았다. 그가 사회운동에 흥미를 느낀 것은 1926년 봄부터라고 하는데 이 해 4월에 그는 서울청년회에 가입하고 이듬해 1927년 4월에는 그 회의 서무부 집행위원으로 활동하였다. 이러는 가운데 합법운동의 한계를 느낀 그는 비합법운동에 진출하였다. 1929년 4월에 전북의 조선공산당재건운동에 관련하여 체포되어 12월에 예심면소로 출옥하였으며, 1931년 8월에는 적색노동조합 촉진에 관한 격문을 살포하여 출판법 및 보안법 위반으로 징역 6개월을 선고받아 이듬해 1932년 2월에 출옥하였다. 출옥 이후인 3월 말에 그는 자신의 고향에서 李漢景과 함께 부산으로 진출하여 운동할 것을 계획하고 그곳의 운동자인 金尙珠 등과 논의하였는데, 김상주가 검거되었을 뿐만 아니라 경찰의 감시가 심하여 포기하고 서울로 올라와 적위대 운동을

주도하였다. 이 사건으로 1934년 11월 중순 징역 3년 6월을 선고받은 그는 1936년 12월 서대문형무소에서 만기 출옥한 이후 고향인 통영읍내에서 한때 양복점을 운영하다가 서울로 올라 와서 1937년 6월 초순 박진홍을 만났다.

4 앞에서 보았듯이 그는 이재유의 제1기 운동에 관련되어 1934년 1월 서대문 경찰서에 검거되었다가 훈계방면을 받았다. 1936년 7월 30일에는 경성지법에서 제2기 운동에 가담한 혐의로 징역 1년 6개월을 선고받았으나 전향의사를 표명하여 집행유예로 석방되었다. 이후 그는 역전향하여 경성부 측량인부로 일하면서 실천운동에 종사하였다.

5 이재유의 1기 운동에서 상위 트로이카의 한사람으로 중심적 활동을 하였던 안병춘은 이 사건으로 1935년 7월 27일 경성지법에서 징역 2년을 선고받고 1937년 6월 23일 대전형무소에서 출옥하였다.

6 권영태의 후계 조직의 성격을 갖는 권우성의 운동선에서 활약하다가 이재유의 후계 운동의 성격을 갖는 공성회의 운동에 가담하였던 그는 이 운동에서 독자적으로 영업을 하면서 운동자금을 제공하는 역할을 하였다.

7 위의 의견서에는 공원회가 "이재유의 운동은 파벌이 아니라고 생각한다. 이는 국제선인 권(영태)와의 연락을 거부한 사실이 없기 때문"이라고 하였다는데 자료의 옆단에는 펜글씨로 "이하의 사실은 공원회가 부인"하였다고 쓰여져 있다. 담당 검사가 기재한 것으로 추정되는 이 펜글씨로 미루어 보건대 그는 검사의 신문에서 이재유가 파벌이 아니라는 견해를 부정하였던 것 같다. 〈朴鎭洪外十名ニ對スル治安維持法違反事件意見書寫〉, 앞책, 24면 및 48~49면 참조.

8 안병춘이 지칭하는 1936년의 운동이란 전술한 1936년 6월 무렵 김희성 그룹에 대한 공동투쟁을 통한 통일운동을 말하며, 태로는 권영태 계열의 안승락의 운동을 지칭하는 것같다.

9 그러나 박진홍은 이재유가 연애관계를 부인하고 대중의 신망을 획득하려고 한 태도에 대하여는 비판적으로 보고 있다. 여기서 연애관계란 이재유를 둘러 싸고 이순금과 박진홍 자신 사이에 조성되었던 3각관계를 말하는 것으로 이 문제는 이관술에 의해서도 비판을 받았다.

10 이재유가 검거된 이후 당시의 한 신문은 이관술이 "원래부터 실천투사는 아니고 이재유의 심파(sympathizer의 약칭, 동조자, 동정자를 뜻함 — 필자)적

존재로서 끌려 들어간 것으로 이재유가 없는 이후에는 전혀 자멸할 수밖에 없고 종래와 같은 투쟁은 상상할 수 없으며 …… 이로써 반도 공산당 운동은 사실상 완전히 궤멸, 종식하기에 이르렀다"(경성일보, 1937년 4월 30일자 호외)고 보도하였다. 그러나 경성콩그룹에서의 운동까지 포함하여 이후 그의 활동은 이러한 평가와 예상을 벗어나는 것이었다.

[11] 이관술, 〈박헌영씨와 나 — 반일투쟁의 회상(완)〉, 《현대일보》 1946년 4월 19일자 (《박헌영전집 6》, 박헌영전집편집위원회, 역사비평사, 2004, 150면).

[12] 그런가 하면 7월 10일 이관술이 보낸 발신인 없는 무기명의 편지를 받고 7월 16일 오전 10시에 노량진 전차종점에서 만나자는 연락을 받았다고도 한다. 그러나 이는 두 번째 회합을 말하는 것으로 연락방법에 관한 언급을 제외하고는 신뢰도가 떨어진다. 〈治安維持法違反被疑者 李觀述ノ手配ノ件〉, 京高特秘 第1865號의 2, 1937년 7월(《思想ニ關スル情報綴》, 1937년) 참조.

[13] 1달 전인 6월에 박진홍이 공원회를 만났을 때 그가 원칙론에 입각하여 이재유의 운동을 비교적 호의적으로 평가하였던 사실을 고려하였을 것이다.

[14] 당시 여의도 경성비행장은 군사목적으로 쓰이고 있었던 만큼 경찰의 감시가 심하였고 또한 강우로 말미암아 한강물이 불어 지리적으로 불편한데도 불구하고 이관술이 왜 여의도를 회합장소로 선택하였는가는 명확하지 않다. 일제의 보고대로 "급박화하고 있는 시국관계를 겨누어 일당과 함께 무슨 일인가를 감행하려고 획책하고 있는" 것이라고 볼 수도 있을 것이다. 〈時局柄注意ヲ要ルス治安維持法違反容疑者ノ行動ニ關スル件〉, 京高特秘 第1865號의 1, 1937년 7월(《思想ニ關スル情報綴》, 1937년) 참조. 또한 〈治安維持法違反被疑者 李觀述ノ手配ノ件〉, 같은 글을 참조할 것.

[15] "경계가 철통같고 해서 여인숙에선 물론 잘 수 없고 다리 밑 내 바닥 걸인들 자는 틈에 끼어 자면서" 내려갔는데, 여기까지 경찰의 손이 미쳐 혼자서 떨어져 자면서 대전까지 갔다고 한다. 이관술, 〈박헌영씨와 나 — 반일투쟁의 회상(완)〉, 윗글, 1501면.

[16] 이관술과 몇 차례 접촉하였음에도 불구하고 이재유 그룹의 운동에 대한 안병춘의 평가는 바뀌지 않았던 것으로 보인다. 그가 권영태 그룹의 최경옥, 김희진 등과 제휴하는 것을 보면 아마도 감옥에서 권영태 그룹의 영향을 받았던

것으로 추정된다. 한편 공원회는 안병춘 등과 연결되면서, 이재유 그룹에 대한 안병춘의 평가에 영향을 받아 처음 생각과는 달리 이재유 그룹을 파벌로 정리하는데 동의한 것으로 보인다.

[17] 1930년대 서울의 당재건 운동을 연구한 안태정은 이재유 그룹의 국내파 그룹이 1) 서울 지역 좌익전선 통일운동을 주도했으며, 2) 혁명적 사회주의를 배출하는 재생산 기반이 우세했고, 3) 장기간 운동의 현장에서 지도력을 지속적으로 유지해 왔으며, 4) 국제 공산주의 조직으로부터 일관된 조직적인 독자성과 주체성을 추구해 왔다는 점에서 1937년 서울 지역의 좌익전선이 이재유 그룹에 의해 맹아적으로 통일될 수 있었다고 주장하였다. 논의의 근거와 결론은 다르지만 필자는 국제파에 대한 국내파 운동의 우위로서 이 평가에 주목하고자 한다. 안태정, 앞글, 250~51면 참조.

[18] 이러한 주장은 당시 국내 운동자들의 정세판단과 운동전망의 일단을 드러내는 것으로, 소수의 몇몇 사례들을 제외하고는 적어도 국내운동에서 이러한 분위기는 시기가 갈수록 보다 강화되고 일반화되어 간다.

[19] 박진홍은 여러 차례에 걸쳐 그를 만나면서 세계정세를 듣기도 하고 그가 쓴 《조선농촌기구분석》이나 《만철조사월보》 등을 토지문제 연구 자료로 건네받아 이를 공원회에게 전달하기도 하였다. 박진홍은 인정식에게 세계정세의 파악과 원칙문제의 연구를 권고하기도 하고 혹은 운동자금의 조달을 부탁하기도 하였으나 기본적으로 인정식의 태도가 '불순하다'고 판단하고 있었다. 박진홍을 연모하였던 인정식은 그녀의 실천적 경험을 소재로 문예를 통하여 위축된 조선 무산 대중을 자각시켜 프롤레타리아 여류작가로서 혁명운동의 일익을 담당할 것을 권유하였는데 박진홍은 그가 진정으로 운동을 할 의사가 없다고 판단하여 일정한 거리를 두고 필요한 범위 내에서만 관계를 유지하였다.

[20] 충남 아산군 출신으로 일명 蕉影이라고도 불리운다. 보통학교 졸업 후 동경에 건너 간 그녀는 城石고등여학교에 입학하였으나 학자금 때문에 곧 중퇴하고 귀향하였다가 다시 고베神戶, 아오지마青島 등지를 전전하였다. 이 사이 그녀는 두 차례의 결혼과 이혼을 거듭하였다. 1936년 12월에 귀국한 이후 경기도 진위군 평택역전의 조일까페에서 여급으로 일하다가 이듬해 1937년 8월 서울로 올라와 실천 활동을 하면서 이관술과의 연계를 시도하였다.

21 그는 1928년 7월 이재유가 검거되었던 동일 사건에 관련된 인물이다. 그런데 이재유는 이른바 제4차 공산당 사건에 관련하여 검거되었는데, 필자가 확인한 바에 의하면 관계자 175명의 명단에서 그의 이름을 찾아 볼 수 없었다.(《治安槪況》, 앞책, 113~123면, 특히 198면을 볼 것) 이 사건으로 4~5년을 복역하였으므로 중심인물임에는 틀림이 없는데, 혹시 趙靑龍(炳烈)이 그를 말하는지도 모르겠다. 어쨌든 출옥 이후 그는 북만주 방면에서 소련 국내로 월경하려다 체포되었다가 적당히 둘러대어 석방되었다. 박진홍과의 회담에서 그는 국제선과 연결되지 않으면 올바른 노선의 운동을 전개할 수 없으므로 모든 방법을 다하여 국제선과 연락할 것을 주장하면서, 이재유가 통일문제에 관하여 국제선과의 제휴를 거부하거나 파벌을 범한 사실이 없다는 의견을 피력하였다.

22 당시 공원회는 여동지와 결혼하기 위하여 배우자를 물색하고 있었는데 박진홍의 주선으로 김재선을 만났으나 김재선이 그의 청혼을 거절하였다. 그래서 이순금과 결혼하려고 하였으나 마찬가지로 이순금이 거절하여 좌절되었다. 이순금은 당시 2,000원 정도의 지참금을 가지고 결혼 상대를 물색하고 있었는데, 공원회의 제의를 거부하자 박진홍은 김순진을 다시 소개하였다. 이순금이 "계급적으로도 인간적으로도 마음에 든다"(윗책, 54~55면)는 의사를 표명함에 따라 두 사람의 결혼은 본격적으로 추진되었다. 이와 같이 박진홍이 이순금의 결혼을 적극적으로 주선한 데는 몇 가지 이유가 있었다. 먼저 이순금이 결혼하면 자신도 적당한 배우자를 선택하여 결혼함으로써 이재유를 둘러싼 삼각 관계를 청산할 수 있다는 사실과 아울러 이순금이 결혼과 동시에 자신의 지참금을 운동자금으로 제공한다는 내락이 있었기 때문에 자신이 잠복할 경우의 자금을 제공받을 수 있다는 사실 때문이었다. 이후 박진홍이 경성콩그룹 사건으로 검거되었다가 1944년 10월에 출옥하여 金台俊과 결혼, 연안으로 간 경과에 대해서는 임영태, 〈혁명적 지식인 김태준〉, 《사회와 사상》, 1988년 9월호, 한길사, 241~44면 참조.

23 동아일보, 1938년 6월 23일자.

24 김경일, 〈경성콩그룹과 지방조직〉, 《한국 근대 노동사와 노동운동연구》, 문학과 지성사, 2004, 499면 참조.

25 1939년 12월 영등포에서 박헌영과 만났다는 회고와는 달리 1942년 9월 28일

경성지방법원의 예심공판에서 이관술은 1940년 2월 27일 영등포역에서 경성으로 오는 기차 선로 위에 있는 비탈길 입구에서 만났다고 하여 다소 늦은 시기로 진술하였다. 이관술의 〈被告人訊問調書〉(제7회), 《박헌영전집4》, 박헌영전집편집위원회, 역사비평사, 2004, 118면 참조.

26 사상범예방구금령의 실시가 임박한 것으로 예상되었던 당시의 상황에서 박헌영은 만일 이 제도가 시행된다면 전향도 하지 않은 자신이 가장 먼저 체포될 것을 우려하였다. 실제로 이 제도가 식민지에 적용된 것은 1941년이었는데, 이미 서술했듯이 이재유도 형기 만료 이후 그 적용을 받아 청주보호교도소에서 옥사하였다. 이관술의 〈被告人訊問調書〉(제7회), 윗글, 118면 참조.

27 李鉉相의 〈被告人訊問調書〉(제1회), 《박헌영전집4》, 박헌영전집편집위원회, 역사비평사, 2004, 143면.

28 이관술, 〈박헌영씨와 나 — 반일투쟁의 회상(완)〉, 윗글, 151면.

29 이순금은 1939년 9월 무렵 인천으로 내려가서 활동하고 있었다. 경찰에 얼굴이 알려져 있으므로 언제라도 체포될 우려가 있었을 뿐만 아니라 "별로 갈 곳도 없고 또 내가(이관술—필자) 보기에 아직도 어린애처럼 생각되어 그다지 멀리 떼놓을 수도 없고 또 망명하는 데는 시골보다는 좋을 것같아" 이관술이 인천으로 보냈다고 한다. 이관술이 언급하지는 않았지만 인천에서 활동 근거지를 마련하려는 목적도 있었다. 이관술의 〈被告人訊問調書〉(제6회), 앞글, 116면 참조.

30 이관술의 〈被告人訊問調書〉(제7회), 윗글, 118~9면. 해방 이후 박헌영은 자신이 상해에서 조선에 돌아와서 권영태와 이재유가 서로 언쟁을 벌이는 것을 보았다고 진술한 바 있었다. 그에 따르면 권영태는 자신이 국제당의 '전권위원'이라고 주장하였는데, 이러한 그의 주장은 '완전히 잘못된 것'이라고 박헌영은 비판하였다. 이러한 이유로 자신은 1939년 대전형무소에서 풀려나와 이재유의 후계 조직인 경성콩그룹에 참여했다는 것이다. 여기에서 보듯이 그는 권영태 그룹에 대한 비판을 근거로 자신이 이재유의 경성콩그룹에 가담하게 되었다고 설명하였다. 조선공산당, 〈조선공산당 중앙 및 도당 대표동지 연석회의 의사록〉, 앞글, 411면 참조.

31 이관술의 〈被告人訊問調書〉(제7회), 윗글, 118면.

32 구체적인 내용에 대해서는 김경일, 〈경성콩그룹과 지방조직〉, 앞글 참조.
33 이관술, 〈박헌영씨와 나 — 반일투쟁의 회상(완)〉, 윗글, 151~52면.
34 자세한 경과는 이관술의 〈被告人訊問調書〉(제11회), 앞글, 127~28면 참조.
35 각각 이관술의 〈被告人訊問調書〉(제7회), 위글, 121면 및 이관술, 〈박헌영씨와 나 — 반일투쟁의 회상(완)〉, 앞글, 151면 참조.
36 다른 피고인이나 함흥에서 체포된 하부 조직의 운동자들은 모두 경성콩그룹이라는 비밀결사가 있다고 생각했다고 진술하였다는 예심판사의 말에 대하여 이관술은 "의식정도가 낮고 또 동지를 획득하는 데 무엇이나 비밀 비밀 하면서 어느 정도의 비밀을 밝히지 않으니까 그렇게 생각했다고 본다"고 답변하였다. 이관술의 〈被告人訊問調書〉(제13회), 위글, 131면.
37 삐아뜨니끼의 논문집은 조직론에 관한 대표적인 저작으로 30년대에 운동자들에게 널리 보급되어 읽혀졌으며, 신주백, 앞책, 123~173면에 번역, 소개되어 있다.
38 이관술의 〈被告人訊問調書〉(제13회), 위글, 131~32면.
39 이상의 경과에 대해서는 이관술, 〈박헌영씨와 나 — 반일투쟁의 회상(완)〉, 앞글, 151~52면 참조.

제9부

1 김경일, 《일제하 노동운동사》, 창작과비평사, 1992, 262면.
2 한겨레신문, 1990년 3월 23일자.
3 밑줄은 필자. Harvey J. Kaye, 1984, The British Marxist Historians, Polity Press, 1984(양효식 옮김, 《영국의 마르크스주의 역사가들》, 역사비평사, 1988, 163면)
4 李載裕, 〈朝鮮に於ける共産主義運動の特殊性と其の發展の能否〉의 부록, 〈思想犯の保護觀察制度に對する所感〉, 《思想彙報》, 앞책, 131~32면.
5 김경일, 《일제하 노동운동사》, 앞책, 395~96면 참조.
6 검사의 신문조서, 제2회, 3987~88면.
7 조서, 3278면 및 3821면.
8 이재유, 〈朝鮮に於ける共産主義運動の特殊性と其の發展の能否〉, 신주백 편,

앞책, 83~84면.
[9] 서중석, 《한국현대민족운동연구 — 해방후 민족국가건설운동과 통일전선》, 역사비평사, 1991, 154면.
[10] 대표적으로 〈朝鮮に於ける共産主義運動の特殊性と其の發展の能否〉, 앞글을 들 수 있다. 이글에서 그가 말하는 조선공산주의 운동의 '특수성'이란 바로 조선의 민족문제에 대한 인식으로 이해될 수 있다.
[11] 검사의 신문조서, 제4회, 4161면.
[12] 금강산인, 앞책, 5월호, 57면.
[13] 조서, 3841면.
[14] 검사의 신문조서, 제2회, 4000~01면.
[15] 대일본방적회사가 남부 조선에서 유인하여 한 사람에 5원 씩 팔았던 것을 자신이 직접 구조하였다고 한다. 이재유, 〈朝鮮に於ける共産主義運動の特殊性と其の發展の能否〉, 신주백 편, 앞책, 80면.
[16] 윗책, 80면.
[17] 윗책, 80면.
[18] 윗책, 82면.
[19] 경성일보, 1937년 4월 30일자 호외.
[20] 《思想彙報》, 제16호, 265면 참조. 이 논쟁의 핵심은 합법운동과 비합법운동의 결합이라는 문제였다. 양평에서 농민운동은 그 조직방법을 둘러싸고 농민들 사이에 계를 조직하고 이 계원을 획득 교양하여 어느 정도 나아간 후 적색 농조로 전환하자는 이성출의 합법운동 중시론과, 탄압과 단속 하에서 합법운동은 더 이상 불가능하므로 이에 대한 미련을 버리고 고식적으로 계를 조직하는 것보다는 처음부터 적색 농조를 비합법적으로 조직하자는 변홍대의 주장이 대립되어 있었다. 1933년 4월 이재유를 만난 변홍대는 주장자는 숨기고 이 이론의 대립을 소개하면서 이재유의 의견을 물어왔다. 이에 대한 이재유의 답변은 비합법운동으로만 일관하는 것도 불가하고 또 합법운동만으로는 목적 달성을 할 수 없으므로 가능한 한 합법운동을 교묘하게 이용하여 비합법적으로 지도하는 것이 좋을 것이라는 것이었다. 이로부터 3달 쯤 후에 이재유는 다시 변홍대를 만나 이 생각을 보다 구체적으로 전달하였다. 즉 계와 적농의 조직

을 주장하는 양쪽의 입장은 모두 오류인데, 그 이유는 좌익 비합법적으로 하려고 하여도 현재의 정세에서는 직접적으로 가능하지 않고 또 합법적으로 계 조직을 하려고 하면 우편향이 되기 쉽기 때문에 그 중용을 택하여 합법운동에 적당하게 비합법운동을 가하여 농민을 좌익적으로 이끌고 이 운동이 진전하면 각 마을에 적농의 분회나 반조직을 해야 할 것이라고 주장하였다. 이에 변홍대는 그렇다고 무릎을 치면서 이성출의 오류와 아울러 자신의 오류를 인정하였다고 한다. 조서, 1594~99면 참조.

21 검사의 신문조서, 제3회, 4030면.
22 경성일보, 1937년 4월 30일자 호외 및 김오성,《지도자군상》, 앞책, 471면.
23 〈朝鮮共産黨再建運動協議事件〉,《思想彙報》, 앞책, 225면.
24 〈朴鎭洪外十名ニ對スル治安維持法違反事件意見書寫〉, 앞책, 67~68면 참조. 이처럼 내재적 결함들을 지적한 것과는 대조적으로 앞의《신천지》에 기고한 금강산인은 이재유가 체포된 이유로서 주로 '일제의 야만적 테러'라는 외부적 요인들을 들었다.
25 〈京城ヲ中心として赤化に暗躍狂奔しつつりたる李載裕竝金熙星等一味の犯罪概要及檢擧の眞相は左の通である〉, 앞글, 3면 참조.
26 경기도 경찰부,《治安情況》, 161면.
27 윗책, 195~98면의 자료에 의함. 직접 관련이 없는 김윤회를 제외한 것이다.
28 경성일보, 1037년 4월 30일자 호외.
29 금강산인, 앞책, 4월호, 7면.
30 〈李載裕逮捕見聞記〉,《思想彙報》, 앞책, 294면.
31 금강산인, 앞책, 4월호, 17면.
32 〈李載裕逮捕見聞記〉, 앞책, 300면.
33 금강산인, 앞책, 5월호, 61면.
34 李載裕, 〈朝鮮に於ける共産主義運動の特殊性と其の發展の能否〉, 신주백 편, 앞책, 74~75면에서 발췌 인용.
35 〈李載裕逮捕見聞記〉, 앞책, 305면.

자료
[1] 《신천지》, 1946년 4월(6~17면) 및 5월호(31면, 54~63면). 금강산인은 異河潤이라고 하나 확실하지는 않다. 임영태 편, 《식민지시대 한국사회와 운동》, 사계절, 1985, 537면 참조.

찾아보기

⟨감상록⟩ 143
강목구 157, 298
강문영 157
강양섭 70
강정윤 256
강진 52
강회구 167, 259
개성농민조합조직촉성위원회 171
경농문예회 242
경석호 77
경성재건 202, 266
경성재건그룹 82, 123, 187, 193, 196, 228, 241, 266, 268
경성준비그룹 82, 98, 224, 229, 235, 275, 278
경성콤그룹 52, 142, 155, 156, 161, 165, 166, 168, 190, 195, 209, 229, 233, 235, 241, 247, 255, 265, 268, 275, 276, 280, 284, 285, 286, 287, 296
경성트로이카 54, 61, 64, 65, 70, 91, 94, 95, 96, 101, 190, 195, 199, 201, 202, 306
경성학생RS협의회 55, 81, 267

경제연구회 113, 119, 133
계급 대 계급 전술 291
고경흠 242, 52
고광수 51
고려공산청년회 47, 48, 148
고려공산청년회 일본총국 47
고병택 227, 242, 243, 268
⟨공동 캄파니아 투쟁에 관한 건⟩ 233
공동투쟁위원회 94
⟨공산주의자 제그룹 및 공산주의자 제군에 보내는 메시지⟩ 227, 233
공산주의자협의회 52, 53
공성회 77, 78, 162, 177, 185, 186, 198, 213, 275, 276, 306
공원회 55, 56, 275, 276, 277, 279, 280, 281, 204
공작위원회 52
⟨공장 내의 활동기준⟩ 200, 202
⟨공장내 활동방침⟩ 121
공장대표자회의 55
⟨공장조사표⟩ 121
9월 테제 258
구연흠 148
국제공산청년동맹 298
⟨군중 접촉시의 주의⟩ 124
권영태 52, 55, 56, 60, 63, 78, 80, 92, 94, 131, 134, 135, 140~142, 147, 156~158, 161, 162, 164~170, 172, 183, 190, 195, 204, 209, 223, 227, 255, 260, 261, 269, 276, 277, 281, 297, 298, 307

찾아보기 553

권오경 56, 78
권오상 73, 80, 82, 83, 89, 92, 94, 158, 199
권오직 51, 284
권오훈 178
권우성 255, 257, 258, 259, 262
권인순 162
권혜정 80
극동반제대회 154
기꾸쿠다 가츠오 210
김계림 46
김근배 170, 209, 210, 213
김기양 210
김길순 188
김낙성 171
김남겸 80
김단야 51, 61, 149~150, 153~155, 297, 298
김대봉 115
김대용 112, 133, 142
김도엽 55, 81, 188
김만기 198, 204, 205, 257
김만득 113
김명순 204, 205
김명시 52, 149, 151
김명식 185
김문현 242
김복금 80, 91, 205, 226, 257, 306
김삼규 267
김삼룡 61, 97, 98, 198, 209, 284, 286, 288, 300

김상덕 78
김상주 148
김성곤 115
김순만 258
김순진 77, 172, 199, 204, 205, 275, 276, 283, 306
김승훈 55, 255, 257~259, 262, 264
김약수 201
김양선 117
김양수 131
김영원 56, 118
김용남 211
김원옥 77
김월옥 72, 131
김윤희 143, 197, 204
김인극 157
김인숙 78, 162~164
김일수 51
김재선 116, 118, 275
김주원 116, 119
김진성 77, 135, 163
김찬 148, 149, 154
김철수 51
김철영 115
김칠성 61, 70
김태준 288
김한경 46, 47
김한성 276
김현진 44
김형관 286
김형득 270

김형선 52, 53, 61~63, 71, 87, 88, 92, 147, 149~152, 154, 156, 197, 204, 297, 298
김호반 52, 53
김화희 177
김환옥 210, 212
김흥성 211
김희성 156, 227, 229, 231, 233, 255, 256, 261, 263~265, 271, 275
김희진 276
나금복 78
남궁전 210, 211
남남덕 275, 282
남로당 299
남만희 61, 94, 117, 126, 132, 177
남충희 257
노농 소비에트 245, 246
노순길 185
《뉴스》 258, 259
다카무라 마사히코 251
다키가와 유키토키 119, 132
단일재건위원회 52
〈대공장에서 활동할 필요〉 122
대동민우회 237
《대중》 131
동경조선노동조합 47
동방노력자 공산대학 157
레닌, 블라디미르 203, 300
룩셈부르크, 로자 203
리프크네히트, 칼 203
마산공산당 148

마산공산청년회 148
마산노동회 147
마산청년회 147
마산해륙운수노동조합 147
맹계임 78, 92, 135, 163, 205, 257, 261
〈메이데이〉 183
메이데이 136, 150, 166, 168, 210, 270, 276
메이데이 공동투쟁 167. 169
모스크바 공산대학 51, 296, 298
미야케 시카노스케 55, 63, 96, 49, 119, 127, 131, 134~136, 139~143, 162, 165, 166, 172, 181, 182, 184, 202, 304
민병주 113
민영덕 242
민영진 199
민정녀 116
민족개량주의 130, 141, 168, 169, 201, 237, 291, 295
민족부르주아지 128, 131, 246, 292, 291, 293
민태복 227, 242, 243, 268
박기춘 49
박기훈 77
박낙종 242
박소재 80
박수길 211
박숙희 78
박순덕 43
박영출 123, 187~189, 190, 192~194,

196, 198, 199, 200~202, 204~206, 217, 222, 225, 247, 275, 307, 309
박온 116
박원주 276
박인선 255, 263, 265, 268
박일형 117
박정두 157, 162, 165, 167, 168
박종대 256
박진홍 55, 81, 185, 186, 188, 191, 192, 200, 204, 275~280, 282, 283, 306, 309
박필근 44
박헌영 148, 153~155, 284, 285, 286, 288, 298
반제동맹 81, 94, 117, 136
반제동맹 경성지방조직준비위원회 55
반중규 276
반파쇼인민전선 223
방윤창 77
배후원 211
백남운 141
백명흠 261
백윤혁 92, 139, 158, 158, 161, 163, 255, 263, 263
변기학 204, 257
변우식 56, 73, 110, 111, 115, 118, 120, 163, 222, 225, 226, 235, 241, 243, 244, 246
변진풍 149
변홍대 61, 63, 67, 69, 71, 72, 76, 82, 83, 86, 89, 91, 92, 94, 95, 98, 111, 118~120, 152, 158, 159, 257, 259, 303
변홍숙 80
부르주아 민주주의혁명 127~129, 138, 238, 244, 294
《불꽃》 155
《붉은 길》 285
《비판》 131
뻬아뜨니끼 287
사노 마나부 46
《사회 파시즘》 131
사회과학연구회 44
사회민주주의 130, 131, 141, 201, 291
산업합리화 240
〈3L캄파 투쟁방침서〉 200
상해파 50
서구원 67, 70, 123, 163, 197, 222, 223, 225, 229, 230, 235, 241, 243, 247, 265, 267, 268, 307
서대문 사건 54
서상합동파 51
서승석 157
서울파 50
서창 56, 61, 63, 81, 259
성낙춘 211
〈세말 캄파니아 투쟁방침서〉 190, 200, 202, 204
손술석 257
송광석 211
송금산 171

송도호 51
스탈린 300
신간회 동경지회 47
신갑범 77, 139, 147, 167, 170, 172, 298
《신계단》 131, 132
신덕균 73
신수복 210
신인회 46
신진숙 116, 118, 119
신하식 112
신해갑 117
신현중 55, 276
신후봉 257
심계월 111, 116, 120, 185, 186, 197, 199
심인택 150
12월 테제 49, 50, 54, 127, 138, 148, 277, 304
안경선 211
안병윤 112, 142
안병준 69
안병춘 61, 63, 69, 70, 72, 73, 76, 77, 86, 89, 91, 95, 97, 98, 111, 126, 133, 162, 172, 178, 209, 275, 277, 278, 279, 280, 300
안삼원 63, 72, 73, 76, 95, 97
안승락 52, 255, 259, 260, 262, 267, 300
안용돌 78
안용봉 259

안종서 77, 157, 166~168, 170, 172, 209, 212, 260
안종호 61
안천수 115
양명 51
양성기 227, 242, 243, 243, 268, 268
양성호 283
양하석 61, 80, 87, 88, 150, 151
엠엘파 50, 148
여운형 201
연결점 263
영등포적색노조준비위원회 271
예방구금제도 252
오기만 150
오남근 112
오부전 135
오산세 51
오일순 116
와타나베 류우지 250
용산 사건 54, 188
〈우리 노동자들에게〉 122
원산총파업 50, 129
원순봉 162
유기순 162
유대웅 77
유복동 89
유세규 242
유순희 61, 73, 80~82, 89, 92, 98, 135, 163, 197, 198, 203, 204, 222, 247, 308
유영경 55

유진희 61, 83, 131
유천복 210
유해길 55, 80, 90, 93, 94, 205, 261, 276
윤경희 162
윤금자 56, 188
윤도순 46
윤무헌 186
윤순달 77, 163, 172, 263
윤자영 51
윤진룡 185
윤철 150
이각범 43
이경선 56, 72, 112, 118, 118, 163, 277
이관술 55, 67, 81, 82, 123, 187, 188, 190~194, 199~202, 204, 206, 217, 225, 227, 229, 230, 235, 235, 247, 248, 255, 275~277, 279, 280, 281, 284~286, 288, 307, 308
이광수 201
이규섭 268, 270, 271
이규한 269, 270
이기인 117
이동수 72, 113, 133, 243
이동천 61, 70
이동휘 51
《이럿다》131
이명신 113, 165, 166
이묘원 116
이백만 97
이병기 71~73, 76, 94

이병희 80, 94, 261, 263
이봉남 211
이분선 61, 131
이분성 111, 116, 120, 199
이상덕 55
이상헌 115
이상효 256
이상희 157
이석면 97, 198
이성래 210, 211, 213
이성섭 44
이성출 61, 98, 303
이성학 275, 276
이송규 61
이순금 52, 55, 56, 61, 73, 80~83, 89, 91, 92, 94, 177, 187, 259, 275, 277, 279, 280, 282~285
이순기 115
이순복 122
이승길 77
이억근 210
이영순 78
이영자 93
이예분 77, 83
이우적 243
이운혁 51
이원봉 56, 81, 82, 135, 162, 162, 163, 164, 165
이원업 258
이원우 56
이인영 256

이인행 61, 62, 73, 110, 111, 115, 118, 131, 185, 186, 198, 199, 204
이재록 43
이정숙 56, 80, 91, 191, 217
이정업 113
이정현 80
이정희 115
이종국 222, 225, 226, 242, 244
이종덕 263
이종림 52
이종숙 80, 162, 163, 164
이종옥 113
이종철 135
이종희 55, 73, 78, 80~83, 89, 92, 94, 188, 217, 222
이주몽 172, 247
이주상 285
이중룡 270
이창대 267
이창환 210, 212, 213
이평산 55, 267
이필행 244
이현상 55, 63, 69, 71, 72, 76, 80, 86, 89, 91, 92, 94, 95, 111, 118, 119, 120, 177, 284
이현식 115
이현우 199
이홍연 150
이효정 55, 94
인민전선 238, 237, 239, 246, 281
인정식 46, 47, 243, 282

일국일당주의 155
일본노동조합평의회 47
〈일상생활의 주의〉 124
임건호 113
임병렬 162
임순득 56
임인식 276
임택재 117, 55, 56
〈자기반성문〉 222
〈자기비판문〉 69, 184, 190, 194, 196, 200, 201, 268, 276, 306
《자본론》 48, 137
장기륙 115
장두담 256
장병신 115
장순명 284, 285, 286
장현근 115, 116
《재건 후의 노동조합》 122
재건그룹 196, 204, 228, 230~232, 257, 306, 307
《재건투쟁》 171
재동경조선청년총동맹 47
재일본조선노동총동맹 46, 47
《적기》 224, 225, 230, 232, 234, 235, 237, 240, 241, 244, 248, 285, 305
적색구원회 210
적위대운동 55, 56, 275
전국무산자평의회 47
전일본 무산청년동맹 47
전창수 247
전태임 162

전향 143, 206, 223, 243, 252, 308
정갑용 210
정금복 78
정렴수 191
정백 56, 61
정용봉 256
정용선 117
정의식 61
정재철 255, 257~259, 262
정칠성 61, 82, 113, 259
정태식 63, 72, 112, 118, 119, 123, 131~135, 141, 142, 163~167, 170, 181, 183
정태옥 52, 53, 298
제4차 조선공산당 47
조귀손 77
조동원 276
조병목 275, 282
조봉암 148
조선공산당 48, 148, 154
조선공산당 일본총국 47
조선공산당재건 경성지방협의회 227
조선공산당재건경성준비그룹 54
조선공산당재건촉성 경성지방위원회 171
조선공산당조직준비위원회 51
조선공산당국내공작위원회 51
조선레포트회의 171
조선민족혁명당 240
《조선사회경제사》 141
〈조선에서 공산주의운동의 특수성과 그 발전의 능부〉 244
조선학생과학연구회 44
조연상 210
〈조직문제의 의의와 그 필요〉 233
종업원 대회 85
좌행옥 150
주세죽 285
준비그룹 123, 163, 194, 196, 201, 224, 230~232, 308
중국공산당 148, 149, 155
중국공산당 만주성위원회 298
지순이 78, 92
지재호 77
지흥성 211
진봉수 269, 270
진수근 270
진순덕 78
차계영 55
차소영 116, 118, 120
채규항 51
〈청년학생에 고함〉 203
〈체포, 고문에 대하여 어떻게 대처할 것인가〉 124
최경옥 167, 169, 276
최덕룡 210
최린 201
최병직 256
최성호 197, 261, 262
최소복 69, 71, 72, 76, 110, 111, 113, 115, 116, 118, 118, 120, 122, 123, 133, 202

최순이 162
최승원 77
최용달 119, 143
최이칠 256
최태룡 267
최호극 163, 197, 202, 224, 226, 227, 230, 235, 241, 243, 247, 248, 265, 267, 268
최호웅 242
최화순 135
추교선 78
치안유지법 292
카와카미 하지메 45, 137
《코뮤니스트》 149, 153, 285
코민테른 49, 50, 53, 54, 67, 123, 127, 134, 138, 140, 142, 147, 148, 154, 161, 162, 166, 168, 170, 183, 229, 233, 237, 238, 246, 262, 263, 277, 281, 286, 291, 293, 296, 297, 303, 304
코바야시 죠오주우 250
쿠지넨, 오토 293

태로 10월 서신 258
태평양노동조합(태로) 51, 52, 183, 260, 278, 298
〈통일문제〉 184, 190, 194, 200, 201
트로이카 56, 62, 68, 69, 71, 73, 76, 80, 94, 97, 110, 123, 134, 159, 160, 193, 196, 197, 222, 224, 228, 230, 232, 257, 266, 287, 300, 307

트로이카운동 55, 64, 66, 139
〈파시즘, 전쟁의 위협 및 공산당의 제임무〉 166
파업투쟁위원회 85
〈8·1캄파 투쟁방침서〉 231
프로핀테른 138, 140, 147, 157, 166, 257, 298
《프롤레타리아》 134, 161, 168, 183
하규항 45
〈학교내 일상투쟁〉 122
〈학교내 조사표〉 122
〈학교내의 활동기준〉 190, 194, 200~202
〈학생운동의 행동강령〉 122, 133
한국모 55
한국형 150
한동정 116, 119, 192
한병현 78
한성택 112, 133, 163, 204
한육홍 112, 133, 142, 163
한인독립운동자동맹 148
한재복 116
한전종 51
한최항 256
한해 51
허균 135, 261
허마리아 78, 81, 92, 94, 162, 163, 205
허차길 210~212
허화정 197, 198, 204
홍남표 148, 149

홍순형 261
홍원표 154
홍화순 261
《화염》 270
화요파 50, 148, 154
〈화합시의 주의〉 124
황경수 269
황대용 77, 78
황태성 61
후쿠모도 가츠오 46
홍원적색농민조합조직준비위원회
  269, 270

이재유, 나의 시대 나의 혁명

- ⊙ 2007년 1월 15일 초판 1쇄 발행
- ⊙ 2019년 6월 20일 초판 2쇄 발행
- ⊙ 글쓴이   김경일
- ⊙ 펴낸이   박혜숙
- ⊙ 펴낸곳   도서출판 푸른역사

　　우) 03044 서울시 종로구 자하문로8길 13
　　전화: 02)720-8921(편집부) 02)720-8920(영업부)
　　팩스: 02)720-9887
　　전자우편: 2013history@naver.com
　　등록: 1997년 2월 14일 제13-483호

ⓒ 김경일, 2019

ISBN 89-91510-37-X   03900

· 잘못 만들어진 책은 교환해드립니다.